머리말

세상에 이미 선보인 졸저 『대종경풀이』(상~하)와 『정산종사법어풀이』(1~3권)에 대하여 깊은 관심을 보여주심에 감사드린다. 소태산 대종사와 정산종사의 언행록을 풀이하면서 얻어진 나름대로의 경전풀이 방법론을 기반으로 『정전풀이』(상~하)를 발간하게 되었다. 원불교 기본교서로서 『정전』, 『대종경』, 『정산종사법어』를 나름대로 쉽게 풀이했다는 점에서 인재양성과 교학연구의 분야에서 조금이나마 교단에 보은하는 발판을 마련했다고 본다.

『정전』 이해가 쉽지 않았던 공부인들에게 『정전풀이』가 교리 이해의 참고서로 활용되면 좋을 것이다. 본 저술은 교리의 등장 배경과 형성사, 교리의 의미와 현대적 의의, 관련법문, 교법의 원리와 특징, 교리간의 상관성, 단어와 숙어풀이, 보충해설, 연계사상, 고시와 연구문제 등의 정형화된 틀에서 기술하였다. 저술의 서술 방식도 교리의 다양한 이해와 교법 응용에 도움이 되도록 여러 교서의 참고와 기존 교학논문의 주석주해를 예시하였다.

그리고 『정전풀이』 발간에 도움이 된 선행법어집 및 저서로는 『정산종사법어』, 『정전해의』(대산종사), 『교전공부』(신도형), 『원불교 정전해의』(한정석), 『정전해의』(이은석), 『교전개론』(서경전), 『정전강의』(이운권), 『원불교 정전연구』(한기두), 『원불교 교전해의』(안이정) 등이다. 필자의 『정전풀이』는 서술 전개의 형식에 있어 논문 서술이 아니라 半가공의 참고서 형식을 취했다.

아무튼 원불교 백주년에 즈음하여 『정전풀이』(상)(하) 재판의 발간에 직·간접으로 도움을 준 분들께 감사의 말씀을 전하고자 한다. 발간에 있어 『정전』 해석의 난해한 문제에 봉착했을 때 법신불님의 위력을 통해 해법을 찾고자 하였다. 그리고 감수와 교정에 조력한 이산 박정훈 원로교무 및 이종화 교무, 인쇄에 도움을 준 원광사의 임직원 및 필자 가족에게 감사의 글을 전한다.

2011년 3월 신룡벌 서재에서

류성태 합장

목 차

제 3 수행편

제3 수행편

제1장 일상수행의 요법

○ 「일상수행의 요법」의 원문

1. 심지는 원래 요란함이 없건마는 경계를 따라 있어지나니, 그 요란함을 없게 하는 것으로써 자성의 정을 세우자.

2. 심지는 원래 어리석음이 없건마는 경계를 따라 있어지나니, 그 어리석음을 없게 하는 것으로써 자성의 혜를 세우자.

3. 심지는 원래 그름이 없건마는 경계를 따라 있어지나니, 그 그름을 없게 하는 것으로써 자성의 계를 세우자.

4. 신과 분과 의와 성으로써 불신과 탐욕과 나와 우를 제거하자.

5. 원망생활을 감사생활로 돌리자.

6. 타력생활을 자력생활로 돌리자.

7. 배울 줄 모르는 사람을 잘 배우는 사람으로 돌리자.

8. 가르칠 줄 모르는 사람을 잘 가르치는 사람으로 돌리자.

9. 공익심 없는 사람을 공익심 있는 사람으로 돌리자(『정전』 제3 수행편, 제1장 일상수행의 요법).

1. 일상수행의 요법의 형성사

소태산 대종사는 일상수행의 요법을 상당기간 연마한 후 제자들에게 실생활에서 활용하도록 하였다. 원기 19년 일상수행의 요법이 형성될 무렵, 초기교단은 이와 관련된 『육대요령』을 공부하던 때였다. 일상수행의 요법의 전신인 「본회의 목적」이 원기 23년 『회보』 44호에 실렸으며, 원기 24년 『회보』 52호에 「본회의 교강」으로 바뀌어 현 일상수행의 요법으로 정착된 것이다. 뒤이어 원기 24년 『불법연구회 근행법』에 일상수행의 요법이 삼학팔조 사은사요로 구분되었고, 『불교정전』과 현 『정전』에서 일상수행의 요법이 체계화되었다.

1) 일상수행의 요법을 1년 가까이 연마한 후, 이를 제자들에게 활용토록 하였다.

☞「대종사, 일상수행의 요법을 1년 가까이 연마하였다. 주산을 부르
시더니 보도록 하고 "네가 문자께나 아니까 네 맘에는 안들 터이지만
앞으로는 쉽게 하여 누구나 다 보고 다 알게 해야 하는 것이다. 앞으로
는 이것이 맞다" 하였다. 대종사, 일상수행의 요법을 다 받아쓰게 한 후
다시 지우개로 지운 후 그 종이를 활용토록 하였다」(대산종사 전언/박
용덕, 『금강산의 주인되라』, 원불교출판사, 2003, p.299).

**2) 원기 19년 일상수행의 요법이 형성될 무렵, 초기교단은 이에 영향
을 준 『육조단경』 공부를 하던 때였다.**

☞「일상수행의 요법 1, 2, 3조는 『육조단경』에서 영향을 받았다. 일
상수행의 요법이 원기 19년경에 형성된 것이다. 그때 『육조단경』의 공
부를 시킬 때이다. 『육조단경』에 "마음에 요란함이 없는 것이 자성정이
요, 마음에 어리석음이 없는 것이 자성혜요, 마음에 그름이 없는 것이
자성계이다(心地無亂 自性定, 心地無癡 自性慧, 心地無非自性戒)"라는
표현이 나온다. 이는 1, 2, 3조와 표현이 거의 같다고 볼 수 있다」(한정
석, 『원불교 정전해의』, 도서출판 동아시아, 1999, p.320).

**3) 원기 23년 『회보』 44호 표지 안쪽에 일상수행의 요법의 전신 「본회
의 목적」에 공부요도 삼강령팔조목과 인생요도 사은사요가 게재되었다.**

☞「<공부요도 삼강령팔조목> 1) 잡념을 제거하고 일심을 양성하자,
2) 모르는 것을 제거하고 아는 것을 양성하자, 3) 이론만 하지 말고 실
행을 양성하자, 4) 신과 분과 의와 성으로 불신과 탐욕과 나와 우를 제
거하자. <인생요도 사은사요> 1) 원망생활을 감사생활로 돌리자, 2) 타
력생활을 자력생활로 돌리자, 3) 배울 줄 모르는 사람을 잘 배우는 사
람으로 돌리자, 4) 가르칠 줄 모르는 사람을 잘 가르치는 사람으로 돌
리자, 5) 공익심 없는 사람을 공익심 있는 사람으로 돌리자」(『회보』 44
호, 원기23년 5월, 불법연구회).

**4) 원기 24년 『회보』 52호 표지 안쪽에 「본회의 목적」이 「본회의 교강
」으로 바뀌어 현행 일상수행의 요법으로 정비되었다.**

☞「본회의 교강 <공부의 요도> 1) 심지가 요란하지 아니하게 하는
것으로써 자성의 정을 세우자, 2) 심지가 어리석지 아니하게 하는 것으
로서 자성의 혜를 세우자, 3) 심지가 그르지 아니하게 하는 것으로써
자성의 계를 세우자, 4) 신과 분과 의와 성으로서 불신과 탐욕과 나와
우를 제거하자. <인생의 요도 사은사요> 1. 원망생활을 감사생활로 돌
리자, 2) 타력생활을 자력생활로 돌리자, 3) 배울 줄 모르는 사람을 잘

배우는 사람으로 돌리자, 4) 가르칠 줄 모르는 사람을 잘 가르치는 사람으로 돌리자, 5) 공익심 없는 사람을 공익심 있는 사람으로 돌리자」(『회보』 52호, 원기24년 2월, 불법연구회).

5) 원기 24년 『불법연구회 근행법』에서 일상수행의 요법 1~4조는 공부의 요도 삼강령 팔조목, 5~9조는 인생의 요도 사은 사요로 구분했다.

☞「원기 24년(1939) 11월 일원상서원문, 일상수행의 요법, 천도법문 등을 담은 『근행법』이 발행되고, 원기 28년(1943) 3월 20일에 『불교정전』 초판이 발행되었다」(송천은, 『열린시대의 종교사상』, 원광대출판국, 1992, pp.363-364).

6) 원기 28년 『불교정전』과 현 『정전』에서는 편차가 바뀌어 편성됐다.

☞「원기 28년(1943)에 출현한 『불교정전』에서는 교리가 전반에 걸쳐 체계화되는데, 이때 일상수행의 요법도 제3 수행편 제1장에 편성되었으며, 원기 47년에 출간된 『원불교 교전』의 내용 구조는 『불교정전』과 동일하다」(정순일, 「일상수행의 요법 주석상의 제문제」, 『원불교사상과 종교문화』 29집, 원불교사상연구원, 2005, p.89).

2. 일상수행의 요법의 의미

일상수행의 요법은 원불교 수행의 표준이요 심력을 기르는 요긴한 방법이다. 경계마다 대조하여 중생심을 극복하고 교리를 활용함으로써 불보살이 되는 길이기도 하다. 원불교 교리의 강령을 9가지로 항목화하여 일상생활을 점검하고 공부심으로 살아가는 요긴한 방법이기 때문이다. 여기에는 자신 제도는 물론이요 인류구원과 세계평화를 추구하는 정신이 담겨있다.

1) 일상수행의 요법은 수행의 표준이요 생활의 좌우명이다.

☞「교의에 근거한 일상수행의 강령이다. 공부인은 누구나 일상생활하는 가운데 날로 대조하고 경계마다 대조하여 중생의 탈을 벗고 곧 불보살의 생활이 될 수 있도록 공부의 요도와 인생의 요도를 바로 실행하게 한 수행표준이요 생활의 좌우명이다」(신도형, 『교전공부』, 원불교출판사, 1992, p.222).

2) 일상수행의 요법은 경계마다 대조하여 원불교 교리를 활용하도록 강령화한 것이다.

☞「일상수행의 요법은 공부인이 생활하는 가운데 날로 대조하고 경

계마다 대조하여 중생의 탈을 벗고 불보살의 생활이 될 수 있도록 …
생활 속에서 원불교의 교리를 활용하여 보람되게 하도록 교리의 강령을
9가지로 간추린 것이다」(김순임, 『양명사상과 원불교』, 원광대학교출판
국, 1996, p.369).

3) **일상생활 속에서 마음의 힘을 기르는 요긴한 방법들을 일상수행의
요법이라 한다.**

☞「일상수행의 요법은 일상생활 속에서 항상 실천하면서 마음의 힘
을 기르는 요긴한 방법 9가지이다」(오도철 외, 『원불교정전 길라잡이』,
원불교 교화연구소, 2000, p.153).

4) **일상수행의 요법은 자성의 본래를 찾아 중생심을 극복, 수도인으로
서 공부심을 불러일으키는 강령이다.**

☞「일상수행의 요법은 곧 자성의 본래를 정과 혜와 계로 세워, 천만
경계를 극복하며 수도하는 인간의 체질로 중생의 심성을 버리는 생활을
하며, 자타력 간에 원망심 없는 타력의 감사, 의뢰심 없는 자력의 실천
을 하는 건전한 생활로 전환하고, 능히 배우고 가르치며 공익심 있는
인간으로 전환하는 공부심을 잊지 말자는 것이 그 강령이다」(한기두, 『
원불교 정전연구』-수행편1-, 원광대학교출판국, 1997, p.29).

5) **교리의 강령을 9가지로 간추린 교강 9조가 일상수행의 요법이다.**

☞「일상수행의 요법은 생활 속에서 원불교의 교리를 활용하여 보람
되게 하도록 교리의 강령을 9가지로 간추렸으므로 교강 9조라고도 하는
데, 생활상의 모든 일과 경계를 당할 때 삼학팔조 사은사요의 공부를
끊임없이 계속해서 부처가 되는 공부법이다」(서경전, 『교전개론』, 원광
대학교출판국, 1991, p.311).

6) **일상수행의 요법은 전 생령이 구원받는 방법, 세계평화의 근본, 인
류가 잘 사는 묘방이다.**

☞「1조는 마음에 안정을 얻어서 모든 경계를 대할 때마다 심지에 요
란함이 없는 해탈을 얻자는 것, 2조는 마음을 밝혀서 모든 경계를 대할
때마다 심지에 어리석음이 없는 광명을 얻자는 것, 3조는 매사에 중도
를 잡아서 모든 경계를 대할 때마다 심지에 그름이 없는 正行을 하자는
것, 4조는 신분의성으로 정진하여 불신 탐욕 나 우를 제거하자는 것, 5
조는 사은의 지중한 은혜를 발견하여 보은 감사생활을 하자는 것, 6조
는 자력을 양성하여 인권평등이 되게 하자는 것, 7조는 모르는 것을 배
워서 지식평등이 되게 하자는 것, 8조는 아는 것을 가르쳐서 교육평등

이 되게 하자는 것, 9조는 공도주의를 실현하여 생활평등이 되게 하자는 것. 이상의 내용 중 전 생령이 구원을 받는 방법으로는 삼학팔조요, 세계 평화의 근본으로는 사은에 대한 보은 불공생활이요, 온 인류가 서로 잘 사는 묘방으로는 사요의 실현이다」(『정전대의』-대산종사법문 1집, 11.일상수행의 요법).

3. 일상수행의 요법의 대의강령
 1) 요란함과 어리석음과 그름이 경계를 따라 나타나므로 자성의 정혜계를 세운다.
 2) 진행4조의 신분의성으로 사연사조 불신·탐욕·나·우를 없앤다.
 3) 사은의 상생원리를 알아 원망생활을 감사생활로 돌린다.
 4) 자력양성으로 타력생활 극복, 지자본위로 배우는 생활, 타자녀교육으로 가르치는 생활, 공도자숭배로 공익생활이 요구된다.

4. 일상수행의 요법의 구조
 1) 일상수행의 요법 1~3조와 삼학.
 2) 일상수행의 요법 4조와 팔조.
 3) 일상수행의 요법 5조와 사은.
 4) 일상수행의 요법 6~9조와 사요.

5. 단어해석
 일상수행의 요법 : 日常修行의 要法은 총 9조항으로서 일상생활을 공부심으로 살아가는가를 대조, 점검함으로써 본래의 자성을 회복하는 공부법이다. 또 중생의 삶을 불보살의 삶으로 인도하는 요법으로서 일원상, 사은사요, 삼학팔조 등 원불교의 전반 교리가 여기에 용해되어 있다.
 심지 : 마음의 본래 바탕을 心地라 하며, 心田도 이와 유사한 용어이다. 마음을 땅이나 밭(地, 田)과 비교하는 것은 그 의미가 '바탕'이라는 공통점이 있어서 이곳에서 곡식이나 잡초가 나며, 인간의 마음에서도 정심이나 잡념이 일어나기 쉽다. 『육조단경』에서도 '心地無亂自性定'이라

하여 심지의 용어를 사용하고 있다.

경계 : 일상생활에서 인과의 이치가 전개되는 실제의 상황들을 境界라 한다. 또 시비선악의 판단이 우리의 삶에서 전개되는 시공간의 상황을 말한다. 흔히 수도인들이 말하는 경계란 시비의 고통으로 다가오는 실제적 삶이자 유혹에 관련된 환경들로서 여기에는 순경과 역경이 있다.

요란함 : 시끄럽고 어지럽고 떠들썩함을 擾亂이라 한다. 우리의 마음은 본래 청정하지만 중생심의 사심 잡념이 나타나 마음이 요란해진다.

자성 : 본래부터 갖추어 있는 성품으로, 불성이 自性에 해당된다. 자신에게 갊아 있는 본래면목으로서 자성이 발현되면 지혜 광명이 비추게 되며, 그로 인해 수도인으로서 청정한 자성 극락을 누리게 된다. 요란함과 어리석음, 그름이 사라질 경우 진여자성의 경지가 나타난다.

정 : 삼학의 하나로서 정신수양을 오랫동안 하게 되면 수양력으로서 정력이 쌓인다. 이처럼 定이란 산란 · 요란함이 사라진 定靜의 결정체이다.

어리석음 : 무명에 가려서 지혜롭지 못하고 우둔하여 슬기롭지 못한 것을 어리석음이라 한다. 사리연구는 이 어리석음을 극복하는 공부법이다. 팔조에 있어 사연4조의 조목인 '愚'가 이에 해당된다.

혜 : 지혜의 준말이 慧이며, 이는 의두나 성리연마를 통해서 얻어진다. 또한 삼학의 사리연구는 무지를 극복, 지혜 단련을 위한 공부법이다.

그름 : 행동이나 사유 등이 바르지 못한 것을 그름이라 한다. 심지는 본래 그름이 없지만 경계를 따라 이 그름이 나타나게 된다. 작업취사는 중생의 그름을 극복하기 위한 삼학의 한 수행법이다.

계 : 악행을 극복하고 선행을 유도하는 계문이 곧 戒에 해당된다. 심지가 경계를 따라 그른 행동을 유도하게 되므로 자성의 계를 세워야 하는 것이다. 자성의 계를 세우도록 원불교에는 30계문이 있다.

신분의성 : ☞『정전풀이』(상)「팔조」'신 · 분 · 의 · 성'참조.

불신 · 탐욕 · 나 · 우 : ☞『정전풀이』(상)「팔조」'불신 · 탐욕 · 나 · 우'참조.

원망 : ☞『정전풀이』(상)「사대강령」'원망'참조.

타력 : 자립의 자력이 아니라 타인의 힘이 곧 他力이다. 자력은 자성불을 발견하여 수행을 함으로써 얻어지는 것이라면, 타력은 절대 타자를

향하여 믿고 기도하며 얻게 되는 타인 의존적 힘을 말한다. 『정전』일상수행의 요법에 타력생활을 자력생활로 돌리자고 하였다.

자력 : 남에게 의지하지 않고 자기 스스로 할 수 있는 힘을 自力이라한다. 소태산은 자력을 강조하기 위해 사요의 하나로써 자력양성을 밝혔다. 노약자나 아녀자들에 있어 자력양성은 중요한 일이다. 그리고 신앙의 자타력 신앙에서 자력신앙은 자성불 신앙을 믿고 따름이다. 정산종사는 법어「권도편」12장에서 자력과 타력에 대해 설명하고 있다.

공익심 : 개인의 사리사욕이 아니라 공중에게 이익을 주는 마음을 公益心이라 한다. 종교의 교화·교육·자선사업이 공익사업이며, 자리이타의 표출이다. 『정전』일상수행의 요법에 공익심 없는 사람을 공익심 있는 사람으로 돌리자고 하였다. 수도인의 참 심법은 공익심에 달려있다.

6. 숙어 · 문제풀이

1) 심지는 원래 요란함이 없건마는 경계를 따라 있어지나니, 그 요란함을 없게 하는 것으로써 자성의 정을 세우자는 것은?

(1) 심지는 진공과 공적의 상태에서 진여의 청정 자성을 말하므로 원래 요란함이 없다.

(2) 청정 심지가 경계를 따라 요란해지는 경우가 많으므로 내정정·외정정(『대종경』, 수행품 9장)의 수양을 해야 한다.

(3) 심지는 원래 분별성과 주착심이 없는데, 순경·역경에 마음이 흔들려서 죄업을 짓게 되므로 염불 좌선 등으로 부동심을 가져야 한다.

(4) 一念未生前을 생각하여 보면 사심 잡념을 벗어나 심지의 고요함으로 이어지며, 이는 육조대사의 心地無亂 自性定과 같은 경지이다.

2) 심지는 원래 어리석음이 없건마는 경계를 따라 있어지나니, 그 어리석음을 없게 하는 것으로써 자성의 혜를 세우자는 것은?

(1) 중생의 무명으로 인해 진리에 어두워서 어리석게 되므로 자성의 지혜를 밝히자는 것이다.

(2) 중근기병에 걸린 사람은 계교 사량심이 많으므로 자만하지 않도록 혜두를 밝게 단련해야 한다.

(3) 도통·법통·영통으로서 반야지 혹 靈知를 얻으면 자성의 혜가

나타나 어리석음이 없어지게 된다.

(4) 대소유무와 시비이해에 어두워지면 어리석음이 생겨나므로 경전, 강연, 의두, 성리 등의 사리연구가 필요하다.

3) 심지는 원래 그름이 없건마는 경계를 따라 있어지나니, 그 그름을 없게 하는 것으로써 자성의 계를 세우자는 것은?

(1) 심지가 원래 그름이 없다는 것은 중도행으로서 원만구족하고 지공무사한 마음을 말한다.

(2) 심지는 원래 그름이 없으나 경계를 따라 시비이해에 끌려 원만구족하고 지공무사한 마음을 잃어버리므로 자성의 계를 세워야 한다.

(3) 심지의 그름을 없애려면 주의·조행·계문준수 등을 통해서 악습을 고치고 불의를 버리며 선행을 실천하여 취사력을 길러야 한다.

(4) 삼학의 작업취사 공부는 심지의 그름을 없애는 공부법이다.

4) 신과 분과 의와 성으로써 불신과 탐욕과 나와 우를 제거하자는 것은?

(1) 신분의성은 진행4조로서 삼학 수행을 북돋우는 공부법인 바, 솔성하는 것으로 수행 정진하자는 것이다.

(2) 불신 탐욕 나 우는 사연4조로서 진행4조와 달리 금지조항과 관련되므로 계문을 지키는 것으로 수행 정진하자는 것이다.

(3) 신분의성은 밭의 거름과 같다면 불신·탐욕·나·우는 잡초와 같으므로 곡식에 거름을 잘 주고 잡초는 뽑아내자는 것이다.

(4) 신을 회복하고, 분을 세우며, 의심을 내고, 성을 키워가는 것으로서 만사를 이루는 원동력을 삼되 불신을 없애고, 탐욕을 없애며, 나를 제거하고, 우를 없애야 한다.

5) 원망생활을 감사생활로 돌리자는 것은?

(1) 세상을 살다보면 경계를 따라 원망이 생겨나지만 내가 이 세상에 태어나 사은의 은혜를 입었으므로 감사생활을 해야 한다.

(2) 원망스러운 일은 과거의 업보로 알아 흔연히 없애버리고 앞으로는 감사생활을 지향하여 선업을 만들어 간다.

(3) 일을 하면서 해로운 일이 발생하면 항상 그 본의를 생각해 보고 (『대종경』, 인도품 14장), 대의를 비추어 보면 감사심을 갖게 된다.

(4) 감사생활은 사은에 보은을 함으로써 더욱 가능해진다.

6) 타력생활을 자력생활로 돌리자는 것은?

(1) 의뢰생활을 좋아하는 사람은 정신·육신·경제 등에서 타력생활에 길들여져 있으니 의뢰심을 없애는 삶을 살도록 노력해야 한다.

(2) 내가 할 수 있는 일도 남에게 시키는 사람들이 있는데, 나의 일을 남에게 미루는 것이 타력생활이니 주의할 일이다.

(3) 모든 것을 스승에게 의지하다 보면 제자로서 의지심이 커갈 뿐이므로 점차 자력이 생기면 지나친 스승 의존의 생활도 극복해야 한다.

(4) 사요의 하나가 자력양성인 바, 노약자와 여자들이 과거에 타력생활을 주로 하였으니, 이에 주의해야 할 것이다.

7) 배울 줄 모르는 사람을 잘 배우는 사람으로 돌리자는 것은?

(1) 배울 줄 모르는 것은 개인의 아만심이 있어서 그러는 것이니 배움에 있어 교만의 아만심을 극복하도록 해야 한다.

(2) 자신의 부족함을 남에게 드러내지 않으려는 조그마한 자존심도 배움을 가로막는 심리이니, 그러한 자존심을 없애도록 해야 한다.

(3) 나보다 나은 분을 스승으로 삼아서 배움을 통하여 강급이 아니라 진급이 되도록 한다.

(4) 편벽되게 배우는 것도 배울 줄 모르는 것이니 도학과 과학을 배우고 영육을 쌍전하는 삶이 진정한 배움의 길이다.

8) 가르칠 줄 모르는 사람을 잘 가르치는 사람으로 돌리자는 것은?

(1) 모든 인연을 상생의 선연으로, 진급의 인연으로 인도하기 위해 그들을 가르치는 것이다.

(2) 내가 교육받아서 은혜를 입은 것을 생각하면 나도 남에게 가르침을 베풀어야 할 것이다.

(3) 소태산은 사요의 한 조목으로서 장학사업의 인재양성과 같은 타자녀교육을 통해서 인류의 교육평등을 주장하였다.

(4) 가르치는 내용은 도학과 과학이며, 가르치는 방법은 심교·행교·언교·엄교(『대종경』, 인도품 45장) 등이다

9) 공익심 없는 사람을 공익심 있는 사람으로 돌리자는 것은?

(1) 개인의 이기주의가 만연한 병으로 공익심 없는 병(『대종경』, 교의품 34장)을 극복하여 더불어 사는 공동체 사회의 풍토가 중요하다.

(2) 내가 공중으로부터 은혜를 입고 사회에서 살아가고 있다는 것을 자각하여 공익심 있는 사람이 되어야 한다.

(3) 자선사업으로 사회복지 활동이 전개되며, 자원봉사자의 활동이 커지고 있어 국내외 봉공사업에 앞장서도록 해야 할 것이다.

(4) 우리가 공도자를 숭배한다면 자연스럽게 공익심을 갖추는 심성을 가질 것이다.

7. 관련법문

☞「내가 그대들에게 일상수행의 요법을 조석으로 외게 하는 것은 그 글만 외라는 것이 아니요, 그 뜻을 새겨서 마음에 대조하라는 것이니, 대체로는 날로 한 번씩 대조하고 세밀히는 경계를 대할 때마다 잘 살피라는 것이라, 곧 심지에 요란함이 있었는가 없었는가, 심지에 어리석음이 있었는가 없었는가, 심지에 그름이 있었는가 없었는가, 신분의성의 추진이 있었는가 없었는가, 감사생활을 하였는가 못하였는가, 자력생활을 하였는가 못하였는가, 성심으로 배웠는가 못 배웠는가, 성심으로 가르쳤는가 못 가르쳤는가, 남에게 유익을 주었는가 못 주었는가를 대조하고 또 대조하여 챙기고 또 챙겨서 필경은 챙기지 아니하여도 저절로 되어지는 경지에까지 도달하라 함이니라」(『대종경』, 수행품 1장).

☞「영산에서 학인들에게 교강에 부연하여 '구성심 조항'을 써 주시니, 심지가 요란하지 아니함에 따라 영단이 점점 커져서 대인의 근성을 갖추게 되고, 심지가 어리석지 아니함에 따라 지혜의 광명이 점점 나타나서 대인의 총명을 얻게 되고, 심지가 그르지 아니함에 따라 정의의 실천력이 더욱 충장하여 대인의 복덕을 갖추게 되고, 신과 분과 의와 성을 운전함에 따라 불신과 탐욕과 나와 우가 소멸되어 대도의 성공을 볼 수 있고, 원망생활을 감사생활로 돌림에 따라 숙세에 맺혔던 원수가 점점 풀어지고 동시에 복덕이 유여하고, 타력생활을 자력생활로 돌림에 따라 숙세에 쌓였던 빚이 점점 갚아지고 동시에 복록이 저축되고, 배울 줄 모르는 사람을 잘 배우는 사람으로 돌리며 가르칠 줄 모르는 사람을 잘 가르치는 사람으로 돌림에 따라 세세생생에 항상 지식이 풍부하여지고, 공익심 없는 사람을 공익심 있는 사람으로 돌림에 따라 세세생생에

위덕이 무궁하게 되리라」(『정산종사법어』, 권도편 30장).

☞「목적반조의 공부와 아울러 또한 자성반조의 공부를 하여야 하나니, 참다운 자성반조의 공부는 견성을 하여야 하게 되지마는 견성을 못한 이라도 신성 있는 공부인은 부처님의 법문에 의지하여 반조하는 공부를 할 수 있는 바, 그 요령은 『정전』 가운데 일상수행의 요법을 표준하여 천만 경계에 항시 자성의 계정혜를 찾는 것이요」(『정산종사법어』, 무본편 27장).

8. 일상수행의 요법의 원리

일상수행의 요법은 성불의 원리이며, 여기에는 경계마다 불리자성의 원리가 발휘된다. 즉 경계마다 마음을 대조하는 원리로서 일상수행의 요법을 날마다 주송함으로써 자력과 타력을 아울러 얻자는 것이다. 나아가 일상수행의 요법은 원불교 보은과 수행의 원리이기도 하다.

1) 일상수행의 요법은 성불의 원리이다.

☞「우리집 공부도 책을 여러 가지 많이 보는 것이 공부가 많이 되는 것처럼 생각할 수 있으나 그런 것보다도 교강 9조만 통달한다면 이것 한가지로도 능히 성불을 할 수 있고, 아무리 전무출신을 하여 집에서 아니하던 고생을 하는 것 같으나 일심만 되면 힘든 일도 기꺼이 즐겁게 할 수 있을 것이니라」(『정산종사법설』, 제2편 공도의 주인 49장).

2) 일상수행의 요법은 경계에 대한 불리자성의 원리이다.

☞「일상수행의 요법은 공부인이 생활하는 가운데 날로 대조하고 경계마다 대조하여 중생의 탈을 벗고 불보살의 생활이 될 수 있도록 하며, 불리자성하는 가운데 천만경계 속에서 우리의 본연심이 살아 움직이게 하는 이른바 보림공부라고 말할 수 있다」(최광현, 「일상수행의 요법과 무시선」, 『원불교사상』 제23집, 원불교사상연구원, 1999.12, p.149).

3) 일상의 경계를 당하여 마음을 대조하고 챙기는 원리이다.

☞「(일상수행의 요법은) 매양 생활 속에서 경계를 대할 때마다 유념으로 행하여 챙기고 일이 지난 뒤에 반드시 실행여부를 대조하여 대체로는 날로 한 번씩 종합하여 대조하고, 세밀히는 경계를 대할 때마다 잘 살펴 일상생활 속에서 적공을 다하여 힘을 기르는 공부이니…」(안이정, 『원불교교전 해의』, 원불교출판사, 1998, p.338).

4) 일상수행의 요법은 대자적·대타적 힘을 아우르는 원리이다.

☞「일상수행의 요법은 대자적·대타적 힘을 얻는 길이다. 이를 분류해 보면 1, 2, 3, 4조는 대자적 지혜를 증진하는 길로 생각해 볼 수 있다. 물론 대자적이라 하여 자력중심, 신앙중심으로 편중 분류할 수는 없다. 신앙하는 동시에 수행한다고 하는 원불교의 기본적 구도에 충실해야 하기 때문이다. 이와 대비하여 6, 7, 8, 9조는 전 인류가 더불어 잘 살게 하는 길로서 대타적 자비의 힘을 얻는 길로 볼 수 있다. 이는 신앙의 사회적 전개인 동시에 수행에 반조하는 길이다」(정순일, 「일상수행의 요법 주석상의 제문제」, 『원불교사상과 종교문화』 29집, 원불교사상연구원, 2005, pp.92-93).

5) 일상수행의 요법은 원불교 수행과 보은의 원리가 된다.

☞「일상수행의 요법으로 공부할 때는 1, 2, 3, 4조는 삼학 팔조의 수행 공부법이니 수행 정진해야 되겠고, 5, 6, 7, 8조는 사은 사요이니 보은 실천해야 한다」(한정석, 『원불교 정전해의』, 도서출판 동아시아, 1999, p.318).

9. 일상수행의 요법의 특징

일상수행의 요법은 불지에 이르는 지름길이자 누구나 수행할 수 있는 용이한 방법이다. 따라서 일상수행의 요법은 복잡한 현대사회에 적응하는 수행공부이며, 이는 인격개조를 목표로 하고 있는 것이다. 곧 일상의 경계마다 나타나는 마음의 요란함과 어리석음, 그름은 물론 원망생활 등을 극복하도록 하는 수행의 방법이다. 교강 9조를 통해 신앙·수행의 방법을 제시한 것으로 이는 『정전』 수행편의 총론적 성격을 지닌다.

1) 일상수행의 요법은 불지에 이르는 지름길이요 누구나 수행할 수 있는 간이한 수행법이다.

☞「일상수행의 요법은 원불교 수행에 있어서 가장 폭이 넓고 핵심적인 수행법으로 다음과 같은 특징을 지니고 있다. 첫째, 불지에 이르는 지름길이다. 대종사는 초범입성의 길이라고 하였고, 정산종사는 평생 일상수행의 요법만 읽고 실행하여도 성불에 충분하다고 하였다. 둘째, 남녀노소 선악귀천 유무식을 막론하고 누구나 실천을 할 수 있는 간이한 수행길이다」(간행위원회 편, 담산이성은정사 유작집 『개벽시대의 종교지성』, 원불교출판사, 1999, p.170).

2) 일상수행의 요법은 복잡다단한 현실에 적응하는 수행공부라

는 점에 특징이 있다.

☞「오늘날 우리들은 과거 어느 때 보다도 다양하고 복잡한 현실구조 속에서 살고 있으므로 이 현실에 대응하고 적응하는 실천강령도 또한 중요한 점이라 볼 수 있다. 따라서 그 문제 해결의 핵심인 일원상 진리 를 실천 수행하는 길이 일상수행의 요법에 있다」(최광현, 「일상수행의 요법과 무시선」, 『원불교사상』 제23집, 원불교사상연구원, 1999.12, pp.168-169).

3) 일상수행의 요법은 인격의 개조를 특징으로 하고 있다.

☞「심성 개조의 원리로서 삼학 수행과 일상적인 훈련의 덕목 내지는 방법으로서의 일상수행의 요법, 정기 및 상시훈련법 등 모두가 인격 개 조를 목표로 하고 있다」(한창민, 「원불교 사회관」, 『원불교사상시론』 제 Ⅲ집, 원불교 수위단회, 1998년, p.218).

4) 일상수행의 요법은 경계 속에서 세우며, 제거하며, 돌리는 공 부라는 특징을 지닌다.

☞「일상수행의 요법은 경계 속에서 세우며 제거하며 돌리는 공부라 는 특징을 지닌다. 경계 속에서 신분의성을 세워 불신 탐욕 나 우를 제 거해 나가는 공부이다. 또한 경계 속에서 감사, 자력, 배움, 가르침, 공 익심의 사람으로 돌리자는 공부법이다. 생활과 경계 속에서 공부하는 것이 원불교 교법의 특징이라면 그 특징을 가장 잘 나타내고 있는 공부 가 일상수행의 요법이라 볼 수 있다」(정순일, 「일상수행의 요법 주석상 의 제문제」, 『원불교사상과 종교문화』 29집, 원불교사상연구원, 2005, p.93).

5) 일상수행의 요법은 교리의 대강을 9조로 집약한 수행의 방법 으로 9성심 조항이다.

☞「일상수행의 요법은 교리의 대강을 9조로써 집약하여 일상생활에 수행하는 요목으로써 설한 법문으로, 이는 교리가 아닌 수행의 방법이 다. 그러기에 당초에 정산종사는 이를 초고할 때 9성심 조항이라 하였 음을 보아 순수한 修爲法 중의 일상생활의 신조덕목이라 할 것이다」(이 은석, 『정전해의』, 원불교출판사, 1985, p.189).

6) 일상수행의 요법은 『정전』 수행편의 총론적 성격을 지닌다.

☞「(정전) 수행편은 교의편에 대한 구체적인 실천방법으로서 총론, 훈련론, 신앙론, 종합론, 평가론으로 구조화되어 있다. 다시 말해서 일상 수행의 요법은 총론에 해당하고, 정기훈련과 상시훈련 및 염불법·좌선

법·의두요목·일기법은 훈련론이며, 무시선법·참회문·심고와 기도·
불공하는 법·계문·솔성요론은 신행론이다」(고시용, 「정전의 결집과
교리의 체계화」, 『원불교학』 제9집, 한국원불교학회, 2003.6, p.275).

10. 일상수행의 요법의 필요성

일상수행의 요법은 대인의 원만한 인품을 함양하고 경계를 따라 일어
나는 심신작용을 공부심으로 다가서기 위해서 필요하다. 또한 병든 사
회를 치료함은 물론 공익사회를 이끌어가는 지도자로서 공인이 되기 위
해 일상수행의 요법을 날마다 주송하고 실천할 필요가 있다. 궁극적으
로 부처가 되기 위해 느슨해지는 마음을 챙겨야 할 때 일상수행의 요법
이 필요한 것이다.

**1) 대인의 성품을 기르고, 만사성공과 상생의 지도자가 되기 위해 일
상수행의 요법의 실천이 필요하다.**

☞「요란함을 없애면 대인의 근성과 힘이 쌓이고, 어리석음을 없애면
대인의 총명인 혜가 형성되고, 그름을 없애면 대인의 덕성과 용기가 형
성된다. 신분의성은 만사성공의 원동력이요, 감사는 긍정상황으로 전환
하여 대 상생력을 얻고, 자력은 주권회복이요, 배움은 지자가 되고, 가
르침은 지도자가 되고, 공익하면 시방이 응하는 주인과 대 경세가가 된
다」(좌산상사법문집 『교법의 현실구현』, 원불교출판사, 2007, p.186).

**2) 우리가 접하는 경계의 각 상황에 충실히 임하기 위해서 일상
수행의 요법이 필요하다.**

☞「당하는 그일 그일에 충실히 임하는 것이 일상수행의 요법을 수행
하는 길이요, 그것이 마음에 편안하고 기쁨을 얻어 가는 신앙길이라는
생각을 했다」(이건중, 「작은 욕심을 놓으니 편안하네」, 『차는 다시 끓이
면 되구요』, 출가교화단, 1998, p.111).

3) 행복을 누리는 사회로 인도하는 길이 일상수행의 요법이다.

☞「굶주림에 허덕이는 동포에게 따뜻한 사랑의 손길을 보내는 온정,
무자력자에게 자력을 갖도록 부축해 주고, 배울 줄 모르는 사람은 배울
줄 아는 사람이 되도록 해주고, 가르칠 줄 모르는 사람을 가르치게 하
는 사람이 되게 하며, 공익심 없는 사람을 공익심 있는 사람이 되도록
하여 서로 돕고 살피며 사랑할 줄 아는 사회가 바로 행복을 누리는 사
회라 생각한다」(류병덕, 『탈종교시대의 종교』, 원광대학교출판국, 1982,

p.351).

4) 이 세상에서 유익한 공도자가 되려면 일상수행의 요법이 필요하다.

☞「일상수행의 요법 구조가 별 것 아닌 것 같지만 이 세상에 나서 자기의 인격을 완전히 이루어 가지고 세상에 유익한 인물이 되며 공적을 끼친 사람이 되려면 이러한 수행이 필요하다」(박길진, 『대종경강의』, 원광대학교출판국, 1980, p.72).

5) 부처의 인격을 닮고자 느슨해진 마음을 챙겨야할 때 일상수행의 요법이 필요하다.

☞「누구나 부처와 같은 인격을 가꾸고자 하지만 그 마음은 삼일 또는 세 시간이 채 지나기도 전에 생활 속에 묻히기 쉽다. 그런데 마치 졸리운 사람의 졸음을 쫓듯 마음이 느슨해질 때 그 마음을 챙길 수 있도록 하는 것이 바로 일상수행의 요법이라고 할 수 있다」(박혜훈, 『낱말로 배우는 원불교』, 원불교출판사, 2008, p.133).

11. 일상수행의 요법의 실천방향

일상수행의 요법을 실천방향에서 접근해 본다. 곧 교강 9조목을 특징화하여 접근하면 1~4조는 삼학팔조의 실천방향에서, 5~9조는 사은사요의 실천방향에서 접근해야 한다. 하여튼 날마다 접하는 일상의 생활에서 원불교 교강의 실천방향이 일상수행의 요법임을 인지하자는 것이다.

1) 일상수행의 요법 1~4조는 삼학팔조의 실천에 초점이 있다.

☞「교도들이 늘 암송하는 일상수행의 요법만 하더라도, 이건 뭐 다른 분들이 이미 말씀하신 것이겠지만, 그 아홉 개 조목 안에 원불교의 모든 교리가 다 들어있다. 1, 2, 3조에 "심지는 원래 요란함(또는 어리석음, 그름)이 없건마는 경계를 따라 있어지나니…" 한 것은 일원상의 진리에 근거하면서 구체적으로 삼학을 말한 것이다」(백낙청/박혜명 대담, 「특별 인터뷰-희망의 21세기, 어떻게 맞이할까?」, 《원광》 303호, 월간원광사, 1999년 11월, p.34).

2) 일상수행의 요법 5조~9조까지는 사은사요의 실천덕목이다.

☞「일상수행의 요법을 교리에서 구별해 보면 1조에서 4조까지는 공부의 요도 삼학팔조의 실천요목을 나타낸 것이라 할 수 있고, 5조에서 9조까지는 인생의 요도 사은 사요의 실천요목을 나타낸 것이라 할 수

있다」(안이정, 『원불교교전 해의』, 원불교출판사, 1998, p.340).

3) 일상수행의 요법 7~8조의 실천에 있어 자신의 지혜연마로 분별심을 극복해야 한다.

☞「우리는 항상 일상수행의 요법을 통해 배울 줄 모르는 사람을 잘 배우는 사람으로 돌리고, 가르칠 줄 모르는 사람을 잘 가르치는 사람으로 돌리자고 한다. 그러나 어느덧 우리 교단에서는 전문가와 비전문가의 구별이 생겨나 버렸다. 전문가는 오직 가르치려고만 하고 비전문가는 오직 배우려고만 한다. 서로간의 소통이 단절되어 버렸다」(박경석, 원사연 제149차 월례발표회 「네트워크 세대의 이해와 교화」, 원불교사상연구원, 2005.11.21, p.7).

4) 교법 실천의 큰 줄기로는 일상수행의 요법과 사대강령이다.

☞「소태산 원각성존은 만고대법의 교리를 기초하면서 신앙과 수행의 두 맥락을 통해 인생의 요도와 공부의 요도를 강령적으로 천명해주었다. 이를 다시 일상수행의 요법 9조와 사대강령으로 더위잡게 하고 그 결론을 무아봉공 또는 공익심으로 정리해주었다」(좌산종법사, 원기 91(2006)년도 대각개교절 법문-무아정신).

12. 일상수행의 요법과 일원상의 관계

일상수행의 요법은 일원상 진리를 신앙의 대상과 수행의 표본으로 삼아 삼학팔조와 사은사요를 실행에 옮기는 구성심 조항이다. 따라서 일상수행의 요법은 일원상의 진리와 밀접한 관계이다. 그것은 원만구족하고 지공무사한 일원상과 같이 일상 수행을 하라는 뜻으로 일원상을 수행의 표본으로 삼는 산 종교인의 생활을 하자는 뜻이다. 결국 일상수행의 요법은 일원상 진리에 근거, 인격완성과 사회발전을 동시에 추구하는 원불교인의 생활 표준인 셈이다.

1) 일상수행의 요법은 일원상 신앙·수행의 사은사요와 삼학팔조를 포함하고 있다.

☞「소태산은 일상수행의 요법 9조를 제시하여 삼학팔조, 사은사요의 모든 교리를 직접 수행으로 옮길 수 있도록 구체적인 길을 제시하고 있다. 이를 보면 소태산은 대승사상에서 제기된 수행의 새로운 방향을 불타의 근본정신에 비추어 충분히 수용하면서 아울러 소승을 무시하지 아니하고 수행에 대한 진지한 자세를 함께 수용하며 그 근원은 계정혜 삼

학에서 출발함을 알 수 있다」(한정석, 「원불교 불교관」, 『원불교사상시론』1집, 수위단회사무처, 1982, p.81).

2) 일상수행의 요법 1-3조가 일원상의 수행과 근원적으로 일치한다.

☞「일상수행의 요법에 그 핵심인 일원상을 수행하는 길이 없음을 느끼게 된다. 그러나 일원상의 진리를 실천 수행하는 길이 있으니, 이것은 곧 일원상 수행조항이 1, 2, 3조에 담겨져 있다. 이것은 곧 일원상의 수행과 일상수행의 요법 1, 2, 3조가 근원적으로 서로 일치되는 것임을 의미한다」(한기두, 『원불교 정전연구』-수행편1-, 원광대학교출판국, 1997, p.20).

3) 일상수행의 요법은 수행인으로서 일원상 진리와 늘 함께 하는 수행방법이다.

☞「일상수행의 요법은 수행인으로서는 잠시도 떠날 수 없는 것이다. 이는 일원상의 진리를 떠날 수 없는 수행방법으로써 일상 생활하는 가운데 표준 잡아가는 가장 긴요한 법이니 교리대강을 구조로서 간명하고 평이하게 들어 숙지케 하고 실천케 함이다. 이는 자신을 제도하고 온 세계를 구원하는 법이 되는 줄을 아는 동시에 천불만성의 교의를 평이하게 밝힐 수 있는 힘이 있는 줄을 알아야 할 것이다」(이운권, 고산종사문집1 『정전강의』, 원불교출판사, 1992, p.81).

4) 일원상의 수행은 성품의 원만구족 지공무사함을 밝히는 것이며, 일상수행의 요법이 이와 관련된다.

☞「일원상의 수행 절에서 성품이라는 것은 원만구족하고 지공무사하다고 하였다. 이는 요란함, 어리석음, 그름이 없는 것으로서 절대선의 경지를 말한 것이다. 없다고 한 것은 요란함과 어리석음과 그름이 없다는 말이지 원만구족하고 지공무사한 그 내용이 없다는 것이 아니다」(한정석, 『원불교 정전해의』, 도서출판 동아시아, 1999, p.322).

5) 일원상 진리를 일상수행의 표본으로 삼는 산 종교인이 되어야 한다.

☞「우리는 일원상 진리를 믿음으로써 원만한 생활을 할 수 있는 실용적인 산 종교인이 되어야 할 것이요, 또는 일상 수행하는데 표본을 삼아 항상 일원의 진리를 깨쳐 알고 마음을 원만하게 지키고 마음을 원만하게 잘 써나가는 공부를 하자는 것이다」(『정전대의』-대산종사법문 1

집, 5.원불교, 4.결어).

 6) 일상수행의 요법은 일원상 진리에 근거하여 생활의 표준으로
삼고 인격완성과 더불어 사회발전을 지향하는 것이다.

　☞「일상수행의 요법은 일원상 진리에 근거한 삼학팔조와 사은사요의
교리를 공부인의 일상생활을 통하여 실천할 수 있도록 한 교리의 생활
표준으로서 개인의 완성을 토대로 한 사회발전과 사회발전을 통한 개인
의 행복을 동시에 추구하는 길인 것이다」(김순임, 『양명사상과 원불교』,
원광대학교출판국, 1996, p.376).

13. 일상수행의 요법의 과제

　일상수행의 요법을 보다 절실하게 실천에 옮기기 위해서는 다양한 문
제 제기가 가능하다. 이를테면 좌선 전후로 독송해야 한다던가, 실질적
실천 프로그램을 개발하는 것 등이 이것이다. 아울러 병든 사회를 극복,
여하히 실천할 수 있느냐의 과제가 있다. 그리고 일상수행의 요법을 통
해 일원상에 접근하는 방법이라든가, 수행의 요법들을 하나하나 실천하
는 여부를 점검하는 것도 과제이다. 나아가 요법에 나타난 경계의 대치
법을 자성문정혜 내지 수상문정혜와 관련하여 연마할 필요가 있다.

 1) 일상수행의 요법은 좌선 전·후로 독송되어야 한다는 문제제
기가 가능하다.

　☞「좌선을 시작하기 전에 일상수행의 요법을 독송해야겠지만 좌선이
끝나고 난 뒤에도 일상수행의 요법을 독송해야 한다. 왜냐하면 좌선을
하고 난 후에 모아진 정신력을 실제 생활에 활용하기 위해서 독송을 하
는 것이다」(한정석, 『원불교 정전해의』, 도서출판 동아시아, 1999,
p.319).

 2) 일상수행의 요법을 실질적으로 실천할 수 있는 프로그램 개
발이 요구된다.

　☞「일상수행의 요법, 좌선법, 솔성요론 등 모든 교리를 누구나 실천
할 수 있는 구체적인 프로그램으로 개발해야 한다. 그리고 많은 실증적
사례를 수집하여 실증교학으로 정착시켜 나가야 한다」(김성장, 「원불교
학 연구의 당면 과제」, 《원불교학 연구의 당면》, 한국원불교학회,
2002.12.6, p.16).

 3) 일상수행의 요법은 병든 사회를 극복할 수 있도록 여하히 실

천하느냐의 과제가 있다.

☞「한 가정에 있어서도 원망생활을 하며, 의뢰생활을 하며, 배울 줄 모르고 가르칠 줄 모르며 공익심이 없는 다섯 가지 병으로 말하면 도회지나 농촌을 물론하고 가정마다 이 병이 들어있다」(청하문총간행회, 『묵산정사문집』, 원불교출판사, 1985, p.165).

4) 교강 9조의 번다함과 9조의 내용 속에 일원상이 없는 이유를 화두로 연마해 본다.

☞「교강 9조의 의미는 두 가지 의문이 생긴다. 먼저 교법의 강령이라면 한두 가지로 강령을 요약해야만 그 강령이 되는 것이 상식인데, 왜 이같이 9조까지 벌려놓았을까 하는 것과 교리강령은 일원상이 그 기본강령이어야 하는데 왜 9조 속에는 일원상이 없을까이다」(한기두, 『원불교 정전연구』-수행편1-, 원광대학교출판국, 1997, p.19).

5) 일상수행의 요법을 외우는 것만이 능사가 아니라 이의 실천 여부를 점검하는 것이 과제이다.

☞「원불교 교도는 이 일상수행의 요법을 아침 저녁으로 외우고 그 실천 여부를 대조 점검하는 것이 수행의 요체이다. 대종사는 일상수행의 요법을 조석으로 외우게 하는 것은 그 글만 외우라는 것이 아니요, 그 뜻을 새겨서 마음에 대조하라는 것이니, 대체로는 날로 한 번씩 대조하고, 세밀히는 경계를 대할 때마다 잘 살피는 것이라고 밝혀주었다」(간행위원회 편, 담산이성은정사 유작집 『개벽시대의 종교지성』, 원불교출판사, 1999, pp.169-170).

6) 일상수행의 요법에 나타난 경계의 대치법을 연마한다.

☞「일상수행의 요법에 나타난 경계의 의의 … 선가에서는 근원적으로 성품의 본래에 돌아가는, 밖의 경계에 대한 대치를 하는 공부에 관심을 두게 된다. 따라서 이러한 대치공부는 북종의 수상문정혜에 속하는 것이 된다면, 경계를 따라 마음이 일어나게 될 때 그 마음이 일어난 것만 깨달으면 경계속의 망상은 없어진다는 것은 자성문정혜에 속한다」(최광현, 「일상수행의 요법과 무시선」, 『원불교사상』 제23집, 원불교사상연구원, 1999.12, pp.155-156).

14. 일상수행의 요법의 연계사상

원불교는 물론 유불도 사상은 心學 수행과 관련된다. 따라서 일상수

행의 요법은 유교의 극기복례라든가, 불교의 『육조단경』에서 말하는 心
地無亂, 성리학의 復性 사상 등과 수행에 있어 회통하고 있다.

1) **일상수행의 요법은 유교의 극기복례와 같은 수행이다.**

☞「일상수행의 요법 가운데 '요란함을 없게 하는 것으로써' 는 극기
와 같고, '자성의 정을 세우자' 하는 것은 복례와 같다고 할 수 있다」
(『한울안 한이치에』, 제3장 일원의 진리 94장).

2) **일상수행의 요법 1~3조는 『육조단경』의 영향을 받았다.**

☞「『육조단경』에 "마음에 요란함이 없는 것이 자성정이요, 마음에
어리석음이 없는 것이 자성혜요, 마음에 그름이 없는 것이 자성계이다」
(『육조단경』 제10장, 心地無亂自性定 心地無癡自性慧 心地無非自性戒).

3) **일상수행의 요법은 동양의 復性 사상과 통하는 바가 있다.**

☞「동양사상의 불교나 성리학, 노장사상은 표현은 달라도 내용에서
는 마음이 절대적으로 선하다는 것이다. 원래 요란함, 어리석음, 그름이
없다는 것은 본래의 마음이 절대 선하다는 것이다. 이를 復性 사상이라
한다. 성품을 회복하는 사상이다. 성품을 회복한다는 것은 성품이 완전
하다는 것을 전제로 한 것이다. 그러므로 여기에서 말하는 요란함, 어리
석음, 그름을 없게 하는 것으로써 자성의 정과 혜와 계를 세우자라는
것은 복성사상을 말한다. 성품의 절대성을 말하는 것이다」(한정석, 『원
불교 정전해의』, 도서출판 동아시아, 1999, p.319).

15. 보충해설

일상수행의 요법은 어떻게 형성되었을까? 1~3조는 『육조단경』
제10장에 "마음에 요란함이 없는 것이 자성정이요, 마음에 어리
석음이 없는 것이 자성혜요, 마음에 그름이 없는 것이 자성계(心
地無亂自性定 心地無癡自性慧 心地無非自性戒)라는 표현과 직결되고
있다. 『회보』에 『육조단경』이 연재된 적이 있는데, 이는 원기 19
년~22년 사이에 초기교단에서 『육조단경』 공부를 참고경전으로
연마하던 때와 맞물리던 때이다. 돌이켜 보면 「본회의 목적」에서
「본회의 교강」으로 바뀌면서 원기 23년 『회보』 44호에 게재된 공
부의 요도 삼강령팔조목과 인생의 요도 사은사요가 일상수행의
요법 9조로 발전해 온 것이다.

그리고 일상수행의 요법을 전 국민운동으로 전개하려 한 흔적

제1장 일상수행의 요법 41

이 해방을 전후한 초기 교단사에 나타나 있어 주목된다. 서울 거리에 뿌려진 전단 『말씀의 선물』, 구체적으로 말해서 해방 직후 혼란한 민심을 일깨우기 위해 '불법연구회 부인동맹' 에서는 교강 9조를 요약한 「새 조선에 새 생활 건설」이라는 전단을 서울 거리에 배포한 것이다. 갱지로 만들어진 전단 내용을 보자. 1) 허영의 생활을 안분의 생활로 돌리자. 2) 원망의 생활을 감사의 생활로 돌리자. 3) 타력생활을 자력생활로 돌리자. 4) 배울 줄 모르는 사람을 잘 배우는 사람으로 돌리자. 5) 가르칠 줄 모르는 사람을 잘 가르치는 사람으로 돌리자. 6) 공익심 없는 사람을 공익심 있는 사람으로 돌리자. 이처럼 일상수행의 요법에 속하는 항목들이 주류를 이룬다.

하여튼 일상수행의 요법은 말 그대로 일상생활에서 신앙·수행하는데 요긴한 자기 다짐의 조항들이다. 순역경계를 당하여 법신불 사은을 향해 고백하는 내용이기도 하다. 대산종사는 일상수행의 요법이 중요함을 다음과 같이 말한다. "내가 지난 번 등산을 하였는데 거년까지 다녔던 길인데도 풀이 무성하여 목적지를 분간하기가 어려웠고, 또 해는 저물었는데 길 또한 두 갈래 길이어서 취사가 어려웠다" 면서 그는 "일상수행 요법이 양 기로에서 바르고 평탄한 길로 안내하는 요긴한 법이다"(『대산종사법문』 3집, 제7편 법훈 197장)라고 했다. 일상수행의 요법을 의례에서뿐 아니라 일상생활에서 주송해야 하는 이유가 여기에 있다.

16. 연구과제
1) 심지는 원래 요란함이 없건마는 경계를 따라 있어지는 이유는 무엇인가?
2) 자력생활과 타력생활이란?
3) 일상수행의 요법이 교강 9조가 되는 이유는?
4) 일상수행의 요법의 필요성은?
5) 요란함, 어리석음, 그름이란 무엇인가?
6) 일상수행의 요법의 교리적 위상은?

7) 원망생활을 감사생활로 돌리는 표준을 언급하시오.

17. 고시문제

1) 일상수행요법의 교리적 위상과 의의?

2) 일상수행의 요법 제3조에서,

  (1) 심지는 원래 그름이 없는 경지를 쓰시오.

  (2) 경계 따라 그름이 있게 되는 연유를 쓰시오.

  (3) 자성의 戒를 세우는 방법을 쓰시오.

3) 心地의 단어 개념을 정리하고 그 내용을 논술하시오.

4) 『정전』의 다음 숙어와 글귀의 의지를 해석하라 : 심지는 원래 그름이 없건마는.

5) 체와 용을 ○ 와 X로 표시 : 定( )과 慧( ).

제2장 정기훈련과 상시훈련

○ 「정기훈련과 상시훈련」의 원문

제1절 정기훈련법

공부인에게 정기로 법의 훈련을 받게 하기 위하여 정기훈련 과목으로 염불 좌선 경전 강연 회화 의두 성리 정기일기 상시일기 주의 조행 등의 과목을 정하였나니, 염불 좌선은 정신수양 훈련과목이요, 경전 강연 회화 의두 성리 정기일기는 사리연구 훈련과목이요, 상시일기 주의 조행은 작업취사 훈련과목이니라.

염불은 우리의 지정한 주문 한 귀를 연하여 부르게 함이니, 이는 천지만엽으로 흩어진 정신을 주문 한 귀에 집주하되 천념 만념을 오직 일념으로 만들기 위함이요, 좌선은 기운을 바르게 하고 마음을 지키기 위하여 마음과 기운을 단전에 주하되 한 생각이라는 주착도 없이 하여, 오직 원적무별한 진경에 그쳐 있도록 함이니, 이는 사람의 순연한 근본정신을 양성하는 방법이요,

경전은 우리의 지정교서와 참고경전 등을 이름이니, 이는 공부인으로 하여금 그 공부하는 방향로를 알게 하기 위함이요,

강연은 사리간에 어떠한 문제를 정하고 그 의지를 해석시킴이니, 이는 공부인으로 하여금 대중의 앞에서 격을 갖추어 그 지견을 교환하며 혜두를 단련시키기 위함이요,

회화는 각자의 보고 들은 가운데 스스로 느낀 바를 자유로이 말하게 함이니, 이는 공부인에게 구속없고 활발하게 의견을 교환하며 혜두를 단련시키기 위함이요,

의두는 대소유무의 이치와 시비이해의 일이며 과거 불조의 화두 중에서 의심나는 제목을 연구하여 감정을 얻게 하는 것이니, 이는 연구의 깊은 경지를 밟는 공부인에게 사리간 명확한 분석을 얻도록 함이요,

성리는 우주만유의 본래이치와 우리의 자성원리를 해결하여 알자
함이요,

정기일기는 당일의 작업시간수와 수입지출과 심신작용의 처리건과
감각감상을 기재시킴이요,

상시일기는 당일의 유무념 처리와 학습상황과 계문에 범과유무를
기재시킴이요,

주의는 사람의 육근을 동작할 때에 하기로 한 일과 안 하기로 한
일을 경우에 따라 잊어버리지 아니하고 실행하는 마음을 이름이요,

조행은 사람으로서 사람다운 행실 가짐을 이름이니 이는 다 공부
인으로 하여금 그 공부를 무시로 대조하여 실행에 옮김으로써 공부
의 실효과를 얻게 하기 위함이니라(『정전』 제3 수행편, 제2장 정기
훈련과 상시훈련, 제1절 정기훈련법).

제2절 상시훈련법
공부인에게 상시로 수행을 훈련시키기 위하여 상시응용주의사항 6
조와 교당내왕시주의사항 6조를 정하였나니라.

1. 상시응용주의사항
1. 응용하는데 온전한 생각으로 취사하기를 주의할 것이요,
2. 응용하기 전에 응용의 형세를 보아 미리 연마하기를 주의할 것
이요,
3. 노는 시간이 있고 보면 경전 법규 연습하기를 주의할 것이요,
4. 경전 법규 연습하기를 대강 마친 사람은 의두 연마하기를 주의
할 것이요,
5. 석반 후 살림에 대한 일이 있으면 다 마치고 잠자기 전 남은
시간이나 또는 새벽에 정신을 수양하기 위하여 염불과 좌선하기를
주의할 것이요,
6. 모든 일을 처리한 뒤에 그 처리건을 생각하여 보되, 하자는 조
목과 말자는 조목에 실행이 되었는가 못되었는가 대조하기를 주의할
것이니라.

2. 교당내왕시주의사항

1. 상시응용주의사항으로 공부하는 중 어느 때든지 교당에 오고 보면 그 지낸 일을 일일이 문답하는데 주의할 것이요,

2. 어떠한 사항에 감각된 일이 있고 보면 그 감각된 바를 보고하여 지도인의 감정얻기를 주의할 것이요,

3. 어떠한 사항에 특별히 의심나는 일이 있고 보면 그 의심된 바를 제출하여 지도인에게 해오얻기를 주의할 것이요,

4. 매년 선기에는 선비를 미리 준비하여 가지고 선원에 입선하여 전문공부하기를 주의할 것이요,

5. 매 예회날에는 모든 일을 미리 처결하여 놓고 그 날은 교당에 와서 공부에만 전심하기를 주의할 것이요,

6. 교당에 다녀갈 때에는 어떠한 감각이 되었는지 어떠한 의심이 밝아졌는지 소득 유무를 반조하여 본 후에 반드시 실생활에 활용하기를 주의할 것이니라(『정전』 제3 수행편, 제2장 정기훈련과 상시훈련, 제2절 상시훈련법).

제3절 정기훈련법과 상시훈련법의 관계

정기훈련법과 상시훈련법의 관계를 말하자면, 정기훈련법은 정할 때 공부로서 수양 연구를 주체삼아 상시공부의 자료를 준비하는 공부법이 되며, 상시훈련법은 동할 때 공부로서 작업취사를 주체삼아 정기공부의 자료를 준비하는 공부법이 되나니, 이 두 훈련법은 서로서로 도움이 되고 바탕이 되어 재세출세의 공부인에게 일분 일각도 공부를 떠나지 않게 하는 길이 되나니라(『정전』 제3 수행편, 제2장 정기훈련과 상시훈련, 제3절 정기훈련법과 상시훈련법의 관계).

1. 초기교단의 정기훈련과 상시훈련 상황

원불교 최초의 비공식 정기훈련은 원기 9년의 만덕산 초선이라고 알려져 있다. 공식적인 정기훈련은 원기 10년 3월 훈련법의 제정 발표에 따라 동하선 3개월씩 하되 전음광 사가에서 첫 정기훈련이 시작되었고, 최초의 훈련 지도교무는 정산종사, 이어서 이춘풍・송만경 선진이 담당하였다. 정기훈련의 규칙도 엄하여 외출금지, 서신왕래금지, 시간엄수 등이 있었다. 이처럼 초기교단의

정기훈련과 상시훈련은 동정간 교리연마와 전문 수행을 통해 적
공하고자 함이었다.

 1) 원기 9년 만덕산 초선은 최초의 비공식 훈련이었고, 원기 10
년 동·하선은 훈련법에 바탕한 최초의 공식 정기훈련이었다.

　☞「만덕산 초선은 교단사에 있어서 최초의 정기훈련 형태를 갖춘 경
우라면 원기 10년의 하·동선은 훈련법에 바탕한 최초의 공식적인 정기
훈련이었다고 말할 수 있겠다」(김경일, 「정기훈련의 의의와 그 실천의
반성」, 『정신개벽』 제4집, 신룡교학회, 1985, pp.29-30).

 2) 초기교단에 있어 정기훈련 기간은 3개월로서 하선은 음력 5
월 6일~8월 6일 정산종사가 훈련교무를 맡았고, 동선은 음력 11
월 6일~2월 6일까지 전개되었다.

　☞「정기훈련은 매년 정기로 공부를 훈련시키는 방법으로서, 동하 양
기의 선으로 하되 하선은 음력 5월 6일에 결제하여 8월 6일에 해제하
고, 동선은 음력 11월 6일에 결제하여 이듬해 2월 6일에 해제하는 과정
으로 첫 정기훈련의 하선은 정산종사가 지도교무를 맡았다. 이 양기의
선이 새 회상 정기훈련의 元始가 되었다」(차광신, 「훈산 이춘풍의 생애
와 사상」, 원불교사상연구원 편, 『원불교 인물과 사상』(Ⅱ), 원불교사상
연구원, 2001, p.417).

 3) 불법연구회 최초의 정기훈련은 을축년(원기 10) 하선으로서
당시 익산총부의 공동체 생활이 이루어졌다.

　☞「불법연구회 최초의 정기훈련인 을축년 하선이 시작될 때 익산총
부는 남자들만이 사는 공동체 생활이었다. 이들의 식생활 담당을 서무
부 서기 송도성이 맡아 공양주 노릇을 하였다. "또 어떤 어른이 보리를
찧어 밥을 할 때에 조리질을 할 줄 몰라서 조리가 이리저리 왔다갔다
하는 것을 따라 당신의 머리까지 흔들었다 한다" (김형오, 근본을 돌아
보아 그 본을 받자. 『회보』 22호). 익산 본관에서는 진지상을 차릴 때에
도 총재상은 납작한 목침에다 올리고 제자들은 방바닥에 둘러앉아 먹었
다」(박용덕, 『금강산의 주인되라』, 원불교출판사, 2003, p.83).

 4) 전주에서 익산 본관으로 이사 온 전음광의 사가에서 원기 10
년 5월 첫 정기훈련을 가졌다.

　☞「원기 10년 혜산(전음광)은 익산총부 옆에 사가를 짓게 되었다.
그해 5월 6일 대종사는 새로 만든 훈련법에 의하여 첫 정기훈련을 실시

하게 되는데 아직 대중의 모임 장소를 마련하지 못했던 대종사는 이 사가를 불법연구회 제1회 정기훈련을 나는 선방으로 활용하게 된다」(김성철, 「혜산 전음광의 생애와 사상」, 원불교사상연구원 편, 『원불교 인물과 사상』(Ⅰ), 원불교사상연구원, 2000, p.346).

5) 익산총부의 간고한 시절, 제2기~6기 정기훈련의 담당교무로는 이춘풍 선진이었고, 일반훈련과 교무양성으로 이어졌다.

☞「이춘풍은 정산종사의 제1기 하선담당 교무의 뒤를 이어 원기 10년 11월 6일에 결제하는 제2기 동선 훈련의 교무로 남녀 선원 20여인의 전문훈련을 지도하게 되었다. 그리고 그는 3, 4, 5, 6기까지 계속 교무를 담당하게 된다. 이 정기훈련은 일반 선원의 공부를 단련하는 중요한 기간이 될 뿐 아니라, 초창기에 교무를 양성하는 유일한 방도로 활용되었으며, 훈련의 장소는 그 후 신축한 공회당에서 간고한 여건을 이겨가며 선원 훈련의 명맥을 이어 나갔다」(박정훈, 『정산종사전』, 원불교출판사, 2002, pp.200-201).

6) 원기 11년 「본년도 공부 및 사업의 개관」이라는 주제로 정기훈련에 입참한 명단이 불법연구회 창건사에 기록되어 있다.

☞「(원기 11년) 「본년도 공부及 사업의 개관」1. 교육 상황 : 하선에는 여선원 10여인이 교무 이춘풍의 지도하에 제3회 정기공부를 행하였고, 동선에는 남녀 합 30여 인이 송만경, 이춘풍 양 교무의 지도하에 제4회 정기공부를 행하다」(정산종사, 『불법연구회창건사』 제1편 1회 12년, 제23장 本年度 工夫及 事業의 개관).

7) 정기훈련이 지속되면서 훈련자로서 항타원 종사 등은 서신왕래 금지, 시간엄수, 외출금지 등 정기훈련을 철저히 하였다.

☞「교단에 몇 분 안 되는 초창 선진으로서 항타원 종사는 다른 사람들에게 규칙을 강조하고 스스로는 어느 정도 자율적으로 초규범적 생활이 가능한 위치에 있었다. 그러나 종사는 스스로 철저히 규칙을 준수하였다. 훈련에 들어가면, 훈련자들에게 적용되는 모든 규칙을 앞장서서 지켰다. 서신왕래 금지, 시간엄수, 외출금지 등 정기훈련으로 다져온 초기교단의 문화를 온몸을 실천하였다」(한창민, 「항타원 이경순의 생애와 사상」, 원불교사상연구원 편, 『원불교 인물과 사상』(Ⅱ), 원불교사상연구원, 2001, pp.259-260).

8) 불법연구회는 정기훈련과 상시훈련을 통해 교법으로 완전 훈련을 하는 것으로 《조광》은 불법연구회 탐방기를 게재하였다.

☞「(불법연구회 탐방기) … 불법연구회는 이와 같이 사업과 생활양식 방면으로 고찰할 시에는 일종의 산업단체적·진흥단체적 외관을 못한다. 다시 이상과 교리방면으로 보아서는 훌륭한 종교단체이다. 이제 회원 급 신자의 종교적 훈련방법을 보면 前記 사은사요에 대한 공부요도의 실천적 방법으로서 정기선원과 상시훈련을 설치하여 전자는 수양연구에 그 중심을 두어 양자 상호 작용하여서 완전 훈련을 기하고, 수양측으로 각종의 계율을 엄수함. 이상에서 불법연구회는 여하한 유래로 어떠한 내용으로 하며 그의 실천은 어떻게 하는가를 개괄적으로 논하였거니와 지면 관계로 이만 그친다」(『조광』, 1937년 10월/박용덕, 『천하농판』, 도서출판 동남풍, 1999, p.270).

2. 훈련의 개념

훈련이란 기질단련과 본성회복의 노력이다. 나아가 인간의 본능적 욕구를 절제하며 사회적 도의 규범에 맞게 행동하도록 유도하는 것이며, 교육을 통한 자아완성과 인류 진화를 도모하는 것이다. 그리고 배움의 가치를 강조하며 성취감을 얻도록 하는 것도 훈련의 일반적 의미이다. 원불교적 의미에 있어 훈련은 심전계발로서 마음 혁신의 삼학수행에 관련된다. 그리고 일상의 삶에서 불방심 공부를 통해 법규를 지키며 부처가 되는 공부법이자 궁극적으로 해탈을 향한 수행이 훈련의 참 의미이다.

1) 훈련은 기질단련과 동시에 내면의 습관 개조와 본성의 회복을 위한 노력이다.

☞「훈련이라는 개념은 일반적으로 운동선수 훈련, 군인 훈련과 같은 특수기능 습득을 위해 계속적 반복적 행위를 통해서 습득되어지는 것을 나타내는 개념이다. 그러나 원불교에서의 훈련이란 연속적인 수행 특히 자기 내면의 고질화된 습성개조, 본성회복을 위한 노력을 의미한다」(김홍철, 「원불교사상의 특성에 관한 연구」, 『원불교사상』 12집, 원불교사상연구원, 1988, p.32).

2) 인간의 본능적 욕구를 절제하며 사회적 도의규범에 맞게 행하도록 하는 것이 훈련이다.

☞「인간의 본성은 모두 우리의 몸을 통해 밖으로 드러나게 되는 몸의 본능적 욕구이다. 따라서 사회적 투쟁과 혼란을 극복하기 위해서는

인간의 본성, 즉 몸의 본능적 욕구를 합당하게 충족시켜 사회적 도의 규범인 禮에 맞게 행하도록 하는 몸의 훈련이 필요하다는 것이다」(김학권, 「예치구현을 위한 순자의 철학적 지향」, 『범한철학』 제35집, 2004 겨울, pp.227-228).

3) 교육을 통한 자아완성과 인류 진화의 방법이 훈련이다.

☞「일반적으로 훈련이라고 하면 가르쳐서 익힌다는 뜻으로 인간의 자기계발을 위한 모든 助成 활동을 말한다. 그러므로 훈련은 자아완성의 길이요 재생의 원동력이요 인류 진화의 방법이다. 훈련을 통해서 우리는 인격을 완성할 수 있고 거듭날 수 있으며 무한히 발전할 수 있기 때문이다」(서경전, 『교전개론』, 원광대학교출판국, 1991, p.333).

4) 배워 익히는 것이 훈련으로 정성으로 훈련에 임하면 공부의 성취감을 얻게 되는 것이다.

☞「한글사전에 배워 익힌다는 뜻으로 무예나 실무를 배워 익힌다는 뜻이 담겨져 있다. 따라서 『논어』의 첫 구절의 學而時智과 통하는 뜻이 있지만 … 설령 한때 실수를 한다 해도 또 다시 훈련만 정성으로 하게 되면 언젠가는 반드시 성공한다는 등의 신념을 넣어주는 공부길이 담겨 있다」(한기두, 『원불교 정전연구』-수행편1-, 원광대학교출판국, 1997, pp.75-76).

5) 심전계발로서 마음혁신을 전제로 한 삼학수행이 훈련이다.

☞「심전계발은 형상 없는 마음 세계의 계발이기 때문에 견성, 양성, 솔성으로 진행되며 이러한 계발은 수련과 훈련을 통해서 일어나는 마음 혁명을 전제한다」(이성택, 「원불교 수행론」, 『원불교사상시론』 1집, 수위단회사무처, 1982, p.30).

6) 불방심으로 법규를 지키며 부처가 되도록 공부하는 것을 훈련이라 한다.

☞「훈련인은 언제 어디서나 공부하는 마음을 놓지 않고 모든 법규를 잘 지키며 본교 훈련법에 의해서 끊임없이 자기 자신을 가꾸어 부처로 다듬어 나가는 동시에 주위 사람들에게 조용한 변화를 일으켜 줄 수 있는 공부하는 인간상이다」(이종진, 「원불교 교무론」, 『원불교사상시론』 1집, 수위단회사무처, 1982, p.250).

7) 해탈을 향한 수행의 의미를 지닌 것이 훈련이다.

☞「해탈을 향한 수행의 과정에는 개인의 성향에 따라 차별화될 수 있으나 소태산은 제자들을 지도하면서 다양한 임상실험을 거쳐서 보편적인 사람을 기준으로 기본과목을 설정하였으며, 교법의 체계화 과정에

서 수행과 같은 의미를 가진 훈련이라는 개념을 사용하였다」(박상권, 「소태산 성리해석의 지향성 연구」, 『원불교사상과 종교문화』 32집, 원불교사상연구원, 2006.2, p.91).

3. 정기훈련과 상시훈련의 의미

정기훈련은 시공간의 제약 속에서 일정기간 전문으로 입선하여 훈련에 임하는 것이라면, 상시훈련은 시공간의 제약 없이 일상생활에서 스스로 챙기며 훈련에 임하는 것이다. 따라서 정기훈련은 『정전』의 11과목을 중심으로 하는 훈련법이다. 상시훈련은 정기훈련 해제 후 다시 결제하는 형식을 지닌다. 따라서 양자의 훈련은 수도와 생활 속에서 훈련에 임하는 것으로 저축삼대력과 활용삼대력이라는 양면적 의의가 있다. 아무튼 정기훈련이 정할 때의 삼학 공부라면, 상시훈련은 동할 때의 삼학 공부로서 양자 공히 불법으로 이상적 인격을 함양하는 것이다. 이에 정기훈련은 상시훈련의 자료 준비적 기능을 담당한다고 볼 수 있다.

1) **정기훈련은 일정시간과 공간에서 훈련하며, 상시훈련은 이에 구애받지 않음이다.**

☞「시간적 흐름과 공간적 생활무대 속에서 생을 영위하는 것이 인간이기 때문에 수행의 방법도 시간성과 공간성을 가져야 한다. 훈련법에서 정시와 상시의 의미를 살펴보면 定期는 시간적으로 일정 기간을 말하고 공간적으로 일정한 장소를 칭한다」(이성택, 「원불교 수행론」, 『원불교사상시론』 1집, 수위단회사무처, 1982, p.38).

2) **정기훈련은 분주한 세상사를 피해 전문 입선하는 것이요, 상시훈련은 실제에서 육근동작을 할 때 챙기고 수호함이다.**

☞「정기훈련이란 정기적으로 일정한 기간을 정하여 분주한 世事를 피해서 전문적으로 훈련을 하게 되는 것이니, 평상시의 마음대중을 잡아 일원의 진리에 이탈함이 없이 이무애 사무애가 되어 진리활용에 자유를 얻자는 것이다. … 상시훈련이라 함은 곧 마음을 단련하고 수호하며 활용할 때 육근동작 하는 장소와 시간을 훈련도량으로 챙기고 수호하자는 것이다. 그러므로 상시훈련법이 아니면 도리어 지침이 없는 마음에 구속을 면치 못하는 것이다」(이운권, 고산종사문집1 『정전강의』, 원불교출판사, 1992, pp.65-67).

3) 정기훈련을 결제하여 11과목으로 마음을 묶고, 해제를 하면 일상생활로 돌아가서 상시훈련으로 다시 결제를 하는 것이다.

☞「정기훈련을 받을 때 결제를 하고 정기훈련을 마치게 되면 해제를 하는데 정기훈련을 받을 때 정기훈련 11과목에 의하여 마음을 묶고, 법으로 몸을 제재하여 심신을 단련시키는데 이를 결제라 하고, 이 훈련을 마치게 되면 묶였던 마음을 푸는데 이것을 해제라 한다. 또한 해제를 하고 나면 훈련으로 다듬어진 심신을 각 직장에 돌아가서 일상생활을 할 때 이를 응용하여 상시훈련으로 다시 결제를 하게 된다」(안이정,『원불교교전 해의』, 원불교출판사, 1998, p.520).

4) 때로는 전문으로, 때로는 생활 속에서 수도와 생활을 일치시키는 공부법이 정기훈련과 상시훈련이다.

☞「수도와 생활을 둘로 보지 아니하고 한 평생이 생활이자 수도이며 수도이자 생활이도록 한 대종사의 은혜를 구현시키기 위하여 그에 대한 준비로써 때로는 전문적으로 훈련을 시켜 심신을 단련케 하고, 때로는 생활 속에서 끊임없이 수도가 되도록 훈련하는 방법을 가지고 인격을 도야하고 훈습시켜 수도와 생활을 일치시키려는 공부법으로서 정기훈련법과 상시훈련법을 설한 것이다」(이은석,『정전해의』, 원불교출판사, 1985, p.194).

5) 정기훈련은 저축삼대력을 양성하는 것이라면, 상시훈련은 활용삼대력을 양성하는 것이다.

☞「정기훈련법은 정할 때의 공부로서 수양 연구를 주체 삼았으며 상시공부의 자료를 준비하는 공부법으로 선학원에서 일정한 기간을 정하여 전문 修禪하는 것이요(저축삼대력 양성), 상시훈련법은 동할 때 공부로서 작업취사를 주체 삼았으며 정기공부의 자료를 준비하는 공부법으로 실지생활 가운데서 시간과 장소에 구애 없이 공부하는 것이다(활용삼대력 양성)」(신도형,『교전공부』, 원불교출판사, 1992, p.298).

6) 정기훈련은 정할 때 삼학공부법이요, 상시훈련은 실생활에서 삼대력을 얻는 공부법이다.

☞「정기훈련법은 일정한 기간을 정해서 하는 정할 때의 삼학공부이다. 삼학공부의 방법을 구체적으로 11과목으로 정해서 실지로 단련을 시켜 삼대력을 얻게 하는 훈련법이다. … 상시훈련법은 시간의 여유가 있을 때나 일을 할 때를 막론하고 동정 간에 삼학공부를 실생활에서 끊

임없이 닦아서 삼대력을 얻게 하는 공부법이다」(한정석, 『원불교 정전
해의』, 도서출판 동아시아, 1999, pp.361-373).

　7) 정기훈련과 상시훈련은 불법으로 인격화하는 수행이며, 전자
는 후자의 자료를 준비하는 기능을 한다.

　☞「원불교의 훈련은 정기와 상시로 나누어 모든 신자로 하여금 불법
의 이상을 훈련의 수단을 통하여 인격화하려는 노력이라고 규정할 수
있다. 이러한 훈련법에 있어 정기공부는 상시공부의 자료를 준비하는
공부로서의 기능을 간직한다고 할 수 있다」(김경일, 「정기훈련의 의의
와 그 실천의 반성」, 『정신개벽』 제4집, 신룡교학회, 1985, p.37).

4. 정기훈련과 상시훈련의 대의강령
　1) 정기훈련법은 공부인에게 정기로 법의 훈련을 받게 하기 위
해 정기훈련 11과목을 정하고 그 의의를 언급하였다.
　2) 상시훈련법으로는 공부인에게 상시로 수행 훈련시키기 위하
여 상시응용주의사항 6조와 교당내왕시주의사항 6조를 언급했다.
　3) 정기훈련법과 상시훈련법의 관계를 동정간 일분일각도 공부
를 떠나지 않는 훈련법이라 하였다.

5. 정기훈련과 상시훈련의 구조
　1) 정기훈련법의 의미와 항목
　2) 상시훈련법의 의미와 항목
　　(1) 상시응용주의사항 6조
　　(2) 교당내왕시주의사항 6조
　3) 정기훈련법과 상시훈련법의 관계

6. 단어해석
　정기훈련 : 일상생활을 벗어나 전문 입선하여 일정기간 전문적으로 삼
학을 중심으로 훈련하는 것을 定期訓練이라 한다. 정기훈련법은 정기훈
련 11과목으로 일정기간 훈련하는 것을 말한다.
　상시훈련 : 정기훈련에 상대되는 것으로 일상생활 속에서 상시로 훈련
하는 것을 말한다. 상시훈련법은 상시응용주의사항 6조와 교당내왕시주

의사항 6조가 있다. 정기훈련과 상시훈련은 동정간 불리자성 훈련이다.

공부인 : 공부인은 신심 공심은 물론 공부심으로 일과를 준수하고, 교법을 실천하며 중생을 제도하는 진급인이다. 곧 인생의 요도 사은사요와 공부의 요도 삼학팔조를 실천하는 신앙인・수행인을 工夫人이라 한다.

염불 : 천지만엽으로 흩어진 정신을 주문 한 구에 집주하여 천념만념을 오직 일념 만들기 위한 공부법이다. 곧 나무아미타불을 칭념하면서(무량수각 귀의) 삼매에 진입하는 수양법을 念佛이라 한다. 염불은 정기훈련으로서 사심잡념을 벗어나 청정일심의 자성을 찾아가는 공부이며, 미타색상이나 극락장엄을 벗어나 자심미타를 찾아 귀의하는 공부이다.

좌선 : 바르게 앉은 상태에서 망념을 쉬고 진성을 얻는 공부가 坐禪으로 원불교 정기훈련 과목의 하나이다. 좌선은 식망현진과 수승화강을 통해 온갖 잡념을 제거하고 진여의 자성을 얻는 수양법이다. 곧 기운을 단전에 주하여 한 생각이라는 주착도 없이 원적무별한 진경에 그쳐있도록 함이니, 이는 순연한 근본정신을 양성하고자 함이라고 소태산은 말한다.

경전 : 종교 성자의 가르침을 담은 각종 교서를 經典이라 한다. 이를테면 지정교서와 참고경전 등을 말한다. 이에 소태산 대종사는 정기훈련 11과목의 하나로서 경전 연마(사리연구)를 강조한다. 경전을 통해 공부하는 방향로를 알기 때문이다. 경전으로는 지묵경전과 현실경전이 있다.

강연 : 사리 간에 어떠한 문제를 정하고 그 의지를 해석시킴이니, 공부인으로 하여금 대중 앞에서 격을 갖추어 지견을 교환하며 혜두를 단련시키는 것이 講演이라고 소태산은 밝혔다. 즉 교리를 연마하여 대중 앞에서 설득력 있게 강설함으로써 지혜를 밝히는 것을 말한다. 강연은 대소유무와 시비이해를 두루 밝혀 강령적으로 전하므로 설득력을 갖는다.

회화 : 정기훈련 과목의 하나가 會話로, 일상생활에서 겪은 바를 대중 앞에 자유롭게 발표하여 혜두를 단련하고 의견을 교환함이 목적이다. 소태산은 각자의 견문에서 느낀 바를 자유로이 말하게 함이라 했다.

의두 : 정기훈련의 한 과목으로 대소유무의 이치와 시비이해의 일이며 과거 불조의 화두 중에서 의심나는 제목을 연구하여 감정을 얻게 하는 것이 疑頭라고 『정전』에서 밝혔다. 의두는 연구의 깊은 경지를 얻도록 공부인에게 사리간 명확한 분석을 얻도록 하기 위함이라고 덧붙이고 있

다. 궁극적으로 의두는 일원상의 진리를 깨달아 혜두를 단련하기 위함이다. 원불교의 의두는 불교에서 화두 내지 공안의 성격이다.

　성리 : 정기훈련의 한 과목으로 우주만유의 본래이치와 우리의 자성원리를 해결하여 아는 것이 性理라고 『정전』에서 밝혔다. 성리는 유교와 불교에서도 관심을 갖는 공부법으로, 교조 소태산은 성리를 밝히지 않은 종교는 원만한 도가 아니라(『대종경』, 성리품 9장)고 하였다.

　정기일기 : 정기훈련 과목의 하나로서 선학원, 훈련원 등에서 정기훈련을 받는 공부인들이 쓰는 일기인 바, 당일의 작업시간수와 수입 지출과 심신작용의 처리건과 감각감상을 기재시키는 것을 定期日記라 한다.

　상시일기 : 정기훈련 과목의 하나로서 당일의 유무념 처리와 학습상황과 계문의 범과 유무를 기재시키는 것을 常時日記라 한다.

　주의 : 사람이 육근동작을 할 때에 하기로 한 일과 하지 않기로 한 일을 항상 잊어버리지 아니하고 실행하는 것을 注意라 한다. 이는 작업취사에 해당하는 공부이며, 심신의 작용을 주의력 있게 함이다.

　조행 : 사람다운 행실 가짐을 操行이라 하며, 공부인으로 하여금 공부를 무시로 대조하여 실행에 옮기게 함으로써 공부의 실 효과를 얻는 공부법이다. 주의와 같이 작업취사 공부법으로 우리의 행실을 바르게 함이다. 주의와 조행은 공히 정기훈련 과목에 해당한다.

　주문 : 일반적으로 呪文은 입으로 암송하면서 일심정성으로 절대자에게 소원을 빌며 신력을 얻고자 하는 것으로 일종의 주술인 바, 염불도 넓게 보면 주문에 해당한다. 천도교 증산교 등 신종교들마다 주문이 있으며, 원불교의 주문으로는 성주, 영주, 청정주 등이 있다. 주문은 뜻을 해석하는 것보다는 정성스럽게 외우며 呪力을 얻는데 초점이 있다.

　집주 : 천념 만념을 일념으로 모으기 위해 주의력을 가지고 집중하는 것을 集注라 한다. 관심사를 한곳으로 모아서 정성을 다하는 것이다.

　천념만념 : 산란하게 흩어지는 온갖 생각들을 千念萬念이라 한다. 천념만념이 되는 이유는 일념으로 집주하지 못하는 사심 잡념 때문이다.

　일념 : 한 가지 일에 오롯이 일심을 모으는 것을 一念이라 한다. 염불을 할 때 일념이 필요하며, 일념으로는 최후의 일념(『대종경』, 천도품 12장), 청정일념(『정산종사법어』, 생사편 8장) 등이 있다.

기운 : 천지간에 생명체로서 살아 움직이는 근원적인 힘을 氣運이라 한다. 기운이 가라앉지 않고 활력을 더하는 노력이 필요하다. 좌선을 할 때 기운을 바르게 함이란 좌선에 임하여 심신을 안정되게 하는 것이다.

단전 : 배꼽 아래 6cm 정도 되는 곳을 丹田이라 한다. 원불교의 좌선법은 단전주 선법을 특징으로 하는데, 좌선을 할 때 기운을 단전에 모으면 수승화강이 잘 되어 정신이 맑아진다. 단전에는 하단전(배꼽아래)과 상단전(양미간)이 있다. 좌선법의 원류가 된 도교 수련법에 있어 단전 용어의 최초 문헌적 출현은 『황제내경소문』의 「신유상단전」이다.

주착 : ☞『정전풀이』(상) 「삼학, 정신수양」 '주착심' 참조.

원적무별 : 사량이나 계교심, 번뇌와 망상 등이 사라진 진여 자성의 열반 경지를 圓寂無別이라 한다. 곧 좌선을 통해 청정 자성을 찾아서 순연해진 근본정신을 원적무별이라 한다.

진경 : 참다운 경지, 또는 본래의 경지를 眞境이라 한다. 소태산은 『대종경』 교의품 28장에서 마음 닦는 공부를 주장하는 도가 아니면 그 진경을 다 발휘하지 못할 것이라고 하였다.

순연 : 섞임이 없이 순수하고 온전함을 純然이라 한다. 소태산은 『대종경』 전망품 6장에서 금강산처럼 순연한 본래면목을 잃지 말라고 했다.

근본정신 : 본래 기본이 되는 정신을 根本精神이라 한다. 여기에서 근본정신이란 수도인으로서 자성 청정의 정신 또는 성불제중을 향하여 수도 정진하는 본래 마음이다.

지정교서 : 指定敎書란 『정전』의 정기훈련 과목으로서 경서를 언급할 때의 용어이며, 원불교 기본교서 외에 여타 종교의 지정 교서들이 있다.

참고경전 : 원불교의 교리 파악이나 경전 이해에 있어 참고가 되는 경전이 參考經典이다. 소태산이 1916년 대각 직후 참고한 경전들로서 『금강경』 『선요』 『팔상록』 『사서』 『성경』 등 열람한 경전이 이와 관련된다.

의지 : 『정전』 정기훈련법에서 강연을 설명하면서 사리 간 문제를 정하고 그 意旨를 설명한다고 했는데 이는 문제의 뜻이나 의미를 말한다. 일반적으로 우리가 자주 사용하는 意志의 용어는 생각이나 의향을 말한다.

혜두 : 강연은 대중 앞에서 지견을 교환하여 혜두를 단련한다고 하는데, 지혜의 의두를 慧頭라 한다. 혜두를 단련해야 진리에 밝아진다.

대소유무 : ☞『정전풀이』(상) 「일원상, 일원상의 진리」 '대소유무' 참조.

시비이해 : ☞『정전풀이』(상) 「사은, 법률은」 '시비이해' 참조.

불조 : 제불조사를 줄여서 佛祖라 한다. 불조의 자세한 의미는 『정전풀이』(상) 「일원상서원문」의 '제불조사' 를 참조할 것.

화두 : 선종의 조사들이 정한 깨침의 법문을 話頭라 하며, 공안·고칙이 이것이다. 1,700개 이상의 화두를 통해 깨달음을 얻는다. 원불교의 경우 정기훈련 과목으로서 의두 및 성리가 이와 유사한 뜻이다.

감정 : 의두와 같이 의심건을 연마함에 있어 헤아림을 통해 얻은 바가 옳은 것인지의 시비 판단을 내리는 것을 勘定이라 한다. 또 공부의 정도를 스승이나 대중에게 평가받는 일을 감정이라 한다.

자성원리 : 진여자성 내지 청정자성의 근본이 되는 원리를 自性原理라 한다. 성리를 연마하는 이유는 우주만유의 본래이치와 인간의 자성원리를 파악하고자 함이라고 소태산 대종사는 『정전』에서 밝히고 있다.

당일 : 일이 전개된 그날 하루를 당일이라 한다.

심신작용처리건 : 일기법에 있어 당일 처리한 심신작용을 기재하여 시비이해를 밝히는 공부로서 모든 일을 작용할 때 취사의 능력을 얻게 하는 것이 心身作用處理件이다.

감각감상 : 하루의 생활 속에서 깨닫거나 느낀 내용을 기재하는 일기공부로서 진리의 대소유무를 밝혀 연구력을 얻게 하는 것이 感覺感想이다.

유·무념 : 有·無念은 모든 일을 당하여 유념으로 처리한 것과 무념으로 처리한 번수를 조사 기재하되, 하자는 조목과 말자는 조목에 취사하는 주의심을 가지고 한 것을 유념이라 한다. 그러나 취사하는 주의심이 없이 한 것은 무념이라고 『정전』 「일기법」에서 밝히고 있다.

학습상황 : 일기법에 있어 당일 선학원 등에서 행한 수양과 연구의 각 과목은 그 시간수를 계산하여 기재하며, 아울러 예회와 입선은 참석여부를 대조 기재하는 것을 學習狀況이라고 소태산은 밝히고 있다.

계문 : 계율이라고도 하며, 수도인으로서 악한 행동 내지 죄가 될만한 행동을 금하는 것이 戒文이다. 원불교의 경우 보통급 10계, 특신급 10계, 법마상전급 10계를 포함하여 30계문이 있다. 항마위부터는

心戒를 두고 있다. 기독교에 십계명, 불교에 250계~500계가 있다.

육근 : ☞『정전풀이』(상)「삼학, 사리연구」'육근' 참조.

상시응용주의사항 : 신앙인으로서 공부 및 훈련을 일정한 장소나 시간에 국한하지 않고, 일상생활에서 언제 어디서나 마음을 챙기고 공부하자는 것으로,『정전』상시훈련법의 여섯 조항을 常時應用注意事項이라 한다.『대종경』수행품 1장에 상시응용주의사항을 언급하고 있다.

교당내왕시주의사항 : 원불교 교도로서 교당을 내왕할 때마다 챙기고 챙겨서 공부해야 할 6가지 조항이다. 따라서 일상생활을 하면서 교당 법회 때 챙겨야 할 마음 대조의 6가지를 깊이 새길 일이다.『대종경』수행품 1장에 교당내왕시주의사항을 언급하고 있다.

취사 : 정의실행을 위해 옳은 것은 취하고 그른 것을 버리는 것을 取捨라 하며, 원불교에서는 삼학 중 작업취사의 방법이 있다.

법규 : 질서 유지의 차원에서 지켜야 할 법령이나 규율을 法規라 한다. 원불교의 경우 교헌과 교규 등이 있다. 헌규를 지키고 계율을 준수하는 것이 일종의 법규 준수이다. 정산종사는 법어에서 지도자는 법규에 탈선됨이 없도록 하라(공도편 62장)고 하였다.

석반 : 저녁밥을 석식 혹은 夕飯이라 한다.

교당 : 원불교 신앙인들이 모여 교화활동과 의식집행·정례법회·훈련을 받으며, 또 교도가 교무의 정신적 훈도를 받는 곳을 敎堂이라 한다. 초창기에는 지부라 했는데 이 지부의 호칭이 교당으로 바뀐 것은 원기 62년(1977) 1월 10일로, 새 교헌의 시행에 의해 지부가 교당으로 바뀌고 지부장이 교도회장으로 바뀌었다.

문답 : 교무와 교도, 지도자와 피지도자 간에 교리의 궁금증과 하루 생활에 대한 의심건을 주고받는 것을 問答이라 하며, 공부인은 스승에게 문답감정을 받음으로써 적공과 진급의 삶을 지속하게 된다.

지도인 : 지도가 필요한 사람들을 솔선수범으로 교육하고 인도하여 과학교육과 인격형성을 도와주는 사람 및 스승을 指導人이라 한다. 소태산 대종사는 최초법어「지도인으로서 준비할 요법」4개 항목을 밝혔고, 특히 지행합일을 하도록 했다. 종교 성직자는 지도인으로 살아야 하는 바, 그 인품과 자격에 있어 지행합일 및 정성심을 가져야 할 것이다.

해오 : 교리·도리를 깨달아 알게 되는 것을 解悟 또는 오득이라 한다.

선기 : 정기훈련 기간을 禪期라 한다. 이를테면 초기교단에 행해왔던 동·하선은 일정기간 한 장소에서 훈련을 갖는 것인데 이를 선기라 하는 것이다. 오늘날 전무출신은 매년 7일간(선기)의 정기훈련을 받는다.

선비 : 정기훈련을 위해 들어가는 비용을 禪費라 한다. 학교에 수업료가 필요하듯, 정기훈련에 숙박비·강의료 등 선비가 필요한 것이다.

선원 : 동선과 하선, 또는 예비교무 수학을 주관하던 곳이 선원이었다. 1956년 중앙총부에 설립된 중앙선원, 1963년 예비교무 교육을 담당했던 동산선원, 현재 중앙총부 의례와 훈련를 담당하고 있는 상주선원, 1973년에 발족된 중앙 중도훈련원, 교단의 훈련원 등이 선원의 성격이다.

입선 : 동·하선에 참예하는 것을 入禪이라 한다. 오늘날 입선이라는 용어 대신에 훈련이라는 용어로 바뀌는 상황이다. 대체로 교단의 각종 훈련원에서 교도의 정기훈련을 담당하고 있다.

전문공부 : 일상생활의 공부가 아니라 입선이나 훈련 참가를 통해서 전문적으로 수련하는 공부를 專門工夫라 한다. 여기에서는 성기훈련에 참가할 때 받는 도학공부로서 11과목 중심의 공부를 전문공부라 한다.

예회날 : 신앙 수행을 촉진하고 교법실천을 강론하는 목적으로 매주 일요일 법잔치를 여는 것이 例會이다. 여기에는 정례로 개최하는 정례법회와 수시로 개최하는 수시법회가 있고, 특별히 열리는 특별법회가 있다. 초기교단은 농한기, 10일 단위의 예회를 보아오다가 오늘날은 정례 주일단위(수, 토, 일)로 예회를 개최하고 있다.

처결 : 결정하여 처리하는 것을 處決이라 한다. 예회날 모든 일을 미리 처결한다는 것은 예회를 보기 위해 다른 일은 먼저 처리한다는 뜻이다.

전심 : 오로지 하고자 하는 일에 마음을 전력하는 것을 專心이라 한다.

반조 : 저녁에 서쪽의 노을로 인해 동쪽이 되비치는 것이라든가, 지나간 일을 돌이켜 새겨보는 것을 返照라 한다. 곧 성찰 반성하면서 하루, 한 달, 일 년의 지낸 일을 돌이켜 보는 것이다. 반조에는 서원반조·목적반조·자성반조·회광반조 등이 있어 서원을 돌이켜 보고 세운 바 목적을 돌이켜 보며, 진여자성 곧 자신의 본래면목을 돌아보는 것이다.

재세출세 : 종교인으로서 직업 또는 삶의 양태로서 재가에 있는 것을

在世라 하고 출가하여 사는 것을 出世라 한다. 따라서 재세출세 공부인 이란 재가로서 거진출진, 출가로서 전무출신 모두를 포함하는 말이다.

7. 숙어 · 문제풀이

1) 염불 · 좌선은 정신수양 훈련과목이요, 경전 · 강연 · 회화 · 의 두 · 성리 · 정기일기는 사리연구 훈련과목이요, 상시일기 · 주의 · 조행은 작업취사 훈련과목이란?

 (1) 일원상 수행에 있어 정기훈련 11과목을 삼학으로 분류한 훈련과 목들을 말한다.

 (2) 정신수양으로서 염불과 좌선은 수도인에게 고요하고 맑은 기운 으로서 참 성품을 회복하게 해준다.

 (3) 사리연구로서 경전 강연 회화 의두 성리 정기일기는 우리의 밝 은 지혜를 얻게 해주는 훈련방법이다.

 (4) 작업취사로서 상시일기 주의 조행은 우리의 정의로운 행동을 인 도하는 훈련법이다.

2) 염불은 천지만엽으로 흩어진 정신을 주문 한 귀에 집주하되 천념 만념을 오직 일념으로 만들기 위함이란?

 (1) 염불은 일종의 주문이며 나무아미타불이라는 문구를 일념으로 주송하면 무량수각에 귀의한다는 뜻이다.

 (2) 염불은 오롯한 마음을 챙기는 정신수양의 한 방법으로 밖의 산 란한 경계를 극복하는데 효력을 발휘한다.

 (3) 서방 정토극락에 가기를 염원하면서 부처의 성호를 칭송함으로 써 염불삼매에 진입하여 자심미타를 찾아가는 요긴한 수양법이다.

 (4) 정토종에서는 염불을 강조하여 부처님 신앙에 다가서고자 노력 해왔으며, 원불교는 이를 수행법으로 적극 활용하고 있다.

3) 좌선은 기운을 단전에 주하되 한 생각이라는 주착도 없이 원 적무별한 진경에 그쳐 순연한 근본정신을 양성함이란?

 (1) 좌선은 마음을 단전에 주하고 호흡을 골라서 수승화강의 경지를 체험하며 마음의 평화로움에 이르도록 한다.

 (2) 좌선을 통해 사심 잡념을 제거하여 적적하면서도 성성하며, 성

성하면서도 적적한 경지를 체험한다.

(3) 좌선은 심신양망과 물아양망의 경지에서 마음의 자유와 생사의 해탈, 죄복의 자유로움을 얻는데 도움을 준다.

(4) 염불은 동하는 환경에서 정신수양의 방법으로, 좌선은 정할 때 정신수양의 방법으로 더욱 효율적이다.

4) 경전은 우리의 지정교서와 참고경전 등을 이름이니, 이는 공부인으로 하여금 그 공부하는 방향로를 알게 하기 위함이란?

(1) 경전으로는 우리의 지정교서와 참고경전이 있는데, 『원불교 전서』는 지정교서이며, 소태산의 대각 후 열람한 경전이나 타종교 교서 등은 참고경전이다.

(2) 성인 생존 당시에는 구전심수로 지혜를 연마하며, 성인이 떠나면 경전을 통해서 지혜를 연마하므로 경전은 인생의 보경이다.

(3) 경전을 연마할 때에는 성자를 옆에 모시는 심경으로 임한다.

(4) 경전이란 성자 철인들이 세도인심을 깨우치기 위하여 그 도리를 밝혀 놓은 것이다(『대종경』, 수행품 22장).

5) 강연은 어떠한 문제를 정하고 해석시킴이니, 이는 공부인으로 하여금 대중 앞에서 격을 갖추어 그 지견을 교환하며 혜두를 단련시키기 위함이란?

(1) 한 주제를 정해서 이를 일정한 틀에 맞추어 대중 앞에서 발표하게 함으로써 지견연마와 교리이해의 길을 열어주는 것이 강연이다.

(2) 강연이 교리이해에 도움이 되는 것은 우주의 대소유무와 인간의 시비이해를 교리와 연관하여 연마하기 때문이다.

(3) 강연은 사리연구라는 점에서 감각감상과 심신작용처리건을 예화로 등장시키면 설득력을 얻는데 많은 도움이 된다.

(4) 설교는 교법의 실천적인 면에 초점을 맞춘다면 강연은 교리 이해에 초점을 맞춘다는 면에서 다소의 차이가 있다.

6) 회화는 보고 들은 가운데 스스로 느낀 바를 자유로이 말하게 함이니, 이는 공부인에게 구속 없고 활발하게 의견을 교환하며 혜두를 단련시키기 위함이란?

(1) 회화는 강연과 달리 큰 구속 없이 대중들과 자유로운 의견교환

을 통해서 혜두를 단련하는 것이다.

(2) 진솔한 회화에서 동지들의 수행담을 접함으로써 직·간접으로 수행에 많은 도움을 받는다.

(3) 회화가 격식에 있어 구속이 없다고 해도 나의 견해에 집착한다거나 상대방의 발언을 폄하하는 방식으로 다가서는 것은 삼갈 일이다.

(4) 각종 훈련에서 회화시간을 두어 동지의 일상생활이나 교리이해의 내용 등을 나누게 되는데, 이러한 의견교환을 통해 혜두를 단련하자는 것이다.

7) 의두는 대소유무의 이치와 시비이해의 일이며 과거 불조의 화두를 연구하여 감정을 얻게 하는 것이니, 이는 연구의 깊은 경지를 밟는 공부인에게 사리간 명확한 분석을 얻도록 함이란?

(1) 의두는 대소유무의 이치와 시비이해의 일, 불조의 화두를 연마 대상으로 삼아 연구인의 깊은 경지를 밟아가는 사리연구의 공부법이다.

(2) 의두 연마를 통해 의단을 뭉치고 풀어서 사리간 명확한 분석력을 얻어 이무애 사무애의 경지에 이른다.

(3) 의두는 스스로 의심을 궁구하여 해결하며, 그 해결된 바를 스승께 감정을 받아야 한다.

(4) 의두연마를 할 때 의심건이 잘 걸리지 않는 경우가 있는데 까닭을 잡고 공부심으로 산다면 의두 연마의 건이 자연스럽게 형성된다.

8) 성리는 우주만유의 본래이치와 우리의 자성원리를 해결하여 알자 함이란?

(1) 우주만유의 본래이치와 우리의 자성원리를 해결하라는 것은 우주와 인간의 본질 문제를 깊이 연마하여 혜두를 단련하라는 뜻이다.

(2) 성리연마의 방법은 수도인으로서 모계포란처럼 성리를 가슴에 품고 연마를 지속적으로 해야 한다.

(3) 의두와 성리는 견성과 성불에 이르는 길이므로 깨달음을 얻기 위해서는 연마가 반드시 필요하다.

(4) 종교의 문에 성리를 밝힌 바가 없으면 원만한 도가 아니니 성리는 모든 법의 조종이요 이치의 바탕이다(『대종경』, 성리품 9장).

9) 정기일기는 당일의 작업시간수와 수입지출과 심신작용의 처리건과 감각감상을 기재시킴이란?

(1) 하루의 마음공부는 정기일기를 통해 할 수 있으며, 이 정기일기법은 작업시간수·수입지출·심신작용처리건·감각감상의 기재 등이다.

(2) 감각감상은 대소유무의 이치, 심신작용처리건은 시비이해의 일에 대한 연마를 통해 진급하는 나날을 맞이하라는 뜻이다.

(3) 작업시간수과 수입지출의 기재는 허송세월하지 말고 근검절약으로 죄복을 결산하라는 것이다.

(4) 정기일기는 일반인들이 쓰는 감성적 일기와 달리 수도인들이 각각의 항목을 기재, 점검함으로써 인격성찰을 하자는 것이다.

10) 상시일기는 당일의 유무념 처리와 학습상황과 계문에 범과유무를 기재시킴이란?

(1) 당일의 유무념 처리를 하는 것은 하루하루의 생활을 방심하지 않고 온선하게 취사하는 주의심으로 살아가기 위함이다.

(2) 학습상황은 정기훈련 11과목의 실행여부를 대조하여 공부 진급의 여부를 파악함이다.

(3) 계문의 범과유무는 나의 계행 청정을 통해서 수행 정진하는 생활을 도모하는 것이다.

(4) 상시일기는 동정간 삼대력을 병행하는 공부법이다.

11) 주의는 사람의 육근을 동작할 때에 하기로 한 일과 안 하기로 한 일을 경우에 따라 잊어버리지 아니하고 실행하는 마음을 이름이란?

(1) 주의는 꼭 해야 할 일이나 해서는 안 될 일에 대하여 경외심을 갖고 처사하라는 것이다.

(2) 유무념 대조는 그일그일에 유념을 했느냐의 여부를 대조하는 것이라면, 주의는 하기로 한 일과 안 하기로 한 일을 대조하자는 것이다.

(3) 주의는 육근작용을 함에 있어 취사선택을 잘 하도록 각골명심하는 것이며, 각자의 좌우명에 따라 조심스럽게 행동하는 것이다.

(4) 주의력 없는 행위는 자행자지로 이어지며 공부심마저 사라진다.

12) 조행은 사람으로서 사람다운 행실 가짐을 이름이니 이는 다

공부인으로 하여금 그 공부를 무시로 대조하여 실행에 옮김으로써 공부의 실효과를 얻게 하기 위함이란?

(1) 조심스러운 행동이 조행으로, 조행을 통해서 사람다운 행실 곧 원만한 인품 형성으로 이어진다.

(2) 유무념은 방심하지 않고 일을 처리하느냐의 여부에 초점이 있고, 주의는 주의심을 갖고 처사하는 것이며, 조행은 사람다운 행실의 여부에 관련된 취사의 공부법이다.

(3) 조행을 잘 실천하려면 성현의 행실을 교훈삼아 우리의 행실을 대조하는 것이다.

(4) 조행은 예절과도 같은 것으로 예법의 실천 바로 그 자체이다.

13) 공부인에게 상시로 수행을 훈련시키기 위하여 상시응용주의사항 6조와 교당내왕시주의사항 6조를 정했다는 것은?

(1) 공부인이 하루하루의 일상사를 중심으로 훈련하기 위해서는 상시응용주의사항 6조가 있다.

(2) 공부인이 정기적으로 훈련하기 위해서는 교당내왕시주의사항 6조가 있다.

(3) 상시응용주의사항 6조는 주로 하루하루 일상생활에서 주의할 것에 초점을 두고 있다면, 교당내왕시주의사항은 공부인이 교당에 내왕하면서 주의할 사항에 초점이 맞추어져 있다.

(4) 원불교의 훈련법으로 정기훈련법과 상시훈련법이 있는데 상시응용주의사항과 교당내왕시주의사항은 상시훈련법에 속한다.

14) 응용하는데 온전한 생각으로 취사하기를 주의할 것이란?

(1) 대인접물에 대한 응용에 있어 온전한 생각으로 멈추어 정의를 취하라는 것이다.

(2) 온전한(정신수양) 생각(사리연구)으로 취사(작업취사)한다는 것은 삼학병진의 수행법이다.

(3) 온전한 생각으로 취사한다는 것은 일원상 진리의 속성으로서 공·원·정을 활용하라는 뜻이다.

(4) 온전한 생각이 나지 않으면 일단 멈춘 후 반야지를 연마한 후 응용하며 취사해야 한다.

15) **응용하기 전에 응용의 형세를 보아 미리 연마하기를 주의할 것이란?**

(1) 응용하기 전에 응용의 형세를 본다는 것은 대인접물 이전에 준비하는 마음으로 미리 연마한다는 뜻이다.

(2) 이미 엎질러진 우유는 주워 담을 수 없듯이, 일을 당하여 준비 없이 일을 처리하면 잘못될 수 있으므로 미리미리 대비해야 한다.

(3) 유비무환의 정신으로 일 당하기 이전에 미리 지혜를 연마한다면 일을 당해서 실수 없이 원만하게 처리할 수 있을 것이다.

(4) 인간의 중요한 과제로 죽음을 맞이하기 이전에 생사해탈을 미리 연마한다면 흔연히 생사를 맞이할 수 있을 것이다.

16) **노는 시간이 있으면 경전 법규 연습하기를 주의할 것이란?**

(1) 노는 시간에 팔려 경서를 멀리한다면 공부에 진급이 없으므로, 일상사를 경전·법규에 대조하고 호학하는 생활이 요구된다.

(2) 동할 때 일을 하고, 정할 때 교서를 연마하며 동정간 항상 공부심으로 살라는 뜻이다.

(3) 일상생활에서 시간적으로 여유가 있으면 경전이나 법규를 연마함으로써 실제에 활용하는 생활이 지속된다.

(4) 영육쌍전의 정신처럼 주경야독의 정신은 낮엔 노동을 하고 밤에는 경전 법규를 연마하는 것이다.

17) **경전 법규 연습하기를 대강 마친 사람은 의두 연마하기를 주의할 것이란?**

(1) 경전을 연마한 후 이를 경계에 응용할 수 있는 의두 연마가 필요하며, 물론 성리연마도 필요한 것이다.

(2) 의두 연마의 필요성을 언급한 것은 의심건이 잘 걸리지 않는 경우, 또는 의두 연마의 시간을 확보하기 위해서이다.

(3) 경전 연마 후에 속 깊은 공부로서 의두 연마를 지속하면 사리에 밝아져 명석한 분석력과 진리의 깨달음으로 이어진다.

(4) 공부인과 비공부인의 차이는 경전연마나 법규숙지는 물론 의두 연마의 여부에 달려있다.

18) **석반 후 살림에 대한 일이 있으면 다 마치고 잠자기 전 남**

은 시간이나 또는 새벽에 정신을 수양하기 위하여 염불과 좌선하기를 주의할 것이란?

(1) 저녁과 새벽에는 주로 정신력을 비축하기 위해 수양의 시간을 갖는 것이 요구된다.

(2) 정신수양의 과목으로는 염불과 좌선인 바, 비교적 한가한 저녁과 새벽에 이를 수행함으로써 마음을 맑히어야 한다.

(3) 육신의 활동은 주로 낮에 하고, 정신의 영성을 맑히는 수양은 저녁과 새벽에 함으로써 영육쌍전의 생활이 가능해진다.

(4) 염불과 좌선의 지속성과 수행의 효율적 시간이 제시되고 있다.

19) 모든 일을 처리한 뒤에 그 처리건을 생각하여 보되, 하자는 조목과 말자는 조목에 실행이 되었는가 못되었는가 대조하기를 주의할 것이란?

(1) 모든 일을 처리한 뒤에 평가가 따른다면 시행착오를 줄이고, 새로운 계획 수립에 도움이 된다.

(2) 항상 반조하는 생활은 일의 처리에 대한 시비 감정을 하는 것으로, 죄복 결산에 큰 도움이 된다.

(3) 하자는 조목은 주로 솔성요론에 해당되고, 말자는 조목은 주로 계문에 대한 사항이다.

(4) 실행 대조의 시간을 갖는 것은 일의 성과 여부를 떠나서 평가의 가치를 소중히 하자는 것이다.

20) 상시응용주의사항으로 공부하는 중 어느 때든지 교당에 오고 보면 그 지낸 일을 일일이 문답하는데 주의할 것이란?

(1) 교당내왕시주의사항은 상시응용주의사항으로 공부하던 중 어느 때든지 교당에 와서 담당교무와 문답감정을 하라 하였으니, 이 둘은 상시훈련법의 주요사항에 속한다.

(2) 교당에 내왕하라는 것은 신앙의 도량이요 수행의 도량인 교당에 와서 교무로부터 신앙 수행에 대한 훈도를 받으라는 뜻이다.

(3) 공부하던 중 의문사항이 있으면 그대로 넘기지 말고 의문건으로 삼아 문답감정을 받으라 했는데, 이는 바른 공부길을 찾기 위해서이다.

(4) 가정의 도량화, 사회의 도량화에는 교당의 도량화가 필수이다.

21) **어떠한 사항에 감각된 일이 있고 보면 그 감각된 바를 보고하여 지도인의 감정얻기를 주의할 것이란?**

(1) 일기를 작성함에 있어 감각감상과 심신작용처리건을 기재한 후 지도인에게 감정을 얻는 것은 일기 감정을 통해서 법도에 맞는 생활을 하기 위함이다.

(2) 지도인의 감정을 받으라는 것은 자신이 판단한 대소유무와 시비이해에 대하여 평가를 받고 지도를 받자는 것이다.

(3) 스승의 지도가 없다면 어떠한 사항에 대한 감각을 통해 스스로 깨달았다고 하는 독단에 떨어질 수 있으며, 신비의 영통 같은 편벽수행에 떨어지기 쉽다.

(4) 지도인의 감정만이 능사는 아니나, 나를 교법적으로·객관적으로 성찰하게 해주는 매개가 필요한 것도 사실이다.

22) **어떠한 사항에 특별히 의심나는 일이 있고 보면 그 의심된 바를 제출하여 지도인에게 해오얻기를 주의할 것이란?**

(1) 일을 전개하던 중 특별히 의심건이 있을 수 있으며, 이 의심건을 그저 방치하면 더 이상 깨달음으로 나아갈 수 없다.

(2) 의심건은 일과 이치에 대한 의심, 경전 연마에 대한 의심 등 다양하며, 그중에서 특별한 의심건은 깊이 연마할 기회를 가져야 한다.

(3) 일상에서 나타나는 의심건은 기록해 두었다가, 교당에 와서 그 문답건을 제출하여 지도자의 감정을 얻는 부단한 공부심이 요구된다.

(4) 의심건에 대한 해오를 얻느냐의 여부는 깨달음으로 나아갈 수 있는 계기를 갖느냐 갖지 못하느냐와 같이 중요한 과제이다.

23) **매년 선기에는 선비를 미리 준비하여 가지고 선원에 입선하여 전문 공부하기를 주의할 것이란?**

(1) 정기훈련과 상시훈련은 동·정간 물샐틈없는 훈련법으로 기질개선과 심성변화에 필요한 훈련법이다.

(2) 적어도 매년 한번 이상은 정기로 훈련을 받아야 무디어진 심신을 수련할 수 있다.

(3) 논밭을 1년 이상 경작하지 않으면 잡초 밭으로 변질되듯이 일정기간에 훈련을 받지 않으면 우리의 심신은 묵어버린다.

(4) 불교의 고승들은 동·하선에 얼마나 적극적으로 참여하였느냐에 법력을 평가하듯이, 공부인으로서 정기훈련에 적극 참여해야 한다.

24) 매 예회날에는 모든 일을 미리 처결하여 놓고 그 날은 교당에 와서 공부에만 전심하기를 주의할 것이란?

(1) 교당에서 예회를 보는 것은 일주일 묵은 심신을 도량에서 단련하는 것이다.

(2) 직장생활이 분주하여 법회에 참여할 수 없다고 생각할 수 있으나, 주중에 모든 일을 처리하면 일요일에 교당법회에 나갈 수 있다.

(3) 법회에 빠지는 행위는 자신의 공부 정도를 챙기지 않는 사람으로서 공부심이 부족한 사람이다.

(4) 한 제자가 품삯 얼마를 벌기 위해 예회 때 교당 근처에서 일하는 것을 보고, 대종사는 예회 때 법회에 빠지는 것은 공부에 등한히 하는 것(『대종경』, 수행품 7장)이라 했다.

25) 교당에 다녀갈 때에는 어떠한 감각과 의심이 밝아졌는지 소득 유무를 반조한 후 실생활에 활용하기를 주의할 것이란?

(1) 공부심 없이 교당에 그저 형식적으로 오간다면 실지의 소득이 없다는 것이다.

(2) 교당에 다니는 목적은 감각과 의심건을 밝히고, 이를 통해 소득을 얻어서 실생활에 활용하자는 것은 신앙인의 당연한 일이다.

(3) 스승의 문답감정과 훈증을 통한 나의 공부심 정도를 반조하는 점검 장치가 곧 교당내왕시주의사항이다.

(4) 교당에 와서 교법을 연마하고 깨침을 얻어서 실생활에 활용하여 교당내왕의 공덕을 나누어야 한다.

26) 정기훈련법은 정할 때 공부로서 수양·연구를 주체삼아 상시공부의 자료를 준비하는 공부법이란?

(1) 동정간의 훈련법은 동할 때의 상시공부, 정할 때의 전문공부의 양면성을 고려하여 동정일여의 수행을 하는 것이다.

(2) 정기훈련법은 정할 때 공부로서 수양과 연구의 과목을 주로 하여 공부하는 것이므로, 동할 때를 미리 준비하자는 것이다.

(3) 정기훈련 11과목은 정할 때의 프로그램으로, 예컨대 훈련원에

입선공부나 예비교무들의 서원관 생활과 관련된다.

(4) 삼학 중심의 정기훈련 11과목 외에도 심고와 기도 등 신앙 프로그램을 활발히 응용해야 한다.

27) 상시훈련법은 동할 때 공부로서 작업취사를 주체 삼아 정기공부의 자료를 준비하는 공부법이 된다는 것은?

(1) 상시훈련은 일상사에서 일어나는 육근작용의 형세를 보아 단련하며, 부족한 점을 발견하여 정기훈련을 통해 보완하자는 것이다.

(2) 상시훈련법은 상시응용주의사항 6조를 중심으로 한 공부를 말하며, 정기훈련 공부에 도움이 된다.

(3) 일주일의 상시기간을 살다가 교당에 내왕하면서 문답감정을 받으며, 후래에 보다 전문적인 정기훈련 참여의 계획을 세운다.

(4) 동정간 삼대력 얻는 빠른 방법은 다름아닌 상시훈련법과 정기훈련법을 상호 보완적으로 병행하자는 것이다.

8. 관련법문

☞「사람의 마음은 지극히 미묘하여 잡으면 있어지고 놓으면 없어진다 하였나니, 챙기지 아니하고 어찌 그 마음을 닦을 수 있으리요. 그러므로 나는 또한 이 챙기는 마음을 실현시키기 위하여 상시응용주의사항과 교당내왕시주의사항을 정하였고 그것을 조사하기 위하여 일기법을 두어 물샐 틈 없이 그 수행방법을 지도하였나니, 그대들은 이 법대로 부지런히 공부하여 하루 속히 초범입성의 큰 일을 성취할지어다」(『대종경』, 수행품 1장).

☞「한 제자 여쭙기를 "정전 가운데 상시응용주의사항 각 조목과 삼학과의 관계는 어떠하나이까." 대종사 말씀하시기를 "상시응용주의사항은 곧 삼학을 분해하여 제정한 것이니 5조는 정신수양을 진행시키는 길이요, 2조 3조 4조는 사리연구를 진행시키는 길이요, 1조는 작업취사를 진행시키는 길이요, 6조는 삼학공부 실행하고 아니한 것을 살피고 대조하는 길이니라." 또 여쭙기를 "상시응용주의사항 각 조목을 동정 두 사이로 나누어 보면 어떻게 되나이까." 대종사 말씀하시기를 "3조 4조 5조는 정할 때 공부로서 동할 때 공부의 자료를 준비하는 길이 되고, 1조 2조 6조는 동할 때 공부로서 정할 때 공부의 자료를 준비하는 길이 되나니, 서로 서로 도움이 되는 길이니라"」(『대종경』, 변의품 26장).

☞「많은 인류 가운데서 남 먼저 일원대도에 귀의한 우리 재가, 출가 전 동지부터 대종사님께서 가르쳐 주신 사리연구 공부와 정기훈련, 상시훈련법에 의해서 새해부터는 철저한 수행을 하여 다 같이 무등등한 대각을 이루고 어두운 이 세상에 진리의 광명을 드높여야 하겠다」(『대산종사법문』 2집, 제4부 신년법문, 원기63년 연두법문).

9. 정기훈련과 상시훈련의 형성사

원기 9년 5월 진안 만덕산에서 비공식 최초의 정기훈련을 하게 되었으며, 이듬해인 원기 10년 훈련법을 발표한 후 익산에서 동년 5월 첫 정기훈련을 하였다. 초기교단에서 정기훈련은 동하선 각각 3개월씩 훈련을 했으며, 원기 17년 『육대요령』에 정기훈련 과목이 제시되고, 원기 19년 『삼대요령』에서는 상시훈련만 제시되었다. 『근행법』과 『불교정전』에서는 정기훈련과 상시훈련이 게재되었다. 원기 23년부터는 동하선의 성격인 정기훈련이 교무강습회로 변화되었고, 오늘날은 원불교 중앙중도훈련원에서 매년 7일간의 정기훈련(전무출신훈련)을 갖고 있다.

1) 소태산은 원기 9년 5월, 진안 만덕산에서 훈련법을 제정 발표하고, 몇몇 제자들과 비공식 최초의 훈련을 실시하였다.

☞「원기 9년 5월에 대종사, 진안 만덕산에 가시어 한 달 동안 禪(김광선 주관)을 나시며, 김대거를 만나시었고, 이듬해(원기 10) 3월에 새 교법을 지도 훈련하기 위하여 정기훈련법과 상시훈련법을 제정 발표하시었다」(『원불교 교사』, 제2편 회상의 창립, 제1장 새 회상의 공개, 4.훈련법의 발표와 실시).

2) 원기 10년 정기훈련법과 상시훈련법을 발표한 후, 동년 5월 첫 정기훈련을 실시하였다.

☞「원기 10년 을축 3월에는 11과목 정기훈련법과 상시응용, 교당내왕 각 6조의 상시훈련법을 발표하고 5월에 전음광 집에서 정산종사 지도아래 첫 정기훈련을 실시하였다」(이공전, 「봉래제법과 익산총부 건설」, 『원불교70년정신사』, 성업봉찬회, 1989, p.178).

3) 초기교단은 정기훈련법과 상시훈련법을 발표한 후, 여름과 겨울 3개월씩 두 차례의 정기훈련을 실시하였다.

☞「원기 10년 4월(을축 음 3월)에 불법연구회 소태산 총재는 모든 제자들에게 혁신 교리와 제도를 지도하기 위하여 훈련법을 제정하였다. 훈련법은 정기훈련법과 상시훈련법이 있었다. 정기훈련은 여름과 겨울 양기로 정하되 과거불교의 정기훈련 일자는 농촌에 맞지 아니한 점이 있으므로 여름에는 음력 5월 6일에 결제하여 8월 6일에 해제하고 겨울에는 11월 6일부터 다음해 2월 6일까지였다」(박혜훈, 「육타원 이동진화의 생애와 사상」, 원불교사상연구원 편, 『원불교 인물과 사상』(Ⅰ), 원불교사상연구원, 2000, p.227).

4)『육대요령』의 목차를 보면 훈련과목이 나타나 있다.

☞『『보경 육대요령』 제3장 훈련법 : 1) 공부의 요도 정기훈련의 과목 <정신수양 정기훈련 과목의 해석> 염불과 좌선. <사리연구 정기훈련 과목의 해석> 경전, 강연, 회화, 문목, 성리. <작업취사 정기훈련 과목의 해석> 정기일기, 주의, 조행, 수시설교. 2) 공부의 요도 상시훈련 과목 <상시응용주의사항> <공부인이 교무부에 와서 하는 책임> <상시응용주의사상 각조의 해석> <상시응용주의사상 각조의 대의> <공부인이 교무부에 와서 하는 책임 각조의 해석> <상시응용주의사항 6조와 교무부에 와서 하는 책임 6조의 관계>」(『육대요령』 목차 참조).

5)『육대요령』(원기 17)에는 정기훈련 과목이 제시되어 있지만『삼대요령』에는 생략되고 상시훈련 과목만 제시되어 있다.

☞『『삼대요령』의 목차 : 제1장 인생의 요도 사은사요, 제2장 공부의 요도 삼강령 팔조목, 제3장 훈련편 : 상시응용주의사항 / 공부인이 교무부에 와서 하는 책임 / 계문 / 솔성요론 / 최초법어 / 요언」(『삼대요령』 목차).

6)『근행법』(원기 24) 제1편 목차 16항에 정기훈련 과목, 17항에 상시훈련 과목이 수록되어 있다.

☞『『근행법』 목차 : 제1편 법신불 일원상 / 본회 4대강령 / 표어 / 교리도 1.『불교정전』序 / 2. 연혁 / 3. 본회 창립동기 / 4. 교지 / 5. 교리 / 6. 敎式 / 7. 소의경전 / 8. 불교 대중화의 요지 / 9. 사대강령 / 10. 양대은 / 11. 사은 / 12. 사요 / 13. 삼학 / 14. 팔조 / 15. 일상수행의 요법 / 16. 정기훈련 과목 / 17. 상시훈련 과목」(『근행법』 목차).

7) 정기훈련법과 상시훈련법이 변천하면서 자구 수정된 사항은 아래와 같다.

☞「상시훈련법 : 1) <창건사> : 원기 10년 훈련법 발표, 상시훈련에

는 '응용시주의 사항'과 '공부인이 교무부에 와서 하는 책임 6조'가 있다. 2)『규약』: '재가공부인 응용할 때 주의사항' 6개조와 '재가공부인이 교무부에 와서 하는 책임' 6개조를 서술, 3)『원기 13년도 교무부 사업보고서』에 『규약』에서 밝힌 조항을 간략히 소개, 4)『육대요령』에서는 각 6조를 열거하고 6조의 대의, 각조의 해석, 상시응용하는 때와 교무부에 와서 하는 책임과의 관계를 설명, 5)『불교정전』: '교무부에 와서 하는 책임'을 '교무부에 와서 하는 행사'로 자구 수정. 각조에도 자구 수정이 가해졌다」(박용덕,『천하농판』, 도서출판 동남풍, 1999, p.69).

8) **초기 동하선으로서의 정기훈련은 원기 23년부터 전무출신의 양적 증가와 지방배치 등으로 인해 교무강습회로 변화되고, 오늘날의 경우 전무출신훈련으로 정착되었다.**

☞「(원기 23-54년) 전무출신의 양적증가와 지방배치 등으로 인하여 교역자 양성을 위한 동하선과는 별도로 정기훈련은 강습회 형식으로 년 1회씩 개설되었다. 교무강습회는 초기에 교역자들을 위한 정기훈련의 기능을 담당하였지만, 점차 지방교화의 지원을 위한 재교육의 성격이 가미되기 시작하면서 회상초기의 동하선적 특징은 변질되어가기 시작한 것으로 보여진다」(김경일,「정기훈련의 의의와 그 실천의 반성」,『정신개벽』제4집, 신룡교학회, 1985, p.30).

10. 정기훈련과 상시훈련의 원리

정기훈련과 상시훈련은 정신교육 및 기질변화의 원리가 작용하고 있으며, 아울러 삼학병진과 인도정의, 영육쌍전의 원리가 제시되고 있다. 또한 정기훈련과 상시훈련은 동정간 상호 유기적 원리가 작용하며, 수도인으로서 법위 향상의 원리가 나타나 있다. 나아가 정기훈련과 상시훈련은 진리적 종교의 신앙과 사실적 도덕의 훈련을 위한 도덕적 실천의 원리를 제시하고 있는 셈이다.

1) **원불교 훈련법은 주로 정신교육의 원리가 작용한다.**

☞「일생을 통한 교육은, 첫째는 학술 교육이니 이는 주로 과학교육을 통하여 지식과 기술을 배우게 하는 것이요, 둘째는 정신교육이니 이는 주로 도덕의 훈련을 통하여 마음 단련과 도의의 실행을 얻게 하는 것이요」(『정산종사법어』, 세전, 제2장 교육, 4.통교의 도).

2) 정기훈련은 기질변화의 원리이다.

☞「이청춘은 모친 김설상화와 같이 영춘원 옆에 집을 짓고 익산총부로 이사하여 전무출신을 하였다. 이로부터 여름 겨울 두 차례 나는 정기훈련에 빠지지 않고 참석하여 청빈하게 수양에 전념하였다. 그러나 세상에서 익힌 담배를 끊지 못하여 계속 피웠다. 그러다 총재선생의 꾸중을 듣고 금연을 결심하였다. 그녀는 방문을 걸어 잠그고 문구멍으로 세끼 밥을 들여 먹으면서까지 담배를 멀리 하여, 결국 담배를 끊는 힘을 가지게 되었다」(박용덕,『금강산의 주인되라』, 원불교출판사, 2003, p.327).

3) 정기훈련 과목은 삼학수행의 원리로 진행된다.

☞「공부인에게 정기로 법의 훈련을 받게 하기 위하여 정기훈련 과목으로 염불 좌선 경전 강연 회화 의두 성리 정기일기 상시일기 주의 조행 등의 과목을 정하였나니, 염불 좌선은 정신수양 훈련과목이요, 경전 강연 회화 의두 성리 정기일기는 사리연구 훈련과목이요, 상시일기 주의 조행은 작업취사 훈련과목이니라」(『정전』, 제3 수행편, 제2장 정기훈련법, 제1절 정기훈련법).

4) 소태산은 인도정의와 영육쌍전의 원리에 바탕하여 정기훈련과 상시훈련을 시행하였다.

☞「우리 종사주께서 암흑같은 이 동방에 출연하옵시와 사은 사요의 원만한 교식을 교양하옵시고 삼강령 팔조목의 공부상 척로를 개척하옵시와 모든 인류를 인도정의의 선상으로 인도하오실 새 매년 12개월 내 6개월은 禪 기간으로 정하여 오로지 대도 훈련을 받게 하고 또 매월 6일을 예회로 정하여 공부상의 법회를 훈도 강마하게 하셨나니, 생활과 환경이 허락되어 매년 6개월 입선을 정식으로 하는 자는 이상에 말한 정신적 생활과 육신적 생활을 평균하게 하는 자이요」(박대완, 「在家중 예회엄수의 건」, 『월말통신』 34호).

5) 정기훈련으로 단련된 심신을 상시훈련에 활용하는 원리이다.

☞「정기훈련은 곧 일정한 기간에 집중적으로 법으로 단련을 하는 것이라면, 이와 같이 단련된 것으로 늘 생활 속에서 이를 직접적으로 실습하며 행을 닦아가는 것이 상시훈련이라 할 수 있다」(박혜훈, 「21세기의 원불교 교당교화 방향 모색」, 『원불교와 21세기』, 원불교사상연구원, 2002, p.271).

6) 정기·상시훈련은 법위향상의 원리에 바탕한 낙원세계를 건설하는 것이다.

☞「모든 사리에 대한 훈련이라 함은 발전의 원동력이 되는 것이니 훈련이 없으면 향상이 없고, 향상이 없으면 발전이 없는 것이다. 일원의 진리에 적응해서 일원의 세계로 지상낙원을 건설하려는 웅지를 가지고 출발한 현실에서 어찌 적극적인 훈련이 없이 일원의 진리에 계합이 되며, 또한 지상낙원이 건설될 것인가」(이운권, 고산종사문집1 『정전강의 』, 원불교출판사, 1992, pp.64-65).

7) 정기훈련과 상시훈련은 진리적 종교의 신앙과 사실적 도덕의 훈련을 위한 도덕적 실천의 원리를 제시하고 있다.

☞「소태산의 진리적 종교의 제창은 곧 그가 태어났던 그 당시의 공허한 사회적 현실을 바로 잡으려는 眞人 구현 운동이요, 새 사회건설의 실현이었다고 본다. 따라서 진리적 종교로 표방되는 일원상 진리의 구현은 앞에서 일곱 가지로 제시했거니와 진리적 종교의 실현에서 또 한 가지 실사구시의 실학적 요소를 찾아본다면 소태산은 사실적 도덕의 훈련을 감행하려고 정기훈련법과 상시훈련법을 제정했다는 것이다. 남녀노소 유무식을 불문하고 그가 당하는 현장에서 인간답게 살아나가도록 하는 도덕적 실천의 원리와 방법을 제시한 것이다」(류병덕, 「소태산의 실천실학」, 석산 한종만박사 화갑기념 『한국사상사』, 원광대학교출판국, 1991, p.1229).

11. 정기훈련과 상시훈련의 특징

전통종교는 정기훈련에 중점을 두었다면 원불교의 경우 정기훈련과 상시훈련을 병행하도록 하였다. 곧 원불교의 훈련법은 정기훈련과 상시훈련이 있으며, 두 훈련의 차이점은 일체시훈련과 일체처훈련의 여부, 일정한 형식이나 전문훈련 등의 경우도 차이점으로 나타난다. 따라서 정기훈련은 공부인이 일정기간 전문훈련을 받는 것이라면 상시훈련은 일상생활을 통하여 스스로 공부심을 챙겨 훈련을 하는 것이다. 곧 원불교의 훈련법은 정기와 상시라는 양 기간을 두고 유기적으로 병행하여 훈련의 큰 효과를 이루고 훈련의 공덕을 거둘 수 있다는 점이 특징이다.

1) 전통종교는 정기훈련에 중점을 두었으나 소태산은 정기훈련을 상시훈련에서 활용토록 하였다.

☞「지금까지의 종교에서는 정기훈련에 중심을 두었다. 대종사는 정

74   정전풀이(하)

기훈련을 상시훈련으로 활용시킨다. 동양의 유불도 3교는 원리적인 면은 잘 밝혔다. 그러나 실질적인 실천의 방법을 소홀히 했다. 정기훈련은 작은 선원이고 일생 동안 하는 상시훈련은 큰 선원이다」(한종만, 『원불교 대종경 해의』(上), 도서출판 동아시아, 2001, p.304).

2) 정기훈련과 상시훈련은 궁극적으로 일체시훈련 일체처훈련을 유도한다.

☞「정기와 상시는 인간이 향유하는 모든 시간을 모두 총섭하고, 생활무대는 인간이 생활하는 모든 장소를 포함한다. 이러한 정기와 상시의 의미는 일체시훈련 일체처훈련으로 유도하고 있다는데 중요한 뜻이 있다. 그러므로 원불교의 수행은 시간과 장소에 구애받지 아니하여 어느 때나 수행하고 시방세계를 수행장으로 삼고 닦아가는 법이다」(이성택, 「원불교 수행론」, 『원불교사상시론』 1집, 수위단회사무처, 1982, p.39).

3) 상시훈련에 비해 정기훈련은 일정한 형식, 고도의 전문훈련, 격리된 훈련의 형식적 특징을 지닌 훈련이다.

☞「정기훈련의 의의를 드러낼 수 있는 특징적 성격을 정리하면 다음과 같다. 첫째 일정한 계획된 형식을 유지한다는 점, 둘째 종교의 중핵을 요달하는 고도의 전문훈련이라는 점, 셋째 현실과 세간을 벗어난 격리를 요한다는 점이다」(김경일, 「정기훈련의 의의와 그 실천의 반성」, 『정신개벽』 제4집, 신룡교학회, 1985, p.35).

4) 정기훈련은 공부인이 일정기간 법의 훈련을 받는 것이라면 상시훈련은 상시로 수행을 하는 것이다.

☞「정기훈련법은 공부인에게 정기로 법의 훈련을 받게 하기 위한 것이며, 상시훈련법은 공부인에게 상시로 수행을 훈련시키기 위한 것이다」(박혜훈, 「21세기의 원불교 교당교화 방향 모색」, 『원불교와 21세기』, 원불교사상연구원, 2002, p.271).

5) 원불교 훈련법의 특징은 정기와 상시를 유기적으로 계속하여 훈련을 한다는 것이다.

☞「원불교의 훈련법에는 정기적으로 받는 정기훈련법이 있고, 상시로 기간이 없이 받는 상시훈련법이 있어 정기와 상시로 연결시켜서 끊임없이 받는 훈련을 하고 있다. 이것이 원불교 훈련법의 특징이라 할 수 있다」(안이정, 『원불교교전 해의』, 원불교출판사, 1998, p.420).

12. 정기훈련의 11과목

원불교의 교법 중에서도 훈련법은 교리 실천을 강력하게 지향하는 성향을 띤다. 이 훈련법에는 정기훈련과 상시훈련이 있는 바, 정기훈련의 방법으로 11과목을 설정한 것이다. 원불교 수행의 대강령으로서 본 11과목을 통해 정기훈련 기간에 철저히 훈련함으로써 모든 경계를 극복, 상시훈련을 대비하기 위함이다. 사실 교법의 체계화 과정에서 수행의 의미를 지닌 정기훈련의 11과목이 고금 교과과정과도 같은 역할을 하여왔다. 본 11과목은 수행의 삼학으로 배대되고 있지만 정기훈련에 신앙방법으로서 심고와 기도 등이 필요한 것도 사실이다. 따라서 수도인은 정기훈련의 각 항목들을 깊이 새기며 신앙과 수행을 통해 심신을 탁마하는 것이 요구된다.

1) 정기훈련 11과목은 원불교 수행의 대강령이다.

☞「원불교 훈련법의 정기훈련 과목으로 11과목을 설정하고 있다. 이 정기훈련 11과목은 원불교 수행의 대강령인 정신수양 사리연구 작업취사의 3과를 훈련시키는 구체적인 방법적 성격을 띠고 있는 것이다」(이화택, 「원불교 훈련과정에 관한 연구」, 『원불교사상』 3집, 원불교사상연구원, 1979, p.187).

2) 소태산은 원기 10년 4월, 훈련법을 제정한 후 11과목을 설정하였다.

☞「원기 10년 4월(음 3월)에 불법연구회 소태산 총재는 모든 제자들에게 혁신 교리와 제도를 지도하기 위하여 훈련법을 제정하였다. 훈련법은 정기훈련법과 상시훈련법이 있었다. 정기훈련은 여름과 겨울 양기로 정하되 재래불교의 정기훈련 일자는 농촌에 맞지 아니한 점이 있으므로 여름에는 음력 5월 6일에 결제하여 8월 6일에 해제하고 겨울에는 11월 6일부터 다음해 2월 6일까지였다. 그 과정은 염불, 좌선, 경전, 강연, 회화, 문목, 성리, 정기일기, 주의, 조행, 수시설교 등 11과목으로 정하였다」(박혜훈, 「육타원 이동진화의 생애와 사상」, 원불교사상연구원 編, 『원불교 인물과 사상』(I), 원불교사상연구원, 2000, p.227).

3) 교법의 체계화 과정에서 수행과 같은 훈련의 개념을 사용하면서 11개의 훈련과목을 설정했다.

☞「교법의 체계화 과정에서 수행과 같은 의미를 가진 훈련이라는 개

념을 사용하면서 11개의 훈련과목을 설정하였다」(박상권, 「소태산 성리 해석의 지향성 연구」, 『원불교사상과 종교문화』 32집, 원불교사상연구 원, 2006.2, p.91).

4) 교단 초창기의 정기훈련으로는 11과목을 중심으로 하였다.

☞「영산지부에는 정기훈련으로 1년에 한 차례 동선을 났다. 이 동선 3개월에는 『취지서』, 『육대요령』, 『불교혁신론』을 중심으로 11과목을 공부하였다. 선기에는 일반회원과 학원생이 함께 공부하였다. 선이 끝나 면 학원생들을 열흘간 집에 다녀오게 한 뒤 다시 상시학원을 열었다」 (박용덕, 선진열전 1-『오, 사은이시여 나에게 힘을 주소서』, 원불교출판 사, 1993, pp.46-47).

5) 정기훈련 11과목은 정기로 11과목에 의해 철저히 훈련함으로 써 모든 경계를 벗어나 상시훈련을 대비하는 공부법이다.

☞「정기훈련법(11과목)은 공부인으로 하여금 일정한 기간 동안 삼학 수행의 구체적인 방법인 11과목에 의하여 철저하게 훈련하도록 하는 동 시에 順·逆·호의 모든 경계를 무난히 헤쳐 나가고 활용할 수 있는 상 시훈련의 자료를 준비하고 상시훈련의 실습을 하게 하는 것이다」(신도 형, 『교전공부』, 원불교출판사, 1992, p.257).

6) 정기훈련 11과목은 특성에 따라 삼학으로 배대되어 있다.

☞「정기훈련의 방법은 모두 11과목이 있다. 앞에서 열거했듯이 염불 좌선 경전 강연 회화 의두 성리 정기일기 상시일기 주의 조행으로, 이 는 원불교 수행의 기본이 되는 삼학인 정신수양 사리연구 작업취사 공 부의 구체적 방법으로 염불과 좌선은 정신수양의 과목이 되고, 경전 강 연 회화 의두 성리 정기일기는 사리연구 과목이며, 상시일기 주의 조행 은 작업취사 과목에 속한다」(김일상, 『마음공부 길잡이』, 대산문화사, 1988, p.255).

7) 정기훈련의 11과목은 대체로 언급한 숫자에 불과하며, 이에 더하여 훈련에는 심고와 기도 등이 필요하다.

☞「보통 정기훈련 11과목이라 하는데, 이것은 11과목이라 정해진 것 이 아니라 대체적인 것을 말씀해 주신 것이다. 심고와 기도, 참회하는 법 등등 얼마나 해야 할 것이 많은가」(박장식, 『평화의 염원』, 원불교출판 사, 2005, p.227).

8) 예비교무를 포함한 교역자는 전통적 수행법인 정기훈련 11과 목 등에 대하여 지속적인 훈련이 필요하다.

☞「(영산원불교대 교과과정의 특징) 원불교 교육이념에 근거한 교육 목표를 달성하기 위해 중점 교육방향으로 원불교의 전통적 수행방법인 정기훈련 11과목에 대한 집중 단련을 통한 수도자의 기본자세를 확립한 다고 명시하고 있다」(백준흠, 「영산원불교대학교 교과과정과 원불교학」, 한국원불교학회보 제10호《원불교학 연구의 당면과제》, 한국원불교학 회, 2002.12.6, p.70).

13. 상시훈련의 2항목

1) 상시응용주의사항의 본질

상시응용주의사항은 출가선차제법, 재가응용주의사항 등으로 변화되 면서 초기교단의 문답감정과 같은 공부풍토가 지속되어왔다. 이에 상시 응용주의사항은 인간개조의 묘방이요 용심법의 강령으로서 성불제중을 향한 불퇴전의 공부법이다. 따라서 본 주의사항 6조는 생활 속에서 삼 학을 연마하는 공부의 표준이며, 이를 실천에 옮긴다면 인격완성은 물 론 성불제중의 길에 이를 것이다. 앞으로 공부인에게 상시응용주의사항 으로 공부하고 문답감정을 하는 전통이 살아나야 하리라 본다.

(1) 상시응용주의사항의 초기형태로 출가선차제법을 거론할 수 있다.

☞「출가선차제법은 회원이 여름과 겨울 각각 3개월씩을 회중에 입 선하여 밖으로 규약을 연습하고 안으로 진리를 연구한다고 하여 이를 구체적으로 설명하고 있다. 이 내용은 현재 『정전』의 상시응용 주의사 항 … 초기형태로 보인다. 이춘풍의 『정심요결번역』에도 일부 수록되어 있으나 요지는 같지만 문장 표현은 약간 차이가 있다」(신순철, 「몽각가 와 소태산가사 수록 문헌 연구」, 『원불교사상과 종교문화』 29집, 원불교 사상연구원, 2005, pp.275-276).

(2) 상시응용주의사항은 재가응용주의사항이기도 하였다.

☞「과거의 浩繁한 전통과 의식을 일체 소탕하여 버리고 가장 간단 한 인생의 요도인 사은사요와 공부의 요도인 삼강령 팔조목과 재가응용 주의사항(상시응용주의사항)과 재가공부인이 교무부에 와서 하는 책임 6조(교당내왕시주의사항)와 기타 계문 솔성요론 등을 제정하였나니…」 (서대원, 「종사주의 수양을 드리기 위하여」, 『월말통신』 30호, 1929.7/원 불교사상연구원 편, 『원불교 인물과 사상』(Ⅰ), 원불교사상연구원, 2000, p.140).

(3) **불법연구회창건사의 상시응용주의사항 6조는 다음과 같다.**

☞「상시훈련은 상시응용주의사항 6조로서 정하였으니 1) 응용하는데 온전한 생각으로 취사하기를 주의할 것, 2) 응용하기 전에 응용의 형세를 보아서 미리 연마하기를 주의할 것, 3) 空間時 경전 연습하기를 주의할 것, 4) 공간시 의두 연마하기를 주의할 것, 5) 공간시 좌선 혹 염불하기를 주의할 것, 6) 응용 후 대조하기를 주의할 것 등이니, 이는 곧 何時는 물론하고 일체 동정에 항상 이 삼강령 공부를 수기 응용하는 교법이 되며…」(정산종사, 『불법연구회창건사』 제1편 1회 12년, 제17장 「훈련법의 실시」/박정훈 편저, 『한울안 한이치에』, 원불교출판사, 1982, pp.237-239).

(4) **상시응용주의사항은 인간개조의 묘방이자 용심법의 강령으로 성불제중을 위한 불퇴전의 공부법이다.**

☞「상시응용주의사항은 인간개조의 묘방이요 용심법의 강령으로서 대종사가 평상을 상시로 응용한 주의사항이며 선현들과 다른 점의 하나가 이 법을 내놓고 누구나 다 스스로 성불하여 영겁에 불퇴전이 되도록 하는데 있다」(신도형, 『교전공부』, 원불교출판사, 1992, p.273).

(5) **상시응용주의사항의 항목들은 삼학으로 배대되어 있으니 생활 속의 공부법이다.**

☞「상시응용주의사항과 삼학과의 관계 5조는 수양이며 2~4는 연구이며, 1조는 취사이며, 6조는 삼학의 대조이다. … 상시응용주의사항과 동과 정 3~5조는 정할 때 공부이며 1, 2, 6조는 동할 때 공부이다. … 상시응용주의사항 6조는 생활 속의 공부이다」(한종만, 『원불교 대종경 해의』(上), 도서출판 동아시아, 2001, pp.523-524).

(6) **상시응용주의사항의 연마를 통해 공부의 표준을 잡을 수 있다.**

☞「나는 치마허리에 주머니를 만들어 작은 수첩과 연필을 넣고 다니면서 상시응용주의사항 등 공부대중을 잡아나갔다. 정말 열심히 정진하였다. 여기저기 모여 살아가는 총부 식구들, 그 익힌 습관이 다르고 능력과 개성이 다르지만 하나의 목적을 향해 끊임없는 노력을 기울였다」(편집자, 「훈타원 양도신 원로교무-일심공부의 주인공」, 《원광》 298호, 월간원광사, 1999년 6, p.30).

(7) **상시응용주의사항 6조를 실행에 옮긴다면 인격함양은 물론 성불제중을 할 수 있다.**

☞「성불하려면 상시응용주의사항 6조를 지켜 나가야 한다. 재미가 없어도 밀고 나가야 한다」(下書同, p.82). … 상시응용주의사항 6조를 순서 있게 밟아나간다면 차차 공부가 깊어간다. 한 가지 분야에만 노력하면 그것에만 능하게 되어 원만한 사람은 못된다. 공부인은 항상 삼학을 겸수해서 원만한 인격자가 되어야 한다」(박길진,『대종경강의』, 원광대학교출판국, 1980, pp.140-141).

(8) 상시응용주의사항으로 공부하고 문답감정을 하는 전통이 살아나야 한다.

☞「상시응용주의사항으로 공부하고 문답감정을 해주는 전통이 살아나야 한다. 이를 바탕으로 교법의 실천운동으로 사회를 낙원화하는데 앞장서야 한다. 특히 마음공부의 사회적 확산이 필요하다. '원불교하면 마음공부 하는 곳' 이라는 인식을 심어주어야 한다」(유용진 외,『원불교 개교 100주년을 연다』, 원불교신문사, 2006, p.19).

2) 교당내왕시주의사항의 본질

교당내왕시주의사항의 초기 형태로 재가선차제법이 있었던 바, 소태산 대종사는 원기 10년 공부인이 교무부에 와서 하는 책임6조 곧 교당내왕시주의사항 6조를 발표했다. 교당내왕시주의사항은 세간에 살면서 마음공부를 지속하기 위해 교당에 내왕할 때 챙겨야 할 것으로 법맥을 연하는 공부법이다. 또한 일상생활에서 챙기는 대중을 놓지 않도록 지도자의 감정을 얻어 공부의 득실을 대조하는 것이다. 곧 신앙인이 교당에 와서 교무로부터 문답감정을 받고 공부길을 찾는 공부로서 세상을 경전삼고 스승 삼아 유무념 대조로 불보살의 인격을 지향한다.

(1) 교당내왕시주의사항이 정착되기 전, 초기의 형태로는 재가선차제법이 있다.

☞「(몽각가의) 재가선차제법이란 불법연구회 회원이 가정에 있을 때의 공부하는 법을 설명한 것인데, 내용은 일상생활에서 항상 시간을 허비하지 말고 수신과 진리 연구에 힘쓰고 매월 회중에 출입해야 한다는 것이다. … 교당내왕시주의사항의 초기형태로 보인다」(신순철,「몽각가와 소태산가사 수록 문헌 연구」,『원불교사상과 종교문화』 29집, 원불교사상연구원, 2005, pp.275-276).

(2) 소태산은 원기 10년 3월에 교당내왕시주의사항을 발표하였다.

☞「원기 10년 을축 3월에는 11과목 정기훈련법과 상시응용, 교당내왕 각 6조의 상시훈련법을 발표하고 5월에 전음광 집에서 정산종사 지도아래 첫 정기훈련을 실시하였다」(이공전, 「봉래제법과 익산총부 건설」, 『원불교칠십년정신사』, 성업봉찬회, 1989, p.178).

(3) 불법연구회창건사에는 교당내왕시주의사항으로 「공부인이 교무부에 와서 하는 책임6조」라 하였다.

☞「상시훈련은 … 또는 공부인이 교무부에 와서 하는 책임 6조를 정하였으니 1) 右記 응용주의사항을 지낸 후 경과 보고하기를 주의할 것, 2) 혹 감각이 있을 시는 제출하기를 주의할 것, 3) 특별히 의심된 사항이 있을 시는 양해 얻기를 주의할 것, 4) 정기공부는 기회를 따라 실행하기를 주의할 것, 5) 매월 예회에는 반드시 참예하기를 주의할 것, 6) 교무부를 다녀갈 시는 그 득실 대조를 주의할 것 등이니, 이는 곧 상시응용주의사항 6조의 앞길을 인도하는 교법이 된 바…」(정산종사, 『불법연구회창건사』 제1편 1회 12년, 제17장 「훈련법의 실시」/박정훈 편저, 『한울안 한이치에』, 원불교출판사, 1982, pp.237-239).

(4) 교당내왕시주의사항은 세간에 살면서 마음공부를 지속할 수 있도록 교당에 와서 챙겨야 할 조항으로 법맥을 연하는 공부길이다.

☞「교당내왕시주의사항은 세간생활을 하면서 늘 마음공부를 할 수 있도록 교당에 내왕할 때에 반드시 챙겨야 할 조항으로서 상시응용주의사항의 길을 알려주고 도와주는 법이다. 스승과 회상에 법맥을 연하며 줄맞는 공부를 하자는 것이다」(신도형, 『교전공부』, 원불교출판사, 1992, pp.289-290).

(5) 교당내왕시주의사항은 일상생활에서 챙기는 대중을 놓지 않도록 지도자의 감정을 얻어 공부의 득실을 대조하는 것이다.

☞「교당내왕시주의사항은 마음의 문호를 개방하여 대중의 지식을 요리하며 자성의 혜광을 밝히어서 진리의 광명에 연결하여 道成德立의 대과를 거두어야 할 것이니, 일상생활에 마음 챙기는 대중을 놓지 아니하여야 할 것이다. 그러므로 교당을 내왕할 때는 반드시 유심으로 처리하였는지 무심으로 방치하였는지 대조하여 직접 지도자의 감정을 얻어 득실을 대조하자는 것이며, 경계를 따라 마음 가운데에 스스로 깨달은 바가 있다할지라도 지도자의 확인을 얻자는 것이다」(이운권, 고산종사 문집1 『정전강의』, 원불교출판사, 1992, pp.68-69).

(6) 교당내왕시주의사항은 교당에 내왕하며 교무로부터 문답감정을

받아 공부길을 찾는데 그 의의가 있다.

☞「교당내왕시주의사항 1조에 지낸 일을 문답하라고 되어 있다. 지낸 일을 문답하는 것은 스승(교당)에게 문답해서 바르게 공부길을 잡고 마음이 침체되어 있으면 분발심을 일으키는 것이다. 2조는 감각된 것을 감정 받는다. 감각이라는 것은 대소유무의 이치에 대해 깨쳐가는 과정이다」(한종만, 『원불교 대종경 해의』(上), 도서출판 동아시아, 2001, p.281).

(7) 교당내왕시주의사항은 세상을 경전삼고 스승 삼으며, 유무념 대조로써 소득 유무를 반조하여 불보살의 인격을 함양하는 것이다.

☞「교당내왕시주의사항은 세상을 경전삼고, 세상을 스승삼아 묻고 배우고 감정을 받아 공부길을 잡아 나가며, 유무념 대조로써 소득 유무를 반조하여 끊임없는 공부로 실력을 쌓아 생활에 구애가 없도록 하는 동시에 불보살의 인격을 이루어 성불제중의 목적을 이루는 참다운 공부길이라 할 수 있다」(안이정, 『원불교교전 해의』, 원불교출판사, 1998, p.528).

14. 상시응용주의사항과 교당내왕시주의사항의 관계

원불교의 상시훈련법으로는 상시응용주의사항과 교당내왕시주의사항 두 가지가 있다. 이 두 훈련법은 공부인에게 일상생활에서 스스로 연마하게 하다가 교당에 와서 지도인의 감정을 얻게 하는 점에서 상관성이 있는 것이다. 예를 들면 상시응용주의사항은 스스로 삼학공부를 한다면, 교당내왕시주의사항은 스승의 지도 속에 삼학공부를 하는 것과 같다. 그리고 교당내왕시주의사항에 의해 교당의 의미를 찾아보면 교당은 상시응용주의사항 공부의 준비와 자료를 얻는 도량이다. 양자는 모두 유무념 공부 곧 주의 공부와 관련된다.

1) 상시로 훈련시키기 위해 상시응용주의사항과 교당내왕시주의사항을 정하였다.

☞「공부인에게 상시로 수행을 훈련시키기 위하여 상시응용주의사항 6조와 교당내왕시주의사항 6조를 정하였나니라」(『정전』, 제3 수행편, 제2장 정기훈련법, 제2절 상시훈련법).

2) 상시응용주의사항은 상시로 공부하는 법이고, 교당내왕시주

의사항은 전자의 길을 도와준다.

☞「또 여쭙기를 "상시응용주의사항과 교당내왕시주의사항의 관계는 어떠하나이까?" 대종사 말씀하시기를 "상시응용주의사항은 유무식 남녀 노소 선악귀천을 막론하고 인간 생활을 하여 가면서도 상시로 공부할 수 있는 빠른 법이 되고, 교당내왕시주의사항은 상시응용주의사항의 길을 도와주고 알려 주는 법이 되나니라"」(『대종경』, 변의품 26장).

3) 상시응용주의사항은 스스로 삼학공부를 하며, 교당내왕시주의사항은 스승에게 삼학공부를 감정받는 공부이다.

☞「상시훈련법은 상시응용주의사항과 교당내왕시주의사항이다. 상시응용주의사항은 자신이 챙겨서 삼학공부를 일생동안 해나가는 공부이며, 교당내왕시주의사항은 삼학공부를 스승에게 감정받고 지도를 받아서 올바른 공부길을 잡아가는 공부이다」(한정석, 『원불교 정전해의』, 도서출판 동아시아, 1999, pp.380-381).

4) 교당내왕시주의사항에 의해 교당의 의미를 찾아보면 교당은 상시응용주의사항 공부의 준비와 자료를 얻는 도량이다.

☞「교당내왕시주의사항에 의하여 교당의 의미를 찾아보면, 교당은 상시응용주의사항 공부의 준비와 자료를 얻는 도량이며, 감각된 바를 보고하고 지도인의 감정을 얻는 도량이며, 진리와 신앙생활에 의문의 해답과 깨우침을 얻는 도량이며, 정기적인 입선 훈련의 도량이며, 예회를 진행하는 도량이며, 정신적 소득을 얻고 그것을 실생활에 활용하도록 인도하는 도량이라 하였다」(서경전, 「21세기 교당형태에 대한 연구」, 제21회 원불교사상연구 학술대회《21세기와 원불교》, 원불교사상연구원, 2002.1, p.52).

5) 상시응용주의사항과 교당내왕시주의사항은 자기 훈련을 시켜 정기훈련이 상시훈련으로 이어지게 한다.

☞「상시응용주의사항 6조와 교당내왕시주의사항 6조로써 각자가 스스로 자기훈련을 시켜서 정기훈련이 상시훈련으로 이어지게 한다. 끊임없는 훈련으로 수행이 이어지도록 한 이것이 원불교의 훈련법이다. 크게는 일 년에 한 번씩 정기훈련을 받아 결제 해제를 하고 그 뒤를 이어 상시훈련으로 결제 해제를 하여 훈련이 이어지게 한다」(안이정, 『원불교교전 해의』, 원불교출판사, 1998, p.520).

6) 상시응용주의사항과 교당내왕시주의사항은 모두 유무념 공

부, 곧 주의 공부이다.

☞「상시훈련에 들어가면 유무념 공부로 체를 잡아야 한다. 유무념 공부를 잘 하기 위해 상시응용주의사항 6조와 교당내왕시주의사항 6조가 있다. 이는 모두 주의하라는 조목이다. 결국 상시훈련의 기초는 주의하는 일이다」(조정근, 『활불이 되소서』, 원불교출판사, 2005, p.70).

15. 정기훈련법과 상시훈련법의 관계

정기훈련은 상시훈련을 잘하기 위함이다. 따라서 정기훈련은 상시훈련의 원형이자 상시훈련의 동력을 공급한다. 그리고 정기훈련법과 상시훈련법은 동정간 유기체적으로 전개되는 훈련법으로서 삼학을 주체로 한 수행의 방법이다. 구체적으로 말해서 정기훈련법은 수양과 연구를 중심한 삼학병진이요, 상시훈련법은 취사를 중심한 삼학병진이다. 하여튼 상호 관련을 지니되 정기훈련 때에는 상시훈련을 점검하는 시간이어야 한다.

1) 정기훈련의 목적은 상시훈련으로 표현되는 일상생활을 잘 하기 위함이다.

☞「정기훈련을 하는 목적은 하나이다. 상시훈련으로 표현되는 일상생활을 잘 살기 위해서이다. 여래행을 위한 재료를 장만하는 일이다. 이번 훈련을 통해 일상생활을 '이렇게 해야 되겠다' 하는 탈바꿈이 일어나야 한다. 그래서 생활 속에서 새로운 바람을 일으키는 전환점이 되어야 한다」(조정근, 『활불이 되소서』, 원불교출판사, 2005, p.70).

2) 정기훈련은 상시훈련의 원형임과 동시에 일상수행의 동력을 공급하는 원천이다.

☞「정기공부는 상시공부의 자료를 준비하는 공부로서의 기능을 간직한다고 할 수 있을 것이다. 물론 공부면으로 보면 정기공부는 상시공부의 준비과정이라는 상호 순환적 시스템으로 이해할 수도 있으나 상시공부가 경계에 활용하는 공부가 주체가 된다면, 정기공부는 그 준비가 주체가 되는 일직선의 원리로도 이해할 수 있다. 그러므로 정기훈련은 상시훈련의 원형이 될 뿐 아니라 일상수행의 동력을 공급하는 원천의 기능도 함께 한다고 할 수 있을 것이다」(김경일, 「정기훈련의 의의와 그 실천의 반성」, 『정신개벽』 제4집, 신룡교학회, 1985, p.37).

3) 정기훈련과 상시훈련은 동정의 연속성과 훈련 내용의 유기체

성을 살려가는 전문적 훈련이다.

☞「상시훈련과 정기훈련에 대한 연속성과 내용상에의 유기적 관계를 살려나가는 전문적인 훈련도량의 기능을 수행해 가는 것이 교화의 한 방향이 되어야 할 것이다. 이러한 방향에 근거하여 현재 행해지고 있는 일반적인 교화활동, 즉 법회·기도·순교·상담 등의 형태 변화를 꾀할 수 있을 것이다」(박혜훈, 「21세기의 원불교 교당교화 방향 모색」, 『원불교와 21세기』, 원불교사상연구원, 2002, p.273).

4) 정기훈련법과 상시훈련법은 동정 특색에 맞는 삼학수행을 주체로 삼는다.

☞「원불교 훈련법은 정기든 상시든 삼학을 더욱 구체적으로 훈련시키는 방법이다. 다만 차이라고 한다면 정기는 정시와 수양과 공부와 정신이 주체라면 상시는 동시와 취사와 생활과 육신이 주체라는 것뿐이다. 그러므로 정기훈련은 정시에 수양과 공부와 정신을 주체한 삼학수행이라면, 상시훈련은 동시에 취사와 생활과 육신에 주체를 둔 삼학수행이다」(이성택, 「원불교 수행론」, 『원불교사상시론』 1집, 수위단회사무처, 1982, p.37).

5) 상시훈련법은 취사를 중심한 삼학병진의 공부법이라면, 정기훈련법은 수양과 연구를 중심한 삼학병진의 공부법이다.

☞「상시훈련법이 취사를 중심해서 삼학을 병진하는 공부법이다. … 정기훈련은 수양과 연구를 중심해서 삼학 병진하는 공부이다. 상시응용주의사항 6개조는 취사와 연구와 수양이 있다. 그 내용은 삼학공부가 취사로 나타나게 구조가 되어 있다」(한종만, 『원불교 대종경 해의』(上), 도서출판 동아시아, 2001, pp.264-265).

6) 정기훈련 때에는 상시훈련 공부를 점검하는 시간으로 이뤄지는 것이 바람직하다.

☞「상시기간 중 저녁시간 훈련 프로그램을 정착화하는 방안들도 검토할 필요가 있다. 정기훈련이 그대로 상시의 연속선에서 이뤄지기 위해서이다. 정기훈련에 앞서 상시기간은 철저한 자기 점검이 선행돼야 한다. 출가단회나 일기 등을 통해 부족하고 갈증을 느끼는 부분을 파악하고 있어야 정기훈련에서 보완할 수 있다. 정기훈련 시에는 상시훈련 공부를 점검받는 시간으로 이뤄져야 한다」(유용진 외 編, 『원불교 개교 100주년을 연다』, 원불교신문사, 2006, p.68).

16. 정기훈련과 상시훈련의 필요성

훈련이란 영혼을 구제하고 인류을 회복하기 위해 기본적으로 필요한 것이다. 곧 인격성숙과 수행의 체질화에 수행이 요구된다는 뜻이다. 이는 용심법과 관련되는 것으로서 실생활에 도움이 되고 교화 활성화에도 도움이 된다. 따라서 심성계발과 정신개벽이 필요하며, 이는 정기훈련과 상시훈련이 존재하는 의의이기도 하다. 어떻든 훈련은 발전과 진화를 위한 반복성을 필요로 한다.

1) 피로해진 영육을 구제하고, 인간성이 매몰된 인류을 회복하기 위해 훈련이 필요하다.

☞「영육간 특히 영혼의 극단적인 피로와 손상 등은 인간성의 매몰로 인류을 피폐화시키고 있으며 심지어는 정신적 분열과 파멸로까지 치닫는 현실이라 아니할 수 없을 것이다. 이러한 사회구조는 정기훈련의 필요를 더욱 증대시키고 있다」(김경일, 「정기훈련의 의의와 그 실천의 반성」, 『정신개벽』 제4집, 신룡교학회, 1985, p.36).

2) 훈련은 인격 성숙과 수행의 체질화에 있어 반드시 필요하다.

☞「훈련법은 또한 삼학수행의 숙달법이요 단련법이다. 수행의 강령인 삼학이 아무리 훌륭한 법일지라도 정기와 상시의 훈련을 통하여 인간이 숙달하고 단련하지 아니하면 무용한 것이 된다. 그러므로 훈련은 수행의 강령을 활성화하고 인간에게 체득시키는 방법이 된다」(이성택, 「원불교 수행론」, 『원불교사상시론』 1집, 수위단회사무처, 1982, p.37).

3) 정기훈련과 상시훈련이 유기체적으로 기능할 수 있도록 용심법을 위한 훈련 프로그램의 개발이 요구된다.

☞「정기훈련과 상시훈련의 유기적 관계를 가능하도록 하는 훈련 프로그램의 개발과 운영은 물론 내용에 있어서도 기본적으로 교도들이 원하는 인간다움에 대한 본질적 욕구 충족을 위한 프로그램이 마련되어야 할 것이다. 그것은 결국 모든 훈련의 바탕은 우리 교법을 통한 용심법을 위한 훈련으로 준비되어야 한다는 것이다」(박혜훈, 「21세기의 원불교 교당교화 방향 모색」, 『원불교와 21세기』, 원불교사상연구원, 2002, p.272).

4) 실생활에 도움이 되고 교화단의 활성화를 위해서도 정기훈련과 상시훈련은 필요한 일이다.

☞「교화단과 상시훈련, 정기훈련과의 관계에 대해서는 정기훈련과

상시훈련의 연관작업, 그리고 실생활에 도움을 줄 수 있는 교화단회의 운영이 필요한 것으로 나타났다」(김용은, 「교화단 활성화 방안에 대한 고찰-예비교역자 중심으로-」, 제2회 실천교학 학술발표회《학술발표요지》, 원불교대학원대학교, 2002.3, p.83).

5) 정기훈련과 상시훈련은 인류의 심성계발과 정신개벽을 위해 필요한 일이다.

☞「원불교에서 말하는 훈련은 진리에 바탕하여 각자의 심성을 개선시키고 전 인류의 정신을 개선시켜 전 인류의 정신을 개벽시키자는데 목적이 있다」(안이정, 『원불교교전 해의』, 원불교출판사, 1998, p.419).

6) 우리가 성숙해지기 위해서는 반복된 훈련이 필요하며, 그렇지 않으면 퇴화뿐이다.

☞「길들이는 훈련에는 반복을 필요로 한다. 반복하지 않고는 길들여지지 않는다. 천지의 이치가 계속 정성스럽게 순환 반복하는 것과 같이 우리도 끊임없는 반복이 필요하다. 그러나 이 반복은 제자리 하는 반복이 아니라 발전하고 향상하는 반복이다. 또한 길들여졌다 하더라도 반복하지 않으면 바로 퇴화되는 것이다」(서경전, 『교전개론』, 원광대학교 출판국, 1991, p.336).

17. 보충해설

원불교 수행에 있어 특성의 하나를 말한다면 훈련법이라고 말할 수 있다. 정기훈련과 상시훈련이 이것이다. 원불교의 훈련법은 동정 간에 물샐틈없이 하는 훈련으로 정기훈련법과 상시훈련법이 있다. 즉 정해진 기간을 정하여 훈련하는 정기훈련법이 있다면, 일상생활에서 상시로 훈련하는 상시훈련법이 있는 것이다.

원불교에서 이처럼 훈련을 강조하는 이유는 원불교 신앙인들에게 정법 문하에서 인도상의 요법을 실천하도록 하기 위함이다. 『불법연구회 통치조단규약』은 교도들에게 훈련하도록 하여 허위와 사실에 구별 없는 인간의 생활로를 개혁하는데 목적을 두고 있었다. 과거 중생의 생활에 허위와 미신에 구애되어 참다운 종교생활을 하기가 어려웠던 관계로 소태산은 동정간 훈련법을 통해 진리적이고 사실적인 인도정의의 대도정법을 실천토록 한 것이다.

구타원 이공주 선진도 대도의 훈련법에 마탁하는 기쁨을 다음과 같이 말한다. "우리는 어쩌다가 도덕문하에 귀의하여 大聖 종사주의 직접 훈련을 받게 되었는가"(『회보』 55호, 회설). 소태산 대종사의 교법에 의해 직접 훈련을 받게 되는 것은 바로 원불교 훈련법에 의한 도락생활이며, 이는 일상생활에서 정기·상시훈련에 임하는 것과 다를 것이 없다. 불리자성을 지향하는 교법이 정기훈련법이자 상시훈련법이요, 여기에는 정기훈련 11과목에 이어, 상시훈련 과목으로 교당내왕시주의사항 6조와 상시응용주의사항 6조가 있어 인격함양의 주요 공부법이라고 볼 수 있다.

18. 연구과제

1) 정기훈련법의 훈련과목에 대하여 언급하시오.
2) 상시훈련법에 대하여 설명하시오.
3) 정기훈련법과 상시훈련법의 관계는?
4) 상시응용주의사항 6조를 언급하시오.
5) 교당내왕시주의사항 6조에 대해 쓰시오.
6) 상시응용주의사항과 교당내왕시주의사항의 관계는?
7) 원불교 훈련법의 특성은?

19. 고시문제

1) 정기훈련 11과목 요지를 『정전』 원문 중심으로 요약하시오.
2) 정기훈련 과목에 대한 설명을 『정전』 원문대로 기술하고, 원불교 수행에 대해 설명하시오.
3) 정기훈련 11과목을 쓰시오.
4) 정기훈련법 11과목의 요지를 『정전』 원문대로 기술하고, 그 11과목이 상시훈련법에 어떻게 연계하여 활용되도록 밝히셨는지 설명하시오.
5) 정기훈련법과 상시훈련법의 관계.
6) 정기일기에 대하여 간략히 설명하시오.
7) 『정전』에 밝혀진 염불과 좌선의 정의를 쓰고 이 두 수양과목

의 관계와 응용방법을 쓰시오.

8) 염불과 좌선의 요지와 상호관계를 설명하시오.

9) 수양과목으로서 염불과 좌선의 관계는?

10) 정기훈련 과목을 삼학으로 분류하고 각 과목의 의의를 『정전』 원문대로 적으시오.

11) 교당내왕시주의사항을 그 순서따라 본인이 실행하고 있는 바를 쓰시오.

12) 교당내왕시주의사항을 통해본 원불교 교당의 성격과 기능을 논하시오.

13) 정기훈련법과 상시훈련법의 관계를 원문대로 적고 그동안 각자의 수행에 활용한 내용을 간략히 기술하시오.

14) 『정전』 정기훈련법과 상시훈련법의 요지를 간략히 설명하고 상호관계를 기술하시오.

15) 다음 낱말의 뜻을 『정전』에서 밝힌 대로 쓰시오
    (1) 주의, (2) 정기일기, (3) 의두.

16) 좌산종법사의 "일과로 득력하라" 는 말씀의 본의가 드러날 수 있도록 『정전』에 근거하여 논증하시오.

17) 『정전』 중 다음 항목의 원문을 쓰시오.
    (1) 주의, (2) 조행.

18) 의두, 성리, 화두 등의 공통점과 차이점.

19) 상시응용주의사항 1조를 실례를 들어서 설명.

20) 상시응용주의사항 6조를 순서대로 (요약하여 정리하고) 본인이 실행하고 있는 바를 기술하시오.

21) 교당내왕시주의사항 6조를 순서대로 본인이 실행하고 있는 바를 기술하시오.

22) 교당내왕시주의사항 1, 2, 3조를 순서대로 본인이 실행하고 있는 바를 쓰시오.

제3장 염불법

○ 「염불법」의 원문

1. 염불의 요지

대범 염불이라 함은 천만 가지로 흩어진 정신을 일념으로 만들기 위한 공부법이요, 순역경계에 흔들리는 마음을 안정시키는 공부법으로서 염불의 문구인 나무아미타불은 여기 말로 무량수각에 귀의한다는 뜻인 바, 과거에는 부처님의 신력에 의지하여 서방 정토극락에 나기를 원하며 미타 성호를 염송하였으나 우리는 바로 자심미타를 발견하여 자성극락에 돌아가기를 목적하나니, 우리의 마음은 원래 생멸이 없으므로 곧 무량수라 할 것이요, 그 가운데에도 또한 소소영령하여 매하지 아니한 바가 있으니 곧 각이라 이것을 자심미타라 하는 것이며, 우리의 자성은 원래 청정하여 죄복이 돈공하고 고뇌가 영멸하였나니, 이것이 곧 여여하여 변함이 없는 자성극락이니라. 그러므로 염불하는 사람이 먼저 이 이치를 알아서 생멸이 없는 한 생각을 대중하여, 천만 가지로 흩어지는 정신을 오직 미타일념에 그치며 순역경계에 흔들리는 마음을 무위안락의 지경에 돌아오게 하는 것이 곧 참다운 염불의 공부니라.

2. 염불의 방법

염불의 방법은 극히 간단하고 편이하여 누구든지 가히 할 수 있나니,

1) 염불을 할 때는 항상 자세를 바르게 하고 기운을 안정하며, 또는 몸을 흔들거나 경동하지 말라.

2) 음성은 너무 크게도 말고 너무 작게도 말아서 오직 기운에 적당하게 하라.

3) 정신을 오로지 염불 일성에 집주하되, 염불 구절을 따라 그 일

념을 챙겨서 일념과 음성이 같이 연속하게 하라.

4) 염불을 할 때에는 천만 생각을 다 놓아 버리고 오직 한가한 마음과 무위의 심경을 가질 것이며, 또는 마음 가운데에 외불을 구하여 미타색상을 상상하거나 극락장엄을 그려내는 등 다른 생각은 하지 말라.

5) 마음을 붙잡는 데에는 염주를 세는 것도 좋고 목탁이나 북을 쳐서 그 운곡을 맞추는 것도 또한 필요하나니라.

6) 무슨 일을 할 때에나 기타 행주좌와 간에 다른 잡념이 마음을 괴롭게 하거든 염불로써 그 잡념을 대치함이 좋으나, 만일 염불이 도리어 일하는 정신에 통일이 되지 못할 때에는 이를 중지함이 좋으니라.

7) 염불은 항상 각자의 심성 원래를 반조하여 분한 일을 당하여도 염불로써 안정시키고, 탐심이 일어나도 염불로써 안정시키고, 역경에 끌릴 때에도 염불로써 안정시킬지니, 염불의 진리를 아는 사람은 염불일성이 능히 백천 사마를 항복받을 수 있으며, 또는 일념의 대중이 없이 입으로만 하면 별 효과가 없을지나 소리 없는 염불이라도 일념의 대중이 있고 보면 곧 삼매를 증득하리라.

3. 염불의 공덕

염불을 오래하면 자연히 염불 삼매를 얻어 능히 목적하는 바 극락을 수용할 수 있나니 그 공덕의 조항은 좌선의 공덕과 서로 같나니라. 그러나 염불과 좌선이 한 가지 수양과목으로 서로 표리가 되나니 공부하는 사람이 만일 번뇌가 과중하면 먼저 염불로써 그 산란한 정신을 대치하고 다음에 좌선으로써 그 원적의 진경에 들게 하는 것이며, 또한 시간에 있어서는 낮이든지 기타 외경이 가까운 시간에는 염불이 더 긴요하고, 밤이나 새벽이든지 기타 외경이 먼 시간에는 좌선이 더 긴요하나니, 공부하는 사람이 항상 당시의 환경을 관찰하고 각자의 심경을 대조하여 염불과 좌선을 때에 맞게 잘 운용하면 그 공부가 서로 연속되어 쉽게 큰 정력을 얻게 되리라(『정전』 제3 수행편, 제3장 염불법).

1. 염불의 등장배경

아미타불의 극락세계는 인도의 비슈누 사상과 관련이 있고, 극락은 비슈누의 극락처와 연원을 가진다. 원시불교의 4불괴정으로 실천신앙적 염불이 전개되었으며, 중국에서는 혜원의 백련사에서 염불이 성행하였고, 정토종의 염불신앙이 흥성했다. 우리나라의 경우 서산대사의 염불선의 전통을 이어 각 사원에 염불당을 두고 염불의례 등을 통해 점차 신앙과 수행의 방법으로 부각되었다. 이에 소태산은 과거불가에서 추구되던 미타성호의 염불을 극복, 자심미타의 염불법을 등장시킨 것이다.

1) 아미타불 사상은 인도의 비슈누 사상과 관련이 있고, 아미타불의 거처인 극락세계는 비슈누의 거주처와 같은 연원을 가진다.

☞ 「리그베다 찬가에서 보면, 비슈누의 주처인 天의 최고처에 감로의 샘이 있어 이곳을 Amrtamati라 하고, 아미타의 주처는 Sukhamati가 된다. 이러한 용어의 사용에서 볼 때에 아미타불의 사상은 인도의 Soma와 밀접한 관계가 있는 태양숭배 사상에서 무량광이라는 별호가 생기고, 아미타는 리그베다로부터 바가바드기타에 걸쳐서 변천된 속성을 가진 비슈누 사상에서 나온 것이거나, 혹은 비슈누와 yama와의 두 사상이 결합된 것이 아닌가 생각된다. 또한 아미타불의 거처인 극락세계는 비슈누 혹은 yama의 주처와 비슷한 것을 알 수 있다」(김인소, 「소태산의 염불법에 대한 소고」, 『원불교사상』 13집, 원불교사상연구원, 1990, p.85).

2) 『아미타경』에 의하면 선남자 선여인이 아미타불 명호를 지속적으로 염송하여 극락왕생하게 된다는 것이다.

☞ 「『아마타경』에서는, 만약 선남자 선여인이 아미타불에 대한 설법을 듣고 명호를 지니어 혹은 하루, 혹은 이틀, 혹은 사흘, 혹은 나흘, 혹은 닷새, 혹은 엿새, 혹은 이레 동안 일심으로 마음이 흐트러지지 아니하면 그 사람의 임종시에 아미타불이 모든 聖衆과 함께 그 사람 앞에 나타나느니라. 그 사람은 임종시에 변하지 아니하고 곧 아미타불의 극락국토에 왕생하게 되느니라」(『阿彌陀經』, 若有善男子善女人, 聞說阿彌陀佛, 執持名號, 若一日, 若二日, 若三日, 若四日, 若五日, 若六日, 若七日, 一心不亂, 其人臨命終時, 阿彌陀佛, 與諸聖衆, 現在其前, 是人終時, 心不顚倒, 卽得往生, 阿彌陀佛極樂國土).

3) 원시불교에서 4불괴정 곧 염불 염법 염승 염계로써 실천신앙

의 차원에서 염불이 전개되었다.

☞「일찍이 원시불교 후기에서 四不壞淨 공부를 중시하는 공부로 밝혀진 바 있다. 사불괴정이란 곧 念佛 念法 念僧과 念戒를 염하는 사람은 불에 넣어도 타지 않고 물에 넣어도 빠지지 않고 영원히 부처와 함께 살게 된다는 의미이다. 따라서 부처를 염원하고 부처의 법을 염원하며, 부처를 모시고 살아가는 신자를 염원하며, 또한 부처가 인도한 계행을 지킬 것을 염원하는 것이 염계이다. 이것은 염불과 아울러 법, 승, 계 등을 염원 실천하는 실천신앙의 방향이 담겨져 있다」(한기두, 『원불교정전연구』-수행편1-, 원광대학교출판국, 1997, p.170).

4) 『무량수경』에 법장비구가 영겁 수행으로 성취한 것이 아미타불이자 극락정토였고, 염불종이 세워져 염불이 성행했으며, 중국에서는 동진의 혜원이 거주한 백련사에 염불이 성행했다.

☞「『무량수경』에 과거 구원겁에 世自在王佛所에서 왕위를 버리고 사문이 된 법장비구가 48大願을 일으켜 영겁의 수행으로 성취한 것이 아미타불이며 극락정토라는 데서 염불이 성행되었고, 또한 『아미타경』과 『무량수경』의 왕생극락 사상에 근거하여 염불종이 세워져 염불이 성행되었다. 중국에 와서는 동진의 혜원에 의하여 백련사가 창설됨에 따라 염불이 성행되었으며, 그 후 담난과 도작과 선도를 거쳐 중국에 정토종이 이루어져 부처의 명호를 염하면 그 부처의 신력에 의하여 왕생극락하게 된다는 데서 염불이 성행되어 왔다」(안이정, 『원불교교전해의』, 원불교출판사, 1998, pp.539-540).

5) 한국의 염불사상은 서산대사의 염불선의 전통을 이어 각 사원에 염불당이 있고 염불 전개는 염불의례 등을 통해 전개됐다.

☞「한국의 염불사상은 서산대사의 염불선의 전통을 이어 각 사원에서는 염불당·염불승이 있고 수행적·自修的 염불이 오늘날에도 행해지고 있으나, 염불의 대승적·신앙적 전개 등은 염불의례를 통하여 널리 이룩되었다」(김인소, 「소태산의 염불법에 대한 소고」, 『원불교사상』 제13집, 원불교사상연구원, 1990, p.93).

6) 소태산은 과거의 미타성호를 염송하던 것을 극복, 자심미타를 발견하도록 염불법을 제정하였다.

☞「과거에는 부처님의 신력에 의지하여 서방 정토극락에 나기를 원하며 미타 성호를 염송하였으나 우리는 바로 자심미타를 발견하여 자성

극락에 돌아가기를 목적하나니…」(『정전』, 제3 수행편, 제3장 염불법, 1. 염불의 요지).

2. 염불법의 대의강령
 1) 염불이란 흩어진 정신을 일념으로 만들고, 경계에 흔들리는 마음을 안정시키는 공부법이다.
 2) 나무아미타불이란 무량수에 귀의한다는 뜻으로, 자심미타의 자성극락에 돌아가자는 것이다.
 3) 염불의 간단 편이한 실천방법으로 7가지가 언급되고 있다.
 4) 염불의 공덕은 좌선과 공히 극락을 수용할 수 있지만, 상호 표리가 되는 수양과목이다.

3. 염불법의 구조
 1) 염불의 요지
 2) 염불의 방법
 3) 염불의 공덕

4. 단어해석
 일념 : ☞『정전풀이』(하) 「정기훈련과 상시훈련」 '일념' 참조.
 순역경계 : 진리와 자연에 따르는 순리, 그리고 진리와 자연을 거스르는 역리를 합하여 순역이라 하며, 순리의 순경과 역리의 역경을 합하여 順逆境界라고 한다.『대종경』수행품 16장에서 수도인이 오욕의 마군을 항복받아 순역경계에 부동하는 것은 심성수양의 결과라 했다.
 나무아미타불 : 나무아미타불은 아미타불에 귀의한다는 의미로서, 아미타불의 갖춘 이름 6자의 명호를 南無阿彌陀佛이라 한다.『정토 삼부경』의 하나이자 정토종의 근본경전인『무량수경』에 자주 등장하며, 나무아미타불을 주송하는 것은 무량수각 곧 왕생극락으로서 서방 정토극락에 귀의하고자 함이다. 염불을 하는 이유는 흩어진 마음을 일념으로 만들어 청정 자성의 자심미타를 발견하기 위함이다.
 무량수각 : 아미타불의 경지를 깨달음을 無量壽覺이라 하는 바, 형상

있는 육신은 일생만을 살지만 불생불멸의 이치를 깨달으면 수명이 영원 무궁하게 되는 바, 자심미타의 청정 자성불을 발견하는 것이 관건이다.

신력 : 우주의 신비한 힘 또는 성자의 신통한 도력을 神力이라 한다.

서방정토극락 : 윤회의 고통이 없는 淨土의 세상으로서 아미타불이 설법하는 무량청정한 세상, 자심미타를 발견한 윤회 해탈의 세계가 西方淨土極樂이다. 인도불교에 있어 극락세계에는 궁전이 있고 아미타 여래의 설법소리가 들려오는 그 궁전 앞에 칠보로 만든 못에 여덟 공덕수가 넘치는데, 홍련화 청련화 백련화 황련화가 피어 있는 어느 한 연꽃 위에 다시 태어난다는 내세관이 있다. 『아미타경』에 의하면 서방 정토극락은 서쪽을 향해 10만억 불국토를 지나면 저쪽에 있는 나라라고 한다.

미타성호 : 아미타불의 성스런 호칭을 彌陀聖號라 한다. 염불을 할 때 아미타불의 성호를 염송하며 자심미타의 정토극락에 나아간다.

염송 : 간절한 마음으로 주문・경, 불타・진언・미타성호를 생각하며 경건하게 외우고 읽는 것을 念誦 또는 주송이라 한다.

자심미타 : 자신의 본래 청정한 마음, 곧 아미타불이 自心彌陀이다. 염불을 할 때 타방에서 장엄 부처를 구하지 않고 자심미타를 찾도록 소태산은 밝히고 있는 바, 즉심시불처럼 내 마음이 곧 부처이기 때문이다.

자성극락 : 극락이 나를 떠나 따로 있는 것이 아니라 자신의 청정자성, 또는 진여자성이 곧 自性極樂이다. 따라서 염불일성으로 임하여 번뇌의 중생심에서 불보살의 심법으로 살아갈 때 자성극락은 현전되는 것이다.

소소영령 : 청정한 본래 성품으로서의 진여자성이 밝고 신령하게 드러나는 것을 昭昭靈靈이라 한다. 무명 중생을 극복하여 진리에 밝아질 때 소소(밝고 밝음) 영령(신령함)한 경지를 체득하게 된다.

자성 : ☞『정전풀이』(하) 「일상수행의 요법」 '자성' 참조.

청정 : 맑고 깨끗함이 淸淨이다. 욕심으로 생겨난 번뇌에서 벗어남을 자성청정이라 한다. 오랜 수양을 통해서 청정심을 회복할 필요가 있다.

죄복 : 신구의 삼업의 결과가 악업과 선업으로 나타나 罪福이 된다.

돈공 : ☞『정전풀이』(상) 「일원상, 일원상의 진리」 '돈공' 참조.

고뇌 : 심신의 괴로움을 苦惱라 한다. 자성에는 본래 고뇌가 없다.

영멸 : 영원히 멸하여 사라진 것을 永滅이라 한다.

여여 : 진리의 한결같음을 如如라 한다. 소태산은 죄복이 돈공하고 고뇌가 영멸한 것을 여여한 자성극락이라 했다. 정산종사도 사은의 이치는 여여하여 변함이 없다(『정산종사법어』, 응기편 4장)고 하였다.

생멸 : ☞『정전풀이』(상)「사은, 천지은」'생멸' 참조.

거래 : 오고 감, 과거와 미래를 去來라 한다. 생멸거래라는 말이 동시에 쓰이는 경우가 많다. 일반적으로 거래는 물건을 사고파는 것을 말한다. 소태산은 성현들이란 심신의 거래가 자유롭다(『대종경』, 변의품 30장)고 했고, 정산종사는 법어에서 자성은 本無去來임을 밝혔다(생사편 29장).

미타일념 : 아미타불을 염송하여 일념에 머무는 것이 彌陀一念이다.

무위안락 : 인위가 아니라 무위의 마음이 가장 평화롭고 안락하다는 의미에서 無爲安樂이라는 말을 사용한다. 곧 계교나 사량의 인위적 작태가 사라진 심신의 안락한 상태를 무위안락이라 한다.

지경 : ☞『정전풀이』(상)「삼학, 사리연구」'지경' 참조.

편이 : 편리하고 쉽다는 것을 便易라 한다. 염불법은 지극히 편이하다.

경동 : 가볍게 동하는 것을 輕動이라 한다. 경거망동이 이와 관련된다.

일성 : 한 소리를 一聲이라 한다. 염불일성이란 염불을 조촐하게 송하는 소리를 말한다. 또 대각일성이란 소태산이 깨달음을 얻고 처음으로 만유가 한 체성이요 만법이 한 근원임을 밝힌 법문이다.

집주 : ☞『정전풀이』(하)「정기훈련과 상시훈련」'집주' 참조.

외불 : 내 마음 밖에서 다른 부처를 구하는 것을 外佛이라 한다. 즉심시불의 이치에 따라 나의 진여자성을 자성불로 알지 못하고 밖에서 부처를 찾는 것이 이것이다. 누구나 불성이 있음을 알지 못하고 밖으로 향하는 것은 곧 정법교리가 아니라 사마외도를 향하는 꼴이다.

미타색상 : 아미타불의 외형적 형상을 彌陀色相이라 한다. 염불을 할 때 천만생각을 다 놓아야 하는 바, 마음 가운데 외불을 구하려 하여 미타색상을 상상하는 그 마음마저도 놓아야 염불 삼매에 든다.

극락장엄 : 염불을 할 때 무위의 심경으로 염불일성으로 다가서야 하지만, 오히려 마음속에 화사하게 장엄된 극락세계를 그리는 것이 곧 極樂莊嚴이다. 곧 미타색상이나 극락장엄을 놓아야 참 염불이 된다고 했다.

염주 : 수정이나 보리수·금강주·모감주 등의 열매를 실에 둥그렇게

꿰어 만든 것으로 손목에 걸고 법회를 보거나 염불을 할 때 사용하는
불구가 念珠이다. 보통 108개의 열매를 꿰어 만드는데, 염주알 하나하나
를 돌리며 108번뇌를 하나씩 소멸하기 위함이다. 혹은 108개의 절반인
54개, 54개의 절반인 27개 등으로 염주를 만들어 사용한다.

운곡 : '나무아미타불' 곧 염불일성의 곡조를 韻曲이라 한다. 북이나
목탁으로 운곡에 맞추어 염불을 하면 대중 염불에 효율성이 더해진다.

행주좌와 : 사람 행동의 네 가지 모습으로서 행동할 때, 머무를 때,
앉아있을 때, 누워있을 때를 行住坐臥라 한다. 행주좌와 어묵동정(語-
대화할 때, 黙-침묵할 때, 動-활동할 때, 靜-고요할 때) 간에 염불로써 사
심잡념을 극복하면 일행삼매·일상삼매가 된다.

백천사마 : 고통을 가져다주는 경계로서 온갖 사악한 마귀를 百千邪魔
라 한다. 정법수행에 방해되는 사심잡념·삼독오욕 등이 백천사마이다.

삼매 : 좌선이나 염불을 통해서 청정 자성과 일심의 경지에 진입하는
것을 三昧 혹 사마디라 한다. 마음이 일심의 편안한 경지에 이르러 고요
함을 유지하게 되므로 선정의 삼매는 요란함·어리석음·그름이 없고
부동의 일심이 체득된다. 삼매에는 동정간 일행삼매와 일상삼매가 있다.

대중 : 대중이란 어떤 행위의 기준이자 대강이며 혹 표준이자 어림짐작
을 말한다. 경계 속에서 마음공부의 대중을 삼는 것이 이것이다.

증득 : 진리를 깨닫고 삼매의 경지를 체득하는 것을 證得이라 한다.
무명을 극복하고 지혜광명으로 살아가면 증득의 경지에 이른다.

번뇌 : 사심 잡념으로 우리의 심신을 괴롭게 하는 것으로서 煩惱란 중
생들이 겪는 망상·사념·미혹 등을 말한다.

원적 : 산란한 경계를 극복하여 안정되고 고요한 마음을 圓寂이라 한
다. 번뇌망상이 사라진 열반의 경지도 원적이라 볼 수 있으며, 『정전』의
정기훈련과 상시훈련에 나오는 '원적무별' 이와 같은 뜻으로 사용된다.

진경 : ☞『정전풀이』(하)「정기훈련과 상시훈련」'진경' 참조.

외경 : 외부로부터 밀려오는 바깥 경계를 外境이라 한다. 소태산은 마
음에 병이 있으면 외경의 유혹에 끌린다(『대종경』, 수행품 56장)고 했다.

정력 : 오랫동안 염불 좌선 등으로 정신수양을 하면 수양력이 쌓이는데
이를 定力이라 한다. 정력이 쌓이면 어떠한 유혹의 경계에도 흔들림 없

는 수양력으로 죄복을 자유로이 하고 해탈의 세계에 진입하게 된다.

5. 숙어 · 문제풀이

1) 염불은 천만가지로 흩어진 정신을 일념으로 만들기 위한 공부법이요, 순역경계에 흔들리는 마음을 안정시키는 공부법이란?

　(1) 염불은 소란스런 외경에 접하여 흩어지기 쉬운 정신을 고요한 경지로 인도하는 효과적인 수양법이다.

　(2) 천념 만념을 일념으로 만들면 염불삼매에 들어 자연 마음의 평화가 찾아온다.

　(3) 순역 경계에 접하여 자칫 마음이 요란해지기 쉬운데, 요란한 마음을 염불 일념에 주하여 안정시키는 공부법이 염불이다.

　(4) 염불은 수행의 방법 혹 신앙의 방법으로 이용되는 바, 일심으로 염불에 임하면 심력이 쌓이어 부동심과 불방심을 갖게 된다.

2) 나무아미타불은 여기말로 무량수각에 귀의한다는 뜻은?

　(1) 아미타불은 시간과 공간의 무량함을 말하며, 염불을 통해 이에 귀의한다는 것이다.

　(2) 아미타불을 중심으로 염불을 통해 생멸이 없는 무량수각에 나아가는 것을 가르치는 전통불교의 종파는 주지하듯이 정토종이다.

　(3) 일념으로 아미타불을 염송하며, 무량수각에 귀의하려는 신앙적 구도의 과정과 더불어 염불 삼매에 드는 것이 필요하다.

　(4) 동정간의 경계 속에서 부단한 염불 주송을 통해 아미타불의 세계에 진입하는 것이 참 수도인의 적공이다.

3) 과거에는 부처님의 신력에 의지하여 서방 정토극락에 나기를 원하며 미타 성호를 염송하였으나, 우리는 자심미타를 발견하여 자성극락에 돌아가기를 목적한다는 것은?

　(1) 아미타불을 주송하며 무량수각에 귀의하는 것을 강조한 정토종에서는 서방정토 극락의 경지를 염불 삼매에 의해 얻도록 하였다.

　(2) 정토종에서는 자력불보다는 아미타불이라는 신력의 타력불에 의지하여 정토극락에 이르는 것에 초점을 맞추고 있다.

　(3) 원불교는 염불을 통해 자심미타를 발견하여 자성불을 발견하도

록 염불 수행을 한다.

(4) 소태산은 궁극적으로 자력·타력 병진신앙을 유도하고 있다.

4) 우리의 마음은 원래 생멸이 없으므로 곧 무량수이며, 그 가운데 소소영령하여 매하지 아니한 바가 있으나 곧 覺이라 이것을 자심미타라 하는 것이란?

(1) 염불에서 나무아미타불은 무량수각에 귀의한다는 뜻인 바, 우리의 마음은 무량수의 의미와 각의 의미가 있음을 설명하고 있다.

(2) 염불에 의해 궁극적으로 생멸이 없는 무량수의 마음을 얻고, 소소영령한 마음의 깨달음(각)을 얻는다는 뜻이다.

(3) 염불을 통해 얻는 (무량수)覺이란 곧 자심미타를 발견하는 것이며, 자심미타는 내 마음이 부처라는 것으로 자성불을 뜻한다.

(4) 사은의 타력신앙은 물론 삼학의 자력신앙(염불 좌선)이 있는 바, 자심미타란 주로 자력신앙에 해당한다.

5) 우리의 자성은 원래 청정하여 죄복이 돈공하고 고뇌가 영멸하였나니 이것이 곧 여여하여 변함없는 자성극락이라는 것은?

(1) 자성이란 오탁악세의 번뇌를 벗어난 청정한 성품의 경지로서 극락의 경지와 같다는 의미에서 자성극락이라 한다.

(2) 자성은 복락이나 죄업의 굴레를 극복한 경지로서 이를 통해 극락이 수용된다.

(3) 염불에서 얻어지는 자성은 고통을 영원히 이별한 경지로서 이는 본연의 자성을 떠나지 않는 바, 불리자성으로서의 자성극락이다.

(4) 염불삼매는 자성청정, 죄복돈공, 고뇌영멸의 경지로 유도된다.

6) 생멸 없는 각자 마음에 근본하고, 거래 없는 한 생각에 대중하여 천만가지로 흩어지는 정신을 미타일념에 그친다는 것은?

(1) 염불은 생멸이 없는 각자의 마음에 근본하며 자심미타를 발견하는 수행법이다.

(2) 염불은 오고감의 거래가 없는 일념에 표준을 삼는다.

(3) 염불은 산란한 경계에 처했을 때 흩어지는 정신을 일념에 그쳐 자심미타의 경지에 귀의한다.

(4) 생멸·거래가 없는 경지에 그친다는 것은 염불삼매를 통한 해탈

의 경지에 이름이다.

7) 순역경계에 흔들리는 마음을 무위안락의 지경에 돌아오게 하는 것이 참다운 염불공부라는 것은?

(1) 우리의 마음은 원래 요란함이 없으나 경계를 따라 요란함이 나타나므로 염불 수행을 통해 요란함을 없앤다.

(2) 순역경계에 흔들린다는 것은 마음이 고통스런 경계를 따라 불안해지므로 염불을 통해 순역경계를 극복하자는 것이다.

(3) 무위안락의 지경이란 염불삼매를 통해서 인위가 아닌, 자연스러운 편안함을 느끼는 것이다.

(4) 참다운 염불이란 경계를 극복하고 안락의 심신을 지향함이다.

8) 염불을 할 때는 항상 자세를 바르게 하고 기운을 안정하며, 또는 몸을 흔들거나 경동하지 말라는 것은?

(1) 염불법에 있어 그 자세는 매우 중요한 바, 몸을 바르게 해야 기운이 편안해진다.

(2) 염불 자세는 행주좌와 간에 할 수 있으며, 정할 때에는 앉아서 하는 경우가 보통이다.

(3) 염불을 할 때 몸을 좌우 앞뒤로 흔들거나 가볍게 할 경우 주변 사람에게 방해가 되며 자기 마음도 일심이 되지 않는다.

(4) 운동을 할 때의 자세가 중요하듯이 염불이나 좌선을 할 때의 안정된 자세가 매우 중요하다.

9) 음성은 너무 크게도 말고 너무 작게도 말아서 오직 기운에 적당하게 하라는 것은?

(1) 염불의 음성은 리듬에 맞추어 하되 자신의 음성에 마음이 빼앗기지 않을 정도로 편안하게 한다.

(2) 음성이 너무 크면 기운이 상기되어 침이 마르고, 함께 염불을 하는 사람들에게 방해가 된다.

(3) 음성이 너무 작아도 기운이 가라앉고 수마에 떨어질 수 있다.

(4) 음성의 적절성은 염불을 하면서 그 음성이 지나침과 부족함이 없는 상태 곧 중도에 맞아야 한다는 것이다.

10) 정신을 오로지 염불 일성에 집주하되, 염불 귀절을 따라 그

일념을 챙겨서 일념과 음성이 같이 연속하게 하라는 것은?

(1) 염불의 세 종류로 아미타불의 신상을 염하는 관상염불, 법신불 자리를 생각하는 실상염불, 아미타불의 성호를 부르는 칭명염불이 있다.

(2) 원불교 염불법은 칭명염불에 속한다고 할 수 있으나, 염불 일성에 주하여 자심미타를 발견하고 자성극락에 돌아가기를 목적으로 한다.

(3) 염불을 할 때 음성만 염불을 하고 마음은 다른데 흐를 수 있으니 주의할 일이다.

(4) 용이한 염불 방법으로 음성과 마음이 하나가 되도록 염불 곡조에 마음을 챙기어 일념을 만든다.

11) 염불을 할 때에는 천만 생각을 놓아 버리고 한가한 마음과 무위의 심경을 가지며, 마음속에 외불을 구하여 미타색상을 상상하거나 극락장엄을 그리는 등 다른 생각은 하지 말라는 것은?

(1) 염불이란 온갖 잡념을 염불 일성에 주하는 것이며, 궁극적으로 일념을 주한다는 생각마저 넘어설 때 진정한 염불삼매에 든다.

(2) 염불에 임할 때는 복잡한 일들은 미리 정리하고, 편안한 마음으로 한다.

(3) 염불을 할 때 장엄의 外佛을 상상하거나 미타색상을 그려내지 말고 무위의 심경으로 임해야 한다.

(4) 염불을 하는 목적이 정법 수양인 바, 신비함을 추구한다면 정법 수행과 거리가 멀어진다는 것을 알자는 것이다.

12) 마음을 붙잡는 데에는 염주를 세는 것도 좋고 목탁이나 북을 쳐서 그 운곡을 맞추는 것도 또한 필요하다는 것은?

(1) 노래를 할 때 여러 종류의 악기를 사용하듯, 염불을 할 때 용이한 도구를 활용하는 것이 필요하다.

(2) 대중과 함께 염불을 할 때 도구의 활용에 있어 염주를 세거나, 목탁이나 북을 두드리는 것은 염불 운곡에 도움을 주고, 염불의 리듬을 타게 해준다.

(3) 염불 운곡의 도구 활용이 없으면 염불 속도가 느리거나 빨라져 애로가 있을 수 있다.

(4) 염불을 함에 있어 도구가 필요 없을 때에는 크게 괘념치 않아도

좋을 것이다.

13) 일을 할 때에나 행주좌와 간에 다른 잡념이 마음을 괴롭히거든 염불로써 잡념을 대치함이 좋으나, 만일 염불이 일하는 정신에 통일이 되지 못할 때에는 이를 중지함이 좋다는 것은?

　(1) 좌선과 달리 염불은 시공간의 어떠한 상황에서든 할 수 있는 간이한 방법이다.

　(2) 염불을 하면서도 다른 일을 할 수 있지만, 염불을 하면서 그 일에 방해가 된다면 염불을 멈추는 것이 좋다.

　(3) 일을 하면서 염불을 기어이 하고자 하면 오히려 염불의 효능은 없어지고 일마저 집중력이 떨어질 수 있음을 알아야 한다.

　(4) 염불을 하고자 하는 지극한 정성심이 중요한 것이며, 상황이 여의치 못할 때에는 잠시 그침이 차라리 낫다.

14) 염불은 항상 각자의 심성 원래를 반조하여 분한 일을 당하여도 염불로써 안정시키고, 탐심이 일어나도 염불로써 안정시키고, 역경에 끌릴 때에도 염불로써 안정시킨다는 것은?

　(1) 염불의 목적은 천념 만념을 일념으로 만드는 것으로 본연 청정한 자성을 회복하는 것이다.

　(2) 염불은 경계를 따라 화가 치미는 상황의 감정을 다스리는데 실질적으로 도움이 되어야 한다.

　(3) 염불을 통해 오욕이나 삼독심을 극복하여 심성의 본래를 회복하는 것이다.

　(4) 염불은 순경과 역경에서도 마음의 불안을 극복하는 묘방이다.

15) 염불일성이 백천사마를 항복받을 수 있으나 일념의 대중이 없이 입으로만 하면 별 효과가 없으며, 소리 없는 염불이라도 일념의 대중이 있고 보면 곧 삼매를 증득한다는 것은?

　(1) 염불이란 천념만념을 없애고 일념을 만드는 것이라는 점에서 온갖 사심 잡념을 없애는 공부법이다.

　(2) 염불은 일념의 대중을 챙기지 않는다면 염불의 효력은 반감하게 된다.

　(3) 아무 생각 없이, 남이 염불하니까 나도 따라서 하는 식의 형식

적인 염불은 정신수양에 별 도움을 주지 못한다.

(4) 소리 없는 염불이라도 마음속에 일념의 대중이 있으면 염불의 경지를 얻을 수 있다는 것이다.

16) 염불을 오래하면 자연히 염불 삼매를 얻어 능히 목적하는 바 극락을 수용할 수 있나니 그 공덕의 조항은 좌선의 공덕과 서로 같다는 것은?

(1) 염불을 오래 하면 심신의 수양력이 쌓이어 염불 삼매경을 능히 체험할 수 있다.

(2) 염불 삼매경이란 정토극락에 진입하는 것이며, 심신의 평화로움을 얻고 매사에 청정 일념을 챙길 수 있다.

(3) 염불과 좌선의 공덕이 서로 같다는 뜻은 양자가 정신수양 과목이기 때문이다.

(4) 염불의 공덕에 비견되는 좌선의 공덕은 10개 조항으로 경거망동하는 일이 없어지고 착심이 없어지며 생사에 자유를 얻는 것 등이다.

17) 염불과 좌선이 수양과목으로 서로 표리가 되나니 공부인이 만일 번뇌가 치중하면 먼저 염불로써 그 산란한 정신을 대치하고 다음에 좌선으로써 그 원적의 진경에 들게 하는 것이란?

(1) 정신수양의 방법으로는 염불과 좌선이 있는 바, 동정간에 염불은 외경이 있을 때 효과적이고 좌선은 다소 정적일 때 효과적이다.

(2) 산란한 경계가 많을 때 염불을 하고, 밤이나 새벽에는 좌선으로 고요한 경지를 체득한다.

(3) 염불이나 좌선을 할 때에 자신이 처한 심경과 주위의 환경에 맞는 수행방법을 선택하는 것이 바람직하다.

(4) 염불과 좌선의 표리 관계를 생각한다면 염불은 비교적 초학자에게 적합하고, 좌선은 수양에 순숙된 이에게 효과적이다.

6. 관련법문

☞「염불과 주문을 읽게 하는 것은 번거한 세상에 사는 사람이 애착 탐착이 많아서 정도에 들기가 어려운 고로 처음 불문에 오고 보면 번거한 정신을 통일시키기 위하여 가르치는 법이요」(『대종경』, 서품 19장).

☞「염불이나 주송을 많이 계속하면 자연 일심이 청정하여 각자의 내심

에 원심과 독심이 녹아질 것이며, 그에 따라 천지 허공법계가 다 청정하고 평화하여질 것이라」(『대종경』, 변의품 29장).

☞「염불에 몇 가지 단계가 있나니, 부처님의 명호를 구송만 하거나 그 상호 등을 염하고 있는 것은 하열한 근기의 염불이요, 부처님의 원력과 부처님의 마음과 부처님의 실행을 염하여 염불 일성에 일념을 집주함은 진실한 수행자의 염불이니라」(『정산종사법어』, 경의편 28장).

7. 초기교단과 염불법의 형성

초기교단의 염불은 단원의 성적조사에 참조할 정도로 강조되었으며, 당시의 염불송은 궁을가와 비슷하였고 오늘날은 성가로서 염불 좌선가가 애창되고 있다. 또한 염불법을 계기로 성주가 탄생하였는데, 소태산 대종사가 이공주 성성원 제자에게 염불을 하라고 하는 과정에서 성주의 글을 전하게 된다. 하여튼 염불법은 초기교서 『통치조단규약』『육대요령』『불교정전』으로 이어지면서 체계화된 것이다.

1) 염불과 좌선은 초기교단 단원의 성적조사 대상이었다.

☞「원기 13년 단원조사법 詳示 … <염불 좌선> 갑(1개월 내에 25일 이상 매일 아침 淸晨에 염불 또는 좌선한 자), 을(20일 이상 한 자), 병(15일 이상 한 자),정(10일 이상 한 자), 무(5일 이상 한 자), 불(5일 미만 한자)」(『월말통신』 제2호, 원기 13년 6월 말일, 『원불교교고총간』 제1권, p.16).

2) 초기교단의 나무아미타불 염불은 궁을가 부르는 것과 같았다.

☞「(경오 1930 5월 25일 밤 종사주) "옛날 서가세존은 받은 위를 내던지고 바둑판을 지고 유성 출가하지 아니하였는가? 그 때문에 변지 서역 인도국 정반왕이 전 세계에 드러나지 아니하였는가? 너희들에게 부탁하노니 명심하라. 이 시대는 정신을 온전히 가져 일심이 주장되는 시대이다. 너희는 걸림이 없는 星辰이 되어 항상 궁을 노래를 불러라. 나무아미타불은 궁을이니라"」(이호춘, 修道手記 , 『원광』55호, 1967.5).

3) 성가로 자주 불리는 염불 좌선가는 이공주, 김기천, 서대원의 공동작사이다.

☞「서대원 작사 『성가』 수록 시가 : 6장 대종사 찬송가, 12장 석존 찬송가, 32장 결제가, 33장 해제가, 36장 개교경축가, 44장 위령가, 53

장 추모의 노래, 110 연잎에 비내리니, 2장 교가(이공주 김기천 서대원 공동작사), 84장 염불 좌선가(이공주 김기천 서대원 공동작사)」(원산문집간행위원회 편, 원산 서대원 대봉도 문집 『천상락과 인간락』, 원불교출판사, 2000, pp.8-19참조).

4) 염불을 계기로 인해 성주가 탄생하였다.

☞「대종사 서울교당에서 수양방법에 대하여 말씀하시었다. "초학자는 좌선보다는 염불을 많이 하라." 이공주 여쭈었다. "노인은 모르지만 젊은 사람이 어찌 나무아미타불을 부르고 있겠나이까." 대종사 말씀하시었다. "그러면 글귀는 외우겠는가." 공주 사뢰었다. "글귀야 얼마든지 외울 수 있겠나이다." 대종사 말씀하시었다. "그렇다면 염불 대신 외울 글귀 하나를 지어줄 것이니 받아쓰라" 하시고 즉석에서 "거래각도무궁화 보보일체대성경" 이라 하시었다. 함께 있던 성성원이 여쭈었다. "저도 염불은 남이 부끄러워 못하겠사오니 글귀 하나 지어주소서." 대종사 웃으시며 말씀하시었다. "그러면 또 받아 써 보라" 하시고 "영천영지영보장생 만세멸도상독로" 라 하시었다. 그 후 몇 해를 지나 그 글귀를 성주라 제목하여 영혼들의 천도주문으로 사용하였다」(『대종경선외록』, 22.최종선외장 2장).

5) 원기 16년 『통치조단규약』에서, 그리고 『육대요령』에서 염불에 대하여 간략히 언급하였고, 『불교정전』에 염불법을 감정하면서 그 체계를 갖추었다.

☞「염불법 형성과정 : 『통치조단규약』(원기 16년판) <일기법> 가운데 염불 좌선의 내역을 밝혔고, 『육대요령』 정기훈련과목에서 염불에 대한 약간의 설명을 했으며, 『불교정전』에 염불법에 관한 장을 만들어 요지, 방법, 공덕 3조목으로 설명했다」(박용덕, 『천하농판』, 도서출판 동남풍, 1999, p.70).

8. 염불의 원리

염불은 일념을 통해 마음의 안정을 얻는 수양법으로서 무량수각에 귀의함은 물론 자신이 부처임을 깨우치는 원리이며, 생멸이 없는 안락에 이르는 원리이다. 덧붙여 염불은 고락을 초월한 지고의 극락에 회귀하는 원리이다.

1) 염불은 정신의 일념과 안정된 마음을 지향하는 원리이다.

☞「염불의 원리는 1) 천만가지로 흩어진 정신을 일념으로, 2) 순역 경계에 흔들리는 마음을 안정시킨다」(이은석, 『정전해의』, 원불교출판 사, 1985, p.197).

2) 무량수각인 아무타불에 귀의하는 원리이다.

☞「염불의 원리 … 무량수각인 성자에게 귀의한다는 뜻이다. 아미타 는 시간·공간을 통하여 무한 무궁한 우주 실재의 불가사의한 영력을 인격적으로 표현한 것이다」(김인소, 「소태산의 염불법에 대한 소고」, 『원불교사상』 13집, 원불교사상연구원, 1990, p.84).

3) 염불은 번뇌를 극복, 자신이 부처임을 깨우치는 원리이다.

☞「염불이 바로 자성을 세우는 길임을 알 수 있다. … 염불은 우리 가 번뇌에 빠져 있을 때 빠른 시간 안에 밝은 생각(염불)을 갖게 해준 다. 자신이 부처임을 생각하고, 자기 속의 아미타불을 간절히 호념하는 생각이 바로 밝은 현실을 창조하게 된다」(권도갑, 『행복을 여는 마음공 부』, 도서출판 동남풍, 2000, p.49).

4) 죄복이 돈공하여 생멸거래 없는 무위안락에 이르는 원리이다.

☞「자성은 원래 청정하여 죄복이 돈공하고 고뇌가 永滅하였나니, 이 것이 곧 여여하여 변함이 없는 자성극락이니라. 그러므로 염불하는 사 람이 먼저 이 이치를 알아서 생멸이 없는 한 생각을 대중하여 … 무위 안락의 지경에 돌아오게 하는 것이 곧 참다운 염불의 공부니라」(『정전 』, 제3 수행편, 제3장 염불법, 1.염불의 요지).

5) 염불은 고락을 초월한 극락에 돌아가는 원리이다.

☞「원불교 염불법에서 서방정토를 부인하지 않으면서 염불을 통해 자성극락에 돌아가기를 목적한다고 밝히고 있다. 즉 염불로 인해 구현 되는 가장 이상적인 곳이 바로 자성극락인 것이다. 극락에 대해서는 고 와 낙을 초월한 자리라 표현하고 있다」(박혜훈, 「원불교 염불관에 대한 연구」, 『원불교학』 제9집, 한국원불교학회, 2003.6, p.299).

9. 염불의 요지

염불이란 나무아미타불을 염하여 부처에 귀의한다는 뜻에서 출 발한다. 그리고 염불은 경계에 흔들리는 마음을 가라앉히고 일념 을 만들어가는 훈련이자 수행의 의미를 지닌다. 또한 염불은 무 량수각에 귀의, 정토극락에 이르는 수양이다. 덧붙여 염불은 자심

미타를 발견하여 고뇌가 영멸한 청정 자성극락에 이르도록 하는
정신수양법인 것이다.

 1) 나무아미타불 명호는 무량수의 부처에게 공경 귀의한다는 뜻이다.

  ☞「예로부터 불제자들에게 나무아미타불의 명호를 계속하며 부르게
했다. 이른바 나무는 nama 또는 namo인데 경례, 공경, 귀명, 귀의 같은
여러 뜻이 있고, 아미타는 amita로서 한량없다는 뜻인데 여기에서는 무
량수와 무량광의 뜻이 포함된다. 다시 말해 부처의 참 몸은 무한한 공
간에 꽉 차 있어서 안팎과 갓이 없는 빛(무량광) 그것이며, 무한한 시
간에 뻗치는 끝없는 생명(무량수)이다」(김인소, 「소태산의 염불법에 대
한 소고」, 『원불교사상』 13집, 원불교사상연구원, 1990, p.84).

 2) 흩어진 정신을 일념으로 하여 경계에 흔들리는 마음을 안정시키는
공부법이 염불이다.

  ☞「염불이라 함은 천만 가지로 흩어진 정신을 일념으로 만들기 위한
공부법이요, 순역경계에 흔들리는 마음을 안정시키는 공부법이다」(『정
전』, 제3 수행편, 제3장 염불법, 1. 염불의 요지).

 3) 원불교의 염불은 끊임없이 계속해 나가는 훈련이자 수행의 의미를
담고 있다.

  ☞「원불교 염불법은 정신을 일념으로 함과 마음을 안정시키는 것이
다. 또한 염불을 신앙행위로서 한정하지 않고 공부법으로 표현하고 있
는 것은 훈련의 의미가 강조되고 있다고 보여진다. 즉 일회적인 신앙행
위가 아니라 끊임없이 계속해 나가는 지속적인 수행의 의미를 포함하고
있는 것이다」(박혜훈, 「원불교 염불관에 대한 연구」, 『원불교학』 제9집,
한국원불교학회, 2003.6, p.287).

 4) 염불은 자심미타를 발견하는 공부법이다.

  ☞「염불의 문구인 나무아미타불은 여기 말로 무량수각에 귀의한다는
뜻인 바, 과거에는 부처님의 신력에 의지하여 서방 정토극락에 나기를
원하며 미타성호를 염송하였으나 우리는 바로 자심미타를 발견하여 …
그 가운데에도 또한 소소영령하여 매하지 아니한 바가 있으니 곧 覺이
라 이것을 자심미타라 하는 것이다」(『정전』, 제3 수행편, 제3장 염불법,
1.염불의 요지).

 5) 염불은 자성 청정, 고뇌 영멸의 자성극락에 머무는 정신수양
의 공부법이다.

☞「우리의 자성은 원래 청정하여 죄복이 돈공하고 고뇌가 영멸하였나니, 이것이 곧 여여하여 변함이 없는 자성극락이니라. 그러므로 염불하는 사람이 먼저 이 이치를 알아서 생멸이 없는 한 생각을 대중하여, 천만 가지로 흩어지는 정신을 오직 미타일념에 그치며 순역경계에 흔들리는 마음을 무위안락의 지경에 돌아오게 하는 것이 곧 참다운 염불의 공부니라」(『정전』, 제3 수행편, 제3장 염불법, 1.염불의 요지).

10. 염불의 방법

염불은 불가에 있어 행주좌와 간에 잡념을 대치하고 일심을 얻는 공부이며 경계에 안정을 얻게 하는 공부이며, 주로 한가한 때에 하는 정신수양으로서 특히 기운을 안정시키고 자세를 바르게 하는 것이 좋다. 정신을 염불일성에 집주하고, 음성도 기운에 맞추며 미타색상을 찾지 말고, 염불을 할 때 염주를 세거나 북을 두드리는 것도 좋다. 염불을 할 때는 항상 일념의 대중을 삼아야 할 것이며, 능률적인 염불 프로그램의 개발도 필요하다.

1) 전통불교의 염불은 잡념을 대치하고 일심을 얻는 방법이다.

☞「잡념이 섞이지 않고 일심을 바르게 불타를 念하는 것을 一心正念, 불타를 念하여 오로지 하는 것을 一心專念이라 하고, 정토불교에서는 이러한 일심을 미타를 念하는 것을 중시한다」(김도공, 「원불교 교의에 나타난 일심사상」, 『원불교사상』 23집, 원불교사상연구원, 1999, p.115).

2) 염불은 한가한 심념으로 하는 수양의 방법이다.

☞「한가한 심념으로 염불이나 좌선하는 것은 정시 수양하는 방법이요 복잡다단한 경계에 당하여도 일심을 여의지 않고 언제나 정의행만 하는 것은 동시 수양법이라 한다」(구타원종사 법문집 편집위원회 편, 『인생과 수양』, 원불교출판사, 2007, pp.23-24).

3) 염불은 기운과 자세를 안정시키고, 음성도 기운에 맞게 한다.

☞「염불의 방법 1) 염불을 할'때는 항상 자세를 바르게 하고 기운을 안정하며, 또는 몸을 흔들거나 경동하지 말라. 2) 음성은 너무 크게도 말고 너무 작게도 말아서 오직 기운에 적당하게 하라」(『정전』, 제3 수행편, 제3장 염불법).

4) 정신을 염불 일성에 집주하되, 일념을 챙겨서 음성과 같이 연속하

게 하며, 마음속에 외불을 구하여 미타색상이나 극락장엄을 그려내지
않는다.

☞「염불의 방법 … 3) 정신을 오로지 염불 일성에 집주하되, 염불
구절을 따라 그 일념을 챙겨서 일념과 음성이 같이 연속하게 하라. 4)
염불을 할 때에는 천만 생각을 다 놓아 버리고 오직 한가한 마음과 무
위의 심경을 가질 것이며, 또는 마음 가운데에 외불을 구하여 미타색상
을 상상하거나 극락장엄을 그려내는 등 다른 생각은 하지 말라.」(『정전
』, 제3 수행편, 제3장 염불법).

5) 염불을 함에 있어 염주를 세거나 목탁이나 북을 쳐서 운곡을 맞추
는 것도 필요하며, 염불이 정신 통일에 장애가 되면 중지한다.

☞「염불의 방법 … 5) 마음을 붙잡는 데에는 염주를 세는 것도 좋
고 목탁이나 북을 쳐서 그 운곡을 맞추는 것도 또한 필요하나니라. 6)
무슨 일을 할 때에나 기타 행주좌와 간에 다른 잡념이 마음을 괴롭게
하거든 염불로써 그 잡념을 대치함이 좋으나, 만일 염불이 도리어 일하
는 정신에 통일이 되지 못할 때에는 이를 중지함이 좋으니라」(『정전』,
제3 수행편, 제3장 염불법).

6) 염불은 심성의 원래를 반조하여 탐진치를 극복함으로써 마음을 안
정시키고, 소리 없는 염불이라도 일념의 대중이 있으면 삼매를 얻는다.

☞「염불의 방법 … 7) 염불은 항상 각자의 심성 원래를 반조하여 분
한 일을 당하여도 염불로써 안정시키고, 탐심이 일어나도 염불로써 안
정시키고, 역경에 끌릴 때에도 염불로써 안정시킬지니, 염불의 진리를
아는 사람은 염불일성이 능히 백천 사마를 항복받을 수 있으며, 또는
일념의 대중이 없이 입으로만 하면 별 효과가 없을지나 소리 없는 염
불이라도 일념의 대중이 있고 보면 곧 삼매를 증득하리라」(『정전』, 제3
수행편, 제3장 염불법).

7) 염불을 능률적으로 하도록 단계적 프로그램의 개발이 필요하다.

☞「대학생들에게 염불과 좌선을 능률적으로 지도하기 위해서는 단계
적으로 구체적인 방법론과 프로그램이 개발되어야 할 것이다」(김성장,
「대학의 불교교육에 있어서 신앙 수행 깨달음의 문제」, 제18회 국제불
교문화학술회의 『불교와 대학-21세기에 있어서 전망과 과제』, 일본 불
교대학, 2003.10.28-29, p.209).

11. 염불의 공덕

염불을 하면 외경에 처하여 마음의 안정 곧 定力을 얻게 된다. 염불은 번뇌 망상을 없애는 수양공부이기 때문이다. 그리고 염불은 정토극락 왕생의 세계에 진입하는데 도움을 주며, 현실극락을 체험하는 것도 염불의 공덕이다. 아무튼 염불은 좌선과 더불어 삼매의 경지를 통해 부처와 내가 하나로 화하여 도저한 정토극락을 수용하는 공덕이 있는 것이다.

1) 염불은 외경에 처하여 산란한 정신을 대치하면 정력을 얻는다.

☞「염불과 좌선이 한 가지 수양과목으로 서로 표리가 되나니 공부하는 사람이 만일 번뇌가 과중하면 먼저 염불로써 그 산란한 정신을 대치하고 다음에 좌선으로써 그 원적의 진경에 들게 하는 것이며, 또한 시간에 있어서는 낮이든지 기타 외경이 가까운 시간에는 염불이 더 긴요하고, 밤이나 새벽이든지 기타 외경이 먼 시간에는 좌선이 더 긴요하나니, 공부하는 사람이 항상 당시의 환경을 관찰하고 각자의 심경을 대조하여 염불과 좌선을 때에 맞게 잘 운용하면 그 공부가 서로 연속되어 쉽게 큰 定力을 얻게 되리라」(『정전』, 제3 수행편, 제3장 염불법, 3.염불의 공덕).

2) 염불은 중생의 번뇌와 망상을 소멸케 하는 것이다.

☞「말세 중생이 만일 이 재난을 면하고자 할진대 … 염불이니 염불은 각자의 일심을 주장하여 모든 번뇌와 일체 망상을 소멸하는 인연이요」(정산종사 번역, 「불설멸의경」, 『회보』 20호, 원기 20년).

3) 원불교 염불은 정토왕생의 현실 구현을 도모한다.

☞「마음이 고요하고 두렷하여 분별성과 주착심이 없는 온전한 상태일 때 방향에 관계없이 바로 정토가 성립된다는 것이다. … 일반적인 정토왕생에서의 의미는 현재 보통 중생들이 살고 있는 이 땅을 예토라 하며, 이 예토를 벗어나 내세에 태어나기를 원하는 이상적인 곳 즉 정토에 태어나는 것을 가리킨다. 그런데 원불교에서의 정토왕생은 내세에 있는 것이 아니라 현세의 현재적 시점을 강조하고 있다」(박혜훈, 「원불교 염불관에 대한 연구」, 『원불교학』 제9집, 한국원불교학회, 2003.6, pp.290-291).

4) 염불의 공덕은 좌선과 더불어 극락 수용의 삼매를 얻는다.

☞「염불을 오래하면 자연히 염불 삼매를 얻어 능히 목적하는 바 극

락을 수용할 수 있나니 그 공덕의 조항은 좌선의 공덕과 서로 같나니라」(『정전』, 제3 수행편, 제3장 염불법, 3.염불의 공덕).

5) 염불의 공덕은 부처와 내가 하나로 만나며 우주 안이 염불송이다.

☞「부르면 부를수록 / 부처도 나도 없다. / 佛과 내가 구공커늘 / 천지인들 있을소냐. / 진대지 우주 안에 / 나무아미타불 소리뿐」(『회보』 제45호, 원기 23년 6월/원산문집간행위원회 편, 원산 서대원 대봉도 문집『천상락과 인간락』, 원불교출판사, 2000, p.109).

6) 전통불교에서도 대다수 민중들에게 염불공덕을 강조하며 정토신앙을 제시하였다.

☞「(고려) 13세기 전후의 신앙 결사운동을 계승하면서 보수세력에 대항한 백련사 계통의 無畜는 당시 사회를 말법시대로 인식하고, 원 간섭기의 참담한 현실에 있던 대다수 민중들에게 염불공덕을 강조하여 실천신앙으로서의 정토신앙을 제시하였다」(김형우, 「나옹화상」, 『한국 불교 인물사상사』(불교신문사 편), 민족사, 1990, p.255).

12. 염불법의 특징

염불은 원불교의 정기훈련 과목으로서 좌선과 같이 정신수양의 한 축이다. 이 염불은 타력과 자력을 아우르는 원불교 수행법의 특징을 지니기도 한다. 원불교 염불은 신앙과 수행의 의미를 동시에 지니는 바, 자성극락과 현실정토를 목적하면서도 좌선과 함께 하는 수행법의 특성을 지닌다. 아울러 원불교의 염불은 정적인 염불수행에 그치는 것이 아니라 동적으로도 활용되는 등 동정간 생활불교를 지향하는 성향이다.

1) 염불은 정기훈련 11과목의 하나로서 정신수양의 특징을 지닌다.

☞「정신수양의 방법 … 염불 축문 독송 등을 통하여 일심양성을 해야 한다」(원불교사상연구원 편, 『숭산논집』, 원광대학교출판국, 1996, pp.77-78).

2) 원불교 염불은 불교의 타력적 염불은 물론 자력적 염불을 겸하는 특징을 지닌다.

☞「소태산 대종사는 염불의 요지에서 과거불교가 타력적 신앙 면으로 염불을 하였다고 하면서 원불교는 자력적 자심미타를 발견하여 자성극락에 돌아가자고 했다. 여기에서 볼 때 염불이 과거에는 신앙위주

로 해온 폐단에 대한 대종사의 지적이지 결코 염불은 신앙적인 면이 없음을 지적한 것은 아니다. 경향성으로 보아서 신앙위주에서 수행적 차원으로 변화시킨 것이다. 다만 염불은 신앙이다, 수행이다로 엄밀히 구분하는 것은 지양할 필요가 있다고 본다. 염불신앙의 장점은 과거 전통불교에 많이 발견되기 때문이다」(서경전, 『교전개론』, 원광대학교 출판국, 1991, p.357).

3) 원불교 염불은 신앙과 수행의 의미를 동시에 지니는 바, 자성극락과 정토를 목적하면서도 좌선과 함께 하는 수행법의 특성을 지닌다.

☞「원불교 염불은 주로 수행법으로서 특성이 강조되었음을 알 수 있다. 물론 원불교에서의 염불은 신앙과 수행의 의미를 동시에 가진다. 그런데 자심미타와 자성극락을 목적하는 것과 더불어 정토의 개념 또한 마음의 정통, 현재적 정토의 개념이 강하게 부각되는 것에서 생각할 때 원불교의 염불은 좌선과 함께 수행법으로서 특성이 강하다고 할 수 있다. 불교의 정토종을 중심으로 발전된 염불이 칭명 그 자체에 의미를 가지면서 대중적 신앙행위로서 발전해온 것에 비해 실상관을 중심으로 하여 발전한 천태 정토교 염불과 밀접하다」(박혜훈, 「원불교 염불관에 대한 연구」, 『원불교학』 제9집, 한국원불교학회, 2003.6, p.309).

4) 염불은 정적 수양은 물론 동적인 환경에서도 활용된다.

☞「(정산종사 번역 『불설멸의경』) … 말세의 재난을 모면하기로 하면 열심히 선정을 하고 염불을 하며 자선활동을 행해야 한다. 말세의 재앙을 다 지내고 나면 성인이 염부제에서 강생하여 용화의 대 회상을 건설하리니, 그때에는 새로운 법도로 새로운 부처님 회상이 건설되며 많은 수도인이 불과를 성취하며 평순하며 불법이 대창하며 지혜 있는 자가 충만하고 수명이 길어지며 사람의 주위가 금은 유리 보석 등으로 장엄하여 큰 쾌락을 누리리라」(송천은, 「정산종사의 불교관」, 『원불교사상』 15집, 원불교사상연구원, 1992, pp.318-319).

13. 염불의 종류

염불은 신앙형태로 종류를 나눠보면 타력염불과 자력염불이 있다. 그리고 염불을 주송하는 측면에서 종류를 말하면 관상염불 칭명염불 실상염불이 있다. 또한 염불의 적공과 관련한 종류를 보면 일수염불 수량염불 등이 있다.

1) **염불의 신앙형태에 있어 타력염불과 자력염불이 있다.**

☞「염불종은 정토종을 말하며 교종은 간경과 관법의 실천을 하며 선종은 초단계에 經공부를 하여 교를 버리고 선에 들어간다. 염불은 타력염불과 자력염불이 있다. 염불을 수양과목으로 수용한 것은 자력염불을 수용한 것이다」(한종만, 『원불교 대종경 해의』(上), 도서출판 동아시아, 2001, p.129).

2) **염불의 주송 방식으로는 관상, 칭명, 실상염불이 있다.**

☞「종래로부터 불러온 염불의 의미를 찾아보면 세 가지로 구별할 수 있다. 부처님의 색상을 염하여 부르는 觀相염불, 부처님을 연상하며 그 명호를 부르는 稱名염불, 부처님의 법신인 그 실상의 진리를 관하여 부르는 實相염불이 있다」(안이정, 『원불교교전 해의』, 원불교출판사, 1998, p.539).

3) **염불의 적공과 관련하여 일수염불과 수량염불이 있다.**

☞「日數염불이란 염불하는 日數 즉 날짜를 며칠간 정하여 두고 그 기간 동안 염불하는 것을 말한다. 그 기간이 길던 짧던 관계없다. 길 때는 30년이 될 수도 있으며, 짧게는 3일간이 될 수도 있다. 이 기간 동안 염불의 숫자는 얼마를 하든 관계없으며 그 기간 동안 매일 몇 시간씩 혹은 하루 종일 염불하는 것을 말한다. …염불을 하면서 稱名의 회수를 중요시하여 일정한 염불의 숫자를 정하여 두고 그 숫자가 될 때까지 행하는 것을 數量염불이라고 한다. 이는 그 숫자를 채움으로 인하여 현세의 이익과 사후의 왕생이 가능한 공덕이 있다고 믿는 것이다. … 이의 사상적 원천이 되는 경전으로는 『무량수경』과 『觀무량수경』의 十念사상에서 찾아볼 수 있다」(한태식, 「염불의 실천방법에 관한 연구」, 『한국불교학』 제11집, 한국불교학회, 1986, pp.248-249).

14. 염불시의 주의사항

염불을 산만하게 건성으로 해서는 안 되는 바, 속염불과 껍질염불이 있음을 알라는 것이다. 따라서 염불을 할 때 염불의 근원을 알지 못하면 차별상에 집착하기 쉬우며, 염불은 신앙 아니면 수행 하나에 귀속시키기 쉬운데 이 역시 양면이 있음을 알아야 할 것이다. 그리고 염불을 할 때 올바른 자세가 중요하며, 극락장엄이나 미타색상을 구하는데 정신이 팔려서는 안 된다. 염불을

할 때 심성의 원래를 반조하여 염불 일념에 대조하면서 염불을
수월하게 할 수 있도록 방법적인 모색이 필요하다. 상기할 바, 염
불의 목적이 백천 사마를 귀순시키는 힘이 있다는 것을 알고 정
성스럽게 적공하는 것이 중요한 일이다.

1) 염불도 속염불과 껍질염불이 있으니 주의해야 한다.

☞「염불도 속염불과 껍질염불이 있으니 이 짧은 선 기간이지만 그간에 깊은
진리와 알게 된 지혜로 궁행 실천하여 10년을 1년, 1년을 단 하루에 하도록 용
맹 정진할지니라. 전쟁으로 말하여도 전쟁이 일어날수록 문명이 발달되고 기기
묘묘한 기술이 생기기도 하나니라」(『정산종사법설』, 제2편 공도의 주인 49장).

2) 염불을 할 때 근본을 캐지 못하고 차별상에 집착하여 밖에서 찾으
면 안 된다.

☞「염불과 독경과 온갖 수행은 다 사문이 가질 떳떳한 법어이니 무
엇인들 해로움이 있겠는가. 그러나 그 근본을 캐지 못하고 차별상에 집
착하여 밖으로 찾으면 지혜 있는 사람의 비웃음을 살까 두렵다」(경허선
사 편, 이철교 역, 「고려국 보조선사 권수정혜결사문」, 『선문촬요』 하권,
민족사, 2005, p.307).

3) 염불은 수행의 방법이지만, 수행법에 국한하지 말고 신앙적 의미로
도 새겨보는 시각이 필요하다.

☞「『정전』 수행편의 염불법에 설명되어 있는 바와 같이 미타를 자심
미타, 자성극락이라 하여 자력 위주로 파악하고 있음이 원불교 아미타
불관의 기본 입장이라고 볼 수 있으나, 인간의 신앙심리적 요청에서 볼
때, 이를 무한 자비불로서의 아미타불이라는 타력적 의미로 받아들여
수행적 의미에서의 염불 뿐 아니라 신앙적 의미에서의 염불에 대한 검
토 또한 무시 못할 과제라 본다」(노대훈, 「원불교의 불타관」, 『원불교사
상시론』 제Ⅲ집, 원불교 수위단회, 1998년, p.89).

4) 심신를 바르게 하고 기운을 안정시키는 것이 중요하다.

☞「염불의 방법은 극히 간단하고 편이하여 누구든지 가히 할 수 있
나니, 1) 염불을 할 때는 항상 자세를 바르게 하고 기운을 안정하며, 또
는 몸을 흔들거나 경동하지 말라. 2) 음성은 너무 크게도 말고 너무 작
게도 말아서 오직 기운에 적당하게 하라」(『정전』, 제3 수행편, 제3장 염
불법, 2.염불의 방법).

5) 정신을 일념으로 만들고 무위의 심경으로 미타색상이나 극락장엄을

그려내지 않는다.

☞「염불의 방법 … 3) 정신을 오로지 염불 일성에 집주하되, 염불 귀절을 따라 그 일념을 챙겨서 일념과 음성이 같이 연속하게 하라. 4) 염불을 할 때에는 천만 생각을 다 놓아 버리고 오직 한가한 마음과 무위의 심경을 가질 것이며, 또는 마음 가운데에 외불을 구하여 미타색상을 상상하거나 극락장엄을 그려내는 등 다른 생각은 하지 말라」(『정전』, 제3 수행편, 제3장 염불법, 2.염불의 방법).

6) 심성의 본래를 반조하여 온갖 경계에 극복할 수 있도록 염불 일념을 대중해야 한다.

☞「염불은 항상 각자의 심성 원래를 반조하여 분한 일을 당하여도 염불로써 안정시키고, 탐심이 일어나도 염불로써 안정시키고, 역경에 끌릴 때에도 염불로써 안정시킬지니, 염불의 진리를 아는 사람은 염불일성이 능히 백천사마를 항복받을 수 있으며, 또는 일념의 대중이 없이 입으로만 하면 별 효과가 없을지나 소리 없는 염불이라도 일념의 대중이 있고 보면 곧 삼매를 증득하리라」(『정전』, 제3 수행편, 제3장 염불법, 2.염불의 방법).

7) 염불을 할 때 다음 염불을 생각하면서 하면 염불이 잘 된다.

☞「학인이 "염불을 할 때에 어떻게 하면 잘 할 수 있습니까?" 하고 여쭈자, 답하기를 "염불을 할 때 다음 염불을 생각하면서 하면 마음을 빼앗기지 아니하고 일념으로 염불을 잘 할 수 있나니라" 하였다」(『정산종사법설』, 제8편 편편교리, 27. 염불).

8) 염불을 할 때 백천사마를 귀순시킬 수 있는 정성이 사무쳐야 한다.

☞「법신불을 향하여 각기 서원을 세운 후 일체 사념을 제거하고, 선정에 들든지 또는 염불과 송경을 하든지 혹은 주문 등을 외워 일심으로 정성을 올리면 결국 소원을 이루는 동시에 큰 위력이 나타나 악도중생을 제도할 능력과 백천사마라도 귀순시킬 능력까지 있을 것이니, 이렇게 하기로 하면 일백골절이 다 힘이 쓰이고 일천정성이 다 사무쳐야 되나니라」(『대종경』, 교의품 16장).

15. 염불과 적공의 함수

염불은 순역경계에 당하여 청정일념으로 요란함을 극복하는 것인 바, 분발심으로 지속적인 염불 주송은 정력을 쌓는 힘이 된다.

이에 염불수행을 통해 도락과 해탈문에 진입하도록 해야 한다. 다시 말해 염불 적공을 통해 궁극적으로 정심을 얻음은 물론 생사해탈과 대자유의 경지에 이르도록 해야 하는 것이다.

1) 순역경계에 흔들릴 때마다 나무아미타불로 청정일념을 모은다.

☞「나무아미타불, 나무아미타불, 아미타불 일념으로 자성극락 다달으니 이 자리가 불국토요, 아미타불 찾는 마음 이 마음이 아미타 여래일세. … 나무아미타불, 나무아미타불, 날마다 아미타불 찾아간다. 천만가지로 흩어진 정신 미타일념으로 모으고 순역 경계 흔들리는 마음 청정일념으로 모은다」(최용정, 「날마다 함께 하는 아미타불」, 『차는 다시 끓이면 되구요』, 출가교화단, 1998, p.29).

2) 적공 다짐의 대 분발심으로 염불 좌선 등에 임해야 한다.

☞「신년부터는 될 수 있는 정도까지 염불, 좌선, 경전연습 시간 등을 일정하게 지켜보리라」(『월말통신』 22호, 1929년 2월/구타원종사 법문집 편집위원회 편, 『인생과 수양』, 원불교출판사, 2007, p.74).

3) 등골에 땀이 나도록 염불을 반복하는 자체가 정력을 쌓는 일이다.

☞「정일지가 처음 와서 나무아미타불 염불을 하다가 "똑같은 소리를 왜 자꾸 반복해 쌓는다냐? 엔간히도 할 일 없는가봐." 공연스런 짓 한다 싶어서 싱거워서 나와버렸다. 대종사가 일렀다. "계속 반복하는 것이 정력이 쌓이는 것이다. 큰 자석이 뭇 잡철을 끌듯이 큰 힘이 생긴다." "노래 부르기를 즐겨하지 말고 염불을 해라. 등골에 땀이 나도록 정력을 쌓아라"」(김대거 전언/박용덕, 『금강산의 주인되라』, 원불교출판사, 2003, p.203).

4) 도락의 염불을 통해 해탈문에 진입하여 성불제중의 길을 열어간다.

☞「일 잡으면 전일하고 틈만 나면 염불좌선 / 일심지성 그힘으로 해탈문에 들어오소 / 주인없는 이 한집이 우주에 다북 찼네 / 한 생각 일어날제 正邪 公私 챙겨보고 / 일 없을제 마음비어 본연청정 길러가니 / 성불제중 하는 길이 이로부턴가 하노라」(각산 신도형 저, 『여의』(각산문집Ⅱ), 원불교출판사, 1992, p.63).

5) 일심 염불의 적공은 정심과 열반락을 얻게 해준다.

☞「일심으로 염불하여 나의 정심 도와주며, 내가 만일 혼미커든 각금깨쳐 권념하며, 임종시가 당하거든 서향하여 뉘여 두고, 一時助念 염불하며 임종한지 오랜 후에, 곡성을 내게 하소. 이같이 임종하면, 평시

염불 않더라도 직지서방 하오려든, 況於念佛 하는 사람 다시 무삼 의심할까, 임종인을 勸念하고 이 광명을 얻었으니, 사람 짐승 물론하고 죽는 자를 만나거든, 부디 염불 하여보오」(『회보』 제65호, 원기 25년 6월/원산문집간행위원회 편, 『천상락과 인간락』, 원불교출판사, 2000, pp.334-335).

6) 생사거래의 자유를 위한 염불 적공이 요구된다.

☞「몇 해전(1972년부터) 대사모는 금강리에 있던 대산종법사를 찾아뵙고 '공부는 내가 먼저 풀고 마음 안정하는 것이 큰 공부' 라고 하면서 뒷산을 소요하였다. 병석에 누우신 뒤(1972년 이후) 어느 날 대산종법사가 문병 왔다. "나 죽으면 뒤에 남자되어 큰 공부하려니 종법사께서 힘 밀어 주시오" 하는 말씀 가운데 굳은 신심을 엿볼 수 있었다. 언젠가는 종법사님 손을 꼭 잡고 "염불 공부 어떻게 하는가" 라고 묻기도 하였다. 1972년 12월에 들면서 염불 일심을 놓지 않았다」(서경전, 「십타원 양하운의 생애와 사상」, 원불교사상연구원 편, 『원불교 인물과 사상』(Ⅱ), 원불교사상연구원, 2001, pp.242-243).

16. 염불과 좌선의 관계

염불과 좌선은 정신수양의 과목이며, 초학자에게는 좌선보다 염불 공부가 수월하다. 그리고 번뇌가 과중하거나 산란한 외경이 있을 때 염불로 번뇌를 잠재우고 이어서 새벽이나 고요할 때 좌선으로 원적의 진경에 드는 것이 좋다. 곧 염불과 좌선은 불교 특유의 수양방법으로 정신을 맑힘에 목적이 있으니, 정신수양에 염불과 좌선은 공히 도움이 된다는 사실을 알아야 한다.

1) 초학자에게는 좌선보다 염불을 먼저 권하는 것이 좋다.

☞「대종사 서울교당에서 수양 방법에 대하여 말씀하시었다. "초학자는 좌선보다는 염불을 많이 하라" 」(『대종경선외록』, 22.최종선외장 2장).

2) 염불과 좌선은 표리가 되는 바, 번뇌가 과중할 때 염불을 하고 외경이 적을 때 좌선을 한다.

☞「염불과 좌선이 한 가지 수양과목으로 서로 표리가 되나니 공부하는 사람이 만일 번뇌가 과중하면 먼저 염불로써 그 산란한 정신을 대치하고, 다음에 좌선으로써 그 원적의 진경에 들게 하는 것이며, 또한

시간에 있어서는 낮이든지 기타 외경이 가까운 시간에는 염불이 더 긴
요하고, 밤이나 새벽이든지 기타 외경이 먼 시간에는 좌선이 더 긴요
하나니…」(『정전』, 제3 수행편, 제3장 염불법, 3.염불의 공덕).

3) 심성수양에 있어 정할 때는 염불 좌선을 하는 것이 바람직하다.

☞「심성수양에 있어서도 동할 때와 정할 때가 있다. 정할 때는 염불
좌선을 중심으로 하고, 일이 있을 때는 그일 그일에 일심을 놓지 않는
것이 중심이다」(박장식, 『평화의 염원』, 원불교출판사, 2005, pp.204-205).

4) 염불과 좌선은 불교 특유의 수양방법으로 정신을 맑히는 것이다.

☞「각 종교에 도덕적 교훈이라든지 의식이라든지 방사한 점이 많이
있으나 수양의 방법으로 불교의 선과 염불은 불교 특유의 방법이라고
볼 수 있다. 선에 대해 여러 가지 해석이 있다. 대개는 공안일념, 무념
무상으로 앉아 있는 것이라고 생각한다. 그러나 선의 진정한 의미를 말
하면 첫째 선이란 정신 차리는 법이다」(숭산문집편집위원회, 『일원상과
인간의 관계』, 원광대학교출판국, 1985, p.199).

5) 정신수양을 효과적으로 실행하는데 염불과 좌선을 응용한다.

☞「정신수양의 기본적인 원리는 안으로 분별성과 주착심을 없이 하
며 밖으로 산란하는 경계에 끌리지 않는 것이다. 이러한 정신수양을 효
과적으로 실행하기 위하여 염불과 좌선을 응용한 것이다. 원불교에서
염불과 좌선을 하므로 불교와 같다고 할 수는 없다」(한종만, 「원불교와
불교의 관계」, 《원보》 제46호, 원광대 원불교사상연구원, 1999년 12월,
p.21).

17. 염불과 불교혁신

과거 불교의 경우 개인의 독선기신으로 세속을 피하여 염불이
나 간경에 치우치는 소승적 수행의 성향이었으므로 제중의 실적
이 없었다. 그러나 원불교에서는 서방 정토극락만을 추구하여 극
락장엄에 의존하는 것을 극복하고 자심미타를 발견하여 자타력
병진 수행을 하자는 것이다. 이에 원불교는 생활불교로서 하루의
일과중 새벽과 저녁에 주로 하고 낮에는 사리연구를 함으로써 삼
대력을 양성하여 한편에 치우치는 편벽수행을 지향하고 있다. 원
불교 염불법은 일상생활 속에서 잡념을 제거하고 경계에 요란해
진 마음을 닦아가는 수양의 방법인 것이다.

1) 과거 승려들은 독선기신으로 염불이나 송경 등에 치우친 소승적 수행의 성향이었다.

☞「불교는 조선에 인연이 깊은 교로서 환영도 많이 받았으며 배척도 많이 받아 왔으나, 환영은 여러 백년 전에 받았고 배척받은 지는 오래지 아니하여 … 승려는 불상의 제자가 되어가지고 처자 없이 독신생활을 한다 하며, 삭발을 하고 검박한 옷을 입으며, 단주를 들고 염불이나 송경을 하며, 바랑을 지고 동령을 하며 … 이와 같은 생활을 계속하여 오는 동안에 부처님의 무상대도는 세상에 알려지지 못하고 승려들은 독선기신의 소승에 떨어졌나니 이 어찌 부처님의 본회시리요. 그러므로 부처님의 무상대도에는 변함이 없으나 부분적인 교리와 제도는 이를 혁신하여, 소수인의 불교를 대중의 불교로, 편벽된 수행을 원만한 수행으로 돌리자는 것이니라」(『대종경』, 서품 16장).

2) 세속을 피하여 염불이나 간경 등으로 일생을 보내며 제중의 실적이 없으면 아무런 도움이 안 된다.

☞「너희들이 구하는 부와 복은 불법을 활용하여 생활의 향상을 도모할지언정 무위의 불법에 사로잡히어 일생을 헛되이 보낼 것이리오. 대개 불법이란 세상을 건질 대도이어늘 도리어 세속을 꺼리고 싫어하여 서로 피해 산을 찾고 물을 찾아 혹은 염불하고, 혹은 간경하며, 혹은 좌선하는 등으로 일생을 보내면서 마침내 제중의 실적이 없다면 모두 불법의 포로이니 이런 사람들은 자기에게도 도움이 없고 세상에도 아무런 도움이 없나니라」(주산종사 수필, 소태산대종사법설집 『법해적적』, 『대종경』 수행품 51장 참조).

3) 원불교 염불은 부처의 신력에 의존하여 극락왕생을 추구하는 것보다는 분별성과 주착심이 없는 자성극락에 안주하는 것이다.

☞「염불이 佛의 신력에 의지하여 극락왕생을 구하는 것이라기 보다 원래 분별성과 주착심이 없는 정신을 회복하여 자성극락에 안주하기 위한 것에 목적이 있다」(박혜훈, 「원불교 염불관에 대한 연구」, 『원불교학』 제9집, 한국원불교학회, 2003.6, p.288).

4) 정기훈련 중에서 염불은 하루 일과의 새벽과 저녁에 주로 하고, 낮에는 사리연구를 주로 함으로써 편벽된 수행을 금한다.

☞「새벽과 저녁에는 좌선과 염불을 통한 수양공부를 하며 낮에는 경전, 강연, 회화, 의두, 성리, 일기 등을 하는 것이다」(한종만, 『원불교

대종경 해의』(上), 도서출판 동아시아, 2001, p.129).

 5) 원불교 염불은 일상생활 속에서 잡념을 제거하거나 경계에 요란해
진 마음을 안정시키는 수양법이다.

　☞「우리 공부인들은 그 요란함을 없애려면 염불 좌선으로써 동정간
불리선의 수양을 쌓아가며, 또는 '원래 우리 자성은 적적한 자리건마
는 이 요망한 경계를 따라 흔들리는구나' 하고 상상하여 그 요란함을
없애야 하나니라」(『정산종사법설』, 제9편 불교정전의해, 10.일상수행의
요법).

18. 보충해설

　보조국사 지눌은 「정혜결사문」에서 말하기를 "지금은 말법의
시대에 해당하여 정도가 가려졌는데, 어떻게 선정과 지혜에 힘쓸
수 있겠는가? 부지런히 아미타불을 염송하여 정토에 태어날 업
을 닦는 것만 같지 못하다"고 하였다. 염불로써 말세를 극복하
자는 것이다. 원불교의 정신수양 과목에도 염불이 있다. 이는 천
만 가지로 흩어진 정신을 일념 만들기 위한 공부법이다. 소태산
은 순역경계에 흔들리는 마음을 무위안락의 경지에 돌아오도록
하기 위해서는 염불처럼 좋은 수행이 없음을 확신하였다.

　위의 언급처럼 염불은 말세의 치료나 산만한 마음 치료에 효
과적이다. 따라서 염불을 통해서 염불일성에 집주하되, 일념 일
념을 챙겨서 일동일정에 사심 잡념이 침입하지 못하도록 해야
한다. 사심 잡념이 없어지면 그곳이 바로 서방정토 왕생극락이
요, 염불삼매의 정토세계이다. 불교의 『정토삼부경』을 중심으로
諸經論에서는 정토왕생을 추구하는 바, 대승불교의 한·중·일 3
국의 불자들이 염불 삼매를 추구해온 것이다.

　주지하듯이 염불은 나무아미타불을 주송하는데, 아미타불 一佛
의 명호를 念하도록 주장한 사람은 중국의 담난(476-542)이다. 하
여튼 오늘날 염불선이 유행하게 되었다. 80년대 중반부터 새롭게
등장한 불교계 수행법의 하나가 염불선으로 위빠사나가 남방불교
에서 온 것이라면, 염불선은 한국불교계 내에서 시작된 또 다른
선법이다. 이 염불선은 염불과 선을 동시에 추구하는 선법으로

정혜쌍수의 행법이다. 염불을 통해 나무아미타불을 염하든, 염불선을 수행하든 무엇보다 자성극락을 찾아가는 일이 중요하다.

19. 연구과제

1) 과거에는 서방 정토극락에 나기를 원하며 미타성호를 염하였으나 우리는 바로 자심미타를 발견한다는 뜻은?
2) 염불과 주송의 관계는?
3) 염불의 의미는?
4) 염불의 원리는?
5) 염불과 좌선의 차이는?
6) 염불의 공덕은?
7) 염불의 특징은?
8) 염불의 방법은?

20. 고시문제

1) 『정전』에 밝혀진 염불과 좌선의 정의를 쓰고 이 두 수양과목의 관계와 응용방법을 쓰시오.
2) 염불과 좌선의 요지와 상호관계를 설명하시오.
3) 염불법에 바탕하여 그 요지를 밝히시오.
4) 다음 어휘의 출처(『정전』의 해당되는 장 또는 제목)와 뜻을 간단히 풀어 적으시오 : 무량수각.
5) 수양과목으로서 염불과 좌선의 관계는?
6) 『정전』 좌선법에서 염불이나 좌선을 하면 얻게 되는 10가지 공덕을 기술하시오.
7) 다음은 『정전』 염불의 방법과 좌선의 방법을 설명한 것입니다. 올바르게 설명한 것은 0표, 잘못 설명한 것은 X표를 하시오.
   (1) 염불을 할 때에 항상 자세를 바르게 하되 운곡에 맞춰 몸을 편안하고 자연스럽게 좌우로 흔들어 리듬을 타는 것도 좋다.( )
   (2) 무슨 일을 할 때에 잡념이 마음을 괴롭게 하거든 염불로서 대치함이 좋으며, 만일 염불이 도리어 일하는 정신에 통일이 되

지 못할 때에는 정신이 산만한 증거이므로 집중이 될 때까지 더욱 염불을 하는 것이 좋다.( )

(3) 외불을 구하여 미타색상을 상상하거나 극락장엄을 그려내는 등 다른 생각은 하지 않는 것이 좋으며, 다만 일원상의 원만구족한 모습을 상상하여 집중하는 것은 무방하다.( )

(4) 정신을 오로지 염불일성에 집주하되 염불 구절을 따라 그 일념을 챙겨서 일념과 음성이 같이 연속되게 함이 좋다.( )

(5) 몸의 힘을 단전에 힘껏 모아서 일심집중을 하되 다만 단전에 기운주해 있는 것만 대중을 잡는 것이 좋다.( )

(6) 눈은 항상 감고하는 것이 일심에 도움이 되나 수마가 침노할 경우에는 뜨고 하는 것이 좋다.( )

(7) 망념이 침노하면 성가시게 여기지 말고 다만 망념인 줄만 알아두면 스스로 없어진다.( )

(8) 다리가 아프면 잠깐 바꾸어 앉는 것은 무방하며, 얼굴과 몸이 가려울 경우에는 가볍게 긁는 것은 크게 문제가 없다.( )

(9) 좌선을 하는 가운데 절대로 이상한 기틀과 신기한 자취를 구하지 말며, 혹 그러한 경계가 나타날지라도 다 요망한 일로 생각하여 조금도 마음에 걸지 말고 가볍게 흘려보내는 것이 좋다.( )

(10) 정신은 항상 적적성성, 성성적적을 표준하되 혼침에 기울어지거든 성성한 정신을 차리고, 망상에 흐르거든 적적한 정념으로 돌이켜서 무위자연한 본성자리에 그침이 옳다.( )

제4장 좌선법

○ 「좌선법」의 원문

1. 좌선의 요지

대범 좌선이라 함은 마음에 있어 망념을 쉬고 진성을 나타내는 공부이며, 몸에 있어 화기를 내리게 하고 수기를 오르게 하는 방법이니, 망념이 쉰즉 수기가 오르고 수기가 오른 즉 망념이 쉬어서 몸과 마음이 한결같으며 정신과 기운이 상쾌하리라.

그러나 만일 망념이 쉬지 아니한즉 불기운이 항상 위로 올라서 온 몸의 수기를 태우고 정신의 광명을 덮을지니, 사람의 몸 운전하는 것이 마치 저 기계와 같아서 수화의 기운이 아니고는 도저히 한 손가락도 움직이지 못할 것인 바, 사람의 육근기관이 모두 머리에 있으므로 볼 때나 들을 때나 생각할 때에 그 육근을 운전해 쓰면 온 몸의 화기가 자연히 머리로 집중되어 온 몸의 수기를 조리고 태우는 것이 마치 저 등불을 켜면 기름이 닳는 것과 같나니라. 그러므로 우리가 노심초사를 하여 무엇을 오래 생각한다든지, 또는 안력을 써서 무엇을 세밀히 본다든지, 또는 소리를 높여 무슨 말을 힘써 한다든지 하면 반드시 얼굴이 붉어지고 입 속에 침이 마르나니 이것이 곧 화기가 위로 오르는 현상이라, 부득이 당연한 일에 육근의 기관을 운용하는 것도 오히려 존절히 하려든, 하물며 쓸데없는 망념의 등불을 주야로 계속하리요. 그러므로 좌선은 이 모든 망념을 제거하고 진여의 본성을 나타내며, 일체의 화기를 내리게 하고 청정한 수기를 불어내기 위한 공부니라.

2. 좌선의 방법

좌선의 방법을 극히 간단하고 편이하여 아무라도 행할 수 있나니,
1) 좌복을 펴고 반좌로 편안히 앉은 후에 머리와 허리를 곧게 하

여 앉은 자세를 바르게 하라.

2) 전신의 힘을 단전에 툭 부리어 일념의 주착도 없이 다만 단전에 기운 주해 있는 것만 대중잡되, 방심이 되면 그 기운이 풀어지나니 곧 다시 챙겨서 기운 주하기를 잊지 말라.

3) 호흡을 고르게 하되 들이쉬는 숨은 조금 길고 강하게 하며, 내쉬는 숨은 조금 짧고 약하게 하라.

4) 눈은 항상 뜨는 것이 수마를 제거하는데 필요하나 정신기운이 상쾌하여 눈을 감아도 수마의 침노를 받을 염려가 없는 때에는 혹 감고도 하여 보라.

5) 입은 항상 다물지며 공부를 오래하여 수승화강이 잘 되면 윤활한 침이 혀 줄기와 이 사이로부터 계속하여 나올지니, 그 침을 입에 가득히 모아 가끔 삼켜 내리라.

6) 정신은 항상 적적한 가운데 성성함을 가지고 성성한 가운데 적적함을 가질지니, 만일 혼침에 기울어지거든 새로운 정신을 차리고 망상에 흐르거든 정념으로 돌이켜서 무위자연의 본래면목 자리에 그쳐 있으라.

7) 처음으로 좌선을 하는 사람은 흔히 다리가 아프고 망상이 침노하는 데에 괴로워하나니, 다리가 아프면 잠깐 바꾸어 놓는 것도 좋으며, 망념이 침노하면 다만 망념인 줄만 알아두면 망념이 스스로 없어지나니 절대로 그것을 성가시게 여기지 말며 낙망하지 말라.

8) 처음으로 좌선을 하면 얼굴과 몸이 개미 기어다니는 것과 같이 가려워지는 수가 혹 있나니, 이것은 혈맥이 관통되는 증거라 삼가 긁고 만지지 말라.

9) 좌선을 하는 가운데 절대로 이상한 기틀과 신기한 자취를 구하지 말며, 혹 그러한 경계가 나타난다 할지라도 그것을 다 요망한 일로 생각하여 조금도 마음에 걸지 말고 심상히 간과하라.

이상과 같이 오래오래 계속하면 필경 물아의 구분을 잊고 시간과 처소를 잊고 오직 원적무별한 진경에 그쳐서 다시 없는 심락을 누리게 되리라.

3. 좌선의 공덕

좌선을 오래 하여 그 힘을 얻고 보면 아래와 같은 열 가지 이익이

있나니,

1) 경거망동하는 일이 차차 없어지는 것이요,
2) 육근동작에 순서를 얻는 것이요,
3) 병고가 감소되고 얼굴이 윤활하여지는 것이요,
4) 기억력이 좋아지는 것이요,
5) 인내력이 생겨나는 것이요,
6) 착심이 없어지는 것이요,
7) 사심이 정심으로 변하는 것이요,
8) 자성의 혜광이 나타나는 것이요,
9) 극락을 수용하는 것이요,
10) 생사에 자유를 얻는 것이니라.

4. 단전주의 필요

대범 좌선이라 함은 마음을 일경에 주하여 모든 생각을 제거함이 예로부터 통례이니, 그러므로 각각 그 주장과 방편을 따라 그 주하는 법이 실로 많으나, 마음을 머리나 외경에 주한즉 생각이 동하고 기운이 올라 안정이 잘 되지 아니하고, 마음을 단전에 주한즉 생각이 잘 동하지 아니하고 기운도 잘 내리게 되어 안정을 쉽게 얻나니라.

또한 이 단전주는 좌선에만 긴요할 뿐 아니라 위생상으로도 극히 긴요한 법이라, 마음을 단전에 주하고 옥지에서 나는 물을 많이 삼켜 내리면 수화가 잘 조화되어 몸에 병고가 감소되고 얼굴이 윤활해지며 원기가 충실해지고 심단이 되어 능히 수명을 안보하나니, 이 법은 선정상으로나 위생상으로나 실로 일거양득하는 법이니라.

간화선을 주장하는 측에서는 혹 이 단전주법을 무기의 사선에 빠진다 하여 비난을 하기도 하나 간화선은 사람을 따라 임시의 방편은 될지언정 일반적으로 시키기는 어려운 일이니, 만일 화두만 오래 계속하면 기운이 올라 병을 얻기가 쉽고 또한 화두에 근본적으로 의심이 걸리지 않는 사람은 선에 취미를 잘 얻지 못하나니라. 그러므로 우리는 좌선하는 시간과 의두연마하는 시간을 각각 정하고, 선을 할 때에는 선을 하고 연구를 할 때에는 연구를 하여 정과 혜를 쌍전시키나니, 이와 같이 하면 공적에 빠지지도 아니하고 분별에 떨어지지도 아니하여 능히 동정없는 진여성을 체득할 수 있나니라(『정전』 제3 수행편, 제4장 좌선법).

1. 좌선법의 등장배경

좌선은 인도의 요가와 우파니샤드의 영향을 받은 구차제정의 선법과 비상비비상처정, 나아가 바라문 계통의 수정주의와 불타 전후의 고행주의가 영향을 주고받은 것이다. 좌선은 중국에서 조식법과 도인법에 영향을 받았던 바, 수나라와 당나라 때에 선종이 좌선을 강조하면서 묵조선과 간화선이 전개되어 왔고, 이것이 한일 불교의 좌선법에 영향을 미친 것도 사실이다. 원불교는 이러한 불교의 좌선법과 도교 수련법의 영향을 받아 수승화강의 단전주 선법으로 이어온 것이다.

1) 정신을 집중하는 것은 인도에서는 요가 수행으로 정형화시켰고 후래 좌선의 형태로 정착된 것이다.

☞「정신을 집중할 수 있는 능력이란 우리가 책을 보거나 대화를 하거나 영화를 보거나 강의를 듣거나 시험을 치거나, 모든 삶의 행위 순간순간에 요구되는 것이다. 이러한 훈련을 인도인들은 요가라는 수행으로 정형화시켰고, 중국인들은 調息 導引으로 공부화시켰고, 그것은 후대 좌선이라는 갖가지 형태로 발전, 정착한 것이다」(김용옥, 『금강경강해』, 통나무, 1999, p.45).

2) 우파니샤드 철학의 영향을 받은 소승불교의 구차제정 선법에 이어 비상비비상처정에 이르는 것이 좌선의 참 경지였다.

☞「우파니샤드 철학의 영향을 받은 소승불교에서 선공부를 했다. 소승에서 九次第定이라는 선법이 있다. 소승불교의 교리체계나 수행방법이 우파니샤드 철학의 영향을 받았다. 우파니샤드 철학에서는 四無色定 공부를 한다. 최고의 경지가 非想非非想處定이다. 불타가 처음 출가해서 사무색정 공부를 브라만교 승려 두 사람에게 배워서 선정을 했다. 그래서 불타는 사무색정 중에서 최고 경지인 비상비비상처정까지 이르렀다. 비상비비정처정은 분별망상이 다 끊어지고 분별망상이 끊어졌다는 그 경지마저도 없다」(한정석, 『원불교 정전해의』, 도서출판 동아시아, 1999, p.395).

3) 선은 바라문계의 수정주의, 불타 전후의 고행주의라는 사상적 연원을 갖고 있다.

☞「종래로부터 내려온 이 선사상의 유래를 찾아보면 … 이 사상을
크게 나누어 보면 두 가지로 구분할 수 있는데 그 하나는 정통 바라문
계의 修定主義 사상이요, 또 하나는 불타 시대를 전후해서 성행했던 육
사외도들의 고행주의 사상을 들 수 있다」(안이정, 『원불교교전 해의』,
원불교출판사, 1998, p.552).

**4) 불교가 중국에 전래되어 수당 때 선종이 좌선의 중요성을 강조하기
시작했고, 이에 좌선은 간화선과 묵조선으로 정착되었다.**

☞「불교가 중국으로 전래된 이후에 수·당 시대에는 많은 불교의 종
파가 형성되었다. 그 가운데 선종이라는 종파는 좌선 수행을 통하여 깨
침에 이르는 것을 중요시하는 종파였다. … 좌선관 그것은 또한 항상
개별적인 것으로부터 집단적인 것으로, 기성 사원으로부터 선종사원으
로 옮겨가는 수도 형태상의 변화와도 밀접한 관계를 지니고 있었다. 이
것은 선자의 선풍 형성의 기본이 그 자신의 실천생활로부터 생겨났으
며, 또한 수도 그 자체는 각각의 선풍에 의해 내면적인 것의 표출로서
이해할 수 있는 것이었다. 따라서 선종의 내부에도 다양한 수행방식이
표출되었다. 이것을 일반적으로 위빠사나와 간화선과 묵조선 등으로 분
류할 수 있을 것이다」(김호귀, 「묵조선의 본질」, 《禪사상의 전개와 현대
사회》, 영산선학대학교 소태산사상연구원, 2005.11.18, p.59).

**5) 불교는 교종과 선종으로 나뉘어 문자 밖의 좌선을 중심으로 하는
선종이 많은 역할을 하였다.**

☞「禪門에서는 敎·禪을 나누어 불교의 진수는 가르침 밖의 좌선을
중심으로 하는 실천에 있다(中村)고 한다」(이부영, 「의료와 종교문화」-
그 상호관계의 역사적 변천-,제15회 국제불교문화학술회의 발표요지
《의료와 종교문화》, 원광대학교 원불교사상연구원, 1997년 5월 2일-3
일, p.15).

**6) 원불교 좌선은 온종일 선만 하는 선법을 비판하고, 간화선에도 찬
성하지 않는다.**

☞「원불교의 좌선은 온종일 참선만 하는 그러한 선법을 비판하고 있
으며 활동시의 선은 정당한 취사를 표준으로 하고 있으므로 일을 놓은
채 부단한 일심공부 또는 수양으로서의 좌선에 치중하는 것을 찬성하지
않을 뿐 아니라 부단한 화두를 선으로 삼는 간화선에도 찬성하지 않는
다」(송천은, 「원불교의 성리인식」, 류병덕 박사 화갑기념 『한국철학종교
사상사』, 원광대 종교문제연구소, 1990, p.1133).

7) 원불교의 경우 불교의 좌선을 수용하되, 단전주선법이나 수승화강
의 선법을 강조하는 면에서 도교의 영향도 없지 않았다.

☞「과거의 불교 교리상에 단전주선법이나 수승화강에 관련된 내용은
도교의 연단수련 영향을 많이 받았던 묵조선계 외에는 좀처럼 찾아보기
어려우므로, 비록 현생『정전』의 내용이 불교의 심학적 경향을 띤다 하
더라도 그 정신수양의 여러 관련 내용들은 도교 정기신의 기론과 관련
이 깊다고 보아야 할 것이다」(박병수,「정신수양의 기론적 접근」,『원불
교수행론 연구』, 원광대출판국, 1996, p.122).

2. 좌선법의 대의강령

1) 좌선이란 수기망념 양기진성으로서 수승화강의 공부법이다.
2) 앉은 자세를 편안히 하고 전신의 힘을 단전에 부리며, 호흡
을 조정하고, 정신을 적적성성하게 한다.
3) 좌선의 공덕으로는 심신이 건강해지고 극락의 수용과 생사자
유를 얻는다.
4) 마음을 단전에 주하여 심단이 되도록 하여 선정상으로나 위
생상으로도 긴요하여 능히 동정 없는 진여성을 체득한다.

3. 선의 의미와 좌선법의 구조

1) 선의 의미

어원적으로 선은 디야나(dhyana)로서 사유수, 정려, 명상을 뜻하며,
자성불의 발견과 주객합일의 선정체험과 관련된다. 따라서 선이란 깨달
음의 영성을 회복시켜주고 내적 자각을 얻게 해주며, 사리사욕을 벗어
남으로써 맑은 인격함양을 도모해준다. 선의 종류는 좌선, 입선, 와선,
행선, 사상선 등으로 고요하고 평정한 마음 상태를 유지해주는 것이다.
궁극적으로 원불교적 선의 의미는 제 종교의 수행 및 계정혜 병진을 포
함하고 있다.

(1) 선의 어원은 범어 디야나(dhyana)로서 사유수·정려 등을
말한다.

☞「선은 파리어의 Jhana, 범어의 dhyana에 해당하는 바 dhyana의
어원은 Chandogya Upanisad 제7편 6장 1절에 나오는 글로 중국에서는

다음과 같이 번역했다. 종밀에 의하면 禪은 禪那로 음역했고 의역으로는 思惟修(구역) 또는 靜慮(신역)라고 번역했다. 이것은 범어 dhyana의 어근 dhyai로 '잘 생각한다'는 뜻이 있는 바, 명상·전념·심사의 의미로 이해되었다」(한기두, 『선과 무시선의 연구』, 원광대학교출판국, 1985, pp.14-15).

(2) 선은 자성불 그 자체와의 합일된 종교체험, 곧 주객합일의 전일자를 체험하는 것이다.

☞「禪이란 일원의 내재적 진리로서의 자성불 그 자체와 합일된 종교체험의 경지, 즉 절대진리의 자기화 또는 주객합일의 전일자 체험을 말하는 바, 위에서 말한 자아완성 노력으로서의 삼학수행은 인간의 삶 전반에 걸쳐 끊임없이 지속되어야 하는 것으로…」(노권용, 「원불교 신앙론의 과제」, 『원불교학』 창간호, 한국원불교학회, 1996, p.29).

(3) 선은 깨달음의 영성을 회복시켜 주는 공부이다.

☞「禪에서 본 진정한 영성의 문제란 결국 깨달음에 이르기 위한 과제로 볼 수 있으며, 그것은 바로 어떠한 영성 상의 문제도 결국은 깨달음을 통하여 궁극적이고 올바른 해답을 얻을 수가 있기 때문이다」(김영두, 「禪에서 본 생명과 영성」, 제19회 국제불교문화학술회의《지식정보화사회에 있어서 불교-생명과 영성》, 원광대·일본불교대, 2005.9.9-10, p.57).

(4) 선은 내심자증의 견성을 강조하는 바, 깨달음으로서 내적 자각을 얻으며 도가의 심재나 좌망에 상응하는 것이다.

☞「스스키(鈴木大拙, 1870-1966) 박사는 선의 가장 명백한 특성은 內心自證의 견성을 강조함에 있다고 말하고 '내심자증'이란 자기 존재의 핵심에 깊이 도달하는 내적 자각에 있으며, 이것은 장자의 심재나 좌망 또는 朝徹과 상응하는 것이라고 단정하고 있다」(김용정, 「도가철학과 현대문명」, 춘계학술발표회《도가철학과 미래》, 한국도가철학회, 2000.5, p.5).

(5) 선은 사후보다 현실에서 사리사욕을 떠난 인격완성을 지향한다.

☞「선은 현세를 떠나서 사후의 정토를 생각하기보다 현실을 최대한 힘 있게 사는 것을 근본으로 한다. 이것은 全機現成이라고 한다. 일상생활에 활력을 주어야 한다. 예지를 체득하고 사욕을 버리고 자애를 체득한 인격완성을 해야 한다」(원불교사상연구원 편, 『숭산논집』, 원광

대학교출판국, 1996, p.265).

(6) 선의 종류로는 좌선, 입선, 와선, 행선, 사상선 등이 있다.

☞「선에는 여러 종류의 선이 있다. 앉아서 하는 선을 좌선이라 하고, 서서 하는 선을 입선이라 하며, 누워서 하는 선을 와선이라 하고, 걸으면서 하는 선을 행선이라 하며, 일을 하면서 하는 선을 사상선이라고 한다」(서경전, 『교전개론』, 원광대학교출판국, 1991, pp.362-363).

(7) 원불교적 선의 의미는 제종교의 수행 및 계정혜 병진을 포함하고 있다.

☞「원불교에서 사용하는 禪의 의미는 수행상 여러 맥락을 포괄한 의미로서의 선이다. 즉 禪敎의 대립개념으로서의 선이 아니요 계정혜의 分修的 개념으로서의 선도 아니다. 오히려 이러한 모두를 포괄하여 병행 쌍수 개념으로서의 선이다. 뿐만 아니라 각 종교의 특징성까지 수렴한 의미로서의 선이다」(이광정, 「표어에 나타난 소태산사상」, 『인류문명과 원불교사상』(上), 원불교출판사, 1991, pp.178-179).

2) 좌선법의 구조
  (1) 좌선의 요지
  (2) 좌선의 방법
  (3) 좌선의 공덕
  (4) 단전주의 필요

4. 단어해석

대범 : ☞『정전풀이』(상)「사은, 부모은」'대범' 참조.

망념 : 고통을 가져다주는 사심 잡념을 妄念 혹은 망상이라 한다. 삼독 오욕이나 시기질투·분별사량 등이 중생의 고통을 야기하므로 정신수양을 하는 목적은 이들 망념을 없애고 진성을 기르는데 있다.

기운 : ☞『정전풀이』(하)「정기훈련과 상시훈련」'기운' 참조.

진성 : 망념이 사라진 상태로서 참된 성품을 眞性이라 한다. 좌선을 하는 목적은 養其眞性이라 하여 진성을 기르기 위함이라 했다. 진성은 우리의 참 마음으로서 진여자성·청정자성·본래성품이라고도 한다.

화기 : 불기운이 火氣로서 가슴이 답답하거나 격한 감정의 상태가 이것

이다. 화기는 번뇌망상과 삼독오욕 · 사심잡념 등이 침입하여 우리의 머리가 뜨거워지는 것으로 좌선 등을 통해 고요한 水氣를 보충해야 한다.

수기 : 화기에 반대되는 개념으로 水氣란 물기운으로 마음이 고요하여 맑고 편안한 기운을 말한다. 화기가 가라앉은 청정한 자성이 곧 수기로서 좌선을 통해 수승화강의 기운 조절을 잘 해야 할 것이다.

육근기관 : ☞육근기관으로서『정전』「삼학, 사리연구」의 '육근' 참조.

안력 : 육근기관의 하나가 눈(眼)이며, 눈으로 보는 힘이 眼力이다.

존절 : 돈, 물건, 육신 작용의 쏨쏨이를 절약하는 것을 撙節이라 한다.

진여 : 성품의 본래면목 · 자성청정을 眞如라 한다. 참되고 여여한 경지가 이것이며, 진여법신이 곧 우리의 불성 또는 영성이다. 정산종사는 법어에서 망상을 멸도하여 진여를 자득하라(경의편 25장)고 하였다.

좌복 : 좌선을 할 때나 앉을 때 깔고 앉는 방석을 坐服이라 한다.

반좌 : 책상다리를 하고 편안히 앉는 것을 盤坐라 한다. 책상다리란 좌선을 할 때 두 발을 구부려 각각 양쪽 허벅다리 위에 얹거나 한쪽 발만 얹고 앉는 자세로, 여기에는 결가부좌(연화좌)와 반가부좌가 있다.

일념 : ☞『정전풀이』(하)「정기훈련과 상시훈련」'일념' 참조.

주착 : ☞『정전풀이』(상)「삼학, 정신수양」'주착심' 참조.

단전 : ☞『정전풀이』(하)「정기훈련과 상시훈련」'단전' 참조.

방심 : 어떤 경계에 접하여 마음이 흩어져 유념할 자리에서 무념해버리는 것이 放心이다.『대종경』수행품 30장에서 공부하는 중에 조금만 방심하면 알지 못하는 가운데 악한 경계에 흘러간다며 불방심을 유도했다.

수마 : 하고자 하는 일을 할 때 그 일에 방해가 될 정도로 졸리는 것을 睡魔라 한다. 이를테면 좌선을 할 때 졸리는 것도 수마이다.

침노 : 영토나 주권, 물건 등을 빼앗거나, 수마가 심신에 서서히 침입하는 것을 侵擄라 한다. 좌선을 할 때 번뇌가 침노하는 경우도 이것이다.

수승화강 : 도교의 수련법, 또는『수심정경』등에서 언급되는 水昇火降은 수기와 화기의 승강작용이다. 중국에 불교의 좌선법이 들어오고 도교의 연단법 즉 수승화강의 원리가 응용되었다. 수승화강이 잘 되어야 건강이 유지되며, 좌선을 잘 하면 이러한 수승화강의 경지를 얻게 된다(『정전』, 좌선의 공덕 1-5조 참조). 화를 내면 혈기가 위로 올라 간과 위가

상하며, 근심 걱정은 기순환을 막아 폐와 비를 망가뜨리는 등 만병의 원인이 된다. 『대종경』 수행품 15장에서 수승화강의 원리를 밝히고 있다.

윤활 : 적절한 습기에 반들반들하고 윤기가 있는 것을 潤滑이라 한다.

적적 : 마음의 고요함으로 인해 사량 분별심이 끊어진 상태를 寂寂이라 한다. 따라서 적적의 경지란 어떠한 번뇌 망상도 없는 고요한 상태로 좌선의 진경을 말한다. 적적은 '성성' 용어와 합성어로 사용된다. 이에 소태산은 적적한 가운데 성성함은 옳고 적적한 가운데 무기는 그르며, 또는 성성한 가운데 적적함은 옳고 성성한 가운데 망상은 그른 것이 禪의 강령(『대종경』, 수행품 12장)이라고 하였다.

성성 : 청명한 마음을 비추듯이 소소영령한 상태를 惺惺이라 한다. 적적성성을 공적영지와 비교한다면 적적은 공적의 경지라면 성성은 영지의 경지이다. 수도인이 주의해야 할 사항으로 좌선을 할 때 적적은 좋지만 혼침은 극복해야 하며, 성성은 좋지만 망상은 극복해야 하는 것이다.

혼침 : 정신이 혼미한 상태를 말하며, 특히 좌선을 할 때 수마가 침입할 때 무기공에 떨어지는 현상을 昏沈이라 한다. 이에 졸리면 눈을 뜨고 좌선을 하는 것이 바람직하다. 좌선에 있어 적적과 혼침은 상반된다.

정념 : 분별망상과 사심잡념을 버리고 바른 생각을 갖는 것을 正念이라 한다. 정념은 불교 팔정도의 하나이며, 잡념이 섞이지 않고 일심을 간직, 부처를 염원하는 것이 일심정념이다. 정산종사는 방심을 경계하고 정념을 가지도록 하였다(『정산종사법어』, 경의편 23장).

무위자연 : 인위의 조작됨이 없는 자연 그대로의 모습을 無爲自然이라 한다. 무위자연의 경지에서는 무위이화의 원리로 세상사가 전개된다. 원불교 교서에 여여자연(『정전』 일원상서원문), 순리자연(『정전』 천지은), 무위자연(『정전』 좌선법, 『대종경』 교의품 17장, 『정산종사법어』 예도편 10장)이라는 용어가 등장한다.

본래면목 : 본래 그대로 여여한 실상을 本來面目이라 한다. 이에 소태산은 순연한 본래면목을 잃지 말라(『대종경』, 전망품 6장)고 하였다.

망상 : 망녕되고 허망한 생각을 妄想이라 한다. 소태산 대종사는 『정전』 정신수양에서 번민망상을 없애라 하였다. 정산종사 역시 법어에서 망상번뇌가 끊어진 본래의 주인을 찾으라(생사편 13장)고 하였다.

혈맥 : 혈액이 소통하는 맥관을 血脈이라 한다. 생명이란 영양소인 피를 나르는 혈맥이 있어야 유지되며 혈맥이 끊어지면 죽음에 이른다.

요망 : 요사스럽고 망녕된 것을 妖妄이라 한다. 좌선을 할 때 신기한 느낌을 받는 경우가 있는데 이는 다 요망한 일로 생각해야 한다.

심상 : 대수롭지 않고 예사롭게 또는 범상하게 대하는 것을 尋常이라 한다.

물아 : 주변의 사물과 나를 합하여 物我라 한다. 좌선을 할 때 물아의 구분을 잊고 물아일체의 좌선 삼매에 드는 것이 도락이다.

원적무별 : ☞『정전풀이』(하)「정기훈련과 상시훈련」'원적무별' 참조.

심락 : 대도정법과 주세불을 만나 마음공부나 좌선에 심취하는 것을 心樂이라 한다. 육체적 쾌락이 신락이라면, 마음의 법열은 심락인 것이다.

착심 : 무엇인가에 속박되고 구애되는 것을 着心이라 한다. 이를테면 재색명리·부귀영화·희로애락 등에 집착하는 것이다. 염불·좌선 등을 통한 해탈이란 착심을 홀연히 벗어날 때 얻게 되는 결실이다.

사심 : 간사하고 삿된 마음을 邪心이라 한다. 정로를 향하지 않고 편협된 길로 나아가는 악한 마음이 이것이며, 이는 곧 정심을 지키지 못하는 경우이다. 사심이 없으면 곧 천록이 나온다(『대종경』, 수행품 35장).

정심 : 바른 마음이 正心으로, 정법과 정도를 지향하는 마음이다. 유교에서는 팔조목의 하나가 정심(『대학』7장 : 修身在正其心)이라고 했다.

자성 : ☞『정전풀이』(하)「일상수행의 요법」'자성' 참조.

혜광 : 자성의 광명 또는 지혜 광명을 慧光이라 한다. 이는 반야의 혜광과 통한다. 좌선법에서는 자성의 광명이라 했고, 『대종경』 전망품 15장에서는 여래의 설법은 무량한 지혜 광명으로 차별 없이 나툰다 했다.

극락 : 지극한 낙원 세상이 極樂인 바, 고통이나 번뇌가 없는 마음 상태를 유지하는 광대한 세상을 말한다. 윤회의 고통이 없는 정토의 세상으로서 아미타불이 설법하는 무량청정한 세상, 자심미타를 발견한 윤회해탈의 세계가 극락이기도 하다. 인도불교에서 극락세계에는 궁전이 있고 아미타 여래의 설법소리가 들려오는 궁전 앞에 칠보로 만든 못에 여덟 공덕수가 넘치는데 홍련화 청련화 백련화 황련화가 피어 있는 어느 한 연꽃 위에 다시 태어난다는 내세관이 있다. 또 극락이란 서쪽을 향해

10만억 불국토를 지나면 저쪽 편에 있는 서방정토 극락의 세계이다.

단전주 : 단전이란 배꼽아래 6cm 지점으로 좌선을 할 때 여기에 의식을 주한다는 것이 丹田住이다. 좌선법의 원류가 된 도교 수련법의 '단전'이란 용어의 최초 문헌은 『황제내경소문』 가운데에 있는 「神遊上丹田」이란 표현이다. 원불교에서는 단전주 선법을 좌선의 원리로 응용하고 있다.

일경 : 천만 경계를 모아 하나의 경계로 만드는 것을 一境이라 한다. 소태산은 단전주의 필요에서 좌선이라 함은 마음을 일경에 주하여 모든 생각을 제거함이 예로부터 통례라 하였다. 따라서 外境을 극복하고 적적성성한 경지에 진입할 때 좌선의 참된 체험이 이뤄진다.

방편 : ☞『정전풀이』(상) 「교법의 총설」 '방편' 참조.

외경 : 외부로부터 밀려오는 경계, 곧 바깥 경계를 外境이라 한다.

옥지 : 혀끝과 치아 사이에서 맑은 침이 나오는 곳을 玉池라 한다. 좌선 삼매에 들면 옥지에서 맑은 침이 나오는데 이를 감로수라 한다. 마음을 단전에 주하고 좌선을 하면 옥지의 침이 나와 수승화강이 된다.

원기 : 심신의 생명력으로서 근본이 되는 기운을 元氣라 한다. 만물의 정기 혹은 인간의 근본 에너지를 원기라 한다.

심단 : 좌선을 함에 있어 단전주 선을 지속하면 단전에 큰 힘을 얻는데, 이것이 心丹과 氣丹이다. 심단이란 단전에 마음의 단을 이룬 것으로서 어떠한 유혹도 극복, 맑고 청정한 자성을 회복하는데 도움을 준다.

선정 : 禪은 범어로 禪那의 약칭이며 定은 범어 三昧를 말하는 바, 수도인이 선을 통해서 삼매에 드는 것이 선정이다. 좌선 등의 수양을 통해 분별사량과 계교망상을 잠재우는 맑고 고요한 경지를 말한다. 입정돈망, 좌탈입망 등의 경지가 이것으로, 선정은 불교 육바라밀의 하나이다.

간화선 : 불교에서 전래되는 두 선법으로 看話禪과 묵조선이 있다. 중국 송나라 대혜종고(1088-1163) 선사가 간화선을 처음 제창하였다. 간화선은 화두를 연마하여 깨달음을 지향하는데 여기에 전래되는 공안이 1,700가지가 넘는다고 한다. 소태산은 화두를 지향하는 간화선과 고요한 定 지향의 묵조선을 조화시키는 좌선의 수행법을 제시했다. 간화선을 오래 하다보면 자칫 머리가 뜨거워지고 기력이 약해지기 쉬우므로 원불교

의 좌선법은 간화선과 묵조선의 병행을 지향한다.

무기 : 마음작용이 두렷하지 못하고 혼미·혼몽해지는 상태를 無記라 한다. 좌선의 진경은 적적성성인데 묵조선을 할 때 적적에만 머물다가 혼미의 무기공에 떨어져 성성한 경지에 이르지 못하는 경우를 말한다.

사선 : 간화선에서는 묵조선을 비판할 때 사용하는 용어로, 묵조선은 적적함만을 지향하다가 무기공에 떨어지게 되므로 이를 死禪이라 하였다. 소태산은 간화선과 묵조선의 장점을 수용하여 좌선을 할 때는 좌선만 하고, 또 의두 연마의 시간을 두어 병행하도록 하였다. 活禪으로서 좌선뿐만 아니라 무시선 무처선을 실천하도록 하였다.

화두 : ☞『정전풀이』(하) 「정기훈련과 상시훈련」 '화두' 참조.

의두연마 : 疑頭를 硏磨하는 것을 말하며, 『정전』「정기훈련과 상시훈련」의 '의두' 참조.

정혜 : 定慧란 좌선을 통해 얻어지는 정과 연구를 통해 얻어지는 혜를 말한다. 소태산은 좌선하는 시간과 의두연마 하는 시간을 각각 정하여 선을 할 때의 정과 의두를 연마할 때의 혜를 쌍전하도록 했다. 보조국사는『수심결』(25장-30장)에서 정혜쌍수로서 定慧等持를 강조했다.

쌍전 : 양쪽을 두루 겸하여 온전히 하는 것이 雙全이다. 예컨대 영과 육에 있어 한편에 치우치지 않고 아우르는 것을 영육쌍전이라 한다. 원불교의 교법은 병진·쌍전·병행·조화를 지향하는 정법대도인 것이다.

공적 : ☞『정전풀이』(상) 「사은, 천지은」 '공적' 참조.

진여성 : 진여의 자성, 진여의 참 경지를 眞如性이라 한다. 원불교 선법은 묵조선과 간화선을 보완, 동정이 따로 없는 진여성을 체득하게 한다.

5. 숙어·문제풀이

1) 좌선은 망념을 쉬고 진성을 나타내는 공부란?

(1) 망념이란 고통의 근원이고, 진성이란 좌선의 경지라는 면에서 이는 좌선의 요지를 간명하게 설명하고 있다.

(2) 망념은 망녕된 생각으로 허령이나 주착심 등을 말한다면, 진성이란 자기 본래의 진여자성을 말한다.

(3) 망념을 닦고(修其妄念) 진성을 기른다(養其眞性)는 것은 무

명에 의해 나타난 허령과 주착심 등을 없애고 진여자성을 회복한 다는 것이다.

(4) 망념과 진성은 상호 대조적인 것으로 중생과 부처의 갈림 길인 바, 좌선을 통해 부처가 되려면 망념을 없애야 가능하다.

2) 좌선은 화기를 내리고 수기를 오르게 하는 방법이란?

(1) 망념은 화기를 머리에 오르게 하므로, 좌선을 통해 망념을 없애야 대신 수기가 오르는 것이다.

(2) 망념이 쉬지 않으면 화기가 머리에 올라 심신을 태우게 되는 바, 마치 등불을 켜면 기름이 닳는 것과 같은 현상이다.

(3) 수승화강이란 수화의 기운이 잘 조화되는 것으로, 좌선을 하면 망념이 쉬어 심신이 편안해지는 등 수승화강이 잘 된다.

(4) 수승화강의 원리는 수화 조절이라는 면에서 음양의 조화 인 음양상승의 원리와 같다.

3) 우리가 노심초사하여 무엇을 오래 생각한다든지, 안력을 써 서 무엇을 세밀히 본다든지 소리를 높여 무슨 말을 힘써 하면?

(1) 무엇인가를 노심초사하거나 무엇을 오래 생각하면 심신의 고통이 가중되며 수승화강이 잘 되지 않는다.

(2) 눈을 과중하게 사용하여 세밀한 것을 보려고 하면 얼굴이 상기되어 이 역시 수승화강이 잘 되지 않는 증상이다.

(3) 목소리를 키워 말을 오래 하고 보면 입안의 침이 마르고 얼굴이 화끈거리는 바, 수승화강이 원활히 되지 않기 때문이다.

(4) 좌선을 통해 망념과 번뇌가 그친다면 수승화강이 잘 되어 육근기관이 조화를 이루어 심신이 편안해진다.

4) 좌복을 펴고 반좌로 편안히 앉은 후에 머리와 허리를 곧게 하여 앉은 자세를 바르게 하는 것은?

(1) 좌복을 깔고 앉는 것은 육신과 접하는 마루의 딱딱함을 극복, 심신을 편안하게 하기 위함이다.

(2) 좌선을 하기 전에 잠시 몸을 풀고 가부좌를 하는 것이 심 신의 바른 자세에 도움이 된다.

(3) 앉는 자세는 결가부좌·반가부좌·평좌가 있는 바, 결가부

좌를 해도 좋으나 초보자에게 반가부좌가 비교적 편한 방법이다.

(4) 머리와 허리를 구부리고 좌선을 한다면 수마가 침입할 수 있고 건강에도 좋지 않다.

5) 전신의 힘을 단전에 툭 부리어 일념의 주착도 없이 다만 단전에 기운 주해 있는 것만 대중잡되, 방심이 되면 그 기운이 풀어지니 다시 챙겨서 기운 주하기를 잊지 말라는 것은?

(1) 좌선을 할 때 기운을 어디에 주하느냐가 중요하며, 원불교 선법은 단전주 선법으로서 단전에 기운을 주한다.

(2) 전신의 힘을 육신의 중심인 단전(하단전, 배꼽밑 6cm)에 툭 부린다는 것은 전신을 긴장하지 말고 편안히 하라는 뜻이다.

(3) 좌선을 하면서 사심의 침입으로 잠시 방심을 할 수가 있는데, 방심이 되면 다시 단전에 기운을 주하여 좌선을 한다.

(4) 단전주는 원불교 좌선법의 특징으로 수승화강에 직결된다.

6) 호흡을 고르게 하되 들이쉬는 숨은 조금 길고 강하게 하며, 내쉬는 숨은 조금 짧고 약하게 한다는 것은?

(1) 단전주 선법은 단전호흡을 하는 것을 특징으로 하며, 이는 들숨은 조금 길고, 날숨은 조금 짧게 하는 것을 말한다.

(2) 호흡에 있어 새길 점은 자연스럽게 호흡하는 것이며, 체질에 따라 호흡적용이 다소 달라질 수 있음을 감안해야 한다.

(3) 불교의 『대안반수의경』의 호흡법에 있어 들숨은 조금 짧고 날숨은 조금 길게 하며, 도교 호흡법은 이의 반대방식이다.

(4) 원불교 좌선법의 호흡은 도교적 호흡법과 유사하며, 이 호흡법은 동양의 수련법에서 생명력과 직결되므로 중요시된다.

7) 눈은 항상 뜨는 것이 수마를 제거하는데 필요하나 정신기운이 상쾌하여 눈을 감아도 수마의 침노를 받을 염려가 없는 때에는 혹 감고도 하여 보라는 것은?

(1) 좌선을 하면서 수마에 시달려 무기공에 떨어지는 경우가 많으므로 눈은 약간 뜨고(半開) 하는 것이 좋다.

(2) 수마의 무기공에 떨어질 염려가 없을 경우에 한하여 눈을 감고 좌선을 한다면 적적성성의 경지를 맛볼 것이다.

(3) 혼침에 떨어지지 않고 정신기운이 상쾌하도록 심신을 편안히 유지하는 것이 바람직하다.

(4) 늦게 잠을 자거나, 새벽 너무 일찍 일어나는 경우 잠이 부족한 상태가 되므로 이를 피하는 것이 좋다.

8) 입은 항상 다물며 공부를 오래하여 수승화강이 잘 되면 윤활한 침이 혀 줄기와 이 사이로부터 계속하여 나올지니, 그 침을 입에 가득히 모아 가끔 삼켜 내리라는 것은?

(1) 입을 다물지 않고 좌선을 하면 침이 흘러내릴 수 있고, 기운이 빠져나가며 보기에도 좋지 않다.

(2) 입을 다물고 하라는 것은 수승화강이 잘 될 경우 옥지에서 침이 솟아나와 입안에 모이면 이를 삼키기 위함이다.

(3) 옥지에서 흘러나온 감로수를 삼키면 병고가 감소되며 원기도 충실해지고 좌선 역시 잘 된다.

(4) 입이 마르는 등 수승화강이 잘 되지 않으면 좌선의 방법을 점검해 보아야 한다.

9) 정신은 적적한 가운데 성성함을 가지고 성성한 가운데 적적함을 가지며, 혼침에 빠지면 새로운 정신을 차리고, 망상에 흐르면 정념으로 돌이켜 무위자연의 본래면목에 그치라는 뜻은?

(1) 좌선의 참 경지는 적적성성의 체험에 있는 바, 혼침의 경우 무기공에 떨어지므로 졸지 않도록 해야 한다.

(2) 혼침은 없다고 해도 맑은 정신이 방심하여 분별망상에 기울면 분별사량에 떨어지므로 정념의 회복이 필요하다.

(3) 망상은 성성을 방해하고, 혼침은 적적을 방해하므로 중도를 잡아서 자성의 본래면목을 찾도록 노력해야 한다.

(4) 좌선의 참 경지가 적적 성성이므로, 무위자연의 심경에서 본연 성품을 간직해야 할 것이다.

10) 처음 좌선을 하는 사람은 다리가 아프고 망상이 침입하면 괴로우며, 다리가 아프면 잠깐 바꾸어 놓는 것도 좋고 망념이 침입하면 망념인 줄 알아서 낙망하지 말라는 것은?

(1) 초보자로서 처음 좌선을 하고자 할 경우 결가부좌는 힘들

고 혈맥이 잘 통하지 않아 다리가 아프다.

(2) 결가부좌가 힘들면 반가부좌로 하는 것이 좋을 것이다.

(3) 다리가 저리고 아플 경우, 좌우로 바꾸어 놓는 것도 필요하며 좌선에 임하기 전에 다리를 풀어주는 운동을 하면 좋다.

(4) 좌선을 하면서 망상이 침입하면 망상인 줄 알아 자연스럽게 없어지도록 한다.

11) 처음으로 좌선을 하면 얼굴과 몸이 개미 기어다니는 것과 같이 가려워지는 수가 혹 있나니, 이것은 혈맥이 관통되는 증거라 삼가 긁고 만지지 말라는 것은?

(1) 초입자로서 좌선을 하기 위해 새벽에 일어나는 자체가 고역일 것이며, 결가부좌 · 반가부좌도 신경계의 긴장으로 이어진다.

(2) 신경계의 긴장이란 잠시 나타나는 모세혈관의 이상증상이니 좌선을 통해 심신이 골라지면서 자연스럽게 혈맥이 관통한다.

(3) 좌선을 하기 전에 몸의 긴장을 풀기 위해 가벼운 체조나 요가를 한다면 도움이 된다.

(4) 좌선에 순숙되다 보면 좌선에 길들여져 몸에 이상증상은 자연스럽게 사라진다.

12) 좌선을 하는 가운데 절대로 이상한 기틀과 신기한 자취를 구하지 말며, 혹 그러한 경계가 나타난다 할지라도 그것을 다 요망한 일로 생각하여 조금도 마음에 걸지 말고 심상히 간과하라.

(1) 좌선을 하다보면 신기한 조짐이 나타나는 경우가 있는데, 이는 망상인 줄 알아야 한다.

(2) 요망한 것이란 좌선을 통해 일시적으로 나타나는 허령이요 환상을 말한다.

(3) 좌선의 수행 중에 반딧불처럼 나타나는 것은 허령에 불과하니 정신을 차려 이를 제거해야 한다(『대종경』, 수행품 39장).

(4) 원불교 수행은 신비와 이적의 요행을 멀리하는 인도상의 요법에 바탕을 둔다.

13) 좌선을 오래 계속하면 필경 물 · 아의 구분을 잊고 시간과 처소를 잊고 원적무별한 진경에 들어 심락을 누린다는 것은?

(1) 적적성성한 좌선 체험의 경지는 주변의 상황과 나 자신도 잊는 등 물아양망의 체험과 같다.

(2) 좌선의 진경은 시간과 처소를 잊으며, 시공을 초월하면 결국 생사의 해탈까지 얻게 된다.

(3) 좌선의 궁극 목표는 원적무별한 진경에 이르는 것이며, 마음의 평화와 안락을 얻자는 것이다.

(4) 참 좌선을 하면 물아양망, 시공초탈, 원적무별이라는 세 가지의 경지를 얻게 된다.

14) 경거망동하는 일이 차차 없어지고, 육근동작에 순서를 얻는 것이란?

(1) 좌선을 하면서 호흡을 고르는 調息, 마음을 고르는 調心, 육신을 고르는 調身을 하면 경거망동이 없어진다.

(2) 심신을 고르게 하면 자연스럽게 육근의 기관이 안정되어 그 순서를 얻게 되는 것이다.

(3) 번뇌와 망상이 사라지므로 정신적으로도 안정되어 육근작용에 큰 도움이 된다.

(4) 경동하는 일이라든가, 육근작용이 흩어지는 행위는 결국 좌선을 그릇되게 하거나 좌선을 안 하는 현상이다.

15) 병고가 감소되고 얼굴이 윤활하여지고, 기억력이 좋아지는 것이란?

(1) 병고는 심신이 불안정해지고 번뇌망상이 치성해서 나타나므로 좌선을 통해 안정을 얻게 되면 이 병고가 감소된다.

(2) 얼굴이 윤활해지는 것은 수승화강이 잘되어 혈액순환이 잘 되기 때문이다.

(3) 좌선을 통해 요란함이 없어지고 정신이 맑아지면 자연 기억력도 좋아진다.

(4) 좌선을 잘하면 자연스럽게 심신의 건강으로 이어진다.

16) 인내력이 생겨나고, 착심이 없어지며, 사심이 정심으로 변하는 것이란?

(1) 새벽에 수마를 참고 1시간 정도의 좌선을 한다는 것은 심

신을 조복받는 일이므로 인내력이 생겨나는 것이다.

(2) 좌선을 통해 물아양망이 되므로 오욕 칠정이 없어짐은 물론 착심도 없어진다.

(3) 번뇌와 망상을 없애므로 사심이 정심으로 돌아서게 된다.

(4) 좌선을 지속하면 육체적으로 참을성이 생겨나며, 정신적으로 맑아진다.

17) 자성의 혜광이 나타나고, 극락을 수용하며, 생사에 자유를 얻는 것이란?

(1) 사심을 정심으로 돌리는 선정에 들면 청정 자성을 회복하여 자성의 혜광이 나타난다.

(2) 고락을 초월하여 자성의 심락을 누리면 극락에 도달한다.

(3) 좌선을 통해 심신을 조복받아 물아양망하고 시공을 초탈하여 생사자유를 얻는다.

(4) 좌선의 참 경지란 진여자성, 극락수용, 생사자유이므로, 수양의 힘을 쌓는 것이 소중한 일이다.

18) 좌선이라 함은 마음을 一境에 주하여 모든 생각을 제거함이 예로부터의 통례라는 것은?

(1) 전통 불교의 좌선 수행은 일경에 주하여 사심 잡념을 제거함으로써 선정에 든다.

(2) 불교의 좌선은 결가부좌를 하고 사려분별을 쉬는 수련법으로 마음 하나의 대상에 專注하는 것을 말한다(홍법원,『불교학대사전』, p.1444).

(3) 예로부터 불교의 참선에 있어 일경의 표준에 따라 묵조선과 간화선이 전개되어 왔다.

(4) 원불교의 좌선법은 전통불교의 좌선법을 수용하되 묵조와 간화선의 조화를 이루는 것이다.

19) 단전주는 좌선에만 긴요할 뿐 아니라 위생상으로도 극히 긴요한 법이라는 것은?

(1) 단전주 선법은 좌선을 할 때 마음을 단전에 머물게 하는 선법이다.

(2) 단전주선을 하면 마음 따라 기운도 단전에 머물게 되므로 번뇌 망상이 사라져 정신이 맑아지고 건강도 좋아진다.

(3) 단전주선을 할 때 단전호흡을 하게 되므로 수승화강이 잘 되어 위생상으로도 좋다.

(4) 원불교의 단전주선은 전통불교의 선법을 혁신한 것이다.

20) 간화선을 주장하는 측에서는 혹 이 단전주법을 무기의 사선에 빠진다 하여 비난을 한다는 것은?

(1) 과거의 묵조선은 묵묵·적적의 경지를 추구하는 선인데, 이를 무기의 사선에 떨어진다고 간화선측에서 비판하여 왔다.

(2) 과거의 간화선은 화두를 갖고 오래 하면 머리도 아프고 성성에만 머무르게 된다고 묵조선에서 비판하여 왔다.

(3) 원불교의 단전주 선은 묵조의 적적에도 들고 단전주의 성성에도 들며, 간화선 부분은 의두 연마를 통해 공부하도록 했다.

(4) 단전주선법이 생활불교의 참 선법임을 알 수가 있다.

21) 화두만 오래 계속하면 기운이 올라 병을 얻기 쉽고, 화두에 근본적으로 의심이 걸리지 않는 사람은 선에 취미를 얻지 못 하지만, 우리는 좌선과 의두연마 시간을 따로 정한다는 것은?

(1) 전통불교의 간화선은 화두를 중심으로 선을 하다 보면 기운이 상승하여 병을 얻기가 쉽다.

(2) 성격상 화두가 걸리지 않는 수도인에게 화두 연마는 쉽지 않은 일이다.

(3) 원불교는 좌선을 마친 바로 뒤에 5분 정도의 의두연마 시간을 정하여 시간을 적절히 배분하고 있다.

(4) 원불교가 전통불교의 선법을 혁신한 이유가 본 조항이다.

22) 공적에 빠지지도 아니하고 분별에 떨어지지도 아니하여 능히 동정없는 진여성을 체득할 수 있다는 것은?

(1) 묵조선은 무기의 사선에 빠진다고 간화선에서 비판했다.

(2) 간화선은 분별에 떨어진다고 묵조선에서 비판했다.

(3) 공적이나 분별의 편착은 진여자성의 성취에 거역된다.

(4) 원불교의 단전주선은 묵조선과 간화선을 조화롭게 수용하

여 동정없는 진여성을 체득할 수 있다는 것이다.

6. 관련법문

☞「세 사람이 모여 앉았는데 한 사람은 기계의 연구를 하고 있으며, 한 사람은 좌선을 하고 있으며, 한 사람은 그저 무료히 앉아 있다 하면, 외면으로 보아 그들이 앉아 있는 모양은 별로 다를 것이 없으나, 오랜 시일을 계속한 후에는 각각 큰 차이가 나타나게 될 것이니, 기계 연구를 한 사람은 어떠한 발명이 나타나게 될 것이요, 좌선에 힘쓴 사람은 정신에 定力을 얻을 것이요, 무료도일한 사람은 아무 성과가 없을지라, 이와 같이 무엇이나 그 하는 것을 쉬지 않은 결과는 큰 차이가 있나니라」(『대종경』, 수행품 11장).

☞「(좌선) 방법에 대하여 혹 자상히 알지 못하고 그릇 조급한 마음을 내거나 이상한 자취를 구하여 순일한 선법을 바로 행하지 못한다면, 공부하는 가운데 혹 병에 걸리기도 하고 사도에 흐르기도 하며, 도리어 번뇌가 더 일어나는 수도 있나니, 우리의 좌선법에 자주 대조하고 또는 선진자에게 매양 그 경로를 물어서 공부에 조금도 그릇됨이 없게 하라. 만일 바른 공부를 부지런히 잘 행한다면 쉽게 심신의 자유를 얻게 되나니, 모든 부처 모든 성인과 일체 위인이 다 이 선법으로써 그만한 심력을 얻었나니라」(『대종경』, 수행품 13장).

☞「새벽 좌선은 우리의 천진 면목을 찾아보는 좋은 시간이니, 몸에 어떠한 지장이 있으면 이어니와 권태로 인하여 혹 등한한 생각이 나거든 본래 목적에 반조하여 비록 짧은 시간에도 그 시간을 지킬 것이요」(『정산종사법어』, 무본편 25장).

7. 좌선법의 형성과 교단의 선풍
1) 좌선법의 형성

원불교 좌선법의 형성사를 보면 원기 13년 『월말통신』에 좌선의 방법과 필요성이 게재되었고, 원기 17년에는 『보경 육대요령』에 좌선의 요지, 원기 20년과 23년의 『회보』에는 좌선의 공덕이 밝혀져 있다. 이어서 『불교정전』에는 좌선법과 단전주의 필요성이 비교적 장문으로 제시되고 있다. 그리고 현 『정전』에서는 『불교정전』의 좌선법에 대한 용어 수정이 있었다.

(1) 원기 13년 『월말통신』에 좌선의 방법과 필요성, 원기 17년 『보경 육대요령』에 좌선의 요지, 원기 20년 『회보』와 23년 『회보』에 좌선의 공덕이 밝혀져 있다.

☞「원기 13년 『월말통신』 21호에 좌선의 방법과 그 필요에 관련한 글이 있고, 원기 17년 『보경 육대요령』에는 좌선법이라는 장을 따로 설정하지 않고 정신수양 정기훈련과목의 해석이라는 장에 좌선의 요지가 밝혀져 있다. 또한 원기 20년 『회보』 15호에 좌선의 필요성이 언급되었고, 원기 23년 『회보』 44호에 좌선의 공덕이 게재되어 있으며, 원기 28년 『불교정전』과 『근행법』에 단전주의 필요성이 강조되고 있다」(김은종, 「원불교 좌선법의 형성과정」, 『원불교학』 제4집, 한국원불교학회, 1999, pp.98-108참조).

(2) 원기 25년의 『종전』에 이어 『육대요령』을 수정하고 『불교정전』에 좌선법이 추가되는 기반을 마련하였다.

☞「1940년(원기 25년) 9월부터 소태산은 본회 교과서를 통일 수정하기 위하여 교리에 능숙한 제자 이공주, 송도성, 서대원에게 선교 양종의 東派西流를 종합한 大成的 『宗典』(정전)을 편성하도록 지시하였다(원기 25년도 사업보고서-교정원 특별상황보고서). 제1편에는 『육대요령』을 다소 수정하였고 그 외에 권두표어, 일원상서원문, 병든 세상 치료법, 좌선법, 단전주의 필요, 무시선법, 참회문이 추가되었다」(박용덕, 『천하농판』, 도서출판 동남풍, 1999, pp.168-169).

(3) 『불교정전』에 염불법, 좌선법, 무시선법이 등장하고 「단전주의 필요」가 현 『정전』에서는 크게 축약되었다.

☞「대범 좌선이라 함은 마음을 일경에 주하여 일체 사념을 제거함이 자고의 통례이니, 그러므로 각각 그 주장과 방편을 따라 혹은 鼻端(코끝)에, 혹은 미간(두 눈썹 사이)에, 혹은 頂上(이마 위)에, 혹은 제간(배꼽)에, 혹은 氣息(기식에 住하는 법은 調息과 數息의 두 가지가 있으니, 조식은 下에 설한 바와 같고, 수식은 들고 나는 숨을 하나로부터 열까지 또 하나로부터 열까지를 세어, 숨을 세는 데에 마음을 주하고 앉았음을 이름임)에, 혹은 佛想(마음 가운데 부처님의 端嚴妙相을 일심으로 관하고 앉았음을 이름임)에, 혹은 月輪(마음 가운데 두렷한 달을 관하고 앉았음을 이름임)에, 혹은 阿字(아자에 제법개공의 의미를 붙여 직경 24cm의 월륜 중에 8엽의 연화를, 그리고 그 위에 아자를 置하고 일심으로 관하고 앉았음을 이름임)에, 혹은 不淨(자신이나 타인이 원래

에 부정함을 관하고 앉았음을 이름임)에, 혹은 화두(조주의 狗子無佛性과 만법귀일 등 古祖의 공안을 관하고 앉았음을 이름임)에, 혹은 묵조(적적성성한 진여체를 관하고 앉았음을 이름임)에, 혹은 단전(臍下의 복부를 이름임)에, 혹은 제심(일체법이 다 마음의 분별을 따라 있다하여 마음이 생한즉 곧 제거하고 생한즉 또 제거하여 마음에 一法도 취하지 아니하고 앉았음을 이름임)에, 혹은 水想(마음 가운데 맑고 푸른 물을 일심으로 관하고 앉았음을 이름임) 등 이 외에도 그 주하는 법이 실로 무량하나, 마음을 頭部나 외경에 주한 즉 사념이 동하고 기운이 올라 안정이 잘 되지 아니하고, 마음을 단전에 주한 즉 사념이 잘 동하지 아니하고 기운도 잘 내리게 되어 안정을 쉽게 얻나니라. 그러므로 백은 선사(임제종 중 興祖로 40여인의 法嗣와 다량의 저서가 있음)의 『원라천부』에 왈 "나의 氣海丹田은 趙州 無字며, 본래면목이며, 唯心의 정토며, 자신의 미타며, 본분의 家鄕이라(조주 無자 라는 말은 조주의 無자 화두법과 단전주법이 둘이 아니라는 말이요, 본래면목이라는 말은 마음을 단전에 주하여 심행처가 멸한 즉 이 자리가 곧 우리의 본래면목 자리라는 말이요, 유심의 정토라는 말은 마음을 단전에 주하여 邪心 잡념이 없은 즉 이 자리가 곧 극락정토라는 말이요, 자심미타라는 말은 마음을 단전에 주하여 번뇌망상이 다한 즉 이 몸이 곧 아미타불이라는 말이요, 본분의 가향이라는 말은 마음을 단전에 주하여 사량 분별이 끊어진 즉 이 자리가 곧 우리의 生來 고향이라는 말임)" 하여 단전주를 찬양하였고, … 단전주는 선정상으로나 위생상으로나 실로 일거양득하는 법이니라. 간화선(화두를 들고 좌선함을 이름임)을 주장하는 측에서는 혹 이 단전주법을 들으면 무기의 사선에 빠진다 하여 비난을 하기 쉬우리라. 그러나 간화선은 사람을 따라 임시의 방편은 될지언정 일반적으로 시키기는 어려운 일이니, 만일 화두만 오래 계속하면 기운이 올라 병을 얻기가 쉽고 또한 화두에 근본적으로 의심이 걸리지 않는 자는 선에 취미를 잘 얻지 못하나니라」(『불교정전』, 제6장 좌선법, 4.단전주의 필요).

(4) 『불교정전』에서 현 『교전』으로 바뀌면서 몇 가지 항목이 변화되었다.

　☞「좌선법 형성의 과정은 『불교정전』에서 좌선법에 관한 장 신설. 선의 원리, 좌선의 방법, 단전주의 필요 네 항목으로 나누어 체계화하였다. 원기 48년판 『교전』에는 『불교정전』의 내용이 대폭 첨삭되었다. 1)

선의 원리→1. 좌선의 요지, 2) 좌선의 방법 ② 아랫배 단전→단전 ④
神氣→정신기운, 3) 좌선의 공덕 : 순서 바뀌거나 합쳐짐, ⑧ '자성의
혜광이 나타나는 것이요' 추가, 4) 단전주의 필요 : 3행 '각 주장과 방
편을 따라' 와 '그 주하는 법이' 사이에 다음 구절이 생략됨 … 『근행
법』 제1편 19. 좌선법에는 「단전주의 필요」 탈락」(박용덕, 『천하농판』,
도서출판 동남풍, 1999, pp.70-73).

2) 교단의 선풍

원불교의 공부 풍토는 염불이나 좌선 등에서 비롯되는 바, 소태산 대
종사 역시 대각을 이루고 좌선을 매우 중시하였으며, 창립제자들도 좌
선에 빠지면 한 끼의 밥을 먹지 않을 정도로 좌선을 생명처럼 인식하였
다. 공회당에서 좌선하던 창립기의 선풍은 보는 이로 하여금 감동을 주
기에 충분하였으니, 생활불교로서 원불교가 전통불교의 좌선법을 새롭
게 혁신하면서 오늘날 선풍을 지속하고 있는 상황이다.

(1) 원불교 교단의 공부 풍토는 좌선에서 비롯된다.

☞「모든 교도들이 국내외 어디에서나 같은 시간(새벽 좌선)에 이렇
게 수행 정진한다는 것은 참으로 신성하고 경이로운 인간 수련의 진풍
경이 아닐 수 없다. 왜냐하면 이러한 공부 풍토는 모든 원불교인의 모
습이 무언가 확실히 달라진 모습으로 나타나고 그만큼 우리들의 개인
가정 사회 구석구석은 한 인간의 깊은 진실이 잔잔한 감동을 불러일으
킬 것이기 때문이다」(김학인, 「각팀의 가슴 벅찬 성취감」, 《원광》 통권
324호, 월간원광사, 2001년 8월, p.25).

(2) 소태산 대종사는 좌선을 영원토록 숨 쉬듯 하라 했다.

☞「대종사는 "좌선은 영원토록 해야 한다. 아침 좌선은 언제든지
꼭 계속해서 해야 한다. 좌선은 숨 쉬듯이 해야 한다. 숨을 누가 쉬라고
해서 쉬는 것이냐? 사람이 밥을 지을 때 불을 때다가 말다가 하면 그
밥이 잘 되겠느냐 안 되겠냐? 불을 처음부터 끝까지 잘 때야 밥이 잘
된다. 그와 같이 좌선도 계속해서 해야 수양력이 쌓이는 것이다" 라고
하여서 그때부터 오늘날까지 한 번도 좌선을 빼먹은 적이 없다」(편집
자, 「훈타원 양도신 원로교무-일심공부의 주인공」, 《원광》 298호, 월간
원광사, 1999년 6, p.30).

(3) 주산종사는 한끼 밥을 굶을지언정 좌선은 빼먹지 말라고

했다.

☞「"한끼 밥을 굶을지언정 좌선은 빼지 말자" 하며 주산은 앞장서서 노소를 선방으로 불러들이고, 한 번 禪座에 꼿꼿한 자세를 취해 앉으면 두 시간 계속 정진에 미동도 않고 입정하였다」(박용덕, 선진열전 1-『오, 사은이시여 나에게 힘을 주소서』, 원불교출판사, 1993, p.134).

(4) 불법연구회를 급습한 총독부 보안과장도 좌선의 선풍에 감동하였다.

☞「1937년(원기 22) 어느 날 새벽이었다. 총독부 종교사상 단체를 총괄하는 보안과장 일행이 짚차 두 대를 몰고 서둘러 총부에 급습하였다. 닥치는 대로 방문을 열어보고 방마다 사람이 잔 흔적도 없어 이부자리가 개어져 있는데 그들의 의구심은 더욱 커졌다. 그들이 회심의 미소를 짓고 모여든 곳은 9간 함석지붕의 큰 집이었다. 무수하게 남녀 신발이 벗어져 있는 것으로 보아 필시 이곳에 무슨 사단이 있을 것으로 기대하였다. 숨을 죽이고 밀창을 열어젖히고 방안을 들여다 본 그들은 벌린 입을 다물 줄 몰랐다. 희미한 화사등 불빛 아래 남녀별로 대중들이 정렬하여 미동도 않고 앉아 있었다. 인기척에도 오불관언 좌정해 있는 것이 마치 천불전의 등상불 같았다. 그들은 이날 새벽부터 아침까지 감동의 연속 속에 소태산의 법풍에 감화되었다」(박용덕, 『천하농판』, 도서출판 동남풍, 1999, p.230).

(5) 선풍은 소태산 대종사의 구도과정, 대각에 이어 창립제자의 선체험과 교서에 좌선법이 쇄신되면서 지속되어온 것이다.

☞「원불교 좌선법의 형성은 크게 3단계를 거쳐서 이루어지고 있다. 좌선법 구상의 기초가 되는 대종사의 구도과정과 대각의 체험이 1단계에 해당한다면, 정식교서가 발간되기 전 제 종교의 좌선을 참고하기도 하고 체험하기도 하면서 좌선법을 구상하고 제자들에게 적용해 보기도 하던 때가 2단계에 해당되겠고, 버릴 것은 버리고 취할 것은 취하면서 정식 교재에 채택하게 된 좌선법의 형성기는 3단계에 해당된다고 할 것이다」(김은종, 「원불교 좌선법의 형성과정」, 『원불교학』 제4집, 한국원불교학회, 1999, p.86).

8. 좌선과 일원상의 관계

좌선은 일원상과 일체가 되는 것을 목적으로 한다. 이를테면 일원상 진리의 체험으로서 언어도단의 입정처 및 유무초월의 생사문을 체험하는 것이 좌선의 목적이다. 그리하여 좌선을 잘하는 것은 일원상 진리의 공적영지를 체받는 길이요, 진공묘유를 체받는 무시선법과도 직결된다. 나아가 좌선은 일원을 체받는 삼학병진의 수행과 관련되며, 좌선 및 염불과도 관련된다.

(1) 좌선은 일원상과 일체가 되는 경지를 목적으로 한다.

☞「(좌선의 요결) 좌선을 할 때에는 먼저 몸을 단엄하고 자연스럽게 앉아서 이 몸이 저 一圓과 일체가 되어 일원과 내가 하나가 됨으로써 일체 경계가 하나가 되어 나의 마음을 산란하게 할 것도 없다는 자신력을 가질 것이니라. 또한 좌선을 끝내고 일어날 때에도 安詳히 할 것이요, 절대로 卒暴한 起立을 삼가할지니, 처음으로 앉아서 좌선을 시작할 때에는 마치 파도가 차차 고요하여지는 것과 같은 형상을 생각하며, 선을 마치고 일어날 때에도 파도가 점점 일어나는 것과 같은 형상을 생각할지니라」(『정산종사법설』, 제8편 편편교리, 19. 좌선의 요결).

(2) 좌선을 통해 일원상 진리의 체험, 곧 언어도단의 입정처와 유무초월의 생사문을 체험하는 것이다.

☞「소태산 대종사는 일원상서원문에서 일원은 언어도단의 입정처요 유무초월의 생사문이라고 하였다. 좌선의 구경은 곧 유무를 초월하는 생사문을 찾는 것에도 있다. 좌선을 통해 일원상의 진리와 가까워지는 것이 좌선의 한 목적이기 때문이다」(서경전, 『교전개론』, 원광대학교출판국, 1991, p.370).

(3) 일원상 진리의 공적영지를 체받는 공부가 원불교의 좌선법이다.

☞「망념을 쉬고 진성을 길러서 오직 공적영지가 앞에 나타난다고 하였다. 망념을 쉬면 진성이 나타난다. 망념을 쉬고 진성을 기르라는 것은 양면으로 대치하는 방법이다. 망념을 쉬고 진성을 기른다는 것은 '망념을 쉬고 진성을 나타낸다'(좌선법)는 것이다. 진성은 원만구족하고 지공무사한 것이다」(한종만, 『원불교 대종경 해의』(上), 도서출판 동아시아, 2001, p.211).

(4) 일원상 진리의 진공묘유의 경지를 체받는 것이 무시선 공부이며, 좌선은 생활속의 무시선과 연결된다.

☞「진공으로 체, 즉 근본을 삼고 묘유로 밝은 지혜의 등불을 삼아

밖으로는 천만경계를 대하되 부동함은 태산과 같이 하는 외정정을 취하고 안으로는 마음을 지키되 청정함은 허공과 같이 동에 끌리고 착하는 바가 없고, 일 없을 때 정한다 해도 정에 주착하는 바 없이, 즉 동정간 진공묘유의 마음을 놓지 말고 그일 그일을 한순간 한순간을 간단없이 계속하는 공부가 곧 무시선 공부의 첫 번째 원리요 방법이다」(김영두, 「소태산 대종사의 선사상」, 『인류문명과 원불교사상』(上), 원불교출판사, 1991, p.367).

(5) 좌선법은 일원상 수행의 기반인 삼학병진과 관련되어 있다.

☞「원불교의 좌선법은 장시간 앉아서 선만 하는 것을 존중하지 않고 삼학을 병행하면서 일상적인 생활과 함께 진행되는 무시선을 강조한다」(송천은, 「원불교의 성리인식」, 류병덕 박사 화갑기념 『한국철학종교사상사』, 원광대 종교문제연구소, 1990, p.1133).

(6) 일원상 수행에 있어 염불과 좌선은 주요 방법이다.

☞「염불과 좌선은 불교 수행의 가장 대표적인 수행 방법이다. 염불은 신앙과 수행이라는 양면성이 있고, 좌선은 불립문자 직지인심하는 전통적 수행법이다」(김성장, 「대학의 불교교육에 있어서 신앙 수행 깨달음의 문제」, 제18회 국제불교문화학술회의『불교와 대학-21세기에 있어서 전망과 과제』, 일본 불교대학, 2003.10.28-29, p.208).

9. 좌선과 정신수양의 관계

정신수양의 방법에 있어 염불이나 좌선은 그 축을 이룬다. 주지하듯이 불교에 있어 좌선은 수양법으로서 엄격한 금욕과 적공의 일환이었다. 이에 수양의 중심축으로서 좌선은 매일 새벽의 정진 적공이며, 이것이 성불의 길이요 교화의 장으로 연계되는 것이다. 그리하여 좌선을 통한 수양의 힘 곧 정신세력이 확장되며, 궁극적으로 정신이 맑고 싱그러워져 삼세인과의 이치도 깨닫게 된다. 아무튼 사심 잡념을 비우도록 정신수양이 잘 되어야 좌선도 잘 된다는 것이다.

1) 정신수양의 방법에는 여러 가지가 있으나 좌선법이 그 축이다.

☞「정신수양의 방법 1) 밖으로 경계를 적게 한다. 2) 무념무상의 마음을 기른다. 3) 모든 탐진치(부도덕한 마음)를 끊는다. 4) 이론·분별지를 쉰다. 5) 정념을 갖는다. 6) 맑고 조촐한 마음을 보존한다. 7) 착심을 뗀다. 8) 잊어버리는 공부, 9) 부동심, 10) 일심, 11) 근심 걱정을

하지 않는다. 12) 호연지기를 양성한다. 13) 간섭하지 않는다. 14) 자기의 마음을 반조해 본다. 15) 수양에 대한 先哲의 서적을 본다. 16) 공허심, 17) 독서로 혜를 넓혀야 한다. 18) 염불 축문 독송 등을 통하여 일심양성을 해야 한다. 19) 좌선을 해야 한다」(원불교사상연구원 편, 『숭산논집』, 원광대학교출판국, 1996, pp.77-78).

2) 엄격한 금욕생활과 좌선은 불교 승려의 일상생활이었다.

☞「승가의 생활은 엄격한 금욕생활로써 아침에 일어나 독송과 좌선을 하며 오전 중에 마을로 나가 걸식을 하여 정오까지 하루 단 한차례의 식사를 한다. 오후에는 좌선과 설법 청취, 그리고 해질녘에 좌선에서 깨어나 법당에 집합하여 하루 동안의 좌선에서 깨친 바나 느낀 바를 이야기하고 법담을 한다. 그리고 자기 방으로 돌아가 다시 좌선을 하는 거북한 침묵과 법담의 생활이었다」정순일, 『인도불교사상사』, 운주사, 2005, pp.165-166).

3) 새벽의 좌선 적공이 일상화되면 효율적 수양과 교화의 장을 만들 수 있다.

☞「아침 좌선이 일상화되고 정례화되어야 할 것이다. 좌선 후의 시간 활용도 함께 활성화시킨다면 더욱 효과적인 수양과 교화의 장을 만들 수 있다. 일반 사회인은 참선에 대한 갈증과 필요를 많이 느끼지만 마땅히 할 곳이 없고 믿을만한 방법과 장소를 찾지 못하는 경우를 많이 본다」(최상태, 「원불교 교무상의 시대적 모색」, 《원불교교무상의 다각적인 모색》, 원광대 원불교사상연구원, 2003.2.7, p.18).

4) 좌선을 하면 수양의 힘, 곧 맑은 기운이 솟고 정신력이 신장된다.

☞「좌선 시간에 종사님이 선방에 직접 나와 대중들을 돌아보며 운권에게 고무적인 말을 하여 주었다. "운권이가 맑은 기운이 많이 솟구나. 육신의 키보다 정신의 키가 커야 한다"」(이운권 전언/박용덕, 『금강산의 주인되라』, 원불교출판사, 2003, p.208).

5) 좌선은 정신수양에 있어 정신을 맑고 싱그럽게 하고 삼세 인과의 이치를 깨닫게 해준다.

☞「좌선이라는 것은 정신을 맑게 하는 것으로 정신이 맑아지면 싱그러워진다. 그래서 삼세의 이치, 인과의 이치가 떠오르기도 하는 것이다. 정신이 싱그러워진 경지를 체험해야 한다」(한종만, 『원불교 대종경 해의』(上), 도서출판 동아시아, 2001, p.263).

6) 정신수양과 좌선은 함수관계로, 정신의 산란함이나 집착으로 인해

잡념이 생기면 좌선 역시 잘 되지 않는다.

☞「어떤 것도 고착되지 않고 흐르도록 하는 것이 비우는 것이다. 다만 그것에 집착하여 없애려고 하니 계속 따라오는 것이다. 좌선도 그렇다. 처음 시작할 때는 앉으면 바로 잡념이 일어난다. 사실은 평소에 늘 잡념이 오가는데 다만 모르고 있었던 것이다. 그러다가 가만히 앉아 있으니 보이기 시작한다. 그런데 이 잡념이란 없애려고만 애쓰면 애쓸수록 끊임없이 더 생겨난다」(권도갑, 『우리시대의 마음공부』, 열음사, 2007, pp.41-42).

10. 좌선의 요지

좌선은 망념을 쉬고 진성을 나타내는 공부이며, 청정한 본성을 회복하고 어떤 경계에도 부동하는 정신수양의 공부법이다. 좌선은 내적 평온과 영혼의 안정을 추구하는 수행법으로 적적성성의 경지와 중정행을 얻는 공부이며, 흩어지는 마음을 일념으로 만들고 그 일념마저도 극복하는 수양법이다. 따라서 좌선을 할 때 심신의 기운을 조절하고 수승화강을 잘하는 것이 좌선의 참 의미에 다가선다.

1) 좌선은 망념을 쉬고 진성을 나타내는 공부이다.

☞「좌선이라 함은 마음에 있어 망념을 쉬고 진성을 나타내는 공부이며…」(『정전』, 제3수행편, 제4장 좌선법, 1.좌선의 요지).

2) 청정무애한 본성을 회복시켜 천만경계에 부동함이 좌선이다.

☞「대종사 선원 대중에게 휴휴암좌선문을 종합하여 말씀하시었다. "청정 무애한 본성 자리를 회복시켜서 성품 그대로 천만 사념 망상이 일어나지 못하게 주저앉히는 것이 坐공부요, 청정 무애한 본성과 같이 천만 경계를 응용할 때에 끌리지 아니하고 부동행을 하는 것이 禪공부인 것이다"」(『대종경선외록』, 8.일심적공장 14장).

3) 좌선은 내적 평온과 영혼의 안정을 추구하는 수행방법이다.

☞「불교의 수행방법 중 좌선은 도의 생활을 이끌어가는 수행법으로 가장 일반화된 수행과정이다. 좌선은 정신통일, 내적 평온과 영혼의 안정을 갈망하는 종교인들에게 일반화되어 가고 있다. 오늘날 불교에 배타적이었던 기독교인들에게도 더 깊은 기도를 위하여 좌선을 행하는 성직자들이 증가하고 있다」(이재영, 「수행과정 공유를 통한 종교간의 대화에 관한 연구」, 『종교교육학 연구』, 제20권, 한국종교교육학회,

2005.5, p.173).

4) 적적성성하고 중정행을 목표로 하는 것이 곧 좌선이다.

☞「좌선법 : 頓忘過去하고 不思未來하여 卽現虛心으로 / 적적성성을 謂之坐요 / 外捨萬着하고 內無一相하여 대인접물에 / 取其中正을 謂之 禪이로다」(각산 신도형 저, 『여의』(각산문집Ⅱ), 원불교출판사, 1992, p.64).

5) 좌선은 만념을 일념으로 만들며, 나아가 일념의 흔적도 없애는 공부법이다.

☞「새벽에 외경이 고요할 때 원적무별한 진경에 들게 하는 공부가 좌선이다. 좌선은 천념 만념이라는 잡념을 일념으로 통일시켜 일념이라는 흔적도 없는 지극한 경지에 사무치는 것이다」(한정석, 『원불교 정전 해의』, 도서출판 동아시아, 1999, p.394).

6) 좌선은 심신의 기운 조절로서 수승화강을 잘 하는 공부법이다.

☞「몸에 있어 화기를 내리게 하고 수기를 오르게 하는 방법이니, 망념이 쉰즉 수기가 오르고 수기가 오른 즉 망념이 쉬어서 몸과 마음이 한결같으며 정신과 기운이 상쾌하리라」(『정전』, 제3수행편, 제4장 좌선법, 1.좌선의 요지).

11. 좌선의 방법

좌선의 방법은 『정전』에 밝히고 있듯이 우선 긴장을 풀고 앉은 자세를 편히 하면서 요골수립을 한다. 그리고 심신의 안정을 위해 기운을 단전에 주하고 호흡을 고르되, 수마에 끌리지 않도록 하고 정신은 적적 성성함을 유지한다. 초보자는 심신의 조복을 받으면서 고통이 뒤따르므로 지도자의 지도를 받으면 곧 좌선의 자세에 익숙해질 것이다. 또한 좌선을 하면서 이상한 기틀이나 신비한 자취를 구하지 않도록 한다.

1) 앉은 자세를 편히 하되 요골수립을 한다.

☞「좌선의 방법을 극히 간단하고 편이하여 아무라도 행할 수 있나니, 1) 좌복을 펴고 반좌로 편안히 앉은 후에 머리와 허리를 곧게 하여 앉은 자세를 바르게 하라」(『정전』, 제3수행편, 제4장 좌선법, 2.좌선의 방법).

2) 기운을 단전에 주하며 호흡을 고르게 조절한다.

☞「좌선의 방법 … 2) 전신의 힘을 단전에 툭 부리어 일념의 주착도

없이 다만 단전에 기운 주해 있는 것만 대중잡되, 방심이 되면 그 기운
이 풀어지나니 곧 다시 챙겨서 기운 주하기를 잊지 말라. 3) 호흡을 고
르게 하되 들이쉬는 숨은 조금 길고 강하게 하며, 내쉬는 숨은 조금 짧
고 약하게 하라」(『정전』, 제3수행편, 제4장 좌선법, 2.좌선의 방법).

3) 수마에 방해받지 않게 눈을 뜨고 하며, 입은 다물고 좌선을 한다.

☞「좌선의 방법 … 4) 눈은 항상 뜨는 것이 수마를 제거하는데 필요
하나 정신기운이 상쾌하여 눈을 감아도 수마의 침노를 받을 염려가 없
는 때에는 혹 감고도 하여 보라. 5) 입은 항상 다물지며 공부를 오래하
여 수승화강이 잘 되면 윤활한 침이 혀 줄기와 이 사이로부터 계속하여
나올지니, 그 침을 입에 가득히 모아 가끔 삼켜 내리라」(『정전』, 제3수
행편, 제4장 좌선법, 2.좌선의 방법).

4) 정신은 적적성성함을 유지하여 본래 면목에 머물러 있는다.

☞「좌선의 방법 … 6) 정신은 항상 적적한 가운데 성성함을 가지고
성성한 가운데 적적함을 가질지니, 만일 혼침에 기울어지거든 새로운
정신을 차리고 망상에 흐르거든 정념으로 돌이켜서 무위자연의 본래면
목 자리에 그쳐 있으라」(『정전』, 제3수행편, 제4장 좌선법, 2.좌선의 방
법).

5) 처음 좌선하는 사람은 심신항복을 받는 과정에서 고통이 뒤따르니 성가시게 알지 말라.

☞「좌선의 방법 … 7) 처음으로 좌선을 하는 사람은 흔히 다리가 아
프고 망상이 침노하는 데에 괴로와하나니, 다리가 아프면 잠깐 바꾸어
놓는 것도 좋으며, 망념이 침노하면 다만 망념인 줄만 알아 두면 망념
이 스스로 없어지나니 절대로 그것을 성가시게 여기지 말며 낙망하지
말라. 8) 처음으로 좌선을 하면 얼굴과 몸이 개미 기어다니는 것과 같
이 가려워지는 수가 혹 있나니, 이것은 혈맥이 관통되는 증거라 삼가
긁고 만지지 말라」(『정전』, 제3수행편, 제4장 좌선법, 2.좌선의 방법).

6) 좌선법에 익숙하지 않을 경우, 스승의 지도와 감정을 받는다.

☞「대종사는 좌선에 대해서 지도할 때 『정전』에 나와있는 그대로
지도해주었다. 그대로 해석해 주면서 주산종사를 시켜 실제의 모습을
보여 주기도 했다. 허리를 곧게 하여, 반좌로 앉고 결가부좌는 다리 아
픈 곳에 신경이 쓰이니 하지 말라고 하였다. 손도 자연스럽고 편하게
하라 하고 다리가 아프면 바꾸라고 하였다」(편집자, 「훈타원 양도신 원
로교무-일심공부의 주인공」, 《원광》 298호, 월간원광사, 1999년 6, p.32).

제4장 좌선법 153

7) 좌선을 하는 가운데 이상한 기틀과 신기한 자취를 구하지 않는다.

☞「좌선의 방법 … 9) 좌선을 하는 가운데 절대로 이상한 기틀과 신기한 자취를 구하지 말며, 혹 그러한 경계가 나타난다 할지라도 그것을 다 요망한 일로 생각하여 조금도 마음에 걸지 말고 심상히 간과하라」(『정전』, 제3수행편, 제4장 좌선법, 2.좌선의 방법).

12. 좌선의 공덕

좌선을 오래오래 하고보면 육근동작에 순서를 얻고 건강해지며 기억력과 인내력이 생긴다. 또한 착심이 정심으로 돌아옴은 물론 물아양망·시공초탈을 체험하며, 무욕은 물론 불방심의 진여성에 이른다. 궁극적으로 좌선은 극락을 수용하고 생사의 자유를 얻게 한다.

1) 경거망동함이 없어지고 육근동작에 순서를 얻게 된다.

☞「좌선을 오래 하여 그 힘을 얻고 보면 아래와 같은 열 가지 이익이 있나니, 1) 경거망동하는 일이 차차 없어지는 것이요, 2) 육근동작에 순서를 얻는 것이요」(『정전』, 제3수행편, 제4장 좌선법, 3.좌선의 공덕).

2) 병고가 감소되고, 기억력과 인내력을 얻게 된다.

☞「좌선의 공덕 … 3) 병고가 감소되고 얼굴이 윤활하여지는 것이요, 4) 기억력이 좋아지는 것이요, 5) 인내력이 생겨나는 것이요」(『정전』, 제3수행편, 제4장 좌선법, 3.좌선의 공덕).

3) 착심과 사심이 정심으로 돌아선다.

☞「좌선의 공덕 … 6) 착심이 없어지는 것이요, 7) 사심이 정심으로 변하는 것이요」(『정전』, 제3수행편, 제4장 좌선법, 3.좌선의 공덕).

4) 좌선을 통해 물아, 시공의 구분을 잊게 되며 심락을 누리게 된다.

☞「(좌선을) 오래오래 계속하면 필경 물아의 구분을 잊고 시간과 처소를 잊고 오직 원적무별한 진경에 그쳐서 다시 없는 심락을 누리게 되리라」(정전, 제3수행편, 제4장 좌선법, 2.좌선의 방법).

5) 좌선을 통해 마음 자취가 끊어지니 도락을 누리게 된다.

☞「(주산의 좌선 관련 詩) 오늘 아침 좌선 때에 극락 맛을 보았지요 / 서방정토 안 갔어도 극락 맛을 보았지요 / 바른 자세 순한 기운 고른 숨결 편한 몸이 / 말과 글이 묵묵하고 마음 자취 끊어지니 / 적적한 빈 천지에 一輪明月 밝았더라」(박용덕, 선진열전 1-『오, 사은이시여 나에게

힘을 주소서』, 원불교출판사, 1993, p.135).

6) 좌선을 통하여 무욕의 상태가 되고 내외가 불방출입하여 진여성에 이른다.

☞「좌선은 성성하여 사념을 끊으면서 혼침에 빠지지 않고, 무욕의 상태에서 내외가 불방출입하는 것이며, 무편착하여 진여성이 나타나는 것이다」(류성태, 「좌선과 좌망의 연구」, 『원불교사상』 10·11집, 원불교 사상연구원, 1987.6, p.271).

7) 좌선은 자성의 혜광을 얻게 하고 극락 및 생사의 자유를 얻게 한다.

☞「좌선의 공덕 … 8) 자성의 혜광이 나타나는 것이요, 9) 극락을 수용하는 것이요, 10) 생사에 자유를 얻는 것이니라」(『정전』, 제3수행편, 제4장 좌선법, 3.좌선의 공덕).

13. 단전주의 필요

단전에 기운을 주한 즉 마음이 안정됨은 물론 수승화강이 잘 되어 좌선 삼매의 경지를 누린다. 또 단전주선은 수승화강에 반드시 필요하며, 이는 위생상으로나 선정상으로 도움이 된다. 단전주법은 공적에 빠지지 않고 분별에 떨어지지 않아서 능히 진여성을 이룬다. 이에 단전주 선법은 정혜를 아우르는 좌선법으로서 오랜 적공으로 단전에 힘을 쌓아 창황전도하지 않도록 수양력을 길러야 한다.

1) 마음을 단전에 주한즉 생각이 잘 동하지 아니하고, 기운도 잘 내리며 쉽게 안정을 얻는다.

☞「대범 좌선이라 함은 마음을 일경에 주하여 모든 생각을 제거함이 예로부터 통례이니, 그러므로 각각 그 주장과 방편을 따라 그 주하는 법이 실로 많으나, 마음을 머리나 외경에 주한즉 생각이 동하고 기운이 올라 안정이 잘 되지 아니하고, 마음을 단전에 주한즉 생각이 잘 동하지 아니하고 기운도 잘 내리게 되어 안정을 쉽게 얻나니라」(『정전』, 제3 수행편, 제4장 좌선법, 4.단전주의 필요).

2) 좌선을 할 때 모든 것을 단전에 부리고 삼매에 든다.

☞「좌선을 할 때에도 우리는 처음에 단전이나 단전호흡에 마음을 모으지만 결국 모든 것을 단전에 놓아 버리고(都放下) 무심삼매에 들어간다. 언어도단의 입정처란 바로 무심삼매, 무심일심인 것이다. 그러나 앞서 말했듯이, 빈 마음공부만 있고, 일심 공부가 없으면 세상사 건립은

어렵게 된다」(송천은, 「일원상 진리」, 창립10주년기념 추계학술회의《원불교 교의 해석과 그 적용》, 한국원불교학회, 2005년 11월 25일, p.G).

3) 단전주선은 수승화강의 원리와 밀접한 관련을 가진다.

☞「수승화강의 원리와 단전주와는 밀접한 관련을 갖는다. 물기운을 오르게 하고 불기운을 내리게 하는 것은 단전주를 통해서 이루어지는 것이다. 단전주를 통해서 식망현진이 되게도 하고, 수승화강이 되게도 한다」(한종만, 『원불교 대종경 해의』(上), 도서출판 동아시아, 2001, p.219).

4) 단전주는 선정상으로나 위생상으로 일거양득하는 법이다.

☞「이 단전주는 좌선에만 긴요할 뿐 아니라 위생상으로도 극히 긴요한 법이라, 마음을 단전에 주하고 옥지에서 나는 물을 많이 삼켜 내리면 수화가 잘 조화되어 몸에 병고가 감소되고 얼굴이 윤활해지며 원기가 충실해지고 심단이 되어 능히 수명을 안보하나니, 이 법은 선정상으로나 위생상으로나 실로 일거양득하는 법이니라」(『정전』, 제3수행편, 제4장 좌선법, 4.단전주의 필요).

5) 단전주법은 공적에 빠지지 않고 분별에 떨어지지도 않아 능히 진여성을 체득할 수 있다.

☞「간화선을 주장하는 측에서는 혹 이 단전주법을 무기의 사선에 빠진다 하여 비난을 하기도 하나 간화선은 사람을 따라 임시의 방편은 될지언정 일반적으로 시키기는 어려운 일이니, 만일 화두만 오래 계속하면 기운이 올라 병을 얻기가 쉽고 또한 화두에 근본적으로 의심이 걸리지 않는 사람은 선에 취미를 잘 얻지 못하나니라. 그러므로 우리는 좌선하는 시간과 의두 연마하는 시간을 각각 정하고, 선을 할 때에는 선을 하고 연구를 할 때에는 연구를 하여 정과 혜를 쌍전시키나니, 이와 같이 하면 공적에 빠지지도 아니하고 분별에 떨어지지도 아니하여 능히 동정없는 진여성을 체득할 수 있나니라」(『정전』, 제3수행편, 제4장 좌선법, 4.단전주의 필요).

6) 좌선을 통해 단전에 힘을 쌓지 않으면 일을 당하여 창황전도한다.

☞「정신수양인 염불 좌선과 기도 주문 등을 지성으로 하여 단전에 힘을 쌓아야 한다. 준비가 없으면 일을 당하여 창황전도하게 된다」(안정진, 퇴임 기념문집 『아름다운 42년』, 원불교출판사, 2003, p.36).

14. 좌선의 원리

원불교 좌선법의 원리는 적적함에서 성성함을 반조하고 성성함에서 적적함을 반조하는 적적성성의 원리이며, 망념을 쉬고 진성에 이르는 원리이다. 또한 단전에 기운을 주하여 수화가 잘 조절되는 수승화강의 원리이다. 나아가 좌선은 안으로 분별성과 주착심을 없애고 밖으로 산란한 경계를 벗어나는 동정간 불리선의 원리이기도 하다. 덧붙여 원불교의 좌선은 묵조선과 간화선의 단점을 극복, 조화시키는 원리이다.

1) 원불교의 좌선법은 적적함에서 성성함을, 성성함에서 적적함을 반조하는 원리이다.

☞「우리가 좌선을 할 때에 모든 분별을 여의고 온전한 진공에 멈춰 있을 때는 선악염정을 찾아볼 수 없으나 한 생각이 발함에 따라 선악염정의 분별이 생하게 되나니, 그렇다면 이 선악염정의 분별은 어디서 나오게 되는가. 그것은 소소영령한 영지가 있기 때문이니, 그 영지가 소소히 경계를 비침에 따라 습관과 업력에 의해서 종종의 분별망상이 나타나나니라」(『정산종사법설』, 제8편 편편교리, 11.공적영지).

2) 좌선은 수기망념의 원리로서 원적무별에 이르는 정신수양이다.

☞「좌선은 정신수양의 한 방법으로서 마음에 있어 망념을 쉬고 진성을 나타내며 몸에 있어 화기를 내리고 청정한 수기를 불어내는 공부법이니 오래오래 계속하면 물아구공하고 시공을 초월하여 원적무별한 진경이 한없는 심락을 수용하는 동시에 일심정력을 얻는 것이다」(신도형, 『교전공부』, 원불교출판사, 1992, p.305).

3) 좌선법은 식망현진과 수승화강의 원리가 작용되고 있다.

☞「『정전』 좌선법에 나타나 있듯이 좌선의 요지는 식망현진의 심성수양과 수승화강의 기수련이다. 여기에서 심성수양과 수승화강의 기수련은 서로 상의상자하고 있으며, 修氣와 眞性은 상호 밀접한 관련을 가지고 있음이 드러난다」(박병수, 「정신수양의 기론적 접근」, 『원불교수행론 연구』, 원광대출판국, 1996, p.142).

4) 정신수양의 원리는 안으로 분별성과 주착심을 없애고, 밖으로 산란한 경계에 끌리지 않는 동정간 불리선의 원리가 작용한다.

☞「정신수양의 기본적인 원리는 안으로 분별성과 주착심을 없이 하며 밖으로 산란하는 경계에 끌리지 않는 것이다. 이러한 정신수양을 효과적으로 실행하기 위하여 염불과 좌선을 응용한 것이다. 원불교에서

염불과 좌선을 하므로 불교와 같다고 할 수는 없다」(한종만, 「원불교와 불교의 관계」, 《원보》 제46호, 원광대 원불교사상연구원, 1999년 12월, p.21).

5) 원불교의 좌선법은 간화선과 묵조선을 교판적으로 접근, 조화시키는 원리이다.

☞「원불교의 좌선은 간화선과 묵조선을 비판하고 나왔다고 말할 수 있다. … 간화선의 사량분별과 묵조선의 침묵으로 인한 혼침 무기 등을 각성시키고 있다」(류성태, 「좌선과 좌망의 연구」, 『원불교사상』10·11집, 원불교사상연구원, 1987.6, pp.302-303).

15. 좌선법의 특징

좌선은 단전주 선법으로서 심신의 기운을 단전에 주함으로써 온전한 정신을 간직하고 나아가 수승화강을 유도하는 선법이라는 특징을 지닌다. 수양에 있어 중요한 것은 모든 선에 있어 좌선이 그 기초가 된다는 사실이다. 아울러 원불교의 좌선은 간화선과 묵조선을 겸행하는 선법이며, 정기훈련 11과목 중 정신수양의 과목이기도 하다.

1) 원불교 좌선은 수승화강, 단전주 선법을 특징으로 한다.

☞「불교적 색채를 강조하는 경향은 뒤에 (불교정전) 좌선법을 제시하는 데에도 나타난다. 좌선법은 『정정요론』의 주된 줄기를 수용한 것으로 그 내용상 명백한 도교의 단전주선임에도 불구하고 특히 일본불교 선사들의 이론을 끌어대어 단전주의 정당성을 주장하는 것과 맥락을 같이 하는 것으로 보인다」(정순일, 「일원상 신앙 성립사의 제문제」, 제21회 원불교사상연구 학술대회《21세기와 원불교》, 원불교사상연구원, 2002.1, p.100).

2) 심신의 기운을 원만하게 조절하여 온전한 마음에 머무르게 한다.

☞「원불교 좌선법의 특징 … 원불교 좌선법상의 독자적인 선풍을 요약해 보면, 몸과 마음과 기운을 원만하게 조절하여 우리 마음의 본래 고향인 진경에 그쳐 있도록 하여, 한 마음 온전하게 정진하는 공부를 좌선을 통해 실천하게 하는 공부법이다」(한기두, 『원불교 정전연구』-수행편1-, 원광대학교출판국, 1997, p. 193).

3) 좌선은 모든 선의 기초가 되며, 참다운 선은 동정간 불리선이다.

☞「선은 좌선이 선의 기초가 되어 표준이 되나 앉아서만 선을 하는

것은 대승선이 되지 못하는지라 동정간에 할 수 있는 선이라야 眞禪이니, 우리는 시간과 처소를 가리지 말고 어느 곳 어느 때라도 선을 수행하자는 것이니라」(『정산종사법설』, 제9편 불교정전의해, 4.표어개요, 무시선 무처선).

4) 원불교 좌선은 묵조선과 간화선을 겸행하는 특징이다.

☞「원불교의 선은 간화선 중심의 선이 아닌 것은 분명하지만 간화선 자체를 완전히 버리거나 배척하는 것은 아니고 좌선의 경우 묵조적인 것과 간화적인 것의 조화의 한 형태라고 볼 수 있다」(송천은, 「원불교의 성리인식」, 류병덕 박사 화갑기념 『한국철학종교사상사』, 원광대 종교문제연구소, 1990, p.1133).

5) 좌선은 정기훈련 11과목의 하나로서 수양력을 얻는 공부법이다.

☞「진세에서 애착 탐착에 요란해진 마음을 염불 좌선 등으로써 수양을 하여 자성의 정을 얻게 하고, 사리간에 앎이 없어서 어리석던 마음을 법설 경전 성리 등으로써 연구의 자료를 삼아 자성의 혜를 얻게 하며, 자행자지로 악행하던 마음을 정기일기와 주의 조행 등으로써 취사 공부를 익혀서 자성의 계를 얻게 하였나니, 과연 우리가 이 삼대력만 얻고 보면 耳目之所好와 心志之所樂을 마음대로 못할 것이 없을 것이요, 그렇지 못한 즉 만사가 실패로 돌아갈 것이니, 그러므로 나는 이 삼대력을 곧 보고의 열쇠라고 생각하는 바이다」(『회보』 54호, 회설/구타원종사 법문집 편집위원회 편, 『인생과 수양』, 원불교출판사, 2007, p.52).

16. 좌선시의 주의사항

좌선을 할 때 주의할 사항은 많을 것이다. 우선 좌선에 등한히 하는 것 자체가 금기해야 할 일이며, 나아가 화기가 오르지 않도록 수승화강을 잘 해야 할 것이다. 또한 조급심으로 좌선에 임하지 않는 것이 좋으며, 번뇌와 망상을 없애는데 노력하고 신비와 이적을 멀리해야 한다.

1) 수도인으로서 좌선에 등한시하는 것을 주의할 일이다.

☞「요사이는 대체로 좌선을 너무 하지 않아서 걱정이다. 노는 시간에도 해야 하는데 가늠하기를 산 禪을 하는 마음으로 해야 한다」(박길진, 『대종경강의』, 원광대학교출판국, 1980, pp.96-97).

2) 수승화강의 조절에 있어 머리에 화기가 오르지 않도록 해야 한다.

☞「만일 망념이 쉬지 아니한즉 불기운이 항상 위로 올라서 온 몸의

수기를 태우고 정신의 광명을 덮을지니, 사람의 몸 운전하는 것이 마치 저 기계와 같아서 수화의 기운이 아니고는 도저히 한 손가락도 움직이지 못할 것인 바, 사람의 육근기관이 모두 머리에 있으므로 볼 때나 들을 때나 생각할 때에 그 육근을 운전해 쓰면 온 몸의 화기가 자연히 머리로 집중되어 온 몸의 수기를 조리고 태우는 것이 마치 저 등불을 켜면 기름이 닳는 것과 같나니라」(『정전』, 제3수행편, 제4장 좌선법, 1.좌선의 요지).

3) 좌선을 통해 속히 이루려는 조급심을 삼갈 일이다.

☞「(수행품 40장) 구산 송벽조 선진은 정산종사의 아버지로 유가 공부를 착실히 한 분이다. 교단에 들어와서 좌선에 적공을 하였다고 한다. 좌선을 하면서 빨리 수양력을 얻어야겠다는 생각으로 수승화강을 조급히 하려고 하였다. 대종사는 수승화강을 조급히 하려고 해서는 안 된다고 밝혀주었다. 사람의 기운은 정밀한 기계와 같다. 정밀한 기계를 무리하게 쓰면 안 되는 것과 같이 사람의 기운도 무리하게 쓰면 두통과 같은 고장이 난다」(한종만, 『원불교 대종경 해의』(上), 도서출판 동아시아, 2001, pp.264-265).

4) 좌선을 하면서 망상과 번뇌를 고통으로 여기지 말며, 다만 관조하면서 점차 없애는데 노력해야 한다.

☞「좌선법에서 '좌선이라 함은 마음에 있어 망념을 쉬고 진성을 나타내는 공부이며, 몸에 있어 화기를 내리게 하고 수기를 오르게 하는 방법' 이라 함으로써 마음에 망념과 진성이 함께 상존하는 것으로 보았다」(박도광, 「정산종사의 공적영지에 대한 견해」, 제17회 원불교사상연구 학술대회보《정산사상의 현대적 조명》, 원불교사상연구원, 1998년 2월 5일, pp.39-40).

5) 좌선을 하면서 이적이나 신비를 추구해서는 안 된다.

☞「좌선을 하는 가운데 절대로 이상한 기틀과 신기한 자취를 구하지 말며, 혹 그러한 경계가 나타난다 할지라도 그것을 다 요망한 일로 생각하여 조금도 마음에 걸지 말고 심상히 간과하라」(『정전』, 제3수행편, 제4장 좌선법, 2.좌선의 방법).

17. 좌선과 무시선의 관계

좌선과 무시선은 수양의 방법에서 상통하며, 아울러 동정간 자성을 떠나지 않는 공부법이다. 곧 좌선과 무시선은 수양의 방법으로 평생공부인 것이다. 나아가 원불교의 좌선법은 궁극적으로 삼학병진을 지향하며, 무시선 역시 삼학병진의 선법이다. 좌선을 통해 번뇌망상을 제거하고 무시선을 통해 일상생활 속에서 진공으로 체를 삼고 묘유로 용을 삼는 공부를 한다면 어디서나 불법활용이 될 것이다.

1) 수양의 방법은 염불 좌선과 무시선 무처선이 주가 된다.

☞「수양의 방법은 염불과 좌선과 무시선 무처선이 주가 되나 연구와 취사가 같이 수양의 요건이 되며, 연구의 방법은 견문과 학법과 사고가 주가 되나 수양과 취사가 같이 연구의 요건이 되며, 취사의 방법은 경험과 주의와 결단이 주가 되나 수양과 연구가 같이 취사의 요건이 되나니라」(『정산종사법어』, 경의편 15장).

2) 무시선과 좌선은 동정간 자성을 떠나지 않는 일심 공부법이다.

☞「정신수양의 방법으로 소태산은 훈련법에서 정시에는 염불과 좌선, 동시에는 그일 그일에 일심 양성을 강조하고 있으며, 정산종사도 염불과 좌선과 무시선 무처선을 정신수양의 방법으로 들면서 그 요를 '동정간에 자성을 떠나지 않는 일심공부' 라고 하고 있다」(박병수, 「정신수양의 기론적 접근」, 『원불교수행론 연구』, 원광대출판국, 1996, pp.144-145).

3) 휴양의 도에서 염불 좌선과 무시선 공부를 평생 지속하라 했다.

☞「사람이 휴양기에 당하여는 생사에 대한 일과 정신통일이 오직 가장 크고 긴요한 일임을 철저히 알아서 일상생활을 오직 수양에 집중할 것이니, 휴양의 도는, 첫째 눈에 보이지 않는 일을 기어이 보려하지 말 것이요 ……아홉째는 염불과 좌선 공부를 더욱 부지런히 할 것이요, 열째는 무시선 공부에 노력을 계속할 것이니라」(『정산종사법어』「세전」, 제8장 휴양 2.휴양의 도).

4) 원불교 좌선법은 삼학을 병행하는 무시선을 강조한다.

☞「원불교의 좌선법은 장시간 앉아서 선만 하는 것을 존중하지 않고 삼학을 병행하면서 일상적인 생활과 함께 진행되는 무시선을 강조한다」(송천은, 「원불교의 성리인식」, 류병덕 박사 화갑기념 『한국철학종교사상사』, 원광대 종교문제연구소, 1990, p.1133).

5) 무시선을 잘해야 좌선을 잘하고, 좌선을 잘해야 무시선을 잘하는 것으로 양자는 상호 유기적 관계 속에 있다.

☞「좌선의 가장 중요한 것은 평소에 항상 마음을 챙겨서 무시선을 행해야 좌선을 잘할 수가 있는 것이다」(이은석, 『정전해의』, 원불교출판사, 1985, p.201).

6) 좌선은 번뇌망상을 제거하는 공부라면, 무시선은 진공으로 체를 삼고 묘유로 용을 삼는 공부법이다.

☞「진공으로 체를 삼고 묘유로 용을 삼아 모든 경계를 능히 활용할 수 있는 통일된 정신으로써 事上 연마하는 공부법이 곧 무시선법이다」(이운권, 고산종사문집1 『정전강의』, 원불교출판사, 1992, p.86).

18. 좌선요결

정산종사와 묵산정사가 적공 비결로 활용한 「좌선요결」을 소개한다.

1)『정산종사법설』의 좌선요결

(1) 현재 자기가 행하고 있는 좌선이 諸佛의 좌선과 일호의 간격이 없고 티끌만한 우열도 없다는 大 자각을 가지는 것이니라.

(2) 이 몸을 금생에 제도하지 못하면 다시 어느 생을 기약하여 구원할 것인가 하는 맹렬한 분발심을 가지고 일분일초를 아끼며 정력을 오로지 좌선에 던지는 것이니라.

(3) 좌선을 할 때에 깨달음을 구하려고 하는 마음도 내지 말고, 미함을 없애려는 마음도 내지 말지니, 비록 팔만사천의 잡념이 起滅한다 할지라도 그 기멸함에 맡겨 여여자연한 자리에 돌아갈지언정 일체의 생각에 괘념하지 않는 것이니라.

(4) 좌선을 하고 있을 때에는 좌선 외에 나라는 것이 없으며, 그곳에는 오직 좌선뿐이어야 할지니, 이와 같이 좌선으로 그 자리에 이르고 보면 누구를 막론하고 곧 이 몸으로써 부처가 되나니라.

(5) 좌선은 남에게 보이기 위함도 아니요, 名聞利을 위함도 아니며, 영험 과보를 위함도 아니요, 오직 자기가 참 자기를 위해서 함이라. 그러므로 일체의 조작과 一物의 바라는 마음조차도 다 버리고 오로지 무소득심으로써 하여야 하나니라.

(6) 좌선을 할 때에는 먼저 몸을 단엄하고 자연스럽게 앉아서 이 몸이 저 일원과 일체가 되어 일원과 내가 하나가 됨으로써 일체 경계가 하나가 되어 나의 마음을 산란하게 할 것도 없다는 자신력을 가질 것이니라. 또한 좌선을 끝내고 일어날 때에도 安詳히 할 것이요, 절대로 卒暴한 起立을 삼가할지니, 처음으로 앉아서 좌선을 시작할 때에는 마치

파도가 차차 고요하여지는 것과 같은 형상을 생각하며, 선을 마치고 일어날 때에도 파도가 점점 일어나는 것과 같은 형상을 생각할지니라.

(7) 일곱째 선은 사량과 이론이 아니라 오로지 몸으로써 一步의 그름이 없이 궁행실천함이니, 비록 밝은 이론을 말하고 많은 공안을 요해한다 할지라도 그것은 선의 正味를 잃음이라, 자기의 참 인격에는 하등의 관계가 없나니라. 그러므로 지금 이 자리에서 목숨이 끊어진다 할지라도 조금도 후회함이 없을만한 진실한 생활을 매일 매일 행하여야 할 것이니라」(『정산종사법설』, 제8편 편편교리, 19.좌선의 요결).

2) 『묵산정사문집』의 좌선요결

(1) 현재 자기가 하고 있는 좌선과 제불조사의 좌선과의 사이에는 일호의 간격과 微塵만한 우열이 없다는 대 자각을 가지고 행할지니라.

(2) 나의 몸과 저 일원과는 오직 一體로서 一切의 경계와 8만4천의 잡념이라도 나의 마음은 감히 유혹하고 요란하게 할 수 없으리라는 대 자신력을 가지고 행할지니라.

(3) 이 몸을 금생에 건지지 못하면 다시 어느 생을 당하여 이 몸을 건질 것이냐 하는 맹렬한 분발심을 가지고 일분일각을 아끼며 전 정력을 오로지 좌선에 던질지니라.

(4) 좌선은 남에게 보이기 위함도 아니요 깨달음을 구하기 위함도 아니요 名聞利養을 위함도 아니요 영험 과보를 위함도 아니라 오직 일체 중생을 건지기 위함이니 일체의 조작과 희구심을 다 놓아 버리고 오직 무소득심으로써 행할지니라.

(5) 처음 앉아서 선을 시작할 때에는 마치 파도가 차차 고요하려지려는 것과 같은 형상을 생각하여 선을 마치고 일어날 때에는 마치 파도가 점점 일어나려는 것과 같은 형상을 생각하여 조금치라도 卒暴한 起立을 삼가야 할지니라.

(6) 선은 밝은 이론과 深玄한 公案을 解함이 아니라 오직 청정한 마음을 가지고 一步의 그름이 없는 진실한 생활을 함이니 현재의 온전한 심경을 그대로 실생활에 연락 활용함을 잊지 말 것이니라」(청하문총간행회, 『묵산정사문집』, 원불교출판사, 1985, pp.169-170).

19. 좌선법의 연계사상

선이란 靜慮·思惟修·명상 등의 의미를 지니며, 방법상 앉아서 하므

로 坐禪이라 하여 원불교는 전통불교의 좌선법을 수용하고 있다. 소태
산은『대종경』교의품 1장에서 유불도 삼교회통의 원리를 밝히고 있다.
정신수양에 있어 좌선의 경우를 보면, 원불교의 좌선은 도가의 좌망과
통하는 바가 있으며, 좌선은 또 유교의 존심 및 정좌와 통하는 바가 있
다. 그리고 요가의 수행과 좌선법이 상통하는 바가 있으며, 좌선의 단전
호흡 역시 선가의 호흡법과 통하는 면이 있으며, 묵조선과 간화선의 병
행선적인 측면이 있다. 덧붙여 도교의 성명쌍수와 좌선의 심신쌍수에
있어서도 서로 통한다.

1) 선의 어원은 범어 디야나(dhyana)로서 禪那, 思惟修, 靜慮의 뜻을
지니는 바, 오늘날 불교의 좌선은 이에 근원한다.

☞「선은 파리어의 Jhana, 범어의 dhyana에 해당하는 바 … 중국에서
는 다음과 같이 번역했다. 종밀에 의하면 禪은 禪那로 음역했고 의역
으로는 思惟修(구역) 또는 靜慮(신역)이라고 번역했다. 이것은 범어
dhyana의 어근 dhyai로 '잘 생각한다' 는 뜻이 있는 바, 명상, 전념, 심
사의 의미로 이해되었다.」(한기두,『선과 무시선의 연구』, 원광대학교출
판국, 1985, pp.14-15).

2) 원불교의 좌선과 도가의 좌망은 물아양망의 선정 체험에 있어 상통
하는 바가 있다.

☞「장자가 사물을 잊고 하늘을 잊는 것을 망아라고 하는데 망아한
사람이야말로 入天한 자 이르는 것이라고 하여 좌망한 자의 지극함
을 설한 내용과, 소태산이 좌선을 이상과 같이 오래오래 계속하면 필
경 물아의 구분을 잊고 시간과 처소를 잊고 오직 원적무별한 진성에
그쳐 다시 없는 심락을 누리게 되리라 … 소태산의 좌선과 장자의 좌
망은 양자 비교 속에서 빛을 발하고 혼을 드러낼 수 있는 소지가 더욱
커진 셈이다」(류성태, 「좌선과 좌망의 연구」.『원불교사상』 제10·11
집, 원불교사상연구원, 1987.6, p.308).

3) 좌선은 유교의 존심과 유사한 점이 있다.

☞「선가의 좌선 입정 공부는 우리 유가의 存心 공부와 유사하다. 그
들은 마음이 공하다고 설하는데, 이것은 우리의 허심과 유사하다. 그 외
에도 그들에게 靜坐가 있다면 우리에게는 主靜이 있다. 그들에게 쾌락
이 있다면 우리에게 悅樂이 있다. 그들에게 性周法界가 있다면 우리에
게는 萬物一體가 있다. 그들은 몸과 마음에 대해서부터 공부를 하는데

우리 역시 마찬가지이다」(가노 나오키 저, 오이환 역, 『중국철학사』, 을
유문화사, 1986, p.456).

4) 요가 수행과 좌선법은 의미에 있어 조식, 정려, 삼매 등과 통한다.

☞「후대에 발전된 요가의 행법은 八支가 있는데, 制戒, 內制, 坐法,
調息, 制感, 總持, 靜慮, 三昧 등이다. … 制感은 감각이 외부에 작용하
지 못하게 제어하는 것을 말하며, 總持는 마음의 통일이다. 靜慮는 특정
한 대상을 생각하는 의식의 흐름이며, 삼매는 '다만 대상만이 빛나고
자기 자신은 허공과 같으며, 더욱이 예지가 그 광채를 발하는 경지'를
뜻한다. 이들은 명상을 주체로 하는 매우 신비적인 행법이다」(정순일, 『
인도불교사상사』, 운주사, 2005, p.67).

5) 단전호흡은 선가의 호흡법과 통하는 바가 있고, 좌선법에 있어 묵
조선과 간화선을 병행, 수행하는 면이 있다.

☞「요가에 있어서의 호흡법은 대체로 입식보다는 출식을 길고 가늘
게 하도록 되어 있고, 선가에 있어서의 호흡법도 武息이나 文息이나 출
식을 길게 하도록 되어 있으나 무식 중 한 방법으로만 呼短吸長 즉 마
시는 숨은 좀 길게 하고 내쉬는 숨은 좀 짧게 하는 방법이 있음을 보았
으며, 태식에 있어서도 이와 같은 호단흡장을 강조함을 보았다. … 원불
교의 좌선법에서의 호흡법은 무식 중 呼短吸長 법과 태식법의 한 방법
과 상통한 면이 있고, 여기에 바탕하여 智顗의 의도와 같이 건강한 심
신을 위한 건강선도 됨을 알 수 있다. 원불교의 좌선 중 호흡법이 이처
럼 불가보다는 도가의 방법에 상통함은 곧 단전주법을 기본으로 하고
있기 때문이다. 이와 같은 단전주법을 기본으로 하여 좌선을 행하고 정
신의 맑음을 따라 화두도 들도록 하여 종래의 묵조선적인 면과 간화선
적인 면을 병행하여 수행하도록 함에 원불교 선법의 한 특징이 있는 것
이다」(김영두, 「원불교 단전주 선법의 특징고」, 『원불교사상』 6집, 원불
교사상연구원, 1982, pp.114-115).

6) 도교의 성명쌍수와 좌선법의 심신쌍수는 통하는 바가 있다.

☞「내단사상에서 말하는 성명쌍수와 좌선법의 심신쌍수는 방법과 차
제상에 상당히 거리가 있으나 넓은 의미로 좌선법 또한 일종의 성명쌍
수의 방법이라고 볼 수 있을 것이다. 그러한 근거는 수승화강의 수련이
『수양연구요론』의 『정정요론』에 이미 그 모습을 갖추고 있고, 또한 『수
양연구요론』 자체도 내단사상 계통인 『정심요결』을 근거로 하여 성립된
것이기 때문임은 전술한 바와 같다」(박병수, 「정신수양의 기론적 접근」,

『원불교수행론 연구』, 원광대출판국, 1996, p.124).

20. 보충해설

좌선이란 망념을 쉬고 진성을 나타내는 공부법인 바, 원불교 선법은 단전주 선법으로서 수승화강을 통해 심신건강에도 도움을 준다. 따라서 원불교의 좌선은 마음을 안정시키고 기운을 맑게 하는 목적을 지니기도 한다. 그리고 좌선의 방법을 『정전』에서 9가지나 밝히고 있어 좌선을 할 때의 심신동작을 구체화하고 있다. 나아가 좌선을 통해 얻어지는 공덕 10가지를 밝혀 궁극적으로 극락을 수용하고 생사에 자유를 얻고자 하는 것이다.

이에 좌선을 오래 지속하면 자유와 해탈에 이르게 된다. 달라이 라마도 불교의 참선을 수행함으로써 바른 마음(正覺)을 얻을 수 있다며, 가부좌를 틀고 앉아서 마음을 고요히 하는 것이 참선 (마음을 비우면 세상이 보인다, 문이당, p.9)이라고 하였다.

우리에게는 좌선을 날마다 밥을 먹듯이 지속해야 하는 과제가 있다. 소태산 대종사는 좌선시간에 좌선을 하지 않는 제자들에게 꾸지람을 하며, 좌선은 밥을 먹듯이 매일 해야 한다고 하였다. 원불교 수행법으로서 좌선을 부단히 함으로써 맑은 심신으로 일상생활을 하자는 뜻이다. 하지만 초보자에게 좌선을 유도하는 것은 쉽지 않다. 오늘날 명상법이 유행하여 일반인들에게 전파되고 있듯이 초입교도 내지 청소년들에게 좌선을 능률적으로 지도하기 위해서는 구체적인 방법론과 단계적 프로그램이 개발되어야 할 것이다.

21. 연구과제

1) 좌선의 방법으로 호흡을 고르게 하되 들이쉬는 숨은 조금 길고 강하게 하며, 내쉬는 숨은 조금 짧고 약하게 하라는 뜻은?

2) 묵조선과 간화선에 대한 원불교의 입장은?

3) 단전주 선법이란 무엇인가?

4) 염불과 좌선, 좌선과 무시선의 관계는?

5) 좌선이란 무엇인가?

6) 초보자가 좌선을 어려워하는 이유는?

7) 좌선의 필요성을 논하시오.

22. 고시문제

1) 좌선의 공덕 10가지?

2) 좌선의 공덕을 쓰시오.

3)『정전』좌선법에서 염불이나 좌선을 하면 얻게 되는 10가지 공덕을 기술하시오.

4) 좌선법과 무시선법의 각 요지를 강령적으로 정리하고 그 차이를 설명하시오.

5)『정전』에 밝혀진 염불과 좌선의 정의를 쓰고 이 두 수양과목의 관계와 응용방법을 쓰시오.

6) 염불과 좌선의 요지와 상호관계를 설명하시오.

7) 수양과목으로서 염불과 좌선의 관계는?

8) 다음은『정전』염불의 방법과 좌선의 방법을 설명한 것입니다. 올바르게 설명한 것은 O표, 잘못 설명한 것은 X표를 하시오.

(1) 염불을 할 때에 항상 자세를 바르게 하되 운곡에 맞춰 몸을 편안하고 자연스럽게 좌우로 흔들어 리듬을 타는 것도 좋다.( )

(2) 무슨 일을 할 때에 잡념이 마음을 괴롭게 하거든 염불로서 대치함이 좋으며, 만일 염불이 도리어 일하는 정신에 통일이 되지 못할 때에는 정신이 산만한 증거이므로 집중이 될 때까지 더욱 염불을 하는 것이 좋다.( )

(3) 외불을 구하여 미타색상을 상상하거나 극락장엄을 그려내는 등 다른 생각은 하지 않는 것이 좋으며, 다만 일원상의 원만구족한 모습을 상상하여 집중하는 것은 무방하다.( )

(4) 정신을 오로지 염불일성에 집주하되 염불 구절을 따라 그 일념을 챙겨서 일념과 음성이 같이 연속되게 함이 좋다.( )

(5) 몸의 힘을 단전에 힘껏 모아서 일심집중을 하되 다만 단전에 기운주해 있는 것만 대중을 잡는 것이 좋다.( )

(6) 눈은 항상 감고하는 것이 일심에 도움이 되나 수마가 침노할 경우에는 뜨고 하는 것이 좋다.()

(7) 망념이 침노하면 성가시게 여기지 말고 다만 망념인 줄만 알아두면 스스로 없어진다.()

(8) 다리가 아프면 잠깐 바꾸어 앉는 것은 무방하며, 얼굴과 몸이 가려울 경우에는 가볍게 긁는 것은 크게 문제가 없다.()

(9) 좌선을 하는 가운데 절대로 이상한 기틀과 신기한 자취를 구하지 말며, 혹 그러한 경계가 나타날지라도 다 요망한 일로 생각하여 조금도 마음에 걸지 말고 가볍게 흘려보내는 것이 좋다.()

(10) 정신은 항상 적적성성, 성성적적을 표준하되 혼침에 기울어지거든 성성한 정신을 차리고, 망상에 흐르거든 적적한 정념으로 돌이켜서 무위자연한 본성자리에 그침이 옳다.()

9) 원불교 선법의 원리와 특징 그리고 방법에 대하여 설명하시오.

10) 다음 사항을 간단히 해석하시오 : 적적성성.

11) 다음의 어휘를 설명하시오 : 간화선과 묵조선.

12) 체와 용을 O와 X로 표시 : 佛供()과 禪().

13) 3대 선법을 들고 간단히 설명하시오.

14) 좌선하는 가운데 심락을 누리는 實境을 말하시오.

15) 단전주의 필요를 쓰고 간화선과 비교설명.

16) 단전주의 필요와 우리 선의 특징을 밝히시오.

17) 우리의 좌선법은 단전주이다. 단전주 선법은 수행상이나 위생상에 있어서 꼭 필요하다고 하였으니 좌선법의 원리에 입각하여 각자의 수행상에서 써라.

18) 『정전』 「좌선법」에 간화선을 주장하는 측에서 단전주선을 비판하는 요지를 요약하고, 그 문제점을 우리의 좌선법에서는 어떻게 극복하고 있는가를 설명하시오.

19) 좌선과 무시선의 일치점과 차이점을 논하고 자기의 수행경험을 밝히시오.

제5장 의두요목

○ 「의두요목」의 원문

1. 세존이 도솔천을 떠나지 아니하시고 이미 왕궁가에 내리시며, 모태 중에서 중생제도를 마치셨다 하니 그것이 무슨 뜻인가.

2. 세존이 탄생하사 천상천하에 유아독존이라 하셨다 하니 그것이 무슨 뜻인가.

3. 세존이 영산회상에서 꽃을 들어 대중에게 보이시니 대중에 다 묵연하되 오직 가섭존자만이 얼굴에 미소를 띠거늘, 세존이 이르시되 내게 있는 정법안장을 마하가섭에게 부치노라 하셨다 하니 그것이 무슨 뜻인가.

4. 세존이 열반에 드실 때에 내가 녹야원으로부터 발제하에 이르기까지 이 중간에 일찍이 한 법도 설한 바가 없노라 하셨다 하니 그것이 무슨 뜻인가.

5. 만법이 하나에 돌아갔다 하니, 하나 그것은 어디로 돌아갈 것인가.

6. 만법으로 더불어 짝하지 않은 것이 그 무엇인가.

7. 만법을 통하여다가 한 마음을 밝히라 하였으니 그것이 무슨 뜻인가.

8. 옛 부처님이 나시기 전에 응연히 한 상이 둥글었다 하였으니 그것이 무슨 뜻인가.

9. 부모에게 몸을 받기 전 몸은 그 어떠한 몸인가.

10. 사람이 깊이 잠들어 꿈도 없는 때에는 그 아는 영지가 어느 곳에 있는가.

11. 일체가 다 마음의 짓는 바라 하였으니 그것이 무슨 뜻인가.

12. 마음이 곧 부처라 하였으니 그것이 무슨 뜻인가.

13. 중생의 윤회되는 것과 모든 부처님의 해탈하는 것은 그 원인

이 어디 있는가.

14. 잘 수행하는 사람은 자성을 떠나지 않는다 하니 어떠한 것이 자성을 떠나지 않는 공부인가.

15. 마음과 성품과 이치와 기운의 동일한 점은 어떠하며 구분된 내역은 또한 어떠한가.

16. 우주 만물의 비롯이 있고 끝이 있는가, 비롯이 없고 끝이 없는가.

17. 만물의 인과 보복되는 것이 현생 일은 서로 알고 실행되려니와 후생 일은 숙명이 이미 매하여서 피차가 서로 알지 못하거니 어떻게 보복이 되는가.

18. 천지는 앎이 없으되 안다 하니 그것이 무슨 뜻인가.

19. 열반을 얻은 사람은 그 영지가 이미 법신에 합하였는데, 어찌하여 다시 개령으로 나누어지며, 전신 후신의 표준이 있게 되는가.

20. 나에게 한 권의 경전이 있으니 지묵으로 된 것이 아니라, 한 글자도 없으나 항상 광명을 나툰다 하였으니 그것이 무슨 뜻인가(『정전』제3 수행편, 제5장 의두요목).

1. 의두요목의 등장배경

주지하듯이 화두는 불교 선승들의 깨달음에 관련된다면 이와 유사한 의두나 성리는 원불교의 깨달음에 주로 관련된다. 돌이켜보면 소태산 대종사의 대각은 자연에 대한 의심, 곧 의두연마로부터 비롯된다. 그의 깨달음을 전후하여 전개된 가사나 창립 제자들과의 문답감정은 바로 문목(의두)의 137여 항목으로 등장하여 교단의 공부풍토를 조성했다. 『불교정전』의 의두와 성리의 설명에 대하여 현 『정전』에서는 다소 다르게 언급되고 있다. 하여튼 오늘날 의두요목과 그 연마는 원불교 정기훈련 11과목의 하나로 자리하여 진리의 반야지 획득에 기여하고 있다.

 1) 의두는 불교의 화두를 연상하게 하며, 『정전』에서도 의두요목의 상당수가 불교의 화두이다.

　☞「의두하면 떠오르는 것은 불교의 화두이다. 사실 『정전』 의두요목의 내용 중 대부분은 불교의 화두인데, 주지하는 바와 같이 우리나라의 불교 조계종은 임제종의 간화선이 그 공부방법의 주류를 형성하고 있

다. 그런데 그들은 일년이면 반년을 안거하면서 이 공부를 하고 있다」
(김영민, 「원불교 의두에 관한 一考」, 『정신개벽』 제16집, 신룡교학회,
1997, p.84).

2) 소태산은 소년기의 구도과정부터 깨달음에 이르기까지 우주 대자연
의 변 불변에 대하여 의두건을 삼았다.

☞「대종사는 …필경 9세부터 배우시던 한문 儒學을 폐하시고 혹은
산신 제사와 혹은 도사 만나기에 여러 방면으로 의두 해득을 구하셨으
나, 聖師의 본지는 산신 도사 등의 능히 알 바가 아니라 이 자연원리의
사색은 점점 깊어서 부지중 禪的 경계에 드시와 15세부터 드디어 萬相
을 俱忘하시고 삼매에 잠기셨다」(유허일, 「대종사성탑비명병서」).

3) 교조 소태산은 의두를 통해서 궁극의 깨달음에 이르렀다.

☞「소태산 대종사는 대각 이전에 불교의 신자가 아니었음에도 자연
히 의두가 일어나 그 의두를 해결하는 과정에서 자신도 모르는 사이에
禪이 되었고 대각을 이루었으므로 의두 또는 화두의 중요성이 강조됨은
자연스러운 일이다」(송천은, 「원불교의 성리인식」, 류병덕 박사 화갑기
념 『한국철학종교사사상』, 원광대 종교문제연구소, 1990, p.1132).

4) 의두요목은 소태산의 대각 전후 가사 속에서도 등장하는 바, 곧 원
불교 창립과 교리형성 과정에 나타난다.

☞「(지로가에서는) 원불교의 기지인 금강원의 풍수지리적인 설명과
함께, "유불선 지초놓고 삼십계문 기둥세워 삼강령 대량엮고 팔조목 도
리엮어 일백오십 문목으로 개개연목 걸어놓고 솔성요론 도벽하고 칠통
으로 창호내고 수양요론 좌석펴고 삼광명 단청하니" 라고 하여 원불교
교리 전반이 설명되고 있다. … 이 지로가는 삼강령 팔조목, 문목, 솔성
요론, 삼십계문 등의 교리가 확립되어가는 과정에서 지어진 것으로 보
이기 때문에 소태산의 가사 저술은 대각 직후나 변산에서 만이 아니라
익산에 정착한 1924년(원기9)년 이후에도 계속되었음을 알려주고 있다」
(신순철, 「몽각가와 소태산가사 수록 문헌 연구」, 『원불교사상과 종교문
화』 29집, 원불교사상연구원, 2005, p.273).

5) 의두는 창립제자들이 소태산 대종사께 문답감정을 받는 상황에서
활용되었다.

☞「1937년 하선 이후 일원상 공부는 회원들 간에 널리 전개되어 종
래의 사은전에 향하던 심고가 일원상으로 표현이 바뀔 뿐만 아니라 의
두요목으로 활용되어 소태산의 감정을 받게 되었다. "나는 이 새해에

있어 나의 심중에 一位의 일원상을 모시려 한다. 심중에 모신 일원상은 자취도 형용도 없다. 그러나 이 일원상을 모실 때 우리는 언제나 안락하고 평화하고 자유롭고 광명된 진리적 생활을 할 수 있을 것이요"」 (유성렬, 「새해설계」, 『회보』 41호, 1938년 1월).

6) 초기교단의 연구부는 『월말통신』 등에 문목을 게재하여 공부풍토를 조성하였다.

☞「(1928년 5월 15일, 제1대내 제1회 기념총회, 송도성은 서무부 서기에서 연구부 서기로 전임되었다.) 연구부는 부장 궐석의 서기 혼자 뿐이므로 도성이 연구부 업무를 전담하였다. 연구부 업무는 공부인의 감각감상, 문목, 의견안, 처리안 등을 모집 편성하는 업무로서 이 모집된 건들을 소태산 총재에게 감정받아 『월말통신』에 발표하는 일이었다」 (박용덕, 선진열전 1-『오, 사은이시여 나에게 힘을 주소서』, 원불교출판사, 1993, p.32).

7) 교서정착의 과정에서 『불교정전』의 의두와 성리의 설명에 대하여 『정전』에서는 다소 다르게 언급되고 있다.

☞「정기훈련법에는 의두와 성리의 의미가 다르게 표현되어 있지만 내용에서는 의두와 성리는 한 경지이다. 『불교정전』에는 의두와 성리의 내용이 같이 밝혀져 있다. 방법에서 특이한 점이 있기 때문에 의두와 성리 연마를 나누어서 생각하는 것이다. … 출가위의 내용에 대소유무의 이치를 보아다가 인간의 시비이해를 건설한다는 조항이 있다. 대소유무의 이치에 바탕해서 인간의 시비이해를 판단하는 것이다」(한정석, 『원불교 정전해의』, 도서출판 동아시아, 1999, p.405).

2. 연구문목의 137조항과 47조항

원불교의 초기교서 『수양연구요론』은 『수심정경』을 저본으로 한 교서로서 형이상학적 용어와 수련적 근거가 되는 도학의 내용이 주류를 이루고 있다. 곧 "이런 고로 행하고 수련하는 선배가 매일 밤 半 맑은 새벽에 항상 안으로 수련함을 행하여" 라고 하는 등 유불도 3교의 수행과 관련한 내용, 그리고 의두연마의 성격과 관련한 내용이 들어 있으며, 연구문목의 137조항도 자연스럽게 여기에서 발견된다. 본 요론에 밝혀진 연구문목 137조항을 소개하고, 이어서 『불교정전』에 밝혀진 47개 의두요목을 소개하고자 한다.

1) 『수양연구요론』의 연구문목 137조항

(1) 중생을 살생하면 중죄라 하였으니 연구할 事.

(2) 도적질을 하면 중죄라 하였으니 연구할 사.

(3) 私邪로 음탕한 일이 있고 보면 중죄라 하였으니 연구할 사.

(4) 망령된 말을 하고 보면 중죄라 하였으니 연구할 사.

(5) 밖으로는 비단같이 꾸며내고 안으로는 불량하면 중죄라 하였으니 연구할 사.

(6) 한 입으로 두말을 하면 중죄라 하였으니 연구할 사.

(7) 악한 말을 하고 보면 중죄라 하였으니 연구할 사.

(8) 예 아닌 진심이 나고 보면 죄의 근본을 일어낸다 하였으니 연구할 사.

(9) 술을 과히 먹으면 죄의 근본을 일어낸다 하였으니 연구할 사.

(10) 예 아닌 의복으로 몸을 윤내고 보면 죄의 근본을 일어낸다 하였으니 연구할 사.

(11) 待爲받을 목적 없이 대위를 받고자 하면 죄의 근본을 일어낸다 하였으니 연구할 사.

(12) 예 아닌 가무와 낭유를 하고 보면 죄의 근본을 일어낸다 하였으니 연구할 사.

(13) 금은보패의 근본을 알지 못하고 금은보패로 윤을 내고 보면 죄의 근본을 일어낸다 하였으니 연구할 사.

(14) 때 아닌 때 먹기를 좋아하고 때 아닌 때 잠자기를 좋아하면 죄의 근본을 일어낸다 하였으니 연구할 사.

(15) 일일시시로 자기가 자기를 가르친다 하였으니 연구할 사.

(16) 남의 원 없는 데에는 무슨 일이든지 그 사람의 마음 상하도록 권하지 말고 자기 할 일만 하라 하였으니 연구할 사.

(17) 무슨 일이든지 잘못되는 일이 있고 보면 남을 원망하지 말고 자기 일만 살피라 하였으니 연구할 사.

(18) 나 못 당할 일은 남도 못 당한다 하였으니 연구할 사.

(19) 무슨 일이든지 서로 생각해주고 서로 공경하라 하였으니 연구할 사.

(20) 연구자는 부당한 일이 있거든 아무리 하고 싶어도 죽기로써 아니할 일이라 하였으니 연구할 사.

(21) 연구자는 당연한 일이 있거든 아무리 하기 싫어도 죽기로써

하라 하였으니 연구할 사.

(22) 혹 사람이 남의 시비는 드러내는데, 내 시비는 감추는 것이 무슨 일인가 연구할 사.

(23) 혹 사람이 내 것은 중히 알지마는 남의 것은 중히 알지 않는 것이 무슨 일인가 연구할 사.

(24) 혹 사람이 입으로는 착한 말을 하면서도 행실은 그와 같이 안 되는 것은 무슨 일인가 연구할 사.

(25) 혹 사람이 바른대로 하는 말을 들으면 귀에 거슬리는 것이 무슨 일인가 연구할 사.

(26) 일체 중생 섬기기를 생불같이 하라 하였으니 그 이치를 연구할 사.

(27) 솔성을 하여야 도라 하였으니 어찌하면 솔성인지 연구할 사.

(28) 내가 도를 닦는 것이 남을 가르침이라 하였으니 어찌 하여서 그러한지 연구할 사.

(29) 외면으로만 지식이 많으면 도를 행하지 못한다 하였으니 연구할 사.

(30) 외면으로만 착한 행실이 있고 보면 도가 밝지 못한다 하였으니 어찌하여 그러한지 연구할 사.

(31) 선도 대소가 있으니 어찌 하여서 그러한지 연구할 사.

(32) 악도 대소가 있으니 어찌 하여서 그러한지 연구할 사.

(33) 도도 대소가 있으니 어찌 하여서 그러한지 연구할 사.

(34) 덕도 대소가 있으니 어찌 하여서 그러한지 연구할 사.

(35) 사람의 마음이 오직 위태하다 하였으니 연구할 사.

(36) 혹 사람이 부귀를 하고자 하되 행하는 땅에는 죽고 망하는 데로 들어가니 어찌하여 그러한지 연구할 사.

(37) 공부자는 '不離自性曰工'이라 하였으니 어떠한 것이 '불리자성'인지 연구할 사.

(38) 부처님 말씀에 "공부자는 위로 네 가지 중대한 은혜를 갚아야 한다" 하셨으니, 그 은혜를 알아 그 은혜를 갚기로 하면 그 은혜를 연구할 사.

(39) 부처님 말씀에 "공부자는 아래로 세 가지 악도에 떨어진 중생을 제도하라" 하셨으니 어찌하여야 제도할지 연구할 사.

(40) 대인은 천지로 더불어 그 덕을 합하고, 일월로 더불어 그 광

명을 합하고, 사시로 더불어 그 차서를 합하고, 귀신으로 더불어 그 길
흉을 합한다 하였으니 어찌하면 그러한지 연구할 사.

(41) 『음부경』에 가라대 "사람이 살기를 발하면 천지가 반복한다"
하였으니 어찌하여 그러한지 연구할 사.

(42) 『음부경』에 가라대 "사람은 만물의 도적이라" 하였으니 어찌
하여 그러한지 연구할 사.

(43) 『음부경』에 가라대 "性情의 功巧하고 拙한 것을 가히 써 없애
라" 하였으니 어떠한 것이 공교한 것이며 어떠한 것이 졸한 것인지 연
구할 사.

(44) 山無盜賊하고 道不拾遺하면 태평세계라 하였으니 어찌하여야
그러한지 연구할 사.

(45) 세상은 쇠하고 도심은 없어진다 하였으니 어찌하여 그러한지
연구할 사.

(46) 부처님은 왕궁 태자로 무슨 원이 또 있어서 천자위를 마다하
시고 입산수도 하셨는지 연구할 사.

(47) 一萬法을 통해다가 한 마음을 밝히라 하였으니 연구할 사.

(48) 세상 말이 죽은 사람이 살아난다 하니 적실히 그러한지 연구
할 사.

(49) 천상에 상제님이 있어 풍운우로설상과 중생의 길흉화복을 판
단한다 하니 적실히 그러한지 연구할 사.

(50) 명부에 十王이 있어서 중생의 복의 경중과 죄의 경중을 일일
이 조사하여 상벌을 있게 한다 하니 적실히 그러한지 연구할 사.

(51) 사람의 귀신이 있는데 어떠한 것이 귀신인가 연구할 사.

(52) 세상에 난이 나면 피난처가 있다 하니 어떠한 것이 피난처인
가 연구할 사.

(53) 세상 말이 명당이 있어서 그 명당을 얻어 祖與父母의 백골을
안보하면 자손도 생기고 부귀공명이 절로 된다 하니 적실히 그러한지
연구할 사.

(54) 천당이 있고 극락이 있다 하니 어떠한 곳이 천당과 극락인가
연구할 사.

(55) 지옥이 있다 하니 어떠한 곳이 지옥인지 연구할 사.

(56) 모든 사람이 모든 귀신을 위하여 모든 정성으로 제사하면 귀
신이 흠향한다 하니 적실히 그러한지 연구할 사.

(57) 모든 사람이 등상불을 향하여 모든 정성과 모든 전곡으로 공을 바치며 비는 말이 "재앙은 없어지고 없던 자손이 생겨나며 수명 복록으로 만세 유전케 하여 주옵소서" 하니 적실히 그러한지 연구할 사.

(58) 사람이 죽어서 혹 짐승 되는 수도 있다 하니 적실히 그러한지 연구할 사.

(59) 짐승이 죽어서 혹 사람 되는 수도 있다 하니 적실히 그러한지 연구할 사.

(60) 세상에 생사가 있는데 부처님 말씀에는 생사가 없다 하셨으니 적실히 그러한지 연구할 사.

(61) 세상에 여러 도가 있는데 어떠한 도가 참 도인가 연구할 사.

(62) 세상에 사람이 있는데 어떠한 사람이 제일 큰 사람인가 연구할 사.

(63) 사람의 직업이 있는데 어떠한 직업이 제일 큰 직업인가 연구할 사.

(64) 사람에게 운수가 있는데 어디로 좇아오는가 연구할 사.

(65) 세상에 때가 있는데 어디로 좇아오는가 연구할 사.

(66) 부귀라 하는 것이 어디로 좇아오는가 연구할 사.

(67) 빈천이라 하는 것은 어디로 좇아오는가 연구할 사.

(68) 사람을 믿지 말고 그 법을 믿으라 하였으니 연구할 사.

(69) 어떠한 사람은 얼굴이 단정하고 몸에 병도 없고 다른 사람의 존대함을 받는지 연구할 사.

(70) 어떠한 사람은 얼굴이 麤鄙하고 몸에 병도 있고 다른 사람의 더러움을 받는가 연구할 사.

(71) 어떠한 사람은 부모 형제 처자가 구비해서 서로 섬기고 서로 의지하여 일생을 경사로 지내는가 연구할 사.

(72) 어떠한 사람은 조실부모하고 형제 처자도 없으며 일생을 고독하게 있어서 한탄으로 세월을 보내는지 연구할 사.

(73) 어떠한 사람은 초년에는 부귀하다가 말년에는 빈천하는지 연구할 사.

(74) 어떠한 사람은 초년에는 빈천하다가 말년에는 부귀하는지 연구할 사.

(75) 어떠한 사람은 효자를 두어서 평생에 몸과 마음이 편하고 집안을 흥왕하는지 연구할 사.

(76) 어떠한 사람은 불효자를 두어서 평생에 몸과 마음이 불안하고 집안을 망하는지 연구할 사.

(77) 어떠한 사람은 횡액에 걸려 惡死를 당하는지 연구할 사.

(78) 어떠한 사람은 평생에 횡액이 없고 元命으로 죽는지 연구할 사.

(79) 고금을 물론하고 성인이 출세하사 혹 횡액으로 죽은 성인이 있으니, 성인은 알지 못한 바가 없으며 일체 중생을 다 구제하는 수단이 있다 하거늘 어찌하여 당신의 몸은 구제치 못하였는지 연구할 사.

(80) 성인의 말씀에 선하면 복을 받는다 하셨거늘 혹 現相에 선인이 빈천하는 것은 무슨 이치인가 연구할 사.

(81) 악하면 죄를 받는다 하셨거늘 혹 현상에 악인이 부귀하는 것은 무슨 이치인가 연구할 사.

(82) 부처님 말씀에 삼천대천세계가 있다 하니 적실이 있는지 연구할 사.

(83) 부처님은 천변만화를 베풀어 천백억 화신을 한다 하니 적실히 그러한지 연구할 사.

(84) 부처님은 삼계에 큰 스승이요 중생의 부모라 하였으니, 어찌하면 그러한지 연구할 사.

(85) 부처님은 수명 복록의 주인이라 하였으니 어찌하여서 그러한지 연구할 사.

(86) 『음부경』에 가라대 '천지는 만물의 도적' 이라 하였으니 어찌하여 그러한지 연구할 사.

(87) 『음부경』에 가라대 '만물은 사람의 도적' 이라 하였으니 어찌하여 그러한지 연구할 사.

(88) 『음부경』에 가라대 "하늘이 살기를 발하면 별과 별이 옮긴다" 하였으니 어찌하여서 그러한지 연구할 사.

(89) 『음부경』에 가라대 "땅이 살기를 발하면 용과 뱀이 육지에 일어난다" 하였으니, 어찌하여서 그러한지 연구할 사.

(90) 물건의 형체를 단련하여 기운을 만들었다 하였으니 어찌하면 그러한지 연구할 사.

(91) 기운을 단련하여 귀신을 만들었다 하였으니 어찌하면 그러한지 연구할 사.

(92) 부처님이 납월 8일에 밝은 별을 보시고 도를 알았다 하셨으니

어찌하여서 그러한지 연구할 사.

(93) 星辰은 어떠한 물건인지 연구할 사.

(94) 천지 사이에 化해 나는 물건의 얼굴이 각각 다른 것은 어떠한 이치인가 연구할 사.

(95) 일만법이 하나에 돌아갔다 하니 그 하나는 어느 곳으로 돌아갔는지 연구할 사.

(96) 일만법으로 더불어 짝하지 아니한 자가 어떠한 물건인지 연구할 사.

(97) 부처님이 도솔천을 여의지 아니하시고 몸이 왕궁가에 내리셨다 하셨으니 어찌하여서 그러한지 연구할 사.

(98) 부처님이 비록 어미의 태중에 있으나 드디어 중생 제도하기를 마치셨다 하였으니 어찌하여서 그러한지 연구할 사.

(99) 부처님이 영산회상에서 설법하신다 하시고 1200대중을 향하사 꽃가지를 드시니 가섭은 보고 웃었다 하였으니 어떠한 의지인지 연구할 사.

(100) 성리송에 가라대 "나에게 한 권 경전이 있으되 종이와 붓으로서 쓰지 아니하였으나 항상 광명을 나툰다" 하였으니 그 의지가 어떠한지 연구할 사.

(101) 승이 조주선사에게 물어 가라대 "개도 또한 불성이 있습니까?" 하니, 조주 답해 가라사대 "없나니라" 하셨으니, 부처님 말씀에 "蠢動含靈 다 불성이 있다" 하셨거늘 조주는 무엇을 因하여 없다 하셨는지 연구할 사.

(102) 『육조경』에 가라대 "한 물건이 있으되 넓기로 말하면 천지를 뒤덮고, 검기로 말하면 칠통 같고, 밝기로 말하면 햇빛 같아서 항상 움직여 쓰는 가운데 있나니라" 하였으니 그 물건이 어떠한 물건인지 연구할 사.

(103) 승이 조주선사에게 물어 가라대 "달마조사가 무슨 뜻으로 서역에서 동토로 오셨나이까?" 하니, 조주 가라사대 "뜰 앞의 잣나무니라" 하셨으니 그 의지를 연구할 사.

(104) 임제선사가 황벽선사에게 불법의 적실하고 적실한 큰 뜻을 물으니, 황벽이 대답하지 아니하고 곧 일어나서 매 삼십봉을 때렸으니 그 때리는 뜻이 어떠한 뜻인지 연구할 사.

(105) 사람이 잠이 들어서 꿈도 없을 때에는 그 아는 영혼이 어느

곳에 있는지 연구할 사.

(106) 제자 한 사람이 부처님에게 도의 유무를 물으니 부처님이 가라사대 "유라 하여도 도에는 어긋났으며, 무라 하여도 도에는 어긋났나니라" 하셨으니 어찌하여서 그러한지 연구할 사.

(107) 위산선사가 제자에게 말씀하여 가라사대 "내가 죽은 뒤에 이 아래 동구 뉘 집에 가서 소가 되어 그 오른 쪽 뿔에 潙山某라 각하였을 터이니, 그 때에 너희가 그 소를 보고 위산이라 하여야 옳을까? 소라 하여야 옳을까?" 하였으니 어찌 하여야 옳을런지 연구할 사.

(108) 『동경대전』에 가라사대 "나에게 신령한 符가 있으니, 그 이름은 선약이요, 그 얼굴은 태극이요, 또 그 얼굴은 궁궁이라" 하였으니 그 이치를 연구할 사.

(109) 노자 『도경』에 가라대 "도를 가히 도라고 할진대 떳떳한 도가 아니라" 하셨으니 연구할 사.

(110) 큰 도가 형상이 없으나 천지를 생하여 기른다 하였으니 어찌하여서 그러한지 연구할 사.

(111) 큰 도가 情이 없으나 일월을 운전해 행한다 하였으니 어찌하여서 그러한지 연구할 사.

(112) 큰 도가 이름이 없으나 길이 만물을 기른다 하였으니 어찌하여서 그러한지 연구할 사.

(113) 도인은 자연의 진리를 알아서 무위이화를 행한다 하였으니 어찌하면 그러한지 연구할 사.

(114) 공자 가라사대 "나의 도는 하나로써 꿰었다" 하셨으니 어찌하면 그러한지 연구할 사.

(115) 맹자 가라사대 "나는 나의 호연한 기운을 잘 기른다" 하셨으니 어떠한 것이 호연한 기운인지 연구할 사.

(116) 성품이라 하는 것은 어떠한 것이 성품인지 연구할 사.

(117) 공부를 하기로 하면 莫着去라 하였으니 어떠한 것이 막착거인지 연구할 사.

(118) 천지만물이 어느 때에 처음 생겼는지 연구할 사.

(119) 대지산천에 초목 수가 몇 개인가 연구할 사.

(120) 『음부경』에 가라대 "하늘의 도를 보아서 하늘의 행함을 잡으라" 하였으니 어찌하면 그러한지 연구할 사.

(121) 주야되는 것은 어떠한 이치인지 연구할 사.

(122) 조수 왕래하는 것은 어떠한 이치인지 연구할 사.

(123) 일월의 본래는 무엇인가 연구할 사.

(124) 춘하추동 되는 것은 어떠한 이치인지 연구할 사.

(125) 구름은 어떻게 일어나는 것인지 연구할 사.

(126) 안개는 어떻게 일어나는 것인지 연구할 사.

(127) 비 오는 것은 어떠한 이치인지 연구할 사.

(128) 눈 오는 것은 어떠한 이치인지 연구할 사.

(129) 뇌성과 번개는 어떻게 일어나는 것인지 연구할 사.

(130) 지진은 어떻게 되는 것인지 연구할 사.

(131) 벼락 떨어지는 것은 어떠한 이치인지 연구할 사.

(132) 우박 오는 것은 어떠한 이치인지 연구할 사.

(133) 이슬 오는 것은 어떠한 이치인지 연구할 사.

(134) 서리 오는 것은 어떠한 이치인지 연구할 사.

(135) 무지개는 어떻게 되는 것인지 연구할 사.

(136) 바람이라 하는 것은 어디로 좇아오는 것인지 연구할 사.

(137) 일식과 월식되는 것은 어떠한 이치인지 연구할 사」(『수양연구요론』 제6, 각항 연구문목).

2. 『불교정전』의 의두요목 47조항

(1) 세존이 도솔천을 떠나지 아니하시고 이미 왕궁가에 내리시며, 어머니 태중에 나지 아니하시고 사람을 제도하여 마치셨다.

(2) 세존이 도를 깨시고 탄식하여 가라사대 "기이하다. 일체 중생이 다 여래의 지혜덕상이 있건마는 미하여 돌아오지 못하는 도다."

(3) 세존이 어느 날에 문수보살이 문 밖에서 있음을 보시고 이르시되 "문수야 문수야, 어찌 문에 들어오지 아니하는고." 문수 가라사대 "세존이시여, 내가 한 법도 문밖에 있음을 보지 못하였거늘 어찌 나에게 문안에 들어오라 하시나이까."

(4) 세존이 흑씨범지라는 신선사람이 좌우손에 합한 오동나무꽃 두 주를 가지고 와서 공양하려 함을 因하사 부처님이 가라사대 "놓아버리라." 범지가 드디어 왼편 손에 있는 꽃 한주를 놓아버리거늘, 부처님이 또 가라사대 "놓아버리라." 범지가 또 바른 편 손에 있는 꽃 한주를 놓아버리거늘, 부처님이 또 이르시되 "놓아 버리라." 범지가 이르되 "세존이시여, 내가 지금 빈 몸으로 있거늘 다시 무엇을 놓아버리라 하시나이

까.” 부처님이 이르시되 “내가 너에게 그 꽃을 놓으라는 말이 아니니, 네가 만약 밖으로 육진과 안으로 육근과 가운데 육식을 한 때에 놓아 버려서 가히 놓을 곳이 없는 지경에 이르면, 이것이 곧 너의 생사를 면할 곳이니라” 하시니 범지가 言下에 대오하다.

(5) 세존이 外道의 말 있음을 묻지도 아니하고 말 없음을 묻지도 않는다는 질문에 因하사 세존이 묵연 良久하시니, 외도가 찬탄하여 이르되 “세존이 대자대비로 나의 미한 구름을 열으시사 나로 하여금 도에 들게 하여 주신다” 하고 예배를 올리고 가거늘, 아란이 이윽고 부처님께 여쭈오되 “외도가 무엇을 증득한 바가 있어서 찬탄하고 가나이꼬.” 세존이 이르시되 “비유컨대 세상에 좋은 말(馬)은 채찍 그림자만 보아도 가나니라.”

(6) 일곱 賢女가 시다림에 놀새, 제석이 그 道行에 감동하여 꽃을 흩어 공양하고 이르되 “오직 원컨대 聖姊여 수용할 바가 있나이까. 내가 마땅히 평생의 보물을 공급하겠노라.” 현녀가 이르되 “내가 달리 요구할 것은 없고 오직 세 가지 물건을 요구하나니, 하나는 뿌리 없는 나무 한 주요, 하나는 음양 없는 땅 한 조각이요, 하나는 소리하여도 울리지 아니한 산골짜기 한 곳이로다.” 제석이 이르되 “일체 수용품이 나에게 다 갖추어 있으되 오직 이 세 가지 물건은 내가 실로 얻지 못하겠도다.” 현녀가 이르되 “그대에게 만약 이것이 없다면 어떻게 사람을 제도하려 하는고.” 제석이 드디어 함께 부처님 처소에 가서 말씀을 사뢰니, 부처님께서 말씀하시되 “나의 제자 중에 大아라한도 이 뜻을 알지 못할 것이요, 오직 대보살이라야 이에 이 뜻을 알리라” 하시니라.

(7) 세존이 열반에 드실 때를 다다르사 대중에 고하여 이르시되 “내가 처음 녹야원으로부터 지금 발제하에 이르기까지 이 중간에 일찍이 한 글자도 설한 바가 없노라.”

(8) 세존이 영산회상에 계시더니, 하루는 법좌에 오르시어 꽃을 들어서 대중에 보이시니, 대중에 다 묵연하되 오직 가섭존자가 낯에 미소를 띠우거늘, 세존이 이르시되 “내게 있는 정법안장을 마하가섭에게 부치노라.”

(9) 사리불 존자가 나무 아래에서 바야흐로 선정에 들려 하시더니 유마거사가 지나다가 물어 가라사대 “지금 무엇을 하는고.” 가로되 바야흐로 “선정에 들려하노라.” 거사 가라사대 “선정에 들 때에는 유심으로써 드느냐, 무심으로써 드느냐. 만약 유심으로 든다 할진대 일체 유정

이 다 入禪을 함이요, 만약 무심으로 든다 할진대 일체 무정이 다 입선을 하리니, 또 이르라, 어떻게 입선을 하는고" 사리불이 능히 대답하지 못 하더라.

(10) 아란존자가 가섭존자에게 묻되 "세존이 금란가사를 전하신 외에 별로 무슨 법을 전하였나이까." 가섭이 아란을 부르시니, 아란이 응락하거늘 가섭이 이르시되 "문 앞에 있는 찰간착을 꺾어서 없앨지니라" (찰간착은 도인이 출생하면 그를 기념하여 세운 표지인 것).

(11) 양무제가 달마존자에게 묻되 "짐이 즉위한 이후로 부처를 조성하고 탑을 조성하며, 수도하는 승려를 공양하여 널리 부처님 사업을 이루어냄이 심히 많으니, 그 공덕이 어떠하나이꼬." 달마 이르시되 "조금도 공덕이 없나니라."

(12) 양무제 달마존자에게 묻되 "무엇을 聖諦의 제일 뜻이라 하나이까." 달마 이르시되 "법의 본래는 확연하여 聖이 없나니라." 양무제 이르시되 "짐을 대한 자는 누구인고." 달마 가라사대 "알지 못하나이다." 양무제 그 뜻을 알지 못하더라.

(13) 달마존자께서 면벽하고 계심에 二祖가 눈(雪)에 서서 팔을 끊어 그 신을 바치고 이르시되 "모든 부처님의 법인을 가히 얻어 듣겠습니까." 달마 가라사대 "모든 부처님의 법인은 스스로 깨침에 있고 사람으로 좇아 얻음이 아니니라." 가로되 "내 마음이 편하지 못하오니, 청컨대 스님께서 안심을 시켜 주시옵소서." 달마 가라사대 "마음을 가져오너라. 너에게 안심을 시켜주리라." 가로되 "마음을 찾아도 가히 얻지 못하겠나이다." 달마 가라사대 "너에게 이미 안심을 시켜 마쳤노라."

(14) 四祖 소년 때에 三祖에게 가서 예배하고 물어 가라사대 "원컨대 화상은 큰 자비를 이루사 저에게 해탈법문을 일러 주소서." 삼조 가라사대 "누가 너를 묶었느냐." 가로되 "묶은 사람이 없습니다." 삼조 가라사대 "이미 묶은 사람이 없을진대 어찌하여 다시 해탈을 구하느냐." 사조가 그 언하에 크게 깨다.

(15) 六祖 행자(행자는 아직 승려가 되기 전 수도인을 이름이라)로써 五祖 회상에 참예하신대 오조 물어 가라사대 "네가 어디로 좇아 왔는고." 가로되 "영남으로부터 왔습니다." 오조 가라사대 "무엇을 구하고자 왔는고." 가로되 "오직 성불하기를 구하나이다." 오조 가라사대 "영남사람이 어찌 부처를 이루리요." 가로되 "사람은 남북이 있을지언정 부처 성품이야 어찌 남북이 있으리까." 오조 마음에 다르게 알으시다.

(16) 오조 하룻날 대중을 명하사 "각각 증득한 바에 의지하여 한 게송을 지어오라" 하시니, 때에 신수상좌가 한 게송을 올리니 가로되 '몸은 이 보리자나무와 같고(身是菩提樹), 마음은 이 명경대와 같도다(心如明鏡臺). 때때로 부지런히 닦고 닦아서(時時勤拂拭), 하여금 진애가 끼이지 않게 하라(不使惹塵挨).' 오조 보시고 가라사대 "아직 문에 들지 못하였다" 하시다. 혜능(혜능은 六祖의 법명이심)이 그 게송을 들으시고 또한 게송을 올리니 가로되 '보리도 근본 나무가 없고(菩提本無樹), 명경도 또한 대가 아니로다(明鏡亦非臺). 본래에 한 물건도 없거니(本來無一物) 어느 곳에 진애가 있으랴(何處惹塵挨).' 오조 보시고 내심에 묵연히 인가하사, 그 후 밤에 드디어 六祖位를 전하시다.

(17) 도명이 육조를 쫓아오다가 의발이 움직이지 아니함을 보고(도명이 따르는 것과 의발이 움직이지 않는다는 말씀은 『육조단경』을 참고할 일) 가로되 "내가 법을 구하러 온 것이요, 의발을 위함이 아닙니다." 육조 가라사대 "선도 생각지 말고, 악도 생각지 말라. 이때를 당하여 무엇이 도명상좌의 본래 면목인고." 도명이 언하에 크게 깨다.

(18) 육조, 인종법사 會下에 계시더니 마침 바람이 깃발을 움직이는지라, 두 중이 서로 의론을 다투되 한 중은 바람이 동한다 하고, 한 중은 깃발이 동한다 하거늘, 육조 들으시고 가라사대 "이것이 바람이 동한 것도 아니요, 깃발이 동한 것도 아니요, 오직 그대의 마음이 동한 것이라" 하시니, 두 중이 송연히 놀래더라.

(19) 육조 하룻날에 대중에게 물어 가라사대 "한 물건이 여기에 있으되, 위로는 하늘을 기둥하고 아래로는 땅을 대이며 밝기로 말하면 일월과 같고 검기로 말하면 칠통과 같아서 항상 우리의 작용 중에 있나니, 이것이 무슨 물건인고." 때에 사미(소년 승려를 이름) 신회가 곧 대답하여 이르되 "이는 모든 부처님과 모든 조사의 근본이시요, 신회의 불성입니다." 육조 가라사대 "아직 좀 미숙하다" 하시고 회양선사가 8년을 생각한 후에 이르되 "설사 한 물건이라 하여도 이치에 맞지 아니하나이다" 하니, 육조 드디어 인가하시다.

(20) 방거사가 영조에게 이르시되 "고인의 말씀에 밝고 밝은 일백풀머리(百草頭)에 밝고 밝은 조사의 뜻이라 하니, 너는 어떻게 아는고." 영조 이르되 "저 늙은이가 머리가 희고 이가 누르기 까지 그러한 견해를 가지고 있도다." 거사 이르시되 "너는 어떠한 견해를 가지는고." 영조 이르되 "밝고 밝은 일백풀머리에 밝고 밝은 조사의 뜻이로

다."

(21) 대매선사가 마조에게 묻되 "무엇이 이 부처입니까." 마조 이르시되 "곧 마음이 이 부처니라."

(22) 후에 중이 또 마조에게 묻되 "무엇이 이 부처입니까." 마조 가라사대 "마음도 아니요, 부처도 아니니라."

(23) 백장선사가 매양 법좌에 오름에 한 노인이 있어 대중을 따라 법을 듣거늘, 하룻날에 백장이 물어 가로되 "네가 어떠한 사람인고." 노인이 이르되 "제가 사람이 아니라 과거 가섭불 세상에 일찍이 이 산에 주하더니 학인이 저에게 묻기를 '크게 수행하는 사람도 또한 인과에 떨어지나이까 않나이까' 하는데, 대하여 제가 대답하기를 '인과에 떨어지지 아니하나니라' 하고 그 업으로 500생을 여우의 몸을 받았사오니, 청컨대 화상은 한 말씀을 이르사 나로 하여금 개오케 하여주소서." 백장이 가라사대 "네가 이제 그 학인과 같이 나에게 물으라." 노인이 그와 같이 묻거늘 백장이 가라사대 "인과에 어둡지 아니하나니라." 노인이 언하에 크게 깨쳐서 드디어 여우의 몸을 벗었나니라.

(24) 임제선사가 황벽선사에게 묻되 "불법의 적실하고 적실한 큰 뜻입니까." 황벽이 대답하지 아니하시고, 문득 방망이로써 때려서 이와 같이 세 번 물음에 세 번 다 때린지라, 임제가 이에 황벽을 하직하고 대우선사를 찾아가서 뵈니, 대우 묻되 "어느 곳으로 좇아오는고." 임제 이르되 "황벽회상으로 좇아오나이다." 대우 이르되 "황벽스님께서 어떠한 법문이 계시든고." 임제 이르되 "제가 불법 的的 대의를 묻다가 세 번이나 방망이를 맞았는데, 그것이 무슨 허물인가 알지 못하겠나이다." 대우 가라사대 "황벽이 너에 대하여 어머니 같은 자비를 썼거늘, 네가 이제 허물 유무를 묻느냐." 임제 그 언하에 크게 깨다.

(25) 위산선사가 대중에 이르되 "내가 죽은 후에 소가 되어서 그 뿔에 '위산아무' 라고 써 있으리니, 그 때 너희들은 위산이라 하여야 옳을까, 소라 하여야 옳을까."

(26) 조주선사가 남천선사에게 묻되 "무엇이 이 도입니까." 남천이 이르되 "평상심이 도니라." 조주 이르되 "이 평상심을 아는 것이 이 도입니까." 남천이 이르되 "도는 알고 알지 못하는 데에 속하지 아니하여서, 저 허공과 같이 확연통활하나니라." 조주 언하에 크게 깨다.

(27) 한 중이 조주선사에 묻되 "개자식도 또한 불성이 있나이까." 조주 이르되 "없나니라" (부처님 말씀에 일체중생이 다 불성이 있다 하

셨거늘 조주는 무엇을 인하여 없다고 하였는고).

(28) 한 중이 조주선사에게 묻되 "무엇이 이 조사(달마조사를 이른 말씀)의 西에서 동토로 오신 뜻이니까." 조주 이르되 "뜰 앞에 잣나무니라."

(29) 석상선사 이르되 "백척간두에 어떻게 나수어 걸음할꼬. 옛 도인이 이르시되, 백척간두에 앉은 사람도 비록 도에 들기는 하였으나 아직 참이 아니라 하니, 백척간두에 한 걸음을 더 나아가야 시방 세계에 全身이 나타나나니라."

(30) 일만법이 하나에 돌아갔으니, 하나 그것은 어디로 돌아갈꼬?

(31) 일만법으로 더불어 짝하지 않은 것이 그 무엇인고?

(32) 옛 부처님이 나시기 전에는 무엇이 이 부처이신고?

(33) 부모에게 몸을 받기 전 몸은 그 어떠한 몸인고?

(34) 만약 사람이 잠이 깊이 들었으되 꿈도 없는 때에는 그 아는 영혼(靈知)이 어느 곳에 있는고?

(35) 경에 이르시되 일체가 다 마음의 짓는 바라 하니, 그것이 어떠한 의지인고?

(36) 부처님에게 三身이 있으니, 가로되 청정법신이시요, 가로되 원만보신이시요, 가로되 백억화신이시라 하니, 그것이 어떠한 의지인고?

(37) 중생의 윤회되는 것과 모든 부처님의 해탈하는 것이 그 원인이 어느 곳에 있는고?

(38) 수행하는 사람은 마땅히 자성을 떠나지 아니한다 하니, 어떠한 것이 자성을 떠나지 아니하는 공부인고?

(39) 마음과 성품과 이치와 기운의 동일한 것은 어떠한 것이며 구분된 내역은 또한 어떠한 것인고?

(40) 우주 만물이 비롯(始)이 있고 종(終)이 있는 것인가, 비롯이 없고 종이 없는 것인가?

(41) 우주 만물의 근본이 마음인가, 물건인가, 마음과 물건이 같이 된 것인가?

(42) 불설에 성품의 생멸 없다는 곳이 원적의 체를 이름인가, 영지의 용을 이름인가, 허공의 원소를 이름인가, 우주의 실물을 이름인가, 만상의 분체를 이름인가, 一元의 합체를 이름인가, 이 무엇이 생멸 없는 곳인고?

(43) 만물의 인과가 보복되는 것이 현생 일은 서로 알고 실행되려

니와 후생 일은 숙명이 이미 매하여서 피차가 서로 알지 못하나니, 이미 알지 못할진대 어떻게 그 보복이 되는고?

(44) 고인이 이르되 천지는 앎이 없으되 안다 하니 그것이 어떠한 의지인고?

(45) 사람이 명을 마칠 때에 마음을 잘 닦은 사람은 그 영지가 평소와 같이 모든 것이 바로 보여서 자기 마음대로 수생을 하지마는, 잘 닦지 못한 사람은 그 영지가 바로 보이지 못하여서 부지중 악도에 떨어지기가 쉽다 하니, 그 바로 보이고 보이지 않는 것이 어떠한 이유인고?

(46) 만약 견성한 사람으로서 명을 마칠 때에 열반을 얻었다면 이미 법신에 합하였으니, 어찌하여 다시 개령으로 나누어지며, 또는 전신 후신의 표준을 알게 되는 것인고?

(47) 부처님의 말씀하신 지옥이라 하는 것은 과연 어느 곳을 가르치심이며, 부처님의 말씀하신 극락이라 하는 것은 과연 어느 곳을 가르치심인고?

3. 의두의 의미

의두는 정기훈련 과목의 하나로서 불교의 화두와 같은 성격으로 사리에 대한 의문건을 말한다. 아울러 삼학의 사리연구 항목도 의두의 성격으로서 우리의 삶에 대한 진지한 의문건 등이 포함된다. 곧 일과 이치에 대하여 의심을 걸고 연마하는 공부법이 의두로서 분별적 지식으로 연마하는 것에서 점차 직관적 지혜로 혜두를 단련시키는 공부법이다. 『정전』에서는 대소유무의 이치와 시비이해의 일이며, 과거 불조의 화두 중에서 의심나는 제목을 연구하여 감정을 얻게 하는 것이라고 하였다.

1) 의두는 불교의 화두처럼 연구해야 할 의문거리를 말한다.

☞「선종에서 古則·公案 등의 1절, 혹은 1칙을 가리켜 화두라 한다. 또는 宗匠의 말에서 이루어진 참선자가 연구해야 할 문제라는 뜻이다. 여기에서 '두'는 어조사이다. 의두에서도 마찬가지로 '두'는 어조사로 봐야 하므로, 의두는 '연구해야 할 의문거리' 정도로 정의할 수 있겠다」(정순일, 「성리개념의 변화와 그 본질」, 『원불교사상과 종교문화』 35집, 원불교사상연구원, 2007.2, p.138).

2) 의두는 삼학의 사리연구 과목으로서 성품을 깨치는 공부법이다.

☞「의두요목은 사리연구 과목이다. 이치와 일을 사량 분별로 따지는

건지에 흐르지 않도록 하기 위하여 의심건의 문제로 만들어 맑은 정신으로 대질러 두들겨 성품을 깨쳐 견성케 하는 공부법이다. 의두의 20조목은 대종사가 친제한 몇 조목과 과거 불조의 공안 중에서 골수 되는 몇 조목을 합하여 구성한 것이다. 의문이 잘 걸리지 않는 사람에게 의심이 걸리도록 문제를 만들어간다」(한정석, 『원불교 정전해의』, 도서출판 동아시아, 1999, p.404).

3) 우리의 삶과 진리에 있어 진지한 의문건이 바로 의두이다.

☞「우리는 부처가 왕위까지 사양하고 불변의 영원한 진리를 찾아나선 구도에 대한 진지한 정열을 생각해야 한다. 보통 사람들은 태어나고 늙고 병들고 죽는 것을 누구나 당하는 것으로 상식적으로 받아들일 뿐 깊게 추구하는 정신이 부족하다. 우리 불제자들은 우리가 알고 있는 상식, 삶이란 그저 주어진 대로 사는 것이라는 생각에서 벗어나 자신의 삶에 대해서 진지하게 의문을 던져야 한다. 이것을 바로 의두·화두라고 한다」(장응철 역해, 『반야심경 강의-자유의 언덕』, 도서출판 동남풍, 2000, p.23).

4) 의두는 원불교 고유용어로서 일과 이치의 의심을 궁글리는 공부법을 말한다.

☞「의두라는 말은 원불교의 독특한 용어이자 소박한 말로서 의심머리, 생각하는 머리라는 말로 일과 이치간에 의심을 일으켜 그 의심의 해결을 위해 머리를 써서 생각을 궁글려 알아내는 공부를 말한다. 이는 과거 불교의 화두 또는 공안과 같은 뜻을 가지고 있다. 이 의두는 우리의 생활주변에서 보고 듣고 하는 가운데 맺힌 의심들을 마음에 새겨 머리로 생각을 궁글려서 그 의심의 해결을 얻기까지 궁리하여 알아나가는 공부를 말한다」(안이정, 『원불교교전 해의』, 원불교출판사, 1998, p.574).

5) 의두연마는 분별지로는 이해하기 힘든 근원을 연마하는 것이다.

☞「의두요목은 지혜를 단련하는 덕목으로서 천리와 인사 가운데에서 분별지로서는 해득할 수 없는 근원을 발휘하여 연마 수행케 하는 데에 큰 뜻이 있다」(이운권, 고산종사문집1 『정전강의』, 원불교출판사, 1992, p.74).

6) 의두는 대소유무와 시비이해, 과거 불조의 화두를 연마하여 감정을 얻는 공부법이다.

☞「의두는 대소유무의 이치와 시비이해의 일이며 과거 불조의 화두 중에서 의심나는 제목을 연구하여 감정을 얻게 하는 것이니, 이는 연구

의 깊은 경지를 밟는 공부인에게 사리간 명확한 분석을 얻도록 함이요」
(『정전』제3수행편, 제2장 정기훈련과 상시훈련, 제1절 정기훈련법).

4. 의두요목의 대의강령
1) 세존의 전법과 열반에 관련된 내용으로 의두를 삼았다.
2) 만법귀일과 통만법명일심 등 만법과 관련된 의두이다.
3) 불타 이전의 응연한 일원상에 관련된 의두이다.
4) 부처의 윤회와 해탈 등을 의두요목으로 삼았다.
5) 우주 만물의 존재론과 인과론을 의두요목으로 하였다.
6) 천지의 식과 산 경전에 관련된 의두요목이다.

5. 의두요목의 구조
1) 세존 탄생과 전법 및 열반(의두1~4조).
2) 만법과 깨달음(의두5~7조).
3) 몸을 받기 전과 분별 이전(의두8~10조).
4) 일체유심조와 심즉불(의두11~12조).
5) 중생과 부처의 윤회 및 해탈(의두13~14조).
6) 우주 만유의 심성이기와 시종(의두15~16조).
7) 만물의 인과, 개령과 대령, 천지의 식(의두17~19조).
8) 지묵의 경전과 산 경전(의두 20조).

6. 단어해석
도솔천 : 불교 욕계 6天 중의 제4天이다. 『화엄경』의 각 내용이 설해지는 장소는 처음 지상에 있는 적멸도량에서 육욕천 가운데 도리천 야마천 兜率天 타화자재천의 순서로 이동한다. 수미산 꼭대기로부터 12만 유순에 있는 하늘이라고 한다. 칠보로 만든 아름다운 궁전이 있고 한량없는 하늘사람들이 살고 있으며 미륵보살이 정토로 여기는 곳이다. 석가는 인도 탄생 이전에 이곳에서 수행했다고 한다.
왕궁가 : 王宮家란 석가모니가 탄생한 나라로서 카빌라국을 말한다. 석가는 카빌라성에서 정반왕과 마야부인 사이의 왕자로 태어났다.

모태 : 육신이 태어나기 전 어머니의 태 안(子宮)을 母胎라 한다.

천상천하 : 하늘 위와 하늘 아래를 天上天下라 한다. 천상은 하늘이요 천하는 땅이며, 인간은 그 가운데 있으니 천지인을 삼재라 한다. 천상천하는 한마디로 우주를 가리킨다.

유아독존 : 나만이 존중받을 존재라는 뜻이 唯我獨尊이다. 석가여래가 탄생하자마자 7보를 걷고 오른손은 하늘을, 왼손은 땅을 가리키며 천상천하에 유아독존이라 했다. 나보다 더 존귀한 존재는 없기 때문이다.

영산회상 : 회상의 일반적 의미는 법회의 모임을 뜻하며, 석가모니가 영축산에서 설한 법회모임을 靈山會上이라 한다. 이곳에서 법회는 영원불멸의 중생구제를 통한 정토극락을 수용하도록 촉구하였으므로 이 영산회상을 영산 정토라고도 한다. 소태산은 『대종경』 교단품 42장에서 부처님 십대제자는 불법을 받들어 솔선하였고, 대중은 십대제자의 정신에 의해 교화되어 영산회상을 이루었다고 했다.

묵연 : 침묵하여 조용한 모습을 黙然이라 한다.

가섭존자 : 부처님 십대 제자의 한사람으로서 迦葉이라 하며 尊者는 존칭이다. 마하가섭이라고도 불리며, 인도 왕사성의 장자였던 바라문 니그루다칼파의 아들로서 비팔라 나무 아래서 탄생하였다. 일찍이 비야라성의 바라문 딸과 결혼했지만 어려서 부모를 잃고 세속의 욕망이 무상함을 알면서 부부가 함께 부처의 제자가 되었다. 가섭은 기원정사로 불타를 만나러 갔을 때 "어서 오너라 가섭이여, 여기 내 자리에 앉아라" 하고 가섭존자에게 자리를 내주며 무상의 정법을 그에게 부촉하고 입멸하였다. 가섭은 교단의 상수제자로 존경을 받았다. 그는 석가의 열반 후 500명의 아라한, 아난, 우바리로 하여금 경과 율을 결집하도록 하였다.

정법안장 : 진리를 볼 수 있는 지혜의 눈으로 깨달은 비밀의 법(藏)을 正法眼藏이라 한다. 석가모니가 깨친 진리의 비밀로서 선가에서는 직지인심·견성성불·교외별전의 심인이라고 한다. 곧 삼처전심으로 마하가섭에게 정법안장을 부촉했다고 한다.

열반 : ☞『정전풀이』(상) 「사은, 부모은」 '열반' 참조.

녹야원 : 석가모니가 태어난 나라인 인도의 북쪽 사르나트에 있는 불교의 유적지가 鹿野苑으로, 불타가 성도 후 처음으로 법을 설한 곳이다.

여기에서 교진여 등 5비구를 제도하였다고 한다. 필자는 2003년 7월 16일 녹야원을 방문하여 석가모니의 최초 설법지에서 무상설법을 들었다.

발제하 : 인도의 강 이름을 跋提河라 한다. 석가모니는 이 강의 연안에 있는 쿠시나가라의 사라쌍수 아래에서 열반에 들었다고 한다. 석가의 열반 후 유해는 쿠시나가라의 말라족이 거두어서 향과 꽃과 음악으로 장엄하고 화장으로 장례를 거행했다고 전한다.

만법 : 우주 안에 존재하는 모든 법을 萬法이라 한다. 만법귀일이나 제법무아에 있어 만법과 제법이 같은 말이다. 우주의 성주괴공, 사시의 춘하추동, 만물의 생로병사에 관련된 변화의 법과 불변의 법, 유형의 법과 무형의 법을 통틀어 만법이라 한다. 제법무아·만법귀일을 화두로 삼고 궁글려 연마해야 할 것이다.

응연 : 단정하고 점잖은 모습을 凝然이라 한다.

영지 : 공적과 상관되는 개념으로 靈知가 있다. 영지는 소소영령하고 신령한 지혜로서 밝게 비추는 반야지와도 같다. 곧 일원의 체성은 진공체로서 공적하고, 일원의 작용은 묘유용으로 영지불매한 것이다. 정산종사는 법어 예도편 9장에서 항상 허령불매하여 엄연히 체용을 주재하는 것은 법신불의 영지라고 하였다.

윤회 : 수레바퀴가 지속적으로 굴러가듯이 중생의 번뇌와 업에 의해 삼계육도의 미한 생사를 넘나들며 그침이 없는 것을 輪廻라 한다. 곧 생명체가 생멸을 거듭하며 드나드는 궤도로서 육도세계(천상, 인도, 수라, 축생, 아귀, 지옥)는 정지되어 있는 것이 아니라 무시무종 돌고 돌아 윤회를 한다. 선연선과와 악연악과의 업력으로 순환하기 때문이다. 중생들은 육도 윤회를 극복, 불보살의 경지에서 해탈하는 적공이 필요하다.

해탈 : ☞『정전풀이』(상)「사은, 천지은」 '해탈' 참조.

자성 : ☞『정전풀이』(하)「일상수행의 요법」 '자성' 참조.

숙명 : 태어날 때부터 타고난 운명을 宿命이라 한다. 숙명에서 숙명론이 거론되며, 이는 한 생명체의 일생이 이미 정해져 있다는 사유이다. 삼명의 하나로 宿命明이 있고, 육통의 하나로 宿命通이 있다.

법신 : 진리 그 자체 혹은 영원의 이법으로서의 불타를 法身이라 한다. 이에 진여의 법신은 불타의 본래면목이며, 불교에서는 삼신불의 하나가

법신불이다. 원불교에서 법신은 삼신을 포함, 법신불 일원상을 의미한다.

개령 : 육도 윤회론에서 내가 죽으면 또 다른 '나' 로 탄생하는 개체 당사자의 영혼이 個靈이다. 곧 우주의 법신인 대령에서 개체의 윤회를 따라 품수된 개별적 영혼이 개령이라는 것이다. 힌두교의 유아윤회론에 의하면 아트만 곧 개령의 영속성을 확신하고, 불교의 무아윤회론에 의하면 무아 곧 개체의 윤회마저 해탈을 추구하는 성향이다.

전신 후신 : 나의 전생 몸을 前身이라 하고 내생 몸을 後身이라 한다. 현재의 몸은 당연히 現身이다. 삼세윤회를 따라 과거, 현재, 내세의 윤회가 지속되는 것이 중생의 삶이며, 불보살은 이의 해탈을 추구한다.

지묵 : 종이와 먹을 紙墨이라 하며, 우리가 책을 통해 경전을 접하는 것을 지묵경전이라 하며. 삶의 현장을 통해 접하는 현실경전이 있다.

7. 의두요목의 해의

1) 세존이 도솔천을 떠나지 않고 이미 왕궁가에 내리고, 모태 중에 중생 제도를 마쳤다는 뜻은?

(1) 도솔천(천상계로서 六慾天의 4天)과 왕궁가는 공간의 비유이며, 태어나기 이전의 모태와 현실의 중생제도는 시간의 비유로서 시·공간에 자유자재하는 여래의 방편이 나타난다.

(2) 분별의 세계에서는 도솔천과 왕궁가 및 불보살과 중생 등의 구별이 있으나, 분별을 넘어선 일념미생전의 성품자리에서 차별상은 없다.

(3) 이는 『화엄경』 이세간품에 나오는 내용이 후세에 화두로 만들어진 것으로, 삼세(전생, 현생, 내생)와 천상(도솔천)과 인간(왕궁가)에서 집착됨을 벗어나도록 하고 있다.

(4) 그대가 실상사를 여의지 아니하고 몸이 석두암에 있으며, 비록 석두암에 있으나 드디어 중생제도를 다 마쳤다(『대종경』, 성리품 16장)는 법어와 상통한다.

2) 세존이 탄생하여 천상천하유아독존이라 했는데, 그 의미는?

(1) 독존(불교), 독생(기독교), 독로(원불교)는 각 종교의 진리·절대자에 대한 유일성을 상징하고 있다.

(2) 이 세상은 나로부터 비롯되고, 나를 떠나서 존재하지 않으므로

가장 존경받을(獨尊) 존재가 참 나라는 뜻이다. 이를 넓혀보면 일체 중생 모두가 존경받을 존재라는 것으로도 새겨야 한다.

(3) 불교『보조요경』에 나온 요지를 공안으로 만들었으며, 석가가 룸비니 동산에서 태어나자마자 7걸음을 걸어가면서 한손으로는 하늘을, 다른 손은 땅을 가리키며 언급한 말이다.

(4) 유아독존이란 거짓 나가 아니라 참 나를 지적하는 것이며, 이는 법신과 하나인 나를 지칭하므로 가장 존경받을 존재임에 틀림없다.

3) 세존이 꽃을 들어 대중에게 보이자 대중이 묵연하되 오직 가섭만이 얼굴에 미소를 띠게 되니 정법안장을 전한 뜻은?

(1) 이는 격외법문으로 3처전심(靈山會上擧拈花, 多子塔前分半座, 雙林樹下槨示雙趺)의 첫 번째 항목에 해당된다.

(2) 불교『대범천왕 문불결의경』에서 세존이 꽃을 보이자 가섭이 미소를 지은 염화미소의 근거가 되는 바, 꽃을 든 것은 하나의 방편으로 무언가 말할 수 없는 깨달음의 진리를 전하고자 한 것이다.

(3) 정법안장을 가섭에 전했다는 것은 세존이 覺을 체득한 수제자에게 불불계세의 법맥으로 그의 心印을 전한 것이다.

(4) 세존이 꽃을 든 것은 진공의 소식이요, 가섭이 미소를 전하여 정법안장을 받은 것은 묘유의 소식이다.

4) 세존이 열반에 들 때 녹야원에로부터 발제하에 이르기까지 중간에 한 법도 설한 바가 없다고 한 뜻은?

(1) 녹야원은 세존이 성도한 곳이자 최초로 법을 설한 곳이며, 발제하란 세존이 열반한 쿠시나가라 지역을 말하며, 그가 성도하여 열반할 때까지 많은 법을 설하였다.

(2) 세존은 49년간 팔만사천 법문을 설하였음에도 불고하고 한 법도 설한 바가 없다는 것은 형식적 언어에 얽매여 참 진리를 모를까 염려함에서 나온 법어이다.

(3) 무상대도로서 일원은 언어도단의 입정처이자 심행처가 멸했으니, 언어명상의 분별에 의해 세존이 설한 법어의 참 소식을 전할 수는 없다.

(4) 손가락으로 참 달을 가리키는데, 참 달은 보지 못하고 손가락만 바라본다면 마치 무위법을 유위법으로 알려고 하는 어리석음과 같다.

5) 만법이 하나에 돌아갔는데, 어디로 돌아갈 것인가?

(1) 이는 一卽多, 多卽一의 소식을 전한 의두로, 만유가 한 체성임을 뜻한다.

(2) 조주화상이 언급한 만법귀일의 소식은 분석이 아니라 직관으로 다가서는 소식이므로 통만법명일심의 원리를 알아야 한다.

(3) 一切皆眞은 일체가 참이라는 점에서 만법이 참된 하나에 돌아가는 것이다.

(4) 일원상은 삼라만상으로 전개되고, 삼라만상은 일원상에 귀의한다.

6) 만법과 더불어 짝하지 않은 것이 그 무엇인가?

(1) 만유가 한 체성이요 만법이 한 근원이라 했으니 세상만사는 일원상과 더불어 짝하고 있다.

(2) 만법과 더불어 짝한다는 것은 만법과 더불어 상대한다는 것으로, 우리는 세상만사와 함께 호흡하고 살아갈 수밖에 없다.

(3) 방거사가 "만법과 더불어 짝하지 않은 것이 무엇인가" 라고 묻자 마조 도일(709-788)은 "네가 서강의 물을 한 번에 다 마셔버리면 말하여 줄 것이다" 라고 하니, 방거사는 이 말을 듣고 깨쳤다고 한다.

(4) 소태산이 부안 변산 월명암에 간즉 '不與萬法爲侶者是甚麼' 란 문구가 있었는데 아무리 보아도 선뜻 그 뜻을 알 수가 없었지만 차를 가져다주기에 받아 마시다가 홀연히 알았다(이공주 수필법설, 1941.12.8).

7) 만법을 통하여 한 마음을 밝히라는 뜻은?

(1) 유불도 3교의 모든 교법을 통합 활용하여 일원의 진리를 밝힌 소태산 대종사의 교법을 체득하면 통만법명일심이 된다.

(2) 세상의 천만 경전을 읽어 한 마음 밝히고, 의두와 성리를 깨치면 청정 자성 그대로이다.

(3) 누구나 만법을 통하여 한 마음 밝히는 이치를 알아 행하면 가히 대원정각을 얻는다(『대종경』, 성리품 5장).

(4) 總該萬有의 一心(일심이 만유 모두를 갖추고 있다)이라는 화엄 소식을 연마하고, 원효의 일심에 천만 교리의 대립이 화해되는 것을 연마할 일이다.

8) 옛 부처님이 나기 전에 응연히 한 상이 둥글었다는 뜻은?

(1) 자각선사의 古佛未生前 凝然一相圓 釋迦猶未會 迦葉豈能傳(옛 부처가 태어나기 전에 응연히 한 상이 둥글었으니, 석가도 아직 알지 못하였으나 가섭이 어찌 능히 전하리오)를 음미해 본다.

(2) 일원상은 옛 부처님이 만들어 준 것이 아니라 본래부터 있었으니 어느 누구든 일원의 진리를 깨달으면 그 주인이 된다.

(3) 만유가 한 체성이요 만법이 한 근원이라는 일원상 법어를 설명하고 있다.

(4) 생멸 없는 도와 인과 보응되는 이치가 바탕하여 한 두렷한 기틀을 지었다는 소태산 대종사의 대각일성을 화두로 삼는다.

9) 부모에게 몸을 받기 전 몸은 어떠한 몸인가?

(1) 삼세 일체의 부모를 믿는다면, 전생의 나와 현생·내생의 나를 생각할 수 있으며, 현재 부모에게서 받은 몸만 '나'로 간주할 수 없다.

(2) 색신의 몸과 법신의 몸을 생각하면, 현생의 색신에 집착하지 않고 우주에 가득한 법신을 생각해 볼 일이다.

(3) 한 개체로서 부모로부터 몸을 받기 이전 나는 누구일까를 생각해 보도록 하며, 일념미생전 소식을 연마해 본다.

(4) 생사를 거듭하는 현실의 소아와 불생불멸의 영원 속에 있는 대아를 구분하여 생각해 본다.

10) 깊이 잠들어 꿈도 없는 때에 그 아는 영지가 어디 있는가?

(1) 잠이 들었다는 것은 육신의 신경이 휴식을 취하는 때이며, 개인의 잠재의식 속에 靈識이 활동하는 것을 말한다.

(2) 잠을 잘 때 개인 영식의 활동은 곧 靈知의 작용이라 한다.

(3) 꿈도 없을 때는 본연 성품으로서 청정자성이 영지인 바, 유식학에 있어 이를 8식이라 한다.

(4) 프로이드는 정신분석학을 통해 꿈을 잠재의식으로 보았고, 융은 집단 무의식이 작용하는 것으로 보았다.

11) 일체가 다 마음의 짓는 바라는 뜻은?

(1) 원효가 밤에 근방의 바가지 물을 마실 때 감로수였으나, 아침에 깨어보니 해골에 고인 물임을 알고 토한 것이 일체유심조의 원리이다.

(2) 조물주가 다른데 있는 것이 아니라 개인의 조물주는 곧 자기 자신(『대종경』, 변의품 9장)이며, 자신은 곧 자기 마음작용에 따라 움직인다.

(3) 나의 한 마음이 발함에 따라 천하만사가 움직이고, 내 한 마음이 가라앉음에 따라 천하만사가 고요하다.

(4) 천지에 아무리 무궁한 이치가 있고 위력이 있다 할지라도 사람이 그 도를 보아다가 쓰지 아니하면 천지는 한 빈 껍질에 불과한 것(『대종경』, 불지품 13장)이 일체유심조의 원리이다.

12) 마음이 곧 부처라는 의미는?

(1) 卽心是佛(『대종경』, 변의품 13장)이란 용어는 마음이 곧 부처임을 알게 된다는 화두이다.

(2) 중생과 부처 마음의 차별상을 극복, 본래 구분 없는 청정자성을 회복하면 이것이 곧 부처인 것이다.

(3) 내 마음이 원만구족하고 지공무사한 것임을 깨달아 요란함, 어리석음, 그름이 없는 자성불이 된다면 부처의 마음이다.

(4) 법상이 마조에게 무엇이 부처냐고 질문하자, 마조는 마음이 부처라 하자 법상이 크게 깨달은 것처럼 마음 원리의 깨달음이 중요하다.

13) 중생은 윤회하고, 부처는 해탈하는 원인은?

(1) 중생은 무명에 가리어 탐진치의 업보를 만들고, 부처는 그러한 업보를 초월하기 때문에 해탈한다.

(2) 자성의 본래를 깨달아 윤회의 수레바퀴를 벗어나는 것이 중요하며, 어디에도 구애 없는 마음의 자유를 획득하는 것이 중요하다.

(3) 청정 자성이 경계를 따라 혼미해져 생사거래에 윤회하는 삶인가, 아니면 생사해탈의 삶인가에 따라 중생과 부처의 길이 나뉜다.

(4) 인간의 다양한 심법, 곧 四相에 대한 중생의 심법은 윤회로 이어지고 사상을 초월한 부처의 심법은 해탈로 이어진다.

14) 수행자는 자성을 떠나지 않는데, 어떤 것이 자성을 떠나지 않는 공부인가?

(1) 이 원상은 육근을 사용할 때 쓰는 것이니 원만구족하고 지공무사하게 활용한다면 자성을 떠나지 않는다(『정전』, 일원상법어).

(2) 수행자란 본능을 제어하고 동정간 청정한 성품을 닦아가므로 불리자성의 생활을 하게 된다.

(3) 삼학수행을 통해 진공으로 체를 삼고 묘유로 용을 삼는 것이 곧 진여자성을 떠나지 않는 길이다.

(4) 무시선 강령, 곧 육근이 무사하면 잡념을 제거하고 일심을 양성하며, 육근이 유사하면 불의를 제거하고 정의를 양성함이 참 자성이다.

15) 마음과 성품과 이치와 기운의 동일점과 구분된 내역은?

(1) 마음은 성품의 작용이요, 성품은 마음의 체이며, 이치는 이법이요, 기운은 활동의 근거로서 모두 생명현상에 관련된다.

(2) 우리의 심신은 마음과 성품, 이치와 기운이 동시에 작용하여 생명체를 유지하며 육근작용을 한다.

(3) 사람 하나를 놓고 심성이기로 낱낱이 나누어도 보고, 또한 사람 하나를 놓고 전체를 심성이기 각각의 하나로 합하여 보아야 한다(『대종경』, 성리품 28장).

(4) 송대 성리학에서 주로 거론되는 것이 심성이기인 바, 심성은 인간의 수양론에서 거론되고 이기론은 우주의 존재론에서 거론되지만 우주와 인간의 유기체적 합일의 원리에서 바라보는 지혜가 필요하다.

16) 우주 만물이 비롯이 있고 끝이 있는가, 비롯이 없고 끝이 없는가?

(1) 불교에서는 無始無終, 기독교에서는 有始有終(종말론)이라 하는 바, 각 종교의 시종(비롯과 끝)과 관련한 우주 생성론을 엿볼 수 있다.

(2) 원불교의 경우 무시무종의 원리로서 이 세상의 만물은 무위이화 자동적으로 생겨난다(『대종경』, 천도품 5장)고 하였으며, 불생불멸의 진리를 설하고 있다.

(3) 진공묘유의 조화는 우주만유를 통하여 무시광겁에 은현 자재한다(『정전』, 일원상의 진리).

(4) 유는 무로, 무는 유로 돌고 돌며(게송), 유상으로 보면 상주불멸로 여여자연하며, 무상으로 보면 우주의 성주괴공과 만물의 생로병사로 변화함을 알아야 한다(일원상서원문).

17) 만물의 인과 보복되는 것이 현생일은 알고 실행되지만, 후

생일은 숙명이 매하여 피차가 알지 못하는데 어떻게 보복되는가?

(1) 전생에 지은 것은 현생에 받고, 현생에 지은 일은 후생에 받는다는 것은 인과보응에 대한 철저한 믿음에서 비롯된다.

(2) 현생일과 후생일의 인과는 일원상 진리의 작용, 곧 공적영지의 광명과 진공묘유의 조화에 의해 나타나는 것이다.

(3) 현생일만 아는 것은 불생불멸의 이치를 모르며, 영생사를 깨달으면 전생·현생·내생이 소소영령하게 전개되는 것을 안다.

(4) 인간은 하늘에 뿌리를 박고 살므로 그 업인이 허공법계에 심어져서, 제각기 선악의 연을 따라 지은대로 과보가 나타난다(『대종경』, 인과품 3장 참조).

18) 천지는 앎이 없으되 안다 하니 그것이 무슨 뜻인가?

(1) 일원상 진리에 공적영지의 광명이 있으니, 그 광명에 의해 천지는 앎(천지의 識)이 있어서 시방삼계가 장중에 한 구슬같이 드러난다.

(2) 천지보은의 조목에 천지의 지극히 밝은 도를 체받아서 천만사리를 연구하여 걸림 없이 알 것이라 하였다.

(3) 종자를 뿌려 보면 땅은 반드시 그 종자의 생장을 도와주며, 또한 팥을 심은 자리에는 반드시 팥이 나게 하고, 콩을 심은 자리에는 반드시 콩이 나게 한다(『대종경』, 변의품 1장).

(4) 일원상 진리는 시방삼계가 장중에 한 구슬같이 드러나는 것을 알며, 천지의 신령한 기운은 이와 통한다(天地靈氣我心定).

19) 열반을 얻은 사람은 영지가 이미 법신에 화하였는데, 어찌하여 다시 개령으로 나누어지며, 전신과 후신의 표준이 있는가?

(1) 인과 업보의 윤회를 통해서 개령이 나타나고, 윤회를 해탈하면 법신에 합하며, 법신에 합하면 개령과 대령에 자유자재한다.

(2) 일원상의 진리는 은현자재하므로 삼세를 믿는다면 전생 현생 내생이 있는 것이며, 현실에서 전신과 후신의 구별이 나타난다.

(3) 바닷물은 대령이며 파도는 개령이라고 보고, 세숫대야에 있는 물을 그릇에 담아보면 전체 물이라는 대령과 그릇 물이라는 개령이 있다.

(4) 힌두교는 유아윤회로서 아트만이라는 개령(화신)이 윤회함을 밝히고 있고, 불교는 무아윤회로서 법신(법신)에 합하는 것을 밝히고 있다.

20) 나에게 한 권의 경전이 있으니 지묵으로 된 경전이 아니라, 한 글자도 없으나 한 광명을 나툰다는 뜻은?

(1) 경전에는 크게 몇 가지로 말한다면 팔만장경·사서삼경 등 지묵 경전이 있고, 현실 경전이 있으며, 성품을 보는 자성 경전이 있다.

(2) 현실의 산 경전은 지묵으로 되어 있지 않으나 현실의 삶에서 무한한 가르침을 베푼다.

(3) 자성의 경전은 卽心是佛이자 直指人心으로서 성품의 원리를 알아서 맑고 조촐한 성품을 현실에서 활용하는 경전이다.

(4) 지묵의 경전은 문자에 의존하는 것이라면, 광명을 나투는 경전은 현실 경전으로서 不立文字 그대로이다.

8. 관련법문

☞「대종사 말씀하시기를 "마음 바로잡는 방법은 먼저 마음의 근본을 깨치고 그 쓰는 곳에 편벽됨이 없게 하는 것이니 그 까닭을 알고자 하거든 이 의두를 연구해 보라" 하시고 "만법귀일하니 일귀하처오" 라고 써 주시니라」(『대종경』, 성리품 17장).

☞「도가에서 공부인의 신성을 먼저 보는 것은 신이 곧 법을 담는 그릇이 되고, 모든 의두를 해결하는 원동력이 되며, 모든 계율을 지키는 근본이 되기 때문이니…」(『대종경』, 신성품 7장).

☞「그대들이여 화두를 들고 지내는가. 화두를 연마하는 데에는 의리선 여래선 조사선을 차서 있게 별행함이 옳으나, 과거의 선방공부 같이 온 종일 화두만 계속할 것이 아니요 화두를 마음 가운데 걸어 놓고 지내다가 마음이 맑고 조용할 때에 잠간잠간 연구해 볼지니라. 그러하면 마치 저 닭이 오래 오래 알을 품고 굴리면 그 속에서 병아리가 생기듯 마음의 혜문이 열리리라」(『정산종사법어』, 권도편 38장).

☞「대각의 열쇠인 의두를 늘 연마해야 큰 지혜가 솟을 것이다. 천만 사리에 대한 의문을 가지고 이를 갈고 궁구하되 천번, 만번, 억만번 탁마하는 공을 쌓아야 천각, 만각, 억만각으로 결국 사리 간에 걸림이 없는 혜문이 열리게 되는 것이다」(『대산종사법문』 2집, 제4부 신년법문, 원기63년 연두법문).

9. 의두요목의 형성 및 변천사

1) 교서변천 과정에 나타난 의두요목의 개념

초기교서『수양연구요론』에 밝혀진 문목은 137개 항목으로 다양한 주제들이 제시되고 있으며, 여기에서 초기교단의 의두항목들을 세밀히 관찰할 수 있다. 이어서『육대요령』에서는 11과목의 하나인 문목과 의두를 설명하는 과정에서『수양연구요론』 137항목의 문목에 대한 의의를 밝히고 있다.『불교정전』에서는 47개의 의두로 바뀌어 대소유무와 시비이해 및 일체 인간사의 의심건이라 했고, 오늘날『정전』에는 20개 항목으로 축소되어 대소유무와 시비이해 및 불조의 화두라 정의하였다.

(1) 원기 12년『수양연구요론』의 137개의 문목이 나타나 있으며 다양한 주제의 문목들이 제시되고 있다.

☞「원불교 초기교서에서 의두라고 할 수 있는 것은 원기 12년에 출간된『수양연구요론』의 137절의 각항 연구문목이라 할 수 있다」(김영민, 「원불교 의두에 관한 一考」,『정신개벽』제16집, 신룡교학회, 1997, pp.84-85).

(2)『육대요령』의 문목은 수양연구요론의 문목과 여타의 문목을 연구하여 사리간 명확한 분석을 얻도록 함이라 했다.

☞「문목이라 함은 본회 교과서『수양연구요론』內 대소유무와 시비이해를 망라하여 지정된 137절의 의두문목과 기타 일체 인간에 의심다울만한 제목을 이름이니, 어떠한 문목이든지 각자의 연구대로 그 해결안을 제출하여 감정을 얻게 하는 것으로써, 이는 본회 초급 교과서를 마치고 연구의 실지경을 밟는 공부자에게 사리간 명확한 분석을 얻도록 함이요」(『육대요령』, 제3장 훈련편, 공부의 요도 정기훈련 과목, 사리연구 정기훈련과목 해석).

(3)『불교정전』의 의두는 대소유무와 시비이해, 일체 인간사의 의심건을 제출하여 사리간 명확한 분석을 얻음이다.

☞「의두라 함은 본회 교과서 내에 대소유무의 이치와 시비이해의 일이며 기타 일체 인간사에 의심나는 제목을 이름이니 어떠한 제목이든지 각자의 연구대로 그 해결안을 제출하여 감정을 얻게 하는 것으로써 이는 본회 초등교과서를 마치고 연구의 실지경을 밟는 공부자에게 사리간 명확한 분석을 얻도록 함이요」(『불교정전』, 제3편 제2장 공부의 요도 정기훈련과목 및 해석, 2.사리연구 정기훈련과목 해석).

(4) 현 『정전』의 의두는 대소유무와 시비이해, 불조의 화두 중에서 의심건을 제출하여 사리간 분석력을 얻음이다.

☞「의두는 대소유무의 이치와 시비이해의 일이며 과거 불조의 화두 중에서 의심나는 제목을 연구하여 감정을 얻게 하는 것이니, 이는 연구의 깊은 경지를 밟는 공부인에게 사리간 명확한 분석을 얻도록 함이요」(『정전』, 제2장 정기훈련과 상시훈련, 제1절 정기훈련법).

2) 의두요목의 범주 및 항목의 변화

초기교단의 『수양연구요론』에 나타난 문목의 내용과 범주의 다양성이 나타나고 있는데, 풍수·불공·도참·생사·윤회·부귀·빈천·길흉 등이 그것이다. 그리고 의두요목의 범주가 변화되었는데 먼저 『수양연구요론』의 각항문목이 『육대요령』의 문목·성리로, 이어서 『불교정전』의 의두·성리로 변화되어 왔고, 이때 불조의 화두가 현 『정전』에는 의두 항목으로 변경되었다.

(1) 『수양연구요론』의 문목 내용들은 주로 풍수·불공·도참·생사·윤회·부귀·빈천·길흉들로 구성되어 있다.

☞「『수양연구요론』 137항 문목의 구체적인 내용으로는 나중에 『정전』의 계문과 솔성요론으로 정리되는 내용을 비롯하여 불리자성 공부『주역계사』『음부경』「동경대전」『수심정경』『도덕경』 풍수 불공 도참 생사 윤회 부귀 빈천 개인의 길흉에 관한 문제, 부처와 공자, 맹자, 육조, 조주, 임제 등과 관련된 화두, 자연 현상의 변화 원인 등이라고 할 수 있다. 이중에서 계문과 솔성요론, 사은, 과거 불조의 화두 등은 나중에 『정전』 편찬에 반영되었으며, 부처의 권능에 관련된 것은 『대종경』의 불지품에, 개인의 길흉에 관한 것은 불조요경의 『현자오복덕경』을 싣는 것에 영향을 준 것으로 보인다(김영민, 「원불교 의두에 관한 一考」, 『정신개벽』 제16집, 신룡교학회, 1997, pp.84-85).

(2) 『수양연구요론』에는 각항문목, 『육대요령』에는 문목·성리, 『불교정전』에는 의두·성리로 이어져 왔고, 『수양연구요론』의 문목 137개가 『불교정전』에서 47개로 바뀌었고, 『정전』에서 20개로 축약되었다.

☞「각항연구문목 137개 조항 소개. 내용은 주로 본회 교리에 대한 의문, 과거 여러 종교의 교리에 대한 의문, 자연현상에 대한 의문 등이다. 『불교정전』에서는 47개 조항으로 축소되고 주로 선가의 화두를 실

었다」(박용덕, 『천하농판』, 도서출판 동남풍, 1999, pp.73-74).

(3) 의두는 문목에서 변화된 용어인 바, 『불교정전』에는 성리 항목에 있던 불조의 화두를 현 『정전』에는 의두 항목으로 옮겼다.

☞「의두라는 말은 원불교 교단의 고유한 용어이다. 그리고 문목에서 출발한 이 용어가 소태산이 친감한 『불교정전』까지는 비교적 일관성을 가지고 내려왔다. 그러다가 소태산 사후에 『원불교 교전』에서는 성리의 항목에 있던 '불조의 화두'를 의두의 항목으로 편입·병치시키면서 그 정체성에 혼란이 시작한 것이다」(정순일, 「성리개념의 변화와 그 본질」, 『원불교사상과 종교문화』 35집, 원불교사상연구원, 2007.2, pp.138-139).

10. 의두와 일원상의 관계

소태산의 대각은 일원상 진리의 깨달음에서 비롯된 만큼 의두연마의 핵심은 일원상과 관련되는 것이다. 따라서 어떠한 의두를 연마하든 일원상과 연계하는 일이 필요하며, 일원상을 궁극적으로 견성 성불하는 화두로 삼자는 소태산의 가르침을 염두에 두어야 한다. 나아가 『육대요령』의 사은에 대한 의두 해석 역시 법신불 사은이라는 점에서 일원상에 대한 의두연마나 다름이 없다.

1) 일원상에 대한 소태산의 깨달음은 의두연마를 통해 이루어졌다.

☞「소태산은 의심을 발하여 대의단을 뭉치어서 대각을 하였기 때문에 그의 포부와 경륜이 "만유가 한 체성이요 만법이 한 근원이로다. 이 가운데 생멸없는 도와 인과보응되는 이치가 서로 바탕하여 한 두렷한 기틀을 지었도다" 는 대각일성을 토해낸 것이다. 이러한 모든 면에서 볼때 의두연마를 하지 않고는 대각을 할 수 없어 진리를 깨닫지 못하므로, 수도인은 모두가 의두연마를 실생활화하여 진척시켜 나가야 한다」(서경전, 『교전개론』, 원광대학교출판국, 1991, p.384).

2) 초기교단에서 일원상을 의두로 삼아 다양한 교리공부가 행해졌다.

☞「1938년에는 일원상을 의두 문답으로 응용할 만큼 다양하게 교리공부가 진행되었다.…이렇게 불법연구회 회원들의 일원상에 대한 이해는 감각감상, 의두문답, 법의문답 등 여러 방면을 통하여 점차 확산되었다」(박용덕, 『천하농판』, 도서출판 동남풍, 1999, pp.32-33참조).

3) 어떤 의두든 일원상과 연계하여 연마를 할 필요가 있다.

☞「성리와 의두가 관계가 있다 하여 일원상은 제쳐놓고 '만법귀일 일귀하처' 만을 들고 연마하는 사람도 있다. 이것이 본래부터 전통적으로 내려오는 가장 근본되는 화두가 아닌가 하여 그것만 가지고 연마를 하는 사람도 있고, 천칠백 공안 가운데 하나씩 잡고 화두로 삼아서 공부하려는 모습도 있다」(박장식, 『평화의 염원』, 원불교출판사, 2005, p.211).

4) 일원상을 궁극적으로 견성 성불하는 화두로 삼을 일이다.

☞「소태산은 일원상을 대할 때마다 견성 성불하는 화두를 삼으라고 했거니와 이는 의두요목 8조의 물음과 그 맥을 같이 하는 것이다. 그러나 이는 원불교의 최고 종지로서 신앙의 대상이고 수행의 표본인 일원상을 실생활에 부합시켜 화두로 제시했다」(김영민, 「원불교 의두에 관한 一考」, 『정신개벽』 제16집, 신룡교학회, 1997, p.100).

5) 『육대요령』은 법신불 사은조항에 피은의 강령, 피은의 조목, 보은의 강령, 보은의 조목, 배은으로 언급하며 「右에 대한 의두해석」이라 했지만, 『불교정전』은 이를 「보은의 결과」와 「배은의 결과」로 수정했다.

☞「『육대요령』에서 사은의 각 조항을 보면, 「피은의 강령」「피은의 조목」「보은의 강령」「보은의 조목」「배은」 등의 순서로 서술하고 「右에 대한 의두해석」이라는 조항을 별립하여 보은·배은에 대한 이치를 설명하고 있는 점이다. 이들 조항들은 후일 『불교정전』에서는 「보은의 결과」 또는 「배은의 결과」 등의 이름으로 실리고 있다. 그러한 사실은 「보은의 결과」「배은의 결과」 등의 내용이 매우 합리적이며 누구라도 납득이 가능한 설명이라는 것을 알 수 있다」(정순일, 「성리개념의 변화와 그 본질」, 『원불교사상과 종교문화』 35집, 원불교사상연구원, 2007.2, pp.130-131).

11. 의두연마의 특징

소태산은 불교 간화선의 화두에 대하여 교판적으로 접근하여 의두연마를 간소하게 하도록 하였다. 하지만 이는 깨달음의 매체라는 면에서 유교의 성리, 불교의 화두 연마와 같은 성격을 지닌다. 이른바 의두연마의 대상은 진리라든가, 자연현상, 인간사를 화두로 삼아 심오하게 접근하는 방식이 그것이다. 이에 의두연마는 부정과 관조의 방법으로 하며, 사제간 문답감정으로 전개되는 특성을 지닌다.

1) 원불교 의두는 불교의 화두를 교판적으로 접근, 간소화했다.

☞「한국 불교는 임제종 계통이기 때문에 선방에서는 하루 8시간 화두 연마를 하고 있다. 이것을 간화선이라 한다. 간화선은 8시간 동안 자기가 연마하는 화두에 대해서 다른 생각 하나 없이 거기에 집중하는 공부를 하고 있다. 간화선 중에서도 여러 가지 화두를 연마하고 있다. 1,700공안 중에서 많이 연마하는 화두가 만법귀일 일귀하처, 無, 개는 불성이 없느냐 등의 화두를 연마한다. … (문목) 137조목으로 되었는데 원기 28년에『불교정전』을 편찬하면서 47조목이 되었다. 거기에는 3/4 이상이 불교의 화두이다. 나머지 1/4은 대종사가 창안한 조목이다. 그러다가 원기 47년에『원불교 교전』이 편찬될 때 20조목으로 집약하였다」(한정석,『원불교 정전해의』, 도서출판 동아시아, 1999, pp.404-406).

2) 원불교의 의두는 동양종교의 성리나 화두 방식의 연마이다.

☞「마음과 성품, 이치와 기운의 동일점과 구분의 내역 등에 관한 것은 유교적인 화두라 볼 수 있고 불교와 관계되면서도 재창조의 성격을 가진 화두 등이 있다. 원불교에서는 대체로 의두의 공부로서 이를 표현하고 있다」(송천은,「원불교의 성리인식」, 류병덕 박사 화갑기념『한국철학종교사상사』, 원광대 종교문제연구소, 1990, p.1132).

3) 진리 연마에 있어 평소 의심을 갖고 연마하는 공부가 의두이다.

☞「의두 성리 연마에 있어서도 행주좌와 어묵동정간에 무엇인가 늘 의심을 갖고 생각해야 한다. 진리를 연마해 가는데 있어서 평소에 늘 의심을 갖고 궁글리고 연마해 보는 길 외에 또 다른 방법은 없다」(박장식,『평화의 염원』, 원불교출판사, 2005, p.214).

4) 의두연마는 자연현상과 인간사의 모든 것을 대상으로 연구하는 특징을 지닌다.

☞「의두는 이 세상의 자연 현상을 포함하여 우리 주변에서 우리가 의심을 가지는 것이라면 무엇이든지 그 문제가 포괄하는 내용을 연구하는 과목이다. … 따라서 이 공부는 아주 매력적이어서 이 공부를 요달한 사람들은 감히 대장부 일대사를 끝마쳤다고 큰 소리를 쳤던 것이다」(김영민,「원불교 의두에 관한 一考」,『정신개벽』제16집, 신룡교학회, 1997, p.102).

5) 즉답의 회피와 부정의 논리로써 진리의 본질을 추구하도록 한다.

☞「석존 설법의 또 하나의 특징은 희론에 얽매이지 않았다는 점이다. "세계는 상주하는가 무상한가?" "세계는 유한한가 무한한가?" "신체와 영혼은 같은가 다른가?" "여래는 사후에 존재하는가 아닌가?

존재하고 존재하지 않는가? 혹은 존재하는 것도 아니고 존재하지 않는
것도 아닌가?" … 묵묵부답은 자아와 세계의 문제에 대한 회피가 아니
며 오히려 그러한 희론을 모두 부정하여 문제의 본질과 정면으로 승부
하자는 석존의 적극적인 설법의 하나였던 것이다」(정순일, 『인도불교사
상사』, 운주사, 2005, pp.106-107).

6) 의두연마는 사제 간의 문답감정으로 전개되는 특성을 지닌다.

☞「서중안 사뢰기를 "저는 항상 진세에 있어서 번뇌와 망상으로 잠
시도 마음이 바로 잡히지 못하오니 그 마음을 바로 잡기가 원이옵이
다." 대종사 말씀하시기를 "마음 바로잡는 방법은 먼저 마음의 근본을
깨치고 그 쓰는 곳에 편벽됨이 없게 하는 것이니 그 까닭을 알고자 하
거든 이 의두를 연구해 보라" 하시고 "만법귀일하니 일귀하처오" 라고
써 주시니라」(『대종경』, 성리품 17장).

12. 의두연마의 방법

의두연마는 오래하는 것이 능사가 아니라 적정한 시간 그리고 맑은
기운이 있을 때 기틀을 따라 연마하는 것이 능률적이다. 또한 경전 법
규 연습을 마친 후에 의두연마를 하며, 직관과 관조로 연마하되 마음공
부하는 심경으로 임하며 몰록 깨치고자 조급심을 가져서는 안 된다. 의
두연마의 방법은 사리연구와 영지를 단련시킴으로써 모든 문제를 대소
유무의 이치로 해결하도록 가르친다.

1) 적당한 시간에 부단히 의두를 연마한다.

☞「적당한 시간에 의두와 성리를 반드시 연구할 것이요. 의심을 풀
어내는 공부(母鷄包卵). 사리 간에 의심건 하나씩을 적어 두고 알맞게
혜두 단련하는 공부를 할 일 = 맑은 정신에 잠간 드는 것이 좋다(意旨
해석과 동지간 문답)」(『정전대의』-대산종사법문 1집, 12.상시응용 6조공
부, 4.적당한 시간에 의두와 성리를 반드시 연구할 것이요).

2) 의두연마는 맑은 정신으로 기틀을 따라 연마하는 것이 좋다.

☞「근래에 선종 각파에서 선의 방법을 가지고 서로 시비를 말하고
있으나, 나는 그 가운데 단전주법을 취하여 수양하는 시간에는 온전히
수양만 하고 화두연마는 적당한 기회에 가끔 한 번씩 하라 하노니, 의
두 깨치는 방법이 침울한 생각으로 오래 생각하는 데에만 있는 것이 아
니요, 명랑한 정신으로 기틀을 따라 연마하는 것이 그 힘이 도리어 더

우월한 까닭이니라」(『대종경』, 수행품 14장).

3) 경전 법규 연습을 대강 마친 후에 의두연마를 한다.

☞「경전 법규 연습하기를 대강 마친 사람은 의두연마 하기를 주의할 것이요」(『정전』, 제2장 정기훈련과 상시훈련, 제2절 상시훈련법 4조).

4) 마음공부를 하면서 알기 어려운 문제를 의두화한다.

☞「여러분은 마음공부를 하면서 무엇이 잘 되지 않는가? 경전공부를 하면서 모르는 것이 무엇인가? 그것을 또렷이 하여 의두화하라. 그러면 깊은 진리를 깨닫게 된다. 머리에 의심이 없으면 언제나 남의 판단에 의존하고 돌머리, 석두가 된다는 것을 명심해야 한다」(장응철 역해,『생활속의 금강경』, 도서출판 동남풍, 2000, pp.23-24).

5) 의두와 성리연마는 직관과 관조로 임한다.

☞「사량 분별심에 의하지 않고 만물을 보는 순간 바로 그 본질을 파악하고 점두되는 것, 이것이 직관이며 관조라고 느껴지면서 나의 첫 의심건이었던 관조의 뜻이 짐작되어지는 것이었다. 그 다음 순간 나는 성리의 세계로 빠져들고 있었다」(오은성,『견성에 이르는 길』, 원불교출판사, 2008, pp.29-30).

6) 의두연마는 욕속심을 버려야 하며, 스승의 감정을 받아야 한다.

☞「의두연마를 할 때에 특히 주의해야 할 몇 가지 사항이 있다. 첫째 속히 이루려는 마음을 갖지 말아야 한다는 것이다. … 둘째 정신기운이 맑은 때에 하라는 것이다. … 셋째 의두연마를 한 후에는 반드시 스승에게 감정을 얻어야 한다」(서경전,『교전개론』, 원광대학교출판국, 1991, p.377).

7) 의두연마의 방법은 사리연구와 영지를 단련시킴으로써 모든 문제를 대소유무의 이치로 해결하도록 가르친다.

☞「의두연마하는 방법을 가르치고 사리연구와 영지를 단련시킴으로써 가정 사회 국가 세계의 모든 문제를 대소유무의 이치로써 해결하는 방법을 가르쳐주는 교화가 이루어져야 한다」(최영돈, 「결복기 교운을 열어갈 교무상」,《원불교교무상의 다각적인 모색》, 원광대 원불교사상연구원, 2003.2.7, p.5).

13. 의두연마의 필요성

의두연마를 하는 것은 구도심의 표출이요, 의두건을 오랫동안 가슴에 품으며 연마를 할 필요가 있다. 의두나 성리연마를 하지 않으면 깨달음에 이를 수 없음을 알고, 적공을 통한 스스로의 연마, 스승과의 문답감정을 통한 의두연마가 필요하다. 의두연마는 공부풍토를 조성하는 데에도 필요하며, 의두와 관련한 교육 내지 프로그램 개발이 요구된다.

1) 의두는 구도의 심경에서 결단심으로 다가서야 한다.

☞「절대적 지혜를 깨치기 위해서는 현묘한 이치에 대한 골똘한 의문과 끊임없이 파고드는 노력이 있어야 한다. 이를 의두와 성리연마라 한다. 의두와 성리연마는 신명을 바쳐서 사생결단으로 해야 한다. 일원의 진리를 실행에 부합시켜 한결같은 수행을 해야 한다」(한종만, 『원불교 대종경 해의』(下), 도서출판 동아시아, 2001, p.569).

2) 의두연마는 모계포란처럼 꾸준히 임한다.

☞「내가 어느 때에 암탉(母鷄)이 병아리 까는 것을 보았다. 십여개의 알을 품고 주야로 쉬지 아니하면서 20여일을 두고 궁글리더니, 급기야 깨어질 시기가 되니까 하나씩 둘씩 차례차례 깨어지는 중 암탉의 품에 벗어난 것만 枯卵이 되고 말았다. 그런데 우리 선생님께서 날마다 이 의두로써 우리를 궁글려 주는 것이 꼭 전자에 말하던 암탉이 병아리 깨는 것과 같다고 생각하였다. 그러면 우리도 선생님의 가르치는 법에 벗어나지만 아니하고 될만한 한도까지 닦아가면 미망의 껍질이 다 벗어지고 大圓한 性體가 들어날 줄로 자신한다」(김남천, 정묘 12월 16일 감상담 중에서, 『월말통신』 제7호, 불법연구회, 원기 13년 음 9월 말일).

3) 의두건이 없으면 결코 지혜로워질 수 없음을 알아야 한다.

☞「의문을 갖지 않고는 깨달음을 얻을 수 없다. 문제의식이 없는 조직의 책임자는 그 조직을 성장시킬 수 없다. 의두가 없는 사람은 결코 지혜로워질 수 없다」(장응철 역해, 『생활속의 금강경』, 도서출판 동남풍, 2000, p.23).

4) 의두연마는 스스로 연마 해득하되, 스승의 감정이 필요하다.

☞「의두와 성리를 연마하는 목적은 우주의 심오한 진리를 스스로 깨달아 체험 체득하여 성리에 의한 폭넓은 생활을 하자는 데에 있다. 이 의두와 성리를 연마하는데 있어 스스로 연마하여 해득을 얻은 다음 선진이나 선각자의 감정을 얻어서 정확히 알아 인증을 받는 일이 중요하다」(안이정, 『원불교교전 해의』, 원불교출판사, 1998, pp.573-574).

5) 공부 진척을 위해서 개인적, 교단적으로 의두연마 풍토가 요구된다.

☞「교단은 과거로부터 의두연마를 교단적으로 각자의 공부진척을 위해 실시해온 바 있다. 원기 23년에 거교적 차원에서 실시했는데 "금번 제4회 의두문목을 제출하여 그 해답을 모집한 바, 응답자 48인중 左와 如히 1등 1인이 선출되었기에 그 논문을 게재하오니 참고하시압"이라는 내용이 『회보』 49호에 실려 있다. 또한 원기 49년도에도 이와 비슷하게 실시하기도 했다. "작년 9월 교역자 강습회를 계기로 종법실에서 우리의 공부에 도움이 되는 네 가지 문제를 내주었던 바, 중앙총부와 기관 지방 재가 출가가 1년 연마하여 제출한 300건의 답안 가운데 이 중 해답안을 엄선하여 32건을 선정"(『원광』 50호, p.49참조)하기도 했던 것이다」(서경전, 『교전개론』, 원광대학교출판국, 1991, p.378).

6) 의두연마와 관련한 교육 커리나 프로그램 개발로 이어져야 한다.

☞「원불교는 이제부터라도 기존의 인력을 활용하여 의두에 대한 교육에 본격적으로 나서야 한다고 생각한다. 고학력 사회가 되어가고 정보화 시대를 맞이하여 교화의 영역을 확충해가기 위해서는 세상을 보는 열린 안목이 중요한데, 의두는 이런 능력을 배양하는 과목으로서 이제 그 역할을 다해야 한다고 생각하기 때문이다」(김영민, 「원불교 의두에 관한 一考」, 『정신개벽』 제16집, 신룡교학회, 1997, p.103).

14. 의두연마의 결과

원불교에 있어 의두연마는 청풍월상시 만상자연명처럼 큰 깨달음으로 이어진다. 그것은 의두연마를 통해서 진리의 영지불매 곧 대소유무와 시비이해를 깨달아 광명을 얻게 된다는 것이다. 곧 견성성불의 경지에 오른다는 것으로, 화두나 의두연마는 잡념을 일념 만들어 성품의 깨달음으로 이어진다. 안으로 바른 지각능력을 얻는 것이 의두연마의 결과이기도 하다.

1) 소태산은 의두를 연마하여 만상자연명으로 큰 깨달음을 얻었다.

☞「대종사 양치질하고 세수를 마친 뒤에 옷깃을 여미시고 단정히 앉으셔서 전일에 알고자 하시던 그 모든 의두를 차례로 연마해 보시니 모두가 한 생각에 있지 아니하여 마음 밝아지는 景像이 마치 여명에 날이 장차 밝으려 함에 만상이 저절로 나타남과 같은지라. 이에 대종사 크게 신기하게 여기시사 종으로 고금을 참작해 보시고 횡으로 세계를 관찰해 보시매 하나도 걸리고 막히심이 없으시었다」(송도성, 『대종사약

전』, 박용덕, 『천하농판』, 도서출판 동남풍, 1999, p.3).

2) 의두연마를 통해서 진리의 영지불매한 광명을 얻게 되면 대소유무와 시비이해가 밝아진다.

☞「혜력을 얻기로 하면 경계를 대할 때마다 연구심을 놓지 않는 것으로, 밖으로는 항상 묻고 배워 지견을 넓히고 안으로는 의두와 성리를 궁굴리고 갈아서 바른 지각을 얻는 공부를 오래오래 하고 보면 드디어 큰 혜력을 얻게 될 것이다. 이리하여 천조의 대소유무와 인간의 시비이해를 자성의 大圓鏡에 비추어 이무애 사무애가 됨으로써 항상 영지불매한 광명이 넘치게 될 것이다」(『대산종사법문』 2집, 제7부 교역자훈련 결제해제 법문, 22회 교역자훈련 해제법설).

3) 견성 성불은 의두연마를 통해 이루어진다.

☞「참으로 견성을 하게 되면 진리를 그대로 해석도 하고 나타내기도 하는 것이다. 우리의 의두요목 가운데에 "세존이 도솔천을 떠나지 아니 하시고 이미 왕궁가에 내리시며 모태 중에서 중생제도 하기를 마치셨다" 하였는데 무슨 뜻인가. 또 49년 설법을 하시고 부처님이 대중 가운데 꽃가지를 드시니 대중은 다 묵연하되 마하가섭만이 파안미소를 하였다. 그래서 정법안장을 마하가섭에게 넘겼다. 이것이 일처전심이다. 그 다음에는 多子搭前에 分半坐라, 다자탑 앞에서 우연히 한 자리를 나누어 앉았는데 그것이 이처전심이고 삼처전심은 곽시쌍부라, 가섭이 철이 들고 도가 들었기 때문에 각 지방으로 다니면서 교화를 하였다. 그래서 부처님께서 돌아가신 줄을 모르고 있다가 부처님이 열반하시었으므로 애통을 하였더니 관 속에서 두 발이 나왔다고 한다. 이것이 삼처전심이다. 부처님께서 가섭에게 법을 완전히 다 전하셨다 한다」(『대산종사법문』 3집, 제2편 교법, 128. 견성과 성불).

4) 의두연마는 잡념을 일념 만들어 성품 자리를 증득하게 한다.

☞「사실 화두를 드는 것은 잡념을 일념으로 만들기 위한 수단인 측면이 강하다. 즉 우주의 진리를 깨치기 위해서는 상념이 아주 고요해져 버린 상태가 되어야 성품 자리를 마음으로 증득하는 바, 이 때문에 선가에서는 무심을 철증하여 일념도 不生하는 閑閑地를 지켜 무심을 철증할 것을 강조한다」(김영민, 「원불교 의두에 관한 一考」, 『정신개벽』 제16집, 신룡교학회, 1997, pp.93-94).

5) 안으로 바른 지각을 얻는 공부가 의두 및 성리연마이다.

☞「動=밖으로 묻고 배워서 지견을 넓히는 공부(외학지식), 靜=안으

로 의두와 성리를 연마하여 바른 지각을 얻는 공부(內研眞理)」(『정전대
의』-대산종사법문 1집, 9.삼학, 2.사리연구).

15. 의두와 성리

　의두와 성리는 정기훈련 과목으로서 사리연구에 속한 점에서, 또 깨
달음을 지향하는 점에서 공통점이 있다. 『정전』에서 의두는 대소유무와
시비이해 및 과거 불조의 화두를 연마한다면, 성리는 우주의 본래이치
와 우리의 자성원리를 연마하는 것이라 구분하고 있다. 구체적으로 말
해서 의두는 연구범위가 광범위하다면 성리는 본체에 치중하는 성향이
며, 의두는 분석으로 다가서지만 성리는 직관으로 다가서는 특징을 지
닌다. 하지만 의두와 성리는 외관상 차이점이 있으나 진리의 깨달음으
로 이어주는 방법이라는 점에서 본질적으로 크게 차이가 나지 않는다.
　1) 의두와 성리는 정기훈련 과목에 속한다.
　　☞「공부인에게 정기로 법의 훈련을 받게 하기 위하여 정기훈련 과목
으로 염불 좌선 경전 강연 회화 의두 성리 정기일기 상시일기 주의 조
행 등의 과목을 정하였나니, 염불 좌선은 정신수양 훈련과목이요, 경전
강연 회화 의두 성리 정기일기는 사리연구 훈련과목이요, 상시일기 주
의 조행은 작업취사 훈련과목이니라」(『정전』 제3수행편, 제2장 정기훈
련과 상시훈련, 제1절 정기훈련법).
　2) 의두는 대소유무의 이치와 시비이해, 과거 불조의 화두를 연마한다
면, 성리는 우주만유의 본래이치와 우리의 자성 원리를 연마한다.
　　☞「의두는 대소유무의 이치와 시비이해의 일이며 과거 불조의 화두
중에서 의심나는 제목을 연구하여 감정을 얻게 하는 것이니, 이는 연구
의 깊은 경지를 밟는 공부인에게 사리간 명확한 분석을 얻도록 함이요,
성리는 우주만유의 본래이치와 우리의 자성원리를 해결하여 알자 함이
요」(『정전』 제3수행편, 제2장 정기훈련과 상시훈련, 제1절 정기훈련법).
　3) 의두는 사리간 의심나는 문제나 화두를 연마한다면, 성리는 우주와
인생의 근본 원리를 연마한다.
　　☞「의두와 성리가 사리를 연구하고 단련하는 목적은 같으나, 의두는
성리의 깊은 경지를 연구함에 앞서 사리간에 의심나는 문제나 불조의
화두 중에서 의심나는 제목을 연구하여 사리간에 명확한 분석으로 확실
하게 알아내는 공부라면, 성리는 좀 더 깊은 차원에서 우주의 원리와

인생의 근본 원리를 연구하여 이를 깨달아 체험하고 체득하여 일상생활이 성리에 의한 생활이 되도록 하자는 것으로 구분할 수 있다」(안이정, 『의두 성리연마』, 원불교출판사, 1988, p.25).

4) 의두는 연마 범주가 광범위하지만 성리는 본체에 치중하여 깊은 깨달음을 추구한다.

☞「의두와 성리 공부는 비슷한 바가 있으나 의두는 광범위한 반면, 성리는 우주와 인간의 구경 본원에 치중하여 있으며 성리는 더욱 깊은 깨달음을 중시하는 특징이 있다」(송천은, 『열린시대의 종교사상』, 원광대출판국, 1992, p.302).

5) 의두는 분석으로 다가서지만 성리는 직관으로 다가선다.

☞「의두요목은 사리간 명확한 분석력을 기르기 위함이라 한 것인데 만법귀일의 경우 그 하나는 무엇이냐, 하나로 돌아가는 실체를 증거하는 것, 분석력을 기르는 과목이기에 의두에 해당하며 성리는 분석이 아니라 직관이다. 그러므로 성리에 들어서는 분석이 필요치 않다. 바로 깨쳐야 한다」(이은석, 『정전해의』, 원불교출판사, 1985, p.204).

6) 의두와 성리는 별도의 과목으로 설정하였으나 본질은 다르지 않다.

☞「의두와 성리를 별도의 훈련과목으로 설정하였으나 본질에서는 다르지 않다고 할 수 있다. 개념의 정의에서 볼 수 있듯이 과거 불조의 화두라는 것도 대부분 우주와 자성원리를 주제로 하는 것들이며 대소유무의 이치가 우주만유의 본래 이치와 다르지 않기 때문이다」(박상권, 「소태산 성리해석의 지향성 연구」, 『원불교사상과 종교문화』 32집, 원불교사상연구원, 2006.2, p.91).

7) 포괄적으로 의두와 성리의 동이점은 다음과 같다.

☞「의두와 성리의 같은 점 : 1) 의두와 성리가 연구과목으로 지혜를 연마하고, 2) 깨닫는데 목적이 있으며, 3) 활용하는 면이 서로 같다. 다른 점 : 1) 의두는 의리선으로 언설이 필요하나 성리는 여래선, 조사선 격으로 언설이 별로 필요 없다. 2) 의두는 본래(體)와 지엽(用)까지 연마하나 성리는 본래 자리를 주로 연마하여 지엽까지 통달한다. 3) 의두는 들어가는 범위가 넓고 성리는 들어가는 경지가 깊다. 4) 의두는 궁글리고 분석하며 성리는 直觀點頭한다. 5) 의두는 자타력을 아우르나 성리는 자력 위주로 한다. 6) 의두는 바른 길로 가도록 감정을 하고 성리는 어디까지 갔는지 인가를 내린다. 7) 성리문답은 의두에 속하고 견성인가는 성리에 해당됨이 대체로 다르다」(양도신, 『대종사님 은혜 속

에』, 원불교출판사, 1991, 참조/박장식, 『평화의 염원』, 원불교출판사, 2005, pp.212-213).

16. 보충해설

불교에서 전통적으로 화두를 연마하는 선은 간화선이다. 잘 알다시피 한국의 임제종 계통은 간화선을 하기 때문에 하루 8시간 정도의 화두를 연마하고 있다. 하루 종일 화두만 연마해야 하는 간화선의 폐단을 밝힌 소태산은 새벽 1시간 정도의 좌선(묵조선)을 한 후 의두연마(간화선)를 5분 정도 하는 것과 같은 맥락에서 이해된다. 다시 말해 묵조의 좌선은 물론 화두의 간화선을 교판적으로 접근하여 불교 좌선법을 혁신, 수행하고자 하였으며 정기훈련 과목으로 의두와 성리를 깨달음의 방법으로 설하였다.

따라서 초기교서 『수양연구요론』에서는 137개의 문목으로서 의두요목을 두었으며, 『불교정전』에서는 47개, 현행본 『정전』 의두요목에서는 20개의 항목으로 축약하여 연마토록 하였으며, 『대종경』 성리품은 30장을 두고 있다. 소태산은 의두나 성리를 설하지 않은 종교는 사교로 보았다. 다시 말해서 종교의 문에 성리를 밝힌 바가 없으면 원만한 도가 아니며, 성리는 모든 법의 조종이 되고 모든 이치의 바탕이 되기 때문(성리품 9장)이라 하였다.

대산종사 역시 교단 100주년을 맞이하는데 있어 다음의 의두 항목을 연마하도록 하였다. "大地虛空心所現, 十方諸佛手中珠, 頭頭物物皆無碍, 法界毛端自在遊(대지 허공은 내 마음의 나타난 바요, 시방제불은 내 손 가운데 구슬이다. 모든 의두 물물에 걸림이 없으니, 법계라는 것은 아까 그 대자리요, 모단이라는 것은 『화엄경』에 一毛端에 現寶光刹이라는 말씀이 있으니 한 찰이 현재 나타난 세계보다도 수억만 배 큰 것인데, 그렇게 큰 세계를 이 터럭 위에다 놓고 궁글리니 그 자유자재한 심경이 어디 막히고 걸릴 것이 있겠느냐"(『대산종사법문』 4집). 의두연마는 이처럼 적공하는 재가출가 교도에 있어 깨달음을 지향하는 지렛대이다.

17. 연구과제

1) 의두와 화두의 관계는?
2) 의두와 성리의 관계는?
3) 의두연마는 왜 필요한가?
4) 의두 항목의 변천사는?
5) 『정전』 의두요목 1~3항을 설명하시오.
6) 의두연마를 나의 생활상에서 어떻게 실천하는가.

18. 고시문제

1) 세존이 도솔천을 떠나지 아니하고 이미 왕궁가에 태어나시며 모태 중에서 중생 제도하기를 마치셨다하니 그 뜻을 설명하시오.
2) 세존이 열반에 드실 때에 내가 녹야원으로부터 일찍이 한 법도 설한 바가 없노라 하였다 하니 그것이 무슨 뜻인가?
3) 천상천하 유아독존이라한 의의.
4) 만법이 하나로 돌아갔다 하니, 그것은 어디로 돌아갈 것인가?
5) "옛 부처님이 나시기 전에 응연히 한 상이 둥글었다 하였으니 그것이 무슨 뜻인가" 라는 의두요목을 설명하시오.
6) 부모에게 몸을 받기 전 몸은 그 어떠한 몸인가?
7) "나에게 한 권의 경전이 있으니 지묵으로 된 것이 아니라, 한 글자도 없으나 항상 광명을 나툰다 하였으니 그것이 무슨 뜻인가" 를 의리선적으로 설명하시오.
8) 일체가 다 마음이 짓는 바라 하였으니 무슨 뜻인가?
9) 마음이 곧 부처라 하였으니 그것이 무슨 뜻인가?
10) 마음과 성품과 이치와 기운의 동일한 점은 어떠하며 구분된 내역은 또한 어떠한가?
11) 다음 어휘의 출처(『정전』의 해당되는 장 또는 제목)와 뜻을 간단히 풀어 적으시오 : 정법안장.
12) 다음 낱말의 뜻을 『정전』에서 밝힌 대로 쓰시오 : 의두.
13) 평소에 단련하는 의두 하나를 들고 설명.
14) 다음 단어개념을 정리하고 내용을 논술하시오 : 대령 개령.

제6장 일기법

○ 「일기법」의 원문

1. 일기법의 대요

재가 출가와 유무식을 막론하고 당일의 유무념 처리와 학습상황과 계문에 범과유무를 반성하기 위하여 상시일기법을 제정하였으며, 학원이나 선원에서 훈련을 받는 공부인에게 당일 내 작업한 시간수와 당일의 수입 지출과 심신작용의 처리건과 감각감상을 기재시키기 위하여 정기일기법을 제정하였나니라.

2. 상시일기법

1) 유념 무념은 모든 일을 당하여 유념으로 처리한 것과 무념으로 처리한 번수를 조사 기재하되, 하자는 조목과 말자는 조목에 취사하는 주의심을 가지고 한 것은 유념이라 하고, 취사하는 주의심이 없이 한 것은 무념이라 하나니, 처음에는 일이 잘 되었든지 못 되었든지 취사하는 주의심을 놓고 안 놓은 것으로 번수를 계산하나, 공부가 깊어가면 일이 잘되고 못된 것으로 번수를 계산하는 것이요,

2) 학습상황 중 수양과 연구의 각 과목은 그 시간수를 기재하며, 예회와 입선은 참석여부를 대조 기재하는 것이요,

3) 계문은 범과 유무를 대조 기재하되 범과가 있을 때에는 해당조목에 범한 번수를 기재하는 것이요,

4) 문자와 서식에 능하지 못한 사람을 위하여는 따로이 태조사법을 두어 유념 무념만을 대조하게 하나니, 취사하는 주의심을 가지고 한 것은 흰 콩으로 하고 취사하는 주의심이 없이 한 것은 검은 콩으로 하여, 유념 무념의 번수를 계산하게 하는 것이니라.

3. 정기일기법

1) 당일의 작업 시간수를 기재시키는 뜻은 주야 24시간 동안 가치 있게 보낸 시간과 허망하게 보낸 시간을 대조하여, 허송한 시간이 있고 보면 뒷날에는 그렇지 않도록 주의하여 잠시라도 쓸데없는 시간을 보내지 말자는 것이요,

2) 당일의 수입 지출을 기재시키는 뜻은 수입이 없으면 수입의 방도를 준비하여 부지런히 수입을 장만하도록 하며 지출이 많을 때에는 될 수 있는대로 지출을 줄여서 빈곤을 방지하고 안락을 얻게 함이며, 설사 유족한 사람이라도 놀고먹는 폐풍을 없게 함이요,

3) 심신작용의 처리건을 기재시키는 뜻은 당일의 시비를 감정하여 죄복의 결산을 알게 하며 시비이해를 밝혀 모든 일을 작용할 때 취사의 능력을 얻게 함이요,

4) 감각이나 감상을 기재시키는 뜻은 그 대소유무의 이치가 밝아지는 정도를 대조하게 함이니라(『정전』제3 수행편, 제6장 일기법).

1. 일기법의 등장배경

과거불교는 염불, 간경, 좌선 등 한편에 치우친 수행이 진행되어 왔으며, 민간도교에서는 『태상감응편』이나 『공과격』의 활용이 있어왔으니, 원불교는 이러한 풍조 속에 새 일기법이 필요하였다. 이에 소태산은 전통방식의 수행법에 한계를 인지하여 삼대력을 병진하는 새 일기법을 제시하기에 이르렀으며, 원기 2년 성계명시독이 그 일기법의 첫 출발이었다. 뒤이어 『육대요령』과 『불교정전』에서 정기일기와 상시일기법이 구체화되기에 이른다.

1) 재래종파는 염불, 간경, 좌선, 계율에 치우치게 수행해 왔지만, 원불교는 삼대력을 병진하여 일기법을 때에 맞게 활용한다.

☞「과거 사원에서는 염불종은 언제나 염불만 하고, 교종은 언제나 간경만 하며, 선종은 언제나 좌선만 하고, 율종은 언제나 계만 지키면서 같은 불법 가운데 서로 시비장단을 말하고 있으나, 그것은 다 계정혜 삼학의 한 과목들이므로 우리는 이것을 병진하게 하되, 매일 새벽에는 좌선을 하게 하고, 낮과 밤에는 경전 강연 회화 의두 성리 일기 염불 등을 때에 맞추어 하게 하며, 이 여러 가지 과정으로 고루 훈련하나니, 누구든지 이대로 정진한다면 재래의 훈련에 비하여 몇 배 이상의 실효

과를 얻을 수 있나리라」(『대종경』, 교의품 20장).

 2) 원불교 일기법은 『태상감응편』과 함께 유행한 민간도교 『공과격』의 점검 방식과 관련이 있다.

　　☞「초기교단의 성계명시독과 같은 점검 방법은 원불교 일기법과 신분검사법으로 발전되며 … 그러한 과정과 방법에 『태상감응편』과 함께 유행한 민간도교 『공과격』 사상의 功過 점검 방식이 어느 정도의 영향을 미쳤음은 교리사적인 측면에서 확인할 수 있는 바, 그 功過 신앙은 대종사에 의하여 일기법, 신분검사법, 훈련법 등에 실증적이고 창의적으로 응용되었다고 할 수 있을 것이다」(박도일, 「신분검사법과 일기법에 보이는 功過 사상」, 제19회 원불교사상연구 학술대회 《정산종사의 신앙과 수행》, 원광대 원불교사상연구원, 2000년 1월 28일, p.129).

 3) 소태산은 원기 2년 「성계명시독」이라는 책을 두어 10일간 지낸 바의 마음을 대조, 조사토록 하였으니 일기법의 첫 출발이다.

　　☞「誠誡明示讀이라는 책을 두시사, 단원들의 10일 동안 지낸 바 마음을 청·홍·흑점으로 조사하여, 그 신성 진퇴와 실행 여부를 대조케 하시니, 단원들은 한편 두려워하고 한편 기뻐하여, 그 마음의 결합됨과 신성의 철저함은 이루 다 말할 수 없었다」(『원불교 교사』, 제3장 제생의세의 경륜, 4. 첫조단과 훈련).

 4) 초기교서의 『육대요령』과 『불교정전』에서 구체화된 일기법이 등장했다.

　　☞「정기일기라 함은 당일 내 모든 일을 한 시간 수를 기재하며 당일 수입금과 지출금을 기재하며 심신작용의 처리건과 감각감상을 기재케 함이니, 시간수를 기재하는 뜻은 사람으로 하여금 주야 24시간 내에 가치있게 보낸 시간과 허망하게 보낸 시간을 대조하여 허송한 시간이 있고 보면 뒷날은 그렇지 않도록 주의를 시켜서 일분일각이라도 쓸데 없이는 보내지 말자는 것이요, 당일 수입 지출금을 기재시키는 뜻은 수입 지출을 대조하여 수입이 많을 시는 안락이 올 것이요 지출이 많을 때는 빈천이 닥쳐올 것은 정한 이치라, 고로 사람으로 하여금 수입이 없으면 수입의 방도를 준비하여 부지런히 수입을 장만하도록 하며 지출이 많을 때는 될 수 있는대로 지출을 줄여서 빈천을 방지하고 안락을 얻게 함이며, 또는 설사 재산이 있는 자라도 직업없이 놀고먹는 폐풍을 없게 함이요, 심신작용의 처리건을 기재시키는 뜻은 사람의 죄와 복은 다른 데 있는 것이 아니요, 오직 사람 스스로의 마음과 몸으로 일을 작용하는

데 달렸는지라, 고로 이 작용 처리건을 기재시켜서 당일 내의 시비를 감정하여 죄복의 결산을 알게 하며 또는 시비이해를 알려서 천만 일을 작용할 때 취사의 권능을 얻게 함이요, 감각이나 혹은 감상된 바를 기재시키는 뜻은 그 크고 적음과 옳고 그름을 판단하여 지견의 얻은 바를 대조하게 함이요, 습자와 문법 등을 따로이 정하는 것은 필법과 저술법을 鍊熟시키기 위함이니라. 주의라 함은 사람이 육근을 동작할 때에 하기로 한 일과 안 하기로 한 일을 경우에 따라 잃어버리지 아니하고 실행하는 마음을 이름이요, 조행이라 함은 사람으로서 사람다운 행실가짐을 이름이니라」(『육대요령』, 제3장 훈련편, 작업취사 정기훈련과목의 해석 정기일기 주의 조행).

2. 일기법의 의미

원불교의 일기법은 교법 실천과 관련되어 있는 바, 일기를 작성함으로 인해 실행을 대조하고 스스로 죄복을 알게 하고 권선징악으로 실지공부를 장려하는 공부법이다. 아울러 작업취사와 사리연구 과목으로 삼대력을 증장시키는 공부법이다. 또 일기법에서는 정기·상시일기를 통해 육근작용을 원만히 하도록 반조하며, 감각감상과 심신작용처리건을 기재, 지행을 대조하고 허송하는 일이 없도록 적공을 유도하는 공부법이다.

1) 수행인으로서 심신간 실행여부를 대조, 죄복을 알아서 권선징악으로 실지공부를 장려하는 것이 일기법이다.

☞「(일기법으로 공부하는 필요성은) 수행인으로서 당일의 심신동작하는 데에 실행 여부를 대조하여 무료도일함이 없이 복짓고 죄짓는 사실을 본인 스스로 알아서 권선징악하는 실지공부를 장려하는 방법이다. 이를 자력으로써 알아야 할 것이다」(이운권, 고산종사문집1 『정전강의』, 원불교출판사, 1992, p.84).

2) 일기법은 작업취사와 사리연구 과목으로 삼대력을 얻도록 육근동작을 대조 반성하여 삼대력을 얻게 한다..

☞「일기법은 작업취사(상시일기)와 사리연구(정기일기) 과목이다. 일 있을 때나 일 없을 때의 일상생활에서 육근동작을 그 일마다 대조하고 반성하여 그때 그 자리에서 바로 주밀하게 공부심을 증진시켜 삼대력을 얻게 하는 공부이다」(한정석, 『원불교 정전해의』, 도서출판 동아시아,

1999, p.440).

 3) 공부인이 공부한 내용과 결과를 대조하며 상시일기 및 정기일기를 기재하는 것이 일기법이다.

　☞「일기법은 재가출가와 유무식의 모든 공부인이 일분일각도 끊임없이 공부한 내용과 결과를 스스로 반성대조하는 동시에 공부를 더욱 촉진하기 위하여 상시일기와 정기일기를 한다」(신도형, 『교전공부』, 원불교출판사, 1992, p.340).

 4) 일기법은 교리훈련을 통해 감각감상·심신작용처리를 기재하고, 지행을 대조하며 허송하는 일이 없도록 하는 공부법이다.

　☞「일기법은 우리의 교리를 훈련받으면서 그 교리를 일상생활에서 익히고 실천하며 경계를 대할 때마다 온전한 생각으로 취사한 후 심신작용의 처리를 반성하고 대조하며, 보고 듣고 생각하는 가운데 느낀 감각이나 감상이나 심신작용의 처리건을 기재하여, 그 실행여부를 점검하고 지행을 대조하여 일분일각도 허송하는 일이 없이 끊임없는 노력으로 공부를 촉진시키기 위한 것이다」(안이정, 『원불교교전 해의』, 원불교출판사, 1998, p.626).

3. 일기법의 대의강령

 1) 유무념, 학습상황, 계문 성찰 등의 상시일기법을 제정하였다.
 2) 작업시간, 수지대조, 심신작용처리건, 감각감상을 기재하기 위해 정기일기법을 제정하였다.
 3) 상시일기법의 기재요령으로 4조항이 제시되어 있다.
 4) 정기일기법의 기재요령으로 4조항이 제시되어 있다.

4. 일기법의 구조

 1) 일기법의 대요
 2) 상시일기법
 3) 정기일기법

5. 단어해석

 일기법 : 원불교의 日記法으로는 상시훈련을 보다 효과적으로 수행하기

위하여 당일의 유무념 대조·학습상황·계문준수 여부를 대조하는 상시일기법이 있다. 또한 정기훈련을 효과적으로 수행하기 위하여 그날의 작업시간수·수입지출·심신작용처리건·감각감상을 기재하는 정기일기법이 있다. 일기법의 원형은 교단 초기에 시행된 성계명시독이다.

재가·출가 : 원불교의 4대의무를 실천하며 교당내왕시주의사항을 통해 신앙 수행을 하는 거진출진의 일반교도를 在家라 하며, 이에 대해 전무출신을 직업으로 하는 출가교도를 出家라 한다. 교리정신에서 이는 신앙·봉사하는 형식상의 차이일 따름이며 실지에 있어서는 큰 차별을 두지 않는다.『대종경』변의품 14장에서도 마음 재계는 출가 재가가 다를 것이 없다고 했다.

유·무식 : 지식이나 상식이 많은 것을 유식이라 하고, 이와 반대로 지식이 없고 아는 것도 적은 것을 無識이라 한다. 소태산은 지식을 섭렵하도록 삼학에 사리연구를 두었고, 지자본위 조항을 두었으며, 지도인으로서 준비할 요법에서는 지도받는 사람 이상의 지식을 갖도록 하였다.

유무념 : ☞『정전풀이』(하)「정기훈련과 상시훈련」'유무념' 참조.

학습상황 : ☞『정전풀이』(하)「정기훈련과 상시훈련」'학습상황' 참조.

계문 : ☞『정전풀이』(하)「정기훈련과 상시훈련」'계문' 참조.

상시일기법 : ☞『정전풀이』(하)「정기훈련과 상시훈련」'상시일기법' 참조.

심신작용처리건 : ☞『정전풀이』(하)「정기훈련과 상시훈련」'심신작용처리건' 참조.

감각감상 : ☞『정전풀이』(하)「정기훈련과 상시훈련」'감각감상' 참조.

정기일기법 : ☞『정전풀이』(하)「정기훈련과 상시훈련」'정기일기' 참조.

번수 : 생각이나 일을 전개하거나 대조한 횟수를 番數라 한다.

취사 : ☞『정전풀이』(하)「정기훈련과 상시훈련」'취사' 참조.

예회 : 원불교인이 의무적으로 참여하는 신앙·수행 의례로서의 정례법회를 例會라 한다. 교단 초창기에는 매월 三旬의 예회를 보았으며, 근래에는 매주 일요일에 정례 예회를 본다. 청소년들의 경우 교당에서 수요일이나 토요일 등 형편에 따라 특정한 날에 예회를 본다.

입선 : ☞『정전풀이』(하)「정기훈련과 상시훈련」'입선' 참조.

서식 : 문서의 방식을 書式이라 한다. 소태산은 일기법에서 문자와 서식에 능하지 못한 사람들을 위해 태조사법을 두었다.

태조사법 : 원기 16년에 발표된 것으로, 검정콩과 흰콩을 사용하여 유무념을 대조하는 초기교단의 공부법이 太調査法이다. 이는 당시 문자를 모르는 사람에게 요긴한 공부법으로 검정콩은 무념, 흰콩은 유념으로 정하여 유무념을 대조하고 그 숫자를 계산하여 유무념 공부를 하게 하였다. 정산종사는 법어 경의편 23장에서 태조사법을 언급하고 있다.

허송 : 세월을 헛되이 보내는 것을 虛送이라 한다. 소태산 대종사는 『대종경』 수행품 55장에서, 정산종사는 『정산종사법어』 응기편 5장에서 이 회상을 만났으니 허송세월을 하지 말도록 하였다. 쓸데없는 시간을 낭비하지 말고 삶을 보다 의미 있고 충실하게 살라는 것이다.

방도 : 일을 처리할 방법과 도리가 方途이다. 일기법에서 소태산은 수출에 비해 수입이 부족하면 이를 보충할 방도를 준비하라고 하였다.

안락 : ☞『정전풀이』(상)「사은, 부모은」'안락' 참조.

유족 : 넉넉하여 쓰고 남음이 있음을 裕足이라 한다.

폐풍 : 악습·비합리 등으로 피해가 되는 폐습을 弊風이라 한다.

감정 : ☞『정전풀이』(하)「정기훈련과 상시훈련」'감정' 참조.

죄복 : ☞『정전풀이』(하)「염불법」'죄복' 참조.

시비이해 : ☞『정전풀이』(상)「사은, 법률은」'시비이해' 참조.

대소유무 : ☞『정전풀이』(상)「일원상, 일원상의 진리」'대소유무' 참조.

6. 숙어·문제풀이

1) 재가 출가 유무식을 막론하고 당일의 유무념 처리와 학습상황과 계문범과 유무를 반성하기 위하여 상시일기법을 제정하였다는 것은?

　(1) 원불교의 일기법은 차등을 두어서 만든 것이 아니라 누구라도 기재할 수 있도록 하였다.

　(2) 상시일기법은 상시훈련을 효과적으로 하기 위해 상시로

일어나는 생활을 대조하는 것이다.

(3) 상시일기법은 유무념, 학습상황, 계문대조를 위해 제정된 것이다.

(4) 일기법에는 점검내용에 따라 정기일기와 상시일기가 있다.

2) 학원이나 선원에서 훈련을 받는 공부인에게 당일내 작업한 시간수와 당일의 수입지출과 심신작용의 처리건과 감각감상을 기재시키기 위하여 정기일기법을 제정하였다는 것은?

(1) 정기일기는 전문수련을 하는 사람 곧 학원이나 선원 등에서 훈련받는 공부인에게 적합한 일기법이다.

(2) 정기일기는 정기훈련을 보다 효과적으로 수행하기 위하여 기재하는 일기법이다.

(3) 정기일기에서는 작업시간수, 수입지출을 대조하여 의미 있게 시간을 보냈는가, 절약생활을 하였는가를 점검한다.

(4) 정기일기는 심신작용처리건과 감각감상을 기재하여 대소 유무와 시비이해 파악에 도움이 된다.

3) 유념과 무념은 무엇이며, 유무념 대조를 어떻게 계산하는가?

(1) 모든 일에 방심하지 않고 온전히 취사하는 마음을 갖고 하는 것에 유·무념 대조의 근본 의도가 있다.

(2) 일을 당하여 유념으로 처리한 것과 무념으로 처리한 번수를 조사 기재하되, 하자는 조목과 말자는 조목에 취사하는 주의심으로 하는 것은 유념이요, 주의심 없이 하는 것은 무념이다.

(3) 처음에는 일이 잘 되었든지 못 되었든지 취사하는 주의심 여부의 번수를 계산하며, 공부가 깊어가면 일이 잘되고 못된 것으로 번수를 기재한다.

(4) 유념과 무념을 대조하는 것이 작업취사의 공부법이다.

4) 학습상황 중 수양과 연구의 각 과목은 그 시간수를 계산하여 기재하며, 예회와 입선은 참석여부를 대조 기재하는 것이란?

(1) 평생을 배우는 것이 만물의 영장으로서 인간의 할 일이며, 학습상황의 점검을 통해 매일 진급생활의 정도를 알 수 있다.

(2) 새벽의 수양시간과 오전 오후의 연구 시간수를 계산하는

것은 허송시간을 보내지 않았는가를 반조하기 위함이다.

(3) 수양과 연구 등 삼학을 병진하는 것이 공부인의 본무이다.

(4) 예회와 입선 역시 학습상황으로 일기법을 점검하자는 것이다.

5) 계문은 범과유무를 대조 기재하되 범과가 있을 때에는 해당 과목에 범한 번수를 기재하는 것이란?

(1) 계문은 금지조항을 중심으로 실천을 유도하는 바, 계문 범과를 하면 윤리 및 법규에서 어긋나는 행위이다.

(2) 계문을 범과하면 신구의 삼업에 의해 악업을 짓는 경우로서 고통의 윤회를 극복해야 하므로 일기법에서 대조한다.

(3) 보통급·특신급·상전급의 단계별 해당 계문을 지킴으로서 근기에 따라 기질변화를 도모하고 선행을 도모하는 것이다.

(4) 계문을 통해 쟁투나 삼독·오욕 등의 뿌리를 제거하고 정의를 실행하는데 도움이 되므로 일기법에서 대조하게 한다.

6) 문자와 서식에 능하지 못한 사람을 위해 따로 태조사법을 둔 이유와 이를 대조하는 방법은?

(1) 원불교가 출현할 당시의 사회에는 남녀노소 유무식 빈부 귀천의 차등이 있었으며, 이에 누구라도 일기법을 기재하여 공부하도록 하기 위해 태조사법을 창안한 것이다.

(2) 태조사법은 마음대조에 용이한 방법으로 취사하는 주의심으로 한 것은 흰콩, 취사하는 주의심 없이 한 것은 검정콩으로 대조하여 유·무념의 번수를 계산하는 것이다.

(3) 태조사법처럼 원불교 일기법을 용이하게 적용하기 위해 다양한 프로그램의 개발이 필요하다.

(4) 좌산종사는 종법사 재임(1994~2006) 당시 용이하게 휴대할 수 있도록 유·무념 시계를 개발, 널리 보급하도록 하였다.

7) 당일의 작업시간수를 기재시켜서 주야 24시간 가치 있게 보낸 시간과 허망하게 보낸 시간을 대조하라는 것은?

(1) 하루의 작업시간은 공부인의 기질변화에 도움이 되며, 영육쌍전의 교리정신에도 맞는다.

(2) 인간의 심신은 나태함으로 인하여 무기력해지기 쉽다는 것을 환기해야 한다.

(3) 24시간의 육근작용을 원만구족하고 지공무사하게 했는가를 대조하며 무료도일의 시간을 가능한 줄이도록 노력해야 한다.

(4) 작업시간수를 기재하는 뜻은 사은의 공물로서 우리가 보은 봉공하는 시간을 늘려서 가치 있는 삶을 살자는 것이다.

8) 당일의 수입·지출을 기재시켜 수입이 없으면 수입의 방도를 준비하고 지출이 많을 때는 빈곤을 방지하라는 것은?

(1) 수지대조의 경제절약과 자급자족의 정신은 원불교의 이소성대와 영육쌍전의 교리에서 찾을 수 있다.

(2) 정신의 자주력, 육신의 자활력, 경제의 자립력을 키우고자 하는 것이 수지대조이다.

(3) 일기법으로 수지대조를 하여 예·결산의 균형과 자립의 정신을 확보하자는 것이다.

(4) 정신의 삼강령은 물론 육신의 의식주 삼강령을 아울러 갖추어 의식주의 풍요를 누리며, 여유로움으로 보은하자는 것이다.

9) 심신작용의 처리건을 기재시켜 당일의 시비를 감정하여 죄복을 결산하고 시비이해를 밝혀 취사의 능력을 얻게 한 것은?

(1) 심신작용처리건을 통해 하루의 시비를 감정함으로써 그릇된 일은 하지 말고 올바른 일을 하여야 한다.

(2) 하루하루의 심신작용을 통해 올바른 일을 함으로써 죄는 짓지 말고 복을 짓도록 보은하자는 것이다.

(3) 심신작용처리를 하는 뜻은 본래 자성에 비추어 시비이해를 밝힘으로써 궁극적으로 취사력을 갖자는 것이다.

(4) 심신작용처리건은 스승의 일기감정을 통해 더욱 효과적으로 죄복 결산과 취사의 능력을 얻게 하였다.

10) 감각이나 감상을 기재시키는 뜻은 그 대소유무의 이치가 밝아지는 정도를 대조하게 하는 것이란?

(1) 대인접물을 통해 얻어진 감각이나 감상을 대소유무의 이치에 대조하여 기재하는 것이다.

(2) 접하는 모든 일을 대소유무의 이치에 대조하는 바, 감각과 감상을 대소유무와 연관하여 진리의 깨달음으로 유도한다.

(3) 일반인의 일기는 지나간 하루의 과정을 기록하는 것에 초점을 둔다면, 수도인의 일기는 감각감상과 심신작용처리건의 기록을 통해 영성의 깨침을 촉구한다.

(4) 감각감상은 심신작용처리건과 같이 스승의 일기감정을 받음으로써 더욱 효과적으로 자신의 공부 정도를 점검하게 된다.

7. 관련법문

☞「나는 또한 이 챙기는 마음을 실현시키기 위하여 상시응용주의사항과 교당내왕시주의사항을 정하였고 그것을 조사하기 위하여 일기법을 두어 물샐 틈 없이 그 수행방법을 지도하였나니 그대들은 이 법대로 부지런히 공부하여 하루 속히 초범입성의 큰 일을 성취할지어다」(『대종경』, 수행품 1장).

☞「오늘부터는 새해인 만큼 거년일을 대조하여 잘된 일 잘못된 일을 살피어 보며 정신 노력으로나 물질 희사로나 사회 국가를 위하여 얼마나 노력한 일이 있는가 대조하여 보아서 세상에 유익 줄 일은 할지언정 법률에 위반되는 행동은 아니하기 위하여 새로운 각성으로 매일 매일 일기를 계속하여 보라」(『대종경선외록』, 17.선원수훈장 4장).

☞「대종사께서 상시 훈련법으로 공부인의 정도를 따라 혹은 태조사를 하게 하시고 혹은 유무념을 대조케 하시고 혹은 일기로 대조케 하시니, 이것이 명목은 서로 다르나 모두 이 유념 하나를 공부케 하신데 지나지 않나니라」(『정산종사법어』, 경의편 23장).

8. 일기법의 형성사

원불교의 일기법은 원기 2년 성계명시독에서 출발한다. 뒤이어 원기 10년 정기일기가 포함된 훈련법을 제정하였고, 원기 14년 교무부 사업보고서에서는 일기법을 쓰도록 하고 있다. 원기 16년 『불법연구회 통치조단규약』이 발표되면서 일기조사 기재법을 제정하였고, 원기 18년 용금제도 등 법규가 제정되면서 간이일기법이 등장하였다. 원불교 초기교서 『육대요령』에서는 정기일기법을 구체화하였고, 『불교정전』에서는 상시일기법을 제정하고 있다.

1) 일기법의 전신으로서 『성계명시독』은 10일 동안 지낸 바 마음을 조사하여 심리 공부와 신성의 정도를 반조했다.

☞「(원기 2년) 대종사께서 이 단을 조직하신 후 단원의 신성이 나타남을 따라 …『성계명시독』이라는 책을 두시사 10일 동안 지낸 바 마음을 조사하여 그 신성 진퇴와 행실 善否를 대조케 하시니 단원 등은 일변 두려워하고 일변 기뻐하여 그 심리의 결합됨과 신성의 철저함이 다 이를 수 없었다」(정산종사, 『불법연구회창건사』 제1편 1회 12년, 제10장 「대종사의 교화 방법과 본회 기성조합).

2) 원기 10년 정기일기가 포함된 훈련법을 제정하였다.

☞「(원기 10년) 3월에 대종사께서 모든 제자에게 혁신 교리와 제도를 지도하시기 위하사 정기훈련법과 상시훈련법을 발표하시니, 정기훈련은 매년 동·하 양기로써 정하되 재래불교의 정기훈련 일자는 농촌 생활에 맞지 아니한 점이 있으므로서 夏 一期는 음력 5월 6일에 결제하여 동년 8월 6일에 해제하고 당년 冬再期는 11월 6일에 결제하여 익년 2월 6일에 해제한 바 그 과정은 염불, 좌선, 경전, 강연, 회화, 문목, 성리, 정기일기, 주의, 조행, 수시설교의 11과로 정하였으니…」(정산종사, 『불법연구회창건사』 제1편 1회 12년, 제17장 「훈련법의 실시」(박정훈 편저, 『한울안 한이치에』, 원불교출판사, 1982, pp.237-239).

3) 원기 14년도 교무부 사업보고서에서 일기를 쓰게 하였다.

☞「본년도 업무진행 결과의 상황 : … 2. 일기 실시의 초이므로 철저한 이해를 가진 자 소수에 불과하나 각처를 통하여 16일 단회에 단원은 단장의 지도를 받게 되며 점차 보급의 도정에 있다. 3. 유무념 대조표=유무념 대조법 실시 후 일기 성적표가 발표되어 유무념 대조자 1/3 이상이 일기를 하게 되고 그외 문맹자나 노인만이 유무념 대조를 하게 되었다」(원기 14년도 교무부 사업보고서 참조).

4) 원기 16년 『불법연구회 통치조단규약』이 제정되면서 일기조사 기재법을 제정하였다.

☞「원기 16년 『불법연구회 통치조단규약』이 제정되면서 훈련원의 내용은 더욱 다양해지고 구체화되었다. 일기조사 기재법을 제정하고 수지 대조를 할 수 있도록 하였으며, 연말에는 이 교리, 이 제도로 훈련을 받은 결과 기질변화는 어느 정도까지 되었는가에 대한 대조를 위하여 신분검사를 하도록 하였다. 이처럼 훈련은 교화단의 가장 중요한 기능이

되고 있는 것이다」(이성은, 「조직제도 변천사」, 『원불교70년 정신사』, 성업봉찬회, 1989, p.431).

5) 원기 18년 간이일기법이 있어 시행되었다.

☞「새 회규 제정에 앞서 이미 입법된 주요 법규는 원기 12년(1927) 2월에 신분검사법, 14년(1929) 4월에 은부모 시자녀법, 16년(1931) 3월에 임원등급 및 용금제도, 18년(1933)에 정남 정녀에 관한 종법사 명령과 간이일기법 등이 있어 시행되었다」(『원불교 교사』, 제2편 회상의 창립, 제3장 교단체제의 형성, 3. 각 조단의 정비와 새 회규의 시행).

6) 초기교서 『육대요령』에서는 정기일기법을 구체화하였고, 『불교정전』에서는 상시일기법을 제정하였다.

☞「『육대요령』에서는 정기일기법의 내역만 구체화시켜 설명하였다. 『불교정전』에서는 『통치조단규약』의 '단원으로 매일 일기조사법'에 근거하여 상시일기법을 제정하였고, 『육대요령』의 정기일기법 그대로 실었다」(박용덕, 『천하농판』, 도서출판 동남풍, 1999, pp.74-75).

9. 상기일기법과 정기일기법

1) 『정전』의 상시일기법

원불교 『정전』에 밝혀진 상시일기의 방법으로는 네 가지가 거론되고 있다. 즉 유·무념의 기록을 통해 주의심을 갖게 하고, 학습상황의 기록을 통해 학습정도를 파악하며, 계문 대조를 통해 청정한 행동을 유도하며, 태조사법을 두어 유무식 남녀노소 누구라도 쉽게 할 수 있다는 점이다.

(1) 유·무념의 기록은 주의심을 가지고 매사를 유념으로 취사하기 위함이다.

☞「유념 무념은 모든 일을 당하여 유념으로 처리한 것과 무념으로 처리한 번수를 조사 기재하되, 하자는 조목과 말자는 조목에 취사하는 주의심을 가지고 한 것은 유념이라 하고, 취사하는 주의심이 없이 한 것은 무념이라 하나니, 처음에는 일이 잘 되었든지 못 되었든지 취사하는 주의심을 놓고 안 놓은 것으로 번수를 계산하나, 공부가 깊어가면 일이 잘되고 못된 것으로 번수를 계산하는 것이요」(『정전』, 제3 수행편, 제6장 일기법, 2.상시일기법1).

(2) 학습상황의 기록은 그날의 학습정도를 파악하기 위함이다.

☞「학습상황 중 수양과 연구의 각 과목은 그 시간수를 기재하며, 예회와 입선은 참석여부를 대조 기재하는 것이요」(『정전』, 제3 수행편, 제6장 일기법, 2.상시일기법2).

(3) 계문의 기록은 계행 청정을 위함이다.

☞「계문은 범과 유무를 대조 기재하되 범과가 있을 때에는 해당조목에 범한 번수를 기재하는 것이요」(『정전』, 제3 수행편, 제6장 일기법, 2.상시일기법3).

(4) 태조사법을 둔 것은 누구나 용이하게 일기법을 대조할 수 있도록 하기 위함이다.

☞「문자와 서식에 능하지 못한 사람을 위하여는 따로이 태조사법을 두어 유념 무념만을 대조하게 하나니, 취사하는 주의심을 가지고 한 것은 흰 콩으로 하고 취사하는 주의심이 없이 한 것은 검은 콩으로 하여, 유념 무념의 번수를 계산하게 하는 것이니라」(『정전』, 제3 수행편, 제6장 일기법, 2.상시일기법4).

2) 『정전』의 정기일기법

정기일기에서는 다음 네 가지를 기재하게 하는 바, 작업시간수를 기록하여 보람 있는 하루를 보내도록 하고, 절약생활을 위한 수입 지출을 대조하게 한다. 또 심신작용처리건의 기재를 통해 시비를 감정하고 죄복을 결산하여 취사의 능력을 얻도록 하며, 감각감상을 기록하여 대소유무의 깨달음으로 유도하는 것이다.

(1) 작업 시간수의 기록은 하루를 가치 있게 보내기 위함이다.

☞「당일의 작업 시간수를 기재시키는 뜻은 주야 24시간 동안 가치 있게 보낸 시간과 허망하게 보낸 시간을 대조하여, 허송한 시간이 있고 보면 뒷날에는 그렇지 않도록 주의하여 잠시라도 쓸데없는 시간을 보내지 말자는 것이요」(『정전』, 제3 수행편, 제6장 일기법, 3.정기일기법1).

(2) 수입 지출의 기록은 빈곤 극복과 놀고먹는 폐풍을 없애기 위함이다.

☞「당일의 수입 지출을 기재시키는 뜻은 수입이 없으면 수입의 방도를 준비하여 부지런히 수입을 장만하도록 하며 지출이 많을 때에는 될 수 있는대로 지출을 줄여서 빈곤을 방지하고 안락을 얻게 함이며, 설사 유족한 사람이라도 놀고먹는 폐풍을 없게 함이요」(『정전』, 제3 수

행편, 제6장 일기법, 3.정기일기법2).

(3) 심신작용 처리건의 기재는 시비이해를 밝혀 취사 능력을 얻기 위함이다.

☞「심신작용의 처리건을 기재시키는 뜻은 당일의 시비를 감정하여 죄복의 결산을 알게 하며 시비이해를 밝혀 모든 일을 작용할 때 취사의 능력을 얻게 함이요」(『정전』, 제3 수행편, 제6장 일기법, 3.정기일기법 3).

(4) 감각감상의 기재는 대소유무를 밝아지게 하기 위함이다.

☞「감각이나 감상을 기재시키는 뜻은 그 대소유무의 이치가 밝아지는 정도를 대조하게 함이니라」(『정전』, 제3 수행편, 제6장 일기법, 3.정기일기법4).

10. 일기법과 일원상의 관계

법신불 일원상을 닮아가는 것이 일기법의 기재를 통해서 가능한 바, 일원상을 신앙의 대상과 수행의 표본으로 삼아 마음과 행동에 일일이 대조하는 공부법이 일기법이다. 일원상이 구체적으로 활용되는 것은 일기 작성자가 매일 매일의 유무념, 계문, 작업시간수, 수입지출, 감각감상 등과 대조할 때 가능한 일이다.

1) 일원상 부처를 닮아가는 것이 일기법인 바, 곧 부처와 성현이 되는 빠른 길이다.

☞「일기법으로 말하면 후일 참고의 재료될 것은 물론 당장에 공부가 성숙되며, 부처님의 이르신 복혜 양족을 연마하는 빠른 법이며, 고를 버리고 낙으로 들어가게 하는 인도잡이며, 범부로 성현이 되게 하는 방법이며, 지옥에서 극락으로 올리는 거룩하고 위대한 기관이다」(이공주, 「매일 성적조사법 이행에 대하여, 『월말통신』 19호, 1929.9/구타원종사 법문집 편집위원회 편, 『인생과 수양』, 원불교출판사, 2007, p.86).

2) 신앙과 수행의 표본인 일원상을 우리의 마음과 행동에 대조, 반성하게 하는 공부법이 일기법이다.

☞「신앙생활과 수행생활을 하는데 있어 일분일각도 마음공부를 놓지 않고 마음을 챙겨서 수행 정진하는 것이다. 지금까지 많은 종교가 원리를 밝히고 사상을 전개하였지만 절대적 진리를 우리의 마음과 행동에 나타나게 해서 대조하고 반성하는 구체적 방법이 부족하였다. 그러나

일기법은 그날그날 잘하고 잘못한 일을 기재하여 반성을 해서 새롭게 정진하는 것을 촉진하는 공부법이다」(한정석, 『원불교 정전해의』, 도서출판 동아시아, 1999, p.440).

3) 일원상을 활용하는 법은 매일 일기를 기록하여 유무념 등 여러 항목들을 대조하는 것이다.

☞「일원상 이용은 어떻게 하는 것인가. 이것은 곧 일원상을 잘 체득하는 공부로서 모든 경계를 응용할 때에 또한 일원적 실행을 하자는 것이니 … 항상 성성불매하여 천만 경계를 응용할 때 오직 자주의 정신 하에 무루의 취사를 하여야 할지니 우리가 매일 일기를 하고 유무념을 대조하는 것이 다 이에 대한 실행과정이 되는 바, 그 일부의 실경을 들어 말하자면 응용하기 전에 응용의 형세를 보아서 미리 연마하는 것은 이 대도에 어긋나지 않기를 연마하는 것이요」(『한울안 한이치에』, 일원상에 대하여, 6.일원상 이용하는 법).

11. 일기법의 특징

일기법은 일원상의 진리를 현실에서 응용하도록 하고 대소유무와 시비이해를 파악하는 내심 관찰에 주안점이 있다. 아울러 일기법은 죄복의 결산을 통해 선행을 유도하는 점에 특징이 있으며, 이의 활용을 위해 원불교에서는 정기훈련 11과목의 하나로 정기일기와 상시일기를 두고 있는 것이다.

1) 일원상의 절대적 진리를 현실생활에 직결시킨 것이 일기법의 특징이다.

☞「원불교 사상의 특징은 절대적 진리를 현실생활에 연결시켰다는 것이다. 절대적 진리를 현실생활에 직결시키는 것이 일기법이다」(한정석, 『원불교 정전해의』, 도서출판 동아시아, 1999, p.440).

2) 일기법은 시비이해와 대소유무를 파악하는 내심 관찰에 주안점을 두고 있다.

☞「정기일기법의 제4조 감각감상 기재는 제3조의 마음속의 시비이해나 선악심 점검에서 한 차원 넘어서서, 대소유무의 의두나 성리를 요해토록 하기 위한 내심 관찰에 주안점을 두었으므로 일기 기재의 결론이며 핵심이라고 할 수 있다」(박도일, 「신분검사법과 일기법에 보이는 功過 사상」, 제19회 원불교사상연구 학술대회《정산종사의 신앙과 수행》,

원광대 원불교사상연구원, 2000년 1월 28일, p.128).

3) 일기법은 개인의 죄복이 얼마나 쌓였는지 알려주는데 특성이 있다.

☞「대종사 상시일기를 오래 계속하는 제자를 칭찬하시며 말씀하시었다. "상시일기장이 저승의 재판문서이다. 일생 동안 꾸준히 사실로만 적어 놓는다면 염라국 최판관의 문초는 틀릴지 몰라도 이 기록에는 틀림이 없을 것이다. 제 스스로 복이 얼마 쌓였는지 죄가 얼마 쌓였는지 미리미리 분명히 알게 될 것이다. 한평생 일기 공부에만 不息之功을 쌓아도 큰 공부의 실력을 얻게 될 것이다」(『대종경선외록』, 8.일심적공장 4장).

4) 정기훈련법 과목에서 일기법을 제시하고 있다.

☞「정기훈련법은 정할 때 공부로서 수양 연구를 주체 삼아 상시공부의 자료를 준비하는 공부법으로 염불 좌선 경전 강연 회화 의두 성리 정기일기 상시일기 주의 조행을 밝혀 주었고…」(『대산종사법문』 2집, 제5부 대각개교절 경축사, 원기60년도 개교경축사).

12. 일반일기와 원불교의 일기법

일반인들이 쓰는 일기는 그날 지낸 주요 사항의 기재에 한정되는 성향이 있으나 원불교의 일기법은 수도인의 자기훈련과 직결된다. 그리고 일반인들은 단순하게 세간락을 세상사의 재미로 삼지만 원불교인들은 일기를 통한 마음공부로서 그 재미를 삼는다. 이에 일반인의 인격형성이나 사업성공 등에 있어서 원불교 일기법은 권장할만한 일이다.

1) 세속의 일기는 그날 지낸 주요사항을 기재하는 정도이나 원불교의 일기는 자기 훈도에 도움을 준다.

☞「우리 공부인은 매일 자기의 지은 바 성적을 일일이 조사하여 그날 그날 일기를 하여 자기가 완전히 자기를 가르치며 지도하여 스스로 각자의 전로를 개척하여 나아가게 되었다. 저 세상에서도 일기는 많이 한다. 공주도 근 20년간을 계속하여 매일 일기를 하여 보았다. 그러나 그 일기법으로 말하면 그날 지낸 주요한 사항을 기재하였다가 후일 참고의 재료나 될까, 별 의미는 없었다」(이공주, 「매일 성적조사법 이행에 대하여, 『월말통신』 19호, 1929.9/구타원종사 법문집 편집위원회 편, 『인생과 수양』, 원불교출판사, 2007, p.86).

2) 일반인들은 주로 신문을 보며 세상사를 알지만, 원불교인들은 수행일기를 쓰며 마음원리를 알아간다.

☞「신문 : 1) 어른들이 즐겨보는 요지경, 2) 현실사회의 소리 없는 메아리. 일기 : 1) 마음의 기상도, 2) 추억의 통조림」(수행일기, 원기 54-61년 3월 27일/조명렬 편, 상타원 전종철정사 유고집 『법신불 사은 이시여!』, 원불교출판사, 1996, p.56).

3) 일반인의 일기와 달리 원불교의 일기법은 수도인의 마음공부를 점검하는 것이다.

☞「원불교의 일기법은 일반이 하고 있는 일기와는 달리 수도인이 마음공부하는데 그 수행 실적을 스스로 점검하고 조사하여 대조하고 반성하는 동시에 공부를 더욱 촉진시켜 불보살의 인격을 이루기까지 적공하는 수행일기이다」(안이정, 『원불교교전 해의』, 원불교출판사, 1998, p.624).

4) 원불교 일기법은 수도인은 물론 일반인의 인격함양을 위해 권장할만 하다.

☞「미래 세상에는 순사가 죄인을 잡으러 와서 신분을 조사하다가도 그가 만일 유무념 대조 공부를 하는 사람이라면, 반드시 죄를 경감하게 될 것이요, 관청에서 관리를 뽑는 데에도 같은 학력이면 반드시 유무념 공부인을 선택하게 될 것이니, 이 일기법은 우리 수도인에게 있어서 뿐만 아니라 전 세계 모든 인류에게 없지 못할 필요한 법이 될 것이다」(이공주 법설기록, 일기법의 필요:청하문총1권204쪽/박용덕, 『금강산의 주인되라』, 원불교출판사, 2003, p.150.

13. 수도인의 적공과 일기법

종교인으로서 일기 작성은 진리를 생활 속에서 실천하는 법열의 도락이다. 그리고 일기는 적공의 정도를 판가름하는 재판문서이며, 수도인의 정신세력을 확장시켜주는 작업이다. 하루하루 쌓여가는 일기는 날마다 고통을 극복하고 복락을 장만하며, 깨달음을 얻게 해주는 장으로서의 역할을 충실히 한다.

1) 수도인으로서의 일기는 생활 속에서 얻는 법열의 도락이다.

☞「이 유익하고 신묘한 일기법을 배워서 매일 실제로 이행하는 일을 생각하면 기쁘지 않을 수 없고, 행복스럽지 않다할 수 없다. 대체 이 일

기법을 모를 때에는 그 위대한 세상을 어찌 살아왔으며, 만약 이제껏 몰랐으면 어찌할 뻔하였나 하면 스스로 공포심이 난다」(이공주, 「매일 성적조사법 이행에 대하여, 『월말통신』 19호, 1929.9/구타원종사 법문집 편집위원회 편, 『인생과 수양』, 원불교출판사, 2007, pp.86-87).

2) 일기는 참 나를 알아가는 성스런 작업이자 적공의 정도를 판가름하는 재판문서가 된다.

☞「일기 기재는 어렵지 않다. 그리고 재미있다. 내 몸과 마음이 하루에 짓는 업을 그대로 기록하는 일은 곧 나와 우주를 아는 성스러운 작업이다. 그 어느 수행법도 이렇게 세밀히 사실적인 공부법을 제시하지 못했다. 일기를 '저승의 재판문서'라 한 말이 실감난다」(문향허, 『깨달음으로 가는 바른길』, 배문사, 2007, pp.320-321).

3) 일기는 수도인의 정신세력을 확장시켜준다.

☞「일기를 써 놓고 보니 나의 정신세력이 확장된 기분이다」(김우정, 「대문과 마음의 문」, 『차는 다시 끓이면 되구요』, 출가교화단, 1998, p.179).

4) 일기는 경계를 당하여 고를 극복, 낙을 장만하는 보고이다.

☞「부천 양신덕 교무 조부모님을 찾아뵙게 되었다. … 병원 문병도 원만히 끝내고 일기를 기재해 보니 경계를 당해 한마음 정을 세우고 챙기니 시비이해의 운전이 바르고 이로웠다. 몸도 마음도 여유가 있어 고에서 낙을 장만하는 결과가 되었다」(남궁선봉, 「선견지명」, 『마음은 어디서 쉬는가』, 출가교화단, 1997, pp.81-82).

5) 출가와 재가의 일기는 깨달음을 나누는 장이다.

☞「앞으로 교무들의 수행 일기도 많이 나와져서 공부인들에게 바른 지침이 되고, 서로 깨달음을 나눌 수 있는 전법의 장이 되었으면 하는 바램이다. 이러한 생각에서 '목탁소리'도 용기를 내게 된 것이다. … 간간히 출간된 교도들의 '마음공부 일기'가 공부인들에게 좋은 반응을 보이고 있어 그나마 다행이라 생각하며, 나에게도 일기에 대한 새로운 시각을 열어주는 좋은 계기가 되었다」(박종락, 『목탁소리』, 원광문화사, 1999, 책머리에 2쪽).

14. 일기쓰기의 실천방법

일기는 빠뜨리지 않고 쓰는 것이 중요하며, 초기에는 자신의 일과를 시간대별로 나누어 정성스럽게 쓰면 좋을 것이다. 그리고 일기는 그날의 경계항목을 기록 점검하여 대소유무나 시비이해로 분석하고 자성을 찾는 지혜가 필요하다. 일기는 단순 글짓기의 기교가 아니며, 솔직한 느낌을 성찰 기록하여 공부심을 찾도록 하는 것이다.

1) 일기는 언제나 쓰는 것을 원칙으로 알고 실천에 옮길 때 힘을 얻는다.

☞「지난 자취를 정리하다가 10년 전 일기장을 보게 되었다. 꼬박꼬박 빠지지 않고 쓴 달도 있으나 어느 달은 정기일기를 공란으로 비워놓은 달이 많기도 했다. 그래도 일기장을 버리지 않고 가지고 다니는 이유는 일기장을 통하여 지난날이 소중한 시간이었음을 발견하게 되는 까닭이다」(이선조, 「10년 전과 10년 후」, 『나는 조각사』, 출가교화단, 2000, p.83).

2) 일기는 하루하루를 주요 시간별로 나누어 기록하는 정성스런 실천이 요구된다.

☞「1) 매일 잠자고 일어나서 좌선 마치고 한 번 꺼내서 기재하고, 2) 청소하고 아침 먹고 기재하고, 3) 점심 먹고 기재하고, 4) 저녁 먹고 기재하고, 5) 잠자기 전에 기재하여 정식 일기책에 기록했다. 매일매일 이상과 같이 마음 대중을 잡고 공부했다」(양도신, 『대종사님 은혜속에』, 원불교출판사, 1991, pp.294-295).

3) 일기는 행동 하나하나를 대중삼아 경계의 항목들을 점검함으로써 청정한 자성을 얻도록 한다.

☞「매일 일기법으로써 대중을 잡아 하나 둘, 하루 이틀 내지 일평생 영생을 두고 그름을 끊을지니라. 자성은 그름이 끊어진 청정한 자리건마는 경계를 따라 욕심이 뒤덮였으나 본래 그름이 없는 그 자리를 상상하고 사모해서 체받아서 부단의 노력을 쌓아가면 자연 自性戒가 세워질 것이요, 따라서 청정 원만하고 선악이 돈공한 참 고향에 들어갈 것이니라」(『정산종사법설』, 제9편 불교정전의해. 10.일상수행의 요법 3조).

4) 일기는 글의 기교를 부리는 것도 아니며, 하루의 느낌을 솔직하게 기록하여 공부심을 찾도록 하는 것이다.

☞「신축일기 허두에 이렇게 시작하고 있다. "나는 문장을 모른다. 글을 다뤄본 적이 없다. 그러니 문맥이 닿지 않을 것은 당연하다. 나는 일

상생활에서 느낌만을 솔직히 적으려 한다. 그리고 내가 원하는 일과 그
원하는 데서의 느낌을 적으려 한다. 이치에 닿지 않은 말들도 수두룩
할 것이다. 그러나 이것에 상관하지 않을 것이며, 설혹 타인의 웃음거리
가 된다해도 관심두지 않겠다" 」(동산문집편찬위원회, 동산문집 1 『동
산에 달오르면』, 원불교출판사, 1994, p.44).

15. 일기와 회고록

일기의 작성은 자신의 삶에 대한 전환점이 될 수 있으며, 자신
을 점검하는 자서전으로 이어질 수 있다. 일기는 자신의 솔직한
삶을 의미 있는 기록으로 남겨둔다는 점에서 회고록으로의 탄생
이 가능하다는 뜻이다. 선진들이 일생을 정리하며 회고록을 남긴
바 있듯이, 경산종법사는 교역자라면 일생에 있어 한 권의 회고
록을 발간하도록 하라고 하였다.

1) 일생의 일기는 삶의 큰 전환점이 된다.

☞「나는 초등학교 때부터 일기를 쓰기 시작했다. 매일 하루도 빠지
지 않고 썼는데 어느 날 수십 권의 일기 노트를 로버트 수도사님(고교
스승)께 보여드린 적이 있었다. 그분은 내 일기를 건네받으며 아주 기
뻐하였다. 영광스럽게 생각한다고 하였다. 일기를 다 읽고 나에게 돌려
주면서 "너무 감동적이었다. 언젠가 너는 네 길을 찾게 될 것이다" 라
고 짧게 말씀해주었다」(현각, 『만행-하버드에서 화계사까지』(1), 열림원,
1999, pp.75-76).

2) 일기는 자신의 일생을 점검하는 자서전이 되기에 충분하다.

☞「(내가 지은) 『대종사님 은혜속에』의 내용은 주로 일기문으로 이
루어져 있다. 18세부터 74세까지 쓰다보니 책 한권이 엮어졌다. 그동안
대종사님을 모시고 살아온 이야기를 그대로 써 놓은 것이다. 문학적 가
치를 떠나서 주세성자의 말씀이 담긴 책이라 소중하다」(편집자, 「훈타
원 양도신 원로교무-일심공부의 주인공」, 《원광》 298호, 월간원광사,
1999년 6, p.31).

3) 일기는 인생 후반기에 회고록으로 정리되어 제중의 역할도
할 수 있다.

☞「自序에 대신하여 : 글다운 글 한편 쓰지 못하면서 새 회상 문필
언론에 관련해 온 지도 어느덧 40년이 가까워 온다. 이제 붓을 놓고 수

양에 전공할 때가 되니, 못나도 제 자식은 귀엽다던가? 제 글에 애착을 새삼 느낀다. 몇몇 친우들의 권고도 있어 여기저기 발표했던 글들을 한 데 모으고, 서고에서 잠자던 일기, 서한선들을 부록하여 이 책 『범범록 』을 낸다」(원기 72년 정월/이공전, 『범범록』, 원불교출판사, 1987, p.21).

16. 일기는 역사의 기록물

일기는 역사의 기록물이 될 수 있다. 특히 초기교단 선진들의 일기라면 교단 초창기의 중요한 사료가 된다. 이를테면 구타원 이공주 종사는 교단의 법낭 역할을 충실히 하면서 소태산 대종사 의 수많은 수필법문을 초기교서에 남기고 있는 바, 그의 일기가 교단 역사의 한 장면으로 드러나고 있다.

※ 구타원종사의 일기는 소태산 대종사의 열반사를 담고 있다.

☞「이공주의 『일기』 속에 수록된 대종사의 열반 상황은 어떻게 기록 되고 있는가? <5월 13일(晴)> : 야회에서 '불법을 생활화'로에 대한 문답이 있었다. <5월 14일(청)> : 낮은 神宮 출역하였다. 밤은 등화관제 로 (일찍) 자버렸다. <5월 16일(雨)> : 종사주(대종사) 중태. 예회에 법 설이 있고, 음광씨 시국담, 金海씨 시국담 있었다. 종사주 왼쪽 가슴이 아파 창백하였다. (이리 삼산병원 원장) 병수(김병수)씨 정학(오정학) 씨, (진찰을 하고) 또 뇌빈혈 체기(가 있다고 하여), 밤은 고민 중에 보 냈다. <5월 17일(청)> : 5시에 조실에 갔더니 (대종사께서) 조금도 주 무시지 못했다고 (하며), 아직 중태. 일동은 걱정하였다. (이리병원 내 과 일인의사) 와카스키씨, 돈수(이돈수)씨, 군산 醫 등이 와도 같음. 아 무 것도 드시지 못하고, 구역질을 하셨다. 밤은 사모님(양하운 대사 모) · 길선 · 나(이공주)는 12시까지, 일지 · 세월(정세월)은 12시부터 시 탕하였다. 오늘도 중태이다. <5월 19일(청)> : 오늘도 앉아 계신다. 여 자는 조실(출입)을 금지하여 모두 오지 않는다. 오전 중에 들어가 조금 말씀하시므로 여러 가지를 말씀드렸다. 길선이 와서 식사를 드렸다. 오 늘도 학원들 공부를 하지 않는다. 밤은 타액 호스를 해드렸다. <5월 20 일(청)> : 올라가자 조금 나으셨다고 한다. 조실에 들어가 조금 앉아 있 었다. 학원일동은 방공 연습하였다. 오후는 와카스기씨 또 내진하여 타 액 호스를 새로운 것으로 바꾸어 드렸다. <5월 21일(청)> : 조실에 가 서 타액호스를 바꾸어 드렸다. 오후는 종사주 도시락(을 해드렸는데),

식사를 조금 드셨다고 한다. 일동은 조금 안심하였지만…. <5월 22일
(청)> : 종사주 훨씬 괴로워하셨다고 한다. 조실에 올라가 이런 저런 일
을 하였다. 정은(이정은)·오후는 대인(서대인)·도신(양도신)·대교(이
대교)·정만(이정만)·만식(조만식) 등이 왔다. 걱정으로 일도 잘 되지
않는다. 대교씨는 종사주 병 (쾌유)를 위하여 심고하기로 약속하였다.
<5월 23일(우)> : 동진화씨 (조실에) 와 있었다. 이것 저것 이야기하였
다. 밤은 세면 등 하고, 밤 9시부터 설명하고, 9시 반부터 10시까지 심
고, 종사주 전쾌를 빌다. <5월 24일(우)> : 종사주 천식기가 있다고 하
여 걱정하였다. 병수(김병수)씨, 오(정학)주사 내진이 있었다. 오후 처음
으로 조실에 들어가 뵈었다. 갑종(조갑종)·희석(조희석)씨·정철(성정
철) 씨 등 왔다. 밤은 목욕하고 올라가 9시반부터 10시반까지 심고하였
다. <5월 25일(청)> : (조실에) 올라가 11시부터 大(서대인)·尙·成(성
정철)·共(서공남)·道(양도신)·나 7인이 심고를 또 하였다. <5월 26
일(?)> : 오후 올라갔더니 종사주 역시 (중태이다). 대각전에 나가 예회
에 (참여하였는데) 틁(박창기의)의 길흉에 대한 강의가 있었다. 모두 왔
으나 종사주 면회는 사양되었다. 오후 내가 들어가 뵈었다. 밤은 양로당
에서 심고하였다. <5월 27일(曇)> : 오늘 아침 4시부터 心貢(심고), 7-8
인. 돌아와 식사 후 (들으니) 종사주 (병세가 어제와) 같다고 하여 걱정
하였다. 조실에 가서 놀랐다. 중태였다. 가래 끓으시다. 若杉(와카스키)
박사 내진하고 산소를 넣는 등, 실로 중태여서 무섭다. 모두 울었으나
나는 울지 않았다. 마음이 괴롭다. 裡(이리의원에) 입원하셨다. <5월 28
일(雨)> : 저녁, 蘇의사·黃(황이천)씨와 인력거로 이리시에 나갔다. 병
원에 가서 뵈었다. (대종사) 혼자 앉아계셔서 황씨와 들어가 잠깐 있었
다. 병원에는 사모님·동진화·세월(정세월)·서업(김서업) 등(이 있어
서), 나는 귀가하여버렸다. <5월 29일(?)> : 병원에서는 종사주 병실 이
사하셨다고 한다. 병원에 떡을 보내고, 나는 정은(이정은)과 사무실에서
이런 저런 일을 하였다. <5월 30일(청)> : 이리에 길선과 나가 종사주
뵈었다. 오후에 들어가자 (대종사가) 양선(정양선) 등 보고싶다고 하셔
서 뵈었다(17인). 그리고 양(정양선)·공(서공남)·도(양도신)·종(오종
태) 등과 저녁에 (걸어서 총부로) 돌아오면서 이야기하고, 들어와 밤에
심고하였다. <5월 31일(?)> : 도신·종태·양선 등과 함께 심고하였다.
오전은 병원에 가서 종사주 뵈었더니 안색이 나빴다. 양선 등이 뵈려고
하여 잠깐 뵈었다. 화병을 (병)실에 놓아드렸다. 종사주는 위중하다고

한다. 소의가 와서 자신있다고, (병을) 고친다고 했다하여 웃었다. 걱정으로 어찌할 수 없다. 창기(박창기)가 와서 순사(일인경관)들의 이야기를 (전해) 드렸다고 하여 화를 내주었다. <6월 1일(청)> : 오전 10시 대거(김대거) 와서 蘇의는 안심시켰다고, 깜짝 놀라 두근두근 하였다. 양(정양선)·도(양도신)·공(서공남)·종(오종태) 등과 心貢(심고)하였다. 오후 (총부로) 돌아오려고 하자, 3시경 종사주 별세라고 한다. 급히 병원에 갔더니 사실(이었다). 울었다. 버스로 오면서 울음바다가 되었다. 종사주 조실 안착. 슬프다. 밤은 선방에 있었다. <6월 2일(雨)> : 성원(성성원)·의철(성의철) 와서 울었다. 부산에서도 (교도들이) 많이 와서 울었다. 슬퍼서, 슬퍼서 어찌할 수 없다. 나는 상기·복표 등 만드느라 바빴다. 밤은 조실에 가서 오전 3시까지 철야하였다. <6월 3일(雨)> : 아침, 정신행이 왔다. 복기·복표 제작 등으로 바쁘다. 종사주께 들어가 손으로 대어보았더니 돌과 같다. 밤은 경성(서울)·개성(교도들이) 철야라고 하여 조실에 가서 여러 가지 이야기하며 밤 2시까지 놀았다. <6월 4일(청)> : 입관식. 오전 3시부터 조실에 나가 황(정신행)은 조실에서 철야하였다고 (한다). 2시간쯤 자고 있으니 입관이라고 하여 급히 참석하였다. 大禮服 염후, 입관식이 있었다. 오후 2시경 종사주 대각전에 이주하셨다. 三田(이), 리본 찾아달라고 몇 번이나 하여 꾸짖자 욕(을 하였다). 종일 상기 만들기. <6월 5일(우)> : 오늘 아침은 5시에 일어나 슬퍼서 울었다. 꿈 때문이다. 대각전에는 大報行이 와 있었다. 棺褓를 黃寶로 만들고, 또 기·카바 등을 누볐다. 상기도 더 만들었다. 밤은 대각전에 가서 울었다. 선원에서 상여 꾸미기를 하였다. 나는 12시경 돌아와 잤다. <6월 6일(청)> : 종사주 출상. 오늘 아침은 대종사 출상일이다. 슬프다. 올라가 이런 저런 준비를 하였다. 10시부터 발인식이 있었다. 울고 울고 또 울었다. 천명이나 왔으나 (일제 당국의 제지에 의해) 2백명만 (상여운구에) 나갔다. 청년 50명이 (상여를) 지고 나갔다. 오후 1시에 나가 4시경 화장장에 도착하였다. 돌아오는 것은 인차(인력거)로 귀관(중앙총부 귀환)하였다. 6인이 유골 때문에 화장장에, 저녁밥 보냈다고 한다. <6월 7일(청)> : 정산법사 (종법사) 취임식. 10시부터 새 법사 취임식이 있었고, 김(김태읍) 법사 법설이 있었다. (오)후에는 조실에서 (대종사) 유골을 뵈었다. 기념촬영이 있었다. 밤은 초 7일재를 거행하였다"(양은용, 「소태산 대종사의 열반상황-이공주 종사의 일기를 중심으로-」, 추계학술대회《소태산 대종사 생애의 재조명》, 한국원불교학회, 2003.12.5, pp.31-33).

17. 보충해설

일기는 누구나 글을 안다면 쓸 수 있는 자기반성의 고백장이다. 이충무공은 난중일기를 남겨 우국충정의 모습을 세상에 그대로 드러내고 있다. 우리가 잘 알고 있는 안네의 일기도 또한 심금을 울리기에 충분하다. "정말 이상한 일이다. 티끌만큼도 이루어질 리 없는 그 많은 희망들을 저버리지 못하는 내가 바보스럽기만 하다." 또한 수용소 생활에서 물것에 시달리자 알몸에 담요만 두르고 다니면서 "내 희망까지 뜯어먹어 보라지"라며 안네의 고생스러웠던 순간이 일기장에 고스란히 남겨져 있다.

일반인의 개인 일기도 물론 중요하지만, 도가에서 일기법을 제정하여 교도들로 하여금 일기를 쓰게 한다는 것은 공동체의 법풍을 진작시키는 일이다. 여러 종교들 가운데 원불교는 교리에서 유일하게 일기법을 수행의 주요 방법으로 제시하였다. 소태산은 재가·출가와 유무식을 물론하고 당일의 유무념 처리와 학습상황, 계문범과 유무를 반조하기 위해 상시일기법을 두었다고 하였다. 또한 작업시간수, 수입지출과 심신작용처리건, 감각감상을 기재시키기 위해 정기일기법을 두었다고 하였다.

이처럼 원불교는 일기법으로 정기일기와 상시일기 두 가지를 두어 동정간 불리자성의 생활을 하도록 했다. 언제나 일기를 생활 속에서 작성함으로 인해서 인격이 성숙해져가는 도인의 모습이 될 것이다. 오늘날 원불교 교화단 활동에서 매달 1편 이상의 정기일기를 제출하여 단장으로 하여금 감정을 받게 하고, 원티스에 두 편의 일기, 곧 감각감상과 심신작용처리건 올리게 하고 있다. 따라서 감각감상과 심신작용처리건 등을 일기에 정성스럽게 작성할 때 대소유무와 시비이해에 밝아져 견성성불에 다가선다.

18. 연구과제

1) 일기법의 대요는?

2) 일기의 필요성을 밝히시오.

3) 일반인의 일기와 원불교 일기법의 차이는?

4) 상시일기법이란 무엇인가?

5) 정기일기법은?

6) 정기일기법과 상시일기법의 관계는?

7) 일기를 쓰면서 깨달음으로 나아가는 체험이 있다면?

19. 고시문제

1) 다음 어휘의 출처(『정전』의 해당되는 장 또는 제목)와 뜻을 간단히 풀어 적으시오 : 태조사.

2) 다음 낱말의 뜻을 『정전』에서 밝힌 대로 쓰시오 : 유념.

3) 일기법의 무념과 선의 무념과 다른 점을 설명하시오.

4) 지난 4년 동안 유무념 공부를 하면서 느낀 소감을 200자 내외로 적으시오.

5) 정기일기에 대하여 간략히 설명하시오.

6) 좌산종법사의 "일과로 득력하라" 는 말씀의 본의가 드러날 수 있도록 『정전』에 근거하여 논증하시오.

7) 심신작용처리건의 기재를 통하여 취사능력을 얻은 체험을 쓰시오.

제7장 무시선법

○ 「무시선법」의 원문

대범 선이라 함은 원래 분별 주착이 없는 각자의 성품을 오득하여 마음의 자유를 얻게 하는 공부인 바, 예로부터 큰 도에 뜻을 둔 사람으로서 선을 닦지 아니한 일이 없나니라.

사람이 만일 참다운 선을 닦고자 할진대 먼저 마땅히 진공으로 체를 삼고 묘유로 용을 삼아 밖으로 천만경계를 대하되 부동함은 태산과 같이 하고, 안으로 마음을 지키되 청정함은 허공과 같이 하여 동하여도 동하는 바가 없고 정하여도 정하는 바가 없이 그 마음을 작용하라. 이같이 한즉, 모든 분별이 항상 정을 여의지 아니하여 육근을 작용하는 바가 다 공적영지의 자성에 부합될 것이니, 이것이 이른바 대승선이요 삼학을 병진하는 공부법이니라.

그러므로 경에 이르시되 "응하여도 주한 바 없이 그 마음을 내라" 하시었나니, 이는 곧 천만경계 중에서 동하지 않는 행을 닦는 대법이라, 이 법이 심히 어려운 것 같으나 닦는 법만 자상히 알고 보면 괭이를 든 농부도 선을 할 수 있고, 주판을 든 점원도 선을 할 수 있고, 정사를 잡은 관리도 선을 할 수 있으며, 내왕하면서도 선을 할 수 있고, 집에서도 선을 할 수 있나니 어찌 구차히 처소를 택하며 동정을 말하리요.

그러나 처음으로 선을 닦는 사람은 마음이 마음대로 되지 아니하여 마치 저 소 길들이기와 흡사하나니 잠깐이라도 마음의 고삐를 놓고 보면 곧 도심을 상하게 되나니라. 그러므로 아무리 욕심나는 경계를 대할지라도 끝까지 싸우는 정신을 놓지 아니하고 힘써 행한즉 마음이 차차 조숙되어 마음을 마음대로 하는 지경에 이르나니, 경계를 대할 때마다 공부할 때가 돌아온 것을 염두에 잊지 말고 항상 끌리고 안 끌리는 대중만 잡아갈지니라. 그리하여 마음을 마음대로 하는 건수가 차차 늘어가는 거동이 있은즉 시시로 평소에 심히 좋아하고 싫어하는 경계에 놓아 맡겨보되 만일 마음이 여전히 동하면 이는 도심이 미숙한 것이요, 동하지 아니하면 이는 도심이 익어가는 증거인 줄로 알라. 그러나 마음이 동하지 아니한다 하여 즉시에 방심은 하지 말라. 이는 심력을 써서 동하지 아니한 것이요, 자연히 동하지 않은 것이 아니니, 놓아도 동하지 아니하여야 길이 잘 든 것이니라.

사람이 만일 오래오래 선을 계속하여 모든 번뇌를 끊고 마음의 자유를 얻은즉, 철주의 중심이 되고 석벽의 외면이 되어 부귀영화도 능히 그 마음을 달래어 가지 못하고 무기와 권세로도 능히 그 마음을 굽히지 못하며, 일체 법을 행하되 걸리고 막히는 바가 없고, 진세에 처하되 항상 백천삼매를 얻을지라, 이 지경에 이른즉 진대지가 일진법계로 화하여 시비선악과 염정제법이 다 제호의 일미를 이루리니 이것이 이른바 불이문이라, 생사자유와 윤회해탈과 정토극락이 다 이 문으로부터 나오나니라.

근래에 선을 닦는 무리가 선을 대단히 어렵게 생각하여 처자가 있어도 못할 것이요, 직업을 가져도 못할 것이라 하여, 산중에 들어가 앉아야만 선을 할 수 있다는 주견을 가진 사람이 많나니, 이것은 제법이 둘 아닌 대법을 모르는 연고라, 만일 앉아야만 선을 하는 것일진대 서는 때는 선을 못하게 될 것이니 앉아서만 하고 서서 못하는 선은 병든 선이라 어찌 중생을 건지는 대법이 되리요. 뿐만 아니라 성품의 자체가 한갓 공적에만 그친 것이 아니니, 만일 무정물과 같은 선을 닦을진대 이것은 성품을 단련하는 선공부가 아니요 무용한 병신을 만드는 일이니라. 그러므로 시끄러운데 처해도 마음이 요란하지 아니하고 욕심 경계를 대하여도 마음이 동하지 아니하여야 이것이 참 선이요 참 定이니, 다시 이 무시선의 강령을 들어 말하면 아래와 같나니라.

"육근이 무사하면 잡념을 제거하고 일심을 양성하며, 육근이 유사하면 불의를 제거하고 정의를 양성하라" (『정전』 제3 수행편, 제7장 무시선법).

1. 무시선법의 등장배경

과거의 소승적 선법은 화두선을 중심으로 정적인 수행에 치우쳤으나 미래의 대승선법은 동정이 따로 없이 언제나 할 수 있는 무시선법이어야 한다. 소태산은 불교의 간화선과 묵조선을 교판적으로 접근, 동정일여의 무시선법을 제시했다. 곧 출세간적인 선법을 대중화·생활화의 선법으로 혁신한 것이 무시선이다.

1) 무시선법은 종래의 불교를 혁신하는 정신이 깔아있다.

☞「종래의 불교를 혁신하는 정신을 체받아야 한다. 과거의 화두선만 가지고는 안 된다. 일 없을 때는 잡념을 제거하고 일심을 양성하며, 일 있을 때에는 불의를 제거하고 정의를 양성해야 한다」(박장식, 『평화의 염원』, 원불교출판사, 2005, pp.197-198).

2) 불교의 묵조선과 간화선을 교판적으로 접근한 후 동정간 물샐틈없는 선법을 제시하였다.

☞「대종사는 간화선과 묵조선이 무엇인지도 모르면서 의심을 발할 때부터 계속 의심을 깨치려고 했던 것은 간화선을 한 것이라고 할 수 있다. 20세 이후의 입정 상태는 묵조선의 경지라 할 수 있다. 간화선과 묵조선을 모두 체험한 것이다」(한정석, 『원불교 정전해의』, 도서출판 동아시아, 1999, p.453).

3) 전통종교의 정적인 수행법에 대한 한계에 의하여 동정일여의 무시선이 등장한 것이다.

☞「소태산은 전통종교의 수행법이 지닌 문제점에 관해 일없을 때 공부에 치우치는 것이라 제시한 바 있다. 이러한 비판에서 동정일여의 무시선을 강조하는 것이다」(이성전, 「定靜의 유도통합적 성격」, 『원불교사상과 종교문화』 31집, 원불교사상연구원, 2005.12, p.78).

4) 무시선은 과거의 출세간적인 선을 지양, 시대화 생활화 대중화를 도모하는 선이다.

☞「원불교 수행문의 귀결로서 소태산선이라 부를 만큼 사상체계에 독창성을 지닌 무시선은 종래의 선이 가지는 정처와 정시를 위주로 하는 성향과 그에 따른 출세간 편중의 경향을 지양하여 대중화 생활화를 도모하고 있다」(이정원, 「원불교 무시선의 연구」, 『정신개벽』 제5집, 신룡교학회, 1987, p.71).

2. 무시선의 의미

원불교의 무시선은 진공으로 체를 삼고 묘유로 용을 삼는 것으로서 일원상 수행에 표준하여 삼학을 병진하는 선을 말한다. 곧 삼학과 좌선법의 응용을 통한 자성을 회복하는 심성수련법으로서 정시와 상시의 끊임없는 선법이다. 이는 직업을 여의지 않고 일터에서 수행하는 선이므로 시간과 공간에 구애 없는 선법이다. 따라서 무시선은 동정간 불리자성의 선법으로서 분별 주착이 없는 성품을 양성하여 마음의 자유를 얻는 선법이기도 하다.

1) 무시선은 진공으로 體를 삼고 묘유로 용을 삼는 일원상 수행에 표준하여 삼학을 병진하는 선이다.

☞「동정간에 정신수양, 사리연구, 작업취사의 삼학을 병진하는 무시선은 바로 진공으로 체를 삼고 묘유로 용을 삼는 일원상의 수행적 표준에 의거하고 있음을 알 수 있다」(최광현, 「수행문에서 본 일원상-목우도와 무시선을 중심으로」, 『원불교사상』 26집, 원불교사상연구원, 2002. 12, p.54).

2) 무시선법은 삼학·좌선의 응용을 통한 동정간 어느 곳에서나 자성을 회복하는 심성수련법이다.

☞「무시선법은 삼학이 자성의 삼원적 속성을 동시와 정시에 맞게 수련하도록 했음과는 달리 동정을 가리지 않고 계속해서 진공묘유한 자성의 성향을 직접 회복 활용하도록 한 수련법이다. 또한 정신수양의 한 과목으로서의 좌선법이 특정한 곳에 조용히 앉아서 단전에 기운 대중을 하면서 하는 수련법임에 반해 무시선법은 어느 때 어느 곳에서도 禪心을 닦고 자성을 회복할 수 있는 심성수련법이다」(김성관, 「원불교의 심성관」, 숭산 박길진박사 고희기념 『한국근대종교사상사』, 원광대학교출판국, 1984, p.1200).

3) 무시선 무처선은 정기와 상시의 끊임없는 훈련법이다.

☞「무시선 무처선의 동정간 불리선 공부는 정기와 상시의 끊임없는 훈련 속에서 가능해지는 것이다」(이성택, 「원불교 수행론」, 『원불교사상시론』 1집, 수위단회사무처, 1982, p.37).

4) 직업을 여의지 않고 현장의 일터에서 불의를 제거하고 일심을 양성하는 선이다.

☞「일속에서 공부하는 것이 무시선 무처선의 가르침이다」(백광문, 「예비전무출신 교육교재 개발」, 《일원문화연구재단 연구발표회 요지》, 일원문화연구재단, 2005.9.23, p.11).

5) 무시선 무처선은 시간과 장소에 구애 없는 선이다.

☞「성성적적한 자리를 시간과 장소에 관계없이 무시선 무처선을 유지한다」(황근창, 「물리학과 일원상의 진리」, 창립10주년기념 추계학술회의 《원불교 교의 해석과 그 적용》, 한국원불교학회, 2005년 11월 25일, p.53).

6) 동정간 불리자성의 선법이 무시선이다.

☞「동정일여의 무시선으로 대표되는 불리자성 공부에 정진하면 병들지 아니하고도 원하는 삼대력을 충분히 얻을 수 있다」(김영민, 「원불교 성리의 활용방안」, 『원불교사상』 23집, 원불교사상연구원, 1999, p.86).

7) 무시선이란 분별 주착이 없는 성품을 회복하여 마음의 자유를 얻는 것이다.

☞「분별 주착이 없는 우리들의 본래 성품을 깨달아 그 성품을 떠나지 않고 성품으로 인한 자유를 찾아 행하는 공부를 이름하여 무시선이라 한다」(한기두, 『원불교 정전연구』-수행편1-, 원광대학교출판국, 1997, p.341).

3. 무시선법의 대의강령

1) 선이란 분별주착이 없는 성품과 마음 자유를 얻는 공부이므로 진공으로 체를 삼고 묘유로 용을 삼는다.

2) 내외 동정이 여여한 마음으로 공적영지의 자성에 부합한 대승선이요, 삼학을 병진하는 공부법이다.

3) 농부·공장·점원·관리 등도 경계 극복의 선을 할 수 있다.

4) 선을 계속하면 철주의 중심이 되고 석벽의 외면이 되어 백천삼매를 얻는다.

5) 근래 산중에서 조용히 하는 선을 고집함은 병든 선이니 어떤 경계에도 동하지 않아야 참 선이요 참 정이다.

6) 육근이 무사하면 잡념을 제거하고 일심을 양성하며, 육근이 유사하면 불의를 제거하고 정의를 양성한다.

4. 무시선법의 구조

1) 선의 의미(대범 선이라 함은~아니한 일이 없나니라).

2) 무시선의 원리(사람이 만일~병진하는 공부법이니라).
3) 무시선의 방법(그러므로 경에~길이 잘 든 것이니라).
4) 무시선의 결과(사람이 만일 오래오래~나오나니라).
5) 무시선의 강령(근래에 선을 닦는~정의를 양성하라).

5. 단어해석

무시선 : 교리표어 중에 無時禪과 무처선이 있으며, 『정전』 수행편의 무시선은 일정한 시간 등에 구애되지 않고 언제 어디서나 하는 선을 말한다. 무시선의 강령을 보면, "육근이 무사하면 잡념을 제거하고 일심을 양성하며, 육근이 유사하면 불의를 제거하고 정의를 양성하라" 이다. 일이 있든 없든 일상생활에서 일관되게 활선의 심경으로 임한다는 뜻이다. 이 무시선의 개념을 널리 응용하면 무처선까지 포함되는 선이다.

선 : 분별주착이 없는 각자의 성품을 오득하여 마음의 자유를 얻게 하는 공부법이 禪이다. 불교에서 禪은 禪那·靜慮·思惟修를 말한다. 선을 통해서 마음의 고요함과 심신의 안정으로 이어지는 선정에 든다. 원불교에서의 선법으로는 무시선법과 좌선법 등이 있다.

분별주착 : 사량으로 변별하고 시비하는 것을 分別이라 하며, 어딘가에 머물러 치우치게 되는 집착을 住着이라 한다. 선을 하는 목적은 이러한 분별 주착이 없는 청정자성과 진여의 성품을 회복하기 위함이다.

성품 : ☞『정전풀이』(상) 「일원상서원문」 '성품' 참조.

오득 : 일원상 진리를 깨달아 체득하는 것을 悟得이라 한다. 즉 견성성불이 오득과 직결되며, 오득을 하였으면 제생의세의 길이 뒤따른다.

진공의 체 : 일원상 진리의 본체로서 허공처럼 청정한 진여 본체를 眞空의 體라 한다. 假有를 제외한 현상을 묘유로 본다면 진공은 본체이다.

부동 : 어떤 경계에도 동하지 않는 경우를 不動이라 하며, 부동하는 마음을 부동심이라 한다. 소태산은 부동함은 태산과 같이 하라 했고, 송대의 주자와 명대의 양명은 적연부동을 언급하고 있다.

청정 : ☞『정전풀이』(하) 「염불법」 '청정' 참조.

육근 : ☞『정전풀이』(상) 「삼학, 사리연구」 '육근' 참조.

공적영지 : ☞『정전풀이』(상) 「일원상, 일원상의 진리」 '공적영지' 참

조.

대승선 : 부파불교를 초월하여 불타의 본뜻을 새기면서 육바라밀 실천의 보살도를 강조하는 것이 대승불교로 발전되었으며, 한국과 중국·일본의 북방불교가 대승불교에 속한다. 대승불교가 행하는 선을 大乘禪이라 하며, 원불교에서는 무시선과 무처선을 말한다. 곧 진공으로 체를 삼고 묘유로 용을 삼아 동하여도 동하는 바가 없고 정하여도 정하는 바가 없으며, 육근 작용이 공적영지의 자성에 부합되는 선 대승선이라 한다.

공장 : 물건을 만드는 것을 직업으로 삼는 자를 工匠이라 한다. 사농공상 중에서 공업을 직업으로 삼는 자에 해당한다.

점원 : 사농공상 중에서 상업을 직업으로 삼는 사람을 店員이라 한다.

정사 : ☞『정전풀이』(상) 「사은, 동포은」 '정사' 참조.

관리 : 국가 공무원으로서 벼슬아치를 官吏라 한다. 정치에 관련한 직업의 관료를 말하기도 한다.

도심 : 도를 구하려는 마음으로 진리를 깨닫고 삼독 오욕에 물들지 않도록 적공하는 마음을 道心이라 한다. 공부심도 도심에 속한다. 소태산은 악한 인연이 나에게 옛 빚을 갚아도 나는 도심으로 상대하여 보복할 생각을 아니한다(『대종경』, 인과품 9장)고 했다. 정산종사도 법어에서 도심이 일관해야 큰 도인이라(법훈편 73장)고 했다.

조숙 : 기질수양 심성수양으로 심신이 점차 길들여져서 성숙해지는 것을 調熟이라 한다. 오랜 동안 수도하면 번뇌의 윤회를 벗어나고 중생심을 극복하여 불보살로 나아가게 되는데 이를 조숙이라 한다.

거동 : 몸을 움직이는 행동이나 태도를 擧動이라 한다.

방심 : ☞『정전풀이』(하) 「좌선법」 '방심' 참조.

심력 : 마음의 힘이 心力으로, 오랜 수양 적공으로 삼대력이 쌓이면 심력이 생긴다. 심력은 곧 도력으로 이어진다. 정산종사는 법어에서 마음공부를 잘하면 무한한 심력이 생긴다(권도편 49장)고 했다.

번뇌 : ☞『정전풀이』(하) 「염불법」 '번뇌' 참조.

철주 : 흔들리지 않고 단단한 쇠기둥을 鐵柱라 한다. 선을 오래 하면 철주의 중심이 되어 어떠한 외경에도 흔들림이 없어진다고 하였다.

석벽 : 돌로 쌓아 올린 벽이나 큰 바위의 벽을 石壁이라 한다. 소태산

은 무시선을 오래 하면 철주의 중심이 되고 석벽의 외면이 된다고 했다. 곧 정신수양을 통해 수양력을 얻고 돈독한 신앙심을 갖는 것이다.

진세 : 세속의 세계를 塵世라 한다. 먼지로 더럽혀진 오탁악세의 세상이기 때문에 티끌(塵) 세상(世)이라고 한 것이다.

백천삼매 : 아무리 많은 일이라도 무시선의 부동심을 견지하여 청정자성·물아일여의 삼매의 경지를 얻는다는 뜻에서 百千三昧라 한다. 여기에서 백천이란 용어는 헤아릴 수 없이 많은 수를 말한다.

진대지 : 전 우주, 곧 모든(盡) 세상(大地)을 盡大地라 한다.

일진법계 : 번뇌망상이나 사심잡념이 끊어진 선정의 세계를 一眞法界라 한다. 이에 오랫동안 선을 하면 하나의 참된 법계 곧 일진법계가 된다.

시비선악 : 옳고 그른 것, 착하거나 악한 것을 모두 합하여 是非善惡이라 한다. 중생심으로 살아가면 모든 것이 시비에 구애되고, 선악에 얽매여 살게 된다. 이에 선을 통해 시비선악을 초탈하는 자세가 필요하다.

염정제법 : 오염된 것이라든가 청정한 것 등을 포괄한 모든 법을 染淨諸法이라 한다. 염정이란 美醜(아름다움과 추함)와 같은 의미인 바, 더럽다거나 깨끗하다는 상념에 사로잡혀 분별심을 발할 때 나타난다. 이에 번뇌망상이나 사량분별을 끊는 것이 선의 목적이기도 하다.

제호 : 우유에 갈분을 타서 쑨 죽을 醍醐라 한다. 제호는 맛이 있어 제호의 일미라는 말이 유래하였다. 우유를 정제하여 만든 것으로 맛이 일품이며, 우리의 자성이 여기에 비유되고 있다. 다시 말해 자성극락의 참맛이 제호의 일미와 비유되고 있는 것이다.

불이문 : 둘이 아닌 문을 不二門이라 한다. 一而二 내지 二而一이라는 구조는 동양 인식론에서 거론되는 바, 하나이면서 둘이요, 둘이면서 하나라는 일원론적 불이문의 사유 구조를 지닌다. 이는 반드시 둘로 나누는 이원론적 인식 구조를 극복하는데 도움이 된다. 소태산은 염정제법이 제호의 일미를 이루니 이것이 불이문이라 했으며, 원효도 『기신론소』에서 일심에 대하여 "染淨諸法이 그 性은 無二요 眞妄의 二門이 다를 수 없으므로 一이다" 라고 하였다.

생사자유 : 선·무시선 등 정신수양을 오래 하면 적공의 수양력이 쌓여 생사일여·생사순환·생사해탈로 이어지는데 이를 生死自由라 한다. 『

정산종사법어』 경의편 16장에서 수양의 결과는 생사자유라고 하였다.

윤회해탈 : 수레바퀴가 지속적으로 굴러가듯이 중생의 번뇌와 업에 의해 삼계육도의 미한 생사를 넘나들며 그침이 없는 것을 輪廻라 하며, 이는 천상 인도 수라 축생 아귀 지옥이라는 육도의 궤도에 따른다. 선연선과 악연악과의 업력으로 순환하기 때문이다. 중생들은 육도 윤회를 파탈하여 불보살로 진급하도록 解脫을 향한 적공이 필요하다.

정토극락 : ☞『정전풀이』(하) 「염불법」 '서방정토극락' 참조.

무정물 : 깨닫는 힘이나 감각이 전혀 없는 것을 無情物이라 한다. 이를 테면 광물이나 식물처럼 감각이 없는 물체를 말한다.

강령 : ☞『정전풀이』(상) 「교법의 총설」 '강령' 참조.

무사 : 일이 없는 것을 無事라 한다. 육근이 무사하다는 것은 육근 작용이 없는 상태로서 동정의 靜상태를 말한다.

유사 : 有事는 일이 있는 것으로 무사에 상대되는 개념인 바, 여기에서는 육근이 활발하게 작용하는 것을 말한다.

6. 숙어 · 문제풀이

1) 선이라 함은 분별주착이 없는 각자의 성품을 오득하여 마음의 자유를 얻게 하는 공부인 바, 예로부터 큰 도에 뜻을 둔 사람으로서 선을 닦지 아니한 일이 없다는 것은?

(1) 불가에서 수행하는 참선의 개념이란 분별 주착이 없는 각자의 성품을 오득하여 마음의 자유를 얻는 공부이다.

(2) 좌선의 의미도 마음에 있어 망념을 쉬고 진성을 나타내는 공부(『정전』, 좌선의 요지)인 바, 여기에는 분별 주착이 없다.

(3) 큰 도에 뜻을 둔 사람은 성불제중의 원을 세운 사람을 말하며, 오직 선을 통해 가능하다는 것이다.

(4) 좌선이나 무시선은 원불교의 수양 공부로서 망념을 없애고 분별 주착이 없는 참다운 성품을 오득하는 공부법이다.

2) 참다운 선을 닦고자 할진대 진공으로 체를 삼고 묘유로 용을 삼는다는 것은?

(1) 진공으로 체를 삼는다는 것은 일원상 진리의 체성으로 분

별없는 본연 청정한 성품을 기르는 표준을 삼는다는 것이다.

(2) 묘유로 용을 삼는다는 것은 육근을 작용할 때 동정간 원만구족 지공무사하게 육근을 사용하는 것이다.

(3) 일원상의 진리는 상대처가 끊어져 말이나 사량으로 형용하지 못하는 것이 진공체요, 그 진공한 중에 영지불매하여 광명이 시방을 포함하는 것이 묘유이다(『정산종사법어』, 원리편 2장).

(4) 진공으로 체를 삼고 묘유로 용을 삼는 것은 동정간 불리자성의 무시선이다.

3) 밖으로 천만 경계를 대하되 부동함은 태산과 같이 하고, 안으로 마음을 지키되 청정함은 허공과 같이 하여 동정이 한결같다는 것은?

(1) 어떠한 외경에도 태산처럼 부동하는 마음을 지키는 것이 곧 선이다.

(2) 일이 없을 때에는 사심 잡념을 극복하여 허공 같은 청정자성을 회복하는 것이 선이다.

(3) 동정이 원래 둘이 아니므로 동하여도 동하는 바에 집착이 없고 정하여도 정하는 것에 집착이 없는 그 마음이 동정간 불리자성으로서 무시선의 참 경지인 것이다.

(4) 참다운 도를 닦고자 할진대 오직 천만 경계 가운데에 마음을 길들여야 할 것이니 그래야만 천만 경계에 마음이 흔들리지 않는 큰 힘을 얻는다(『대종경』, 수행품 50장).

4) 모든 분별이 정을 여의지 아니하여 육근을 작용하는 바가 공적영지의 자성에 부합되는 것이 대승선이요 삼학 병진의 공부법이라는 것은?

(1) 모든 분별이 정을 여의지 않는다는 것은 성품의 본연을 떠나지 않아 참 定靜에 이르는 것을 말한다.

(2) 육근을 작용하는 바가 공적영지의 자성에 부합되는 것은 원만구족하고 지공무사한 일원에 계합하는 것을 말한다.

(3) 대승선이란 진공과 묘유의 조화작용으로 편벽됨이 없는 참 자성을 회복하는 것이다.

(4) 동정간 불리자성으로 정신수양·사리연구·작업취사를 아우르는 삼학병진의 공부법이 무시선이다.

5) 응하여도 주한 바가 없이 그 마음을 내라 하였으니, 이는 곧 천만 경계 중에서 동하지 않는 행을 닦는 대법이라는 것은?

(1) 육근이 육경을 만나서 육식을 작용할 때에 어디에 집착하지 않는 것이 중요하다.

(2) 대인접물에 있어 우리의 마음이 흔들리지 않고 본연 자성 그대로 발현하는 것이 바른 수행이며 큰 수행이라는 것이다.

(3) 천지은에서 응용무념의 도를 보은의 대요로 삼듯이, 응무소주이생기심 역시 응용에 무념함이다.

(4) 응무소주이생기심이라는 『금강경』 구절을 읽고 혜능이 깨달은 것은 상근기로서 대승선의 경지를 체험했기 때문이다.

6) 괭이를 든 농부도 선을 할 수 있고, 마치를 든 공장도 선을 할 수 있으며, 주판을 든 점원도 선을 할 수 있고, 정사를 잡은 관리도 선을 할 수 있다는 것은?

(1) 과거의 선과 같이 경계를 피하여 산속에서 하는 선만이 참 선이 아니라 경계 속에서 하는 선이 참다운 선법으로 무시선인 것이다.

(2) 생활 속에서 할 수 있는 선이 참다운 선이며, 불법시생활·생활시불법도 이와 관련된다.

(3) 사농공상이 언제 어디서나 할 수 있는 선법이 무시선이요 활선인 것이다.

(4) 선의 시대화·생활화·대중화는 원불교의 교리정신을 실현하는 것이다.

7) 처음으로 선을 닦는 사람은 마음이 마음대로 잘 되지 아니하여 마치 저 소 길들이기와 흡사하니 잠깐이라도 마음의 고삐를 놓고 보면 곧 도심을 상하게 된다는 것은?

(1) 소 길들이기란 불교의 목우와 관련되는 것으로 초심자가 점차 수행자로 길들어 가는 단계와 유사하여 상호 비유된다.

(2) 소를 길들일 때 코에 고삐를 메달아 길들이며, 수도인도

선을 할 때 마음의 고삐를 매달아 기질단련을 하므로 힘이 든다.

(3) 마음의 고삐를 놓고 보면 사심 잡념에 의해 고요해야 할 마음이 요란해지므로 도심을 상하는 것이다.

(4) 마음에 고삐를 달아 길들이는 것은 집심 관심 무심 능심 이라는 무시선의 4단계로 나아감을 말한다.

8) 아무리 욕심나는 경계를 대할지라도 끝까지 싸우는 정신을 놓지 아니하고 힘써 행한즉 마음이 차차 조숙되어 마음을 마음대로 하는 지경에 이른다는 것은?

(1) 현실의 오욕 칠정에 유혹된다고 해도 분발한다면 어떠한 욕심도 극복할 수 있는 수양력이 쌓이게 된다.

(2) 끝까지 싸우는 정신이란 용장한 결사의 정신으로 선에 임하는 것을 말한다.

(3) 마음을 길들여 조숙한 경지에 이르면 욕심 경계에 처하더라도 안락한 마음이 생겨나 끌리는 마음이 없어지는 것이다.

(4) 마음을 마음대로 하는 것이란 분별 주착과 번뇌 망상이 사라져 정하여도 분별에 맞고 동하여도 절도에 맞는 것이다.

9) 경계를 대할 때마다 공부할 때가 돌아온 것을 염두에 잊지 말고 항상 끌리고 안 끌리는 대중만 잡아갈 것이라는 것은?

(1) 심지는 원래 요란함·어리석음·그름이 없건마는 경계를 따라 있어지므로 이때 적극 공부하는 기회로 생각해야 한다.

(2) 마음공부는 피경만이 능사가 아니라 接境의 경우에 마음이 어디로 끌려가는가를 관찰하는 것이 마음공부의 출발이다.

(3) 육근을 작용할 때에 정의와 불의 사이에서 정의를 실천하겠다는 마음의 표준을 삼는 것이 중요하다.

(4) 무시선의 강점은 경계에 처하여 끌리고 안 끌리는 것에 대중잡는 것으로 선의 맛을 즐기는 것이다.

10) 마음을 마음대로 하는 건수가 차차 늘어가는 거동이 있은즉 시시로 평소에 심히 좋아하고 싫어하는 경계를 놓아 맡겨보되 만일 마음이 여전히 동하면 이는 도심이 미숙한 것이라는 것은?

(1) 마음을 마음대로 하는 건수가 차차 늘어간다는 것은 자성

의 본연에 다가서는 것으로 선 수행에 길들여지는 증거이다.

(2) 만일 선 수행을 하면서 마음이 자주 동하게 된다면 아직 도심이 미숙한 단계로 부동의 마음을 갖도록 노력해야 한다.

(3) 마음이 동하지 않는 건수가 많고 동하는 건수가 적다면 마음이 점차 길들여져 마음의 자유를 얻어 도락을 즐기게 된다.

(4) 경계를 놓아 맡겨보되 마음이 동하지 않는다 해도 방심은 금물이니 무시·무처로 주의할 일이다.

11) 사람이 오래오래 선을 계속하여 모든 번뇌를 끊고 마음의 자유를 얻은즉 철주의 중심이 되고 석벽의 외면이 되어, 부귀영화나 무기·권세로도 마음을 굽히지 못한다는 것은?

(1) 어떠한 선이든 오래오래 선을 지속하느냐가 과제이다. 번뇌를 끊기 위해 부단한 적공의 힘이 그만큼 소중하기 때문이다.

(2) 철주의 중심이 되고 석벽의 외면이 된다는 것은 선을 통해 번뇌 망상이 사라져 어떤 유혹에도 마음이 부동함을 말한다.

(3) 부귀영화나 무기·권세로도 마음을 굽히지 못한다는 것은 청정자성의 성품을 회복하여 정신의 자주력을 얻었기 때문이다.

(4) 수양력을 쌓으면 모든 순경 역경을 초월하여 천하의 어떠한 부귀와 권세에도 끌려가지 않고 소요 부동하는 철주의 중심이 선 자이다(『정산종사법설』, 제8편 편편교리 21장).

12) 일체법을 행하되 걸리고 막히는 바가 없고 진세에 처하되 항상 백천삼매를 얻은즉 진대지가 일진법계로 화하여 시비선악과 염정제법이 다 제호의 일미를 이룬다는 것은?

(1) 일체법에 걸리고 막히는 바가 없다는 것은 행주좌와 어묵동정 간에 일원의 진리를 벗어나지 않아 자유로워짐을 말한다.

(2) 진세에 처하되 백천삼매를 얻는다는 것은 오탁악세에 물들지 않아 생활 자체가 선정으로 이어짐을 말한다.

(3) 진대지가 일진법계를 이룬다는 것은 내가 접하는 모든 경계가 법계를 이루어 선도량이라는 것이다.

(4) 시비선악과 염정제법이 제호의 일미를 이룬다는 것은 우리의 생활상에 나타난 시비이해·선악미추·염정제법이 모두 도

락으로 이어지는 것을 말한다.

13) 이것이 이른바 불이문이라 생사자유와 윤회해탈과 정토극락이 다 이문으로부터 나온다는 것은?

(1) 시비와 선악이 둘이 아니요, 염정이 둘이 아니라는 점에서 二而一 곧 불이문이라 했다.

(2) 선정에 들면 시와 비가 어디 있으며, 선과 악, 염과 정이 어디에 있겠는가?

(3) 일원 대도는 원융하여 시와 비, 동과 정, 선과 악, 염과 정, 피와 차, 고와 낙이 둘이 아니므로 생사자유와 윤회해탈이 이루어진다.

(4) 정토극락이란 무시선을 지속하여 차별상을 떠나므로 생사자유와 윤회해탈이 가능해진 세상을 말한다.

14) 근래 선을 닦는 무리가 선을 어렵게 생각하여 처자가 있어도 못할 것이요, 직업을 가져도 못할 것이라 하여 산중에 들어가 앉아야만 선을 할 수 있다는 주견을 가진 사람이 많다는 것은?

(1) 불가에서 산속에 들어가 선을 하는 것이 참선이라 하는 경우가 있는데, 이는 직업을 갖고 선을 하는데 한계를 불러왔다.

(2) 참 불법의 수행은 세속과 탈세속의 구분이 없는 것이다.

(3) 선을 함에 있어 직업의 유무에 구분이 없으니, 언제 어디서나 하는 무시선이 참 선인 것이다.

(4) 불법의 혁신 곧 불법의 시대화, 생활화, 대중화를 위해서 시간과 장소에 구애가 없는 선법의 보급이 절실한 상황이다.

15) 성품의 자체가 한갓 공적에만 그친 것이 아니니, 만일 무정물과 같은 선을 닦을진대 이것은 성품을 단련하는 선공부가 아니요 무용한 병신을 만드는 일이라는 것은?

(1) 성품은 공적에만 그친 것이 아니므로 정적인 선만을 고집하는 것은 死禪이 되며, 앉아야만 선을 하고 서서 선을 못하는 것은 병든 선이다.

(2) 무정물과 같은 선을 한다는 것은 편벽수행으로 활선이 아니므로 실제의 생활에 아무런 도움이 되지 못한다.

(3) 중생을 건지는 선법은 앉아서도 선을 할 수 있고, 서서도 선을 할 수 있으며, 작업을 하면서도 선을 할 수 있어야 한다.

(4) 일상생활의 시끄러운 상황에서도 마음이 요란하지 않는 선, 그리고 오욕의 욕심경계에서도 마음이 동하지 않는 선이 참다운 선이다.

16) 육근이 무사하면 잡념을 제거하고 일심을 양성하며, 육근이 유사하면 불의를 제거하고 정의를 양성하라는 것은?

(1) 일이 없을 때는 사심 잡념을 제거하는 선을 함으로써 일심을 양성하게 된다.

(2) 일이 있을 때는 불의를 제거하고 정의를 실행하는 선이 참다운 선이다.

(3) 이 원상은 육근을 사용할 때 쓰는 것이니 원만구족한 것이며 지공무사한 것이다(『정전』, 일원상법어).

(4) 무시선의 강령이자 실행 표준이 곧 일없을 때 잡념을 제거하고 일이 있을 때 정의를 양성하는 것이다.

7. 관련법문

☞「무시선 무처선의 공부는 다 대승수행의 빠른 길이라 사람이 이대로 닦는다면 사반공배가 될 것이요, 병들지 아니하고 성공하리니 그대들은 삼가 나의 길 얻지 못할 때의 헛된 고행을 증거하여 몸을 상하는 폐단에 들지 않기를 간절히 부탁하노라」(『대종경』, 수행품 47장).

☞「송규는 오래지 아니하여 충분한 삼대력을 얻어 어디로 가든지 중인을 이익주는 귀중한 인물이 될 것인 바, 이는 곧 동정간에 끊임없는 공부를 잘한 공덕이라, 그대들도 그와 같이 동정일여의 무시선 공부에 더욱 정진하여 원하는 삼대력을 충분히 얻을지어다」(『대종경』, 수행품 9장).

☞「무시선 무처선의 공부법에는 定時의 선과 定處의 선 공부도 잘 하라는 뜻이 들어 있고, 처처불상 사사불공의 불공법에는 정처의 불상에 대한 定事의 불공도 착실히 하라는 뜻이 들어 있나니라」(『정산종사법어』, 경의편 29장).

8. 무시선법의 형성사

원기 22년 『회보』 33호 「회설」에 무시선의 의미를 암시하는 글이 있고, 원기 23년 전음광 교무의 「감상-무시선법」이 『회보』 47호에 보이고 있다. 원기 25년 『종전』에 무시선이 나타나며, 원기 26년 게송과 더불어 무시선의 법문을 내리고, 원기 28년에 『불교정전』에 무시선의 교리표어가 나타난다.

1) 원기 22년 『회보』 33호 회설에 동정간 무시간단으로 공부·사업을 병행한다는 무시선의 의미를 담고 있다.

☞「이를 잘하면 저가 잘되고 저를 잘하면 이가 잘되는 것이므로 공부와 사업이 따로 있지 않다하는 것이며, 따로 있지 아니함으로 공부도 무시간단으로 할 수 있다는 것이요, 사업도 무시간단으로 할 수 있다는 것이니, 우리는 우리 공부와 사업의 의지를 알며 공부와 사업의 떠날 수 없는 관계를 알며 공부와 사업을 할 때가 따로히 있지 아니한 줄을 알아서 진실로 공부와 사업에 열성하기 바란다」(『회보』 33호 원기 22년 3월, 회설).

2) 원기 23년 『회보』 47호에 전음광 선진의 무시선법에 대한 감상의 글이 게재되어 있다.

☞「정신수양 하는 방법을 보면 혹은 주문을 외우거나 혹은 좌선을 하거나 하여 시끄러운 곳을 피하고 조용한 곳을 택하며 사농공상의 일을 버리고 일없는 한가한 몸이 되어야만 비로소 수양공부를 할 줄 알았고, 일 있는 곳이나 번거한 처소에서는 단연히 수양공부를 하지 못할 것으로 인증하였나니 이점이 우리의 수양방법과 상위된 점이다. 어찌 그러느냐 하면 우리의 수양법은 시끄러운 곳이나 번거로운 곳이나 일이 있는 때나 없는 때나 간단이 없이 수양을 할 수 있는 즉 무시선법인 까닭이다」(전음광, 「감상-무시선법」, 『회보』 48호).

3) 원기 25년 제자들에게 『종전』 편성을 지시하고, 무시선법을 추가하였다.

☞「1940년(원기 25년) 9월부터 소태산은 본회 교과서를 통일 수정하기 위하여 교리에 능숙한 제자 이공주, 송도성, 서대원에게 선교 양종의 東派西流를 종합한 大成的『宗典』(정전)을 편성하도록 지시하였다(원기 25년도 사업보고서-교정원 특별상황보고서). 제1편에는 『육대요령』을 다소 수정하였고 그 외에 권두표어, 일원상서원문, 병든 세상 치료법,

좌선법, 단전주의 필요, 무시선법, 참회문이 추가되었다」(박용덕, 『천하
농판』, 도서출판 동남풍, 1999, pp.168-169).

 4) 원기 26년, 소태산 대종사는 게송, 무시선, 무처선 등의 법문
을 내리니, 총부는 공부풍토의 법열로 가득하였다.

　☞「원기 26년, 소태산 대종사께서 게송, 무시선, 무처선 등의 법문을
내리시니 총부는 온통 법의 희열로 가득찼다. 이때 정산종사는 총부 교
감으로 있으면서 학원생들의 공부심을 진작시키셨는데, 하루는 상을 놓
고 처처불상, 사사불공의 법문을 설하시다가 잠시 컵에 물을 따르시며
말씀하시기를 "보라! 온전하게 따르면 이렇게 물을 흘리지 않게 되지
만, 만약 함부로 따르게 되면 컵이 넘쳐 물이 쏟아질 것이 아닌가. 주전
자로 온전하게 물을 따르는 것도 불공이니라」(『정산종사법설』, 제8편
편편교리, 26.불공).

 5) 원기 28년에 발행된 『불교정전』과 『근행법』 등에 무시선 표
어가 등장한다.

　☞「○ 古佛未生前 凝然一相圓, 정각정행 지은보은 불교보급 무아봉
공, 원동태허 무흠무여 일상삼매 일행삼매, 불법시생활 생활시불법 동
정일여 영육쌍전 무시선 무처선 사사불공 처처불상」(『불교정전』, 제7장
무시선, 1.무시선의 해의).

9. 무시선과 일원상의 관계

　무시선이란 일원상 진리를 대기대용으로 활용하는 공부이다.
그리고 일원상 진리의 체성에 합일하여 자성불을 얻는 바, 일원
상을 닮아가는 삼학수행이 곧 무시선이다. 따라서 일원의 체성에
합일하는 인격수행의 표준이 무시선으로 이 무시선의 궁극 경지
는 일원상 체험에 귀일된다. 일원상 진리를 실생활에 활용하는데
무시선이 요구된다는 사실을 아는 것이 중요하다.

 1) 무시선은 일원상 진리를 대기대용으로 활용하는 공부이다.

　☞「무시선의 공부는 일원상 진리와 성품의 자리를 대기대용으로 활
용하는 공부라 할 수 있다. 공부인의 궁극적인 목표는 성품의 바른 이
치를 체받아 육근을 통해서 활용하는 것이다. 전무출신을 하여 수도생
활을 하는 것도 성리를 보아서 자유자재로 활용하는 것이 최고의 서원
이다. 인간의 궁극적인 서원의 하나는 무엇보다도 혜족족 복족족한 인

간의 삶을 영위하기 위한 노력이라고 하겠다」(이성택, 『교리도를 통해
본 원불교』, 도서출판 솝리, 2003, p.125).

 2) 일원상의 자성불을 얻는데 무시선 수행이 적절하다.

 ☞「일원불의 자력적 신앙으로서 제기되는 '자성불 삼대력신앙' 또한
주목하지 않을 수 없는 것으로서 … 이와 같은 자성불의 삼대력을 얻기
위한 삼학 수행은 인간의 삶 전반에 걸쳐 부단히 지속되어야 하는 것으
로서, 소태산은 이를 무시선이라 하여 유사시나 무사시나 동정간에 불
리자성할 것을 강조한다」(노대훈, 「원불교의 불타관」, 『원불교사상시론』
제Ⅲ집, 원불교 수위단회, 1998년, pp.79-80).

 3) 일원의 수행적 측면인 삼학 병진을 하는 것이 무시선이다.

 ☞「수양, 연구, 취사가 서로 떠날 수 없는 관계를 가지고 병진해야만
無時의 원만한 선을 성취할 수 있다. 그 근거는 一圓의 수행적 측면인
일체중생의 본연 성품이 삼학으로 되어 있기 때문이다. 그러므로 삼학
을 원만하게 닦아나가는 원리로서 견성 양성 솔성을 밝혀 그 본연대로
회복하여 나가게 함으로써 일원상을 닮아가는 길이 열리게 된다」(한기
두, 『선과 무시선의 연구』, 원광대학교출판국, 1985, p.252-253).

 4) 일원의 체성에 합일하는 인격 수행의 표준이 무시선이다.

 ☞「진리와 하나가 되어가는 수행공부로 일원의 위력을 얻고 일원의
체성에 합일함으로써 원만한 인격을 이루어 스스로 불보살의 인격을 갖
추어 가는 수행인데 이 수행의 표준이 곧 무시선 무처선이다」(안이정,
『원불교교전 해의』, 원불교출판사, 1998, p.65).

 5) 무시선의 궁극 경지는 일원상에 회귀한다.

 ☞「정성으로 마음에 삼대력을 갖추며 보은행을 하는 것이 참 불공이
다. 신앙과 수행, 불공과 무시선 등 모든 교리를 전부 연관시키면 끝에
가서는 법신불 일원상에 귀일된다」(박장식, 『평화의 염원』, 원불교출판사,
2005, p.218).

 6) 일원상 진리의 생활화를 지향하는 것이 무시선이다.

 ☞「사사불공과 무시선의 두 사상은 당면한 그 순간순간을 진리의 인
간화, 진리의 생활화를 지향하는 現時的 최대화 하는 경쟁력 있는 일원
사상임을 알 수 있다」(김형철, 「원불교사상의 現時性과 경쟁력」, 제13회
원불교사상연구원발표요지《소태산 대종사와 원불교사상》, 원광대 원
불교사상연구원, 1994년 2월 1일-2일, p.50).

10. 무시선의 특징

무시선은 인생의 요도와 공부의 요도를 종합한 가르침으로서 일상의 일 속에서, 경계 속에서 온전히 수행하는 용이한 선법이자 동적인 활선이다. 따라서 무시선은 일상생활에서 정신과 물질 활용의 병행, 삼학의 병진 선법인 만큼 실제의 생활에 도움이 되는 심신작용의 원만한 선을 향한다. 또한 무시선은 유념과 무념을 아우르고 세간과 출세간을 아우르는 선법의 특징을 지닌다. 특히 무시선의 구조는 진공묘유, 공적영지, 응무소주이생기심의 구조적 특징을 지닌다.

1) 무시선은 인생의 요도와 공부의 요도를 종합한 가르침이다.

☞「이 무시선 무처선은 교리 중 신앙문의 인생의 요도와 더불어 양대 맥락 중 하나로서 수행문의 공부의 요도 원리를 종합한 총체적 표어이다」(이광정, 「표어에 나타난 소태산사상」, 『인류문명과 원불교사상』(上), 원불교출판사, 1991, p.178).

2) 무시선은 일속에서 선을 하는 事上禪의 특징을 지닌다.

☞「원불교의 무시선은 일의 유무에 구애되지 않는 상시선이나 주로 일상생활의 일속에서 행해지는 事上的인 선이다. … 무시선은 일원즉만유, 일원즉 본성이라는 상즉 논리에 입각한 선법이므로 무시선 수행에 있어서 현실세계·현실생활은 막중한 의의를 갖는다」(김순임, 「원불교 무시선의 사상선적 성격(2)」, 『원불교사상』 19집, 원불교사상연구원, 1995.12, pp.207-208).

3) 물질 유혹의 경계 속에서 살아가는 현대인들에게 용이한 선법이 무시선이다.

☞「무시선법을 비롯한 원불교의 수행방법은 물질적 세계로부터 벗어나 정신적·육체적으로 안정과 평화를 얻고자 하는 현대인들의 욕구에 부응할 가능성을 충분히 지니고 있다」(노길명, 「한국사회에 있어서 원불교의 소명-사회발전을 위한 원불교의 역할과 과제를 중심으로-」, 제23회 원불교사상연구 학술대회《원불교개교 백주년기획(Ⅰ)》, 원불교사상연구원·한국원불교학회, 2004년 2월 5일, p.12).

4) 무시선은 동적인 활선이다.

☞「무시선이 지향하는 대중화, 생활화의 이념이 도출되는 사상의 맥락이 원불교 교리의 구조적 특성에서 기인한다고 보고, 교리의 구조적

특색에 초점을 맞추어 무시선이 지닌 동적 활선의 성격을 규명하고자
한다」(이정원, 「원불교 무시선의 연구」, 『정신개벽』 제5집, 신룡교학회,
1987, p.71).

**5) 무시선은 정신적 가치창조와 물질적 가치창조에 시간을 온전
히 투자하는 공부법이다.**

☞「무시선은 같은 시간을 이중으로 활용하는 시간 활용법이다. 무시
선을 하는 사람은 하루를 48시간 사는 사람이다. 선을 통해서 정신적
가치 창조에 24시간, 의식주를 구하는 물질적 가치 창조에 24시간을 투
자하는 셈이다. 시간을 아껴 쓰고 금처럼 소중하게 여기라는 격언보다
도 더 무서운 철저한 시간활용의 비법을 내놓은 것이다」(김삼룡, 『창조
를 위한 여백』, 동화출판공사, 1985, p.94).

6) 무시선은 일상생활에서 삼학을 병진하는 선법이다.

☞「장시간 앉아서 선만 하는 것을 존중하지 않고 삼학을 병행하면서
일상적인 생활과 함께 진행되는 무시선을 강조한다」(송천은, 「원불교의
성리인식」, 류병덕 박사 화갑기념 『한국철학종교사상사』, 원광대 종교문
제연구소, 1990, p.1133).

**7) 무시선은 심신작용을 원만히 하여 실생활에 도움을 주는 성
향이다.**

☞「무시선은 선의 본질을 바르게 요득하여 심신작용을 원만히 하며
실생활에 힘을 주는 공부법을 의미한다. 흔히 선을 하기 위해서 피경을
해야만 하는 생각으로 깊은 산에 은둔하기도 하고 특수한 선방에서 정
좌하기도 했으며 별도로 초소를 택하여만 한다는 사고방식이 선의 참다
운 본질을 망각하게 하였다」(한기두, 「무시선의 본질」, 『원불교사상』 1
집, 원불교사상연구원, 1975, p.141).

**8) 무시선은 유념과 무념을 아우르고, 세간과 출세간을 아우르
는 선법의 특징을 지닌다.**

☞「소태산 대종사는 心一境住를 실천하는 유념선과 반야지혜를 실천
하는 무념선을 병행하게 하는 원만한 선법인 무시선을 통하여 출세간적
인 간단있는 선을 넘어서서 세간·출세간을 아우르는 무간단선인 대중
선·생활선으로 발전 교시했음에서 그 특징과 역사적 의의를 찾아볼 수
있다」(최광현, 「원불교 무시선에 관한 연구」, 『원불교사상』 21집, 원불
교사상연구원, 1997.12, pp.404-405).

9) 무시선의 구조는 진공묘유를 존재론적으로, 공적영지를 인식

론으로, 응무소주이생기심을 실천론으로 볼 수 있다.

　☞「무시선의 구조는 진공묘유를 존재론으로, 공적영지를 인식론으로, 응무소주이생기심을 실천론적인 입장으로 볼 수 있다」(원영상,「선사상사에서 본 무시선법의 구조고찰」,『원불교사상과 종교문화』42집, 원불교사상연구원·한국원불교학회, 2009.8, p.51).

11. 무시선법의 4단계

　원불교에서는 무시선법의 4단계로 집심, 관심, 무심, 능심으로 나아가도록 하였다.『정산종사법어』권도편 48장에서는 "마음을 지나치게 급히 묶으려 하지 말고 간단없는 공부로써 서서히 공부하며, 집심과 관심과 무심을 번갈아 하되, 처음 공부는 집심을 주로 하고 조금 익숙하면 관심을 주로 하고 좀 더 익숙하면 무심을 주로 하며, 궁극에 가서는 능심에 이르러야 하나니라"고 하였다. 아무튼 무시선법의 4단계는 상호 연계 속에서 전개되는 것이다.

　1) 처음에는 집심공부를 한다.

　☞「지나치게 조급한 마음을 놓고 간단없는 공부로 서서히 번갈아 길들이되, 1단-집심 : 처음에는 집심이 주가 되다가, 2단-관심 : 점점 관심공부로 들어가고, 3단-무심 : 좀 더 익숙하면 무심을 주로 하고, 4단-능심 : 궁극에 가서는 능심에 이르러야 한다」(좌산상사법문집『교법의 현실구현』, 원불교출판사, 2007, pp.268-269).

　2) 점차 자신의 마음을 바라볼 줄 아는 관심공부를 한다.

　☞「경계가 없을 때는 또 자기 마음을 풀어 놓아본다. 이게 觀心 공부라고 한다. 자기 마음을 가만히 내놓았다가 내가 끌려갈 때만 챙긴다」(심익순,『이 밖에서 구하지 말게』, 원불교출판사, 2003, p.77).

　3) 온갖 욕심을 끊어버리는 무심공부를 한다.

　☞「항상 바로 지금 온전한 마음, 無心을 챙겨서 욕심이 나면 지금 없애버리고 화가 나면 지금 가라앉혀야 한다. 미운 마음이 나면 지금 그 마음을 없애야 한다」(장응철 역해,『자유의 언덕-반야심경 강의』, 도서출판 동남풍, 2000, p.116).

　4) 어떤 경계에도 동함이 없는 능심공부를 한다.

　☞「입선 공부는 소 길들이기와 같은 것이다. 무시선법은 4단계로 되어 있다. 첫째, 경계를 대해서 힘써 행한다. … 둘째, 끌리고 안 끌리는

대중을 잡는다. … 셋째, 경계에 놓아 맡겨본다. … 넷째, 놓아도 동하지 않는 경지(能心)이다」(한종만, 『원불교 대종경 해의』(상), 도서출판 동아시아, 2001, pp.290-291).

5) 무시선의 4단계는 상호 연계되어 전개된다.

☞「무시선의 시작은 집심에서 출발하여야 한다. 집심이란 마음을 잡는다는 뜻으로 집심 단계를 거치지 않고 마음공부 한다는 것은 모래 위에 집을 지으려는 것과 다를 바가 없다. … 무시선의 다음 단계는 관심공부이다. 관심이란 마음을 본다는 의미로 자기 마음 상태를 잊어버리지 않고 관찰하는 공부이다. … 무시선의 다음 단계는 무심 단계인데 이 무심의 단계는 반드시 집심과 관심의 단계를 거쳐서 표준잡아 하는 공부이다. …무시선의 마지막 단계는 능심의 단계로서 마음을 자유자재로 활용하는 공부를 말한다」(이성택, 『교리도를 통해본 원불교』, 도서출판 솝리, 2003, pp.128-129).

12. 무시선의 연계사상

무시선은 유교의 수기치인·거경궁리·주정·定性의 수행법과 통하며, 특히 왕양명의 사상연마와 회통하는 수행법이다. 아울러 여말선초의 전기 실학과도 수행적으로 맥락이 통한다.

1) 수기치인의 유교적 수행법과 통하는 무시선이다.

☞「유교적 醇正 윤리는 수기치인의 인간 道임을 알아야 할 것이다. 修己란 유일자로서의 개인의 인격을 함양하는 것이요, 治人이란 사회적 또는 윤리적 인간 존재로서의 도리를 다함을 의미한다. 그런데 우리가 여기서 주목하고자 하는 것은 원불교에 있어서의 修己의 세계는 그들의 무시선 무처선의 경지에서 성취된다고 본다」(이을호, 「원불교 교리상의 실학적 과제」, 『원불교사상』 8집, 원불교사상연구원, 1984, pp.268-269).

2) 무시선법은 유교의 거경궁리와 통한다.

☞「무시선법은 불교의 수행법보다 성리학의 居敬窮理 법과 너무도 닮았다」(정순일, 「성리개념의 변화와 그 본질」, 『원불교사상과 종교문화』 35집, 원불교사상연구원, 2007.2, pp.136-137).

3) 무시선법은 유교의 主靜과 定性과도 통한다.

☞「무시선은 도가적 虛靜에 대한 유가적 비판을 연상시킨다. 사상사의 흐름을 보면 유가에서는 도가의 허정을 비판하면서도 특히 성리학의

경우는 상당한 부분 도가적 수행법을 받아들였다. 이에 주렴계의 主靜
이나 정명도의 定性의 공부는 유·도 회통적 성격을 지닌다」(이성전, 「
定靜의 유도통합적 성격」, 『원불교사상과 종교문화』 31집, 원불교사상연
구원, 2005.12, p.78).

4) 무시선법은 왕양명의 사상연마와 일면 통하는 수행법이다.

☞「무시선은 왕양명의 事上磨鍊說과 상통하는 수행법으로 진리는 삶
의 현실 그 자체에서, 즉 자신이 당면한 그일 그일 속에서 수련하고 체
득 활용해야 한다는 事上 공부임을 잘 나타내고 있는 것이다」(김순임,
「원불교 무시선의 사상선적 성격(2)」, 『원불교사상』 19집, 원불교사상연
구원, 1995.12, p.211).

5) 무시선법은 여말 선초의 전기 실학과 통한다.

☞「원불교는 공리공론적인 것은 반대하지만 형이상학적 성리학적 측
면은 인정할 뿐 아니라 그것이 도리어 생활 속에서의 무시선과 사사불
공의 이념적 근거를 이루고 있다. 이점에서 여말선초의 전기 실학과의
뜻을 같이 하는 것이다」(송천은, 『일원문화산고』, 원불교출판사, 1994,
pp.151-152).

13. 보충해설

무시선의 뜻을 객관화시켜 영어로 번역을 한다면 어떻게 할 수
있을까? 그 용례를 살펴보면 다음과 같다. ① Practice meditation
continually, Practice meditation everywhere, ② Timeless zen(son),
Placeless son(Zen), ③ Zen always, Zen everywhere, ④ Meditation
at any time, Meditation at anyplace. 이를 통합적으로 풀어 말한다
면 표현만 다를 뿐 언제 어디서나 시공간 구애 없이 선을 한다는
뜻이다.

오늘날 선풍이 불고 있는 유럽과 서구풍조를 볼 때 무시선과
무처선은 동서를 막론하고 인격 수행에 매우 효력을 발휘할 것이
다. 무시선과 무처선에 대하여 대산종사는 다음과 같이 말한다.
"정력을 얻을 때까지 마음을 멈추자. 혜력을 얻을 때까지 생각
을 궁글리자. 계력을 얻을 때까지 취사하자. 삼대력을 얻어 나가
는데 일분 일각도 간단없이 일심으로 공부할 수 있는 바르고 빠

른 길이다"(『정전대의』-대산종사법문 1집, 4. 표어해의, 3. 무시선 무처선).
이처럼 무시선은 삼대력을 얻는 바르고 빠른 대승선이요 대도정법의 활
선인 셈이다. 삼대력을 통해 원만한 인격을 함양하는 것은 무시선보다
좋은 것이 없다고 해도 과언이 아니다.

따라서 수행인으로서 무시선을 부단히 실행하느냐의 여부에 따
라 인격함양의 수행법으로서 일반인들에게 설득력 있게 다가서는
관건이 된다. 친녀이자 제자 순봉이 "제가 생사문제에 의심이 걸
렸는데 어떻게 하여야 이를 속히 해결할 수 있겠습니까?"라고
질문하자, 정산종사는 "무시선 무처선법이 있지 않느냐"」(한울안
한이치에, 제7 기연따라 주신 말씀 35장)라고 하였다. 무시선을 생사
해탈에 응용하라는 뜻이다. 물론 생사해탈만 중요한 것이 아니다.
소태산 대종사는 이미 무시선을 통해 불의를 제거하고 정의를 양
성하라 하였던 점을 새겨야 할 것이다.

14. 연구과제

1) 육근을 작용하는 바가 공적영지의 자성에 부합되려면?
2) 진공으로 체를 삼고 묘유로 용을 삼는 공부법은?
3) 무시선의 강령과 특징은?
4) 무시선이 유교사상과 회통하는 면이 있다면?
5) 간화선과 묵조선을 비판한 후 무시선을 밝힌 이유는?
6) 무시선을 나의 수행과 관련하여 체험된 경지를 밝히시오.

15. 고시문제

1) 좌선법과 무시선법의 각 요지를 강령적으로 정리하고 그 차
이를 설명하시오.
2) 동하여도 분별에 착이 없고, 정하여도 분별이 절도에 맞는다?
3) 동정간 삼학병진하는 공부법을 쓰시오.
4) 원불교 선의 특징을 논하시오.
5) 다음 어휘의 출처(『정전』의 해당되는 장 또는 제목)와 뜻을 간
단히 풀어 적으시오 : 제호의 일미.

6) 무시선과 사사불공의 관계?

7) 체와 용을 O와 X로 표시 : 佛供()과 禪().

8) 무시선 공부와 사사불공 공부를 각자 별도로 하는가, 실례를 들어 설명하시오.

9) 무시선의 강령을 쓰고 자신이 이 수험기간에 무시선 공부하는 심경을 약술하시오.

10) 무시선의 강령을 쓰고 실제 수행하는 요령을 쓰시오.

11) 좌선과 무시선의 일치점과 차이점을 논하고 자기의 수행경험을 밝히시오.

12) 원불교선법의 원리와 특징과 방법에 대하여 설명하시오.

제8장 참회문

○ 「참회문」의 원문

　음양상승의 도를 따라 선행자는 후일에 상생의 과보를 받고 악행자는 후일에 상극의 과보를 받는 것이 호리도 틀림이 없으되, 영원히 참회 개과하는 사람은 능히 상생상극의 업력을 벗어나서 죄복을 자유로 할 수 있나니, 그러므로 제불 조사가 이구동음으로 참회문을 열어 놓으셨나니라.

　대범 참회라 하는 것은 옛 생활을 버리고 새 생활을 개척하는 초보이며, 악도를 놓고 선도에 들어오는 초문이라, 사람이 과거의 잘못을 참회하여 날로 선도를 행한즉 구업은 점점 사라지고 신업은 다시 짓지 아니하여 선도는 날로 가까와지고 악도는 스스로 멀어지나니라. 그러므로 경에 이르시되 "전심작악은 구름이 해를 가린 것과 같고 후심기선은 밝은 불이 어둠을 파함과 같나니라" 하시었나니, 죄는 본래 마음으로부터 일어난 것이라 마음이 멸함을 따라 반드시 없어질 것이며, 업은 본래 무명인지라 자성의 혜광을 따라 반드시 없어지나니, 죄고에 신음하는 사람들이여! 어찌 이 문에 들지 아니하리요.

　그러나 죄업의 근본은 탐진치라 아무리 참회를 한다 할지라도 후일에 또 다시 악을 범하고 보면 죄도 멸할 날이 없으며, 또는 악도에 떨어질 중죄를 지은 사람이 일시적 참회로써 약간의 복을 짓는다 할지라도 원래의 탐진치를 그대로 두고 보면 복은 복대로 받고 죄는 죄대로 남아있게 되나니, 비하건대 큰 솥 가운데 끓는 물을 냉하게 만들고자 하는 사람이 위에다가 약간의 냉수만 갖다 붓고, 밑에서 타는 불을 그대로 둔즉 불의 힘은 강하고 냉수의 힘은 약하여 어느 때든지 그 물이 냉해지지 아니함과 같나니라.

　세상에 전과를 뉘우치는 사람은 많으나 후과를 범하지 않는 사람

은 적으며, 일시적 참회심으로써 한두 가지의 복을 짓는 사람은 있
으나 심중의 탐진치는 그대로 두나니 어찌 죄업이 청정하기를 바라
리요.

　참회의 방법은 두 가지가 있으니, 하나는 사참이요 하나는 이참이
라, 사참이라 함은 성심으로 삼보 전에 죄과를 뉘우치며 날로 모든
선을 행함을 이름이요, 이참이라 함은 죄성이 공한 자리를 깨쳐 안
으로 모든 번뇌를 제거해 감을 이름이니 사람이 영원히 죄악을 벗어
나고자 할진대 마땅히 이를 쌍수하여 밖으로 모든 선업을 계속 수행
하는 동시에 안으로 자신의 탐진치를 제거할지니라. 이같이 한즉, 저
솥 가운데 끓는 물을 냉하게 만들고자 하는 사람이 위에다가 냉수도
많이 붓고 밑에서 타는 불도 꺼버림과 같아서 아무리 백천 겁에 쌓
이고 쌓인 죄업일지라도 곧 청정해지나니라.

　또는 공부인이 성심으로 참회 수도하여 적적성성한 자성불을 깨쳐
마음의 자유를 얻고 보면, 천업을 임의로 하고 생사를 자유로 하여
취할 것도 없고 버릴 것도 없고 미워할 것도 없고 사랑할 것도 없어
서 삼계육도가 평등일미요, 동정 역순이 무비삼매라, 이러한 사람은
천만죄고가 더운 물에 얼음 녹듯하여 고도 고가 아니요, 죄도 죄가
아니며, 항상 자성의 혜광이 발하여 진대지가 이 도량이요, 진대지가
이 정토라 내외 중간에 털끝만한 죄상도 찾아볼 수 없나니, 이것이
이른바 불조의 참회요, 대승의 참회라 이 지경에 이르러야 가히 죄
업을 마쳤다 하리라.

　근래에 자칭 도인의 무리가 왕왕이 출현하여 계율과 인과를 중히
알지 아니하고 날로 자행자지를 행하면서 스스로 이르기를 무애행이
라 하여 불문을 더럽히는 일이 없지 아니하나니, 이것은 자성의 분
별 없는 줄만 알고 분별 있는 줄을 모르는 연고라, 어찌 유무초월의
참 도를 알았다 하리요. 또는 견성만으로써 공부를 다 한 줄로 알고,
견성 후에는 참회도 소용이 없고 수행도 소용이 없다고 생각하는 사
람이 많으나, 비록 견성은 하였다 할지라도 천만번뇌와 착심이 동시
에 소멸되는 것이 아니요, 또는 삼대력을 얻어 성불을 하였다 할지
라도 정업은 능히 면하지 못하는 것이니, 마땅히 이 점에 주의하여
사견에 빠지지 말며 불조의 말씀을 오해하여 죄업을 경하게 알지 말
지니라(『정전』 제3 수행편, 제8장 참회문).

1. 참회문 서설-참회와 참회록

인생으로서 일생을 살다가면서 잘못을 범하지 않기란 쉽지 않다. 그러나 그 잘못을 간과하여 또 다시 죄를 범하고 보면 악도의 윤회를 면하지 못하므로 참회가 필요한 것이다. 과거로부터 성현들은 참회의 타당성을 밝히고, 또 참회록을 남기고 있다. 남겨진 참회록은 후학들이 보감으로 삼아 참회의 길로 인도된다는 면에서 매우 중요하며, 참회의 심경으로 접근할 필요가 있다.

1) 성 어거스틴의 『참회록』

(1) 성 어거스틴이 40세에 저술한 『참회록』은 가톨릭교회에서 소중히 여기는 저술의 하나이다.

(2) 어거스틴이 젊은 시절 방탕했던 시절에 마니교에 빠졌다가 그리스도교 신앙을 갖기까지의 참회생활을 중심으로 엮어나간 저술이 바로 『참회록』이다.

(3) 자서전이면서도 신학 체계가 탁월한 작품으로, 자신의 기록 10권과 성서에 대한 해석 3권 등 총 13권으로 구성되어 있다.

(4) 성 어거스틴이 자신 회개의 삶을 고백하면서도 하느님에 대한 감사의 정이 많이 표출되어 있다.

(5) 성 어거스틴에 의하면 죄란 우발적으로 일어난 일이라기보다는 나의 자유의지로 선택하고 결정한 것이라 하였다.

(6) 죄업과 참회에 관련된 『참회록』의 목차를 살펴본다(성 어거스틴 『참회록』, 박재천 옮김, 기독태인문화사, 1992).

(1) 주님 안에서의 진정한 휴식과 죄에 대한 용서를 간구(제1장 4절).

(2) 유년 시절에도 죄를 지을 수 있다(제1장 6절).

(3) 청년기의 방탕을 뉘우치고 고백하다(제2장 1절).

(4) 죄의 동기는 남의 것에 대한 단순한 욕망과 유혹에서였다(제2장 4절).

(5) 친구들과 함께 하는 쾌락으로 저지른 무겁고 큰 죄를 사하여 주신 주님께 감사(제2장 5절).

(6) 예배 중에도 죄악을 저질렀지만 파괴주의자들의 행동에 증오심을 갖고 있었다(제3장 2절).

(7) 교만하여 성경을 낮고 불완전한 것이라고 멸시(제3장 4절).

(8) 죄의 근본에 관한 마니교 교리를 반박(제3장 6절).

(9) 마니교의 암혹에 빠져 있을 때 아들의 회심을 바라는 어머니의 간절한 기도(제3장 2절).

(10) 유혹과 속임을 하고 당했던 불행한 시절의 생활(제4장 1절).

(11) 고통스러울 때 눈물이 위로가 되는 이유(제4장 4절).

(12) 육체의 형상만을 소중하게 생각하고 참 하나님의 영적인 면 2을 인식하지 못함(제4장 12절).

(13) 주님을 찬양하고 고백하도록 해 주소서(제5장 1절).

(14) 세속적인 생활 속에서의 진실한 신앙에 대한 간구(제6장 9절).

(15) 죄악은 자신 스스로의 의지에서 연유한다(제7장 3절).

(16) 악의 근원에 관한 심사숙고(제7장 6절).

(17) 하나님은 99명의 의로운 사람보다도 참회하고 주께로 돌아오는 한 사람을 더욱 기뻐한다(제8장 3절).

(18) 하나님으로부터 분리시키는 죄악들(제8장 5절).

(19) 진리를 구하지 않고 방황했던 젊은 시절에 대한 후회(제8장 7절).

(20) 자신과 더불어 싸우는 의지(제8장 8절).

(21) 참회의 눈물을 흘릴 때 주님의 음성을 듣고 영혼에 변화를 일으키다(제8장 11절).

(22) 죄를 사하여 주신 하나님에 대한 찬양(제9장 1절).

(23) 시편 제4편에 대한 감동 및 거짓과 헛된 사랑을 탐했던 과거(제9장 4절).

(24) 하나님 안에서 자기 지신을 고백함(제10장 5절).

(25) 인간생활의 불행에 관하여(제10장 11절).

(26) 육체의 안목과 정욕의 형상들(제10장 12절).

(27) 육체의 탐욕을 절제하지 못함(제10장 13절).

(28) 정욕의 질병에서 벗어나게 하신 주님(제10장 14절).

2) 예타원 종사의 『참회』

(1) 예타원 전이창 종사는 1990년 『참회』(원불교출판사)를 저술했다.

(2) 본 『참회』의 저술은 교역자 훈련기간 중 교역자를 대상으로 법문한 내용을 정리하여 발간된 것이다(총 62쪽).

(3) 예타원 종사는 뒤이어 『죽음의 길을 어떻게 잘 다녀올까』(도서출판 숨리, 1995년)를 저술하였다.

(4) 『참회』의 목차는 다음과 같다.

    (1) 성스러운 일

    (2) 뉘우침

    (3) 허물 고치는 것

    (4) 죄업 씻는 길

    (5) 업력 녹이는 용광로

    (6) 참회는 진리적 근거가 있다

    (7) 참회의 두 길

    (8) 기도로 참회

    (9) 봉사로 생활참회

    (10) 당처에 참회

    (11) 근원적 진리참회

    (12) 이참은 정진 참회

    (13) 이참은 자성 참회

    (14) 참회로써 삼매를

2. 참회의 의미

참회의 懺은 범어 Ksama(懺摩)를 음역하여 용서를 빌고 미안함을 드러내는 뜻이다. 그리고 참회는 자신의 허황됨을 깨닫고 남을 속이는 것이 자신을 속이는 것임을 깨닫는 것이다. 일반적으로 참회는 자신의 그릇된 행동을 상대방에게 고백하여 용서를 구하는 것이다. 또한 참회는 종교적 의미에 있어 참 양심을 깨달아 전과를 살피어 후과를 범하지 않도록 결심하는 공부이기도 하다. 곧 상극이 아닌 상생의 인연으로 거듭나도록 대인접물에 있어 탐진치 삼악도를 극복, 법신불 앞에 깊이 성찰하는 공부이다.

1) 참회의 懺은 범어 Ksama(懺摩)를 음역하여 '용서를 빌다'는 뜻이다.

☞「참회의 懺은 범어의 Ksama(懺摩)라는 음역을 약한 것으로 '용서를 빌다' '뉘우친다' '忍.' 이라는 뜻을 가진 말이며, 悔는 Ksama의 의역이다. 범어에서는 오늘날까지 '미안하다' 는 말을 Ksamatam(내가 범한 죄를 참고 견디어 달라)이라고 하는 것이다」(김현준, 원효의 참회사상, 『불교연구』 2, 한국불교연구원, 1986.10, p.56 참조).

2) 참회는 자신 행동의 난삽, 교만, 허황됨을 뉘우치는 것이다.

☞『『육조단경』 「전향참회」 편에서 볼 때 懺은 전에 지은 잘못을 반성하며 악업과 어지러움과 교만과 허황됨 등을 뉘우쳐 다시 짓지 않도록 悔하는 것이니 이 두 말을 합해 참회라 한다」(서경전, 『교전개론』, 원광대학교출판국, 1991, p.404).

3) 남을 속이는 것이 곧 나를 속인다는 양심을 깨닫는 것이 참회이다.

☞「참다운 참회는 불생불멸의 진리와 인과보응의 이치를 여실히 깨닫고 믿어서 남을 속이고 해하는 것이 곧 나를 속이고 해하는 것임을 알아야 행해질 것이다」(『정전대의』-대산종사법문 1집, 13. 참회문, 1. 요지).

4) 전과를 살펴서 후과를 범하지 않기로 결심하는 공부이다.

☞「참회는 과거의 허물을 實心으로 뉘우치고 後過를 범하지 않기로 맹서하여 결심하는 동시에 날로 선업을 짓는 공부이다」(신도형, 『교전공부』, 원불교출판사, 1992, p.372).

5) 좋은 인연으로 상극의 업력을 벗어나는 공부가 참회이다.

☞「우리는 서로가 좋은 인연으로 맺어지는 상생의 업력을 지을 수도 있고 또는 좋지 못한 인연으로 맺어지는 상극의 업력을 지을 수도 있다. 좋지 못한 인연으로 맺어지는 상극의 업력을 벗어나는 공부의 시작이 참회이다」(한정석, 『원불교 정전해의』, 도서출판 동아시아, 1999, p.467).

6) 참회는 탐진치 삼악도의 극복을 위한 자신의 깊은 성찰이다.

☞「참회 수도를 하는 참다운 의미는 삼악도에 떨어져 고통 받는 일이 없도록 자기 자신이 깊은 성찰을 하여 평소의 생활과 마음작용에 각별히 유의해서 죄악을 짓지 않고 좋은 습관만을 길들여 가는데 있다」(장응철, 『죄업으로부터의 자유-참회문 해설』, 도서출판 동남풍, 2005, p.63).

3. 참회문의 대의강령

1) 음양상승의 도를 따라 선악의 과보를 받으나 참회개과를 하는 사람은 상극의 업력을 벗어난다.

2) 참회는 구습을 버리고 새 생활을 개척하고, 악도를 놓고 선도에 들어오는 것이다.

3) 죄는 본래 마음에서 일어나므로 마음이 멸함에 따라 없어지며, 업은 본래 무명이므로 자성의 혜광을 따라 없어진다.

4) 죄업의 근본은 탐진치이므로 이를 방치하면 죄업 청정은 어렵다.

5) 참회의 방법으로는 사참과 이참이 있으니, 이를 쌍수하여 선업을 쌓고 탐진치를 제거해야 한다.

6) 공부인이 성심으로 참회하면 자성불을 깨쳐 마음의 자유를 얻고 천업을 임의로 하고 생사를 자유로 한다.

7) 근래 계율과 인과를 모르고 자행자지의 무애행을 하는 무리가 출현하고 있으니 죄업을 경하게 알아서는 안 된다.

4. 참회문의 구조

1) 참회의 원리(음양상승의 도를 따라~열어 놓으셨나니라).
2) 참회의 의의(대범 참회라 하는 것은~들지 아니하리요).
3) 참회의 필요성(그러나 죄업의 근본은 탐진치라~바라리오).
4) 참회의 방법(참회의 방법은~곧 청정해지나니라).
5) 참회의 결과(또는 공부인이~죄업을 마쳤다 하리라).
6) 참회의 대결단(근래에 자칭 도인의~알지 말지니라).

5. 단어해석

참회문 : 소태산에 의하면 懺悔門이란 옛 생활을 버리고 새 생활을 개척하는 초보이며 악도를 놓고 선도로 들어오는 초문이라 했다. 곧 과거의 죄업을 진정으로 뉘우치고 잘못을 고백하여 다시는 범과를 하지 않는 것이 참회이니, 죄업을 뉘우치게 하는 동시에 영혼을 천도할 때 참회

문을 읽는 경문으로 사용토록 하였다. 참회를 지속적으로 하면 탐진치 삼독심이 녹고 자성이 청정하여져 다시는 죄업을 짓지 않는 힘이 생긴다. 그리고 참회의 방법으로는 사참과 이참이 있다.

음양상승 : ☞『정전풀이』(상)「일원상법어」 '음양상승' 참조.

선행자 : 신구의 삼업으로 착한 행동을 하여 상생의 과보를 받는 자를 善行者라 하며, 악한 행동으로 상극의 과보를 받는 자는 악행자이다.

상생 : 선인선과로서 좋은 인연으로 서로 살려주는 기운을 相生이라 한다. 오행설에 의하면 나무에서 불, 불에서 흙, 흙에서 쇠, 쇠에서 물, 물에서 나무가 남을 이른다. 이와 달리 상극이 있는 바, 쇠는 나무를, 나무는 흙을, 흙은 물을, 물은 불을, 불은 쇠를 이기는 것을 상극이라 한다.

상극 : 기운이 막히고 살기를 띠는 것을 相剋이라 한다. 상생에 반대되는 오행의 상극을 보면, 쇠는 나무, 나무는 흙, 흙은 물, 물은 불, 불은 쇠를 剋함(이김)을 말한다. 인간관계에 있어서 신구의 악업을 짓고 받는 악인악과는 상극임을 알고 상생의 선연으로 돌려야 한다.

호리 : 지극히 적은 분량(털끝만큼)을 毫釐라 한다. 호리불차는 털끝만큼도 틀리지 않은 상태를 말한다.

업력 : 선악의 과보를 끌어들이는 힘을 業力이라 한다. 업력은 자기가 좋아하는 바에 따라 그 업보가 형성되는 만큼 선업을 짓도록 해야 한다. 궁극에 가서는 불보살처럼 업보 윤회의 해탈로 나가야 할 것이다.

죄복 : ☞『정전풀이』(하)「염불법」 '죄복' 참조.

제불조사 : ☞『정전풀이』(상)「일원상서원문」 '제불조사' 참조.

이구동음 : 여러 사람의 말·의견이 모두 일치됨을 異口同音이라 한다. 이구동성도 같은 뜻이다. 즉 제불조사가 공히 참회의 가치가 소중함을 생각하여 이구동음으로 참회문을 열었다는 것이다.

악도 : 신구의 삼업으로 악업을 지은 사람이 받는 상극의 세계를 惡道라 한다. 예컨대 축생 아귀 지옥이 일종의 악도에 관련된다.

선도 : 고통의 악도를 벗어나 상생의 세계를 善道라 한다. 곧 육도윤회에 있어 천상 내지 인도·수라의 세계가 선도의 길과 연계되어 있다. 이에 선연선과의 원리를 알아서 상생의 선도에 수생하자는 것이다.

구업 : 과거에 지은 업을 舊業이라 한다. 일생을 살아가면서 자연스럽

게 시간이 흐르다보면 현재는 과거가 되어 구업을 짓게 된다. 따라서 이
미 쌓여져 가는 구업을 청정히 하여 악도 윤회를 벗어나야 한다.

신업 : 구업은 과거에 지은 업이라면 新業은 지금 당장 지어가는 업이
거나 앞으로 전개될 미래의 업을 한다. 우리가 참회를 하는 목적은 구업
을 반성하면서 장차 신업을 청정히 하는 것에 그 목적이 있다.

전심작악 : 악업을 지은 전심을 前心作惡이라 한다. 참회문에서 전심작
악은 구름이 해를 가린 것과 같다고 하였다.

후심기선 : 죄를 지은 사람이 진심으로 참회함으로써 후에 선한 행동을
일으키는 마음을 後心起善이라 한다. 후심기선은 밝은 불이 어둠을 파함
과 같다고 참회문에서 밝히고 있다.

무명 : 인과와 불생불멸의 이치에 어두운 것을 無明이라 한다. 불교에
서는 12인연의 첫 출발이 무명이며, 이 무명으로 인해 윤회가 발생하는
것이다. 무명으로 인해 지혜가 어두워져 경계에 미혹되어 악업을 짓기
때문이다. 『정산종사법어』 원리편 16장에서 무명의 원인을 밝히고 있다.

죄고 : ☞『정전풀이』(상)「삼학, 사리연구」'죄고' 참조.

탐진치 : 삼독심으로 탐욕(貪), 화난 마음(瞋), 어리석음(痴)이다. 중생의
고통 원인으로 三煩惱·三火·三垢·三不善根이라고도 한다.

전과 : 과거에 범한 과실을 前過라 한다.

후과 : 후에 범하게 될 과실을 後過라 한다. 소태산은 전과를 뉘우치는
사람은 많으나 후과를 범하지 않는 사람이 적다고 했다.

심중 : 마음속, 마음 한 가운데를 心中이라 한다.

사참 : 성심으로 삼보 전에 죄과를 뉘우치며 날로 모든 선을 행함을 事
懺이라 한다. 사참은 이참에 상대되는 말로서 자신이 일상사에서 지은
악업을 날로 뉘우치며 선업을 닦아 나가는 것을 말한다. 이참과 사참은
참회문에서 밝혔듯이 쌍수하는 것이 효과적인 방법이다. 정산종사는 법
어 경의편 31장에서 사참의 방법에 대하여 자세히 밝히고 있다.

이참 : 원불교 참회문에 의하면 두 가지의 참회 방법이 있는데 그중 하
나가 理懺이다. 이참은 원래 죄업이 텅 빈 자리를 알아서 모든 번뇌망상
을 제거해 가는 것을 말한다. 자성은 본래 청정하지만 경계를 따라 있어
지는 요란하고 어리석고 그른 마음을 진리 전에 회광반조하자는 것이다.

성심 : 정성스러운 마음을 誠心이라 한다.

삼보 : 불교에서 존경의 대상이자 보배로 여기는 세 가지로서 불·법· 승을 三寶라 한다. 다시 말해서 불보란 부처님을 말하고, 법보란 불법 (經, 律, 論)을 말하며, 승보란 부처님의 법을 가르치고 중생을 구원하 는 스님을 말한다. 『대종경』 신성품 8장에서 삼보를 신앙하는데 자 력신과 타력신이 있다며, 이에 자타력을 아우르도록 하였다.

죄성 : 신구의 삼업으로 악업을 짓는 근본 성질을 罪性이라 한다. 곧 이참은 원래 죄업이 텅 비고 번뇌망상과 선악미추가 없음을 알아서 자 성청정을 추구하므로 죄성도 또한 텅 비어 있다. 다만 경계를 따라 구업 을 짓고 신업을 지어 윤회의 업력에 끌리므로 죄성이 나타나곤 한다.

번뇌망상 : ☞『정전풀이』(상) 「삼학, 정신수양의」 '번민망상' 참조.

쌍수 : 두 가지를 아울러 닦는 것을 雙修라 한다. 참회문에서 이참과 사참을 아울러 행하라는 의미에서 쌍수라는 용어가 사용되고 있다.

백천겁 : 겁은 찰라와 반대되는 개념으로 '永劫'의 오랜 세월을 말 한다. 여기에 백천이라는 용어는 영겁의 수사적 표현이다. 이와 유사 한 용어로 일대겁(『대종경』, 변의품 6장), 무량겁(『정산종사법어』, 기연편 15장), 무수겁(同書, 생사편 19장) 등이 있다.

죄업 : 선한 업이 아닌, 악한 업보를 지어 받는 것을 罪業이라 한다. 소 태산은 무서운 죄업 5가지를 『대종경』 인과품 26장에서 밝히고 있다.

적적성성 : ☞『정전풀이』(하) 「좌선법」 '적적' '성성' 참조.

자성불 : 우리는 성불이 가능한 개유불성이므로 누구나 불성이 있음을 알아야 하는 바, 우리의 자성이 부처인 것을 自性佛이라 한다.

천업 : 이미 지어놓은 크고 무거운 죄업인 바, 우주 대자연, 천지의 조 화로 인해 짓는 업을 天業이라 한다. 이를테면 우주의 성주괴공, 인간 의 생로병사, 사시의 춘하추동 등의 순환을 天業이라 한다. 정업은 면할 수 없지만 자성을 깨쳐 마음의 자유를 얻으면 천업은 돌파된다 고 참회문에서 밝혔다.

삼계육도 : 三界는 욕계 색계 무색계이며, 六途는 천상 인도 수라 축생 아귀 지옥이다. 다시 말해서 삼계는 불교의 세계관을 3가지로 구체화한 것으로, 욕계란 오욕이 치성한 세계이고 색계는 오욕을 벗

어났지만 아직도 물질적 형체가 남아있는 세계이다. 또한 무색계는 욕계나 색계를 벗어난 순수 정신세계이지만 아직도 존재에 대한 욕망은 있는 세계이다. 육도는 『정전』「일원상서원문」의 '육도' 참조.

평등일미 : 정전에 삼계육도가 平等一味라 했듯이, 삼계와 육도에 있어 好惡의 차별심이 사라진 것이 평등세계이자 극락세계이다. 자성이 청정함을 깨달으면 삼계가 평등일미요, 육도 역시 평등일미이다.

동정역순 : 동할 때와 정할 때를 動靜이라 하며, 역경과 순경을 逆順이라 한다. 동정일여라든가 순역경계라는 것이 이와 관련된다.

무비삼매 : 삼매 아님이 없는 것을 無非三昧라 한다. 삼매는 『정전』의 '염불법' 참조.

진대지 : ☞『정전풀이』(하)「무시선법」'진대지' 참조.

도량 : 도량을 한자로 道場이라고 쓰며, 불법을 배우고 심신을 닦는 곳을 말한다. 각 교당·기관·훈련원·총부 등이 도량이라 볼 수 있다.

정토 : 淨土는 사심잡념과 번뇌망상이 끊어진 맑고 고요한 세계를 말한다. 자성 청정한 세계로 아미타불이 사는 세계가 정토극락이다. 수도인들이 참회 수도를 지속하면 진대지 곧 온 세상이 정토라고 하였다.

죄상 : 죄의 모습이나 형태를 罪相이라 한다. 또는 사람이 죄를 지을 때의 형태를 죄상이라 한다. 참회를 지속하면 자성의 혜광이 발하여 진대지가 이 도량이요 이 정토이므로 내외에 털끝만한 죄상도 없게 된다.

불조 : ☞『정전풀이』(상)「일원상서원문」'제불조사' 참조.

대승 : 부파불교를 초월하여 불타의 본뜻을 새기면서 육바라밀 실천의 보살도를 강조하는 것이 大乘으로 발전되었으며, 한국과 중국·일본의 북방불교가 대승불교에 속한다. 소태산은 참회문에서 이참·사참의 쌍수를 통해 진대지가 이 도량이요 이 정토가 된다며 이를 대승참회라 했다. 정산종사는 법어 법훈편 6장에서 세상의 교화를 대승으로 하라고 했다.

6. 숙어 · 문제풀이

1) 음양상승의 도를 따라 선행자는 후일에 상생의 과보를 받고 악행자는 후일에 상극의 과보를 받는 것이 호리도 틀림이 없다는 것은?

(1) 음양상승을 따라 인과보응이 전개된다는 것은 음양의 변화하는 원리에 따라 인과가 진행된다는 것을 말한다.

(2) 일원상의 작용이 우주적으로는 음양상승으로 나타나고, 인간사에서는 인과보응으로 나타난다.

(3) 陰中陽 陽中陰 및 因中果 果中因의 원리가 상호 유기체적 연계 속에 있다.

(4) 음양상승과 인과보응은 모든 생명체에게 상생법칙·순환법칙·상관법칙의 측면에서 작용한다.

2) 영원히 참회 개과하는 사람은 능히 상생 상극의 업력을 벗어나서 죄복을 자유로 할 수 있다는 것은?

(1) 부단한 참회를 통해서 개과를 하게 되며, 이를 통해서 모든 업력에서 벗어나 궁극적으로 죄복을 자유롭게 할 수 있다.

(2) 죄복을 자유로이 할 수 있다는 것은 죄와 복을 자유로이 지을 수 있다는 것이 아니라 죄와 복을 초탈하여 자유로워짐을 말한다.

(3) 상생상극의 업력을 벗어난다는 것은 상대적 선업·악업에 구애되지 않는 것으로, 법력으로 윤회의 업보를 벗어남을 말한다.

(4) 참회를 통해 개과천선하거나 윤회업보를 벗어나고자 제불조사가 이구동음으로 참회문을 열게 된 것이다.

3) 참회라 하는 것은 옛 생활을 버리고 새 생활을 개척하는 초보이며, 악도를 놓고 선도에 들어오는 초문이라는 것은?

(1) 이미 길들여진 악습을 버리고 새로운 선행생활을 시작하는 것이 참회의 출발이다.

(2) 무명으로 인해 탐진치에 끌려 과실을 범하였을 경우 이에 대해 용서를 비는 것이 참회의 기초적인 출발이다.

(3) 참회는 고통의 윤회를 낳는 악도를 버리고, 상생선연의 선도를 닦는 것에서 비롯된다.

(4) 참회의 의미를 古今의 생활과 관련하여 논하였으니, 곧 악도에서 선도로 향하는 갈림길이라는 것이다.

4) 사람이 과거의 잘못을 참회하여 날로 선도를 행한즉 구업은

사라지고 신업은 짓지 아니하여 선도는 날로 가까워지고 악도는 스스로 멀어진다는 것은?

(1) 악을 범하고도 참회를 하면 악 가운데 선의 움이 자라난다(『대종경』, 요훈품 26장).

(2) 참회를 지속적으로 하는 것은 다시 죄를 짓지 않겠다는 서약이므로 자연스럽게 구업은 사라지게 된다.

(3) 구업이 사라지면 고통의 업은 되풀이되지 않으며, 당하는 일마다 복을 짓는 선도에 가까워진다.

(4) 업보는 구업과 신업이 있는 바, 과거의 구업은 참회의 대상이요, 선연의 신업은 복혜의 길이다.

5) 前心作惡은 구름이 해를 가린 것과 같고, 後心起善은 밝은 불이 어둠을 파함과 같다는 것은?

(1) 악업을 지은 전심은 잠시 구름이 해를 가리어 청정 자성이 사라진 상태이다.

(2) 선행을 불러일으키는 선심은 가려진 어둠이 다시 밝아지게 한다.

(3) 하늘에는 검은 구름이 걷혀야 밝은 달이 나타나서 삼라만상을 비쳐주고, 수도인의 마음 하늘에는 욕심의 구름이 걷혀야 지혜의 달이 솟아오른다(『대종경』, 천도품 24장).

(4) 중생과 부처의 차이가 전심작악과 후심기선의 차이이다.

6) 죄는 본래 마음으로부터 일어난 것이라 마음이 멸함을 따라 반드시 없어지며, 업은 본래 무명인지라 자성의 혜광을 따라 반드시 없어진다는 것은?

(1) 참회란 죄업을 벗어나서 자성의 혜광을 밝히자는 것이다.

(2) 죄는 분별 주착의 마음이 발함에 따라 일어나므로 그 마음을 가라앉히는 것이 중요하다.

(3) 업은 중생의 무명심에 의해 나타나므로, 공적영지의 광명을 따라 무명에 가려진 업보를 소멸시켜야 한다.

(4) 죄는 본래 마음으로부터 일어난 것이란 일체유심조의 원리라는 뜻이며, 이에 참회를 통해 통만법명일심해야 한다.

7) 죄업의 근본은 탐진치라 아무리 참회를 해도 후일에 또 악을 범하면 죄도 또한 멸할 날이 없다는 것은?

(1) 우리가 죄업을 짓는 근본 원인은 경계를 따라 나타나는 탐진치에 유혹되기 때문이다.

(2) 탐진치가 승하면 그 곳에서 그 육신을 받아 무량겁을 통하여 놓고 무수한 고를 얻을 것이다(『대종경』, 천도품 5장).

(3) 설사 참회를 지속한다고 해도 죄업의 근본인 탐진치를 없애지 못한다면 고통스런 죄업은 되풀이된다.

(4) 참회를 말로 백번을 하더라도 바른 행동으로 실천에 옮기지 않으면 죄는 멸할 날이 없다.

8) 악도에 떨어질 중죄를 지은 사람이 일시적 참회로써 약간의 복을 짓는다 해도 원래의 탐진치를 그대로 두면 복은 복대로 받고 죄는 죄대로 남는다는 것은?

(1) 참회는 일시적 참회가 있고 지속적 참회가 있는데, 탐진치를 버리지 못하고 일시적 참회를 한다면 죄는 되풀이된다.

(2) 완전한 복락을 얻기 위해서는 본래 텅 빈 자성을 비추어 탐진치를 녹여야 한다.

(3) 삼독심을 완전히 뿌리 뽑지 못하고 일시적 참회만 하면 큰 솥 가운데 끓는 물을 냉하게 하고자 하는 사람이 위에 약간의 냉수를 붓고 밑에 타는 불을 그대로 두는 꼴이다.

(4) 순간의 분발심, 순간의 꽃발신심이 하늘을 찌르더라도 지속적인 적공이 따르지 않으면 불꽃에 녹아버리는 눈과 같다.

9) 세상에 前過를 뉘우치는 사람은 많으나 후과를 범하지 않는 사람이 적고, 일시적 참회로써 한두 가지의 복을 짓는 사람은 있으나 탐진치는 그대로 두니 어찌 죄업이 청정할 것인가?

(1) 잘못을 범하여 일시적 참회(사참)로 반성하는 경우가 많으나 다시 방심하여 잘못을 범하는 사람이 많다는 뜻이다.

(2) 일시적 참회를 통해 한두 가지 복을 짓는 경우는 있으나 탐진치가 본래 공함(이참)을 알지 못하면 죄업이 끊이질 않는다.

(3) 사참을 통해 후과를 범하지 않는다고 해도 이참을 통해

탐진치가 본래 공함을 알아야 영원한 참회가 되는 것이다.

(4) 참회는 일시적 참회나 언어의 공약도 필요하지만 행동으로 과실을 범하지 않는 계행 청정이 요구된다.

10) 사참은 성심으로 삼보 전에 죄과를 뉘우치며 날로 모든 선을 행하고, 이참은 원래 죄성이 공한 자리를 깨쳐 안으로 모든 번뇌 망상을 제거함이란?

(1) 사참은 일을 당하여 시비를 점검하고 잘못을 범하였을 경우에 다시 범하지 않겠다고 삼보 전에 반성하는 것이다.

(2) 이참은 원리상으로 보아 우리 자성에 탐진치가 없으므로 죄성이 공함을 깨쳐서 번뇌 망상을 제거하는 것이다.

(3) 밖으로 경계를 만나서 범과를 하지 않겠다는 다짐을 하면서 사참에 이르고, 안으로 청정한 자성에는 죄상이 없음을 알아서 번뇌망상을 없애는 이참에 이른다.

(4) 소태산 대종사는 이참과 사참의 병행을 통해 죄과와 번뇌 망상을 제거하자고 하였다.

11) 공부인이 성심으로 참회 수도하여 적적성성한 자성불을 깨쳐 마음의 자유를 얻고 보면 천업을 임의로 하고 생사를 자유한다는 것은?

(1) 참회는 성심으로 해야 하는 바, 일시적 참회만으로 죄업을 다시 짓지 않는다는 보장이 없다.

(2) 적적성성한 자성불을 깨친다는 것은 원래 죄업이 공한 성품자리를 깨달아 여의자재한 부처임을 확인하는 것이다.

(3) 천업을 임으로 한다는 것은 참회를 통해 이미 주어진 육도 윤회의 업보를 벗어나서 일원상 진리에 계합하는 것이다.

(4) 적적성성한 자성불, 마음의 자유, 천업의 임의, 생사자유는 모두 참회의 결과이다.

12) 취할 것도 없고 버릴 것도 없고 미워할 것도 없고 사랑할 것도 없어서 삼계육도가 평등일미요 동정역순이 무비삼매라는 것은?

(1) 천업을 임의로 하고 생사를 자유로 하므로 취할 것이나

버릴 것이 따로 없고 증오할 것이나 사랑할 것이 따로 없다.

(2) 이참과 사참을 통해 욕계 색계 무색계와 육도의 세계에 차별 감정이 없이 평등한 경지로 다가서는 것이다.

(3) 동할 때, 정할 때, 순경과 역경 등 시공간이 삼매 아님이 없으니 곧 동정역순이 무비삼매인 것이다.

(4) 참회의 진경에 들면 감정의 기복이 사라지고 심신이 삼매의 경지에서 도락을 얻게 된다.

13) 천만죄고가 더운 물에 얼음 녹듯하여 자성의 혜광이 발하여 진대지가 이 도량이요, 진대지가 이 정토라 내외 중간에 털끝만한 죄상도 없으니 이것이 불조의 참회요 대승의 참회라는 것은?

(1) 천만 죄고가 더운 물에 얼음이 녹듯 한다는 것은 과거에 지은 윤회업보가 이참 사참을 통해 녹아내리는 것을 말한다.

(2) 불조·대승의 참회란 이참과 사참을 통해 자성의 혜광이 발하는 것을 말한다.

(3) 진정한 참회에 이르러 다시 죄업을 짓지 않으면 모든 대지가 청정도량이요 정토극락이므로 불조·대승의 참회가 된다.

(4) 내외 중간(육근에 접한 육경의 세계)에 털끝만한 죄상도 없다는 것은 죄업이 공함을 알아서 죄업을 짓지 않기 때문이다.

7. 관련법문

☞「모든 불조들이 최후 일념을 청정하게 가지라고 경계하셨나니, 이 생에서 그 마음은 악하나 부귀를 누리는 사람은 전생에 초년에는 선행을 하여 복을 지었으나 말년에는 선 지을 것이 없다고 타락하여 악한 일념으로 명을 마친 사람이며, 이생에 마음은 선하나 일생에 비참한 생활을 하는 사람은 전생에 초년에는 부지중 악을 지었으나 말년에는 참회 개과하여 회향을 잘 한 사람이니, 이와 같이 이생의 최후일념은 내생의 최초일념이 되나니라」(『대종경』, 천도품 35장).

☞「선을 행하고도 남이 몰라주는 것을 원망하면 선 가운데 악의 움이 자라나고, 악을 범하고도 참회를 하면 악 가운데 선의 움이 자라나나니, 그러므로 한 때의 선으로 자만자족하여 향상을 막지도 말며, 한 때의 악으로 자포자기하여 타락하지도 말 것이니라」(『대종경』, 요훈품 26장).

☞「범과한 학인들에게 말씀하시기를 "대중과 불전에 알뜰히 참회하라" 하시고, 글을 주시니 "眞實無自欺 誓願不貳過"라, 번역하면 "진실하여 스스로 속임이 없고 다시는 범과 않기로 서원을 하라" 하심이러라」(『정산종사법어』, 응기편 41장).

8. 참회의 원리

참회란 자업자득의 원리를 깨닫는 것에서 비롯되며, 신앙과 수행을 통한 죄업청산의 원리이자 신구의 삼업을 성찰하여 죄업을 극복하는 원리이다. 또한 자성불에게 참회 불공을 함으로써 원만한 인품을 얻는 자기불공의 원리이기도 하다. 그리고 참회는 말보다는 행동에 옮기는 선행의 원리이다.

1) 참회는 자업자득의 원리를 깨달아 죄악으로부터 벗어남이다.

☞「갖가지 고통들이 누구에게나 아주 평등하게 오지는 않고 누구에게는 더하고 누구에게는 덜하여 갖가지의 모습으로 우리에게 다가온다. 이런 것들을 우리는 자업자득이라고 한다. 누가 지어 주어서 받는 것이 아니라 내가 지어서 받는다는 것이다. … 그래서 이 참회 법문을 깊이 공부하여야만 하는 것이다」(장응철, 『죄업으로부터의 자유-참회문 해설』, 도서출판 동남풍, 2005, p.47).

2) 신앙과 수행의 겸전을 통한 죄업 청산의 원리이다.

☞「참회 공부는 수행 면에서는 작업취사 공부이며 신앙 면에서는 자기의 죄업을 뉘우친다는 종교 공통의 원리이다」(한정석, 『원불교 정전해의』, 도서출판 동아시아, 1999, p.467).

3) 참회란 신구의 삼업을 성찰하여 죄업을 극복하는 원리이다.

☞「삼세에 신구의 삼업으로 알고도 짓고 모르고도 지은 일체 죄업을 진심으로 참회하고 그 과보의 두려움을 절실히 깨닫는 길이다」(『정전대의』-대산종사법문 1집, 13. 참회문).

4) 나 자신이 조물주라는 자성불에 불공하는 원리이다.

☞「다만 마음 가운데 죄의 연(罪緣)을 없애면 각자 성품에서 진실한 참회가 되나니 홀연히 대승법을 깨달아 참된 참회를 하고 삿된 행을 없애고 바르게 하면 곧 죄가 사라진다. 진리를 배우는 이는 어느 때나 自性을 관하라. 그리하면 모든 부처와 하나가 될 것이다」(『六朝壇經』 T.48, pp.354c-355a. 但向心中除罪緣 各自性中眞懺悔 除邪行正卽無罪 學

道常於自性觀 卽與諸佛同一類).

5) 참회는 말보다는 행동, 곧 선행의 원리이다.

☞「참회는 참회한다고 말하거나, 눈물을 흘리거나, 기도하는 것이 중요한 것이 아니다. 중요한 것은 자신에게 돌아올 고통을 처음부터 짓지 않는 것이다. 자신의 인생에 좋은 일만 있으면 좋겠다는 생각을 갖는다면 언제나 좋은 일만 하고 살아야 한다」(김일상, 『마음공부 길잡이』, 대산문화사, 1988, p.128).

9. 참회의 필요성

참회는 무명에 가린 중생의 축적된 죄업의 극복을 위해서 필요하다. 곧 자신의 사악한 기운을 벗어남은 물론 마음속의 욕심 번뇌에 의한 악업을 극복하기 위해 필요하다는 것이다. 따라서 상극의 업력을 벗어나 죄복을 자유로이 해야 한다. 인생의 풍요로움을 얻고 새로운 삶을 개척하기 위해서 참회가 필요한 일이다.

1) 무명에 가린 중생의 축적된 죄업을 극복하기 위해 참회가 필요하다.

☞「선행자는 후일에 상생의 과보를 받고 악행자는 후일에 상극의 과보를 받는 진리가 호리도 틀림이 없으니 참회하고 선행하라 했다. 그런데 어떤 사람들은 자기는 죄가 없다고 생각을 한다. 어리석기 그지없는 생각이다. 진리를 깨닫지 못한 우리 중생은 무한한 과거 전생으로부터 익혀온 업이 있다. 이 업은 죄성의 잠복현상이다. 적당한 여건이 조성되면 발아한다. 또 성장한다. 드디어는 죄의 결실을 나투고야 만다」(이광정, 『주세불의 자비경륜』, 원불교출판사, 1994, p.128).

2) 참회는 자신의 악한 기운을 없애는데 필요한 공부이다.

☞「아무리 한 때에 악을 범한 사람이라도 참 마음으로 참회하고 공덕을 쌓으면 몸에 악한 기운이 풀어져서 그 앞길이 광명하게 열릴 것이요, 아무리 한 때에 선을 지은 사람이라도 마음에 원망이나 남을 해칠 마음이 있으면 그 몸에 악한 기운이 싸고돌아서 그 앞길이 암담하게 막히나니라」(『대종경』, 요훈품 32장).

3) 마음속의 욕심 번뇌에 의한 악업을 극복코자 참회 수도한다.

☞「先病者醫라는 말이 있다. 처음 우리가 수도에 발심할 때는 죄업의 고통과 마음속의 욕심 번뇌로 괴로워서 자기의 악업병을 고치고자

2

선심을 내고 공부심 일으키어 이참 사참으로 참회·수도하여 자기의 병을 치료하는데, 그 치료했던 경험이 의술이 되어서 남들도 치료할 수 있는 명의가 된다는 말이다. 그러므로 우리도 진정으로 죄악의 수렁을 벗어나기 위해서 죄악의 두려움을 자각하고 실답게 사참공부와 이참수도를 하여 대 성자가 되도록 하여야 한다」(장응철, 『죄업으로부터의 자유-참회문 해설』, 도서출판 동남풍, 2005, p.173).

4) 참회는 상극의 업력을 벗어나 죄복을 자유하기 위함이다.

☞「참회문의 핵심은 "상생 상극의 업력을 벗어나서 죄복을 자유한다" 는 것이다. 업력을 벗어나 죄복을 자유로이 한다는 것은 업력까지 넘어서는 것이다. 이처럼 참회는 큰 힘이 있는 것이다」(한종만, 『원불교 대종경 해의』(下), 도서출판 동아시아, 2001, pp.290-291).

5) 참회는 인생의 흑자를 얻고 새 길을 개척하기 위함이다.

☞「일년의 계획을 일월에 세우고 12월에 결산했을 때 적자보다는 흑자를 내야 한다. … 인생은 어제보다 오늘, 오늘보다 내일이 중요하다. 사람은 누구나 환경따라 나쁜 마음이 일어날 수가 있다. 그러나 잘못을 바로 뉘우치고 참회 반성하여 새 길을 개척하느냐 못하느냐에 따라 인생길이 달라진다」(안정진, 퇴임 기념문집 『아름다운 42년』, 원불교출판사, 2003, p.37).

10. 참회의 방법

원불교의 참회 방법으로는 두 가지가 있는 바, 이참과 사참이 그것이다. 이참은 본래 죄성이 공한 진리를 깨닫는 것이요, 사참은 과거에 지은 악업을 진리 전에 참회하는 것이다. 아울러 이참과 사참을 병행하는 것이 바람직하고, 사참을 할 때에는 이참의 지혜를, 이참을 할 때는 사참의 실상을 직시해야 한다.

1) 본래 죄성이 공한 진리를 터득하는 이참의 방법이 있다.

☞「이참이란 내적인 진리참회를 이름인 바, 성품에 반조해서 삼세의 모든 업장을 녹여버리는 방법이니 첫째 걸림 없는 선정에 드는 길이요, 둘째 염불삼매에 드는 길이요, 셋째 송주삼매에 드는 길이다」(『정전대의』-대산종사법문 1집, 13. 참회문, 2. 방법).

2) 지난 죄과를 진리에 고하여 선행을 실천하는 사참이 있다.

☞「사참의 방법에 대하여 말씀하시기를 "첫째는 대원을 발하여 작은

욕심을 끊는 것이요, 둘째는 사실을 대조하여 선악의 이해를 판단해 보
는 것이요, 셋째는 진정한 마음으로 항상 법신불 전에 참회의 기도를
올리는 것이요, 넷째는 일일신 우일신으로 매양 악업을 고치기에 노력
하는 것이니라”」(『정산종사법어』, 경의편 31장).

3) 이참과 사참의 병행으로 참회를 한다.

☞「성품 본래에는 죄복이니 인과이니 하는 분별이 비어 버렸다. 그
러나 현실로는 분명히 죄복과 인과가 있는 것이니 이 두 가지 사실을
잘 알아서 사참과 이참을 아울러 계속해 나가야 된다」(『대산종사법문』
5집, 제1부 무한동력, 6. 무심결).

4) 사참을 할 때 이참의 지혜를 빌려야 한다.

☞「밖으로 어떤 상대를 만나서 선업을 짓는 사참을 하려할 때에 무
엇이 선업이며 무엇이 악업인가를 구분하는 이참의 지혜를 빌리지 않으
면 참된 선업을 지을 수가 없고, 또 아무리 사참을 하려해도 속에서 불
같은 욕심이 발동하거나 원망심이 사무치면 그것을 자제할 수 있는 이
참공부가 아니고서는 되지 않는다. 그러므로 온전한 사참을 하기 위해
서는 이참을 해야만 되는 것이다」(장응철, 『죄업으로부터의 자유-참회
문 해설』, 도서출판 동남풍, 2005, pp.148-149).

11. 참회의 결과

참회를 함으로써 다시는 범과를 하지 않고 선업을 쌓게 되니
극락을 수용하게 된다. 더불어 윤회에 자유하는 삶을 얻으며, 참
된 양심과 자성을 회복하는 것이다. 또 참회를 통해 복을 짓고
죄를 방지하여 본래면목을 깨달아 부처의 인품을 닮아가게 된다.

1) 선업의 증장 및 극락의 수용이다.

☞「사참의 결과는 첫째는 악업이 날로 소멸함이요, 둘째는 선업이
날로 증장함이요, 셋째는 세간 복이 계속됨이며, 이참의 결과는 육도 일
미의 극락을 수용하게 됨이니라」(『정산종사법어』, 경의편 33장).

2) 참회를 통해 윤회에 자유하는 삶을 얻게 된다.

☞「참회를 하는 것은 선악의 윤회를 벗어나서 윤회를 자유하는 삶을
살기 위한 것이다. 그래서 우리가 좀 더 생령들의 삶을 알고 산다면 참
회 공부하기가 쉽게 될 것이다」(장응철, 『죄업으로부터의 자유-참회문
해설』, 도서출판 동남풍, 2005, p.58).

3) 허물을 성찰하여 참 양심과 본성을 회복하게 된다.

☞「어떻게 하면 이생에도 내생에도 세세생생 행복하게 살 수 있을 것인가. … 자기의 허물을 시시로 발견해서 반성하고 참회하는 동시에 참 양심을 회복하고 참 본성을 회복할 줄 아는 사람이 영원한 행복자라고 생각한다」(조전권, 선진문집1 『행복자는 누구인가』, 원불교출판사, 1979, pp.19-20).

4) 복을 짓도록 권장하고 죄는 미연에 방지함이다.

☞「복은 복대로 죄는 죄대로 소소역력히 지은대로 나타나 있으므로 사실적으로 복을 짓도록 권장하고 죄는 짓지 아니하도록 미연에 방지를 하며, 또는 과거에 지은 바 복은 무념행으로, 죄는 유념으로 달게 받아버리는 마음가짐이 곧 참회생활로 인해서 전개되는 줄을 알아야 할 것이다」(이운권, 고산종사문집1 『정전강의』, 원불교출판사, 1992, p.88).

5) 적적성성한 본래면목을 깨달아 부처의 권능을 얻게 된다.

☞「참회공부를 많이 하면 우주 진리의 두 가지 면을 완전히 터득하여 활용할 수 있는 대자유인이 된다. 참회공부를 많이 하면 자신의 마음에 갊아 있는 죄성이 공한 진리인 적적성성한 본래면목을 깨닫게 된다. 그래서 그 고요한 자성에 안주할 수가 있고, 그 자성으로부터 한량없이 우러나오는 지혜광명을 활용할 수가 있으며, 그 자성으로부터 발현되는 자비심을 시의적절하게 사용할 수 있는 권능이 생기게 된다. 이것을 부처의 능력인 해탈, 대각, 자비의 삼대력이라 한다」(장응철, 『죄업으로부터의 자유-참회문 해설』, 도서출판 동남풍, 2005, p.161).

12. 원불교 참회문의 특징

원불교의 참회문은 제불조사가 이구동음으로 참회문을 열었다고 하면서 유교의 음양상승, 불교의 인과를 상생상극의 원리로 활용하였으며, 불법승 삼보 전에 간절히 참회함으로써 진급을 지향하는 특징을 지닌다. 그리고 이참과 사참을 병행하며, 탐진치의 상극을 벗어나 자성불을 발견함과 더불어 제생의세의 사회정화에 도움을 주는 특징이 있다.

1) 참회는 유교의 음양상승과 불교의 인과보응의 응용을 기본원리로 삼았다.

☞「음양상승의 도를 따라 선행자는 후일에 상생의 과보를 받고 악행

자는 후일에 상극의 과보를 받는 것이 호리도 틀림이 없으되, 영원히 참회 개과하는 사람은 능히 상생 상극의 업력을 벗어나서 죄복을 자유로 할 수 있나니, 그러므로 제불 조사가 이구동음으로 참회문을 열어놓으셨나니라」(『정전』, 제3 수행편, 제8장 참회문).

2) 불법승 삼보 전에 참회함으로써 새 생활을 개척하도록 했다.

☞「참회를 함에 있어서 삼보에 뉘우치는 이유를 보자. 삼보란 불법승보를 말하는데 불보에 참회함으로써 우주적 진리인 법신불과 진리를 깨친 제불제성에게 간절히 빌고 반성함으로써 자기 잘못을 뉘우치는 것이며, 법보에 참회함으로써 모든 성현이 밝혀놓은 경전의 법에 자기 잘못을 사하여 달게 받는 것이요, 승보에 참회함으로써 이러한 불타의 경전, 대종사의 『대종경』을 전하여 밝히는 성직자에게 잘못을 고백하여 자기의 죄과를 달게 받는 것이다」(서경전, 『교전개론』, 원광대학교출판국, 1991, p.407).

3) 참회는 진급과 상생으로 변화하는 특징을 지닌다.

☞「원불교 참회문의 특징을 원리 면에서 찾아보면 첫째 이는 변화의 원리이다. 음양상승과 인과보응의 관계로 서로 변화의 원리이다. 둘째 신앙과 수행의 겸한 쌍전의 원리이다」(김안심, 석사학위논문 『원불교참회문 연구』, 원광대 원불교학대학원, 1994.10, pp.56-57).

4) 원불교의 참회는 이참과 사참을 쌍수하는 특징을 지닌다.

☞「사참은 탐진치를 확대시켜 큰 욕망을 발하고 작은 욕심을 없애가는 것이며, 이참은 탐진치의 원래가 빈 이치를 알아서 근본을 치료하는 것이다」(『한울안 한이치에』, 제3장 일원의 진리 51장).

5) 중생의 탐진치 삼독심을 없애는 참회이다.

☞「의식세계에서 한걸음 더 들어가면 의식의 밑바닥에 제7 말라식이라는 것이 있다. 이것은 나의 몸속에 있는 我의 실체인 영혼이다. 이 영혼이 몸속에 존재하면서 의식을 통하여 몸을 부리는 것이다. 이 영혼은 언제나 자기 자신을 보호하려고 하는 自己愛가 중심이 된다. 그리고 이 자기애는 욕심(탐심), 성냄(진심), 속임(치심) 등 표면의 의식으로 나타난다」(장응철, 『죄업으로부터의 자유-참회문 해설』, 도서출판 동남풍, 2005, pp.43-44).

6) 자성불을 깨쳐 자력으로 대 자유를 얻는 참회이다.

☞「참회문은 먼저 죄와 복이 없는 한 마음 일어나기 전의 자성자리로부터 분별심이 일어남으로 인해서 죄복이 나타나게 되는 원리를 밝히

었으며, 따라서 죄복의 근원을 소상히 지도하여 근본적으로 자신을 가지고 자력으로써 임의로 할 수 있는 길을 밝히었다」(이운권, 고산종사 문집1 『정전강의』, 원불교출판사, 1992, p.87).

7) 제생의세의 공익적 성격의 참회이다.

☞「참회하기 위해서는 사회정의를 외치는 것도 중요하지만 혼탁하고 어지러운 사회를 위해서 고독하고 불행한 이들을 위해 무엇을 도와줄 것인가를 생각하는 것이 더 중요하다. 참회하는 마음으로 내가 아끼는 소유 한 가지라도 이웃에게 베풀고 궁극에 가서는 나의 정신과 소중한 신명까지도 참회의 제물로 바칠 수 있어야 하는 것이다」(전이창, 『참회』, 원불교출판사, 1990, p.30).

13. 참회문과 일원상의 관계

참회는 일원상 진리의 인과보응을 실천에 옮기는 것이며, 또 불생불멸의 원리를 깨달아 양심을 회복하는 것이다. 그리고 이참을 통해 일원상의 空한 면에 따라 인간의 성품에는 원래 죄상이 없음을 깨닫도록 하는 것이며, 사참을 통해 법신불(삼보) 전에 과거 과실을 고백하고 자성불에 회귀하는 것이다. 수도인에 있어 참회의 대상은 법신불 일원상이라는 점이다.

1) 참회는 일원상 진리의 인과보응을 실천함이다.

☞「자력신앙으로 보면 무선무악한 성품이다. 그러나 타력신앙으로 보면 선과 악의 업인과 과보가 끊어진 자리이다. 인과보응의 진리를 믿되 참회를 지극히 하면 인과보응의 진리를 초월하는 것이다」(한종만, 『원불교 대종경 해의』(下), 도서출판 동아시아, 2001, pp.290-291).

2) 참회는 일원상의 불생불멸을 깨달아 양심을 회복함이다.

☞「참다운 참회는 불생불멸과 인과보응의 진리를 여실히 깨닫고 믿어서 남을 속이고 해하는 것이 곧 나를 속이고 해하는 것임을 알아야 행해지는 바 그 방법은 두 가지로 요약할 수 있다」(신도형, 『교전공부』, 원불교출판사, 1992, p.378).

3) 이참은 일원상 진리의 空에 계합함이다.

☞「업장 소멸은 참회문의 이참에 대한 설명에서 볼 수 있는 바와 같이 원래 자성은 罪相이 空한 면이 있는데, 이를 깨쳐 안으로 모든 번뇌 망상을 제거해 가면 업장이 소멸되는데, 이를 일원상 진리에서는 선악

업보에 차별이 없는 자리라고 설명하고 있다」(김영민, 「원불교 성리의 활용방안」, 『원불교사상』 23집, 원불교사상연구원, 1999, p.82).

4) 사참은 법신불 사은 전에 과거 행실을 고백하고 자성불에 회귀함이다.

☞「참회문은 과거 현재에 지은 모든 잘못을 법신불 사은전에 깊이 뉘우쳐 고쳐나갈 것을 맹세하는 글이다. 이 글은 영혼을 천도할 때에 독송하기도 하고 또는 수행하는 사람이 자기 과거의 행실을 반성하고 자성에 반조하여 청정한 자기의 본래 마음자리에 돌아가기를 기원하며 외우는 참회의 글이다」(안이정, 『원불교교전 해의』, 원불교출판사, 1998, p.685).

5) 구도자적 삶으로서 사명의식에 충실했는가를 참회 고백하는 대상이 일원상이다.

☞「지난 64년여 동안의 전무출신 생활에서 말 못할 어려움, 우주를 향해 소리치고 싶을만한 감격스러웠던 일들, 그리고 구도의 과정에서 못내 안타깝고 몸부림했던 일들을 회고해 본다. 해탈과 증득이라는 우리 본래적 내면의 사명에 충실했는가 반성과 성찰의 계기도 되는 것이다. 이제는 건강도 그전보다는 많이 여의치 않아 가까이 있는 1935년 4월 우리 회상 최초로 총부 대각전에 모셔진 '일원상' 앞에 서본 지도 꾀 오랜 듯하다」(박장식, 『평화의 염원』, 원불교출판사, 2005, p.174).

14. 참회문과 일상수행의 요법

참회는 날마다 자신의 행동을 성찰하는 것으로, 이는 원불교 일상수행의 요법과 통하는 면이 있다. 우리의 마음작용에 따라 죄복을 짓게 되므로 아홉 가지 일상수행의 요법은 죄업을 극복, 성찰하는 항목들이다. 곧 참회와 일상수행의 요법은 경계 속에서 일원대도를 실천하는 길로서 인격함양의 길이다. 따라서 경계마다 챙기고 참회하는 마음으로 살아가야 할 것이다.

1) 일일시시로 성찰하는 생활이 참회요 일상수행의 길이다.

☞「그대들은 기위 수도문 중에 들어왔으니 허실의 내용을 대체로는 짐작한 것이나, 그러한 가운데에도 일일시시로 잘 살피지 못하면 모르는 사이에 외화에 끌리기가 쉬우며…」(『정산종사법어』, 근실편 3장).

2) 각자의 마음작용에 따라 죄복을 짓게 되므로 아홉 가지 일상

수행의 요법은 이의 극복 성찰의 항목들이다.

☞「이 마음에서 모든 것이 나와지게 되므로 가장 근원적인 진리이니 마음에 따라 죄도 짓고 복도 지으므로 아홉 가지 일상수행의 요법은 이 근원적인 마음을 항상 집심하고 관심하며 무심도 해서 궁극에 가서는 능심에 이르도록 권한다」(김순금, 「죽음의 원불교적 해석」, 『원불교사상과 종교문화』 36집, 한국원불교학회·원불교사상연구원, 2007.8, p.103).

3) 일상수행으로 참 마음을 실현하여 일원대도를 실천하는 것이 참회이다.

☞「자기 자신과 더불어 모든 인류가 일상수행의 요법대로 늘 마음을 바로 세우고, 올바르게 돌려서 우리의 참 마음을 실현하여, 일원대도를 실천하는 주인들이 되어야 하겠다」(좌산종법사 「정산종사 유촉성훈 三題」, 정탄백 팜프렛《정산종사탄생100주년 기념대회》, 원불교중앙총부, 2000. 9. 24, p.3).

4) 종교인으로서 일상수행의 요법을 실천하는 것이 인격함양이자 참회이다.

☞「종교생활이나 도덕이란 매일 반성하고 참회하는 생활이다. … 일상수행의 요법 구조가 별 것 아닌 것 같지만 이 세상에 나서 자기의 인격을 완전히 이루어 가지고 세상에 유익한 인물이 되며 공적을 끼친 사람이 되려면 이러한 수행이 필요하다」(박길진, 『대종경강의』, 원광대학교출판국, 1980, p.72).

5) 일상수행의 요법은 경계마다 챙기고 경계마다 참회하는 공부법이다.

☞「일상수행의 요법은 한 경계마다 대조하며 챙기는 공부법이며, 한 경계가 지난 후에 반성하며 챙기는 공부법이기도 하다. 그러한 의미에서 일상수행의 요법은 한 경계가 지난 후에 반성하는 동시에 미래의 새로운 챙김을 다짐하는 공부법이 된다」(정순일, 「일상수행의 요법 주석상의 제문제」, 『원불교사상과 종교문화』 29집, 원불교사상연구원, 2005, p.92).

15. 『불교정전』과 『정전』의 참회문 첨삭

『불교정전』의 참회문과 『정전』의 참회문이 편집과정에서 변화 첨삭된 점이 많다. 이를테면 『불교정전』에 수록된 참회게가 현 『

정전』에는 생략된 점이라든가, 『불교정전』에 많이 인용된 불경 문구가 『정전』에는 생략되었다는 것이다.

○ 『불교정전』과 『정전』의 첨삭, 변화된 참회문

1) 참회문은 『불교정전』에 처음 등장하며, 본 경의 제11장의 참회문이 현 『정전』에서는 제8장으로 변경되었다.

2) 『불교정전』에 처음으로 附偈로서 참회게(이참과 사참)를 수록하였다.

3) 『불교정전』의 참회문이 『정전』으로 발간되면서 생략된 부분은 다음과 같다.

(1) 『法苑』에 이르시대 "참회를 성심으로 한즉 중한 업은 輕해지고 경한 업은 소멸되나니라."

(2) 『원각경』에 이르시대 "둔근 중생이 불도를 이루고자 하나 성취함을 얻지 못할진댄 항상 부지런히 참회하라. 만일 모든 업장을 소멸하면 부처님의 경계가 나타나나니라."

(3) 『大集經』에 이르시대 "백년이나 때묻은 옷이라도 1일에 세탁하여 능히 청정케 함과 같이 백년겁에 쌓이고 쌓인 모든 불선업도 불법력으로 잘 맑히고 보면 일일 일시에 능히 소멸되나니라."

(4) 『心地觀經』에 이르시대 "참회는 능히 번뇌 薪을 태우며 참회는 능히 天路에 왕행케 하며, 참회는 능히 4선락을 얻게 하며, 참회는 능히 여의보주를 내려주며, 참회는 능히 金剛壽를 延하게 하며, 참회는 능히 常樂宮에 들게 하며, 참회는 능히 三界獄에 出케 하며, 참회는 능히 보리화를 피게 하며, 참회는 능히 寶所(보소는 곧 모든 보물이 많이 쌓여 있는 곳을 이름이니 온갖 지혜와 복덕이 본시 구족한 자성과 불법승 삼보를 갖춘 수도장을 일음)에 이르게 하며, 참회는 능히 불의 대원각을 득케 하나라" 하였나니 이로써 볼진대 참회의 공덕이 중하고 큼을 가히 알지로다.

(5) (근래에 자칭 도인의 무리가 왕왕히 출현하여) 함부로 입을 열어 "飮酒食肉이 無妨般若요 行盜行淫이 不害菩提 리라."

(6) 附 「참회게」

事懺悔

我昔所造諸惡業(아 석소조 제악 업)

皆有無始貪嗔痴(개 유 무 시 탐 진 치)

從身口意之所生(종 신 구 의 지 소 생)
一切我今皆懺悔(일 체 아 금 개 참 회)

理懺悔

罪無自性從心起(죄 무 자 성 종 심 기)
心若滅時罪亦亡(심 약 멸 시 죄 역 망)
罪亡心滅兩俱空(죄 망 심 멸 양 구 공)
是卽名謂眞懺悔(시 즉 명 위 진 참 회)

16. 불교의 참회와 포살제도

소태산 대종사는 불교의 참회에 대하여 소개를 하며, 참회의
자발성을 강조하였다. 『정전』 참회문에서 불교 용어인 삼보 전에
죄과를 뉘우치는 것을 사참이라 하고 있다. 원불교는 이에 자·
타력 병행의 참회를 강조한다. 자력참회는 대승불교, 타력참회는
소승불교가 주로 해왔으며, 소의경전으로서 『수심결』에 거론되는
자성문정혜와 수상문정혜가 참회와 관련된다. 불교의 참회로는
천태종의 작법참회 취상참회 무상참회가 있으며, 전통불교는 포
살과 자자라는 참회제도가 있는 것이다.

1) 소태산 대종사의 불교 참회에 대한 언급은 다음과 같다.

☞「십대 제자의 교화한 예를 들어 말하자면, 가령 대중 가운데 어떤
사람이 잘못하는 일이 있는데 직접 잘못을 꾸짖으면 도리어 역효과를
내게 될 경우에는 십대제자 중 2~3인이 조용히 의논하고 그 중 한 사
람이 일부러 그 잘못을 하면 곁에서 보던 한 사람은 그 사람을 불러 놓
고 엄중히 훈계를 하고 그 사람은 순순히 그 과실을 자백하여 감사한
태도로 개과를 맹세한 후 그 과실을 고침으로써 참으로 잘못하던 사람
이 은연중 참회할 생각이 나며 무언중 그 과실을 고치게 하였나니, 이
와 같은 일들이 곧 십대 제자의 행사이었으며 교화하는 방편이었나니라
」(『대종경』, 교단품 42장).

2) 삼보 용어를 사용, 원불교의 참회가 불법과 하나임을 밝히고 있다.

☞「사참이라 함은 성심으로 삼보 전에 죄과를 뉘우치며 날로 모든
선을 행함을 이름이요」(『정전』, 제3수행편, 제8장 참회문).

3) 대승불교는 자성을 회복하는 자력참회, 소승불교는 삼보전에 고백하는 타력참회가 주로 전개되었다.

☞「대승불교의 경우에는 죄업의 근본인 무명업장을 씻어내서 죄 없는 본래 자성을 회복하는데 주력하는 이른바 자력참회가 주가 되어 있다. 이에 비해서 소승불교에서는 잘못한 행위를 불법승 삼보 전에 고백하고 그것을 참회하여 제도를 받도록 하는 타력적 참회가 주가 된다고 할 수 있다」(장응철, 『죄업으로부터의 자유-참회문 해설』, 도서출판 동남풍, 2005, p.49).

4) 이참과 사참은 『수심결』의 자성문정혜 및 수상문정혜와 연결된다.

☞「『수심결』에 자성문정혜와 수상문정혜의 원리를 응용해야 한다. 자성문정혜는 닦을 것도 없고 깨칠 것도 없는 자리를 깨쳐 그 자리에 일치해서 몸과 마음을 작용하는 것이다. 자성문정혜의 경지인 죄성이 공한 자리 그대로 사는 것이 이참이다. 깨친 후에도 번뇌 망상을 제거해야 한다. 수상문정혜는 가끔 일어나는 삼독심의 흔적을 완전히 소멸해 가는 것이다」(한정석, 『원불교 정전해의』, 도서출판 동아시아, 1999, pp.473-474).

5) 천태종의 참회법으로 작법참회, 취상참회, 무상참회가 있다.

☞「중국의 천태종에서 하는 참회법으로 作法참회, 取相참회, 無相참회라는 것이 있다. 작법참회는 예불을 올릴 때 죄지은 것을 고백하고 부처님의 힘을 빌려서 죄 지은 것을 멸도하려는 것이며, 취상참회는 불보살들의 훌륭한 모습을 어느 곳에서나 상상하여 죄 지을 마음을 멀리 하는 것이며, 무상참회는 잘났다, 못났다, 잘했다, 못했다 등등의 모든 생각으로부터 벗어나기 위하여 무심관을 하도록 가르쳐서 죄업이 없는 마음을 회복하려는 것이다」(장응철, 『죄업으로부터의 자유-참회문 해설』, 도서출판 동남풍, 2005, pp.49-50).

6) 불교 참회는 부처와 대중이 모여 우바리 존자가 계문을 읽고 범인이 있을 때 시작했으니, 그 방법으로는 포살과 자자가 있다.

(1) 불교의 참회는 부처님과 대중이 모여 우바리 존자가 계문을 읽고 대중 가운데 죄를 범한 사람이 있을 때 시작하였다.

☞「참회하는 심경에는 마음의 여유가 생긴다. 인과보응의 진리를 밝혀 놓았다. 일체 잘못을 뉘우치고 선행을 해야 구원을 받을 수 있다.

참회공부는 부처님과 대중이 모여 우바리 존자가 계문을 읽고 대중 가운데 죄를 범한 사람이 있을 때 참회를 하기 시작했다고 한다」(문집간행위원회, 발타원정진숙종사 문집1 『법을 위해 몸을 잊고』, 원불교출판사, 2004, p.247).

(2) 불교의 참회의식으로 포살이 있다.

☞「원시 근본불교로부터의 실천적인 가르침이 있으니 그것은 승단과 재가자에 대한 布薩과 自恣의 시행이다. 포살은 승단이나 수행자는 매 15일마다(초하루, 보름 또는 그믐) 거행하는 참회 의식을 말하며 재가자는 매 7일마다(6재일, 8재일) 지난 일을 반성하고 또 다른 1주 또는 2주일을 밝고 맑게 사는 생활법이다」(조용길, 「불교의 포교이념과 현대불교의 포교 경향」, 《교화방법의 다각화 모색》, 원불교대학원대 실천교학연구원, 2006.11.10, p.8).

(3) 불교 참회의식으로 자자가 있다.

☞「自恣란 우안거의 종료일에 3개월 동안을 함께 지낸 동료들끼리 律의 가르침을 깨뜨린 일이 없었는가를 서로 지적해주고, 지적된 죄와 남에게 폐를 끼친 것에 대하여 반성하고 참회하는 의식이다. … 우안거 때뿐만이 아니라 일상적으로 이러한 종류의 의례가 이루어지게 된다. 이것이 바로 布薩 의례이다」(정순일, 『인도불교사상사』, 운주사, 2005, p.164).

17. 유교의 참회론

유교의 일일삼성, 일일신우일신, 明鏡·先察, 自省·內省, 德行·改善 등은 참회의 중요성과 그 당위성의 문구들이다.

1) 일일삼성으로 날마다 세 번 자신을 살핀다는 뜻이다.

☞「증자는 말한다. "나는 매일 내 몸을 세 번 살핀다(吾日三省吾身). 다른 사람을 위해 일을 도모하는데 충실하지 않았는지(爲人謀而不忠乎), 벗과 함께 사귀는데 신의를 잃지 않았는지(與朋友交而不信乎), 스승에게 배운 것을 익히지 않았는지(傳不習乎)"」(『論語』, 學而篇).

2) 일일신우일신은 날마다 반성하여 새롭고 또 새로움을 갖자는 것이다.

☞「탕임금의 세수대야에 새겨진 글에서는 "진실로 날마다 새롭게 했거든 나날이 새롭고 또 나날이 새롭게 하라" 하였다」(『大學』 2章, 湯之盤

銘曰 苟日新 日日新又日新).

3) 明鏡·先察로 과거를 돌이켜 보아 미래를 살핀다.

☞「공자 말하였다. "맑은 거울은 그 사람의 모양을 살피는 바가 되고, 옛날의 일들은 현재의 일을 아는 바가 된다" … 미래를 알고자 하거든, 먼저 지난 일을 살펴보아야 한다」(『明心寶鑑』, 「省心篇」, 子曰, 明鏡所以察形, 往古所以知今. … 欲之未來, 先察已往).

4) 과불급이 없도록 스스로 성찰(自省)해야 한다.

☞「도는 떠날 수 없는데 사람들이 스스로 살피지 않는다. 이 때문에 과·불급의 폐단이 있게 된다」(朱子, 『中庸集註』 4章, 道不可離, 人自不察, 是以, 有過不及之弊).

5) 안으로 성찰함(內省)으로써 근심은 사라지고 편안해진다.

☞「안으로 반성하여 조그마한 하자도 없으니 어찌 근심하며 어찌 두려워하겠는가」(『論語』, 「顏淵篇」, 內省不疚, 夫何憂何懼).

6) 공자는 德行·改善의 실천 여부를 참회 항목으로 간주한다.

☞「덕을 닦지 않고 배운 것을 충분히 토론하지 않고 옳은 것을 듣고 능히 행하지 않으며 선한 것으로 개선하지 못하는 것이 나의 우려하는 바이다」(『論語」, 「述而篇」, 德之不脩, 學之不講, 聞義不能徙, 不善不能改, 是吾憂也).

18. 기독교의 참회와 고해성사

기독교의 참회는 고해성사가 그 대표적이다. 절대자인 하나님과 예수의 대리인 신부나 목사에게 다가서서 자신의 잘못을 고백함으로써 하나님으로부터 죄를 사하는 타력신앙의 방식이다. 또한 성 어거스틴의 『참회록』은 기독교인의 참회에 커다란 지침서 역할을 하고 있다. 근래 한국의 천주교는 자성하는 의미에서 선교 200년 역사의 참회문을 밝힌 바가 있다.

1) 고해성사를 통한 참회의 방법이 기독교 참회의 근간이다.

☞「기독교의 경우 주로 예수님 그리고 성모마리아와 하나님의 은총에 힘입어서 구원을 얻고자 하는 철저하게 타력을 위주로 하는 참회의 방법을 사용하고 있다. 잘은 모르지만, 기독교에서 하는 세례의식을 보면 물로 죄업을 씻어준다는 상징적 의미가 있는 것이 아닌가 하는 생각이 든다. 그리고 신도들이 신부에게 와서 하는 고해성사도 참회의 한

방법이다. 생활하는 가운데 죄 지은 것이 있으면 하나님과 예수님의 대리인인 신부나 목사에게 가서 죄상을 낱낱이 고백하여 하나님으로부터 죄를 용서받는다는 것이다. 그래서 이 일은 기독교에서는 하나의 참회 행위이며 신앙의 행위로 되어 있다」(장응철, 『죄업으로부터의 자유-참회문 해설』, 도서출판 동남풍, 2005, p.50).

2) 고해성사는 신부를 통해 하나님과 직통하는 참회이다.

☞「종교의 사이비성이라는 것은 제 것을 지키지 못할 때 거기에 아무도 신뢰를 갖지 못한다는 것이다. 신부들이 존경을 받는 것은 세상 사람들과 약속한 고해성사를 참으로 지킨다는 것이다. 고해성사를 통해 신부에게 약점과 고민을 털어놓았을 때 절대로 하나님께 직통하지 사람 사이에 새어나가지 않는다는 것이다」(조정근, 『활불이 되소서』, 원불교 출판사, 2005, pp.51-52).

3) 성 어거스틴의 참회록은 한국 기독교인의 보경이다.

☞「성 어거스틴은 자신 회개의 삶을 고백하면서도 하느님에 대한 감사의 정을 표출하였으며, 죄란 우발적으로 일어난 일이라기보다는 나의 자유의지로 선택하고 결정한 것이라 이해하였다」(성 어거스틴 저, 박재천 옮김, 『참회록』, 기독태인문화사, 1992, 참조).

4) 최근 한국 천주교의 200년 역사의 참회문은 다음과 같다.

☞「천주교 발표 '쇄신과 화해' 참회문(요약) : 1) (우리 교회는) 세계정세에 어둡던 박해시대에, 외세에 힘입어 신앙의 자유를 얻고 교회를 지키고자 한 적도 있었으며, 서구 문화를 받아들이는 과정에서 문화적 갈등을 빚기도 하였다. 외국의 부당한 압력에 편승하기도 하였다. 2) 일제의 식민통치로 민족이 고통을 당하던 시기에 교회의 안녕을 보장받고자 정교분리를 이유로 민족 독립에 앞장서는 신자들을 이해하지 못하고 때로는 제재하기도 하였음을 안타깝게 생각한다. 3) 광복 후 세계질서 재편과정에서 빚어진 분단 상황의 극복과 민족의 화해와 일치를 위한 노력에 적극적이지 못하고 소홀히 한 점을 반성하고 이 과정에서 생겨난 수많은 사람들의 희생을 마음 아파한다. 4) 지역, 계층, 세대간 갈등을 해소하는 데나 장애인, 외국인 근로자 등 소외되고 차별받는 사람들의 인권과 복지를 증진시키는 노력도 부족하였음을 반성한다. 5) 집단 이기주의, 도덕적 해이와 부정부패 풍조 속에서 모든 이가 올바른 가치와 도덕을 바탕으로 서로 이해하며 더불어 살아가도록 이끄는 데에 미흡하였다. 6) "섬김을 받으러 온 것이 아니라 섬기러 왔다"고 하신

예수님의 모범을 그대로 따르지 못한 때가 많았다. 때때로 성직자들도 사회의 도덕적·윤리적 귀감이 되지 못하고 권위주의에 빠지거나 외적 성장에 지나친 관심을 두는 등 세상 풍조를 따르는 때가 많았음을 고백한다. 7) 다종교 사회인 우리나라에서 다른 종교가 지닌 정신·문화적 가치와 사회윤리적 선을 충분히 이해하지 못한 잘못도 고백한다」(한국 천주교가 2백년 역사 속에서 저지른 잘못을 민족 앞에 참회하는 공식문건을 처음으로 내놓았다, 「한국천주교 200년 역사참회 문건 발표, 중앙 일보, 2000년 12월 1일).

19. 보충해설

원불교에서 참회할 때 주송하는 주문은 불교의 참회게로 알려져 있다. 이에 대하여 원문과 해석을 소개한다. "我昔所造諸惡業(내가 지은바 모든 악업은) 皆由無始貪瞋痴(다 비롯이 없는 탐진치로 말미암아 생겼으니) 從身口意之所生(신구의 삼업으로 좇아 생하는 바) 一切我今皆懺悔(일체를 내가 이제 다 참회하리라). 罪無自性從心起(죄는 자성에는 없으나 마음으로 좇아 일어나게 되어) 心若滅時罪亦亡(마음이 만약 멸할 때에 또한 없어지나니) 罪亡心滅兩俱空(죄도 없고 마음도 멸하여 둘 다 비우면) 是即名謂眞懺悔(이를 곧 진참회라 이름하여 이르나니라).

그리고 『정전』에 나오는 바, 원불교의 참회는 음양상승의 도를 따라 신구의 3업을 사용하는 과정에서 선행자는 후일에 상생의 과보를 받고 악행자는 후일에 상극의 과보를 받는다고 했다. 이에 영원히 참회 개과하는 사람은 상생상극의 업력을 벗어나 죄복을 자유로이 할 수 있다고 하였다. 그리고 참회의 방법으로는 이참과 사참이 있는 바, 이참이란 원래 죄성이 공한 자리를 깨침이라면 사참은 성심으로 삼보 전에 지은 죄과를 뉘우치는 것이다. 따라서 참회는 이참과 사참을 병행하는 것이 좋을 것이다.

하여튼 참회를 통해 거울처럼 맑은 마음을 돌이켜 보는 자세가 필요하다. 참회란 맑은 우리의 자성을 회복하기 위해 적적성성한 자성불을 깨쳐 마음의 자유를 얻고자 하기 때문이다. 자성불을 발견하여 자유를 얻고 보면 자성의 혜광이 빛을 발하여 접하는

곳마다 정토극락의 세계가 펼쳐진다. 그리하여 삼계육도가 평등
일미이며 동정역순이 無非三昧인 것이다. 참 종교인으로 거듭나
기 위한 참회는 맑은 영성을 드러내는 길이요, 불성을 확인하는
길임을 염두에 두어야 할 것이다.

20. 연구과제

 1) 원불교 참회의 특징은?
 2) 참회의 공덕은?
 3) 이참과 사참이란?
 4) 참회의 원리는?
 5) 불교와 원불교의 참회에 대하여 논하시오.
 6) 참회기도는 왜 필요한가?
 7) 참회게에서 '罪亡心滅兩俱空, 是即名謂眞懺悔'라 했는데,
참회의 진정한 경지는 俱空이라 했는데 具足의 경지는?

21. 고시문제

 1) 원불교 참회의 원리와 방법을 불공법과 연계하여 설명하고,
실지 생활 속에서 어떻게 활용하고 있는지 각자의 교법실현의 입
장에서 기술하시오.
 2) 참회의 개념을 정리하고 그 내용을 논술하시오.
 3) 참회의 뜻을 『정전』에서 밝힌 대로 쓰시오.
 4) 다음의 어휘를 설명하시오 : 이참과 사참.
 5) 이참 사참으로 참회생활하는 각자의 생활표준을 들어 설명하
시오.
 6) 이참과 사참의 본지를 논하고 이 두 가지를 병행하여야 하는
이유를 쓰시오.
 7) 『정전』 참회문 가운데 사참과 이참의 뜻을 밝히고 공부인이
사참과 이참을 쌍수해야 하는 이유를 설명하시오.
 8) 죄업의 근본은 무엇인가?
 9) 참회란 무엇인가?

10) 교단적 입장에서 참회문의 "삼보의 죄과를 뉘우친다"의 삼보는?

11) 인과보응의 이치가 음양상승과 같이 된다고 하였으니 이를 설명하시오.

12) 선과 악을 알되 실행하지 못하는 이유 세 가지를 쓰시오.

13) 성심으로 참회 수도하면 천업을 임의로 하고 생사를 자유한다는 뜻과 그 실례를 드시오.

14) 종교에서 참회생활의 중요성에 대하여 간략히 논하시오.

15) 음양상승의 도를 따라 선행자는 상생의 과보를 받고 악행자는 상극의 과보를 받게 되는 그 원리를 밝히시오.

제9장 심고와 기도

○ 「심고와 기도」의 원문

사람이 출세하여 세상을 살아가기로 하면 자력과 타력이 같이 필요하나니 자력은 타력의 근본이 되고 타력은 자력의 근본이 되나니라. 그러므로 자신할만한 타력을 얻은 사람은 나무뿌리가 땅을 만남과 같은지라, 우리는 자신할만한 법신불 사은의 은혜와 위력을 알았으니, 이 원만한 사은으로써 신앙의 근원을 삼고 즐거운 일을 당할 때에는 감사를 올리며, 괴로운 일을 당할 때에는 사죄를 올리고, 결정하기 어려운 일을 당할 때에는 결정될 심고와 혹은 설명기도를 올리며, 난경을 당할 때에는 순경될 심고와 혹은 설명기도를 올리고, 순경을 당할 때에는 간사하고 망녕된 곳으로 가지 않도록 심고와 혹은 설명기도를 하자는 것이니, 이 심고와 기도의 뜻을 잘 알아서 정성으로써 계속하면 지성이면 감천으로 자연히 사은의 위력을 얻어 원하는 바를 이룰 것이며 낙있는 생활을 하게 될 것이니라.

그러나 심고와 기도하는 서원에 위반이 되고 보면 도리어 사은의 위력으로써 죄벌이 있나니, 여기에 명심하여 거짓된 심고와 기도를 아니하는 것이 그 본의를 아는 사람이라고 할 것이니라.

심고과 기도를 올릴 때에는 "천지하감지위, 부모하감지위, 동포응감지위, 법률응감지위, 피은자 아무는 법신불 사은전에 고백하옵나이다" 하고 앞에 말한 범위 안에서 각자의 소회를 따라 심고와 기도를 하되 상대처가 있는 경우에는 묵상심고와 실지기도와 설명기도를 다 할 수 있고, 상대처가 없는 경우에는 묵상심고와 설명기도만 하는 것이니, 묵상심고는 자기 심중으로만 하는 것이요, 실지기도는 상대처를 따라 직접 당처에 하는 것이요, 설명기도는 여러 사람이 잘 듣고 감동이 되어 각성이 생기도록 하는 것이니라(『정전』 제3 수행편, 제9장 심고와 기도).

1. 심고와 기도의 형성사

심고와 기도는 「창건사」, 『월말통신』, 『삼대요령』, 『불교정전』, 『정전』으로 발전되면서 용어와 편제 순서의 변화를 가져왔다. 구체적으로 말해서 심고와 기도는 『월말통신』 35호에 기록된 바, 원기 17년 4월 6일 월례회에서 심고법에 대한 취지와 방식을 설명한 후 예회순서에 삽입하였다. 그리고 원기 24년-25년경까지는 조석심고가 아니라 신혼경례라고 하였다. 이어서 『불교정전』에서 『정전』으로 개정되면서 제1편 개선론의 제11장 「심고와 기도」를 제3 수행편의 9장으로 옮기었다. 또한 『불교정전』의 「심고와 기도」에서 심불·사은이 『정전』에는 법신불 사은으로, 기도가 설명기도로 용어 호칭이 변경되었음을 알 수 있다.

1) 심고와 기도는 「창건사」, 『월말통신』, 『삼대요령』 등으로 거치면서 정착되기 시작하였다.

☞「심고와 기도의 형성과정 : 창건사 10장 天祭(원기 1년), 「창건사」 12장 단원의 기도, 『월말통신』 35호 4월 6일 익산총부 예회 : 금일은 본회 창한 제2대 148회 월례회이다. 오전 10시 서대원씨 사회로 개회하고 송봉환씨가 출석원을 점검하니 남녀 합 40인이다. 사회로부터 심고법에 대한 취지와 방식을 설명한 후 종사주의 하명에 의하여 自此로는 본회 본지부를 물론하고 심고를 일종의 예회순서로 삽입할 것을 선포하다. 因하여 대중은 경건한 마음으로 심고를 올리고 예회가 及 법어봉독 등의 예행순서…(원기 17년 4.6). 『삼대요령』에 심고와 기도에 대한 설명과 심고와 기도하는 예를 밝혔다. 『혁신론』에 『삼대요령』과 같은 내용 게제, 『불교정전』 : 삼대요령의 내용과 거의 비슷하나 항목이 나누어져 있지 않고 「심고와 기도」 항속에 묶어 서술하였다」(박용덕, 『천하농판』, 도서출판 동남풍, 1999, pp.76-77).

2) 심고의 호칭에 있어 원기 24-25년경, 조석심고가 아니라 신혼경례로 불리었다.

☞「원기 24년-25년경까지는 조석심고가 아니고 신혼경례라 하여 대종사는 당시 불교의 새벽 예불 의식의 번잡하고 형식적이고 세간생활에 맞지 아니한 것을 간단하게 그 정신을 살려서 아침 저녁으로 심고와 감사의 은혜에 보답하는 신정혼정(아침문안·저녁문안)의 의미로써 심고를 드렸던 것이다. 그러기에 3세 제불제성께 3세 부모님께 예배하는 의

미가 거기에 있는 것이다」(이은석, 『정전해의』, 원불교출판사, 1985, p.216).

3) 『불교정전』에서 『정전』으로 개정되면서 제1편 개선론의 제11장 심고와 기도를 제3 수행편의 9장으로 옮기었다.

☞「서가모니불 신앙을 법신불 신앙으로 돌린다고 하는 것이 『조선불교혁신론』에서 가장 중요한 문제였다. 그러한 내용이 『불교정전』의 개선론에 옮겨졌다. 원기 47년 『대종경』과 합간해서 『원불교 교전』을 발간할 때, 개선론에 있었던 「심고와 기도」 장과 불공하는 법을 『정전』수행편의 9장과 제10장으로 편찬하였다. 이렇게 한 것은 잘한 것이다. 왜냐하면 수행편에 신앙생활의 방법이 밝혀져야 하기 때문이다. 그러나 『불교정전』의 수행편에는 수행하는 내용이 중심이 되어 있다. 신앙생활을 실천하는 내용은 빠져있다. 제9장 심고와 기도, 제10장 불공하는 법은 신앙의 실천방법에서 중요한 내용이다. 신앙생활의 방법은 실지불공과 진리불공이다. 두 가지 불공방법이 심고와 기도하는 법과 불공하는 법이기 때문이다」(한정석, 『원불교 정전해의』, 도서출판 동아시아, 1999, pp.481-482).

4) 『불교정전』의 심고와 기도에서 심불과 사은이 『정전』에는 법신불 사은으로, 기도가 설명기도로 용어 호칭이 변경되었다.

☞「『불교정전』에서 「심고와 기도」 장을 보면 『삼대요령』에 나타나 있는 「심고와 기도」의 내용을 거의 그대로 수용하고 있음을 알 수 있다. 문맥상에서 몇몇 변화와 '기도'를 '설명기도'로 바꾸고 있는 등 사소한 차이만을 발견할 수 있을 따름이다. 원기 21년 교단 공식적으로 '사은전 심고'에서 '심불전 심고'로 이행하고 있는데(『회보』 24호, 1936년 4,5월, 남부민지부 동정 참조), 그보다 훨씬 후일에 발간된 『불교정전』의 「심고와 기도」에서 심고의 대상을 '사은전'이라고 그대로 존치한 것은 무엇을 의미하는 것일까? 그것은 사은신앙이 지닌 강력한 사실적 신앙의 요소를 강조하기 위하여 그대로 두었을 것으로 추정할 수 있겠다. 그렇지 않다면 소태산의 만전을 기하지 못한 하나의 예일지도 모르겠다. 소태산 사후 『정전』으로 편수할 때 '사은'을 '법신불 사은'으로 수정한 것도 그러한 증거의 하나로 생각할 수 있겠다」(정순일, 「일원상 신앙 성립사의 제문제」, 제21회 원불교사상연구 학술대회 《21세기와 원불교》, 원불교사상연구원, 2002.1, p.100).

2. 심고와 기도의 의미

심고와 기도는 법신불께 올리는 진리신앙과 진리불공으로 자신의 간절한 염원을 성취해달라고 비는 것이다. 곧 조석심고에는 사은신앙의 의미와 아침 저녁인사인 신혼경례의 의미가 포함되어 있기도 하다. 이에 더하여 심고와 기도는 법신불 사은의 위력을 얻는 신앙의 방법으로 간절한 마음으로 의존하여, 개인소원과 우주정화와 세계구원 등을 성취하기 위한 행위이다.

1) 심고와 기도는 진리신앙과 진리불공이다.

☞「심고와 기도는 우리의 신앙생활에 있어 진리신앙과 진리불공에 해당된다. 그러므로 이 심고와 기도는 진리 당처에 직접 진리신앙과 아울러 진리불공을 하는 방법이 된다」(안이정, 『원불교교전 해의』, 원불교출판사, 1998, p.696).

2) 심고와 기도는 사은전에 염원을 고백하며 진리의 기운으로서 감응을 얻어내는 것이다.

☞「심고란 법신불 사은전에 지극정성 청정일념으로 감사하고 또한 사죄하여 법신불 사은과 자신과의 감응을 얻어내고 영원한 소통을 지속하여 소원을 성취해내며 보다 폭넓은 차원에서 정신수양의 방법으로 삼자는 것이다. … 기도란 무형한 허공법계의 신령스러운 진리기운을 받아 신묘한 천력의 감응을 얻어 소원성취를 이루자는 것이다」(서경전, 『교전개론』, 원광대학교출판국, 1991, p.412).

3) 고락의 경계를 당하여 법신불께 불공을 올림으로써 위력을 얻는 신앙실천의 방법이다.

☞「심고와 기도는 괴롭고 즐겁고 또 힘들고 안정적인 모든 경계와 결정하기 어려운 일을 당했을 때마다 법신불께 올리는 불공으로 진리의 감응을 얻어 소원을 성취하고 천지 같은 위력을 얻는 신앙의 구체적인 실천방법이다」(오도철 외, 『원불교정전 길라잡이』, 원불교 교화연구소, 2000, p.220).

4) 심고와 기도는 간절한 마음으로 의지하거나 도와달라고 일원상에 의지하는 것이다.

☞「심고와 기도, 이는 간절한 마음으로 타력에 의지하자는 것이다. 그것도 개체적인 타력이 아닌, 전체적이고 절대적인 진리와 편협하지 않고 원만한 진리, 즉 법신불 일원상의 진리에 의지하거나 도와줄 것

을 손짓하는 것이다」(김일상, 『마음공부 길잡이』, 대산문화사, 1988, p.303).

5) 조석심고에는 사은신앙의 의미와 아침 저녁인사인 신혼경례의 의미가 담겨있다.

☞「심고를 모실 때는 두 가지 뜻이 있다. 첫째 사은 신앙의 뜻이 있고, 둘째 신혼경계로서 아침·저녁으로 하는 인사이다. 삼세 제불제성전에 일배하고 삼세 모든 부모에게 일배하는 것이다. 천지은과 부모은은 위에서 밑으로 조감해서 우리를 살게 해주는 은혜의 부처로서 종적인 관계라 할 수 있으며, 동포은과 법률은은 옆에서 조감하여 우리를 살게 해주는 은혜의 부처로서 횡적인 관계라 할 수 있다」(한종만, 『원불교 대종경 해의』(上), 도서출판 동아시아, 2001, p.520).

6) 심고와 기도는 법신불의 위력으로 개인의 소원과 우주정화와 세계공사를 성취하고자 함이다.

☞「심고와 기도는 … 안으로 서원과 결심이 다져져서 확고한 심력을 얻게 되고 밖으로 법신불의 위력을 빌려 소원을 성취하는 동시에 자타력 병진의 크고 원만한 힘을 갖추며 무궁한 천권을 잡아쓰는 길이요 허공법계의 음기와 사기를 녹여 우주를 정화하고 세계를 건지는 음부공사이다」(신도형, 『교전공부』, 원불교출판사, 1992, p.383).

3. 심고와 기도의 대의강령

1) 세상을 살아가자면 자력과 타력이 필요하다.

2) 우리는 자신할만한 법신불 사은의 은혜와 위력을 알았으니 순·역경 간에 심고와 기도를 해야 한다.

3) 심고와 기도를 정성으로 올리면 지성이면 감천으로 사은의 위력을 얻지만 심고와 기도의 서원에 위반되면 죄벌이 있다.

4) 심고와 기도를 올릴 때에는 사은전에 고백하는 것이며, 상대처의 유무에 따른 묵상심고, 실지기도, 설명기도 등을 해야 한다.

4. 심고와 기도의 구조

1) 심고와 기도의 필요성(사람이 출세하여~만남과 같은지라).

2) 심고와 기도의 의미(우리는 자신할~기도를 하자는 것이니).

3) 심고와 기도의 결과(이 심고와 기도의 뜻을 잘 알아서~본의를 아
는 사람이라고 할 것이니라).

4) 심고와 기도의 방법(심고와 기도를 올릴 때에는~생기도록 하는
것이니라).

5. 단어해석

심고 : 어느 때 어느 곳에서든 법신불 전에 자신의 마음을 고백하며 기
원 드리는 신앙행위를 말한다. 心告가 법회 등 의식에 도입되기 시작한
것은 1932년(원기 17년 4월, 『월말통신』 35호)이며, 원불교 교도에게는 조
석심고의 의무가 있다. 『정전』에 「심고와 기도」 장이 있는 바, 이는 오
늘날 묵상심고이며, 대중 앞에서 음성으로 할 때에는 설명기도를 한다.

기도 : 신앙의 대상을 향해 희로애락 간에 마음의 소원을 빌며, 참회를
통해 새롭게 거듭나고자 하는 것을 祈禱라 한다. 성불제중의 대 서원을
향해 기도를 지속적으로 올리면 그 위력이 진리의 감응으로 나타난다.
1934년에 발행된 『삼대요령』에 「심고와 기도」가 게재되었고, 1962년 『
원불교 교전』이 발간될 때 『불교정전』 개선론에 있었던 「심고와
기도」는 『정전』 수행편 9장으로 변경, 편찬되었다.

출세 : 세상에 태어나는 것을 出世라 한다. 또는 부귀영화를 누리기 위
해 높은 자리에 오르는 것도 출세라 한다.

자력 : ☞『정전풀이』(하) 「일상수행의 요법」 '자력' 참조.

타력 : ☞『정전풀이』(하) 「일상수행의 요법」 '타력' 참조.

법신불 사은 : 법신불은 본체적 측면이라면 사은은 현상적 측면으로 체
용을 아우르는 신앙의 호칭이다. 본 호칭은 『불교정전』에서 1962년 『원
불교 교전』으로 편찬되면서 공식적으로 원불교 신앙의 호칭으로 불리고
있다. 이전에 원기 27년 『교헌』에서는 법신불 일원상이라 하였다. 『정전
』 「교법의 총설」의 '법신불 일원상' '사은' 참조할 것.

위력 : ☞『정전풀이』(상) 「일원상서원문」 '위력' 참조.

사죄 : 죄에 대하여 용서를 비는 것을 謝罪라 한다.

설명기도 : 법회와 기도의식에 있어 대중들과 상호 각성이나 공동 맹세
를 다짐하면서 법신불 전에 간절히 기도문을 읽거나 즉석설명 형식으로

기원을 올리는 것을 說明祈禱라 한다. 정산종사는 법어 예도편 15장에서 대중의 심고 내용을 통일하기 위하여 설명기도를 올린다고 했다.

난경 : 순경이 아니라 어렵고 힘든 경계를 難境이라 한다. 심지는 원래 요란하고 어리석고 그름이 없지만, 역경과 난경을 당해 사심잡념 오욕칠정의 유혹이 생기므로 정법 수행을 통해 마장을 극복해야 한다.

순경 : 역경에 반대되는 말로서 順境은 하고자 하는 일이 순조로워 무풍지대에서 나타나기 쉬운 안일・나태 등의 경계를 말한다. 정산종사는 법어에서 영생의 보감법문으로 순경과 역경이 공부할 기회를 주는 것이니 감사한 마음으로 공부하라(응기편 5장)고 했다.

망녕 : 진여의 법을 모르고 망심이 일어나서 헛된 망상으로 악업을 짓고 잔꾀를 부리며 계교하는 것을 妄佞이라 한다.

지성 : ☞『정전풀이』(상) 「일원상서원문」'지성' 참조.

감천 : 정성스럽게 하면 하늘을 감응시키는 것을 感天이라 한다. 소태산은 영혼 천도에 있어 지성이면 감천이라(『대종경』, 천도품 30장)고 했다.

서원 : ☞『정전풀이』(상) 「일원상서원문」'서원' 참조.

죄벌 : ☞『정전풀이』(상) 「사은, 천지은」'죄벌' 참조.

명심 : 법문이나 계문 등을 마음에 깊이 새기는 것을 銘心이라 한다.

하감지위 : 위에서 아래로 굽어 살핀다는 뜻에서 下鑑之位라 한다. 심고나 기도를 올릴 때 천지은・부모은을 생각하며 천지하감지위・부모하감지위라고 호칭하는데, 천지와 부모는 우리를 굽어 살피기 때문이다.

응감지위 : 하감지위에 상대되는 용어가 應鑑之位이다. 심고와 기도를 올릴 때 동포은과 법률은을 생각하면서 동포응감지위・법률응감지위라고 하면, 전후・좌우에서 기운에 응하고 보호해준다는 뜻에서 응감지위라고 호칭한다.

피은자 : 사은의 은혜를 입은 사람을 被恩者라 한다. 우리는 사은이 없으면 살 수 없기 때문에 큰 은혜를 입는 것이다. 이에 심고나 기도를 올릴 때 피은자 某는 법신불 사은의 은혜에 감사함을 간절히 표한다.

소회 : 각자의 마음속에 품은 바를 所懷라 한다.

상대처 : 심고와 기도를 올리는 직접적인 대상을 相對處라 한다. 곧 심고와 기도의 대상이 되는 당사자가 이것이다. 『정전』에서는 심고와 기도

를 올릴 때 상대처가 있는 경우에는 묵상심고와 실지기도와 설명기도를
다 할 수 있고, 상대처가 없는 경우에는 묵상심고와 설명기도만이 가능
하다고 하였다.

묵상심고 : 법신불 전에 심고를 올리되 간절한 마음으로 묵상을 하며
소원을 비는 것을 黙想心告라 한다. 주로 아침·저녁의 신혼경례로서 개
인의 조석심고 때 묵상심고의 형식을 지닌다. 법어 「예도편」 15장에 심
고하는 법으로 묵상심고와 설명기도가 언급되고 있다.

실지기도 : 기도의 대상이 있을 경우, 실제의 형식으로 기도를 올리는
것을 實地祈禱라 한다. 이 실지기도는 상대편을 향해 직접 기도를 올리
는 것이며, 또한 실지불공도 상대편을 향해 실지의 불공을 한다.

당처 : 실지기도의 관련자나 불공처를 當處라 한다.

각성 : 미망·무명에서 깨어나거나 정신을 차리는 것을 覺醒이라 한다.

6. 숙어·문제풀이

**1) 사람이 세상을 살아가기로 하면 자력과 타력이 필요하며, 자
력은 타력의 근본이 되고 타력은 자력의 근본이 된다는 것은?**

(1) 우리는 사은의 은혜를 입고 살아가므로 타력이 필요하며,
나 스스로의 힘으로도 살아가야 하므로 자력이 필요하다.

(2) 나의 힘없이 사은만으로 살 수 없고, 사은의 힘없이 나만
으로 살 수 없으니, 이는 자타력의 상의상자적 속성 때문이다.

(3) 원불교는 자력을 양성하고 타력을 바르게 받아들여 직접
정법 수행의 원동력이 된다(『정산종사법어』, 원리편 3장).

(4) 원불교 신앙의 주된 특징은 자타력 병진신앙이다.

**2) 자신할만한 타력을 얻은 사람은 나무뿌리가 땅을 만남과 같
으니, 우리는 자신할만한 법신불 사은의 은혜와 위력을 알았으니
난경·순경에 심고와 혹은 설명기도를 올린다는 것은?**

(1) 법신불이라는 타력의 힘을 통해 자력을 얻고, 자력을 통해
타력의 힘을 얻는 경지를 자신할만한 타력이라 한다.

(2) 나무뿌리가 땅을 만난다면 그 뿌리가 더욱 생명력을 갖게
되어 큰 나무로 성장하게 되듯이, 우리도 신근을 사은에 깊이 뿌

리박으면 불보살로 거듭나게 된다.

(3) 심고와 설명기도를 통해 자·타력이 합일된 경지가 자신
할만한 타력이며, 이는 감사생활과 보은생활로 인도된다.

(4) 자신할만한 타력을 얻은 자는 信根이 확고해져 어떠한 경
계라도 신앙심으로 능히 극복해서 성불제중을 이룰 수 있다.

3) 심고와 기도의 뜻을 잘 알아서 정성으로써 계속하면 지성이
면 감천으로 사은의 위력을 얻는다는 것은?

(1) 괴로우나 즐거우나, 순경이나 역경에 처하였을 때 법신불
께 의존하는 것이 심고와 기도의 참 뜻임을 알아야 한다.

(2) 심고와 기도의 뜻을 알아서 지성이면 감천이라는 자세로
간절히 다가서면 법신불의 위력으로 되지 않을 일이 없다.

(3) 사은의 위력을 얻는 길은 내가 사은의 공물임을 철저히
자각하고 인과의 원리를 깨우쳐 보은 불공할 때 가능한 일이다.

(4) 옛 성현들도 창생을 위하여 지성으로 천지에 기도하여 천
의를 감동시킨 일이 없지 않다(『대종경』, 서품 13장).

4) 심고와 기도하는 서원에 위반이 되고 보면 도리어 사은의 위
력으로써 죄벌이 있으니, 여기에 명심하여 거짓된 심고와 기도를
아니하는 것이 그 본의를 아는 사람이란?

(1) 본래 서원은 성불제중인데 도중에 삼독 오욕에 유혹되어
재색명리 등을 염원하는 심고와 기도가 거짓된 심고와 기도이다.

(2) 거짓된 심고와 기도를 올리면 인과의 원리에 따라 염원이
이루어지지 않고 오히려 죄벌이 따르게 된다.

(3) 대중 앞에서 잘 살겠다고 공약하고, 자신에게도 간절한 서
원일념으로 살겠다고 심고와 기도를 올린 후, 본래 서원심을 망
각하고 방탕하는 경우가 있음을 주의할 일이다.

(4) 허공법계에 빈 말로 맹세하지 말 것이니, 허공법계를 속인
말이 무서운 죄고의 원인이 된다(『대종경』, 요훈품 29장).

5) 심고와 기도를 올릴 때에는 "천지하감지위, 부모하감지위, 동
포응감지위, 법률응감지위 피은자 아무는 법신불 사은전에 고백
하옵나이다" 라고 각자 심회에 따라 심고와 기도를 올리라는 것

은?

(1) 심고와 기도를 올릴 때의 서두 형식이니, 이 형식에 따라 자신이 염원하는 바를 간절히 고백하여 위력을 얻도록 한다.

(2) 천지와 부모는 항렬상 부모항렬이니 하감지위라 하고, 동포와 법률은 항렬상 형제항렬이니 응감지위라고 한다.

(3) 심고와 기도는 진리불공이므로 법신불에 진리불공을 하면서도 사은 당처에 실지불공을 해야 한다.

(4) 각자의 심회에 따라 간절한 심고와 기도를 지성으로 올리면 결국 법신불의 위력을 얻게 된다.

6) 상대처가 있는 경우에는 묵상심고와 실지기도와 설명기도를 다 할 수 있고, 상대처가 없는 경우에는 묵상심고와 설명기도만 하는 것이란?

(1) 상대처가 있는 경우란 심고와 기도의 구체적 대상을 말하는 바, 천지·부모·동포·법률이나 개체의 처처불상으로서 실제의 대상이 있는 경우를 말한다.

(2) 상대처가 없는 경우란 구체적 대상이 심고와 기도하는 곳에 함께 하지 않은 경우로서 실지기도를 할 수 없다.

(3) 상대처가 있는 경우에는 묵상심고 실지기도 설명기도가 가능하고, 상대처가 없는 경우에는 실지기도를 할 수 없다.

(4) 상대처가 있든 없든, 신앙인으로서 항상 심고와 기도하는 자세로 사는 것이 더 중요하다.

7) 묵상심고는 자기 심중으로만 하는 것이요, 실지기도는 상대처를 따라 직접 당처에 하는 것이요, 설명기도는 여러 사람이 잘 듣고 감동이 되어 각성이 생기도록 한다는 것은?

(1) 심고와 기도의 종류로는 세 가지가 있는 바, 그것은 묵상심고 실지기도 설명기도이다.

(2) 묵상심고는 언어로 표현하지 않고 마음속으로 고백하며 간절히 염원하는 것이다.

(3) 실지기도는 심고와 기도의 대상이 구체적으로 존재하는 것을 말하는 바, 예컨대 병석에 누워있는 사람에게 찾아가 심고

와 기도를 올리는 것이다.

(4) 설명기도란 심고와 기도를 올리는 사람이 여러 사람 앞에서 공감하여 각성토록 말로써 심고와 기도를 올리는 것이다.

7. 관련법문

☞「심고의 감응은 심고하는 사람의 정성에 따라 무위자연한 가운데 상상하지 못할 위력을 얻게 되는 것이라, 말로써 이를 다 증거하기가 어려우나, 가령 악한 마음이 자주 일어나 없애기가 힘이 드는 때에는 정성스럽게 심고를 올리면 자연중 그 마음이 나지 않고 선심으로 돌아가게 되며, 악을 범하지 아니하려하나 전일의 습관으로 그 악이 자주 범하여지는 경우에 그 죄과를 實心으로 고백하고 후일의 선행을 지성으로 발원하면 자연히 개과천선의 힘이 생기기도 하나니, 이것이 곧 감응을 받는 가까운 증거의 하나이며, 과거 전설에 효자의 죽순이나 충신의 血竹이나 우리 구인의 혈인이 다 이 감응의 실적으로 나타난 바이니라. 그러나 지성스러운 마음으로 꾸준히 그 서원을 계속하며, 한 번 고백한 서원에 결코 위반되는 일이 없어야만 결국 큰 감응과 위력이 나타나는 것이니 이 점에 특히 명심하여야 할 것이며, 만일 이와 같이 하여 확고한 심력을 얻으면 무궁한 천권을 잡아 천지 같은 위력을 발휘할 수도 있나니라"」(『대종경』, 교의품 17장).

☞「정석현이 사뢰기를 "저는 환경에 고통스러울 일이 많사오나 법신불전에 매일 심고 올리는 재미로 사나이다." 대종사 말씀하시기를 "석현이가 법신불의 공덕과 위력을 알아서 진정한 재미를 붙였는가는 알 수 없으나 그것이 곧 고 가운데 낙을 발견하는 한 방법이니 이러한 방법으로 살아간다면 고통스러울 환경에서도 낙을 수용할 수가 없지 아니하나니라"」(『대종경』, 신성품 16장).

☞「심고하는 법이 단독으로 하는 경우에는 대개 묵상으로 심고를 올리는 것이요, 대중적 의식에는 대중의 심고 내용을 통일하기 위하여 설명기도를 올리게 되는 것인 바, 의식에서 예문에 의하여 심고하는 방법은 주례자나 대중의 대표 한 사람이 예문을 설명기도로 하면 대중은 일제히 그 기도에 정신을 집중하고 있다가 끝나면 마음으로 "일심으로 비옵나이다" 하고 마치는 것이며, 각 예문은 표준으로 한 예를 보인 것인즉 혹 예외로 심고할 일이 있을 때에는 경우에 따라 가감하여 쓸 것이니라」(『정산종사법어』, 예도편 15장).

8. 심고와 기도의 동이점

기도는 원하는 바를 진리불께 비는 것이라면, 심고는 시공에 자유롭게 비는 것이다. 또 심고는 안으로 고하는 묵상심고를 말한다면, 기도는 밖으로 상대처를 향하는 설명기도와 실지기도를 말한다. 그리고 심고는 언제 어디서든 할 수 있다면 기도는 시간과 장소가 정해져 있다. 또한 상대처가 있는 경우 묵상심고와 실지기도·설명기도를 한다면, 상대처가 없는 경우 묵상심고와 설명기도만 한다. 아무튼 심고와 기도는 법신불을 향하여 진리의 위력을 얻고 감응을 얻는다는 점에서는 동일하다.

1) 기도는 결정을 얻도록 진리불께 비는 것이라면 심고는 언제 어디서나 마음을 모아 허공법계에 간절히 고하는 것이다.

☞「결정하기 어려운 일을 결정을 얻도록, 어려운 일은 순화가 되도록, 안 되는 일은 되어지도록 진리불께 비는 것이 기도라면, 심고는 조석은 물론이며 어느 때 어느 곳에서 무슨 일을 하든지 장소와 시간을 가리지 않고 고요히 마음을 모아 허공법계에 나의 소회를 간절히 고하는 것이라 하겠다」(오종태, 「기도와 심고생활」, 『원불교개교반백년 기념문총』, 원불교반백년기념사업회, 1971, p.589).

2) 심고는 안으로 고하는 묵상심고이고, 기도는 밖으로 상대처를 향하여 고하는 것으로 설명기도와 실지기도가 있다.

☞「심고는 안으로 심성에 고하는 묵상심고요, 기도는 밖으로 상대처를 향하여 고하는 설명기도와 실지기도가 있다」(이은석, 『정전해의』, 원불교출판사, 1985, p.215).

3) 심고는 조석으로 시간과 장소에 구애 없이 고백하는 형식을 띤다면, 기도는 장소와 시간을 정하는 형식을 지닌다.

☞「심고는 앞서와 같이 우주에 가득한 진리를 향해 두 손을 모으고 기본적으로 암송해야 할 것을 먼저 암송한 후 자신이 바라는 바를 간절한 마음으로 1-2분 정도 때와 장소를 가리지 않고 시행하면 된다. 기도는 어떻게 하는가. 기도는 약간의 형식을 요구한다. 따라서 때와 장소가 정해지면 더 좋다」(김일상, 『마음공부 길잡이』, 대산문화사, 1988, p.308).

4) 상대처가 있는 경우 묵상심고와 실지기도와 설명기도를, 상대처가 없는 경우에는 묵상심고와 설명기도만 한다.

☞「심고과 기도를 올릴 때에는 "천지하감지위, 부모하감지위, 동포 응감지위, 법률응감지위, 피은자 아무는 법신불 사은전에 고백하옵나이 다" 하고 앞에 말한 범위 안에서 각자의 소회를 따라 심고와 기도를 하되 상대처가 있는 경우에는 묵상심고와 실지기도와 설명기도를 다 할 수 있고, 상대처가 없는 경우에는 묵상심고와 설명기도만 하는 것 이니, 묵상심고는 자기 심중으로만 하는 것이요, 실지기도는 상대처를 따라 직접 당처에 하는 것이요, 설명기도는 여러 사람이 잘 듣고 감동 이 되어 각성이 생기도록 하는 것이니라」(『정전』, 제3 수행편, 제9장 심고와 기도).

5) 심고와 기도는 자력과 타력을 아울러 진리의 위력과 감응을 얻음으로써 소원 성취를 하는 빠른 길이다.

☞「심고와 기도는 자력과 타력이 아우르고 천력과 인력이 합하는데 있으며, 진리의 감응을 얻어 성공을 하고 소원을 성취하는데 있으며, 확 고한 심력을 얻어 천지로 더불어 그 덕을 합하고 무궁한 천권을 잡아 천지같은 위력을 발휘하는데 있다. 아울러 타력을 빌리는 가장 빠른 길 로써 지름길이 된다고 할 수 있다」(서경전, 『교전개론』, 원광대학교출판 국, 1991, p.413).

9. 심고와 기도와 일원상의 관계

심고와 기도의 대상은 당연히 법신불 일원상이므로 청정 법신 불을 향한 심고가 필요하며, 또한 일원의 위력과 체성에 합일하 도록 하기 위해 심고와 기도를 올린다. 일원상은 복록의 원천이 므로 일상생활에서 간절히 염원하며 심고와 기도를 올리면 복록 과 지혜를 가져다주어 결국 일원상을 가까이 모시고 살게 된다.

1) 심고와 기도의 대상은 법당에 봉안된 법신불 일원상이다.

☞「옛 부처가 아직 출현하기 전에 응연히 한 상이 두렷하다(古佛未 生前 凝然一相圓). 이 화두는 『불교정전』의 「법신불 일원상조성법」에서 "법신불 일원상을 숭배하기로 하면 각자의 형편을 따라 다음과 같은 모형으로 나무에 금이나 먹으로 각자를 하든지 그렇지 못하면 비단이나 종이에 그려서 족자를 하든지 하여 벽상에 청결히 봉안하고 심고와 기 도를 할 것이니라" 고 되어 있다. 그곳에 나온 일원상 그림과, 『불교정 전』 맨 앞의 일원상 그림의 하단에 본 화두가 쓰여 있다」(정순일, 「성

리개념의 변화와 그 본질」,『원불교사상과 종교문화』35집, 원불교사상
연구원, 2007.2, p.133).

2) 법신불 일원상은 원래 청정하니 이를 체받기 위한 심고와 기도가 필요하다.

☞「해방 후 개성이 몇 개월 막혔을 때에 이경순에게 글을 써 주시며
외우고 심고하라 하시니 "法身元淸淨 禪味又淸淨 開城本無碍 通達便無
碍 公道自坦坦 奉公亦坦坦 三世一切佛 齊齊從此行"이라, 번역하면 "법
신 원래 청정이라 禪味 또한 청정하다. 개성 본래 걸림 없어 통달하면
무애로다. 공도 절로 탄탄하고 봉공 또한 탄탄하다. 삼세 모든 부처님들
다 이대로 행하나니라" 하심이요, 이어 송달준에게 말씀하시기를 "대하
는 곳마다 척을 짓지 말고 저 고양이에게 까지도 덕을 끼치며, 있어도
없는 듯 알고도 모르는 듯 살라. 이것이 피란의 요결이니라"」(『정산종
사법어』, 응기편 49장).

3) 법신불 일원상의 은혜와 위력을 실감하기 위해 심고와 기도를 올려야 한다.

☞「평소 우리가 법신불은 참으로 우주만유의 본원이요 일체 중생의
성품임을 알고 그 은혜와 위력을 실감하면서 심고와 기도를 드렸던가?
우리는 사은이 우리에게 죄복을 주시는 당처요, 우리가 사은에 대한 피
은 보은의 도리를 다하고 못하는 데서 복과 죄가 온다는 이치를 느끼면
서 심고와 기도를 드렸던가」(박장식, 『평화의 염원』, 원불교출판사, 2005,
pp.148-149).

4) 일원상은 지혜의 근원이요 복록의 원천이므로 심고와 기도로써 지혜와 복록을 얻을 수 있다.

☞「미약하고 보잘 것 없는 인간의 힘으로는 도저히 뛰어넘을 수 없
는 경우라 하더라도 지극한 기도를 통해 위대한 천력을 능히 빌려서 무
난히 그 일을 해결할 수 있다. 즉 진리의 위력을 빌려올 수가 있고 또
사은의 위력을 입을 수 있는 길이 바로 이 기도이다. 일원은 지혜의 근
원이고 복록의 원천이므로 기도로써 지혜를 뚫을 수 있고 복록을 얻어
올 수 있다」(전이창, 『기도』, 원불교출판사, 1990, pp.12-13).

5) 심고와 기도는 일상생활에서 법신불 일원상을 이탈하지 않음으로써 위력을 얻는 신앙행위이다.

☞「심고와 기도는 수행인으로서 일상생활하는 데에 의례적으로 행할

바 당연한 행위가 될 것이니 신앙의 대상인 법신불 일원상을 떠나지 아니하고 모시고 생활하는 표준이 될 것이다. 심고는 법신불 전에 일심으로 고함이니 한 마음이 되지 아니하면 법신불 일원상에 이탈이 되므로 위력을 얻지 못할 것이니 한 마음 챙기는 시간으로 의식에 준비해야 할 것이다」(이운권, 고산종사문집1 『정전강의』, 원불교출판사, 1992, p.90).

10. 심고와 기도의 원리

심고와 기도는 시방에 기운이 뻗치도록 하는 기원자로부터 지성의 원리가 요구되며, 또 심고와 기도를 일심으로 올리면 진리불로부터 감응의 원리가 나타난다. 그로 인한 감응에는 음양상승과 인과의 원리가 작용하는 것이다. 또한 심고와 기도의 감응은 무위자연, 개과천선의 원리에 따라 나타남을 알아서 지성으로 임하면 될 것이다. 덧붙여 심고와 기도는 자신의 생전 천도는 물론 영가 천도의 원리가 된다.

1) 심고와 기도는 시방에 기운이 뻗치도록 하는 지성의 원리가 요구된다.

☞「대산종법사 법설에 지극한 심고와 기도의 정성이 위로 하늘에 사무치고 아래로 땅속에 파고들며 시방에 그 기운이 뻗친다면 못 이룰 일이 없다 하였고, 속담에 지성된 심고와 기도에는 돌부처도 바로 앉는다는 말이 있다」(오종태, 「기도와 심고생활」, 『원불교개교반백년 기념문총』, 원불교반백년기념사업회, 1971, p.589).

2) 심고와 기도를 일심으로 올리면 진리로부터 감응의 원리가 나타난다.

☞「그대들은 조석심고를 올릴 때에 우주의 진리와 자신이 부합이 되어 크게 위력을 얻을 수 있다는 확고한 신념이 서 있는가. 얼른 생각하기에는 마음으로 잠깐 고하는 것이 무슨 위력이 있을까 싶지마는 우리가 마음으로 생각하는 것이 다 허공법계에 스며드나니, 그대들은 심고할 때 뿐만이 아니라 언제나 마음의 움직임에 주의하며, 조석심고를 일심으로 드리는 것이 큰 공부가 되고 큰 위력이 있음을 잊지 말라」(『정산종사법어』, 원리편 31장).

3) 심고와 기도의 감응에는 음양상승·인과의 원리가 작용한다.

☞「심고와 기도의 원리는 원만한 법신불 사은으로서 신앙의 근원을

삼고 순역 고락간에 심고와 기도생활로써 원하는 바를 이루고 낙있는 생활을 하자는 것이다. 내 마음이 곧 천지의 마음과 둘이 아니며 천지의 기운을 서로 통하고 있기 때문에, 돌고 도는 인과의 이치가 있기 때문에, 상생상극의 이치가 있기 때문에, 음양상승과 사시순환하는 등의 이치가 있기에 이것이 가능한 것이다」(서경전, 『교전개론』, 원광대학교 출판국, 1991, p.413).

 4) 심고와 기도의 감응은 무위자연·개과천선의 원리에 따라 나타난다.

  ☞「심고와 기도의 감응은 다음과 같다. 첫째, 무위자연한 가운데 상상하지 못할 위력을 얻는다. … 둘째, 악심이 성심으로 변한다. … 셋째, 개과천선의 힘이 생긴다」(한종만, 『원불교 대종경 해의』(上), 도서출판 동아시아, 2001, p.124).

 5) 심고와 기도는 영가 천도의 원리이기도 하다.

  ☞「영가의 업력을 소멸시키는 것은 힘이 들고 어려운 일이다. 그날 법사는 그 영가의 천도를 책임진다는 마음으로 정성을 다해 연마하고, 심고 올리고 설법해야 한다. 참석 대중도 영가와 함께 천도를 얻도록 해야 하나 영가의 천도를 우선해서 주도해야 한다」(전이창, 『죽음의 길을 어떻게 잘 다녀올까』, 도서출판 솝리, 1995, p.287).

11. 심고와 기도의 범례

  신앙인으로서 심고는 개인의 독백이므로 원하는 바의 소원에 따라 자유롭게 표출될 수가 있다. 여기에 더하여 초보자나 지도자에게 심고와 기도의 범례가 주어진다면 여간 효율적이 아닐 수 없다. 법회석상이나 다수의 대중석상에서 그 범례는 공감대를 형성하는 심고와 기도의 내용이 될 수 있기 때문이다. 특히 정산종사의 심고 범례, 대산종사의 심고와 기도에 대한 법문은 망망한 바다의 파도에서 항해하는 배가 나침반을 얻음과 같다.

 1) 정산종사의 「심고와 기도」의 범례는 다음과 같다.

  ☞「나는 일상 이렇게 심고 하노라. "법신불 사은이시여! 우리 모든 중생에게 대자대비하옵신 광명과 힘을 내리시와, 저희들로 하여금 바로 도덕에 회향하고 정법에 귀의하여 우치한 마음을 돌려 지혜의 마음을 얻게 하옵시고 사납고 악한 마음을 돌려 자비의 마음을 얻게 하옵시며,

삿되고 거짓된 마음을 돌려 바르고 참된 마음을 얻게 하옵시고 시기하고 원망하는 마음을 돌려 사랑하고 감사하는 마음을 얻게 하옵시며, 탐내고 욕심내는 마음을 돌려 청렴하고 공정한 마음을 얻게 하옵시고 서로 싸우고 해하려는 마음을 돌려 서로 화하고 두호하는 마음을 얻게 하옵시와, 죄업의 근성이 청정하여지옵고 혜복의 문로가 열리게 되오며, 세계정세가 날로 호전되어 이 나라의 복조가 한이 없게 하옵시고 이 세상의 평화가 영원하게 하옵시와, 일체 대중의 앞길에 오직 광명과 평탄과 행복 뿐으로써 길이 부처님의 성지에 살게 하여 주시옵소서. 일심으로 비옵나이다”」(『정산종사법어』, 권도편 17장).

2) 모든 법회에서 올리는 「심고와 기도」의 범례는 다음과 같다.

☞「모든 법회에서 이러한 예로 심고하라. "법신불 사은이시여! 이 예회에 모인 저희들에게 특별한 광명과 힘을 내리시와, 저희들로 하여금 신성의 근원이 더욱 깊어지옵고 혜복의 문로가 길이 열리게 하옵시며, 수양 연구 취사의 삼대력이 날로 전진하여 중생계를 벗어나 보살도에 오르게 되옵고 보살도를 닦아 부처의 경지에 들게 하옵시며, 공부와 사업을 하는 데에 모든 마장을 다 소멸하여 주옵시고 동서남북이 다 통달하여 어느 곳에 가든지 매양 대중을 이익 주는 동시에 또한 대중의 환영과 보호를 받게 하옵시며, 언어 동작이 다 진실하여 어느 시간을 당하든지 항상 진리를 어기지 않는 동시에 또한 진리의 음조와 은덕을 입게 하옵시며, 동지 교우가 화합 단결하여 이 회상의 위신이 두루 시방 세계에 드러나고 이 교법의 공덕이 널리 일체 중생을 제도하게 하여 주시옵소서. 일심으로 비옵나이다”」(『정산종사법어』, 권도편 18장).

3) 대산종사의 「심고와 기도」에 대한 법문은 다음과 같다.

☞「심고와 기도의 예 : ‘천지하감지위!’ 하고 염원할 때에 천지에 다북 차 있는 진리가 바로 하감하시도록, ‘부모하감지위!’ 하고 염원할 때에 삼세일체 부모가 하감하시도록, ‘동포응감지위!’ 하고 염원할 때 사농공상과 유정 무정의 일체 동포가 빠짐없이 응감하시도록, ‘법률응감지위!’ 하고 염원할 때에 도덕·정치·과학의 일체법률과, 역대 유명 무명의 모든 성현 및 입법 치법의 은이 다 응감하시도록 정성스럽게 올려야 하며 평소부터 먼저 척을 푸는 동시에 보은행에 힘쓰며 배은을 아니하여야 사은 전체가 내게 감응해서 큰 위력을 얻을 수 있다. 1) 동포 중 혹 응감해 주지 않는 동포는 반드시 무슨 해가 있어서 그러할 것이니 그 해를 내가 차지하고 자리이타로 하다가 양보해야 하겠거든 내가

먼저 양보해야 일체 동포가 다 응감하실 것이다. 2) 기도시간을 길게 하고 짧은 시간에 올리는 것보다는 짧은 시간이라도 기간이 긴 것이 좋으며, 3) 기도기간 내에 정신·육신·물질로 남을 위해서 봉사하거나 자기 心功으로 수행하는 바를 모두 기원하는 데에 바쳐서 기도하면 큰 위력을 얻을 수 있으며, 4) 일생 동안에 올리는 큰 기도는 전 심신을 바치고 공도 사업에 전력하면서 올려야 큰 위력을 얻을 수 있다. 5) 항상 일심으로 계속되지 않는다고 낙망하거나 중단하지 말고 끝까지 계속하되 특별기도 중 혹 병이 날 때에는 잠간 쉬었다가 다시 계속할 것이다. 6) 기도중 금기 : ① 거짓 願 ② 요행심 ③ 배은망덕 ④ 살생 ⑤ 원증 ⑥ 조급」(대산종사,『정전대의』-대산종사법문 1집, 14. 심고와 기도).

12. 심고와 기도의 중요성

심고와 기도는 역경 난경을 만났을 때 온전한 심경을 갖게 해준다는 점에서 필요한 것이다. 질병이나 전쟁 등으로 생명의 위협을 느끼는 상황이 벌어지면 당황하기 쉬우므로 심고와 기도를 통해 법신불의 위력을 얻어야 하기 때문이다. 그리고 하루 일을 시작하거나 끝마치면서, 외출이나 여행 등을 하면서 심고와 기도를 순간순간 올리면 법신불 사은의 가호가 뒤따른다.

1) 어떠한 난경에 부딪쳤을 때라도 온전한 심경을 갖게 해준다.

☞「동란 중 국민병으로 떠나는 총부 청년들에게 말씀하시기를 "법신불과 대종사를 언제나 머리 위에 모시고 매사를 작용하며, 구내를 떠났으되 구내에 상주하는 심경으로 지내며, 어떠한 난경에 부딪쳤을 때에는 온전한 심경으로 심고를 드린 후 생각이 미치는 대로 처사하며, 잠시 나의 지도를 벗어났지마는 언제나 지도를 받고 있는 심경으로 지내라"」(『정산종사법어』, 응기편 50장).

2) 병으로 인해 생명이 위독할 때의 심고와 기도는 환자를 안심입명케 하는데 도움을 준다.

☞「원평에 있을 때 한 교역자의 부친이 위중해서 문병을 가게 되었다. 나는 언제나 문병을 가기 전에는 먼저 법신불의 위력으로 그분을 도와주라고 기도했다. 병이 다행히 나으면 좋지만 죽어가는 길은 천지의 공도로 꼭 살려달라고만 할 수는 없으므로 이분이 안심할 수 있게 해주시고 생멸 없는 진리를 알아 해탈하게 해달라고 염원을 하는 것이

다. 그런 다음 문병을 가서는 가족과 함께 기도했다」(전이창, 『기도』, 원불교출판사, 1990, pp.61-62).

3) 육이오 때 인민군이 총부에 들이닥치는 상황에서 정산종사는 함께 심고와 기도를 올리자고 하였다.

☞「나는 6·25를 총부에서 보냈다. 처음에는 순경들이 총부 송대 쪽에 몰려 있었다. 그러더니 갑자기 퇴각을 했고, 곧 인민군들이 들이닥쳤다. 황등을 점령하고 진군해 오며 총부에 군경들이 피신해 있다고 총을 겨누는 급박한 상황이었다. … 총부는 격전지가 될 것 같은 불안 속에서 숨죽이고 있었다. 이때 정산종사는 낮이면 복숭아밭 원두막에 계시며 심고를 올리곤 하셨다. 어느 날 모두 모이라고 하시더니 함께 기도를 올렸다」(박장식, 『평화의 염원』, 원불교출판사, 2005, pp.115-116).

4) 소태산 대종사는 비행기에 승선한 후 무사히 목적지에 도착하도록 굳은 신념으로 사은전에 심고를 드렸다.

☞「원기 27년 5월, 박창기가 종사님을 모시고 경성에서 익산까지 일본 군용기를 타도록 주선하였다. 다음은 대종사의 감상담이다. "지난번 경성에서 창기가 비행기를 타자고 권하기에 응락하고 모든 행장을 차린 후 비행기를 타게 되었다. … 프로펠러가 돌면서 요란한 소리를 내고 하늘로 하늘로 올라가는데 밑을 내려다본즉 마치 대소쿠리 속에 앉은 것 같았다. 그래서 창기에게 안심 입정하라고 말하고 나는 정의의 굳은 신념으로써 사은전에 심고를 드리고 무사통과할 것을 자신한 후 고요히 눈을 감고 선정에 들어버렸다」(원기 27년 5월 16일, 이공주 기록법문, 「정의의 신념은 위대한 것이다」, 『청하문총』 1권, pp.279-281).

13. 심고와 기도의 종류

심고와 기도의 종류로는 세 가지가 있다. 묵상심고, 설명기도, 실지기도가 그것이다. 묵상심고는 개인 독백의 형식으로 시공에 구애 없이 필요에 따라 하는 것이며, 설명기도는 대중 앞에서 형식을 갖추어 올리는 것이며, 실지기도는 상대처가 있는 곳에서 그를 향해 간절히 기도하는 것이다.

1) 일상생활에 있어 개인적으로 순간순간 어려운 일이 있으면 묵상심고를 올린다.

☞「경순은 (주산) 외사촌 이춘풍의 딸로서 전무출신을 하기 위해 전

주 제사공장에서 6년간 공장생활을 하여 번 돈으로 수학중인 모범생이
었다. 송도성 지부장은 전무출신을 지원하는 어린 학원들의 신상에 관
한 세세 곡절을 보살폈으며, 어려운 일이 있으면 법신불 전에 함께 묵
상심고를 올리고 4배하였다」(박용덕, 선진열전 1-『오, 사은이시여 나에
게 힘을 주소서』, 원불교출판사, 1993, p.46).

**2) 설명기도는 대중 앞에서 올리는 관계로 다소 부담스럽지만
체질화시키면 용이해진다.**

☞「설명기도를 올리라고 하면 부담스러워 한다. 하지만 알고 보면
매우 쉽다. 우리 공부를 조금이라도 한 사람은 얼마든지 잘 할 수 있다.
그 동안 배운 교리실력이면 충분하다. 단지 습관이 되지 않아 자신이
없을 뿐이다. 설명기도는 다음과 같은 순서를 염두에 두면 좋다. 봉청-
감사-참회-다짐의 4단계 틀이다」(문향허, 『깨달음으로 가는 바른 길』,
배문사, 2007, p.253).

3) 실지기도는 상대처가 있음에 따라 올리는 것이다.

☞「상대처가 있든 없든 간에 묵상심고는 자기중심으로 올리고, 실지
기도는 상대처를 따라서 올리며, 설명기도는 衆人을 상대로 올리는 것
이니라. 상대처가 없다는 것은 곧 사망, 이사, 멀리 외국 등으로 갔다든
지 하는 경우이니라」(『정산종사법설』, 제9편 불교정전의해, 2.심고와 기
도).

14. 심고와 기도의 위력

심고와 기도의 위력은 지극한 정성의 정도에 비례한다. 지속적
인 심고와 기도는 개과천선의 힘을 얻게 하며, 나아가 법신불과
하나가 되고 천지와 하나가 되며, 어떤 난관도 극복할 수 있는
심력을 얻게 된다. 우리는 심고와 기도를 통해 각자 마음의 신념
화가 중요한 것이다. 중요한 것은 법신불의 감응을 위해 지극하
고 간절하게 심고와 기도를 올리는 일이다.

1) 심고와 기도의 정성이 지극하면 그 서광은 천지를 뚫는다.

☞「矢射日光蒼天中하니, 其穴五雲降身繞라(화살로 햇빛을 푸른 하늘
가운데 쏘니, 그 구멍에서 다섯 구름이 내려서 몸을 둘렀더라). 화살로
햇빛을 향해서 하늘에 쏘니, 화살은 대서원이고 日光은 진리의 태양이
다. 한 서원 일념을 허공법계에 올리는 것이다. 조석심고나 기도가 지극

하면 그 서광이 천지를 뚫는다. 성현들의 한 서원의 일념은 시간문제이지 땅에 떨어지지 않는다. 천지가 감응한다」(『대산종사법문』 5집, p.28/『대종경』, 전망품 2장).

2) 심고와 기도를 통해 악행을 극복, 개과천선의 심력이 생긴다.

☞「심고와 기도의 정성이 끊임없이 계속되면 무위자연한 가운데 상상하지 못할 위력을 얻게 되는 것이라 말로써 이를 다 증거하기 어렵다고 하였다. 그리하여 악한 마음이 선심으로 돌아가게 되고, 아무리 악한 습관이라도 개과천선의 힘이 생기게 되어 결국에는 확고한 심력을 얻어서 무궁한 천권을 잡아 천지 같은 위력을 발휘할 수 있다고 했다」(이광정, 『주세불의 자비경륜』, 원불교출판사, 1994, p.131).

3) 기도를 통해 진리와 하나 되면 天力을 소유한 천인이 된다.

☞「기도는 진리와 대화하는 길이요 진리에게 통정하는 길이며 진리에게 호소하는 길로써 진리의 뜻을 능히 움직일 수 있는 것이요. 지극한 기도 일념이 될 때 마침내 진리와 내가 한 덩어리가 되어 천권을 마음대로 잡아쓰게 된다. 이렇게 됨으로써 사람은 평범한 인간이 아니라 천력을 소유한 천인이 되는 것이다」(전이창, 『기도』, 원불교출판사, 1990, p.13).

4) 동란을 무사히 넘긴 것은 대중이 일심으로 심고를 올린 위력에 의함이다.

☞「동란을 우리가 무사히 넘긴 것은 우리 대중이 일심으로 심고 올린 위력에도 크게 힘입었나니, 우리가 날 없는 마음으로 남을 위하고 상 없는 마음으로 공부하면 그 기운으로 교단이나 나라나 세계가 큰 위력을 얻을 수 있나니라」(『정산종사법어』, 원리편 31장).

5) 심고를 통하여 心力을 얻게 된다.

☞「심고는 주인의 心에 대하여 客의 心이 주인의 心 당신같이 되겠습니다하고 비는 것이다. 그러면 주인을 닮아간다. 이것이 심력이다. 심력의 힘은 무서운 것이다」(박길진, 『대종경강의』, 원광대학교출판국, 1980, p.47).

6) 기도를 통해 마음속의 상상력을 신념화시키면 만사성공을 하게 된다.

☞「우리 인간은 마음속에 나는 그 일을 할 수 있다는 그 상상력을 기도로서 신념화시키면 놀라운 일을 해낼 수가 있다. 이게 기도의 사실적인 위력이다. 우리 중생들은 그 마음속에 늘 두려움과 불안 심리로

살아간다(無明). 이 두려움과 불안 심리는 일을 성공하는데 큰 방해의 요인이 된다. 기도는 바로 인간의 마음속에 두려움과 불안감을 해소시켜 주고 강한 믿음에 신념을 심어주는 것이다」(이종진, 『부처는 행복의 대상이야』, 원불교출판사, 2005, p.128).

7) 조석으로 부단한 심고와 기도를 올리면 감응으로 이어진다.

☞「여학원 중에서 완고한 집안의 이해 부족으로 무리하게 전무출신을 나온 사람이 더러 있었다. 그런 학원들에게도 "네가 어째 그런 장한 생각이 났느냐. 그러나 집안 인연을 끊지 말고 납득을 하도록 끊임없이 편지도 하고 조석심고를 올리도록 하거라" 하며 편지할 때는 초 잡아 주곤 하였다」(박용덕, 선진열전 1-『오, 사은이시여 나에게 힘을 주소서』, 원불교출판사, 1993, p.54).

15. 심고와 기도의 특징

심고와 기도는 자력과 타력을 아우르는 것으로, 이는 원불교 신앙의 특징이다. 또 심고와 기도는 진리불공으로서 절대적 진리가 현실생활과 직결될 때 하감과 응감의 감응을 얻게 한다. 그리고 심고와 기도는 거짓아를 극복하고 불성을 회복하여 법신불에 귀의하는 것이 초점이며, 각자 원하는 바의 소망과 감사와 정진의 삶으로 이어주는 특징을 지닌다.

1) 심고와 기도는 타력신앙을 중심으로 하되, 궁극에 자성불을 발견하도록 하는 자타력 병진신앙이다.

☞「원불교에서는 자력·타력 두 가지 유형의 종교체험을 상보적으로 수용함과 동시에, 궁극적으로는 이들을 둘로 보지 않는 통종교적 종교체험의 길을 열어놓고 있다. 그러므로 원불교에서는 이상과 같은 일원불을 신앙의 대상으로 모심과 동시에 수행의 표본으로 삼아 신앙과 수행의 양문을 열어놓고 있다」(노권용, 「원불교 신앙론의 과제」, 『원불교학』 창간호, 한국원불교학회, 1996, p.27).

2) 심고와 기도는 진리불공의 특성을 지닌다.

☞「심고와 기도는 … 고락 순역의 일체경계와 결정하기 어려운 일을 당해서 무형한 허공법계를 통하여 법신불께 드리는 진리불공인 바, 안으로 서원과 결심이 다져져서 확고한 심력을 얻게 되고 밖으로 법신불의 위력을 빌려 소원을 성취하는 동시에…」(신도형, 『교전공부』, 원불교

출판사, 1992, p.383).

3) 심고의 감응되는 이치는 정성에 의한 절대적 진리가 현실생활로 나타나는 것이다.

☞「원불교 사상의 특징을 한마디로 말한다면 절대적 진리를 현실생활과 직결시킨 것이라고 생각한다. 법신불 사은의 위력을 신앙적인 위력으로 생각해야 한다. 처처불상 신앙이 잘 되려면 사은이 바로 일원상진리의 위력이라는 것을 깊이 느껴야 한다. 법신불 사은의 위력을 떠나서는 살 수 없다. 심고의 감응되는 이치가 지극한 정성을 바치면 나타나는 위력이다」(한정석, 『원불교 정전해의』, 도서출판 동아시아, 1999, p.484).

4) 심고와 기도는 하감과 응감으로서 시방세계에 두루 통한다.

☞「천지하감지위 부모하감지위라 함은 사은 가운데 천지 부모는 종의 윤리로 모시게 됨으로 하감지위라 하였고, 동포응감지위 법률응감지위라 함은 횡의 윤리로 모시게 됨으로 응감지위로 호칭하게 된 것이니 종과 횡의 시방세계로 통하는 윤리임을 알아야 할 것이다. 심고와 기도 생활에 있어서 서원에 역행이 되었는가 늘 반조하여 가면서 수행을 하여야 할 것이다」(이운권, 고산종사문집1 『정전강의』, 원불교출판사, 1992, pp.90-91).

5) 거짓아를 극복, 불성의 회복을 통한 법신불에 합일함이 심고와 기도의 초점이다.

☞「진리불공에 있어서 심고와 기도의 위력은 비본래적인 자아의 껍질을 벗고 참 인간의 불성 회복에로의 탈바꿈하는 조용한 자기의 혁명이며 공원정의 원만구족하고 지공무사한 법신불의 천지같은 위력을 얻게 된다」(김순임, 「소태산의 인간관 연구(1)」, 『원불교사상』 4집, 원불교사상연구원, 1980, p.187).

6) 원불교에서 주로 올리는 기도는 감사·참회·소망·정진·봉공의 기도이다.

☞「어떤 기도를 할 것인가. 우리는 종교인이자 신앙인이며 구도자이며 수행자이기에 신앙을 위해 기도하고 수행과 봉공을 위해 기도해야 한다. 기도는 우리의 깊은 내면에서 끊임없이 이뤄져야 될 것이다. … 감사의 기도·참회의 기도·소망의 기도·정진의 기도·봉공의 기도이다」(전이창, 『기도』, 원불교출판사, 1990, pp.41-66).

16. 심고와 기도의 목적

  심고나 기도는 얼마나 지성으로 올리느냐가 과제인데, 그것은 절대자의 감응을 통해 업력을 녹일 수 있기 때문이다. 이에 심고와 기도를 올리는 목적은 안심입명, 자신의 소원성취, 양심회복에 관련되어 있다. 또한 자신의 악업을 벗어남은 물론 국가와 회상의 발전을 위해 법신불과 대화 나눔인 것이다. 덧붙여 나의 일상생활을 법신불과 함께 지내기 위함이다.

 1) 심고와 기도를 지성으로 하면 지은 업력을 녹일 수 있다.

  ☞「우리가 기도와 선을 많이 하면 속 깊은 영성이 발달하여 미래에 대한 예감을 갖는 경우가 있다. 이런 사람은 업력이 다가올 때 "아, 업력이 닥쳐온다. 어쩔 수 없다면 편안하게 받아야겠다" 하고 마음 그릇을 키워 업력을 줄여 받는 능력을 지니게 된다. 그리고 가벼운 업력은 피했다가 내가 형편이 좋을 때 받는 경우도 있으며, 또 업력을 받으면서 더 좋은 것으로 전환할 줄도 알게 된다」(장응철, 『마음소 길들이기』, 동남풍, 2008, p.24).

 2) 심고와 기도를 올리는 목적은 안심, 소원 성취에 있다.

  ☞「청주에서 온 아이에게 불전에 심고를 올리라고 했더니 참 예쁘게 올렸다. "뭐라고 올렸냐" 고 물었더니 "비행기가 안 떨어지고 여기까지 무사하게 올 수 있어 고맙습니다" 고 했다. 애들도 이치를 깨고 나면 걸림이 없다」(심익순, 『이 밖에서 구하지 말게』, 원불교출판사, 2003, p.96).

 3) 심고와 기도는 양심의 소리과 법신불의 소리를 듣고 진리와 직통하는 길이요, 성불하는 길이다.

  ☞「심고와 기도는 속 깊은 공부길로서 깊은 양심의 소리를 듣고 하나님의 소리를 들으며 진리와 직통하는 길이요, 神을 이루는 길이며 수양의 첩경이기도 하다」(신도형, 『교전공부』, 원불교출판사, 1992, p.383).

 4) 심고와 기도는 자신의 번뇌를 끊고 악업을 벗어나기 위해 필요하다.

  ☞「우리는 항상 준비하는 마음자세를 가져야 한다. 오늘도 여러분은 마음 준비하러 왔다. 심고를 통하여 나의 번뇌를 끊고 염불 좌선 청법 경전을 통하여 악업에서 벗어나게 하는 것은 가능하다」(안정진, 퇴임기념문집『아름다운 42년』, 원불교출판사, 2003, p.19).

5) 심고와 기도의 큰 목적은 세상과 회상의 발전에 있다.

☞「내가 항상 하는 말같이 조석심고를 올릴 때에도 제 몸을 위해서만 빌지 말고 세상과 회상을 위하여 빌기를 잊지 말라. 그 공덕이 훨씬 크리라」(『정산종사법어』, 권도편 16장).

6) 심고와 기도는 일상생활을 법신불과 함께 지내기 위함이다.

☞「성록이가 가끔 아빠에게 안부 전화를 하게 되는데 아빠가 제일 먼저 물어보는 말은 "너 오늘 아침 심고 올렸냐" 는 것이다. 또한 "법신불 사은님의 은혜에 항상 감사하며 살아야 한다" 는 말로 끝을 맺는데 대화의 대부분이 신앙심을 일깨워 주는 말로 흐른다. 부회장님은 아침에 출근하면 항상 심고를 통해 마음을 모으는 시간을 갖는다」(김양원, 「진리 전에 올리는 마음의 글」, 『마음은 어디서 쉬는가』, 출가교화단, 1997, p.230).

17. 인격불과 법신불에 대한 심고와 기도

법신불 신앙은 진리적 신앙이요, 인격불 신앙은 교법적 신봉이라고 정산종사는 말하였다. 인격불 신앙은 방편적으로 스승 경모의 도에 관련되는 바, 이 둘의 상황에 따라 심고와 기도를 올리되 원불교 신앙의 특징인 진리신앙 사실신앙 전체신앙의 큰 틀에서 벗어남이 없어야 한다. 그리고 중생으로서 심고와 기도를 올릴 때 스승, 성령이라는 인격불의 방편도 무시할 수만은 없다.

1) 인격불과 법신불에 대한 심고는 진리적 신앙과 교법적 신봉의 차이이다.

☞「 "우리 회상에서는 법신불을 신앙의 대상으로 모시고 모든 의식에 심고하는 예가 있사오나, 서가모니불이나 대종사에 대하여는 심고하는 예가 없사오니, 법신불과 인격 부처님과의 관계가 어떠하오며 신앙하는 도가 어떻게 구분되어 있나이까." 답하시기를 "이것은 대종사께서 모든 신앙처를 통일하기 위하사 법신불의 신앙법을 정하신 것이니, 법신불은 우주만유의 근본이시요 제불제성의 본성이신 바, 제불제성께서는 또한 자성을 떠나지 아니하신 어른들이시니, 그러므로 법신불에 대하여 심고를 올리는 것이 곧 제불제성에 대하여 심고 올리는 것이 되며, 또는 신앙하는 도에 있어서도 인격 부처님이 계시므로 법신불의 진리를 알게 되고 법신불의 진리가 있으므로 인격 부처님이 이를 천명하

시게 되었으니 신앙하는 도가 둘이 아니나 구분하여 말하자면 법신불 신앙은 진리적 신앙이요 인격 부처님 신앙은 교법적 신봉이라고 할 것이니라"」(『정산종사법어』, 예도편 11장).

2) 인격불을 향하여 심고를 올리는 것은 스승을 경모하는 예로서 하는 것이 바람직하다.

☞「민자연화는 매년 생일이 되면 좋은 음식을 차려놓고 반드시 대종사 계신 곳을 향하여 심고를 올리었다. 그 자손들이 말하였다. "불법연구회는 일체 미신을 타파한 종교인데 조모님은 도로 옛 미신을 지키십니까." 자연화 말하였다. "남의 자녀로서 그 부모를 사모하는 정성이나 제자로서 그 스승을 사모하는 정성이 무엇이 다르랴. 내가 지금 올리는 음식은 대종사께서 안 잡수실 줄은 알지마는 제자된 도리로써 정성을 표하는 것이다." 후일에 대종사 들으시고 말씀하시었다. "자연화는 자녀 교양하는 도가 있도다. 과연 부모는 자녀들이 보고 나가는 거울이 되나니 어찌 몸 한번 행동하고 말 한번 하는 것일지라도 심상히 할 수 있으랴"」(『대종경선외록』, 20.원시반본장 10장).

3) 결정하기 어려운 일을 당하였을 경우, 심불전 심고와 더불어 대종사 전에 고백하는 것도 바람직한 일이다.

☞「주산은 공사를 당하여 결정하기 어려운 때는 심고를 올리고 대종사 성령의 지도를 받았다. "나는 어려운 일이 닥치면 심불 전에 심고도 올리지마는, 대종사님 성안을 머리속에 그리며 어떻게 하오리까 唵告를 한다. 그러면 대종사님 모습이 선연히 나타나며 가장 좋은 결론이 내려지더라"」(박용덕, 선진열전 1-『오, 사은이시여 나에게 힘을 주소서』, 원불교출판사, 1993, p.80).

4) 조식심고를 올릴 때 심령을 통하여 종법사를 모시는 심경이 필요하다.

☞「종법사에게 보낸 서한문에서 항타원 종사가 얼마나 간절하게 마음으로부터 종법사를 염원하고 있었는지를 읽을 수 있다. "법사님께 간절히 여쭐 말씀은 … 날짜 급하게 잡지 마시고 장기 치료를 받으시와 완쾌하시도록, 안심하시고 치료에 전념하시와 옛날 같으신 건강이 회복되시기를 심축 심축하나이다." "기후따라 근력이 어떠하옵신지 늘 문후 궁금하오나 조석심고 시에 心靈을 통하여 늘 뵈옵고 모시고 지내옵니다"」(한창민, 「항타원 이경순의 생애와 사상」, 원불교사상연구원 편, 『원불교 인물과 사상』(II), 원불교사상연구원, 2001, pp.262-263).

18. 의례에서의 심고와 기도

심고와 기도가 원불교 의례에 처음 반영된 것은 법당에 심불을 봉안하던 원기 20년(1935)의 일이다. 심고와 기도는 의례를 집행할 때 감명을 줄 수 있도록 성대하게 전개할 필요가 있는 바, 그것은 의례의 엄숙한 분위기를 가져다주기 때문이다. 특히 종교로서 신앙의 공동체가 성스러움을 더하기 위해 의례에 있어 심고와 기도는 장엄적이다.

1) 1935년 법당에 심불을 봉안하고, 『예전』에는 모든 관혼상제 의례를 집행하는 식장에서 심불전 심고를 하도록 하였다.

☞「1935년부터 총지부를 막론하고 법당에 심불을 봉안하기 시작하였다. 같은 해 8월에 발간된 『예전』을 보면 모든 관혼상제의 식장에는 심불을 봉안하도록 하였고, 식순에 '심불전 심고'를 하도록 명기하였다. 특히 상장례의 喪章에는 삼각형 베에다 흑색 일원상을 그린 복표를 복제기간 동안 왼쪽 가슴에 달도록 규정하고 있다」(박용덕, 『천하농판』, 도서출판 동남풍, 1999, p.29).

2) 의례에서 감명을 줄 수 있도록 설명기도나 즉석심고의 능력을 단련한다.

☞「심고도 설명기도로 감명을 줄 수 있어야 한다. 즉석심고의 능력을 단련해야 한다. 의식의 간소화는 물론 재가교도도 법회 운영을 할 수 있도록 훈련시킨다. 초입자를 위한 안내법회도 따로 필요하다」(조정근, 『일원화를 피우소서』, 원불교출판사, 2005, p.238).

3) 교당에서는 심고와 기도를 성대하게 진행할 의례가 정착되어야 한다.

☞「원불교의 교리에 입각한 활동은 새벽 좌선과 심고라 할 수 있다. 그러나 이 행사가 너무 왜소하게 진행되고 있다. 비교적으로 이야기하자면 불교의 절처럼 성대하고 거대하게 매일 진행되어야 한다」(최상태, 「원불교 교무상의 시대적 모색」, 《원불교교무상의 다각적인 모색》, 원광대 원불교사상연구원, 2003.2.7, p.18).

4) 산뜻한 기도와 심고는 예회의 분위기를 쇄신시킨다.

☞「교서의 재편정과 더불어 고려해야 할 또 다른 문제는 각종 의식 절차의 현대화 · 대중화의 문제이다. 요즘처럼 공사간 바쁜 현대인들에게 법회 시간과 大齋 의식 등에 90분 정도 앉아 있게 하는 일은 수정되

어야 한다. 설교시간의 경우도 마찬가지로 15분-20분 정도로 단축하고, 기도나 심고·성가 등으로 설교의 분위기를 쇄신해 나가야 한다고 여겨진다」(서경전, 「21세기를 향한 원불교 교단행정 방향」, 『원불교와 21세기』, 원불교사상연구원, 2002, p.27).

19. 보충해설

우리에게 잘 알려져 있는 타고르의 기도문을 소개하여 본다. "위험에서 벗어나게 하소서 하고 기도하게 마옵시고, 위험에도 겁을 내지 말게 하옵소서 하고 고백하게 하소서. 고통에서 벗어나게 해 주소서 기도하게 마옵시며, 고통 속에서도 견딜 수 있는 인내를 주옵소서 간구하게 하소서. 인생의 싸움터에 동료자를 보내소서 기도하게 마옵시고, 싸움에서 이길 힘을 주시옵소서 두손 모으게 하소서. 근심과 두려움 속에서 구원해 주소서 기도하게 마옵시고, 두려움을 물리쳐낼 용기를 주옵소서." 간절히 염원하는 기도의 내용은 심금을 울리기에 충분하다.

우리나라의 경우 충무공 이순신은 싸움터에 나갈 때 나라를 위해 기필코 승리해야겠다는 맹서의 기원을 했다. 그가 간절히 기도한 내용은 다음과 같다. "盟山하니 草木知요 誓海하니 魚龍動이라" 산에 맹세하니 산천초목이 느껴 알고, 바다에 맹서하니 어룡이 감동한다는 것이다. 기도를 올리면 우주 만유가 감응하여 불가사의한 힘을 가져다주기 때문이다. 이순신 장군이 전장에 임하여 간절히 기도를 올린 결과 구국의 염원이 실현된 것이다.

소태산 대종사 역시 『정전』에서 「심고와 기도」를 밝혀 우리가 세상을 살아가면서 자성불의 발견과 더불어 타력불에 의존하여 자신할만한 타력을 얻도록 하였다. 원불교에서는 누구나 법신불 사은의 은혜와 자성불을 발견하여 괴로우나 즐거우나 낙도생활을 할 수 있도록 법신불 전에 간절히 심고와 기도를 올린다. 종교인의 생명력은 일종의 심고와 기도라 본다면 자력신앙과 더불어 타력신앙을 아우를 수 있도록 이 심고와 기도생활이 요구된다.

원불교에 새로 입교한 사람으로서 4종의무를 시행하는 것이 1955년(원기 40)에 제정되었는데, 이는 조석심고·보은미헌공·연원지도·법규준수이다. 그중에서 조석심고는 심고와 기도에 관련된다. 신앙생활을 함에 있어 심고와 기도는 종교활동의 핵심적 내용인 바, 기도의 생명력은 돈독한 신앙심에서 발견되는 것이다. 이에 심고와 기도 생활을 돈독히 하는 종교인이야말로 진정한 신앙인이자 수행인으로 존경받을 것이며, 이에 소태산은 상대처의 유무에 따라 묵상심고 실지기도 설명기도의 방법을 제시하였다.

20. 연구과제

1) 심고와 기도란 무엇인가?
2) 심고와 기도의 위력은?
3) 심고와 기도의 필요성은?
4) 어느 때 주로 심고와 기도를 올리는가?
5) 묵상심고, 설명기도, 실지기도에 대하여 설명하시오.
6) 병원에 입원하여 고통을 겪고 있는 어느 교도 앞에서 즉석 설명기도를 올려 보시오.

21. 고시문제

1) 본교의 심고와 기도의 특징을 열거하시오.
2) 심고와 기도의 원리를 밝히고 본인이 실행하는 바를 쓰시오.
3) 심고와 기도의 원리를 관련된『대종경』에 근거하여 서술하고 각자의 체험을 기술하시오.
4) 심고와 기도의 원리와 방법?
5) 심고와 기도의 감응되는 원리를 설명하시오.
6)『정전』의 다음 숙어와 글귀의 의지를 해석하라 : 자신할 만한 타력.
7) 심고와 기도를 올릴 때 사은의 명호를 부르는데 그때 각자 심중에서 일원상과 사은을 어떻게 연결시키는지 설명.
8) 심고와 기도의 상대처가 있는 경우와 없는 경우의 실례를 들어 설명하라.

제10장 불공하는 법

○ 「불공하는 법」의 원문

과거의 불공법과 같이 천지에게 당한 죄복도 불상에게 빌고, 부모에게 당한 죄복도 불상에게 빌고, 동포에게 당한 죄복도 불상에게 빌고, 법률에게 당한 죄복도 불상에게만 빌 것이 아니라. 우주 만유는 곧 법신불의 응화신이니, 당하는 곳마다 부처님이요, 일일이 불공법이라, 천지에게 당한 죄복은 천지에게, 부모에게 당한 죄복은 부모에게, 동포에게 당한 죄복은 동포에게, 법률에게 당한 죄복은 법률에게 비는 것이 사실적인 동시에 반드시 성공하는 불공법이 될 것이니라.

또는 그 기한에 있어서도 과거와 같이 막연히 한정 없이 할 것이 아니라, 수만 세상 또는 수천 세상을 하여야 성공될 일도 있고, 수백 세상 또는 수십 세상을 하여야 성공될 일도 있고, 한 두 세상 또는 수십 년을 하여야 성공될 일도 있고, 수월 수일 또는 한 때만 하여도 성공될 일이 있을 것이니, 그 일의 성질을 따라 적당한 기한으로 불공을 하는 것이 또한 사실적인 동시에 반드시 성공하는 법이 될 것이니라(『정전』 제3 수행편, 제10장 불공하는 법).

1. 불공하는 법의 등장배경

불공은 석존 재세시 우전왕이 석가모니를 사모한 나머지 향나무로 불상을 조각하여 모시면서 시작되었다고 한다. 그러나 부처 멸후 1세기 말부터 간다라 미술의 영향을 받아 불상이 제작되면서 석존 불상을 향한 본격적인 불공이 시작되었다. 하여튼 성불과 부처 흠모의 정신에서 공양의 정신을 새기면서 불공이 지속되다가 각종 사찰에서 다양한 불공의식을 진행하여 왔다. 원불교는 이에 등상불 중심의 기복신앙적 불공에 머물 것이 아니라 진리불

공과 사실불공의 차원에서 전통불교의 불공을 혁신, 법신불 신앙
에 이어 처처불상 사사불공의 실천적 불공을 강조하고 있다.

**1) 불공이란 우전왕이 석가모니를 사모하면서 향나무로 불상을
조각하여 불공을 올린 데에서 비롯되었다고 한다.**

☞「불공이란 본래에는 단순한 불타의 위덕을 찬양하여 불상을 조각
하고 그에 바치는 하나의 정성의 형식이었다. 부처 재세시 우전왕이 석
존의 안거시에 사모하는 나머지 栴檀香으로 彫像하여 평소와 같이 불공
을 올렸던 것이 그 始로서 그 이후 불타를 섬기는 한 형식으로 나아가
서는 불교의 예식으로 되었다」(이은석, 『정전해의』, 원불교출판사, 1985,
p.216).

**2) 직접적인 불공의 대상이었던 불상은 엄밀히 말해서 1세기 말
부터 간다라 미술의 영향을 받아 제작되었다.**

☞「1세기 말 무렵부터 간다라에서 여러 조각들이 만들어지면서 그
영향을 받아 불상이나 보살상이 제작되었고 이들 불상은 불교사회에서
환영을 받았으며, 이에 불상제작과 존숭은 불교신앙의 핵을 차지하기에
이른다. 이 작품들에는 제정 로마시대에 각지에서 성행하였던 헬레니즘
적인 미술양식이 적용되었다」(정순일, 『인도불교사상사』, 운주사, 2005,
p.207).

**3) 불교의 불공에는 성불하는 공덕이 중시되어 왔으며, 나아가
부처를 향한 공양의 정신을 새기게 되었다.**

☞「불교의 공양은 정신을 길러 佛이 되는데 큰 공덕을 지니는 것으
로 석가세존 이래 중요시되어 왔고 그 공양공덕의 의미를 더욱 강조하
게 됨에 따라 각종 공양의례를 발전시키게 되었으나 종국에는 형식적인
의례행위를 초월하여 공양 자체의 본질에 직입한 공양심을 갖게 되는
것이라 생각된다」(홍윤식, 「진리적 종교로서의 원불교의 역사적 위치」,
류병덕 박사 화갑기념 『한국철학종교사상사』, 원광대 종교문제연구소,
1990, p.1083).

**4) 전통불교에서는 관음전, 문수전, 미륵전 등에 불공드려야 하
지만 원불교는 법신불 전에 불공하는 것으로 간소화하였다.**

☞「요즘 불교방송을 들어보니 불공을 드려야 하는데 사업성공, 치병,
자녀진학 등 그 내용에 따라 관음전, 문수전, 미륵전에 가라고 하더라.
또는 부처님, 지장, 관음 등 보살님이 너무 많으니 한곳에 통일해서 불

공을 드릴 수는 없느냐고 질문을 하니, 모든 부처님의 근원은 법신불이고, 만유가 다 법신불이라고 하는 것을 들었다. 대종사님은 법신불 일원상 또는 법신불 사은이라고 하였다. 이렇듯 법신불이라고 한 뜻을 중요하게 알아야 한다」(박장식, 『평화의 염원』, 원불교출판사, 2005, p.230).

  5) 원불교는 기복신앙의 형태로 불공이 행해져 왔음을 비판, 사사물물이 부처임을 아는 불공의 효율성을 강조했다.

  ☞「부처님에게 자신의 복락을 비는 기복적 신앙의 한 형태로 불공의 의미가 퇴색되어 왔다. 소태산은 이를 바로 잡기 위해 부처를 특정한 대상에 국한시키지 않고 사사물물이 부처임을 가르쳤고, 이러한 가르침은 바로 그 대상에게 직접 공을 들이는 것이 불공의 효율성을 극대화하는 길임을 설파하였다」(박상권, 「소태산 성리해석의 지향성 연구」, 『원불교사상과 종교문화』 32집, 원불교사상연구원, 2006.2, p.104).

  6) 불교혁신의 하나로는 형식적인 음식 불공법을 폐지하였다.

  ☞「감연히 불교혁신의 기치를 높이 들고 스스로 그 궁행실천에 노력하였나니, 1) 교당 위치를 농촌과 도시로 진출시켜서 민중 생활에 접근할 事(재래사원 제도를 개혁하여), 2) 남녀간 결혼을 자의에 許하여 소호도 구속치 말 事(재래 독신 생활을 개혁하여), 3) 등상불을 폐지하고 진리적으로 일원상을 봉안하여 신앙의 대상은 삼되 음식불공법은 절대로 폐지할 事 …」(『회보』 제38호, 1934.9·10월 합병호, 회설-본회 출현의 근본정신).

  7) 소태산은 등상불에 대한 불공이 아니라 사사불공으로 전환할 것을 강조한다.

  ☞「혁신해야 할 것은 불상중심 즉 등상불에 대한 불공을 개혁해야 한다. 천지만물이 숭배할 대상이다」(원불교사상연구원 편, 『숭산논집』, 원광대학교출판국, 1996, p.33).

2. 불공의 의미

  불공이란 부처를 향해 흠모하는 정신으로 공양을 올린다는 순수한 의미에서 비롯되는 바, 신앙으로 보면 신봉이고 수행으로 보면 솔성이다. 아울러 불공이란 법신불을 향한 불공에서 출발하며, 그 범주는 당처의 실지불공까지 포함된다. 주지하듯이 불공은 부처에게 간절히 섬기는 자세에서 비롯되는 바, 공경심을 놓지 않는 것을 의미한다. 공경의 불공을 통해 감사하는 마음으로 법신불의 은혜가 충만되어 인격이 성숙되도록 하자는 뜻이다.

 1) 불공이란 불교의 용어로서 부처에게 기도를 올리며 공양을 올리는 것을 말한다.

 ☞「불공이라는 말은 불교에서 기인한 말인데 이 말은 부처님에게 기도를 올리며, 공들이는 것을 말한다. 석가여래 재세시에는 제자들이 부처님을 존숭하여 음식이나 수용품이며 꽃 등을 부처님에게 바쳐 받들어 모셨다」(안이정, 『원불교교전 해의』, 원불교출판사, 1998, pp.708-709).

 2) 불공은 신앙으로 보면 信奉이며, 수행으로 보면 率性이다.

 ☞「불공이란 바로 신봉이요, 신봉은 신수봉행의 준말이다. 또는 신앙적으로 표현하면 불공이요 수행적으로 표현하면 솔성이다. 솔성에 循은 바로 신봉으로서 신봉은 循으로 들어가야 하고, 循이 극치에 달하면 率이 이루어지고, 솔이 극치에 달하면 천상천하유아독존의 경지에 이른다」(좌산종법사, 「창립정신정립」, 《출가교화단보》 제124호, 2002년 8월 1일, 1면).

 3) 불공은 일원상 진리를 신앙하는 구체적 방법이다.

 ☞「불공하는 법의 대의는 일원상의 진리를 신앙하는 구체적인 방법의 하나로서 원하는 일의 성질을 따라 사은 당처 당처에 드리는 실지불공인 바 … 천지만물 허공법계를 전부 산부처님으로 모시고 천지만물의 당처에 직접 불공을 잘하여 당처 당처의 감응을 얻어 그일 그일을 성취시키는 긴요한 법이다」(신도형, 『교전공부』, 원불교출판사, 1992, pp.393-394).

 4) 불공은 부처와 같이 사심 없는 마음으로 공경심을 놓지 않는 행위이다.

 ☞「불공이라 함은 사심 없는 마음가짐으로 공경심을 놓지 아니하는 행위가 바로 진실한 불공이 되는 것이다. 불공은 진리불공과 사실불공, 직접불공과 간접불공으로 나누어 보아야 할 것이다」(이운권, 고산종사 문집1 『정전강의』, 원불교출판사, 1992, p.91).

 5) 불공이란 부처에게 정성을 다하여 공경하는 태도이다.

 ☞「불공이란 원래 존엄하신 부처님에게 정성을 다하여 공경하는 태도를 말하는데, 이는 내려선 마음으로 상대를 섬기는 자세를 확립하는 기반을 구축하는 일이다」(박상권, 「소태산 성리해석의 지향성 연구」, 『

원불교사상과 종교문화』 32집, 원불교사상연구원, 2006.2, p.104).

 6) 불공은 불심을 가지고 인간과 환경의 조화를 도모하며 성숙, 발전하도록 하는 것을 말한다.

 ☞「우리의 삶은 상호간의 관계를 통해 이루어지는 것이다. 인간과 인간, 인간과 자연, 개인과 사회, 사회와 사회 등 다양한 관계들 속에서 삶이 이루어지며 이 관계가 조화롭게 이어져갈 때 성숙되고 발전하게 되는 것이다. 불공은 이러한 우리들의 관계를 보다 조화롭게 발전시키는 길잡이가 되는 법이다」(오도철 외, 『원불교정전 길라잡이』, 원불교 교화연구소, 2000, p.228).

3. 불공하는 법의 대의강령

 1) 과거의 불공법은 등상불 숭배를 벗어나지 못한다.
 2) 우주 만유는 법신불의 응화신이니 당하는 곳마다 처처불상이자 사사불공이다.
 3) 천지, 부모, 동포, 법률에 당한 죄목은 당처에 비는 것이 곧 진리불공이면서 실지불공의 활용이다.
 4) 그 일의 성질에 따라 사실적으로 사사불공을 하면 반드시 성공하는 불공법이 된다.

4. 불공하는 법의 구조

 1) 과거 불공법의 한계(과거의 불공법~빌 것이 아니라).
 2) 처처불상 사사불공의 의의(우주 만유는~불공법이라).
 3) 진리불공과 실지불공의 당위성(천지에게 당한~불공법이 될 것이니라).
 4) 사사불공의 결과(또는 그 기한에~법이 될 것이니라).

5. 단어해석

불공법 : 경외심으로 부처에게 공양하는 것(기도의 불공, 꽃 향 차 과일의 공양)이 불공이며 그 방법이 佛供法이다. 과거의 불공법은 불타에 집중되었지만, 원불교의 불공법은 처처불상이니 사사에 불공인 것이다. 이에 원불교 불공법의 특징은 진리불공, 사실불공, 실지불공이다.

죄복 : ☞『정전풀이』(하)「염불법」‘죄복’ 참조.

불상 : 불교에서 신앙의 대상으로 모시는 부처의 형상을 佛像이라 한다. 초기 불상은 불타를 사모하는 뜻에서 제작되기 시작하였고, 1세기 말부터 간다라에서 조각술이 발달되어 로마 헬레니즘 양식과 영향을 주고받으면서 불상이 제작되었다. 그런데 소태산은『대종경』에서 불상은 부처님의 형체요, 일원상은 부처님의 심체(교의품 3장)라고 하였다.

우주만유 : ☞『정전풀이』(상)「교법의 총설」‘우주만유’ 참조.

법신불 : 원불교 신앙의 대상은 천지신명·심불 등의 호칭으로 불리어 왔는데, 원기 27년『교헌』에서는 ‘法身佛 일원상’으로 불리었다. ‘법신불 사은’은 원기 47년(1962)『원불교 교전』을 출판하면서「심고와 기도」장에서 처음 나타난 용어이다. 일원상 서원문의 ‘이 법신불 일원상을 체받아서’라는 말처럼 법신불은 신앙의 대상인 일원상을 의미하며, 불교에서는 삼신불이라 하여 법신·보신·화신을 말한다.

응화신 : 법신불이 현실에서 화현된 것을 應化身이라 한다. 응신·화신이라 하며 또한 화신불이 이와 관련된다. 다시 말해서 부처님이 중생제도를 위해 사바세계에 응현되어 나타난 화신불을 응화신이라 한다.

처처불상 : 원불교 교리표어의 하나로, 皆有佛性의 원리에 따라 處處에 있는 모든 개체가 佛像이라는 뜻이다. 소태산은 불교의 등상불에 대한 교판을 통해 기복신앙과 형식불공을 극복하고 진리불공·사실불공·실지불공을 강조하며 처처불상의 원리를 깨닫도록 하였다.

사사불공 : 곳곳이 불상이므로 일마다 불공을 하자는 것이 事事佛供이다. 처처불상 사사불공은 교리표어로서 원불교의 교리를 실천에 옮기는 강령이다. 법당에 모셔진 부처 한 분만이 아닌 만유를 부처로 보고, 불공도 부처 한 분만이 아니라 만사를 불공의 대상으로 삼으라 한 것은 소태산이 조선불교를 새롭게 혁신한 내역이다.

천지 : 사은의 첫 대상이 天地이며, 천지는 우리에게 일월 풍운우로 등의 은혜를 입혔으므로, 응용무념의 도로써 천지은에 보은해야 한다.

부모 : 父母는 사은의 두 번째 나오는 대상으로서 무자력한 우리에게 생육의 은혜로써 성숙하게 하였다. 따라서 자녀의 도리로서 누구나 하해 같은 부모은에 효도, 보은하는 심경으로 살아가는 것이 필요하다.

동포 : 나 홀로 살 수는 없는 것인 바, 우리의 생존에 필요한 同胞로서 사농공상이나 금수초목 모두 동포은의 범주에 속한다. 따라서 상생상화 자리이타로써 동포은에 보은하며 살아가야 할 것이다.

법률 : 노약자나 아녀자를 포함한 우리 모두가 안녕질서를 유지하고 살아갈 수 있는 것은 法律의 보호에 의함이니, 법률은에 보은하며 살아야 한다. 곧 수신 제가 치국 평천하에 있어 법률은 필요불가결한 것이다.

기한 : 어느 때까지 미리 정한 기약이나 한도를 期限이라 한다.

막연히 : 아득하거나 분명하지 못한 것을 漠然이라 한다.

수만 세상 : 삼세와 영생을 고려한다면 한두 세상이 아니라 수천 數萬 世上이라 할 수 있다. 우리가 해야 할 불공은 한두 세상만이 해서 될 일도 있고 삼세의 영생을 통해 할 일이 있는 것이다.

6. 숙어 · 문제풀이

1) 과거의 불공법과 같이 천지 부모 동포 법률에 당한 죄복도 불상에게 빌 것이 아니라 천지 부모 동포 법률에 당한 죄복은 천지 부모 동포 법률에 빈다는 것은?

(1) 과거 불가의 불공법은 부처 한 분에게만 불공하여 소원을 성취하는 성향이 있었음을 교판적으로 보완하는 내용이다.

(2) 원불교는 실지불공으로 사은 각처에 당하여 천지 부모 동포 법률에 실지 불공을 한다.

(3) 천지 부모 동포 법률은 우주 만유 삼라만상을 네 가지로 집약한 것으로, 우주 만유에 불공하자는 것이다.

(4) 일원상의 내역을 말하자면 곧 우주만유로서 천지만물 허공법계가 다 부처 아님이 없다(『대종경』, 교의품 4장).

2) 우주 만유는 법신불의 응화신이니 당하는 곳마다 부처님이요, 일일이 불공법이라는 것은?

(1) 우주 만유는 법신불의 응화신이니, 당하는 곳마다 부처님이라는 것은 처처불상을 말한다.

(2) 일일이 불공법이란 내가 접하는 일마다 공경심을 갖고 불공하자는 것으로 이를 사사불공이라 한다.

(3) 처처불상과 사사불공은 원불교의 교리실천 표어로서 원불교의 구체적 신앙의 원리이자 방법론이다.

(4) 처처불상 사사불공은 定處의 불상에 대한 定事의 불공도 착실히 하라는 뜻이 들어있다(『정산종사법어』, 경의편 29장).

3) 그 기한에 있어서도 과거와 같이 막연히 한정 없이 할 것이 아니라 수만 세상, 수천 세상, 수백 세상을 하여야 성공될 일이 있으니, 그 일의 성질을 따라 적당한 기한으로 불공을 하는 것이 사실적인 동시에 반드시 성공하는 법이라는 것은?

(1) 과거 불가의 불공법에 있어 일생을 두고 그저 막연히 형식적으로 불공만 하는 경우가 있어왔다.

(2) 앞으로는 불공의 기한도 불공대상의 성격에 따라, 불공자의 근기와 역량에 따라 길게 할 불공, 짧은 기간에 할 불공 등 적절한 기한이 있는 것이다.

(3) 원불교의 불공법은 진리불공과 실지불공 등이 있으며, 불공 대상도 다양하므로 그에 합당한 사실적 불공이 효율적이다.

(4) 소태산의 불교혁신은 과거 기복적 신앙형태의 등상불에 치중된 불공이 아니라, 우리가 접하는 모든 대상에 대하여 기틀 따라 실지불공으로의 혁신이었다.

7. 관련법문

☞「부처를 숭배하는 것도 한갓 국한된 불상에만 귀의하지 않고, 우주 만물 허공법계를 다 부처로 알게 되므로 일과 공부가 따로 있지 아니하고, 세상일을 잘하면 그것이 곧 불법공부를 잘하는 사람이요, 불법공부를 잘하면 세상일을 잘하는 사람이 될 것이며, 또는 불공하는 법도 불공할 처소와 부처가 따로 있는 것이 아니라 불공하는 이의 일과 원을 따라 그 불공하는 처소와 부처가 있게 되나니, 이리 된다면 법당과 부처가 없는 곳이 없게 되며, 부처의 은혜가 화피초목 뇌급만방하여 상상하지 못할 이상의 불국토가 되리라」(『대종경』, 서품 15장).

☞「인연 작복을 잘하고 못하는 것과 부귀 빈천되는 것이 다 다생겁래를 왕래하면서 불공 잘하고 못하는데 있나니, 복이 많고 지혜가 많은 사람은 법신불 일원상의 이치를 깨치어 천지만물 허공법계를 다 부처님

으로 숭배하며, 성공의 기한 구별도 분명하며, 죄복의 근원처를 찾아서 불공하므로 무슨 서원이든지 반드시 성공할 것이니, 그러므로 우리는 불상 한 분만 부처로 모실 것이 아니라 천지만물 허공법계를 다 부처님 으로 모시기 위하여 법신불 일원상을 숭배하자는 것이니라」(『대종경』, 교의품 14장).

☞「불공하는 법이 두 가지가 있으니, 하나는 사은 당처에 직접 올리는 실지불공이요, 둘은 형상 없는 허공법계를 통하여 법신불께 올리는 진 리불공이라, 그대들은 이 두 가지 불공을 때와 곳과 일을 따라 적당히 활용하되 그 원하는 일이 성공되도록까지 정성을 계속하면 시일의 차이 는 있을지언정 이루지 못 할 일은 없으리라」(『대종경』, 교의품 16장).

8. 불공하는 법의 형성사

원불교 불공법의 형성사를 보면 원기 4년 혈인기도로 거슬러 올라간다. 9인단원의 기도가 끝난 후 불공할 처소와 부처가 따로 있지 않다고 하였다. 이어서 불공하는 법과 관련되는 면에서 원 기 12년 『수양연구요론』에 처처불상 사사불공의 단초가 나타난 다. 원기 20년 「조선불교혁신론」에는 불공법의 대지가 설명되었 고, 『불교정전』 개선론의 9장 「불공하는 법」이 현재의 『정전』에 는 제3 수행편 10장으로 옮겨졌다.

1) 원기 4년 소태산은 9인단원의 기도가 끝난 후 불공하는 법도 불공할 처소와 부처가 따로 있지 않다고 하였다.

☞「대종사께서 단원의 기도가 끝난 후에는 모든 신자에게 불법으로 써 말씀하여 가라사대 "이제는 우리가 배우는 것도 부처님의 도덕이요 후진을 잘 가르치자는 것도 또한 부처님의 도덕이니 … 불공하는 법도 불공할 처소와 부처가 따로 있는 것이 아니라 불공자의 일과 원을 따라 그 불공할 처소와 부처가 갈리게 되나니, 이리된다면 법당과 부처가 없 는 곳이 없게 되며 부처의 은혜가 화피초목 뇌급만방이 되어 상상치 못 할 이상의 천국이 되고 말 것이니, 제군이여 기뻐할지어다」(정산종사, 『 불법연구회창건사』 제1편 1회 12년, 제13장 대종사, 불법에 대한 선언).

2) 소태산은 불공 표어를 만들면서 제자들에게 깊이 연마하도록 하였는데, 그것이 처처불상 사사불공이다.

☞「대종사님은 작은 일에서 큰 일에 이르기까지 교리나 규율과 교리

형성을 단독으로 하명하는 일이 없었다. 대중의 뜻을 존중하고 공의에 의해서 결정하였다. 그러고도 미치지 못한 점을 이끌고 가르치며 선도해 주었다. 그래서 불공에 대한 표어도 대중들로 하여금 관심 있게 깊이 생각하고 궁구할 수 있도록 하고 "이렇게 하면 어떻겠느냐"고 물어본 후 결정하였으니 곧 사사불공 처처불상이었다. 이 표어는 후일 처처불상 사사불공으로 순서를 바꾸었다. 언제나 좋은 의견을 받아주고 시정할 것은 바로잡아 주었다」(박장식, 『평화의 염원』, 원불교출판사, 2005, pp.92-93).

3) 원기 12년 『수양연구요론』에 처처불상 사상이 드러난다.

☞『『수양연구요론』에서의 사은은 불교의 사은을 이은 것임을 명백하게 보여주고 있는데 여기에서는 처처불상 사상의 단초도 보이고 있어서, 사은이 처처불상 사상의 본질과 불교적 사은의 카테고리를 함께 수용한 교리임이 드러난다」(정순일, 「일원상 신앙 성립사의 제문제」, 제21회 원불교사상연구 학술대회《21세기와 원불교》, 원불교사상연구원, 2002.1, p.102).

4) 원기20년 「조선불교혁신론」에 등상불 숭배를 일원상 숭배로 하는 불공법의 대지가 설명되어 있다.

☞「불공하는 법의 형성과정 : 『혁신론』의 '등상불 숭배를 불성 일원상으로'에서 불공법의 대지가 설명되어 있다. 『불교정전』에서는 혁신론의 내용을 축약하여 밝혔다」(박용덕, 『천하농판』, 도서출판 동남풍, 1999, p.77).

5) 『불교정전』 개선론의 9장 「불공하는 법」이 현 『정전』으로 간행되면서 제3 수행편 10장으로 옮겼다.

☞「『정전』이 개편된 내용은 다음과 같다. 서두의 불교적인 표어를 축소하여 원불교적인 표어로 집약하고, 교리도를 수정하였다. 『불교정전』 개선론의 내용은 『대종경 서품으로 옮기되, 그 가운데 9장 「불공하는 법」을 제3 수행편 10장으로, 11장 심고와 기도를 제3 수행편 9장으로 옮겼다」(고시용, 「정전의 결집과 교리의 체계화」, 『원불교학』 제9집, 한국원불교학회, 2003.6, pp.275-276).

9. 불공하는 법과 일원상의 관계

우주만유 삼라만상이 일원불의 화현이므로 모두가 불공의 대상

이 아닐 수 없으며, 그렇지만 당처불공의 죄복 권능을 넘어서서
일원상의 무한 절대은을 인지해야 한다. 그리고 일원상의 자타력
병진신앙에서 볼 때 타력불의 불공은 물론 자성불의 불공도 아우
를 필요가 있다. 하여튼 일원상과 불공법은 원불교의 진리불공과
방편적 실지불공의 관계 속에 있으며, 무시선법이나 불공법 등
모든 교리는 법신불 일원상에 귀의됨을 알아야 할 것이다.

1) 우주의 삼라만상이 일원불의 화신불이므로, 어느 것을 대하
든 존엄한 불상에 불공하는 심경이 필요하다.

☞「법신불이란 우주의 한 기운으로 우주 안에 꽉 찬 것이다. 삼라만
상은 다 그 일원의 기운을 받아 나타나 있는 것이다. 다 佛의 화신이다.
따라서 어느 것에서든지 존엄한 불상에 대한 것과 같은 심경으로 대해
야 된다」(원불교사상연구원 편, 『숭산논집』, 원광대학교출판국, 1996,
p.43).

2) 당처불공의 죄복 권능을 넘어서서 일원상의 무한 절대은을
인지해야 한다.

☞「죄복 권능의 직접 당처에 대한 불공이라는 의미를 지나치게 강조
한 나머지, 자칫 불공의 근본 목적을 죄복 개념 위주로 해석하기 쉬우
나, 진정한 의미에서의 불공이란 그러한 죄복 개념을 넘어서서 일원불
의 중중무진한 무한 절대은에 대한 경외 내지 귀명의 의미로까지 보아
야 하지 않을까 한다」(노대훈, 「원불교의 불타관」, 『원불교사상시론』 제
Ⅲ집, 원불교 수위단회, 1998년, pp.90-91).

3) 일원상의 불공에 있어 자성불에 정성스럽게 불공을 하며, 타
력불에게도 처처불상 사사불공을 한다.

☞「수행문은 법신불 일원상 진리 안에서 신앙문이 되고, 신앙문도
법신불 일원상 진리 안에서 수행문이 된다. 예를 들면 三寶도 밖의 삼
보·자성삼보가 있을 수 있으며, 자신불에게 정성스럽게 기도와 불공할
수 있고, 자기의 분별도 처처불상으로 사사불공의 불공으로 다스리고
적공할 수 있다」(송천은, 「일원상 진리」, 창립10주년기념 추계학술회의
《원불교 교의 해석과 그 적용》, 한국원불교학회, 2005년 11월 25일,
pp.F-G).

4) 법신불 일원상의 신앙과 불공법이 원불교의 진리성과 방편불
교적인 측면을 드러낸다.

☞「원불교의 진리성이란 방편불교에 대한 개념으로 이해된다. 즉 일원상 법신불에 대한 신앙과 그에 대한 불공법 등이 그와 같은 것이라 하겠다」(홍윤식, 「진리적 종교로서의 원불교의 역사적 위치」, 류병덕 박사 화갑기념 『한국철학종교사상사』, 원광대 종교문제연구소, 1990, p.1073).

5) 무시선이나 불공 등 모든 교리는 법신불 일원상에 귀일된다.

☞「정성으로 마음에 삼대력을 갖추며 보은행을 하는 것이 참 불공이다. 신앙과 수행, 불공과 무시선 등 모든 교리를 전부 연관시키면 끝에 가서는 법신불 일원상에 귀일된다」(박장식, 『평화의 염원』, 원불교출판사, 2005, p.218).

10. 불공법의 원리

불공의 원리로는 우주만유에 죄복의 권능이 있음을 알아 실지 불공하는 원리이며, 또한 법신불의 진리에 감사 보은하는 원리이기도 하다. 곧 불공하는 법은 등상불 숭배의 개체불공이 아니라 처처불상의 원리와 상호 관련성을 지니고 있다. 그리고 불공에는 자기긍정과 자아회복의 원리가 뒷받침되고 있는 것이다.

1) 우주 만물에 죄복의 권능이 있음을 알아서 불공을 하는 원리이다.

☞「우주 만물이 다 죄복을 주는 권능이 있으니 매사를 불공하는 심념으로 한다. 그래서 우리는 사사불공을 실지불공이라 한다. 불공할 때 잡념이 없이 해야 한다. 그러면 자기에게 이익이 오며 일도 잘 된다. 이것이 종교생활이 아닌가」(원불교사상연구원 편, 『숭산논집』, 원광대학교출판국, 1996, p.45).

2) 산부처에 직접 실지불공하는 원리이다.

☞「대종사 봉래정사에 계실 때에 하루는 어떤 노인 부부가 지나가다 말하기를, 자기들의 자부가 성질이 불순하여 불효가 막심하므로 실상사 부처님께 불공이나 올려볼까 하고 가는 중이라고 하는지라, 대종사 들으시고 말씀하시기를 "그대들이 어찌 등상불에게는 불공할 줄을 알면서 산부처에게는 불공할 줄을 모르는가." 그 부부 여쭙기를 "산부처가 어디 계시나이까." 대종사 말씀하시기를 "그대들의 집에 있는 자부가 곧 산부처이니, 그대들에게 효도하고 불효할 직접 권능이 그 사람에게 있

는 연고라, 거기에 먼저 공을 드려봄이 어떠하겠는가"」(『대종경』, 교의
품 15장).

3) 감사 보은의 원리를 통해 불공을 한다.

☞「감사 보은의 생활이 자리 잡아야 모든 관계가 은혜로움으로 작용
하여 이 땅에 한량없는 복조가 충만할 것이다. 어떠한 경우에서도 은혜
를 발견하여 감사하고 당하는 곳마다 보은 불공해야 한다」(좌산상사법
문집『교법의 현실구현』, 원불교출판사, 2007, p.152).

4) 불공법은 처처불상의 원리와 상호 관련성을 지닌다.

☞「처처불상의 원리를 두 가지로 요약해 보면 첫째, 처처의 우주만
유는 바로 법신불의 나타남인 것이다. 유정 무정의 일체 만유는 현상
즉 본체의 입장에서 보면 법신불과 일체 만유는 둘이 아닌 것으로 만유
가 곧 법신불인 것이다. 둘째, 우주만유는 일원상 진리의 지공무사한 인
과묘리를 구족하고 있다. 선악간 지은 바에 따라 죄벌을 나타낼 수 있
는 권능을 가지고 있는 것이다. 곧 천지만물 허공법계가 모두 인과묘리
를 구족하고 있기 때문에 지은 업인에 따라 은혜와 죄벌을 구별하여 나
타내는 처처불인 것이다」(한정석, 『원불교 정전해의』, 도서출판 동아시
아, 1999, pp.494-495).

5) 불공에는 자기긍정과 자아회복의 원리가 뒷받침된다.

☞「일체만물에게 불공을 하는 바탕에는 무엇보다도 자신을 긍정적으
로 인정하고 사랑하는 마음이 있어야 하고, 이것은 자신이 곧 불성을
지닌 존귀한 존재임을 안다는 것을 의미한다. 그리고 지금까지 알게 모
르게 지어온 죄업에 대해서도 인정하고 참회하는 것이다. 이와 같이 스
스로가 깊은 내면에 부처의 원만한 인격이 다 갖추어졌음을 알고, 지난
날 알고도 짓고 모르고도 지은 죄업을 참회하여 참된 자아를 회복하는
것이 필요하다」(박광수 외2인, 『클릭 원불교』, 도서출판 동남풍, 2000,
p.242).

11. 원불교 불공법의 특징

원불교의 불공법은 진리불공과 실지불공을 아우르는 점이 특징
이다. 따라서 우주만유 삼라만상을 불공의 대상으로 삼으며, 형식
불공을 탈피하고 실질에 직입하는 것이다. 덧붙여 원불교의 불공
법은 현실 변화의 실학적 성향을 지니며, 기존의 불공법을 혁신

함으로써 천지만물 허공법계를 처처불상 사사불공과 연계한다.

1) 불공법은 실지불공과 진리불공을 아우르는 특징을 지닌다.

☞「우리가 佛을 신앙하는 것은 불과 같이 되고자 하는데 목적을 둔다. 따라서 불을 믿을 때와 매사를 행할 때가 달라서는 안 된다. 일거일동을 할 때마다 곧 불이 한다고 생각해야 한다. … 모든 理事간에 사실불공과 진리불공을 잘 병진해야 한다」(박길진, 『대종경강의』, 원광대학교출판국, 1980, p.34).

2) 죄복 권능을 가진 사은 당처에 죄복을 비는 불공법이다.

☞「나를 중심으로 한 전체가 법신이며, 내 생명의 근원인 동시에 우리에게 죄복의 권능을 갖는 것이 사은이다. … 이렇듯 사은 가운데 살고 있으니 사은 당처에 죄복을 구해야 한다. 근본적인 진리만을 추구하고 현실적인 부처님께 불공하지 않는 것은 미신에 흐르게 된다」(박장식, 『평화의 염원』, 원불교출판사, 2005, p.194).

3) 법신불과 우주만유 삼라만상을 보은불공의 대상으로 삼는다.

☞「원불교에서는 법신불 뿐 아니라 그 법신불의 화현으로서의 사은, 즉 우주만유에 대하여 철저히 보은 불공할 것을 강조한다」(노대훈, 「원불교의 불타관」, 『원불교사상시론』 제Ⅲ집, 원불교 수위단회, 1998년, p.92).

4) 원불교 불공법은 형식을 탈피하고 실질에 直入하는 특징이 있다.

☞「원불교의 불공법은 모든 형식을 탈피하여 실질적인 것에 접근한다는 특질을 지니고 있는 것이라 하겠는데, 이는 원불교 교리의 핵심이 법신불 일원상을 중심으로 조직되어 있으며, 따라서 그 신앙의 핵심도 대상화를 필요로 하지 않는 진리에의 直入을 지향하고 있기 때문인 것으로 생각된다」(홍윤식, 「진리적 종교로서의 원불교의 역사적 위치」, 류병덕 박사 화갑기념 『한국철학종교사상사』, 원광대 종교문제연구소, 1990, p.1074).

5) 원불교의 불공법은 현실 변화를 유도하는 실학적 특성을 지닌다.

☞「실학에서 공리공론보다 현실생활을 유익하게 개선할 수 있는 학문을 더 역설하듯이 불공과 기도에서도 공리공론적인 것이거나 막연한 것보다 사실적인 노력과 변화를 가져올 수 있는 실다운 것을 우선시한

다」(송천은, 『일원문화산고』, 원불교출판사, 1994, p.151).

6) 소태산은 불교를 혁신, 천지만물 허공법계가 그대로 법신불이라 하여 처처불상 사사불공의 불공법을 제시하였다.

☞「절에 모신 서가모니 불상만을 숭배할 것이 아니라 천지만물 허공법계의 처처의 법신불을 신앙해야 한다는 원불교의 주장에 불교에서는 당시 반발이 있었다. 지금의 불교에서는 처처불상의 법신론을 상당히 깊이 있게 이해한다. 화엄 천태에서는 우주만유가 법신이라는 원리는 밝혔으나 신앙의 대상으로까지는 못하였다. 밀교는 지수화풍공식의 육대를 대일여래라고 하여 법신으로 강조하고 있으면서도 서가모니를 신앙의 대상으로 하고 있다. 대종사는 오히려 불교와는 반대되는 경향을 가졌다. 불교는 서가모니라는 화신을 통해서 법신을 밝혔으나 대종사는 법신불을 깨쳐서 천지만물 허공법계가 그대로 법신불이라는 원리를 밝힌 것이다. 불교는 화신에서 법신을 찾아들어간 것이고, 대종사는 법신에서 화신의 세계까지를 법신화한 것이다」(한정석, 『원불교 정전해의』, 도서출판 동아시아, 1999, p.496).

12. 불공에 있어 처처불상과 사사불공의 의의

일상생활 속에서 처처불상 사사불공을 실천하는 것은 신앙인으로서의 본분이며, 이에 불공 곧 진리불공과 실지불공을 아울러 할 때 원만한 처처불상 사사불공이 될 것이다. 그리고 등상불 숭배를 혁신하여 매사를 공경심으로 온전히 하는 처처불상 사사불공을 강조한 것은 불공의 미래적 방향을 밝힌 셈이다. 원불교 신앙행위로서 처처불상 사사불공의 대상을 인간뿐 아니라 우주만유 삼라만상으로 넓힌 점이 불교혁신의 의의이며, 소태산은 처처불상과 사사불공이 행해지는 세상을 미륵불과 용화회상이라 하였다. 소태산이 밝힌 원불교 불공법의 의의가 여기에 있다.

1) 교도의 일상생활은 처처불상 사사불공의 정신을 견지함이다.

☞「이보원에게 신자의 일상 수지법 열 가지를 말씀하셨다. "첫째 타종교의 시비를 들어서 비방하거나 신자 사이에 대립하지 말 것이요 … 열째 처처물물이 진리의 응화신임을 깨달아서 어느 때 어느 곳이든지 처처불상 사사불공의 정신을 놓지 말 것이다"」(『한울안 한이치에』, 제8장 화합교단 2장).

2) 실지불공과 진리불공을 겸할 때 처처불상 사사불공이 된다.

☞「실지불공은 천지 만물의 양계에 하는 것이요, 진리불공은 허공 법계의 음계에 하는 것이니 이를 아울러야 처처불상 사사불공이 원만히 되리라」(『한울안 한이치에』, 제3장 일원의 진리 15장).

3) 처처불상 사사불공이란 매사에 온전히 임하는 것이다.

☞「원기 26년, 소태산 대종사께서 게송, 무시선, 무처선 등의 법문을 내리시니 총부는 온통 법의 희열로 가득찼다. 이때 정산종사는 총부 교감으로 있으면서 학원생들의 공부심을 진작시키셨는데, 하루는 상을 놓고 처처불상·사사불공의 법문을 설하시다가 잠시 컵에 물을 따르시며 말씀하시기를 "보라! 온전하게 따르면 이렇게 물을 흘리지 않게 되지만, 만약 함부로 따르게 되면 컵이 넘쳐 물이 쏟아질 것이 아닌가. 주전자로 온전하게 물을 따르는 것도 불공이니라"」(『정산종사법설』, 제8편 편편교리, 26.불공).

4) 처처불상 사사불공의 대상은 불공에 있어 인간뿐만 아니라 우주만유 삼라만상의 영역으로 넓혀진다.

☞「평상시 내 머리 속에는 처처불상 사사불공의 불공법을 생각하면 인간불에 대한 불공의 개념이 먼저 떠오르곤 했었다. 불공의 대상을 물질과 인간에 대해 은연중 이분법으로 나누게 되고, 그중에서도 인간을 더 우위에 두고 있었다」(이심진, 「불공법」, 『나는 조각사』, 출가교화단, 2000, p.79).

5) 미륵불과 용화회상은 처처불상 사사불공이 널리 행해짐이다.

☞「미륵불이라 함은 법신불의 진리가 크게 들어나는 것이요, 용화회상이라 함은 크게 밝은 세상이 되는 것이니, 곧 처처불상 사사불공의 대의가 널리 행하여지는 것이니라」(대종경, 전망품 16장).

13. 불공법의 종류

원불교의 불공법은 크게 진리불공과 실지불공이 있으며, 자타의 형식에서는 자기불공과 상대불공이 있다. 이어서 예법 중심의 형식불공과 세간생활에 적절하고 유익한 사실불공이 있으며, 사회개혁의 측면에서는 집단불공과 사회불공이 있다. 그리고 매체의 접근방식에 따라 직접불공과 간접불공이 있고, 불공의 실제 내역에서 세 가지로 말하면 물질불공 육신불공 정신불공이 있다.

1) 천지만물 산부처를 향한 실지불공과 허공법계를 향한 진리불공이 있다.

☞「불공을 하는 데에는 천지만물 산 부처님에게 실지불공을 하는 법도 있고 또는 허공법계 진리 부처님에게 진리불공을 하는 법도 있는 것이다. 이 두 가지 불공의 효력이 빠르고 더디기는 각자의 정성과 적공 여하에 있는 것이다」(『대종경선외록』, 8.일심적공장 15장).

2) 자신을 향한 자기불공과 상대를 향한 상대불공이 있다.

☞「내 절 부처를 내가 잘 위하여야 남이 위한다는 말이 있나니, 자신에게 값아 있는 부처를 발견하여 정성들여 불공하라. 불공에는 자기불공과 상대불공이 있는 바, 이 두 가지가 쌍전하여야 하지마는 주종을 말하자면 자기불공이 근본이 되나니, 각자의 마음공부를 먼저 하는 것은 곧 불공하는 공식을 배우는 것이니라」(『정산종사법어』, 권도편 13장).

3) 예법의 번잡한 형식불공과 세간에 적절한 사실불공이 있다.

☞「과거의 불교는 출세간 생활을 본위로 하여 교리와 제도가 조직이 되었으므로 … 예법에 있어서도 여러 가지 형식불공만 밝히고 세간생활에 대한 예법은 밝히지 아니하였으니 어찌 그 생활이 또한 넓다 할 것인가. 그러므로 우리는 … 예법도 번잡한 형식 불공법을 다 준행할 것이 아니라 사실불공을 주로 하여 세간생활에 적절하고 유익한 예법을 더 밝히자는 것이니라」(『대종경』, 서품 18장).

4) 사회개혁의 불공으로는 집단불공과 사회불공이 있다.

☞「원불교의 사회개혁은 다른 운동과는 달리 진리를 신앙하는 행위인 집단불공 사회불공을 통해서 봉건사회의 차별을 타파하고 평등사회로의 개혁을 시도하고 있다는 점이다. 사요에 나타난 이러한 사회개혁은 원불교 사상의 반봉건적 개혁의지를 충분히 엿볼 수 있다. 따라서 이러한 사상적 흐름은 한국 민족주의적 성격의 맥락이 원불교 사상에 계승된 실례가 될 것이다」(이성택, 「민족주의와 원불교사상」, 『원불교사상』 12집, 원불교사상연구원, 1988, pp.52-53).

5) 불공은 당처에 직접 경의를 표하는 직접불공과 당처를 만나기 어려울 때 법신불 전에 올리는 간접불공이 있다.

☞「불공은 진리불공과 사실불공, 직접불공과 간접불공으로 나누어 보아야 할 것이다. … 직접불공은 당처에 직접 경의와 참회하는 심중을 표하는 것이다. 간접불공은 거래가 없거나 만나기 어려울 때에는 스스

로 정심재계하고 법신불 전에 정성을 바치는 행위이다」(이운권, 고산종사문집1 『정전강의』, 원불교출판사, 1992, p.91).

6) 3종의 불공법으로 물질불공, 육신불공, 정신불공이 있다.

☞「불공법에도 양대 불공법이 있다. 그것은 진리불공과 사실불공이다. 3종의 구분이 있다. 물질불공-渴盡, 육신불공-희생, 정신불공-음양적으로 전심전력이다」(신축일기, 1961년 8월 21일/동산문집편찬위원회, 동산문집 Ⅱ『진리는 하나 세계도 하나』, 원불교출판사, 1994, p.74).

14. 불공의 심법과 자세

불공은 인격불만이 아니라 천지만물 허공법계 전체가 대상이므로 누구를 만나더라도 부처님 대하듯 경건하게 임해야 한다. 이에 사심 잡념 없이 불공을 할 것이며, 불공을 했다는 상념마저 벗어나야 참 불공이 된다. 곧 최선을 다하여 정성스럽게 불공하면 성취의 위력을 얻으며, 불공을 기왕에 한다면 견성을 하여 여한없이 헤야 할 것이다. 아울러 불공은 상대불공도 좋으나 자기 불공에도 소홀해서는 안 된다.

1) 중생은 인격불에게만 불공을 올리지만, 부처는 천지만물 허공법계에 불공을 올린다.

☞「중생들은 몸으로 화현하신 개체 부처님 몇몇 분에게만 불공을 좀 올리다가 그도 싫증이 나서 계속하지 못하나, 부처님들은 천지만물 허공법계 한없이 많은 부처님들에게 한없는 정성을 드려서 불공을 올리는 것이다. 그러므로 부처님께서 말씀하시기를 "수보리야, 내가 과거 무량아승지겁 일을 생각하니 연등불전에 팔백 사천만억 나유타 모든 부처를 만나가지고 다 공양하고 받들어 섬기어서 한 분도 빼 놓는 일이 없다" 고 하셨으니 이것이 곧 지극하신 불공을 말씀하신 것이다」(『대종경선외록』, 13.불조동사장 5장).

2) 교역자는 언제 어디서 누구를 만나든 존엄한 부처님 대하듯 공경하는 마음(불공)으로 대해야 한다.

☞「공경은 자기를 낮추고 상대방을 섬기는 공손을 말한다. 교무의 태도가 오만하고 불손하면 사람이 따르지 않을 것이고 결국 자기 아집에 붙잡혀 그 임무를 수행할 수 없을 것이다. 그러므로 교무는 언제 어디서 어떠한 사람을 대하더라도 오직 존엄하신 부처님을 대하듯 공경하

는 마음을 지닌 사람이어야 한다」(이종진, 「원불교 교무론」, 『원불교사
상시론』1집, 수위단회사무처, 1982, p.240).

**3) 사심 잡념이 없이 정성으로 바치고, 법신불을 모시어 매사를
산부처로 불공해야 한다.**

☞「불공을 할 때 사념 잡념이 없이 정성을 다해 바치라. 이것이 바
로 선이다. 청정한 법신불이 우주에 편만해 있음을 깨닫고 이 몸에 부
처를 모셔야 산부처가 된다. 산부처가 되어야 남도 산부처로 만들 수
있다. 죽은 부처는 죽은 부처만을 만들게 된다」(『대산종사법문』3집, 제
2편 교법 9장).

**4) 불공을 정성으로 임한 후에 불공을 했다는 상념마저 놓아야
한다.**

☞「佛은 많은 불공을 하신 어른이다. 일체불공과 전체불공을 하신
분이다. 불공을 할 때는 심신이 다하도록 하였고 불공을 하신 후에는
불공이란 생각까지 놓아 버린다」(신축일기, 1961년 8월 21일/동산문집
편찬위원회, 동산문집 Ⅱ 『진리는 하나 세계도 하나』, 원불교출판사,
1994, p.74).

**5) 무슨 일이나 최선을 다하고 일의 성격에 따라 불공에 정성을
다한다면 그것이 성공하는 인생이다.**

☞「무슨 일이나 자기가 하는 일에 최선을 다하고 일의 성격에 따라
복을 주는 부처를 확실하게 알고 불공을 잘하여 성공을 하는 사람과,
자기 위주로 편하고 적당하게 살면서 복을 주는 부처도 확실히 모르며
불공을 잘못하여 실패하는 인생이 있는 것이다」(김명원, 「엿 파는 두
사람」, 『마음은 어디서 쉬는가』, 출가교화단, 1997, p.245).

6) 불공을 잘 하기 위해서는 견성이 필요하다.

☞「만일 일일이 불공이 안 되거든 분명히 견성이 되지 않은 것으로
알고 일체생령을 위해 이 심신을 바쳐도 여한이 없을 정도의 불공을 하
라. 불공을 잘하기 위해서 견성이 필요한 것이다」(『대산종사법문』3집,
제2편 교법 9장).

7) 남의 불공을 받기 전에 나 자신이 먼저 불공해야 한다.

☞「부처님 앞에 공양을 올리고 불공을 올리듯이 자부나 이웃을 생각
해 보자. 상대방도 자연히 불공하는 마음으로 대해 줄 것이다. 가족이
화목하고 대우받고 마음을 편하게 가질 수 있는 비결은 자기가 먼저 그

렇게 행하는데 있다」(박길진, 『대종경강의』, 원광대학교출판국, 1980, p.45).

15. 불공의 필요성

원불교 불공의 필요성은 여러 가지가 있으나 미신신앙을 극복하기 위해서 필요하다. 그것은 진리불공이요 당처불공을 지향하기 때문이다. 또 불공법은 우리가 순·역경을 만남에 있어 상대방이 누구더라도 죄복의 권능자임을 알고 다가서서 불공하는 것이 원망심을 극복하는 길이다. 곧 순간의 경계에 처하여 온전한 생각으로 취사하기 위해 불공이 필요한 것이다. 이에 우리가 만나는 인연마다 상극이 아니라 상생의 인연으로 만들도록 경외심으로 불공해야 한다. 여래가 만 중생을 구원하기 위해서 무량방편의 불공법을 쓰는 것처럼 불공하자는 것이다.

1) 원불교의 불공법은 미신신앙을 극복하기 위해서 필요하다.

☞「당처불공과 진리불공을 아울러 하여갈 때에 우리의 모든 소망들은 반드시 현실 속에서 이루어질 것이다. 우리는 이제라도 모든 미신적인 어리석음에서 깨어나야 하겠다. 그리고 이 진리적이고 사실적인 가르침에 귀를 기울여야 하겠다. 미신이 따로 없나니 모르고 믿으면 미신이라 했다. 미신의 어리석은 허망에 빠지는 일이 없어야 하겠다」(이광정, 『주세불의 자비경륜』, 원불교출판사, 1994, pp.134-135).

2) 남에 대한 원망생활을 극복하는 길은, 그가 죄복의 권능자임을 알아 불공하는 것이다.

☞「남이 나를 알아주지 않을 때에도 무작정 원망할 것이 아니라, 죄복의 권능자임을 알아서 불공으로 대처해야 하나니라」(『정산종사법설』, 제1편 마음공부 11장).

3) 불공은 찰라의 경계를 당하여 온전한 생각으로 취사하기 위해 필요한 것이다.

☞「찰라는 바로 영생이다. 그러므로 찰라의 경계 속에서 온전한 생각으로 취사하는 기회를 놓치고서야 어찌 공부인이라 할 수 있으며 불공하는 사람이라 할 수 있으랴」(안인석, 「찰라는 바로 영생이다」, 『마음은 어디서 쉬는가』, 출가교화단, 1997, p.126).

4) 상하, 친불친 간에 정의를 저버릴 수 있으므로 경외심으로
불공을 해야 한다.

☞「대저 사람마다 불공하는데 있어서 부족한 점이 많나니, 그 중에
도 윗사람에게는 공경할 줄 아나 아랫사람에게는 공경할 줄 모르며, 가
까운 자리에 불공을 잘하여 친화할 줄 모르고 도리어 정의를 성글게 하
고 원망이 생기게 하나니, 우리는 이 점을 주의하여 가깝고 허물이 없
으며 쉽게 보는 자리에서도 더욱 공경하고 조심하여 그 곳에 불공을 잘
들이기에 노력할지어다」(『정산종사법설』, 제9편 불교정전의해, 4.표어개
요, 사사불공).

5) 여래는 만중생을 구제하려는 간절한 염원으로 불공법을 활용
한다.

☞「대성인이신 대종사님은 불공에 철저하기를 어떤 사람도 따를 수
없을 정도였다. 일정 당시 순사를 만난다 하더라도 그 불공하는 방법이
여러 방편으로 극진하셨다. 胡佛禮佛을 해 주신 것이다」(1961년 6월 17
일 신축일기/동산문집편찬위원회, 동산문집 Ⅱ 『진리는 하나 세계도 하
나』, 원불교출판사, 1994, pp.28-29).

16. 불공법에 나타난 원불교 신앙

소태산은 천만사물에 직접 불공함으로써 과거종교의 편협한 신
앙이 아닌 원만한 신앙, 미신적 신앙이 아닌 사실적 신앙을 지향
하였다. 불공과 보은에 있어서도 진리신앙과 사실신앙을 아울러
실천하도록 했다. 이는 창립 초기에서부터 법인성사의 진리불공
과 방언공사의 실지불공에서 그대로 나타난다. 어쨌든 원불교의
불공법은 전체신앙에 바탕한 사실신앙의 방법인 것이다.

1) 천만사물에 직접 불공함으로써 편협한 신앙이 아닌 원만한
신앙, 미신적 신앙이 아닌 사실적 신앙을 지향한다.

☞「우리는 어느 때 어느 곳이든지 항상 경외심을 놓지 말고 존엄하
신 부처님을 대하는 청정한 마음과 경건한 태도로 천만 사물에 응할 것
이며, 천만 사물의 당처에 직접 불공하기를 힘써서 현실적으로 복락을
장만할지니, 이를 몰아 말하자면 편협한 신앙을 돌려 원만한 신앙을 만
들며, 미신적 신앙을 돌려 사실적 신앙을 하게 한 것이니라」(『대종경』,
교의품 4장).

제10장 불공하는 법 347

2) 불공과 보은에 있어서도 진리신앙과 사실신앙을 아울러 실천
하도록 하여 미신·기복신앙을 극복하는 것이 특징이다.

☞「불공 내지 보은에 있어 일원불의 인과 진리성에 역점을 두어 비
진리적이고 비합리적인 미신적 기복신앙에 빠지지 않도록 강조하고 있
음은 또한 원불교의 법신불 신앙에 있어 간과할 수 없는 특성인 것이다
」(노대훈, 「원불교의 불타관」, 『원불교사상시론』 제Ⅲ집, 원불교 수위단
회, 1998년, p.84).

3) 구인제자들의 소박한 신앙심에서 볼 때, 창립의 언답을 막은
것은 실지불공이요, 법인성사는 진리불공이다.

☞「길룡리 앞 바닷물 내왕하는 간석지에 언답을 만드신 것은 자연에
대한 대불공이다. 실지불공을 구인선진에게 교리적 설법은 안 하셨지만,
천지에 대한 실지불공을 가르쳐 주신 것이고, 구인선진이 산상기도에서
혈인성사가 난 것은 진리불공의 실지를 체험시킨 것이다」(박장식, 『평화
의 염원』, 원불교출판사, 2005, p.230).

4) 원불교의 불공은 전체신앙에 입각한 진리적 사실신앙이다.

☞「불공하는 법의 대의는 원만한 전체신앙에 입각한 진리적 사실신
앙의 방법인 바, 사은당처 당처에 드리는 실지불공으로 그일 그일에 소
원을 성취하는 길이다」(신도형, 『교전공부』, 원불교출판사, 1992, p.394).

17. 교화 대불공의 중요성

원불교의 삼대사업으로는 교화 교육 자선이 있다. 이러한 사업
에 있어 모두를 병행해야 하지만, 우선순위로 보면 교화인 것이
다. 종교는 전법 교화가 생명이기 때문이다. 이에 경산종법사는
취임 후 5대경륜을 발표하였는데, 그중에서도 교화 대불공을 강
조하고 있다. 원기 100년에 즈음한 교화 대불공이야말로 가장 중
요한 성업임을 알 수 있는 것이다. 어린이 교화, 청소년 교화, 일
반교화 등 교화 대불공이 강조되어야 하는 이유가 여기에 있다.

1) 경산종법사는 취임 후 5대 경륜의 하나로 교화 대불공을 통
해 교단이 교화중심 체제로 나아가야 한다고 하였다.

☞「경산종법사가 향후 6년간 교단을 이끌 경륜을 발표했다. 2007년
1월 29일 수위단 의장단과 교정·감찰원의 간부들이 참석한 가운데 경
산종법사가 밝힌 5대 경륜은 1) 교화 대불공, 2) 교법 인격화, 3) 은혜

확산, 4) 준법 운영, 5) 결복 백년대이다. 교화 대불공=경산종법사는 "교단의 모든 문제는 교화 중심체제로 전환해야 한다"는 의지를 피력했다. 이어 "이웃 종교들의 중흥은 교화영웅의 탄생으로 이뤄졌다"며 "교구별로 출·재가를 막론하고 교화 보살을 만들자"고 주문했다. 또 경산종법사는 "현재는 교화의 다변화가 요청된다"며 1) 도시와 농촌의 특성에 맞는 교화, 2) 재가들이 교화의 주역이 될 수 있도록 교구별 교화학교 개설, 3) 동아시아 중심의 국제교화, 4) 공동생활로 수행을 함께 해가는 재가교도 수도원 건립, 5) 중앙총부에 교령을 두는 등 행정도량에서 수도도량으로 전환, 6) 군인과 청소년 등 특수집단에 대한 교화 불공 등을 주문했다(우세관, 「경산종법사 5대경륜 발표」, 원불교신문 2007년 2월 2일, 1면).

2) 어린이 교화에도 적극적인 불공의 자세가 필요하다.

☞「부산교구 광안교당에서는 언제부터인가 교도들의 교화 열기가 뜨겁게 달아오르고 주변 이웃의 아이들이 교당에 와서 뛰어노는 모습을 보고 김동인 교무는 아이들을 지하 노래방 시설을 이용, 맘껏 놀게 하고 그것도 지루하다고 하면 소법당에서 그림공부를 시키는 등 적극적인 불공의 자세로 대했다」(김도원, 「교단에 대한 사회적 인식재고 방안」, 《월간교화》 77호, 1999년 9월, 원불교 교정원 교화부, p.39).

3) 청소년을 정성으로 불공하여 성공적인 청소년 교화를 이끌어 내야 한다.

☞「비록 열정과 끈기, 정성이 부족한 교화자일지라도 끝까지 믿어주고, 끝없이 지원해주는 불공을 한다면, 그들이 또 우리의 미래인 청소년들에게 열심히 불공하여 성공적 교화를 이뤄낼 것이다. 가장 소중한 것을 자식에게 베푸는 부모님의 마음으로 불공하는 수밖에 없는 것 같다」(최정풍, 「새 생활을 개척하는 초보」, 《교화를 위한 열린 토론회》, 원불교 교정원, 2004년 11월 5-6일, pp.20-21).

4) 청소년교화에 성공하면 일반교화도 성공할 수 있다.

☞「청소년 교화를 성공한 자가 일반교화도 성공할 수 있다고 본다. 청소년 교화에 실적이 있는 교무들을 연차에 관계없이 주임교무로 승진시키는 인사를 해야 한다」(송정현, 「교화 어떻게 할 것인가-청년 대학생 중심으로」, 《2030세대를 위한 교화전략》, 원불교 교화연구소, 2005년 5.26, p.30).

18. 불공법의 연계사상

원불교의 불공법은 불교의 불공정신과 크게 다를 것은 없으나, 방법에 있어서는 다소의 차이가 있다. 불교에 있어 『구사론』의 18불공법, 백종불공, 밀교의 불공, 의식불공이 그것이다. 아울러 고대의 희생제도나 도가의 자연순응 사상도 불공과 통한다.

1) 『구사론』에 나타난 불공법으로 18불공법이 있다.

☞「『구사론』의 구성을 간단하게 소개하면 다음과 같다. 1) 분별계품, 2) 분별근품, 3) 분별세간품, 4) 분별업품, 5) 분별수면품, 6) 분별현성품, 7) 분별지품, 8) 분별정품, 9) 파집아품이다. 특히 분별지품에서는 깨달음을 얻기 위한 지혜로써 10지·18불공법 등을 설한다. 먼저 10지를 설하고 다음으로 지혜가 이루는 덕, 즉 18불공법을 설한다」(정순일, 『인도불교사상사』, 운주사, 2005, pp.232-234 참조).

2) 百種 불공이 오늘날도 명맥을 이어오고 있다.

☞「穀神 숭배라든가 고려시대의 불교법회인 팔관재회나, 지금의 百種佛供은 일반적으로 음력 7월 15일에 '施餓鬼會'와 혼용되어 그 명맥을 이어온 것을 생각한다면, 곡신 신앙이나 巫覡이라 할 수 있는 샤머니즘이나 또는 풍수신앙, 복서, 신선사상 등이 복잡하게 얽혀져 있는 토양이 지닌 의의는 대단한 것이라 할 것이다」(가마타 시게오 저, 신현숙 역, 『한국불교사』, 민족사, 1987, pp.27-28).

3) 밀교의 불공은 우주 법신여래로서 원불교의 우주만유 처처불상과 통하는 바가 있다.

☞「신구의 삼밀행을 통한 일거수 일투족, 一音一語, 一意一念이 그대로 시방삼세의 諸佛諸尊(만유불), 나아가 우주 법신 대일여래에 대한 불공 아님이 없다는 밀교의 불공관은 그대로 원불교의 불공관과 상통한다」(노권용, 「원불교 신앙론의 과제」, 『원불교학』 창간호, 한국원불교학회, 1996, p.42).

4) 한용운은 재래불교의 음식불공 등에 나타나는 기복불교를 극복하고자 하였다.

☞「한용운이 재래의 불교의식에 대하여 다음과 같은 몇 가지 개혁의 의지 … 첫째, 기복불교를 지양하자는데 그 참뜻을 찾아볼 수 있게 된다. 즉 불공의식 같은 것에 대하여 법공양이라야 의의가 있는 것이지 飯供은 의미가 없는 것이라 주장하게 됨이 그와 같은 것이다」(홍윤식,

「진리적 종교로서의 원불교의 역사적 위치」, 류병덕 박사 화갑기념 『한국철학종교사상사』, 원광대 종교문제연구소, 1990, pp.1085-1086).

5) 고대 신에게 바치는 희생의식도 일종의 공양으로서 불공과 같은 맥락이다.

☞「희생의 의식(供養儀式)을 행함에 있어 불꽃이 밝게 빛나고 천상에의 표시를 염두에 둔 공양물을 바치는 사람은 그 신성한 공양물에 의해 태양의 빛으로 인도된다. 모든 신들의 주재자가 머무는 장소인 그곳으로」(마스카로 英譯(범어의 영역), 이민섭 김인석 공역, 「문다카 우파니샤드」, 『우파니샤드』, 문화읍, 1985, p.52).

6) 道家는 금수초목에 맞는 자연불공을 해야 한다고 하였다.

☞「대체 새를 키우는 방법으로 새를 보양하려면 그를 깊은 숲에 살게 하고 물가에 노닐게 하며 강이나 호수 위에 떠다니고 미꾸라지나 피라미를 먹게 하며 제 무리를 따라 살게 하고 스스로 만족하게 해야 한다. 새는 사람의 소리조차 듣기를 싫어하는 터에 어찌 저 시끄러운 음악을 듣겠는가. 함지나 구소의 음악을 동정의 들판에서 연주했다면 새는 이를 듣고 날아가고 짐승은 이를 듣고 달려 도망가며 물고기는 이를 듣고 물속 깊이 들어가 버린다」(『莊子』「秋水」, 夫以鳥養養鳥者, 宜栖之深林, 遊之壇陸, 浮之江湖, 食之鰌鰷, 隨行列而止, 委蛇而處, 彼唯人言之惡聞, 奚以夫譊譊爲乎, 咸池九韶之樂, 張之洞庭之野, 鳥聞之而飛, 獸聞之而走, 魚聞之而下入).

19. 보충해설

『정전』「불공하는 법」에서는 주로 과거의 불공법에 대한 교판적 접근을 통한 원불교의 새 불공법을 강조하고 있다. 이를테면 과거의 불공법은 천지, 부모, 동포, 법률에게 당한 죄복을 불상에게 빌었지만 원불교는 당하는 곳마다 부처님으로 알고(처처불상), 일일이 불공법(사사불공)을 실천한다는 것이다. 석가모니 한분에 대한 불공법이 과거의 불공이라면 원불교 불공법은 우리 주변의 모든 것을 불공대상으로 확대한 점에서 차이가 있기 때문이다.

원불교의 불공에도 다양한 종류가 있다. 정산종사는 "불공에도 종류가 있나니, 향촉과 꽃, 청수 등으로 장엄을 하는 것은 형식불공이요, 사은 당체에 직접 때와 상황에 맞게 불공하는 것은 실지불공이며, 음양상승의 도와 선악업보의 진리를 따라 천지신명에게 드리는 진리불공이 있나니라"(『정산종사법설』, 제9편 불교정전의해 4장)고 하였다. 이처럼 본 불공법에는 형식불공, 실지불공, 진리불공의 종류가 있으며, 형식불공보다는 실지불공을 강조함은 물론 미신신앙이 아니라 법신불 사은에 대한 진리불공을 강조한다.

환기컨대 불공의 대상에 있어 원불교는 인류뿐만 아니라 자연불공도 강조하고 있다. 동포보은의 조목에 있어 초목금수도 함부로 꺾거나 살생하지 말도록 하였다. 미래사회는 환경이 강조되는 만큼 시방일가 사생일신의 차원에서 우주 대자연을 불공의 대상으로 삼아야 할 것이다. 다시 말해서 불공의 대상은 삼라만상이 다 포함된다고 본다.

20. 연구과제

1) 불공이란 무엇인가?
2) 원불교 불공법의 특징은?
3) 원불교 불공의 원리에 대하여 쓰시오.
4) 과거의 불공법과 원불교 불공법의 차이는?
5) 당하는 곳마다 부처님이요, 일일이 불공법이란?
6) 교화 대불공의 의의를 설명하시오.

21. 고시문제

1) 원불교 불공법의 내용과 특징?
2) 원불교 불공법의 강령?
3) 다음을 설명하시오 : 보은즉불공 불공즉보은.
4) 원불교의 불공법을 설명하고 특징을 열거하시오.
5) 원불교 참회의 원리와 방법을 불공법과 연계하여 설명하고, 실지생활 속에서 어떻게 활용하고 있는지 각자의 교법실현의 입장에서 기술하시오.
6) 『정전』 불공하는 법에서 과거불교의 불공에 대한 비판의 요지를 포함하여 이를 혁신하신 내역과 그 정당성을 정리하시오.

제11장 계문

○ 「계문」의 원문

1. 보통급 십계문
1. 연고 없이 살생을 말며,
2. 도둑질을 말며,
3. 간음을 말며,
4. 연고 없이 술을 마시지 말며,
5. 잡기를 말며,
6. 악한 말을 말며,
7. 연고 없이 쟁투를 말며,
8. 공금을 범하여 쓰지 말며,
9. 연고 없이 심교간 금전을 여수하지 말며,
10. 연고 없이 담배를 피우지 말라.

2. 특신급 십계문
1. 공중사를 단독히 처리하지 말며,
2. 다른 사람의 과실을 말하지 말며,
3. 금은보패 구하는데 정신을 뺏기지 말며,
4. 의복을 빛나게 꾸미지 말며,
5. 정당하지 못한 벗을 좇아 놀지 말며,
6. 두 사람이 아울러 말하지 말며,
7. 신용 없지 말며,
8. 비단같이 꾸미는 말을 하지 말며,
9. 연고 없이 때 아닌 때 잠자지 말며,
10. 예 아닌 노래 부르고 춤추는 자리에 좇아 놀지 말라.

3. 법마상전급 십계문

1. 아만심을 내지 말며,
2. 두 아내를 거느리지 말며,
3. 연고 없이 사육을 먹지 말며,
4. 나태하지 말며,
5. 한 입으로 두 말 하지 말며,
6. 망녕된 말을 하지 말며,
7. 시기심을 내지 말며,
8. 탐심을 내지 말며,
9. 진심을 내지 말며,
10. 치심을 내지 말라(『정전』 제3 수행편, 제11장 계문).

1. 계문의 등장배경

초기불교의 계율로서 석가모니가 재가들에게 5계를 수지토록 하였으며, 후에 10선업계가 만들어졌다. 세간에서는 유루계와 무루계가 만들어져 다양한 계율이 형성되었던 바, 비구 250계와 비구니 348계가 그것이다. 후에 이르러 율장이 형성되고, 한국에서는 삼국시대에 불교 종파로서 율종이 만들어졌다. 원불교는 불교의 과거 번다한 계율을 교판적으로 접근, 30계문을 천명하여 세 가지 등급에 따른 각각의 10계를 실천토록 했다.

1) 석가모니가 사위국 기수급고독원에 있을 때 재가들에게 삼보에 귀의케 한 후 5계를 수지토록 했다.

☞「급고독장자는 부처님이 사위국 기수급고독원에 있을 때의 재가신도로서 신념과 열정을 통해 전법포교의 사명의식을 가지고 인연 있는 모든 사람들에게 삼보에 귀의케 하고 5계를 수지하도록 하였다. … 이와 같이 급고독장자의 적극적인 전법포교의 역할은 재가신도로서의 열성과 신심 있는 정성에 귀감이 되고 있다」(조용길, 「불교의 포교이념과 현대불교의 포교 경향」, 《교화방법의 다각화 모색》, 원불교대학원대 실천교학연구원, 2006.11.10, p.10).

2) 불교의 5계는 초기불교의 계문이며, 이것이 후에 십선업계로 발전된다.

☞「불교 최초의 계로써 5계(불살생, 불투도, 불사음, 불망어, 불음주)
가 있는데 이것이 나중에 十善業戒로 발전되어 나타난다. 십선업은 不
殺生, 不偸盜, 不邪淫, 不妄語, 不兩舌, 不惡口, 不綺語, 無貪, 無慧, 正見
(無痴)이다」(권도갑, 「계문실천과 교당교화·훈련의 방향」, 『정신개벽』
제4집, 신룡교학회, 1985, p.9).

3) 세간의 유루계와 출세간의 무루계로 나뉘며, 비구 250계, 비구니 348계 등이 형성되었다.

☞「계의 종류에는 크게 세간적인 유루계와 출세간적인 무루계로 나
눌 수 있다. 세간적인 유루계에는 욕계의 戒로서 別解脫律儀와 색계의
계로서 靜慮律儀가 있으며, 출세간적인 무루계를 무루律儀라고도 한다
(구사론 제14). 별해탈율의에는 재가계와 출가계가 있으며, 재가계에는
우바새와 우바리가 항상 지켜야 되는 불살생, 불투도, 불사음, 불망어,
불음주, 不非時食, 不塗飾香髮, 不用高床大床 등 8齊戒가 있다. 출가계에
는 비구의 250계와 비구니의 348계, 사미 사미니의 불살생, 불투도, 불
사음, 불망어, 불음주, 不非時食, 不塗飾香髮, 不歌舞觀聽, 不用高床大床,
不受金銀 등 10계, 正學女의 불살생, 불투도, 불사음, 불망어, 불음주, 不
非時食 등 6法戒가 있다」(차광신, 「원시불교의 실천·수행론에 대한 고찰
」, 제2회 실천교학 학술발표회《학술발표요지》, 원불교대학원대학교,
2002.3, p.21).

4) 초기불교에 있어 계율에 조예가 깊었던 우바리가 律을 밝혔는데, 후일에 율장의 원형이 되었다.

☞「제1결집시 교법은 석존을 항상 가까이 모시던 제자인 아난다가
송출하고, 律은 계율에 조예가 깊었던 우바리가 송출하였다 한다. 아난
다가 교법을 "나는 이와 같이 들었나니(如是我聞)" 하는 말을 서두로
낭송하면 대중은 그 교법을 정정하여 확인한 후 함께 합송하였다. 律의
경우도 같은 과정을 거치면서 이루어졌다. 이로써 후일 경장과 율장의
원형이 되는 것이 이루어졌을 것이다. 삼장 중 논장의 성립은 훨씬 후
의 일이다」(정순일, 『인도불교사상사』, 운주사, 2005, p.170).

5) 인도에서 돌아온 백제의 겸익, 신라의 원광과 자장은 계율을 중시하는 율종의 선구가 되었다.

☞「성왕 4년(526)에 겸익이 인도에서 배달다라는 인도승려와 함께
돌아와서 律을 번역하였다. 이로서 겸익은 백제에서 율종의 선구가 되
었다. … 신라 7세기 초반부터는 유학승들의 왕래가 잦아졌다. 원광과

자장이 그 대표적 인물인데, 원광은 그가 지은 세속5계로도 알 수 있듯이 불교를 전파할 뿐만 아니라 사회윤리의 정립을 위해서도 힘썼다. 자장은 계율을 전파할 뿐만 아니라 사회윤리의 정립을 위해서도 힘썼다」(한국철학사상연구회, 『한국철학』, 예문서원, 1995, p.120).

6) 과거 불교의 번다한 계율항목을 교판적으로 접근, 원불교 30계문을 제시했다.

☞「과거 불가에서 가르치는 과목은 혹 경전을 가르치며, 혹은 화두를 들고 좌선하는 법을 가르치며, 혹은 염불하는 법을 가르치며, 혹은 주문을 가르치며 … 번거한 화두와 번거한 경전은 다 놓아 버리고 그 중에 제일 강령과 요지를 밝힌 화두와 경전으로 일과 이치에 연구력 얻는 과목을 정하고, 염불 좌선 주문을 단련하여 정신 통일하는 수양과목을 정하고, 모든 계율과 과보받는 내역과 사은의 도를 단련하여 세간생활에 적절한 작업취사의 과목을 정하고, 모든 신자로 하여금 이 삼대과목을 병진하게 하였으니…」(『대종경』, 서품 19장).

2. 계문의 의미

계문이란 수도인으로서 솔성의 도와 인사의 덕행을 실천하도록 하는 것임과 동시에 중생심을 제거하는 성불제중의 사다리이다. 또 계문은 신구의 삼업을 청정히 하는 것으로서 습관이나 행동을 조절하는 것이다. 단어적 의미로는 개인의 戒와 단체의 律이며, 수도인으로서 수행에 전념하기 위한 도덕적 조문을 말한다.

1) 솔성의 도와 인사의 덕행을 실천하도록 하는 것이 계문이다.

☞「우리는 이 계행을 조석으로 일일이 대조하고 일기에 기재하며 그 공부가 어느 정도 되면 스스로 심계를 정하여 인도상으로 솔성의 도와 인사의 덕행을 바르게 실천하도록 하는 것이 곧 이 계문 공부이니, 지난 날 계문을 엄중히 하여 戒體 戒法 戒行 戒德 등의 실행을 해가며 한갓 율사들에게 한하여 엄중히 실행해 오던 것을 우리들 모두에게 간명하고도, 바르게 실행하도록 가르치는 공부이다」(한기두, 『원불교 정전연구』-수행편1-, 원광대학교출판국, 1997, p.401).

2) 계문은 중생심을 제거하는 것으로서 성불의 사다리요 제생의 세의 첫걸음이다.

☞「(계문은) 개인에 있어서 악습을 고쳐 악도를 방지하고 중생심을

제거하여 본연성에 이탈하지 않게 하며, 항마 人뽈케 하는 동시에 참다운 자유를 누리게 하는 초보적인 공부로서 사회에 있어 불안과 무질서의 근원을 불식하고 행복과 평화를 유지하는 근본이다. 성불제중의 사다리요 제생의세의 첫걸음이다」(신도형, 『교전공부』, 원불교출판사, 1992, p.399).

3) 계문은 신구의 삼업을 청정히 하는 작업취사 공부로서 법도 생활을 추구하는 것이다.

☞「계문은 수행하는 사람들이 지켜야 할 계율을 말한다. 보통급 십계문, 특신급 십계문, 법마상전급 십계문이다. 계문은 작업취사 공부에 속한다. 취사력을 얻는 중요한 방법의 하나이다. 신구의 3업을 청정하게 하여 육근동작을 바르게 사용해서 불의는 죽기로서 아니하는 실행력을 얻자는 것이다. 이와 아울러 교단이나 사회의 질서에 순응하여 법도에 맞는 생활을 하자는 것이다」(한정석, 『원불교 정전해의』, 도서출판 동아시아, 1999, p.502).

4) 계문이란 습관, 행위, 성격 등의 심신을 조정하며 길들이는 것을 말한다.

☞「본래 戒란 범어로는 sila로서 습관, 행위, 도덕, 성격 등의 의미이다. 곧 습관 등으로 인한 행위로서 심신을 조정하여 좋은 습관을 길들이는 것, 스스로 좋아서 선도를 행하여 방일하지 않는 것, 계를 받아 선을 행하는 것…」(『대지도론』 13/차광신, 「원시불교의 실천·수행론에 대한 고찰」, 제2회 실천교학 학술발표회 《학술발표요지》, 원불교대학원대학교, 2002.3, p.21).

5) 출가자로서 수행에 전념하는데 있어 개인의 결의를 계(sila)라 하고, 단체의 규칙을 율(vinaya)이라 한다.

☞「초기불교에서 출가 수행자는 탐욕을 끊고 무소유를 실천하며 일체의 성적 관계를 멀리하여 오직 수행에만 전념해야 하였다. 상가에 들어가 수행하려는 비구 개인의 결의를 戒(sila)라 하고 상가 단체의 규칙을 律(vinaya)이라 하여 이를 합하여 계율이라 한다. 상가에 들어간 비구가 지켜야 할 계율을 모은 것을 戒經·戒本이라 하는데 이것이 250계이다. 비구니의 계는 이보다 많아서 348계이다」(정순일, 『인도불교사상사』, 운주사, 2005, pp.160-161).

6) 수도인으로서 그름을 막고 악을 그치도록 마땅히 지켜야 할 도덕상의 조문이 계문이다.

☞「防非止惡-그름을 막고 악을 그치게 하는 것을 戒라 한다. 계문이란 종교인이 마땅히 지켜야 할 도덕상의 조문을 말하며 수도인이 지켜야 할 계율을 말한다. 불교에는 사미 5계, 보살 10계, 비구 250계, 비구니 500계가 있다. 기독교에는 십계명이 있다」(안이정, 『원불교교전 해의』, 원불교출판사, 1998, p.719).

3. 계문의 대의강령

1) 보통급으로는 10가지 계문으로서 초입교도가 지킬 계율이며, 연고조항은 1, 4, 7, 9, 10조항에 들어 있다.
2) 특신급은 10가지 계문으로서 특신의 신앙심으로 지킬 계문이며, 연고조항은 제9조에 들어 있다.
3) 법마상전급은 10가지 계문으로서 법마 상전의 재미를 붙이는 계문이며, 연고조항은 제3조에 들어 있다.

4. 계문의 구조

1) 보통급 십계문
2) 특신급 십계문
3) 법마상전급 십계문

5. 단어해석

계문 : ☞『정전풀이』(하)「정기훈련과 상시훈련」'계문' 참조.
보통급 : 원불교에 처음 입문하면 普通級 십계문이 주어지므로, 초입자가 지키는 계를 보통급이라 한다. 『정전』 법위등급에서 보통급에 대하여 설명하기를 "유무식 남녀 노소 선악 귀천을 막론하고 처음으로 불문에 귀의하여 보통급 10계를 받은 사람의 급이요" 라고 하였다. 원불교에 입문한 후 적공의 정도에 따라 30계문, 곧 보통급 특신급 법마상전급의 각 10계문이 주어진다.
연고 : ☞『정전풀이』(상)「사은, 동포은」'연고' 참조.
간음 : 정식 부부가 아닌 사이의 성적 관계를 姦淫이라 한다. 원불교는 보통급 3조에 "간음을 하지 말며" 라고 하였다. 정산종사는 법어에서 간음계를 지키는 동시에 부부라도 남색을 말라(경의편 34장)고 했다.

잡기 : 도박에 관련되는 용어로서, 화투·카드·마작 등을 통해 내기를 하고 거기에 정신을 온통 소모하는 행위를 雜技라 한다. 잡기로 정신을 소모하면 가패신망은 물론 요행수로 남을 속이게 된다. 소태산은 세인들이 주색잡기로 돈을 소모하는 것이 많다(『대종경』, 수행품 8장)고 했다.

쟁투 : 시비에 의해 싸우는 것을 爭鬪라 한다. 보통급 7조에 연고 없이 쟁투를 말라 하였으니, 상생의 선연으로 살아가야 할 것이다.

심교간 : 마음을 터놓고 살아가는 사이를 心交間이라 한다. 친구간의 우정, 동지간의 법정으로 심심상련하는 사이가 심교간이다.

여수 : 주고받는 것이 與受이다. 심교간 금전을 여수하지 말라는 것은 특별한 이유 없이 상호 돈거래를 하지 말라는 뜻이다. 돈을 주고받다보면 신용을 잃을 수 있으며, 그로 인해 좋은 인연도 끊어지게 된다.

특신급 : 보통급 계문을 지키고, 교단에 신성이 투철한 급이 特信級이다. 이를테면 교도가 된 후에 보통급 십계문을 지킴은 물론 특별한 신심이 생기거나 예비교역자 수준에서 공부심을 갖고 적공하는 정도가 특신급이다. 『정전』 법위등급에서 특신급에 대하여 설명하기를 "보통급 10계를 일일이 실행하고 예비특신급에 승급하여 특신급 10계를 받아 지키며, 우리의 교리와 법규를 대강 이해하며 모든 사업이나 생각이나 신앙이나 정성이 다른 세상에 흐르지 않는 사람의 급이요" 라고 하였다.

공중사 : 개인의 일이 아니라 공동체의 일, 사회 국가의 일을 公衆事라 한다. 원불교라는 공동체로서 공익을 위해 공중사를 나의 일처럼 소중히 여기는 것은 공익심으로 상생의 선연과 세계의 평화를 추구하기 때문이다. 일원주의·사요·삼동윤리 등이 공익정신을 그대로 드러낸다.

단독히 : 單獨이라는 것은 홀로라는 뜻이다. 공중사를 단독히 처리하면 독단·독재에 흐를 수 있으므로 공사를 통한 공중사 처리가 바람직하다.

금은보패 : 금과 은 그리고 소중한 보배를 金銀寶貝라 한다. 『금강경』에서 칠보를 언급하였는데, 이러한 것들도 세상의 보물이다. 소태산은 특신급 3조에서 금은보패 구하는데 정신을 뺏기지 말라 했으니 탐착의 소유욕에 의해 정신수양이 방해됨은 물론 돈에 정신을 소모하면 기력이 약해지기 때문이다.

신용 : 사람들 간의 신뢰라든가 상호 좋은 평판을 信用이라 한다. 신용

없지 말 것이니 신용을 잃으면 사업 실패는 물론 악연으로 이어진다.

법마상전급 : 법과 마에 대하여 구분함은 물론 법이 마를 이기는 것에 재미를 느끼고 속 깊이 공부하여 교리 이해에 큰 착오가 없는 급이 法魔相戰級이다. 『정전』 법위등급에서 법마상전급에 대하여 설명하기를 "보통급 10계와 특신급 10계를 일일이 실행하고 예비법마상전급에 승급하여 법마상전급 10계를 받아 지키며, 법과 마를 일일이 분석하고 우리의 경전 이해에 과히 착오가 없으며, 천만경계 중에서 사심을 제거하는데 재미를 붙이고 무관사에 동하지 않으며, 법마상전의 뜻을 알아 법마상전을 하되 인생의 요도와 공부의 요도에 대기사는 아니하고, 세밀한 일이라도 반수 이상 법의 승을 얻는 사람의 급이요" 라고 하였다.

아만심 : 자기 자신을 자랑하고 남을 업신여기는 마음이 我慢心이다. 아상과 교만에 의해 아만심이 생겨나므로 겸손과 양보가 필요하다.

사육 : 네발 달린 동물을 四肉이라 한다. 연고 없이 사육을 먹지 말라는 것은 인간의 식탐으로 동물의 생명을 빼앗는 경우가 많기 때문이다.

나태 : 부지런하지 못하고 뒤로 미루는 등 게으름피우는 것을 懶怠라 한다. 사연4조의 하나가 懶와 관련되므로 진행4조 중 誠이 필요하다.

망녕 : ☞『정전풀이』(하) 「심고와 기도」 '망녕' 참조.

시기심 : 남을 미워하며 시기하는 마음을 猜忌心이라 한다. 남을 시기하다보면 중상모략의 상극이 맺어지고, 수희공덕의 상생심이 사라진다.

탐심 : 지나치게 욕심이 많아서 매사 소유욕이 발동하는 것이 貪心이다. 소유욕을 채우려다 보면 악연이 맺어지므로 주의해야 하는 바, 탐진치의 하나가 탐욕으로 사연4조에 해당한다. 도가에서 몰록 깨치려는 욕속심도 탐심의 일종이므로 중생의 소욕을 부처의 대욕으로 키워야 한다.

진심 : 마음을 안정시키지 못하고 화내는 마음을 瞋心이라 한다. 상대를 미워하고 분하게 여기다보면 진심이 발동하므로 역지사지하면서 스스로 참고 진정시키는 마음, 곧 정신수양이 필요하다.

치심 : 탐진치의 하나가 痴心인 바, 이는 어리석은 마음을 말한다. 사리에 어두워 어리석게 행동하거나 그른 판단을 하는 것이 치심이다. 부처의 지혜와 능력은 탐진치가 없다(『대종경』, 서품 17장)고 했으니, 탐진치 삼독심을 주의할 일이다. 정산종사도 법어에서 삼독 오욕을 제거하려면

경계를 따라 일어나는 나쁜 마음의 싹을 제거하라(응기편 21장)고 했다.

6. 계문조항의 해설

1. 보통급 십계문

1) 연고 없이 살생을 말라는 뜻은?

(1) 살생을 하지 말라는 것은 생명체간 상생의 윤리와 전쟁 방어를 통한 평화의 유지에 기인한다.

(2) 사생일신으로서 만유가 동기연계이므로 부득이한 경우 외에는 생명경외의 자비정신에 따라 살생을 하지 않아야 한다.

(3) 살생을 금하는 이유는 인과보응의 원리에 따라 악연을 맺게 되어 영원히 악도 윤회의 굴레를 벗어나지 못하기 때문이다.

(4) 연고로서 부득이한 경우란 생명이 위험한 상황에서 정당 방위의 경우, 건강에 위협을 주고 해독을 끼치는 경우, 중병이 들어 약용으로 쓸 경우, 직업상 어쩔 수 없는 경우 등이다.

2) 도둑질을 말라는 뜻은?

(1) 남의 물건을 훔치는 것은 자신의 양심을 속이는 일이므로 도덕적 양심을 지키기 위해서이다.

(2) 도둑질은 요행이자 인과의 작용에 의해 악연을 맺기 때문에 절대 금기할 일이다.

(3) 정당한 노력에 의해 정당한 대가를 받는 노동의 가치를 소중히 하기 위함이다.

(4) 도둑질은 실정법상 법률을 어기는 약탈이나 횡령으로서 범법 행위인 바, 통념상으로도 용납될 수 없는 일이다.

3) 간음을 말라는 뜻은?

(1) 오늘날 합리적이고 이성적 결혼은 일부일처제로서 이를 어기는 행위는 가정이 파괴되고 부부윤리를 벗어나는 행위이다.

(2) 정당하지 못한 관계로 인해서 사생아 등이 태어날 수 있으므로 도덕적으로 인륜을 벗어나는 행위이다.

(3) 개인의 성적 방탕은 결국 사회적으로도 성도덕이 문란해

지며 건강상 성병의 발생 우려가 있다.

(4) 간음계를 지키는 동시에 부부라도 남색하지 말아야 한다
(『정산종사법어』, 경의편 34장).

4) 연고 없이 술을 마시지 말라는 뜻은?

(1) 술은 중독성이 있으므로 가능한 금해야 한다.

(2) 술은 또한 맑은 정신을 흐리게 하므로 금해야 한다.

(3) 술은 과음하면 실수하기 마련이므로 금해야 한다.

(4) 연고조항으로는 사회교제상 부득이한 경우, 약용으로 담은
술이나 노동의 과로에 따른 피로회복 등이 있을 것이다.

5) 잡기를 말라는 뜻은?

(1) 정당한 노력 없이 도박에 의한 요행심을 막기 위해서이다.

(2) 잡기는 정신을 소모하여 시간과 금전을 낭비하게 한다.

(3) 탐욕에 따른 패가망신이 잡기를 통해 나타난다.

(4) 소태산 대종사는 노는 시간이 있으면 경전 법규 연습하기
를 주의하라(『정전』, 상시응용주의사항 3조)고 하였다.

6) 악한 말을 말라는 뜻은?

(1) 口業으로 짓는 상극의 죄업은 악한 말에 의함이다.

(2) 악한 말은 인격적으로도 신뢰를 받지 못하며, 투쟁의 발단
이 된다.

(3) 악한 말은 상대에게 상처를 주고 상극의 씨앗이 된다.

(4) 이 원상은 입을 사용할 때 쓰는 것이니 원만구족하고 지
공무사한 것이라고 『정전』 「일원상법어」에서 말하고 있다.

7) 연고 없이 쟁투를 말라는 뜻은?

(1) 쟁투를 하면 성격이 포악해지고 생명의 위협이 된다.

(2) 개인의 쟁투가 사회, 국가의 큰 싸움으로 확대될 수 있다.

(3) 시기 질투 등 감정의 극한 대립으로 인격손상이 가해진다.

(4) 연고조항으로서 개인의 생명보호를 위한 정당방위, 국가를
부당히 침해할 경우, 부당하게 인권 침해가 생길 경우 법률에 호
소할 수 있다.

8) 공금을 범하여 쓰지 말라는 뜻은?

(1) 공금을 범하여 쓸 경우 무엇보다 빙공영사의 생활을 할 수 있다.

(2) 공과 사를 분명히 하지 못하면 사회혼란과 상호 신뢰도가 떨어진다.

(3) 공익심이 사라지고 개인의 이기주의가 발동한다.

(4) 공중에 빚을 지면 인과의 죄업이 뒤따른다.

9) 연고 없이 심교간 금전을 여수하지 말라는 뜻은?

(1) 동지 간 사채놀이를 통한 이자놀이 殖利에 재미를 붙일 수가 있다.

(2) 돈을 빌려간 후 갚지 못할 경우 의리가 상하며 신용이 타락된다.

(3) 돈을 빌리려 할 때 안 빌려주면 인정이 상할 수 있기 때문에 정신적 협조는 하더라도 금전적 부탁은 금해야 한다.

(4) 연고조항은 천재지변이나 화재, 사고, 중병이 생겨 갑자기 돈을 융통하기 어려울 때이다.

10) 연고 없이 담배를 피우지 말라.

(1) 담배는 자신 건강에 백해무익한 일이다.

(2) 담배는 중독성이 있기 때문에 금할 일이다.

(3) 금전낭비와 상대방이 간접흡연의 공해가 된다.

(4) 연고 있는 담배는 사교·병치료에 부득이한 경우이다.

2. 특신급 십계문

1) 공중사를 단독히 처리하지 말라는 뜻은?

(1) 공중사는 개인일이 아니므로 단독 처리하지 말고 공적으로 처리해야 한다.

(2) 공가에서는 공중의 의견이 반영되는 민주적 일처리가 반드시 필요하다.

(3) 개인이 공중일을 단독 처리하여 시비가 발생할 경우, 공가의 신뢰도가 타락되며, 돌이킬 수 없는 죄업을 짓는다.

(4) 열사람의 법을 응하여 제일 좋은 법을 믿으라 했듯이 가

장 합리적이고 효율적인 일처리는 공사에 의한 처리이다.

  2) 다른 사람의 과실을 말하지 말라는 뜻은?

  (1) 남의 과실을 말하는 것은 구업을 짓는 일이므로 과실의 말보다는 칭찬의 말이 요구된다.

  (2) 선악이 모두 스승이라는 말이 있듯이, 상대방의 과실을 보면 자신 행동의 교훈으로 삼을 일이다.

  (3) 상호 쟁투의 원인이 되므로 화목을 도모하자는 것이다.

  (4) 은악양선하여 마음에 싫은 사람이라도 주의하여 상생으로 말을 해야 한다(『정산종사법어』, 원리편 32장).

  3) 금은보패 구하는데 정신을 뺏기지 말라는 뜻은?

  (1) 금은보패를 구하는데 정당하지 못하게 구하거나, 온전한 정신까지 빼앗기면서 구하지 말아야 한다.

  (2) 금은보패는 재색명리의 하나이므로 재물의 소유욕에 탐닉되지 않도록 해야 한다.

  (3) 물질과 정신의 주종을 보면 정신 함양에 힘을 더 써야 하는데도 불구하고 황금만능주의에 정신이 팔린다.

  (4) 세상 사람들은 금은보패를 귀중한 보물이라 하지만 모든 相있는 것이 다 허망한 것이다(『정산종사법어』, 무본편 31장).

  4) 의복을 빛나게 꾸미지 말라는 뜻은?

  (1) 의복을 빛나게 꾸미는 것은 일종의 사치행위이다.

  (2) 외식에 치우치는 것은 허영심임을 알아야 한다.

  (3) 의식주에 담박한 생활은 절약생활에 도움이 된다.

  (4) 분수에 넘치는 의복차림보다는 내실을 쌓는데 더 노력해야 한다.

  5) 정당하지 못한 벗을 좇아 놀지 말라는 뜻은?

  (1) 삿된 친구와 어울리다 보면 자신도 모르게 타락된다.

  (2) 정당하지 못한 벗을 선도는 할지언정 서로 어울려 같이 타락하지 말라는 것이다.

  (3) 和而不流(『중용』 10장)하는 마음으로 인연들과 화하되 그릇된 길로 가지 않도록 한다.

(4) 서원·공부심을 북돋우는 도덕의 師友와 사귀라는 뜻이다.

6) 두 사람이 아울러 말하지 말라는 뜻은?

(1) 상대방의 의견을 충분히 들어보는 자세가 중요하다.

(2) 양방이 말을 앞세우면 의사소통이 잘 되지 않고 주견에 흐를 수 있다.

(3) 나의 의견이 중요한 만큼 남의 의견도 중요하다.

(4) 대중과 더불어 하는 회화에 있어 순서에 따라 발언권을 얻는 것이 예절이다.

7) 신용 없지 말라는 뜻은?

(1) 지도자는 공신력이 있어야 대중통솔이 가능하다.

(2) 양심과 진실을 통한 인격함양이 신용이다.

(3) 돈거래에 있어 신용도 중요하며, 약속 역시 신용과 관련되는 일이다.

(4) 신용은 개인은 물론 사회 국가의 불신을 없애는데 반드시 필요하다.

8) 비단같이 꾸미는 말을 하지 말라는 뜻은?

(1) 감언이설로 상대방을 속이거나 유혹하는 것이 비단같이 꾸미는 말이다.

(2) 상황에 따라 말을 바꾸거나 지나치게 꾸미는 말을 하지 말아야 한다.

(3) 진실하고 솔직한 언어는 설득력을 가져다준다.

(4) 교언영색으로 사적인 욕구충족을 하려 한다면 진리를 속이는 일이다.

9) 연고 없이 때 아닌 때 잠자지 말라는 뜻은?

(1) 나태는 심신에 대해 무기력함을 가져다준다.

(2) 때 아닌 때 잠을 자면 정신도 몽롱해진다.

(3) 사은의 공물로서 심신이 무기력해지고 몽롱해지면 시간을 허비함은 물론 보은의 길과 멀어진다.

(4) 서원·신성과 공부심으로 성불제중을 위해 촌음을 아끼는 것이 중요하다.

10) 예 아닌 노래 부르고 춤추는 자리에 좇아 놀지 말라는 뜻
은?

　(1) 오락에 탐닉되다 보면 건전한 생활에 방해가 된다.

　(2) 가족경사, 깔깔회 등 사교나 레크리에이션 같은 부득이한
경우 외에 객기의 가무는 가능한 피하는 것이 좋다.

　(3) 가무는 자칫 말초신경을 자극하여 주색잡기로 나아갈 수
있으니 주의해야 한다.

　(4) 인간락·세간락에 취하다 보면 법락·도락에 소홀할 수
있다.

3. 법마상전급 십계문

　1) 아만심을 내지 말라는 뜻은?

　(1) 자기 능력을 과신한 나머지 교만심이 나타날 수 있다.

　(2) 아만심을 발하면 자기도취나 독선으로 떨어지기 쉽다.

　(3)『주역』의 謙괘처럼 겸손함이 인격함양에 도움이 된다.

　(4) ‘나’라는 7식이 발동하는 아만심을 없애기 위해 4상(아
상, 인상, 중생상, 수자상)을 극복하는 것이 중요하다.

　2) 두 아내를 거느리지 말라는 뜻은?

　(1) 1부1처제는 현실적이고 보편적인 결혼제도이다.

　(2) 부부의 신뢰와 지조는 상호 인격존중이다.

　(3) 자녀교육이나 가정화목에 있어 두 아내나 두 남편은 바람
직하지 않다.

　(4) 두 아내를 거느리면 우리나라의 실정법으로도 저촉되며,
아울러 편애심이 발생하여 가정파멸과 사생아 등의 문제가 생겨
날 수 있다.

　3) 연고 없이 사육을 먹지 말라는 뜻은?

　(1) 사생일신의 생명경외 정신이 필요하다.

　(2) 사육을 먹으려면 부득이 살생이 뒤따른다.

　(3) 채식은 정신이 상쾌해지나 육식은 탁해지기 쉽다.

　(4) 연고에 따라 사육을 먹는 일은 부득이할 때, 곧 육식을 먹

는 나라의 경우, 건강상 영양섭취에 관련되는 경우이다.

4) 나태하지 말라는 뜻은?

(1) 나태는 심신의 나약함과 무기력함으로 이어진다.

(2) 나태는 인간의 목적 성취를 지체시킨다.

(3) 나태는 수도에 정진하려는 마음을 없애버린다.

(4) 나태는 의뢰심으로 옮기고, 또 허송시간으로 이어진다.

5) 한 입으로 두 말 하지 말라는 뜻은?

(1) 거짓말이 곧 한 입으로 두 말하는 행위이다.

(2) 한 입으로 두 말하는 것은 진실을 호도하고 사량 계교의 언어를 사용하는 것이다.

(3) 한 입으로 두 말하는 것은 상호 불신감을 조장한다.

(4) 무책임한 말, 상호 이간질하는 말이 한 입으로 두 말하는 것이다.

6) 망녕된 말을 하지 말라는 뜻은?

(1) 객기의 농담으로 상대방에게 불쾌감을 주는 말이 망녕된 말이다.

(2) 망녕된 말은 예의염치가 없는 말로써 경거망동한 것이다.

(3) 때와 장소를 가리지 못하고 즉흥적 발언으로 호기심을 끄는 행위가 망녕된 말이다.

(4) 유머는 교양이 있어 주위에 활기를 넣어주는 말이라면 망녕된 말은 격이 없어 주위를 어지럽히는 말이다.

7) 시기심을 내지 말라는 뜻은?

(1) 시기심은 경쟁심에서 유발되어 상대방을 헐뜯는 행위이다.

(2) 시기하고 모략·중상하는 행위는 상극의 죄업을 짓는 행위이다.

(3) 시기심은 갈등과 쟁투의 근원이 된다.

(4) 나보다 재주가 많으면 시기심을 내지 말고 스승을 삼아서 그의 재주를 나의 재주로 삼을 필요가 있다.

8) 탐심을 내지 말라는 뜻은?

(1) 욕심을 절제하지 못하고 과욕을 부리는 것은 죄업의 근원

이다.

(2) 재색명리 등에 대한 지나친 소유욕이 탐심이다.

(3) 공수래 공수거의 원리를 알아 안분하는 마음이 필요하다.

(4) 욕심은 끝이 없다는 것을 알아 절제하는 것이 요구된다.

9) 진심을 내지 말라는 뜻은

(1) 과도한 감정이 섞인 말과 성냄은 불안을 조장할 수 있다.

(2) 진심은 잘못된 언행으로 표출되어 죄업을 짓게 된다.

(3) 진심은 곧바로 상대방을 비하, 쟁투의 언행을 유발하므로 주의할 일이다.

(4) 진심은 요란한 마음이 극심해진 것이므로 본래의 청정한 마음으로 돌이켜야 한다.

10) 치심을 내지 말라는 뜻은?

(1) 중생의 무명에 의해 치심이 유발된다.

(2) 알량한 자존심이 치심으로 이어지므로 주의할 일이다.

(3) 욕심에 집착하거나 가리어 시비이해를 잘 판가름하지 못할 때 치심이 생긴다.

(4) 형식상의 체면치레에 구속되는 것도 일종의 치심이다.

7. 관련법문

☞「우리에게도 서른 가지 계문이 있으나 한 가지도 삭제할 만한 것이 없으므로 그대로 지키게 하노라. 다만 계율을 주는 방법에 있어서는 사람의 정도를 따라 계단적으로 주나니, 누구나 처음 입교하면 저 세상에서 젖은 습관이 쉽게 떨어지지 않을 것이므로 그들에게 능히 지킬 만한 정도로 먼저 십계를 주고 또 계단을 밟는 대로 십계씩을 주며 삼십 계를 다 마친 후에는 계율을 더 주지 아니하고 자유에 맡기나니, 그 정도에 이른 사람은 부당한 일과 당연한 일을 미리 알아 행하는 까닭이니라」(『대종경』, 교의품 25장).

☞「대종사 부산지방에 가시었더니, 교도 몇 사람이 와서 뵈옵고 말하기를 "저희들이 대종사의 법을 흠양하오나, 다만 어업으로써 생계를 삼으므로 항상 첫 계문을 범하게 되오니, 이것이 부끄러워 스스로 퇴굴심이 나나이다." 대종사 말씀하시기를 "근심하지 말라. 사람의 생업은 졸

지에 바꾸기 어렵나니, 그대들의 받은 삼십계문 가운데에 그 한 계문은
비록 범한다 할지라도 그 밖의 스물아홉 계를 성심으로 지킨다면 능히
스물아홉 선을 행하여 사회에 무량한 공덕이 나타나리니, 어찌 한 조목
을 수행하지 못한다 하여 가히 지킬만한 남은 계문까지 범하게 되어 더
욱 죄고의 구렁에 들어가리요. 또는 남은 계문을 다 능히 지키면 그 한
계문도 자연히 지킬 것이 생기게 되리니 이와 같은 신념으로 공부에 조
금도 주저하지 말라」」(『대종경』, 교의품 26장).

　☞「김대거 여쭙기를 "법강항마위부터는 계문이 없사오니 취사 공부는
다 된 것이오니까." 대종사 말씀하시기를 "법강항마위부터는 첫 성위에
오르는지라, 법에 얽매이고 계문에 붙잡히는 공부는 아니하나 안으로는
또한 심계가 있나니, 그 하나는 자신의 수도와 안일만 취하여 소승에
흐를까 조심함이요, 둘은 부귀향락에 빠져서 본원이 매각될까 조심함이
요, 셋은 혹 신통이 나타나 함부로 중생의 눈에 띄어 정법에 방해될까
조심함이라"」」(『대종경』, 수행품 63장).

8. 계문의 형성사

　원불교의 계문 형성사를 보면, 소태산의 대각을 전후하여 11계
문이 등장하며 당시 30계문으로 구분되지는 않았다. 원기 12년 『
규약』에는 보통부, 특신부, 법마상전부의 30계가 수록되어 있고,
원기 17년 『육대요령』의 계문은 『규약』의 내용과 비슷하며, 원기
19년 『삼대요령』에서는 다소 변화되면서 원기 21년 『회원수지』와
더불어 재가중심(?) 20계문만 수록되었다. 연고조항이나 일부 항
목은 초기교서의 변천을 따라 조금씩 달라졌으며, 『불교정전』에
서는 부가 급으로 바뀌었으니 이를테면 보통부가 보통급으로 바
뀌었고, 오늘의 『정전』 30계로 정착된 것이다.

　1) 소태산의 깨달음을 전후한 시기의 가사에는 11계문으로 등장
하여 30계문으로 구분되지 않았었다.

　　☞「(소태산) 가사의 내용상 체계화된 교리의 설명이 있고 없음이
선후 관계를 가늠하는 근거가 될 수 있다. 첫 번째 시기의 가사는 소
태산의 발심 구도와 대각의 심경을 노래한 가사이다. … 두 번째 시기
의 가사는 교화의 방법으로 저술된 가사이다. … 세 번째 시기의 가사
는 체계화된 교리를 노래하고 있는 가사이다. 원불교 교리가 체계적으

로 반영된 가사로는 낙도가, 지로가, 십계법문, 보은경축가 등을 들 수
있다. 낙도가에는 정신수양 사리연구 작업취사라는 용어가 등장하고
있으며, 지로가에는 교리를 금강원의 건축물에 비유하여 삼강령 팔조
목 삼십계문 솔성요론 수양요론 일백오십문목 등의 교리가 정연하게
설명되고 있다. 그리고 십계법문에서는 11개의 계문이 등장하고 있으
나 30계문으로 구분되지는 않았다〔신순철, 「몽각가와 소태산가사 수록
문헌 연구」, 『원불교사상과 종교문화』 29집, 원불교사상연구원, 2005,
pp.290-291〕.

 2) 원기 12년 『불법연구회규약』에 보통부, 특신부, 법마상전부의
30계가 수록되었다.

 ☞「<보통부의 십계문> 제1은 연고없이 살생을 말며, 제2는 도적질
을 말며, 제3은 간음을 말며, 제4는 술을 과히 마시지 말며, 제5는 잡기
를 말며, 제6은 악한 말을 말며, 제7은 예 아닌 노래 부르고 춤추는 자
리에 좇아 놀지 말며, 제8은 회금을 범하여 쓰지 말며, 제9는 뿌리없는
말을 지어내지 말며, 제10은 신용 없지 말라.

 <특신부의 십계문> 제1은 회중사를 단독히 처리하지 말며, 제2는 회
원 가운데 서로 금전을 여수하지 말며, 제3은 금은보패 구하는데 정신
을 빼앗기지 말며, 제4는 의복을 빛나게 꾸미지 말며, 제5는 정당하지
못한 벗을 좇아 놀지 말며, 제6은 두 사람이 아울러 말하지 말며, 제7은
담배를 먹지 말며, 제8은 사육을 먹지 말며, 제9는 때 아닌 때 잠자지
말며, 제10은 한 입으로 두 말하지 말라.

 <법마상전부의 십계문> 제1은 다른 사람의 과실을 말하지 말며, 제2
는 두 아내를 거느리지 말며, 제3은 의뢰심을 두지 말며, 제4는 나태하
지 말며, 제5는 시기심을 두지 말며, 제6은 망령된 말을 하지 말며, 제7
은 속으로는 불량한 마음을 품으면서 겉으로는 비단 같이 꾸미는 말을
하지 말며, 제8은 탐심을 두지 말며, 제9는 진심을 내지 말며, 제10은
치심을 내지 말라」(『불법연구회규약』, 연구인 공부순서-계문).

 3) 원기 19년 『삼대요령』에는 법마상전부가 빠진 보통부·특신
부 20계문이 수록되어 있고, 솔성요론 16조가 뒤따른다.

 ☞「<보통부 십계문> 제1은 연고없이 살생을 말며, 제2는 도적질을
말며, 제3은 간음을 말며, 제4는 연고없이 술을 마시지 말며, 제5는 잡
기를 말며, 제6은 악한 말을 말며, 제7은 쟁투하지 말며, 제8은 회금을
범하여 쓰지 말며, 제9는 뿌리없는 말을 지어내지 말며, 제10은 신용

없지 말라.

　<특신부의 십계문> 제1은 회중사를 단독히 처리하지 말며, 제2는 다른 사람의 과실을 말하지 말며, 제3은 금은보패 구하는 데에 정신을 빼앗기지 말며, 제4는 의복을 빛나게 꾸미지 말며, 제5는 정당치 못한 벗을 좇아 놀지 말며, 제6은 두 사람이 아울러 말하지 말며, 제7은 부정당한 의뢰심을 두지 말며, 제8은 시기심을 두지 말며, 제9는 연고없이 때 아닌 때 잠자지 말며, 제10은 한 입으로 두 말하지 말라」(『삼대요령』, 계문).

　4) 『삼대요령』에 이어 『회원수지』(원기 21년)에도 재가중심(?) 20계문만 수록되어 있다.

　☞『『삼대요령』(원기 19년)과 『회원수지』(원기 21년)에는 보통급 십계문과 특신급 십계문만 밝히고 있다. 그 이유는 분명치 않으나, 『회보』56호(원기 24년 7월)에 김형오 선생이 발표한 계문의 공덕에 보면 "유아 종사주께옵서도 출가 삼십계와 재가 20계를 설하시와 우리로 하여금 수행하는 지침을 삼도록 하였다(17면). 이런 점에서 보면 『삼대요령』의 내용에서 보면 재가 20계인 것으로 짐작된다」(한기두, 『원불교 정전연구』-수행편1-, 원광대학교출판국, 1997, p.406).

　5) 연고조항은 『규약』, 『육대요령』, 『삼대요령』 등으로 전개되면서 많이 달라졌고, 『불교정전』에서는 부에서 급으로 변경되었다.

　☞「연고없이(無故)가 원기 12년에는 보통급에서 1개조였던 것이 17년에는 특신급에 2개, 28년에는 모두 4개조가 되었다. 『규약』 보1 연고없이 살생을 말며, 『육대요령』 보1 연고없이 살생을 말며, 특8 연고없이 사육을 먹지 말며, 특9 연고없이 때아닌 때 잠자지 말며, 『삼대요령』 보1 연고없이 살생을 말며, 보4 연고없이 술을 마시지 말며, 특9 연고없이 때아닌 때 잠자지 말며, 『정전』 보1 연고없이 살생을 말며, 보7 연고없이 쟁투를 말며, 특9 연고없이 때아닌 때 잠자지 말며, 법3 연고없이 사육을 먹지 말며, 금주 조항도 처음에는 '과히 마시지 말며' 가 『육대요령』에서는 '술을 마시지 말며' 로 강화, 불법연구회 시대에는 연고 개념이 확립되지 않았다. 삭제된 부분 : 보통급 9조 '뿌리없는 말을 말며' 『정전』에서 삭제, 상전급 3조 '의뢰심을 두지 말며' 『정전』에서 삭제, 축약 : 상전급 7조 '속으로 불량한 마음을 품으면서 겉으로는 비단같이 꾸미는 말을 하지 말며' →특신급 7조 '비단같이 꾸미는 말을 하지말며' 로 축약됨. 신설 : 『삼대요령』 보통급 7조 '쟁투를 말며' 『정

전』 상전급 1조 '아만심을 내지 말며'」(박용덕, 『천하농판』, 도서출판 동남풍, 1999, pp.77-79 참조).

9. 계문과 일원상의 관계

계문은 일원상을 떠나지 않도록 하는 스승이다. 지극히 공정한 일원상의 진리에 다가서기 위해, 또 경계를 따라 울퉁불퉁한 요철의 마음을 일원상처럼 원만한 마음으로 돌리기 위해 계문을 지키는 것이다. 법신불에 보은하는 것도 일종의 계문을 지킴으로써 가능한 일이다. 이처럼 계문은 원불교의 전반 교법 즉 일원상을 닮아가는 행실의 기둥 역할을 하기에 충분하다.

1) 완전한 인격을 갖추는 방편으로서 일원상을 떠나지 않게 수행하는 것이 계문이다.

☞「계문이란 현실을 상대로 운심 처사하는데 있어서 권선징악을 실천강령으로 설정하고 攝心 應物하는 데에 있어서 경계하여야 할 덕목이다. 사람으로서 사람다운 완전한 인격을 갖추게 하는 방편이요, 법신불 일원상의 진리를 떠나지 아니하게 하는 스승으로 알아서 수행하여야 할 것이다」(이운권, 고산종사문집1『정전강의』, 원불교출판사, 1992, p.92).

2) 계문은 일원상 진리의 공정성에 따라 정의행을 하는 것이다.

☞「작업취사는 선악이 없고 그름이 없는 본래 마음을 활용하기 위하여 안으로 계율을 지키고 밖으로 정의를 행하는 공부이다. 일원상의 진리는 지극히 공정한 바른 법칙이며 인간의 마음도 지극히 바른 공정성을 가지고 있다. 이러한 진리의 공정성을 인간이 활용할 때 수행자는 일상생활이 법도에 맞는 정의행을 나투게 된다」(이성택, 「원불교 수행론」, 『원불교사상시론』 1집, 수위단회사무처, 1982, p.34).

3) 원만한 일원상이 되지 못하고 요철이 생긴다면 30계문을 지킴으로서 이를 극복해야 한다.

☞「원만한 일원상이 되지 못한 경우 圓周에 요철이 생겼다. 혹은 큰 굴곡, 톱니처럼 자잘한 굴곡도 혹은 비슷하나 제 자리에 없는 線, 그러나 이 모두는 元線에 멀거나 가까우나 틀린 것은 일치. … 자잘한 線= 戒行과 번뇌, 망상 不息. 혹 밖으로 30개의 톱니와 안으로 16개의 톱니(솔성요론)가 있다고 생각하면 30계 16조를 실행하는 것은 톱니를 없애는 것이라면 어떨지」(조명렬 편, 상타원 전종철정사 유고집 『법신불 사

은이시여!』, 원불교출판사, 1996, pp.44-45).

4) 계문으로 마음을 지키고 법신불 사은에 보은하는 것이다.

☞「대소유무의 이치로써 인간의 시비이해를 건설한다는 것은 계문으로써 마음을 지키고 사은에 보은하자는 것이며, 삼학도 정혜계로써 성리자리를 바르게 알아 지키며 활용하자는 것이다」(박장식, 『평화의 염원』, 원불교출판사, 2005, pp.190-191).

5) 소태산의 가사에 나타난 계문은 일원상 및 전체 교법에 있어 상징적 기둥으로 묘사되었다.

☞「(지로가에서는) "유불선 지초놓고 삼십계문 기둥세워 삼강령 대량었고 팔조목 도리었어 일백오십 문목으로 개개연목 걸어놓고 솔성요론 도벽하고 칠통으로 창호내고 수양요론 좌석펴고 삼광명 단청하니"라고 하여 원불교 교리 전반이 설명되고 있다」(신순철, 「몽각가와 소태산가사 수록 문헌 연구」, 『원불교사상과 종교문화』 29집, 원불교사상연구원, 2005, p.273).

10. 계문의 원리

계문이란 본질적으로 자기 사랑의 원리에서 출발하며, 원불교의 계문 역시 자기 계발을 위한 단계적 원리가 작용된다. 항마위 이상의 경우는 심계의 원리가 작용한다. 그리고 계문은 인과의 원리에 따라 持戒의 여부에 따라 선업 악업으로 나누어지며, 마음공부의 원리로서 불보살에 이르는 길이기도 하다.

1) 계문의 원리는 본래 자기 사랑에서 출발한다.

☞「계문의 원리는 자기 사랑에서 출발하고 있다. 원시불교에서는 기본계로서 10선업계가 있는데, 여기에 그 첫 항목으로 不害라는 조항이 나온다. 이는 자기 자신을 진실로 사랑하면, 타인의 자기도 더 없이 소중함을 알게 된다. 따라서 자기 자신을 사랑하는 이는 남을 결코 해칠 수 없다는 것이 이 不害의 뜻이다」(권도갑, 「계문실천과 교당교화·훈련의 방향」, 『정신개벽』 제4집, 신룡교학회, 1985, p.9).

2) 수행인의 근기에 따라 계문 준수의 단계별 원리가 부여된다.

☞「먼저 십계를 주고 또 계단을 밟는 대로 십계씩을 주며 삼십계를 다 마친 후에는 계율을 더 주지 아니하고 자유에 맡기나니, 그 정도에 이른 사람은 부당한 일과 당연한 일을 미리 알아 행하는 까닭이니라」(『

대종경』, 교의품 25장).

3) 항마위 이상의 경우, 흔적 없는 심계의 원리가 작용한다.

☞「이성신에게 말씀하셨다. "흔적이 보이면 학교에서 꼴찌한 것 같다. 허공에서 성자들의 계문이 있는데 흔적을 보이지 아니하는 것이다"」(『한울안 한이치에』, 제7장 기연따라 주신 말씀 6장).

4) 계문은 동기와 결과의 악업을 짓지 않는 인과의 원리이다.

☞「30계문 전체를 대별하여 직접적인 과오가 되어지는 업(악업)의 결과적인 면과 간접적으로 과오를 유발시킬 수 있는 요소 즉 惑緣의 동기적인 면으로 볼 수 있으니, 이미 나타난 행위의 가치판단 기준을 동기에 두느냐의 문제점이 있는데, 이 계문의 근본정신은 동기와 결과를 동시하는 면으로 다 같이 경계하고 있는 것이다」(이은석, 『정전해의』, 원불교출판사, 1985, p.218).

5) 마음병 치료의 원리가 30계문이다.

☞「우리 마음병은 계문을 잘 지키도록 하는 30계문이 있다. 30계문 범과 그것이 마음병이요, 그리고 30계문을 안 범해야 마음병이 나아간다. … 이것은 해야 한다, 이것은 하지 말아야 할 것이다라고 판단하여 행동하는 것이 모두 마음병을 고치는 방법이다」(성정철, 원기62년 2월 21일 예비교역자 동계훈련법문/성산종사문집간행위원회, 『성산종사문집』, 원불교출판사, 1992, p.173).

6) 육바라밀의 지계는 불보살에 이르게 하는 원리이다.

☞「대승불교에서는 그 대신 여섯 가지의 완성(육바라밀)을 강조한다. 그것은 보시, 지계, 인욕, 정진, 선정 그리고 지혜로서 보살의 길로 가는 궁극적인 수행이다. 『반야심경』에서 마지막 덕목은 나머지 다섯 가지를 이끌어 나가는 원리이다」(R.K. Rana, 「영성과 평화-대승불교의 관점에서」, 원광대 개교60주년 국제학술회의 『개벽시대 생명·평화의 길』, 원불교사상연구원·한국원불교학회 外, 2006.10.27, p.62).

11. 계문의 특징

계문의 특징은 단계별 30계로 이루어져 있다는 점이며, 또한 합리적 중도행을 추구하는 것이다. 나아가 연고조항이 있고, 시대를 따라 변화하고 대응하는 융통성이 부여되어 있는 점도 원불교 계문의 특징이다. 덧붙여 성자의 위에 오른다고 해도 방심을 말고 심계를 부단히 지켜야 하는 불방심의 계문이 부여되어 있다.

 1) 계문은 공부 정도에 따라 단계적으로 보통급, 특신급, 상전급 30계로 간소화되어 대중이 지키기에 용이하다.

　☞「원불교에서는 마음공부를 처음 시작한 사람을 위한 보통급 10계, 마음공부가 익숙해진 사람을 위한 특신급 10계, 마음공부에 전념하는 사람을 위한 법마상전급 10계 등 공부 정도에 따라 총 30계를 부여하고, 그 이상의 법력을 가진 사람에게는 계를 주지 않고 스스로 자신의 심신을 관리하게 한다」(오도철 외, 『원불교정전 길라잡이』, 원불교 교화연구소, 2000, p.235).

 2) 원불교 계문의 특성은 합리적 중도정신에 바탕한다.

　☞「원불교의 계문에서는 세속적 생활 속에서 이상적 인격을 지향하는 과정상에 나타날 수 있는 모순과 갈등을 중도적으로 극복할 수 있는 정신을 찾을 수 있다. 특히 다른 종교에서는 찾을 수 없는 연고라는 표현에서 중도정신이 강하게 부각되어 있다」(박상권, 「계율정신의 연구」, 『원불교사상』10·11집, 원불교사상연구원, 1987, p.267).

 3) 연고조항이 있어 능동적인 계행 실천의 길을 밝혔다.

　☞「현대인은 옛날보다 살아가는 현실이 복잡하여 살아가는 가운데 부득이 계문을 범하지 않을 수 없는 경우가 있다. 지난날에는 開遮持犯이라 하여 다소 스스로 능동적인 계행 실천의 길을 밝힌 바 있으나 분명히 가리를 내주지는 못하였다. 그러나 우리는 이것을 연고조항으로 밝혀 연고에 분명한 것을 스스로 지적하여 이 계문의 범과유무를 분명히 하는 것을 스스로 반조하도록 지도한다. 연고조항은 보통급 십계문 1조, 4조, 7조, 10조가 있고, 특신급 십계문 9조가 있으며, 법마상전급 십계문 3조, 7조가 있다」(한기두, 『원불교 정전연구』-수행편1-, 원광대학교출판국, 1997, p.402).

 4) 계율은 시대를 따라 수정되거나 폐기되는 특성을 지닌다.

　☞「계율의 적용에 있어서 융통성을 보여주는 좀 더 명확한 실례는 교단생활을 위한 규칙들의 제정에 관한 것이다. 규칙들은 그것들이 요구되어질 때 만들어졌다. 새로운 전례가 없는 상황이 새로운 규칙 제정의 원인이었다. 율장의 율도 이렇게 만들어졌다. 규칙들이 새로운 상황에 맞지 않을 때 이것들은 수정되거나 폐기되고 새로운 규칙이 만들어져야 한다고 생각될 수 있을 것이다」(안옥선, 초기불교와 선진유교에 있어서의 윤리문제, 1996 한국종교사학회 춘계 학술발표회, 『한국종교

연구의 현황과 과제』, 한국종교사학회, 1996. 5, p.6).

5) 상전급까지는 30계문이 주어지고 항마위부터는 성위로서의 심계가 주어진다.

☞「원불교 계문은 중생들에게는 계문을 지정하여 그 마음을 묶어주지만 성자는 마음을 자유로 할 수 있기 때문에 지정된 계문을 주지 않는다. 즉 중생의 법위인 법마상전급까지만 계문을 주고 성자의 법위인 법강항마위 부터는 심계로 하며 계문을 지켜야 할 대상에 따른 차별이 없다」(김일상, 『마음공부 길잡이』, 대산문화사, 1988, p.265).

12. 삼학과 계문의 관계

계정혜 삼학에 있어 불교는 계(육바라밀의 持戒)를 강조하고 있으며, 원불교에서 계문은 작업취사에 관련되어 이는 취사력을 얻도록 해준다. 따라서 삼학의 계는 우리 행동을 그릇되지 않도록 유도하며 결과적으로 삼악도를 극복하게 해준다.

1) 불교는 계정혜 삼학에서 개인의 지계를 중시하였지만, 원불교의 작업취사는 수제치평의 작업을 치중한다.

☞「삼학에 대하여 말씀하시기를 "과거에도 삼학이 있었으나 계정혜와 우리의 삼학은 다르나니, 계는 계문을 주로 하여 개인의 지계에 치중하셨지마는 취사는 수신 제가 치국 평천하의 모든 작업에 빠짐없이 취사케 하는 요긴한 공부며, 혜도 자성에서 발하는 혜에 치중하여 말씀하셨지마는 연구는 모든 일 모든 이치에 두루 알음알이를 얻는 공부며, 정도 선정에 치중하여 말씀하셨지마는 수양은 동정 간에 자성을 떠나지 아니하는 일심 공부라, 만사의 성공에 이 삼학은 벗어나지 못하는 것이니 이 위에 더 원만한 공부길은 없나니라」(『정산종사법어』, 경의편 13장).

2) 삼대력에 있어 안으로 계문을 대조하여 취사력을 얻는다.

☞「삼대력에 대하여 말씀하시기를 "정할 때 마음 나가는 번수와 동할 때 마음 끌리는가 아니 끌리는가를 대조하면 수양력 정도를 알 것이요, 안으로 성리 연마와 경전 해득과 밖으로 사물 판단하는 능력을 대조하면 연구력의 정도를 알 것이요, 안으로 일기하여 계문을 조사하고 밖으로 일을 당하여 수시응변하는 능력을 대조하면 취사력의 정도를 알 것이니라"」(『정산종사법어』, 경의편 17장).

3) 『잡아함경』에서 계정혜 삼학이 거론되는데, 계는 물을 담는
그릇과 같아, 물이 새면 청정함으로부터 벗어난다.

☞「『잡아함경』에 보면 계정혜 삼학의 관계를 경작, 관개, 파종에 비
유해서 말하고 있다. 경작하지 않고 관개하지 않은 논에 파종해도 안
되며, 파종은 경작과 관개에 의해서 목적에 달한다. 셋을 병행하지 않으
면 목적을 달하지 못한다. 계정혜 삼학도 그러하다. 戒는 그릇과 같고
定은 물과 같고 慧는 달과 같다. 그릇이 새면 물이 고이지 않고 물이
맑지 않으면 달이 비치지 않는다. 계는 범어로 실라(sila)라 하는데 이는
淸凉이라는 말이다」(원불교사상연구원 편, 『숭산논집』, 원광대학교출판
국, 1996, p.76).

4) 삼학은 계율과 선정과 지혜이며, 여기에서 계율은 삼악도에
떨어짐을 면하게 한다.

☞「『익진기』에 말하였다. "선정과 지혜라는 두 단어는 바로 삼학의
준말이니, 갖추어 말하면 계율과 선정과 지혜이다. 계율이란 잘못을 막
고 악을 그친다는 뜻으로 삼악도에 떨어짐을 면하게 하는 것이요, 선정
이란 이치에 맞추어 어지러운 마음을 거두어 잡는다는 뜻으로 六欲을
뛰어넘게 하는 것이요, 지혜란 법을 가리고 空을 관찰한다는 뜻으로 미
묘하게 생사를 벗어나게 하는 것이다. 그러므로 번뇌가 없는 성인이 처
음 수행할 때에 모두 이것을 배웠기 때문에 삼학이라 하는 것이다」(경
허선사 편, 이철교 역, 「고려국 보조선사 권수정혜결사문」, 『선문촬요』
下卷, 민족사, 2005, pp.317-318).

13. 계문 실천의 중요성

공부인이 신앙생활을 하면서 계문을 엄격히 실천하는 것은 돈
독한 종교심에 의함이다. 계문을 실천함으로써 살도음을 범하지
않고 신구의 삼업에 의한 삼악도를 짓지 않는 것이다. 특히 인격
성숙과 교단 발전, 마음의 자유를 얻기 위해 계율을 준수하되, 다
양한 방법을 통해 계문실천의 생활화가 요구된다고 본다.

1) 계문을 엄중히 실천하는 것이 신앙생활이요 종교심이다.

☞「원기 28년 4월 13일 야회에 대종사 선원에서 말씀하시었다. "내
가 일전에 경성을 다녀왔는데 조선 사람은 불법에 대한 신앙생활이 박
약하며 종교심이 박약하다고 평론하는 말을 들었다. 불법의 신앙생활은

어떠한 것이며 종교심은 어떠한 것인가, 누가 말하여 보라" … 송규 대답하였다. "계문을 엄중하게 지키는 것이 신앙생활이요, 선량한 마음이 종교심입니다." 대종사 말씀하시었다. "… 매일매일 옳은 일을 하는가, 그른 일을 하는가 항상 자기가 자기를 대조하여 30계문을 엄숙하게 지키고 솔성요론을 실천궁행하여 삼대력 얻어 나가는 대중을 잡는 것이 곧 종교심이니라"」(『대종경선외록』, 17. 선원수훈장 6장).

2) 중한 죄업에 해당하는 살도음의 계율을 잘 지켜야 한다.

☞「살생계를 지키는 동시에 연고 없이 생명을 상해하지도 말며, 도적계를 지키는 동시에 의 아닌 재물을 취하지도 말며, 간음계를 지키는 동시에 부부라도 남색을 하지 말 것이니라」(『정산종사법어』, 경의편 34장).

3) 신구의 삼업으로 짓는 모든 악을 처음부터 범하지 않도록 계문을 잘 지켜야 한다.

☞「(사참의 방법) 마음을 챙기고 스스로 경계하여 고쳐 나가서 신구의 삼업으로 짓는 모든 악을 처음부터 짓지 않도록 계문을 잘 지키는 길이다」(『정전대의』-대산종사법문 1집, 13.참회문, 2.방법).

4) 개인 성숙과 교단 발전을 위해 계율을 준수해야 한다.

☞「원기 28년 12월 31일 총부 임원회에서 말씀하셨다. "앞으로도 매월 임원 성적을 조사하는데 성의, 능률, 융화, 주밀 이 네 가지 조항 외에 규율을 더하여 시행함이 좋을 것이다. 우리의 시간생활이나 임원의 상하통제며 용금절약과 계문준수에 규율을 잘 지키려는 마음이 있어야 성과가 불어날 것이니, 이것이 곧 교단 발전의 서광이 될 것이다"」(『한울안 한이치에』, 제4장 사자좌에서 4장).

5) 계율은 마음의 자유를 얻고자 실천하는 것이다.

☞「명상이고 묵상이고 참선이고 요가고 이 세상 모든 것의 근본은 마음의 자유로움이다. 그러한 자유로움은 마음의 청정함과 계율이 숨어 있는 것이다」(정은광, 『마음을 소유하지 마라』, 동남풍, 2007, p.16).

6) 근래 감찰원에서 밝힌 계문실천의 생활화 12조목이 있다.

☞「계문실천의 생활화 : 1) 계문은 원불교인의 기본생활 규범이다. 2) 계문은 입과 몸과 마음으로 짓는 죄업이다. 3) 계문은 수행력을 증진하기 위해 주는 것이다. 4) 계문은 사회질서를 확립하기 위해서 꼭 필요한 것이다. 5) 계문은 어두운 곳으로 흐르지 않고, 밝은 곳을 향해서 나아갈 수 있는 등불이다. 6) 연고 계문은 초심자를 위한 계행이므

로 출가자는 지켜야 한다. 7) 계문실천은 불생불멸과 인과보응의 진리를 깨닫는 길이다. 8) 계문실천은 사심을 방지하는 길이다. 9) 계문실천은 해탈의 가르침을 바르게 따르는 근본이 된다. 10) 계문실천은 하고 싶은 것을 절제하고, 하기 싫은 것을 하는 공부이다. 11) 성불의 사다리인 계문은 날마다 외우고 대조해야 행동으로 옮겨진다. 12) 무관사에 동하지 않고 계문을 범하지 않으면 항마이다」(감찰원 사무처, 「후원경제 확충에 힘을 모읍시다」, 《출가교화단보》 제132호, 원불교 수위단회 사무처, 2003년 4월 1일, 8면).

14. 계문의 적용과 차별화

주지하듯이 불교계에는 출가와 재가, 아이와 성인, 남자와 여자의 특성에 맞게 차별화된 계율이 적용되어 왔다. 특히 출가자의 경우 비구와 비구니, 출가와 재가의 차별화된 계율이 적용되고 있다. 원불교에서는 그러한 구분 없이 공부정도와 입교의 연도에 따라 크게 보통급 특신급 상전급이라는 세 가지의 차별적 계율이 적용되어 자비와 은혜를 실천하는 덕목이 되는 것이다.

1) 불교에서는 출가자와 일반신자의 계율이 달리 주어진다.

☞「초기불교에서는 출가하지 않은 속인은 다섯 개의 계(sila)를 지켜야 하며, 출가한 수도자는 여덟 개나 열 개의 계를 지켜야 한다. 불타는 출가자와 비출가자에게 다섯 개의 공통 계를 두고 세 개의 계로서 출가자의 생활과 비출가자의 생활을 구분하는 준거들 중 하나로 삼았다」(안옥선, 초기불교와 선진유교에 있어서의 윤리문제, '96 한국종교사학회 춘계 학술발표회, 『한국종교 연구의 현황과 과제』, 한국종교사학회, 1996. 5, p.6).

2) 불타는 비구 250계, 비구니 348계를 부여하였다.

☞「계율의 조목은 팔리율에서는 227조(비구니 311조), 사분율에서는 250조(비구니 348조)이다. 율의 숫자에는 차이가 있으나 중요한 조문은 일치하고 있어 계율조항들은 원시불교 시대부터 확정되어 있음을 말하고 있다」(정순일, 『인도불교사상사』, 운주사, 2005, p.162).

3) 불교의 비구와 비구니의 차별화된 계율조항들 중에서도 강령화된 주요 계율 10계가 있다.

☞「부처님은 영원한 세상에 구속은 없어지고 자유 해탈을 얻는 법으

로 계문을 정해 주신 바 비구 250계, 비구니 500계의 많은 계문이 있으나, 그 중 강령으로 중요한 10계가 있으니, 살생 도적 간음 綺語 망어 양설 악구 탐심 진심 치심 등의 신구의 3을 경계한 바가 있으며, 부처님께서 멸한 뒤에는 계로써 스승을 삼으라고 하였다」(『정전대의』-대산종사법문 1집, 1.불교, 4.계문).

4) 초기교단에서 유년회의 기본계율은 보통급 십계를 적용한 것으로 보인다.

☞「(초기교단) 유년회의 가르침은 유년회의 기본계문 아마 이것은 지금의 보통급 계문을 적절히 어린이에 맞게 가감한 것으로 보이는데, 악구를 말라, 거짓말을 말라, 살생을 말라, 도둑질을 말라, 싸우지 말라, 부모님 말씀을 잘 들어라, 어른을 공경하라 등을 지키게 하는 것으로 시작해서 여러 가지 동서의 좋은 이야기들을 들려주는 내용이었다」(송천은, 『열린시대의 종교사상』, 원광대출판국, 1992, pp.364-365).

5) 원불교는 입교연도, 수도인의 근기에 따라 30계문이 다르게 주어지며, 자비와 은혜를 실천하는 덕목이다.

☞「대종사가 내려준 30계문도 그 근본정신에 입각하여, 자비와 사랑과 은혜를 실천하는 덕목으로 받아들여야 한다. 그래야 우리의 교화·훈련도 인간의 본연성을 긍정하고 일깨워 주는 방향으로 나아가서 이 땅에 진정한 평화와 화합이 이루어지게 될 것이다」(권도갑, 「계문실천과 교당교화·훈련의 방향」, 『정신개벽』 제4집, 신룡교학회, 1985, p.25).

15. 수도인과 계문실천

수도인과 비수도인의 차이라면 구족계를 받아서 계문을 준수하느냐의 여부에 관련될 것이다. 도가에 들어오면 당연히 계율을 지킨다는 뜻이다. 원불교에 입교하면 4종의무가 있는데 그중 하나가 계문준수이다. 계문과 도량상규를 지켜야 종교인으로서 품위를 갖출 수 있기 때문이다. 계문 실천의 결연한 의지를 가지고 종교생활을 해야 하며, 그것이 경계를 당하여 청정심을 견지하는 길이다. 이에 지계, 곧 도반의 계문실천 사례를 참고할 일이다.

1) 도가에 들어와 수행하려는 수도인은 구족계를 받고 계율을 잘 지켜야 한다.

☞「상가에 들어가 수행하고자 하는 사람은 인종이나 계급에 차별 없

이 허락되었다. 구족계를 받은 비구는 지도자인 화상의 제자가 되어 공
동생활을 하면서 계율과 좌선을 익히고 교법을 학습하며 수행을 한다.
단 선정이나 교법에 관해서는 화상의 허가를 받아서 전문적인 스승 밑
에서 학습해야 한다」(정순일, 『인도불교사상사』, 운주사, 2005, p.165).

 2) 교도의 4종 의무 가운데 법규준수가 있는 바, 이는 계문준수
와 관련된다.

☞「교도의 양적 증가와 더불어 그들이 수행정진을 할 수 있는 규범
제정의 일환으로 1955년(원기 40)에 교도의 4종 의무를 제정하였다. 이
는 조석심고 보은미헌공 연원지도 법규준수를 말한다」(원불교학교재연
구회 편, 『종교와 원불교』, 원광대학교출판국, 1998, pp.156-157).

 3) 수도인으로서 계문을 지키고 도량상규를 지켜야 품위를 갖출
수 있다.

☞「수신은 모든 사람에 있어 제일 근본되는 공부가 된다. 그러나 교
무에 있어 수신은 모든 공부 중에서 가장 근본되는 중요한 공부가 아닐
수 없다. 만일 교무가 안으로 수신을 등한시하여 계문 범과를 가볍게
생각하고 도량상규나 일체법규 지키기를 소홀히 하여 그 생활이 법망을
탈선한다면 이는 수도인의 본분을 크게 망각함이 될 것이다. 그러므로
교무는 다른 사람을 교화하기에 앞서 먼저 자신이 수도자임을 명심하고
제반규칙과 계문생활에 엄격한 수도인다운 품위를 지켜야 한다」(이종
진, 「원불교 교무론」, 『원불교사상시론』 1집, 수위단회사무처, 1982,
p.246).

 4) 수도인으로서 삼십계문을 철저히 지키는 것을 표준삼고 살아
야 한다.

☞「나는 이 회상에 들어와 수도인으로서의 표준을 삼십 계문을 철저
히 지키는 것으로 삼고 살아간다」(양혜경, 「살생에 대하여」, 『마음은 어
디서 쉬는가』, 출가교화단, 1997, p.227).

 5) 원불교에 입문하면 십계문을 받는 바, 삼가 청정심을 간직하
기 위해 계문 준수가 필요하다.

☞「원불교에 입문하여 모두 십계문을 받았을 것이다. 십계문을 하나
하나 지켜나가는 것은 자기를 조심하고 삼가고 경계하는 마음의 태도이
다. 자신을 경계할 줄 모르기에 허욕이 싹트기 시작하는 것이다. 자기를
경계할 줄 모르면 마음에 청정심은 없는 것이다. 청정심이 없으면 마음

이 탁해진다. 사람들을 만나면 어두운 그림자가 깔린다. 자기를 경계할 줄 모르니 청정심이 살아나지 못하고 고슴도치 같은 마음이 돋아나 만나는 사람마다 상극의 씨를 뿌리게 되는 것이다」(조정근, 『활불이 되소서』, 원불교출판사, 2005, p.32).

 6) 김남천 선진의 금주계 적공의 사례는 다음과 같다.

　☞「원기 10년대만 해도 불법연구회 계문에는 禁酒라는 조항이 없었다. 12년판 『규약』에 보통부 4조에 '술을 과히 마시지 말며' 라 하였지 절대 엄금이라고 명시하지 않았다. 김남천은 본시 태을도를 믿다가 그의 나이 50에 대종사를 만나 구세성자임을 믿고 여생을 변산과 익산에서 스승님의 법 받들며 살았다. 그는 평소에 술을 좋아하여 얼근하면 허허 웃길 잘하는 퍽 낙천적인 성격이었다. 회중 일로 황등 밤밭을 오갈 때면 으레 도치동 주막에서 한잔씩 걸치곤 하였는데, 어느 날 갑자기 금주 명령이 내려졌다. 그래서 종사님 말씀이라 끊어야겠다고 결심을 하였으나, 평생 좋아하던 음식을 하루아침에 외면하기란 쉽지 않은 노릇이었다. 하루는 박창기가 도치동 주막 앞에서 진귀한 구경꺼리를 목도하였다. 주막집 울에 홍어가 먹음직스럽게 매달려 있고 술국 냄새 또한 구수하게 나는데, 김남천이 그 주막집 앞을 왔다갔다 하며 느닷없이 호령을 친다. "이놈, 못 끊어" 주먹을 내두르며 고래고래 소리를 치더니, 마침내 물문다리 쪽으로 휘적휘적 넘어가는 것이었다. 나중에 박창기가 그 연유를 물었더니 김남천이 껄껄 웃으며 말한다. "아, 인심이 발동하여 자꾸 한잔 하자고 권하니, 도심이 이놈 못 끊어 하고 호령한 거여." 이러한 일화는 김남천이 불연부락 자신의 집 근방에서 밭일을 하다가 목이 출출하여 술 생각이 간절하매 혼자서 "이놈" 하고 큰 소리로 호령을 친 일화로 유명하다」(박용덕, 『금강산의 주인되라』, 원불교출판사, 2003, pp.286-287).

16. 연고조항의 해석

　원불교 30계문에 있어 연고조항으로는 모두 일곱 가지가 있다. 이 연고조항이 있는 이유는 계문 준수에 있어 부득이한 경우, 곧 경직성에서 융통성으로 대응하자는 사실에 기인한다. 이를테면 살생의 경우 약용, 영양문제, 흉년의 경우가 이와 관련된다. 또 계문의 연고조항은 초기교서의 편찬에 따라 다소 변화되어 왔다.

1) 부득이 연고 있는 살생이라면 측은한 마음으로 한다.

☞「연고 있는 살생이라도 측은한 마음으로 하라. 측은한 마음이 없이 살생을 하면 대중에게 살벌한 분위기를 만든 것과 피살된 상대방의 보복 등 두 가지 인과가 있으나, 어찌할 수 없는 마음으로 하면 한 가지 인과뿐이다. 공부인이 살생을 금하고 계문을 널리 권장하여 상생으로 살도록 하면 공덕이 큰 것이다」(『한울안 한이치에』, 제3장 일원의 진리 101장).

2) 세상을 살아가는데 부득이 범할 수 있는 계문은 연고조항으로 극복하고자 하였다.

☞「여러분들이 어떤 종교, 어떤 진리를 당해도 대종사 교법 같은 법은 있지도 않다. 전무후무하다. 계문도 보자. 불교는 불살생인데, 원불교는 '연고 없이 살생하지 말라'고 했다. '연고' 자가 붙은 데는 할 수도 있는 문제다 그 말이다. 계문에 '연고' 자가 붙은 데가 여러 군데가 있다. 이 세상을 살아나가는데 우리가 범할 수도 있는 문제는 '연고' 자를 다 붙여놓았다」(심익순, 『이 밖에서 구하지 말게』, 원불교출판사, 2003, p.97).

3) 연고조항은 주로 도가에 입문한 초심자를 위한 것으로 알고, 출가자는 엄격하게 적용할 필요가 있다.

☞「계문실천의 생활화 … 연고 계문은 초심자를 위한 계행이므로 출가자는 지켜야 한다」(감찰원 사무처, 「후원경제 확충에 힘을 모읍시다」, 《출가교화단보》 제132호, 원불교 수위단회사무처, 2003년 4월 1일, 8면).

4) 불교에서 사육의 연고조항 해석은 흉년의 경우, 영양문제, 약용 등이다.

☞「불교에서 사육을 허용하는 경우의 세 가지 : ① 흉년 식량이 고갈될 때 가축을 식량으로 하는 경우, ② 여행 등으로 부득이 영양을 보충해야 할 때, ③ 병이 나서 견디기 어려울 때 약재로 사용할 경우」(법륜스님(팔성사 비구니)이 「불교의 포교」라는 강의 주제로 1999년 6월 21일(중앙중도훈련원) 제5차 전무출신 훈련생에게 언급한 말이다).

5) 연고조항의 계문 변천사는 다음과 같다.

☞「연고없이(無故)가 원기 12년에는 보통급에서 1개조였던 것이 17년에는 특신급에 2개, 28년에는 모두 4개조가 되었다. 『규약』 보통급 1

조-연고없이 살생을 말며, 『육대요령』 보통급 1조-연고없이 살생을 말며, 특신급 8조-연고없이 사육을 먹지 말며, 특신급 9조-연고없이 때 아닌 때 잠자지 말며, 『삼대요령』 보통급 1조-연고없이 살생을 말며, 보통급 4조-연고없이 술을 마시지 말며, 특신급 9조-연고없이 때 아닌 때 잠자지 말며, 『정전』 보통급 1조-연고없이 살생을 말며, 보통급 7조-연고없이 쟁투를 말며, 특신급 9조-연고없이 때 아닌 때 잠자지 말며, 법마상전급 3조-연고없이 사육을 먹지 말며. 금주 조항도 처음에는 '과히 마시지 말며' 가 『육대요령』에서는 '술을 마시지 말며' 로 강화. 불법연구회 시대에는 연고 개념이 확립되지 않았다」(박용덕, 『천하농판』, 도서출판 동남풍, 1999, pp.77-79).

17. 각 종교의 다양한 계율

오늘날 다종교 사회에서 살아가고 있는 현대인들은 종교에 대한 가치관에 따라 계율에도 동이점이 발견된다. 힌두교는 소고기 먹는 것을 금하고, 회교는 돼지고기를 금하며, 불교는 모든 살생을 가능한 금하도록 한다. 유교의 공자는 3계를 말하였으며, 유태교는 신의 말씀으로 계율 준수를 강조하고 있다. 그러면서도 공통적으로 도적질이나 간음, 살생을 금하도록 하는 것이 오늘날 제반 종교의 계율이다.

1) 힌두교는 소고기 먹는 것을 중죄로 안다.

☞「(인도) 힌두교인들은 소를 우상화하기 때문에 소고기를 먹으면 중벌에 처한다. 그러므로 그들과 기독교인의 도덕, 윤리적 가치관은 공통점도 있지만 서로 다른 면이 많다. 그렇기 때문에 미국 같은 다인종이 모여 사는 국가의 학교에서는 도덕과 윤리의 가치관 교육을 시키지 않는다」(현용수, 『IQ는 아버지 EQ는 어머니 몫이다』, 국민일보사, 1997, p.30).

2) 회교에서는 돼지고기를 터부시한다.

☞「인류학자인 마빈 해리스(Marvin Harris, 1974)는 인류의 생존에 필수적 관습은 특정 환경에서의 필요에 따라 발전하는 경향이 있다고 주장하였다. 사막지방에서 적응하기 위해 돼지고기를 못 먹게 하는 것은 유대교와 회교의 터부에 반영되었다」(메리 조 메도우·리차드 D. 카호 공저, 최준식 역, 『종교심리학』 상, 민족사, 1992, p.39).

3) 불교는 간음, 음주, 도둑질, 살생 등을 금한다.

☞「불교의 승려는 매일 매일의 사고와 언행에 있어서 진실됨의 지시를 받는다. 순결하고, 음주를 삼가고, 도둑질하지 말고, 살생하지 않고, 그 반대로 자비, 동정, 기쁨, 악에 대한 침착성의 지시를 받는다」(칼 야스퍼스·헨리 리토머스 저, 황필호 역, 『소크라테스, 불타, 공자, 예수, 모하메드』, 종로서적, 1994, p.47).

4) 세속오계와 불교계율이 살생유택이라는 점에서 응용된다.

☞「살생유택에 대해서는 원광 자신이 주석하고 있다. 즉 六齋日과 春夏月에는 살생하지 않음이니 이는 擇時를 말함이오, 가축을 죽이지 않음이니 馬牛鷄犬을 죽이지 말라 함이오, 細物을 죽이지 말아야 하니 곧 고기가 한 점도 되지 못하는 것을 죽이지 말라는 것이다. 이는 擇物을 뜻함이다. 죽이는 것도 또한 소용되는 것만 하지, 많이 죽이지 말라고 한다. 이를 世俗의 善戒라 가르쳤다. 이는 세속생활과 불교계율과의 절충 조화를 시도한 불교계율 응용의 실례이다. 이에는 불교 이전 신라 국가사회의 윤리관도 포함되었을 것이니 유교의 논리도 참고되었을 것이라 추정된다」(송천은, 『열린시대의 종교사상』, 원광대출판국, 1992, p.264).

5) 공자는 군자3계를 두어 여색, 다툼, 이욕을 경계하였다.

☞「공자 왈, "군자에게는 三戒가 있으니. 젊은 시절에는 여색을, 장년에는 다툼을, 노년에는 이욕을 경계하라"」(孔子曰, "君子有三戒, 少之時, 血氣未定, 戒之在色, 及其壯也, 血氣方剛, 戒之在鬪, 及其老也, 血氣旣衰, 戒之在得."」(『論語』, 季氏).

6) 유태교에서는 신의 말씀을 마음에 넣어 계명을 기억하고 준행하여 하나님 앞에 거룩하라고 한다.

☞「유대인 랍비들은 신명기 6장 6절의 '오늘날 내가 네게 명하는 이 말씀을 너희는 마음에 새기라' 라는 말씀을 이렇게 해석한다. "이 말씀들을 너희 마음에 넣으라. 그러하면 너는 거룩한 자를 깨닫게 되고 그의 축복을 받게 되고 그의 길을 고수할 수 있다." "그리하면 너희가 나의 모든 계명을 기억하고 준행하여 너희의 하나님 앞에 거룩하리라"」(현용수, 『IQ는 아버지 EQ는 어머니 몫이다』, 국민일보사, 1997, p.74).

7) 유태교, 기독교, 이슬람교, 불교의 계율이 통하는 바가 있다.

☞「유태교, 기독교, 이슬람교 등 유일신교 전통에서 신앙하는 10계명에도 "살생하지 말라, 간음하지 말라, 도적질하지 말라, 이웃에 대해 거

짓 증언하지 말라, 이웃의 아내나 노예, 가축 등 네 이웃에 속하는 것은 아무것도 탐내지 말라"(출애급기 20:1-17) 등 불교의 5계에 상응하는 계명이 있다. 출애급기의 10계명 중 전반부의 네 계명은 신을 믿는데 있어서 지켜야 할 계명이며, 후반부의 여섯 계명은 인간 사이에 지켜야 할 계명으로 구성되어 있다. 불교의 신행 체계로 보면 삼보에 귀의를 서약하는 歸命三寶戒는 신에 대한 네 가지 계율에 배대되고 오계는 인간에 대한 계명과 유사한 면이 있다」(김용표, 「불교 오계의 지구윤리적 지평과 종교교육」,『종교교육학 연구』, 제20권, 한국종교교육학회, 2005.5, pp.30-31).

18. 계문과 관련한 문제제기

계율준수의 정신은 교조의 근본정신을 가능한 벗어나지 않고 교리를 현실생활에서 실천하자는 뜻일 것이다. 그러나 계율을 실천하다보면 여러 가지 과제가 따른다. 이를테면 무애행으로 인해 소소한 계율을 등한히 알거나 교만에 빠지는 경우, 연고조항을 자기 편의적으로 간주하는 경우가 그것이다. 또한 너무 율법주의적 성향이라든가, 지나치게 소극적 성향이라든가, 시대상황에 맞지 않는 계율이라든가, 너무 금욕적인 경우도 이와 관련된다. 이에 대해 다양한 해석학적 조명이 뒤따라야 할 것이다.

1) 교조정신과 거리가 멀어져 계문을 등한히 하는 경우가 있다.

☞「앞으로 내가 없으면 마음이 허황하여져서 계문을 등한히 여길 무리가 나올 것이다. 계문을 범하는 자는 곧 나를 멀리한 자요, 계문을 잘 지키는 사람은 곧 나와 함께 있는 사람이니 30계문을 특히 잘 지키라」(『대종경선외록』, 2.유시계후장 20장).

2) 무애행으로 인해 소소한 계문을 무시하는 경우가 많다.

☞「전날에 재래 수도인 가운데 몇몇 사람이 자칭 무애행을 한다 하여 자행자지한 적이 있었다. 이렇게 하는 행위가 우리 인생에게 무슨 이익이 되겠는가? 반성해 볼 일이다. 무애행은 다 떨어진 옷이건, 어떤 음식이건, 어떤 거처건 간에 거기에 집착하지 말라는 뜻이다」(박길진, 『대종경강의』, 원광대학교출판국, 1980, p.55).

3) 보조국사의 언급대로 교만과 방종으로 계율을 지킨 덕도 없이 보시·은혜나 받는다면 참으로 부끄러운 일이다.

☞「멋대로 탐욕과 분노와 질투와 교만과 방종으로 명예와 이익을 추구하면서 헛되이 세월을 죽이고 너절한 말로 천하의 일을 논한다. 행여나 계율을 지킨 덕도 없으면서 부질없이 신도의 보시를 받아들이고 남의 공양을 받으면서 부끄러워할 줄 모른다. 이 따위 허물이 한량없으니, 덮어둘 수 있을 것이며, 슬퍼하지 않을 수 있을 것인가」(경허선사 편, 이철교 역, 「고려국 보조선사 권수정혜결사문」, 『선문촬요』 하권, 민족사, 2005, pp.310-311).

4) 술, 고기, 담배 등의 계율 준수에 있어 연고조항을 적용하여 너무 자의적으로 판단해서는 안 된다.

☞「계율은 술, 고기, 담배 등이 주가 되고 이밖에 마음 수양하는 데 필요한 계율이 있어야 한다. 우리의 일동일정에 다 계율이 있어야 한다. 도를 이루는데 보통 마음 가지고 될 리가 없다」(박길진, 『대종경강의』, 원광대학교출판국, 1980, p.55).

5) 계율을 강조한 나머지 종교가 너무 율법주의로 나아가면 곤란하다.

☞「일반적으로 종교계율은 율법주의적 경향이 강하였으니, 계율을 일방적으로 강요・고집한다면 비현실적 광신적 과대망상증을 넘어서기 어렵다」(서경전, 『원불교의 진리와 인간회복』, 원광대출판국, 1981, p.323).

6) 계문은 소극적 止持戒와 적극적 作持戒가 있으니 소극적으로만 접근해서는 안 된다.

☞「대승의 윤리는 단순히 계율을 지키는데 그치지 않고 적극적으로 선을 행하며 널리 일체 유정을 이롭게 하는 것을 목표로 한다. ~을 하지 말라는 소극적 계율을 지지계라고 하고, 이에 반하여 ~을 하라고 적극적으로 오계를 해석하는 것을 작지계라고 한다」(김용표, 「불교 오계의 지구윤리적 지평과 종교교육」, 『종교교육학 연구』, 제20권, 한국종교교육학회, 2005.5, p.25).

7) 불살생계에서 벌래도 죽이지 않아야 하는 생각에 맨발로 다니는 종교가 있는데, 시대에 맞는 계율이 아쉽다.

☞「인도에서 본 골수 제인교도들은 맨발로 얼굴에는 마스크를 하고 다니는데 이것도 신발에 벌레가 깔려 죽거나 말을 하다가 벌레가 입으로 들어가 죽는 걸 방지하기 위해서라고 한다」(한비야, 『바람의 딸 걸

어서 지구 세바퀴 반』2, 도서출판 金土, 1999, p.29).

8) 계율이 출가중심이거나 금욕적이어서 현실 도피적이라는 지적이 있다.

☞「계율에는 세속적이고 인간적인 욕구의 제한이나 금지항목이 많으며, 대부분은 종교집단 내의 수행자에게만 적용되는 경우가 많다. 특히 불교의 경우 수행자는 금욕적 계율의 실천을 기초로 하여 사회적 생활을 영위하는데, 금욕적 계율의 실천에 침잠하여 세속적 행동을 기피하는 현세도피적 경향을 보이는 경우도 있다」(박상권, 「계율정신의 연구」, 『원불교사상』10·11집, 원불교사상연구원, 1987, p.244).

9) 간음을 말며는 보통급, 두 아내를 거느리지 말며는 상전급에 있는데, 중첩계율에 대한 재정비가 필요하다.

☞「보통급 '간음'과 상전급 '두 아내를 거느리지 말며'를 가지고 시비하는 사람이 있다. 지금의 시점에서는 간음이나 두 아내나 같은 개념이지만 1940년대까지만 해도 축첩이 전반적으로 용인되는 시대였다. 이렇게 계문은 그 시대 그 상황의 방편이지 수행의 좌표는 아니다」(박용덕, 「종사님의 사랑-새 회상 정조론1-」, 《원광》제376호, 월간원광사, 2005.12, p.97).

19. 보충해설

교도의 4종의무 가운데 법규준수가 있으며, 계문준수는 여기에 포함된다. 원불교의 계문으로는 30계문이 있다. 보통급 10계, 특신급 10계, 상전급 10계가 그것이다. 이처럼 원불교에 입문하여 공부한 정도에 따라 계문에 차등을 두어 준수의 용이성을 주었다. 이어서 항마위 이상에게는 心戒를 두어 성위의 위치에 있더라도 계율 준수의 정신을 놓지 말도록 하고 있다. 누구나 계문을 잘 지킴으로써 성불제중의 길을 지속하기 위해서이다.

주지하듯이 각 종교마다 계문이 있다. 기독교의 십계명은 물론 불교의 대표적 계율로 오계가 있는 바, 불살생, 不盜, 不淫, 불망어, 불음주가 그것이다. 자이나교와 힌두교에도 계율이 있다. 이를테면 자이나교에서는 윤리규범으로 五大誓의 실천을 가르친다. 五大誓란 살생, 망어, 偸盜, 비범행, 소유의 악덕에서 벗어나도록 한다. 이어서 힌두교의 요가학파에도 불살생, 진실어, 불투도, 불음, 비소유 등의 5법이 있다.

하여튼 소태산은 계문준수의 필요성을 강조하면서 회상창립 요령으로 11조목을 들고 있다. 정신과 육신의 전무출신, 물질의 혜시, 시종여일, 규약과 계문을 잘 지킴(『대종경』, 교단품 34장) 등이 이것이다. 정산종사도 계문을 잘 지키고 사심을 방지하는 것이 길일(『정산종사법어』, 무본편 46장)이라 하였다. 또한 "소소한 계문부터 중히 지키라. 이 법을 우리가 중히 지켜야 세상 사람들이 중히 여기나니라"(법훈편 5장)고 하였다. 수도인의 향기는 어쩌면 계문을 잘 지키는데 있을지도 모른다. 자칭 대승자의 무애행이라 하여 계문범과를 간과한다면 그는 범부에 지나지 않을 것이다.

20. 연구과제
1) 보통급과 특신급, 상전급의 연고조항에 대하여 설명하시오.
2) 항마위 이상에게는 어떠한 계율이 주어지는가?
3) 시대를 따라 계문이 변화되어야 한다는 견해를 쓰시오.
4) 사육을 먹지말라는 계문을 어떻게 실천해야 하는가?

21. 고시문제
1) 원불교 계문의 특징을 논하시오.
2) 삼십계문의 원문을 쓰고, 원불교 계문의 특징과 계문실행에 대한 각자의 생활표준을 기술하시오.
3) 특신급 십계문을 순서에 따라 쓰시오.
4) 법마상전급 개념을 정리하고 그 내용을 논술하시오.
5) 다음의 어휘를 설명하시오 : 법마상전급.
6) 공중사 단독처리의 害點.
7) 본인이 잘 범하는 계문을 쓰고 길들이는 과정을 쓰시오.
8) 법마상전급에서 인생의 요도와 공부의 요도에 大忌事는?

제12장 솔성요론

○ 「솔성요론」의 원문

1. 사람만 믿지 말고 그 법을 믿을 것이요,
2. 열 사람의 법을 응하여 제일 좋은 법으로 믿을 것이요,
3. 사생 중 사람이 된 이상에는 배우기를 좋아할 것이요,
4. 지식 있는 사람이 지식이 있다 함으로써 그 배움을 놓지 말 것이요,
5. 주색낭유하지 말고 그 시간에 진리를 연구할 것이요,
6. 한 편에 착하지 아니할 것이요,
7. 모든 사물을 접응할 때에 공경심을 놓지 말고, 탐한 욕심이 나거든 사자와 같이 무서워할 것이요,
8. 일일시시로 자기가 자기를 가르칠 것이요,
9. 무슨 일이든지 잘못된 일이 있고 보면 남을 원망하지 말고 자기를 살필 것이요,
10. 다른 사람의 그릇된 일을 견문하여 자기의 그름은 깨칠지언정 그 그름을 드러내지 말 것이요.
11. 다른 사람의 잘된 일을 견문하여 세상에다 포양하며 그 잘된 일을 잊어버리지 말 것이요,
12. 정당한 일이거든 내 일을 생각하여 남의 세정을 알아줄 것이요,
13. 정당한 일이거든 아무리 하기 싫어도 죽기로써 할 것이요,
14. 부당한 일이거든 아무리 하고 싶어도 죽기로써 아니할 것이요,
15. 다른 사람의 원 없는 데에는 무슨 일이든지 권하지 말고 자기 할 일만 할 것이요,
16. 어떠한 원을 발하여 그 원을 이루고자 하거든 보고 듣는 대로 원하는 데에 대조하여 연마할 것이니라(『정전』 제3 수행편, 제12장

솔성요론).

1. 솔성요론의 등장배경

도문에 입문하는 이유는 우리의 심신을 바람직하게 사용하기 위함일 것이다. 이것이 率性이며, 관련 항목들이 솔성요론인 바, 이의 등장배경은 맑고 밝은 성품을 거느리도록 자력을 키우기 위함이다. 덧붙여 과거의 번다한 전통과 의식을 폐지하며 교단의 질서를 유지하기 위해 이 솔성요론이 등장한 것이다. 실천의 대상으로는 어린이, 청소년, 일반교도이며, 이들로 하여금 솔성의 권장조목들을 하나하나 실천하도록 유도해야 할 것이다. 요컨대 솔성요론은 악도를 벗어나 성불제중을 위함이므로 견성과 지속적인 솔성의 적공을 위해 등장했다고 본다.

1) 도문에 입문하는 것은 솔성하는 도를 통해 자력을 키우기 위함이다.

☞「저 사람들이 나를 찾아온 것은 도덕을 배우려 함이어늘, 나는 무슨 뜻으로 도덕은 가르치지 아니하고 이 같이 먼저 언을 막으라 하였는지 그 뜻을 알겠는가. … 또는 그 괴로운 일을 할 때에 솔성하는 법이 골라져서 스스로 괴로움을 이길 만한 힘을 얻을 수 있을 것이니, 이 모든 생각으로 이 일을 착수시켰노라」(『대종경』, 서품 10장).

2) 소태산은 과거종교의 번다한 전통과 의식을 버리고 간단한 교리를 제시하였고, 솔성요론도 같은 맥락으로 이해할 수 있다.

☞「과거의 浩繁한 전통과 의식을 일체 소탕하여 버리고 가장 간단한 인생의 요도인 사은사요와 공부의 요도인 삼강령 팔조목과 재가응용주의사항(상시응용주의사항)과 재가공부인이 교무부에 와서 하는 책임 6조(교당내왕시주의사항)와 기타 계문 솔성요론 등을 제정하였나니…」(서대원, 「종사주의 수양을 드리기 위하여」, 『월말통신』 30, 1929.7).

3) 초기교서 『규약』(1927년)에서는 솔성요론을 밝혀 교단질서 유지의 항목으로 삼았다.

☞「(1927년 최초의 교서)『불법연구회규약』에는 규약과 세칙 외에도 … 교리의 대강과 30계문, 솔성요론, 고락에 대한 법문, 응용할 때 주의사항, 교무부(교당)에 와서 하는 책임 등과 회중 세칙 14항을 밝혀 처

음 입회한 회원의 기초과정에 상당히 비중을 둔 입문서의 성격을 가진 교서라 하겠다」(박용덕, 『천하농판』, 도서출판 동남풍, 1999, p.183).

4) 소태산은 어린이 지도에 있어 착한 마음, 곧 솔성하는 항목들을 등장시킨다.

☞「(초기교단 대종사 총부주재 당시) 토요일 날 유년회를 가르치는 것은 어린이들에게 맞는 계문과 솔성요론이었다. 그것은 다음과 같다. ○ 벽에 낙서하지 말 것, ○ 사무실 앞에 자전거 만지지 말 것, ○ 산업부의 김치 독에 김치 꺼내먹지 말 것, ○ 나무를 꺾거나 벌레를 함부로 죽이지 말 것, ○ 불장난 하지 말 것, ○ 높은 나무에 올라간다거나 깊은 물속에 들어가지 말 것 등이고, 「권하는 조목」으로는 ○ 아침에 일어나면 조실 할아버님께 인사를 올릴 것, ○ 부모님께도 문안 올리고 구내 어른들께도 인사를 잘 할 것, ○ 밥을 먹고 꼭 이를 닦을 것 등이다. 이 외에도 노래시합, 유희, 술래잡기 등을 하였고 이때는 대종사도 친히 나와 구경을 하였다」(박용덕, 선진열전 1-『오, 사은이시여 나에게 힘을 주소서』, 원불교출판사, 1993, pp.58-59).

5) 중생들로 하여금 악습을 벗어나서 보살도를 닦아 성불제중을 하도록 솔성요론을 설하였다.

☞「성품을 거느리는 가장 기초적인 요긴한 표준으로서 심성을 계발하고 생활을 향상하는 좋은 습관을 들여 선도로 지향하게 하는 동시에 불심을 기르며 보살도를 실행하는 공부인 바, 사회의 건전한 질서를 유지하고 평화를 생산하는 근본이다. 성불제중의 첫걸음이요 제생의세의 기초작업이다」(신도형, 『교전공부』, 원불교출판사, 1992, pp.444-445).

6) 견성에 머무는 것을 넘어서 솔성의 적공으로 나아가도록 솔성요론은 필요하다.

☞「견성을 하고도 솔성을 해야 하듯이 시일을 두고 오래오래 수련하고 마탁하고 공을 들여 가꿔야 한다. 변심하지 않으면 된다. 일시에 얻어지지 않는다고 낙망해서는 안 된다」(1961년 7월 1일 신축일기/동산문집편찬위원회, 동산문집 Ⅱ 『진리는 하나 세계도 하나』, 원불교출판사, 1994, p.37).

2. 솔성요론의 의미

솔성요론은 본심으로써 객심을 거느리는 것으로 공동체의 질서를 유지하는 기능도 있다. 또한 솔성요론은 중정행을 도모하고 양심을 실제의 삶에서 활용하는 것으로서 견성 이후 성불에 이르는 길이다. 그리고 솔성은 마땅히 행해야 할 당위규칙이므로 수도인으로서 각 항목들(모두 16조)을 잘 지켜야 한다.

1) 솔성요론은 본심이 객심을 거느림이다.

☞「솔성요론은 무엇을 하는 것인가? 대인관계는 물론 일체 생령뿐만이 아니라 유정무정을 상대할 때에 각각 개성을 따라 그대로 활용해 가는데 요긴한 법이니 본말과 주종을 확실히 판단하여야 할 것이다. 본심이 들어서 분별심을 거느려야 할 것이요, 객은 주인을 따라가야 할 것이다」(이운권, 고산종사문집1 『정전강의』, 원불교출판사, 1992, p.94).

2) 솔성요론은 계문과 함께 공동체의 질서유지 기능도 있다.

☞「대중의 규칙을 어기는 것은 그 단체를 파괴하는 것이다. 승가의 계율을 불타가 많이 설하였다. 많은 사람이 질서 있게 살려면 계율이 있어야 하기 때문이다. 단체 생활의 규칙을 어기면 그 집단의 규율이 파괴되는 것이다. 대종사도 계율을 많이 설하였으며 계문과 솔성요론이 초기에 나왔다. 『교헌』은 교단의 중요한 법이다. 규칙은 여러 사람이 살아가는데 질서를 지키기 위하여 생긴 것이다. 법률은은 사회의 질서를 지키기 위하여 생긴 것이다」(한종만, 『원불교 대종경 해의』(下), 도서출판 동아시아, 2001, p.300).

3) 솔성요론은 취사의 중정행을 하자는 것이다.

☞「작업취사에 있어서는 상시일기 주의 조행 예전과목을 원칙으로 하고 삼십계문, 솔성요론, 사은사요 실천, 작업시간 등을 가져서 평행, 중행, 정행을 하자는 것이니…」(『대산종사법문』2집, 제5부 대각개교절 경축사, 원기 63년도 개교경축사).

4) 솔성요론은 양심을 깨닫고 실생활에서 활용하는 공부이다.

☞「사람은 누구나 원만하고 불의에 물들지 않은 순수한 부처의 마음을 가지고 있다. 솔성이란 각자의 이러한 양심을 깨닫고 연구하여 실생활 속에서 활용하는 공부를 말하며, 요론이란 어떠한 주제의 핵심을 설명해 놓은 글이란 뜻이다」(오도철 외, 『원불교정전 길라잡이』, 원불교 교화연구소, 2000, p.243).

5) 솔성이란 견성 이후 성불에 이르는 길이다.

☞「견성 이후 성불에 이르는 길을 소태산은 솔성으로 표현하고 있

다. 그래서 그는 『중용』의 첫 구절 '천명을 性이라 하고 솔성을 道라 하며 수도를 敎라 한다' 고 하는 내용에 무릎을 치며『중용』 1장이 유학의 가르침을 대표한다고 말한 것이리라」(정현인, 『오늘은 부처가 없다』, 원불교신문사, 2008, p.63).

6) 솔성요론은 인간으로서 마땅히 행해야 할 당위법칙이다.

☞「솔성요론은 일상생활 중에 심신작용을 할 때 그 처리를 위하여 중요한 솔성의 덕목으로서 전체를 총론하면 하나의 문장이 될 수 있으나, 이를 조목으로써 열거하여 솔성의 지침 또는 좌우명 같이 내린 법문이기에 가까이 생활 속에서 솔성하는 공부로써 표준이 되어지는 법문이요 인간으로서 마땅히 해야 할 당위법칙이라 할 것이다」(이은석, 『정전해의』, 원불교출판사, 1985, p.219).

3. 솔성요론의 대의강령

1) 제일 좋은 정법을 따르고 믿어야 한다.
2) 인간은 지적 앎을 지속적으로 쌓아가야 한다.
3) 대인접물에 있어 공경심을 갖고 탐욕을 극복한다.
4) 자신을 성찰하고 견문하는 생활을 한다.
5) 불의는 버리고 정의는 죽기로써 실천한다.
6) 자신이 원하는 바를 연마하여 성취한다.

4. 솔성요론의 구조

1) 정법의 신앙과 수행(솔성요론 1~2조).
2) 배움의 지속성(솔성요론 3~4조).
3) 착심·탐욕의 극복과 공경심(솔성요론 5~7조).
4) 자신 성찰과 견문 포양(솔성요론 8~11조).
5) 정의의 실천과 불의의 극복(솔성요론 12~14조).
6) 추기급인과 자신적공(솔성요론 15~16조).

5. 단어해석

솔성요론 : 인간의 본래 맑고 고요한 성품을 잘 거느리는 것으로 16가지 요긴한 조항들을 率性要論이라 한다. 인간의 청정무구한 본래성품을

회복하는데 있어 심지의 요란함·어리석음·그름을 없애는 공부가 필요하며, 시비이해에 있어서도 원만구족 지공무사하게 처리하는 공부가 필요하다. 계문은 금지조항을 중심으로 한다면 솔성요론은 권장조목을 중심으로 하는 공부법이다. 중생에서 불보살로 나아가려면 계문을 잘 지키고 솔성요론을 실행에 옮겨야 가능하므로 솔성요론 16조 하나하나가 금과옥조인 셈이다. 이에 사람만 믿지 말고 그 법을 믿으라는 솔성요론 1조에서 출발하여, 어떤 원을 발하여 이를 이루려면 견문을 대조 연마하라는 16조까지 어느 하나 소중하지 않은 조항이란 없다.

사생 : ☞『정전풀이』(상) 「일원상서원문」 '사생' 참조.

주색낭유 : 주색잡기와 같은 것이 酒色浪遊이다. 여기에서 酒色은 술과 남녀의 경계인 바, 浪遊는 주색에 빠져 빈둥빈둥 노는 것을 말한다.

착 : 한편에 집착하는 것을 着이라 한다. 주착·집착·편착이 이것이다.

접응 : 인간이 주변 환경과 다른 사람들에 접하고 대응할 때를 接應이라 한다. 일반적으로 바깥 경계 및 사물에 접응한다고 한다.

일일시시 : 날마다 때때로의 소중한 시간을 日日時時라 한다.

견문 : ☞『정전풀이』(상) 「사요, 공도자숭배」 '견문' 참조.

포양 : 교법이나 좋은 일을 널리 베풀고 선양하는 것을 襃揚이라 한다.

세정 : 상대방의 노고·희로애락 등 세세곡절의 형편을 細情이라 한다.

대조 : 마주대고 비교하는 것을 對照라 한다. 인간의 시시비비를 대조하여 옳은 일만 하는 것은 대조의 힘이며, 자신의 행위를 스승에게 문답 감정을 받는 것도 일종의 대조 공부이다.

6. 솔성요론의 해설

1) 사람만 믿지 말고 그 법을 믿으라는 것은?

(1) 인간의 육신은 생멸이 있으므로 시공간으로 한정되어 있으나 불법은 영원히 존재한다.

(2) 사람은 무명에 의해 원근친소 시비이해에 가릴 수 있으나 교법 곧 대도정법은 원만구족 지공무사하다.

(3) 사람에 대한 편애심은 인격신으로 나타날 수 있으나, 정법은 법신불로 화현되어 나타난다.

(4) 『아비달마 구사론』Ⅸ에서 거론됐고 유식계통 경전 등에서 강조된 4원칙을 보면, ① 法에 의하되 人에 의하지 말며, ② 義에 의하되 語에 의하지 말며, ③ 智에 의하되 識에 의하지 말며, ④ 了義經에 의하되 不了義經에 의하지 말라는 것이다.

2) 열 사람의 법을 응하여 제일 좋은 법으로 믿으라는 의미는?

(1) 사람 사람의 생각이 천차만별이니, 진실하고 신뢰가 가는 사람의 법을 믿어야 할 것이다.

(2) 종교의 교조나 성자들은 근기 또한 다양하므로 성중성으로서 주세불의 가르침을 신봉할 일이다.

(3) 제일 좋은 법을 믿으라는 것은 편벽된 신앙 수행이 아니라 물질개벽·정신개벽을 아우르는 인도정의의 교법이다.

(4) 열 사람의 법을 응하여 제일 좋은 법으로 믿으라는 것은 수많은 종교들 중에서 후천개벽의 대도정법을 믿으라는 것이다.

3) 사생 중 사람이 된 이상에는 배우기를 좋아하라는 것은?

(1) 인간은 항상 배움으로써 만물의 영장이 된다.

(2) 태난습화 중에서 태생인 인간은 유일하게 최령한 존재이자 배움을 중히 여기는 진급의 생명체이다.

(3) 배움에 있어 과학과 도학을 겸하되 특히 도학을 근본으로 삼는 선지식이 지도자의 자격이다.

(4) 우리는 배울 줄 모르는 사람을 잘 배우는 사람으로 돌림으로써 문명사회 건설의 주역이 되어야 할 것이다.

4) 지식 있는 사람이 지식이 있다 함으로써 그 배움을 놓지 말라는 의미는?

(1) 지식을 소유하고 있다고 해도 배움을 놓아버리면 진척이 없을 뿐더러 무식해진다.

(2) 시대를 향도하고 사회를 이끌기 위해서는 무한히 배움으로써 미래를 개척하고 새로운 삶을 개척해야 한다.

(3) 학문의 지식과 종교의 지혜를 배움의 대상으로 삼아 정진하되 현재의 지식에 자만해서는 안 된다.

(4) 소태산 대종사는 지자본위를 두어 지식평등을 추구하였다.

5) **주색낭유하지 말고 그 시간에 진리를 연구하라는 것은?**

(1) 주색잡기로 일생을 보내면 삶의 의의와 가치가 상실된다.

(2) 무엇보다 패가망신의 주된 이유는 진리생활과 동떨어진 세속의 향락에 탐닉하고 방탕하는 삶 때문이다.

(3) 노는 시간이 있으면 경전을 연마하여 지혜를 밝히는데 노력해야 한다.

(4) 세월은 기다려주지 않는다는 무상의 진리를 깨닫고, 일원의 진리를 지속적으로 연마하여 보은하는 삶이어야 한다.

6) **한 편에 착하지 말라는 의미는?**

(1) 한편에 집착하다 보면 두루 볼 수 있는 안목이 없어진다.

(2) 고통의 원인은 중생으로서 자신의 주견에 의한 집착이다.

(3) 지도자로서 보편적이고 객관적인 시각과 관점이 필요하다.

(4) 원근친소 · 희로애락에 치우침을 극복하고, 원만구족 · 지공무사의 행동을 해야 한다.

7) **모든 사물을 접응할 때에 공경심을 놓지 말고, 탐한 욕심이 나거든 사자와 같이 무서워하라는 것은?**

(1) 처처불상의 정신에서 보면 대인접물 모두가 공경대상으로서 처처불상이다.

(2) 공경심을 놓고 보면 상대방을 무시하게 되고 만물을 마음대로 소유하려는 마음이 생겨날 수 있다.

(3) 탐한 욕심도 일종의 대인접물에 대한 공경심 상실에서 오는 만큼 지나친 소유의 욕망을 절제해야 한다.

(4) 시방오가 · 사생일신의 자세로 임할 때 공경심 발현과 탐욕의 극복이 가능해진다.

8) **일일시시로 자기가 자기를 가르치라는 의미는?**

(1) 날마다 공부심으로 살아가는 것은 만물의 영장인 인간으로서 진급하는 삶이다.

(2) 일일삼성이라는 말이 있듯이 매일매일 자신 반조와 성찰은 적공의 생활 그 자체이다.

(3) 스승에게 의존한 나머지 자기 스스로를 가르치지 않는다

면 자력도 없어지고 자만심과 정체의 질곡에 떨어진다.

(4) 일상수행의 요법, 상시훈련법, 상시응용시주의사항 등은 날마다 자기를 가르치는 공부법이다.

9) 무슨 일이든지 잘못된 일이 있고 보면 남을 원망하지 말고 자기를 살피라는 뜻은?

(1) 자신의 시비보다 남의 시비가 더 잘 보이는 것은 중생의 심리 때문이다.

(2) 역지사지하는 마음으로 남을 원망하기에 앞서 자신을 반조하며 교훈을 삼자는 것이다.

(3) 무슨 일이든지 남을 원망하면 상극의 인연을 맺게 된다.

(4) 원망생활을 감사생활로 돌리자는 일상수행의 요법과 報恩사상을 상기할 일이다.

10) 다른 사람의 그릇된 일을 견문하여 자기의 그름은 깨칠지언정 그 그름을 드러내지 말 것이란?

(1) 남의 허물을 드러내면 상극의 업인이 되고 쟁투의 원인이 되므로 무엇보다 나의 허물을 먼저 찾을 일이다.

(2) 은악양선으로 상대방의 단점은 감추고 장점은 드러낸다.

(3) 善惡皆吾師라는 말이 있듯이 남의 그릇된 일은 나를 가르치는 스승이다.

(4) 推己及人, 곧 나를 미루어 남을 생각하는 마음으로 포용과 관용을 베푼다.

11) 다른 사람의 잘된 일을 견문하여 세상에다 포양하며 그 잘된 일을 잊어버리지 말라는 것은?

(1) 상대방을 인정하고 칭찬하는 것은 그로 하여금 더욱 권면, 발전하게 하는 일이다.

(2) 상대방의 잘된 일에 수희공덕을 쌓고, 나도 잘 해야 하겠다는 분발심을 갖도록 한다.

(3) 남의 재주를 나의 재주로 살려 쓰는 것이 참 공부인이다.

(4) 중생으로서 스승의 심법을 닮아가고 선각자들의 언행을 닮아가는 것이 필요하다.

12) 정당한 일이거든 내 일을 생각하여 남의 세정을 알아주라는 것은?

(1) 정당한 일은 정의가 건네고, 남의 세정을 알아주는 것도 정의가 건네는 일이다.

(2) 상대방을 배려하는 마음은 심심상연하는 마음으로 이것이 남의 세정을 알아주는 것이다.

(3) 나를 미루어 남을 생각하라는 것이 推己及人(『안자춘추』, 내편)이다.

(4) 정당한 일은 권면, 칭찬해 주는 것이 상대방의 세정을 알아주는 것이다.

13) 정당한 일이거든 아무리 하기 싫어도 죽기로써 하라는 뜻은?

(1) 나태나 용기부족으로 하기 싫은 일이라 해도 정당한 일이라면 분발심과 자기 희생심으로 임해야 할 것이다.

(2) 양심에 비추어 떳떳한 일이라면 하기 싫어도 하는 솔성의 도의 실천이 중요하다.

(3) 기질을 계발하고 좋지 못한 습관을 고쳐야 하는데 하기 싫은 일이라 해도 기질수양의 면에서 죽기로써 해야 할 것이다.

(4) 수행·적공, 교화·공익사업에 있어 역경에 부딪치더라도 이에 포기하지 말고 용맹심으로 임해야 한다.

14) 부당한 일이거든 아무리 하고 싶어도 죽기로써 하지 말라는 의미는?

(1) 부당한 일을 하는 것은 죄업·악업을 짓는 일이라는 것을 알아차리는 것이 중요하다.

(2) 부당한 일을 하는 것은 무명의 어리석음에 의한 것이므로 소소영령한 진리를 깨달아야 한다.

(3) 계문에서 "…말며" 조항을 적극 실천에 옮겨야 한다.

(4) 부귀영화의 탐닉이나 재색명리의 유혹에서 벗어나도록 죽기로써 임해야 한다.

15) 다른 사람의 원 없는 데에는 무슨 일이든지 권하지 말고 자

기 할 일만 하라는 것은?

(1) 하기 싫은 일을 무조건 시킨다면 오히려 역효과가 날 우려가 있다.

(2) 권선이나 보은으로의 유도는 상대방의 호의적 자세에 맞추어야 효과가 발하는 것이므로 지나친 강요는 금물이다.

(3) 권위주의적 지도자로서 시키는 일에 길들여져 있다면 이를 지양, 먼저 상대방에게 솔선하는 태도로 다가서야 한다.

(4) 남의 원 없는 것을 강제로 권하는 것은 그 사람으로 하여금 영영 그 일을 싫어하게 함이다(『대종경』, 실시품 2장).

16) 어떠한 원을 발하여 그 원을 이루고자 하거든 보고 듣는 대로 원하는 데에 대조하여 연마하라는 의미는?

(1) 원을 성취하는데 가장 합리적이고 효율적인 방법이 무엇인가를 연마하는 것이 목적 달성의 첩경이다.

(2) 폭넓은 견문과 대조, 연마는 일의 성취에 큰 도움이 된다.

(3) 각자의 원을 이룬다는 것은 그 원에 대하여 전문가적 입장에서 부단한 연마를 통해 시행착오를 줄이는 것이다.

(4) 수도인으로 견성성불을 목적함에 있어 교리연마, 행동의 성찰과 대조는 필수적인 일이다.

7. 관련법문

☞「과거에는 불법승 삼보를 신앙하는 데에만 그쳤으나 우리는 삼보를 신앙하면서 불법을 생활에 부합시켜 활용하나니, 이것이 곧 산 불법의 신앙생활이요, 인과보응 되는 이치를 알아서 매일매일 옳은 일을 하는가, 그른 일을 하는가 항상 자기가 자기를 대조하여 30계문을 엄숙하게 지키고 솔성요론을 실천궁행하여 삼대력 얻어 나가는 대중을 잡는 것이 곧 종교심이니라」(『대종경선외록』, 17.선원수훈장 6장).

☞「견성이라 하는 것은 비하건대 거부 장자가 자기의 재산을 자기의 재산으로 알지 못하고 지내다가 비로소 알게 된 것과 같고, 솔성이라 하는 것은 이미 자기의 소유인 것을 알았으나 전일에 잃어버리고 지내는 동안 모두 다른 사람에게 빼앗긴 바 되었는지라, 여러모로 주선하여 그 잃었던 권리를 회복함과 같나니라」(『대종경』, 성리품 8장).

☞「솔성에 세 가지 단계가 있으니, 첫째 바른 마음이 들어서 육근을 거느리니 率이요, 둘째 원만구족하고 지공무사한 자성을 따르니 循이며, 셋째 자성 본원을 깨쳐 희로애락을 중도에 맞게 쓰니 用이다. 솔성요론의 솔은 첫 단계에 해당된다」(『한울한 한이치에』, 제3장 일원의 진리 78장).

8. 솔성요론의 형성사

솔성요론은 소태산 대종사의 대각 후 「몽각가」 가사에 처음 발견된다. 그리고 원기 11년 『불법연구회 규약』에도 솔성요론이 나타나며, 원기 17년 『육대요령』에 솔성요론 등 교리가 체계화되었다. 뒤이어 『불교정전』과 현 『정전』으로 전개되면서 솔성요론의 조항과 목차가 다소 변경되기에 이르렀다.

1) 소태산의 가사 「몽각가」에 솔성요론이 처음 발견된다.

☞「몽각가(1917년~1923년경)에 실린 솔성요론은 16개 항목으로 현재의 솔성요론과 같다. 그러나 항목의 순서가 다르고 내용 가운데 2개 항목이 현재와 다른 내용으로 구성되어 있다」(신순철, 「몽각가와 소태산 가사 수록 문헌 연구」, 『원불교사상과 종교문화』 29집, 원불교사상연구원, 2005, p.276).

2) 『불법연구회규약』(1927년)에 계문 및 솔성요론이 나타난다.

☞「(1927년 최초의 교서) 『불법연구회규약』에는 규약과 세칙 외에도 불법연구회 유래와 취지, 연구인의 공부 순서 및 연구 강령 등 교리의 대강과 30계문, 솔성요론, 고락에 대한 법문, 응용할 때 주의사항, 교무부(교당)에 와서 하는 책임 등과 회중 세칙 14항을 밝혀 처음 입회한 회원의 기초과정에 상당히 비중을 둔 입문서의 성격을 가진 교서라 하겠다」(박용덕, 『천하농판』, 도서출판 동남풍, 1999, p.183).

3) 『육대요령』(1932년)에 솔성요론 등 교리가 체계화되었다.

☞「『육대요령』에서 『정전』에 이르기까지 꾸준히 계승되고 있는 것은 교리도, 사은, 사요, 삼학, 팔조, 계문, 솔성요론, 최초법어 등이다. 따라서 원불교의 기본 교리는 『육대요령』에서부터 확고하게 틀이 잡혀져 왔으며, 그 밖의 다양한 교리는 지속적으로 체계화되었음을 알 수 있다. 특히 『불교정전』은 편찬 당시의 시대적 영향을 많이 받아서 불교적인 내용이 많이 첨가되었다」(고시용, 「정전의 결집과 교리의 체계화」, 『원

불교학』 제9집, 한국원불교학회, 2003.6, p.274).

4) 1942년 솔성요론의 제3조 "사람만 믿지 말고 그 법을 믿을 것이요"를 제1조로 바꾸었다.

☞「원기 24년 7월경, 황가봉 순사가 대종사에게 물었다. "선생님도 육신을 가지신지라 어느 때인가는 세상을 떠나실 터인데, 그 뒤에도 이 불법연구회가 그대로 계승되어 나갈까요?" "참으로 좋은 말을 물었다. 대개의 종교단체는 교주를 신봉하고 있는 고로 그 사람이 죽으면 흐지부지되고 마는 것이 흔한 일이나 이 불법연구회는 나 개인을 믿기보다 내가 낸 법을 옳다고 신봉하기 때문에 내가 죽어도 내 법은 영원히 계승할 것이다." 대종사는 즉시 사무실의 송도성을 불러 솔성요론 3조 "사람만 믿지 말고 그 법을 믿을 것이요"를 "제1조로 돌려라"(1942)하면서 매우 기쁜 표정을 지었다」(황이천, 내가 내사한 불법연구회, 원불교신보 112호 참조).

5) 『불교정전』(1943년) 제9장의 솔성요론이 현 『정전』(1962년)에서는 12장 솔성요론으로 바뀌었다.

☞「1) 사람만 믿지 말고 그 법을 믿을 것이요, 2) 열 사람의 법을 응하여 제일 좋은 법으로 믿을 것이요, 3) 사생 중 사람이 된 이상에는 배우기를 좋아할 것이요 … 16) 어떠한 원을 발하여 그 원을 이루고자 하거든 보고 듣는 대로 원하는 데에 대조하여 연마할 것이니라」(『정전』, 제3수행편, 제12장 솔성요론).

9. 솔성요론과 일원상의 관계

일원상은 우주 만유의 본원이니, 삼라만상이 성품에 근거하고 있다. 이에 육근을 사용함에 있어 일원상에 근거하여 원만구족하고 지공무사하게 하는 것이 솔성이다. 곧 일원의 진리에 대한 솔성은 무념행, 무착행, 중도행으로 이어짐을 말하며, 구체적으로 성품을 거느림에 있어 정의를 실천하는 작업취사에도 관련된다. 또한 솔성요론은 일원상 진리의 공원정에 있어 정에 관련된다.

1) 일원상은 우주 만유의 전체이니, 어느 것 하나 성품 아닌 것이 없으므로 바르게 솔성을 해야 한다.

☞「솔성의 의의 … 일원상은 곧 우주만유 전체이니 어느 것 하나 진리 아님이 없고 성품 아님이 없는 것이다. 고로 본래의 같은 성질이나

현재의 각각 다른 특성과 습관성이 전부 성품 아님이 없는 것이다」(신
도형, 『교전공부』, 원불교출판사, 1992, p.445).

**2) 일원상과 같이 원만구족하게 마음을 사용하는 것이 솔성요론
이다.**

☞「(솔성요론은) 일원과 같이 원만구족한 것으로서 마부가 말을 잘
거느리듯이 정심이 사심을, 도심이 인심을 잘 거느려서 자유자재한 경
지가 되기까지 공부를 하자는 것으로, 이것은 주로 작용하는 데로 그
결과가 나타나게 되는 것이다」(서경전, 『교전개론』, 원광대학교출판국,
1991, p.435).

3) 일원의 진리에 있어 솔성은 무념행, 무착행, 중도행이다.

☞「일원의 진리를 요약하여 말하자면 곧 공과 원과 정이니 … 솔성
에 있어서는 모든 일에 무념행을 하는 것이 공이요, 모든 일에 무착행
을 하는 것이 원이요, 모든 일에 중도행을 하는 것이 정이니라」(『대종
경』, 교의품 7장).

4) 일원상 수행의 작업취사가 솔성요론의 의미를 지닌다.

☞「일원의 원리를 깨닫는 것은 견성이요, 일원의 체성을 지키는 것
은 양성이요, 일원과 같이 원만한 실행을 하는 것은 솔성인 바, 우리 공
부의 요도인 정신수양 사리연구 작업취사도 이것이요」(『대종경』, 교의
품 5장).

5) 일원상 진리의 공원정에서 볼 때 정은 솔성요론과 관련된다.

☞「(공원정의 正) 현재의 개인 가정 사회 국가 세계가 평화롭지 못
한 것은 공정한 마음을 쓰지 못했기 때문이니 대종사님께서 삼십계문,
솔성요론 등을 내 놓으셔서 바른 마음을 갖게 하셨으며 과거 성현들도
다 그러하셨나니라」(『정산종사법설』, 제8편 편편교리, 14. 공원정).

10. 솔성요론의 특징

마음공부에 있어 계율이 금지와 관련된다면 솔성요론은 권면과
관련된다. 이처럼 솔성요론은 나의 선한 성품을 잘 지켜가는 것
이며, 또한 자기 본연의 성품을 회복하는 것이다. 이에 솔성요론
은 현실생활에서의 인품을 함양하는 자율적 마음 활용의 공부이
며, 불공법으로서 실지불공이다. 솔성요론 16항목 모두가 불공의
측면에서 솔성하자는 것이다. 정의실행을 통한 온전한 성품 발휘

를 지향하기 때문이다.

1) 계문은 금지를 지향한다면, 솔성요론은 권면 성격을 지닌다.

☞「우리 중생들은 이 이치를 알지 못하고 찰나 찰나에 생각나는 대로, 보는 대로, 듣는 대로 욕심을 채우려 하다가 한없는 죄를 짓게 되나니 그러므로 우리는 이 그름을 결단코 끊어야 할 것이니라. 그 방법은 먼저 30계문을 죽기로써 범치 아니하고 솔성요론을 죽기로써 실행하며, 또한 매일 일기법으로써 대중을 잡아 하나 둘, 하루 이틀 내지 일평생 영생을 두고 그름을 끊을지니라」(『정산종사법설』, 제9편 불교정전 의해, 10. 일상수행의 요법 3조).

2) 솔성요론은 선한 성품을 지켜가는 것이 강점이다.

☞「몇 가지의 주의와 결심 … 7) 신년부터는 될 수 있는 정도까지 염불, 좌선, 경전연습 시간 등을 일정하게 지켜보리라. … 10) 이 세상은 실로 위험하나니 항상 박빙을 밟는 듯이 억천만 경계에 전전긍긍하리라. 11) 계문을 범치 말고 솔성요론을 잘 지키며 넓은 세상의 모든 선악을 다 나의 스승으로 섬기리라」(『월말통신』 22호, 1929년 2월/구타원종사 법문집 편집위원회 편, 『인생과 수양』, 원불교출판사, 2007, pp.73-74).

3) 솔성요론은 성품의 자기 권리를 회복하는 것이 특징이다.

☞「한 제자가 여쭈었다. "『대종경』 성리품 8장에 '견성은 자기 물건인 줄을 아는 것이요, 솔성은 그것을 찾고 권리를 회복하는 것이다' 하셨는데, 그러면 양성은 어떻게 하는 것이 되겠습니까?" "양성은 그것을 정리하는 것이다. 가령 돈 천원이 있는데 이것이 내 것인 줄을 알면 견성이요, 쓰기 편하게 단위 별로 백원짜리, 10원짜리를 따로 정리하는 것은 양성이요, 물가대로 돈을 주고 물건을 잘 사는 것은 솔성이다." (『한울한 한이치에』, 제3장 일원의 진리 83장).

4) 솔성요론은 현실에서의 실천이 강조되는 마음 공부법이다.

☞「16조로 이루어진 솔성요론은 30계문과 더불어 현실생활에서의 실천이 강조되는 마음 공부법이므로 각 조목들을 마음에 새겨 언제 어디서나 활용함으로써 순리적인 삶, 법도 있는 삶, 인격이 향상되는 삶을 가꾸어 가도록 하는 간절한 조언이다」(오도철 외, 『원불교정전 길라잡이』, 원불교 교화연구소, 2000, p.243).

5) 솔성요론은 실지불공의 특성을 지닌다.

☞「처음에 경제적인 기초를 만들기 위해서 '이소성대는 천리의 원칙' 이라 하여 먼저 금주금연과 보은미 저축과 공동출역으로 구인 선진

님과 함께 언답을 막으셨다. 솔성요론을 연결시켜 볼 때에 길룡리 앞
바닷물 내왕하는 간석지에 언답을 만드신 것은 자연에 대한 대불공이
다. 실지불공을 구인선진에게 교리적 설법은 안 하셨지만, 천지에 대한
실지불공을 가르쳐 주신 것이고, 구인선진이 산상기도에서 혈인성사가
난 것은 진리불공의 실지를 체험시킨 것이다」(박장식, 『평화의 염원』, 원
불교출판사, 2005, p.230).

6) 솔성요론의 정신은 정의실행에 초점이 맞추어져 있다.

☞「소태산 대종사는 우리의 마음을 통솔하는 요론으로 솔성요론을
제시해 주었다. 그 중에서 핵심은 정당한 일이거든 아무리 하기 싫어도
죽기로써 할 것이요(13조), 부당한 일이거든 아무리 하고 싶어도 죽기
로써 아니할 것이요(14조) 이 두 조항이다. 하나는 행동과 더불어 인생
의 자유를 누리고 평안하며 혹자인생이라는 감사의 결산서가 나온다.
반대의 경우에는 속박이요 불행이며 적자인생이라는 원망의 결산서가
나온다」(장연광, 『마음공부의 이론과 실제』, 도서출판 한맘, 2008,
p.180).

11. 솔성요론과 계율의 관계

솔성요론과 계율의 동이점을 모색해 본다. 곧 솔성요론은 자율
적 측면에서 권면하는 조항이라면 계문은 다소 타율적 금지조항
에 해당한다. 취사의 선택에서 取는 솔성요론이라면 捨는 계율이
라는 의미이다. 따라서 계율은 소승적 측면에 가깝다면 솔성요론
은 대승적 측면에 가깝다고 할 수 있다. 하지만 양자 모두가 중
도행에 목표를 두고 마음병 치료에 도움을 주는 공통점이 있다.

1) 계율은 타율적 성향이라면 솔성요론은 자율적 실천이다.

☞「소태산은 무조건적으로 계율을 강조하기 보다는 솔성요론을 상기
하여 자율적 계율실천을 유도하였다. 더불어 일기법이나 훈련법 등의
자연스런 교화방법을 통해 계율을 실천하도록 유도하는 그의 교화 무량
방편은 타종교의 귀감이 될만하다」(류성태, 『원불교와 동양사상』, 원광
대학교출판국, 1995, p.608).

2) 취하는 공부는 솔성요론이라면 버리는 공부는 계문이다.

☞「취사하는 공부 : 옳은 판단을 얻은 후에 바로 취사해서 결단 있
게 실천하고, 취사력=부도 안난 수표. 取=솔성요론 사은보은 사요실천,

捨=삼십계문 사은배은」(『정전대의』-대산종사법문 1집, 24. 상시응용 6조공부, 3. 취사공부).

3) 계율은 소승적 의미에서 '하지 말라' 는 것이라면, 솔성요론은 대승적으로 '하라' 는 성격을 지닌다.

☞「대승의 윤리는 단순히 계율을 지키는데 그치지 않고 적극적으로 선을 행하며 널리 일체 유정을 이롭게 하는 것을 목표로 한다. ~을 하지 말라는 소극적 계율을 止持戒라고 하고, 이에 반하여 ~을 하라고 적극적으로 5계를 해석하는 것을 作持戒라고 한다」(김용표, 「불교 오계의 지구윤리적 지평과 종교교육」, 『종교교육학 연구』, 제20권, 한국종교교육학회, 2005.5, p.25).

4) 계문과 솔성요론은 궁극적으로 중도행을 하자는 공부이다.

☞「밖으로 계문을 범치 말고 솔성요론을 실행해서 오직 중도를 행하는 공부니라」(『정전대의』-대산종사법문 1집, 수신강요 1, 91. 수행의 구경3문).

5) 계문과 솔성요론을 통해 마음병의 치료에 정성을 다한다.

☞「여러분 잘 생각해 보자. 지금 30계문을 하나도 범하지 않고 일정을 잘 지켜 나가는가? 또 우리가 실행할 때는 솔성요론을 잘 실행하는가? 이거 간단한 것이다. 여러 말 길게 할 것 없이 간단한 이 방법을 알아가지고 이것으로써 우리가 내 마음의 병을 고쳐나가는 개척의 길을 열어나가야 한다」(성정철, 원기62년 2월 21일 예비교역자 동계훈련법문/성산종사문집간행위원회, 『성산종사문집』, 원불교출판사, 1992, p.173).

12. 성품과 솔성요론

솔성요론이란 감정표출 이전(未發)의 성품을 거느리는 요긴한 방법을 말한다. 이른바 심법의 적공 곧 용심법으로서 참 성품을 거느리는 인격함양이 솔성요론이다. 원만구족하고 지공무사한 성품을 견지하는 공부라는 뜻이다. 그리고 성품을 거느리는 표준으로서의 道이므로 솔성요론은 도를 근본으로 하는 요론이다. 솔성요론에 있어 솔성이란 삼계육도를 임의 자재하는 것이다. 결국 솔성을 통해 참 나를 발견, 正心이 사심을 지배하게 된다.

1) 우리의 감정 표출 이전의 본래 성품을 거느리는 것이 솔성이요, 그 요체가 요론이다.

☞「솔성이란 성품을 거느린다는 말이니 성품은 우리들 본래의 마음,

즉 모든 감정이 표출되기 이전의 본래 마음을 이름한다」(서경전, 『교전
개론』, 원광대학교출판국, 1991, p.435).

2) 심법의 적공, 곧 성품을 거느리는 용심법이 솔성요론이다.

☞「솔성요론은 한 인간으로서 완전한 구실을 하기 위해서 그의 성품
을 거느려 用心하는 표준적인 법문으로서 먼저 정신적인 지주를 가지고
정견을 하며, 심법을 골라서 적공을 들이어 안으로 인격을 갖춘 후에
대인관계를 가장 원만하기 하기 위하여 은악양선으로써 이해의 폭을 넓
히고, 굳건히 정의를 실천하고 정의를 세워 무위이화로써 교화하되 끊
임없는 정성으로 인생을 살아가면 마침내 대원을 성취하리란 법문인 것
이다」(이은석, 『정전해의』, 원불교출판사, 1985, p.223).

3) 솔성요론은 원만구족하고 지공무사한 성품을 활용함이다.

☞「(솔성요론의) 솔성은 첫째 마음 세계뿐 아니라 천지 만물을 잘
거느려 쓰는 것이다. 둘째 착한 마음에 따라만 가는 것이 아니라 나쁜
마음도 고쳐가면서 쓰는 것이다. 셋째 원만구족하고 지공무사한 성품을
철저히 깨쳐서 천만 사물을 처리하고 응용할 때 원만하고 공변되게 하
는 것이다」(한정석, 『원불교 정전해의』, 도서출판 동아시아, 1999,
p.534).

4) 성품을 거느리는 표준은 도이므로 솔성요론은 도를 근본으로 하는 요론이다.

☞「솔성의 표준 : 솔성은 도로써 하고 인사는 덕으로써 한다」(안이
정, 『원불교교전 해의』, 원불교출판사, 1998, p.774).

5) 솔성요론에 있어 솔성의 목적은 삼계육도를 임의 자재하는 것이다.

☞「行率性要論(솔성요론의 실천)=삼계육도 임의자재」(『정전대의』-대
산종사법문 1집, 24. 상시응용 6조공부, 3. 취사공부).

6) 솔성 곧 참 나의 주인을 찾아야 正心이 사심을 지배한다.

☞「우리는 먼저 나의 주인을 찾아서 주인이 앉아서 우리의 행동을
명령 지휘하는 입장이 되어야 비로소 마음의 평정을 얻을 것이다. 나의
주인인 正心이 육체를 지배해야 되며, 정심이 사심을 지배해야 되며, 정
심이 환경을 지배해서 참다운 주인 노릇을 할 때 매사에 경거망동을 안
할 것이다」(숭산문집편집위원회, 『일원상과 인간의 관계』, 원광대학교출
판국, 1985, pp.161-162).

13. 솔성요론의 연계사상

원불교의 솔성요론은 유교의 『중용』에 나오는 솔성지도와 요순이 말한 性之에 관련되며, 이는 천리를 따르고 성인의 본성을 실현하는 것과 통한다. 이에 정산종사는 유교를 중도 및 솔성의 도로 보아 성불의 길로 활용하고자 하였다. 하여튼 솔성요론의 솔성이란 제불제성이나 전성후성이 추구하는 바이며, 소태산 대종사는 16조의 솔성요론을 밝혀 유불도의 일면적 수행을 일원상으로 통합 활용하는 지혜를 발휘하였다.

1) 솔성요론은 『중용』의 솔성지도를 활용하는 것과 관련된다.

☞「대종사 송벽조에게 "중용의 率性之道를 해석하여 보라" 하시니, 그가 사뢰기를 "유가에서는 천리 자연의 도에 잘 순응하는 것을 솔성하는 도라 하나이다." 대종사 말씀하시기를 "천도에 잘 순응만 하는 것은 보살의 경지요, 천도를 잘 사용하여야 부처의 경지이니, 비하건대 능한 기수는 좋은 말이나 사나운 말이나 다 잘 부려 쓰는 것과 같나니라. 그러므로 범부 중생은 육도의 윤회와 십이인연에 끌려 다니지마는 부처님은 천업을 돌파하고 거래와 승강을 자유 자재하시나니라"」(『대종경』, 불지품 6장).

2) 성리품에서 솔성을 강조함은 『중용』의 솔성, 그리고 요순의 성품대로 행함(性之)과 상통한다.

☞「성리품 8장에 견성에서 솔성으로 차원을 높여 말한 것은 유가의 率性之謂道(中庸)의 率性이며 堯舜은 '性之'라 할 때의 성품대로 행한다는 뜻과 상통함을 본다」(류승국, 「유교사상과 원불교」, 『원불교사상』 제5집, 원불교사상연구원, 1981. pp.257-258).

3) 솔성요론의 솔성은 유교의 천리를 따르는 것이요 성인의 본성을 실현하는 것이다.

☞「마음의 본성(心體)은 하늘의 본성과 일치하며 솔성하는 도는 마음의 본성의 자연한 발현이기 때문에 마음과 하늘과 도 또한 일원적 체계를 지니게 된다. 이에 修道의 敎를 성인의 교화로 보는 주희와 달리 왕양명은 자연한 본성 발현으로서의 솔성의 도를 성인의 본성 실현으로 규정하고 있는 것이다」(김세정, 「왕양명의 생명 중심의 일원론적 『중용』 해석」, 『동서철학연구』 제22호, 한국동서철학회, 2001년 12월, p.216).

4) 정산종사는 유교를 중도 및 솔성의 도로 보아 성불의 길로

활용하였다.

☞「정산은 유교를 중도주의, 솔성의 도로 이해하며, 유교의 정맥을 程子 朱子에 두고 그의 이론을 교리 설명에 활용하였다. 그리고 불편불의 무과불급의 중도를 잡아 써야만 쉽게 성불할 수 있다고 하여 중도를 강조하였다」(천인석, 「유교의 혁신운동과 송정산」, 정산종사탄생100주년 기념 추계학술회의《전통사상의 현대화의 정산종사》, 한국원불교학회, 1999.12, p.54).

5) 솔성요론의 솔성은 제불제성이 추구하는 바이다.

☞「예로부터 도가에서는 심전을 발견한 것을 견성이라 하고 심전을 계발하는 것을 양성과 率性이라 하나니, 이 심전의 공부는 모든 부처와 모든 성인이 다 같이 천직으로 삼으신 것이요, 이 세상을 선도하는 데에도 또한 그 근본이 되는 것이니라」(『대종경』, 수행품 60장).

6) 솔성요론은 전성 후성이 실천하는 도이다.

☞「성인들의 쉬지 않는 세 가지 솔성의 도 : 1) 誠이니, 늘 한결같이 정성하고 거짓 없는 마음이요, 2) 敬이니, 늘 한결같이 공경하고 조심하는 마음이요, 3) 信이니, 늘 한결같이 법 받아서 배우고 가르치는 마음이니라. 이상 성경신의 공부는 전성 후성이 서로 이어 전하시는 심법이라, 오래 계속하면 자연 무량한 복록과 수명과 큰 지혜와 능력과 보은이 이에 따라 이루어지나니라」(『정전대의』-대산종사법문 1집, 수신강요 1, 86. 성인들의 쉬지 않는 세 가지 솔성의 도).

7) 불교와 유교와 도교는 견성 양성 솔성의 일면에 치우친 면이 있으나 소태산 대종사는 이를 일원화하여 활용하였다.

☞「불가에서는 우주만유의 형상없는 것을 주체삼아서 생멸없는 진리와 인과보응의 이치를 가르쳐 전미개오의 길을 주로 밝히셨고, 유가에서는 우주 만유의 형상 있는 것을 주체삼아서 삼강오륜과 인의예지를 가르쳐 수제치평의 길을 주로 밝히셨으며, 선가에서는 우주자연의 도를 주체삼아서 양성하는 방법을 가르쳐 청정무위의 길을 주로 밝히셨나니 … 우리는 이 모든 교리를 통합하여 수양 연구 취사의 一圓化와 또는 영육쌍전·이사병행 등 방법으로 모든 과정을 정하였나니, 누구든지 이대로 잘 공부한다면 다만 삼교의 종지를 일관할 뿐 아니라 세계 모든 종교의 교리며 천하의 모든 법이 다 한 마음에 돌아와서 능히 사통오달의 큰 도를 얻게 되리라」(『대종경』, 교의품 1장).

14. 보충해설

원불교의 솔성요론은 모두 16조항이 있다. 계문은 불의·비양심과 관련되는 일을 하지 말라는 금지의 조항이라면, 솔성요론은 정의로운 일, 양심에 관련되는 일을 적극 권면하는데 특징이 있다. 이를테면 열 사람의 법을 응하여 제일 좋은 법으로 믿으라든가, 정당한 일이거든 아무리 하기 싫어도 죽기로써 하라는 것이다. 따라서 率性이란 정당한 일을 실천함과 더불어 성품을 잘 거느린다는 것으로 우리의 맑은 성품을 따라 불성을 잘 발현하여 정화신불이 되라는 뜻이다.

솔성의 의미를 새겨볼 때 성자들의 가르침을 새겨볼 필요가 있다. 이를테면 『대순전경』 제1장 천사의 탄강과 유소시대 4장에서는 "점차 자라심에 얼굴이 원만하시고 率性이 관후하시며 총명과 慧識이 출중하시므로 모든 사람에게 경애를 받으시니라"고 하였다. 솔성이 관후하다는 것은 성품을 거느림에 있어 너그럽고 후의를 베푼다는 것으로 최수운, 강증산 및 소태산 대종사의 성자적 인품을 연상할 수 있다. 덧붙여 『중용』에서도 率性之謂道라 하여 성품을 거느리는 솔성이야말로 도 그 자체라 하였으니, 공자의 인품도 다른 것이 아니다.

중요한 것은 원불교의 솔성요론을 실천함에 있어 소태산의 본의가 어디에 있는가를 상기하며 지속적인 실천이 뒤따라야 한다는 점이다. 이를테면 솔성요론 1조를 보면 사람만 믿지 말고 그 법을 믿을 것이라 했는데, 대종사가 열반 전에 3조였던 본 조항을 1조로 바꾼 본의를 생각해볼 필요가 있다. 곧 솔성이란 정법대도의 계승을 표준으로 하여 지속적인 적공을 하라는 소태산의 본의가 분명하게 나타난다. 이에 16조항 모두 소중한 실천항목으로 삼아, 정진 적공의 요법으로 인지하자는 것이다.

15. 연구과제

1) 솔성요론이란 무엇인가?
2) 솔성요론과 계문의 관계는?

3) 사람만 믿지 말고 그 법을 믿으라는 의미는?

4) 열 사람의 법을 응하여 제일 좋은 법으로 믿으라는 것은?

5) 솔성요론 1조에 대하여 아는 바를 쓰시오.

6) 솔성요론 중에서 체험한 조항이 있다면 자신의 종교체험과 관련하여 언급하시오.

16. 고시문제

1) 솔성요론의 개념을 정리하고 그 내용을 논술하시오.

2) 솔성요론 16조의 체험을 쓰시오.

제13장 최초법어

○ 「최초법어」의 원문

1. 수신의 요법
1. 시대를 따라 학업에 종사하여 모든 학문을 준비할 것이요,
2. 정신을 수양하여 분수 지키는데 안정을 얻을 것이며, 희로애락의 경우를 당하여도 정의를 잃지 아니할 것이요,
3. 일과 이치를 연구하여 허위와 사실을 분석하며 시비와 이해를 바르게 판단할 것이요,
4. 응용할 때에 취사하는 주의심을 놓지 아니하고 지행을 같이 할 것이니라.

2. 제가의 요법
1. 실업과 의식주를 완전히 하고 매일 수입 지출을 대조하여 근검 저축하기를 주장할 것이요,
2. 호주는 견문과 학업을 잊어버리지 아니하며, 자녀의 교육을 잊어버리지 아니하며, 상봉하솔의 책임을 잊어버리지 아니할 것이요,
3. 가권이 서로 화목하며, 의견 교환하기를 주의할 것이요,
4. 내면으로 심리 밝혀 주는 도덕의 사우가 있으며, 외면으로 규칙 밝혀주는 정치에 복종하여야 할 것이요,
5. 과거와 현재의 모든 가정이 어떠한 희망과 어떠한 방법으로 안락한 가정이 되었으며, 실패한 가정이 되었는가 참조하기를 주의할 것이니라.

3. 강자 약자의 진화상 요법
1. 강약의 대지를 들어 말하면 무슨 일을 물론하고 이기는 것은 강이요 지는 것은 약이라, 강자는 약자로 인하여 강의 목적을 달하

고 약자는 강자로 인하여 강을 얻는 고로 서로 의지하고 서로 바탕
하여 친불친이 있나니라.

2. 강자는 약자에게 강을 베풀 때에 자리이타법을 써서 약자를 강
자로 진화시키는 것이 영원한 강자가 되는 길이요, 약자는 강자를
선도자로 삼고 어떠한 천신만고가 있다 하여도 약자의 자리에서 강
자의 자리에 이르기까지 진보하여 가는 것이 다시없는 강자가 되는
길이니라. 강자가 강자 노릇을 할 때에 어찌하면 이 강이 영원한 강
이 되고 어찌하면 이 강이 변하여 약이 되는 것인지 생각 없이 다만
자리타해에만 그치고 보면 아무리 강자라도 약자가 되고 마는 것이
요, 약자는 강자되기 전에 어찌하면 약자가 변하여 강자가 되고 어
찌하면 강자가 변하여 약자가 되는 것인지 생각 없이 다만 강자를
대항하기로만 하고 약자가 강자로 진화하는 이치를 찾지 못한다면
또한 영원한 약자가 되고 말 것이니라.

4. 지도인으로서 준비할 요법
1. 지도받는 사람 이상의 지식을 가질 것이요,
2. 지도받는 사람에게 신용을 잃지 말 것이요,
3. 지도받는 사람에게 사리를 취하지 말 것이요,
4. 일을 당할 때마다 지행을 대조할 것이니라(『정전』 제3 수행편,
제13장 최초법어).

1. 최초법어의 등장배경

최초법어는 1916년 범현동 이씨재각에서 처음 설해졌으니, 소
태산의 초기경륜이 그대로 담겨 있으며, 이는 제자들의 성불제중
에 대한 방향 설정에 도움이 되었다. 이를테면 최초법어의 성향
인 수제치평의 강령이 이와 관련된다. 주지하듯이 최초법어는 시
국에 대한 감상과 새 세상 건설이라는 글에서 발단이 되었다. 서
구문명의 등장과 더불어 종교와의 갈등으로 사회혼돈이 심해지자
인류 구원의 방법에서 소태산은 최초법어를 등장시킨다. 곧 최초
법어는 선후천 교역기의 말세 현상에 대한 역사적 시각에서 제생
의세의 경륜을 펼치려는 시대적 배경과 더불어 등장한 것이다.

1) 최초법어는 1916년 범현동 이씨재각에서 설해졌다.

☞「1916년 이른바 최초법어를 설한 장소로 알려진 범현동 이씨재각, 1918년 5월부터 다음해 4월까지 약 1년 동안 초기 제자들과 더불어 갯벌을 막아 간척지로 만든 정관평, 간척지 개척공사 기간 중에 제자들의 집회실로 삼기 위해 지은 구간도실, 간척지 개척공사를 무사히 마친 기념으로 1919년 4월에 자연석에 시멘트를 발라 만든 준공기념비인 題名 바위, 간척지 개척공사가 끝난 뒤 9인제자들과 함께 기도 결사를 조직하여 200일 동안 산상기도를 올렸던 9개의 기도봉…」(박맹수, 「원불교 종교문화유산의 보존 및 활용방안」 소태산사상연구원 학술세미나 《근대 종교 문화유산의 보존과 전승》, 한국역사민속학회, 2004.9.10, pp.84-85).

2) 소태산의 제생의세 경륜이 최초법어에 나타나며, 이는 창립 제자들의 공부 방향에 도움이 되었다.

☞「정산종사, 낮에는 토굴 속에서 그 동안 대종사께서 설하신 최초법어와 『법의대전』 등을 무수히 읽어 다 외우고 저축조합 문서를 열람하여 대종사와 여덟 단원들이 진행하여 온 자취를 살피고, 인기척이 없을 때에는 잠시 밖에 나와 방언공사 진행과정도 바라보았다. 밤이 되면 대종사를 모시고 여덟 단원들과 함께 공부와 사업에 대한 여러 가지 이야기를 나누었다」(박정훈, 『정산종사전』, 원불교출판사, 2002, p.117).

3) 당시 일제식민지 상황에서 수신·제가의 요법은 구체화할 수 있었으나, 치국·평천하의 도는 대체 강령만을 밝혔다.

☞「최초법어의 내용을 보면 수신의 요법, 제가의 요법, 강자 약자의 진화상 요법, 지도인으로서 준비할 요법으로 되어 있다. 이는 곧 수신, 제가, 치국, 평천하의 도를 구상하였던 것이라 생각되는데, 우리나라가 당시 일제의 식민지 치하에 있었기 때문에 수신, 제가의 도만을 구체적으로 밝히고 치국, 평천하의 도에 대해서는 대체적인 강령만을 들어준 것이라 생각된다」(안이정, 『원불교교전 해의』, 원불교출판사, 1998, pp.810-811).

4) 최초법어는 소태산 대종사의 '시국에 대한 감상'과 새 세상 건설의 대책으로 설해진 것이다.

☞「최초법어의 선포 배경으로써 소태산은 안으로 모든 교법을 참고한 후, 다시 밖의 시국을 살펴보고 정신도덕의 부활과 사회구제의 시급함을 알게 된 데에 기인한다. 그는 시국에 대한 감상과 그에 따른 새

세상 건설의 대책을 최초법어로 발표하였다」(류성태, 「원불교 사회윤리
의 유교적 접근-최초법어와 수제치평을 중심으로」, 『원불교학』 창간호,
한국원불교학회, 1996, p.295).

 5) 서구 과학문명의 급진적 진보는 종교와 대립하게 되었고, 이
러한 대립의 혼돈상황에서 소태산은 인류 구원의 방법으로 최초
법어를 등장시킨다.

　☞「서양에서 발달된 과학의 급진적 진보는 서구적 사상의 기초를 이
루고 있던 종교의 사상과의 관계에서 여러 면에서 대립하게 되었다. 이
러한 경향은 전 세계화하였다. … 소태산은 이처럼 달라진 세계의 상황
을 바로 인도하고 혼돈 속의 인간을 구제하기 위하여 대각의 경지에서
새로운 변화의 방법을 모색했다. 대각과 더불어 구원의 뜻을 가지고 당
시의 사회를 바라본 견해는 그러한 방법적 특성을 드러내 보이고 있다.
최초법어는 이러한 의미에서 중요시되어야 할 것이다. 교리의 체계를
갖추어 구체화한 내용은 최초법어 중에서 그 성격이 제시되어 있었음을
알 수 있다」(한종만, 「최초법어 연구」, 『원불교사상』 제2집, 원불교사상
연구원, 1977, pp.83-84).

 6) 최초법어는 국가와 세계, 종교와 도덕의 말세 현상을 직시하
고 제생의세의 경륜을 펼치려는 시대적 배경을 지니고 있다.

　☞「최초법어 발표 시의 역사적 사회적 사상적 배경 : ① 급격히 밀
려오는 서구 물질문명이 초래할 세계와 인류의 위기를 비추어 내다보
고, ② 무지와 빈곤으로 나라를 잃어버린 민족적 위기를 비추어 내다보
고, ③ 종교와 도덕의 말법현상에서 정신적 지주를 잃어버린 인류의 위
기를 비추어 내다보고, 이러한 역사적 사회적 사상적 배경을 가지고 펼
친 시국관이요 제생관이며 의세관이라 할 것이다」(이은석, 『정전해의』,
원불교출판사, 1985, p.226).

2. 최초법어의 의미

 최초법어란 소태산 대종사가 깨달음을 얻은 후 사회구제의 방
법으로서 최초로 설한 법설이다. 이는 새 회상을 창립한 후 사회
구제책의 교의적 접근인 것이다. 구체적으로 말해서 회상건설의
첫 기반이요 중생 제도의 요강이라는 것이다. 여기에는 교법의
기본강령과 사회향도의 성격을 담고 있다. 그것은 정신개벽이라

는 것에 초점을 맞추어 개인 가정 사회 국가 세계를 진화시키기 위해 교법의 실천을 유도하고 있다. 또한 최초법어는 인간의 보람과 인류 교화를 위한 방법을 제시하고 있으며, 일체생령을 광대무량한 낙원건설로 인도하고자 하는 것이다.

1) 최초법어는 소태산의 대각 후 사회구제의 방법으로서 최초로 설해진 법어라는 시원적 의미가 크다.

☞「원불교의 사회참여 정도는 앞으로 최초법어를 얼마나 인류사회에 실현하느냐와 결부된다. 최초법어 자체가 사회구제의 강한 메시지를 담고 있기 때문이다. 소태산이 깨친 진리의 모습은 시대적 상황을 고려하여 최초의 법어라는 형식을 띤 사회구제의 방법으로 묘사되어 있으므로, 최초로 설법된 법어라는 자의를 숙고하여야 한다」(류성태, 「원불교 사회윤리의 유교적 접근-최초법어와 수제치평을 중심으로」, 『원불교학』 창간호, 한국원불교학회, 1996, p.297).

2) 새 회상을 창립한 후 사회 구원을 위한 첫 교의적 접근이다.

☞「(소태산은) 개교의 표어로서 "물질이 개벽되니 정신을 개벽하자" 하여 정신개벽을 위해 교문을 열어 새 시대 새 종교로서 새 회상을 열게 되었다. 새 회상을 열어 최초로 모인 제자들에게 당시 사회의 구제책으로 구상된 교의를 최초로 발표한 법문이기 때문에 최초법어라 한 것이다」(안이정, 『원불교교전 해의』, 원불교출판사, 1998, p.810).

3) 회상건설의 첫 기반이요 세간법 위주의 중생 제도를 위한 요강이다.

☞「최초법어란 대종사가 대오분상에서 "만유가 한 체성이요 만법이 한 근원이로다" 하고, 구인 제자들에게 최초로 설한 법문이다. 이 회상건설의 기반이요, 장차는 무량대중을 지도 육성할 요강을 말함이니 세간법을 위주로 설함이 될 것이다」(이운권, 고산종사문집1 『정전강의』, 원불교출판사, 1992, p.98).

4) 교법의 기본성격과 사회향도의 경륜이 담겨 있다.

☞「불법연구회 창건사에는 최초법어의 처음 제목이 '대종사 현 사회를 보신 첫 감상'이라 되어 있다. 최초법어는 교법의 기본성격을 밝힘과 동시에 사회를 바르게 하려면 어떻게 해야 할 것인가라는 내용이 중심이다」(한정석, 『원불교 정전해의』, 도서출판 동아시아, 1999, p.551).

5) 정신개벽에 초점을 맞추어 개인 가정 사회 국가 세계를 진화

시키는 실천 교법이 최초법어이다.

☞「최초법어는 내용이 원불교 기본교리를 모두 내포하고 있는데 대체의 강령을 말하자면 물질이 개벽되니 정신을 개벽하자는 개교표어에 초점을 맞출 수 있으며, 정신개벽을 통해 개인과 가정 사회를 진화시키자는 실천적 교리로 구성되어 있다」(박상권, 박사학위논문『소태산의 최초법어 연구』, 원광대 대학원 불교학과, 1993, p.31).

6) 최초법어는 보람된 삶과 인류교화의 방법을 제시한다.

☞「최초법어는 인간에게 잘 살게 하는 차원, 보람의 이념, 가치의 차원, 민족 인류 교화의 차원을 위한 방법을 제시한다」(서경전,『교전개론』, 원광대학교출판국, 1991, p.445).

7) 일체생령을 낙원으로 인도하고자 설한 최초의 법문이다.

☞「최초법어는 대종사께서 대각을 이루고 파란고해의 일체생령을 광대무량한 낙원으로 인도하고자 설한 최초의 법문으로서 인류의 생활은 개인 가정 사회 국가 세계가 서로 근본이 되어 불가분리의 관계 속에 이루어진 것을 직시하고 이에 광대무량한 낙원을 건설하는 순서와 방법을 사실적으로 제시해준 묘방이다」(신도형,『교전공부』, 원불교출판사, 1992, p.471).

3. 최초법어의 대의강령
1) 자기 수신과 관련한 조항 4조로 구성되어 있다.
2) 가정 다스리는 제가의 요법 5조가 언급되어 있다.
3) 강자와 약자간 자리이타의 진화 요법 2조가 제시되어 있다.
4) 지도인으로서 준비할 요법 4조가 설해지고 있다.

4. 최초법어의 구조
1) 수신의 요법
2) 제가의 요법
3) 강자 약자의 진화상 요법
4) 지도인으로서 준비할 요법

5. 단어해석

최초법어 : 소태산 대종사가 1916년 4월 28일 대각을 한 후 5월경 영산 성지의 범현동 이씨재각에서 제자들을 훈도하면서 최초로 법을 설한 것을 最初法語라 한다. 여기에는 소태산의 포부와 경륜이 담겨 있으며 원불교 교법의 정체성과 방향이 드러나는 바, 수신의 요법·재가의 요법·강자 약자의 진화상 요법·지도인으로서 준비할 요법이 그것이다.

수신 : 수신의 일반적인 개념은 『정전』「사은, 법률은」의 '수신' 참조할 것. 그리고 최초법어에 나타난 수신의 요법은 4개 조항으로써 시대에 따른 학문을 준비하고, 삼학을 병진하는 내용으로 전개되고 있다.

요법 : 매우 요긴한 강령이나 법칙을 要法이라 한다.

수양 : 삼학 수행에 있어 정신수양이 있는데, 이는 정신을 修養한다는 면에서 같은 것이다. 즉 분별성과 주착심을 없애고 고요하고 두렷한 정신을 닦아나가는 것을 수양이라 한다. 염불과 좌선 등이 수양과목이다.

분수 : 제 몸에 적당한 分限을 分數라고 한다. 곧 자기 신분에 적당하게 취사하는 것을 말한다. 소태산은 분수 밖의 의식주 취하다가 패가망신을 불러온다(『대종경』, 실시품 20장)고 하였다.

희로애락 : ☞『정전풀이』(상)「사은, 천지은」'희로애락' 참조

시비이해 : ☞『정전풀이』(상)「사은, 법률은」'시비이해' 참조.

응용 : 어떠한 원리를 실제에 응하여 활용하는 것을 應用이라 한다. 삼학의 경우 특히 작업취사에 있어 응용의 역량이 발휘되는 것이다.

취사 : ☞『정전풀이』(하)「정기훈련과 상시훈련」'취사' 참조.

주의심 : ☞『정전풀이』(하)「정기훈련과 상시훈련」'주의' 참조.

지행 : 지식과 행동을 知行이라 하는데 이 양자를 괴리시키지 않고 일치하는 것을 지행합일이라 한다. 소태산은 지행을 겸하라(『대종경』, 수행품 61장)고 했다. 종교는 물론 철학에 원만한 인격 형성을 위한 지행합일이 등장한다. 송대의 왕양명은 주자의 先知後行에 대해 知行合一을 강조하고 있다.

제가 : ☞『정전풀이』(상)「사은, 법률은」'제가' 참조. 제가의 요법으로는 다섯 항목이 거론되며 가정 교화의 중요성이 강조되고 있다. 곧 가정의 의식주 해결과 부모의 자녀교육, 가정의 화목, 종교 교화, 행복한 가

정의 방법이 거론되고 있다.

실업 : 의식주에 도움이 되는 실제의 직업을 實業이라 한다. 이를테면 사농공상으로서의 직업으로, 직·간접의 생산 직업을 말한다.

근검 : 근면하고 검소한 것을 勤儉이라 한다. 초기교단의 소태산 대종사와 9인제자 및 선진들은 근검절약으로 교단 창립에 정성을 다했다.

호주 : 戶主 제도란 혈통을 중심한 제도로서 가정의 家長 중심으로 가권이 형성되는 것을 말한다. 우리의 전통사회를 중심으로 지속되어 온 호주제도가 근래 폐기되었다. 호주에 관한 규정을 삭제하고 부모의 협의 등으로 어머니 성을 따를 수 있도록 한 민법 개정안이 2003년 10월 국무회의를 통과했다. 소태산은 『대종경』 인도품 41장에서 호주에 대하여 언급했는데 부모 역할의 중요성과 자녀교육의 차원에서 비롯되었다.

견문 : ☞『정전풀이』(상) 「사요, 공도자숭배」 '견문' 참조.

상봉하솔 : 부모를 봉양하며 처자를 잘 거느리는 것, 스승과 선배를 받들며 제자나 후배를 잘 지도하는 것을 上奉下率이라 한다.

가권 : 부모 가장이나 세대주에 딸린 식구를 家眷이라 한다.

심리 : 마음의 원리와 변화 현상을 心理라 한다. 이와 관련한 학문이 형성되었는데 이를 심리학이라 한다. 여기에서는 마음공부의 원리와 방법에 대하여 지도하는 스승과 동지에 대한 역할이 강조되고 있다.

사우 : 우리를 인도하며 친교하는 스승과 친구·법동지를 師友라 한다.

대지 : 큰 뜻으로서 대의·대강의 의미를 大旨라 한다.

강자·약자의 진화상 요법 : 원기 13년 『월말통신』 제1호에 「약자가 강자되는 법문」(이공주)이 처음 나오는 바, 强者와 弱者 그리고 進化에 관련된 要法으로 강약이란 무슨 일이든 이기는 것은 강이요 지는 것은 약이며, 진화는 상호 진보적으로 발전함을 말한다. 곧 생존경쟁·약육강식·적자생존이 이와 관련된 용어들이다. 강자는 약자로 인해 강을 취하고 약자는 강자로 인해 강을 얻으므로 자리이타로 나아가자는 것이다. 강자·약자 진화상 요법은 모두 두 항목으로 되어 있다. 유교에 있어 수신, 제가, 치국, 평천하가 있는데 치국이 이와 관련된다.

자리이타 : ☞『정전풀이』(상) 「사은, 동포은」 '자리이타' 참조.

선도자 : 올바른 길로 인도하는 자를 善導者라 한다. 대도정법이나 세

계주의로 바르게 인도하는 자가 이와 관련된다. 정산종사는 법어 도운편 33장에서 원만구족·지공무사한 세계주의의 선도자가 되라 했다.

천신만고 : 온갖 고통을 수반하는 것을 千辛萬苦라 한다. 소태산은 백지혈인의 이적이 나타남을 보고 제자들에게 천신만고·함지사지를 당해도 공부와 사업에 힘쓰라(『대종경』, 서품 14장)고 하였다.

자리타해 : 자리이타와 달리 이기주의가 自利他害로서 자신만 이롭고 상대방은 해롭게 하는 것을 말하며, 이는 상극의 악연으로 이어진다.

사리 : 사적인 이익이 私利이며, 공익은 공중에 이익되는 것을 말한다. 지도자는 지도받는 이에게 사리를 취한다면 신뢰를 상실한다.

신용 : ☞『정전풀이』(하) 「계문」 '신용' 참조.

6. 수신의 요법의 해의와 본질

1) 수신의 요법의 해의

최초법어에 있어 수신의 요법은 자기 정화에 가장 기본이 되는 것으로, 제가와 치국 평천하의 출발점이라 볼 수 있다. 따라서 수신의 요법에서 자력을 키우기 위해 시대를 따라 학문을 준비하고, 정신수양을 통해 수양력을 키우며, 사리를 연마하여 지혜력을 갖추며, 취사의 주의력으로 지행합일을 도모하여 궁극적으로 삼대력을 양성해야 할 것이다.

(1) 시대를 따라 학업에 종사하여 모든 학문을 준비할 것이란?

① 원불교의 교리정신은 시대화·생활화·대중화에 있다.

② 시대를 향도하려면 그 시대를 알아야 하는 바, 시대를 따라 학업에 종사해야 하는 것이다.

③ 원불교 교법의 특성이 호학정신인 바, 이는 시대를 따라 학문을 준비하는 교법정신과 관련된다.

④ 21세기는 전문화의 시대이므로 시대를 따라 학문을 준비하는 것은 전문분야의 연구와 개척이다.

(2) 정신을 수양하여 분수 지키는데 안정을 얻을 것이며, 희로애락의 경우를 당하여도 정의를 잃지 아니할 것이란?

① 과·불급이 없는 상태가 중도인 바, 희로애락이 발하지 않은 상태를 中이라 하고 희로애락이 발하면 절도에 맞는 것을 和라(『중용』 1장) 했다.

② 수양력을 얻었다는 것은 분수를 지키는 것이며, 분별 주착에 떨어지지 않는 것이다.

③ 정신을 수양하자는 것은 원근친소와 희로애락에 끌림이 없도록 하며, 무시선에서 강조하듯 정의행을 하기 위함이다.

④ 수신의 요법 2조의 핵심은 인간의 적절한 감정 조절이다.

(3) **일과 이치를 연구하여 허위와 사실을 분석하며 시비와 이해를 바르게 판단할 것이란?**

① 사리를 연구하는 것은 매사에 진위를 분석하여 시비이해의 판단력을 갖추자는 것이다.

② 사리연구는 지혜를 연마하는 것으로서 보다 발전적인 삶을 살아가는 일이다.

③ 진위의 파악이라든가, 시비 파악에 어두워지면 미신이나 신비주의에 흐를 수 있다.

④ 일의 시비이해는 물론 진리의 대소유무의 파악도 사리연구가 없으면 불가능한 일이다.

(4) **응용할 때에 취사하는 주의심을 놓지 아니하고 지행을 같이 할 것이란?**

① 응용할 때 취사하는 주의심이란 대인접물에 있어 어떻게 처리할 것인가 하는 마음이다.

② 알고 있는 지식과 그 지식을 실제 실행에 옮길 수 있는 실천이 곧 수신자로서의 길이다.

③ 견성을 했다 해도 심신을 사용하여 부처를 이루는 데에 공을 들이지 않으면 보기 좋은 납도끼이다(『대종경』, 성리품 7장).

④ 정신을 수양하고, 이치를 연구한다고 해도 일의 응용에 취사하는 주의심이 없으면 삼대력의 양성은 불가능하다.

2) 수신의 요법의 본질

원불교의 최초법어에 있어 수신의 요법이 먼저 등장하는 것은 수신이 제가와 치국 평천하의 출발점이기 때문이다. 수신의 요법은 유교 수제치평의 수신과 본질적으로 통한다. 또한 『정전』 수신의 요법에서는 삼대력을 양성하도록 하였으며, 정산종사는 소태산 대종사의 수신을 『세전』과 『예전』 등에서 활용, 계승하였다.

(1) 수신은 평천하에 앞서 기본이 되는 공부이다.

☞「항타원 종사는 "수신은 아무렇게나 하면서 평천하를 꿈꾸는 것은 바람직하지 않다"고 본 것이다」(한창민, 「항타원 이경순의 생애와 사상」, 원불교사상연구원 編, 『원불교 인물과 사상』(Ⅱ), 원불교사상연구원, 2001, p.273).

(2) 수신을 못하면 제가와 치국도 어렵다.

☞「수신 하나도 제대로 못하는 사람이 국가 사회의 일을 한다고 나서는 경우를 흔히 볼 수가 있다. 그 사람이 중책을 맡는다면 과연 어떻게 되겠는가」(박길진, 『대종경강의』, 원광대학교출판국, 1980, pp.230-231).

(3) 수신의 한 조목으로 사리를 연구하라고 했는데, 이는 유학의 수신에 더한 격물치지와 같은 맥락이다.

☞「사리연구는 결국 지식과 기술의 습득을 목표로 한 학술교육 과 학교육과 통하는 것임을 고려하면, 이는 유학의 修身에 앞선 격물치지 중시의 정신과 통하는 것이다」(윤사순, 「濟度意識에 있어서의 실학적 변용-원불교와 실학」, 『원불교사상』 8집, 원불교사상연구원, 1984, p.292).

(4) 최초법어의 수신에서는 삼대력을 양성하는 것을 대의로 하고 있다.

☞「원불교 교리상의 삼학이야말로 맑은 정신(정신수양)과 높은 지식(사리연구)과 정의(작업취사)를 우리들에게 교시해준 修己之學이라 일러야 할지 모른다」(이을호, 「원불교 교리상의 실학적 과제」, 『원불교사상』 제8집, 원불교사상연구원, 1984, p.272).

(5) 정산종사는 『세전』과 『예전』 등에서 수제치평을 활용하였던 바, 이는 소태산의 사상을 계승한 것이다.

☞「성리학에 대해 깊은 인식을 거쳤던 정산은 세전, 건국론, 불법연구회창건사의 저술과, 예전, 성가의 결집을 통해 유가적 수제치평의 경

제사상을 폭넓게 반영하고 있는 바, 이 작업이 소태산의 유교 인본사상 수용의 입장을 계승 발전시킨 것이다」(강석환, 「원불교의 유교수용」, 『정신개벽』 9집, 신룡교학회, 1990, p.105).

7. 제가의 요법의 해의와 본질

1) 제가의 요법의 해의

제가의 요법은 수신의 요법을 실천하고, 가정을 다스리되 경제적 안정을 위해 절약을 주로 하며, 아울러 부모는 자녀교육의 중요성을 인지하여 상봉하솔의 도를 다하도록 했다. 이어서 제가의 요법은 가족 구성원이 활발한 의견교환을 통해 화합을 목적할 것이며, 가정이 종교생활을 통해 스승의 지도에 따르며, 성공하는 가정에 대한 성찰을 통해 모든 가정이 행복한 가정이 되자는 가르침이다.

(1) 실업과 의식주를 완전히 하고 매일 수입 지출을 대조하여 근검 저축하기를 주장할 것이란?

① 실업과 의식주를 완전히 한다는 것은 현대인으로서 직장을 갖고 가정을 결핍 없이 꾸려간다는 뜻이다.

② 가정을 유지함에 있어 수입 지출을 대조하여 균형을 맞추는 것이 중요하며, 수입이 지출보다 많을수록 안정된 삶이다.

③ 근검절약의 생활은 개인과 가정이 경제자립을 세울 수 있는 빠른 길이며, 정신건강과 생활건강의 길이기도 하다.

④ 일심·알음알이·취사의 삼학과 육신의 의식주는 육대강령(『대종경』, 교의품 18장)이다.

(2) 호주는 견문과 학업을 잊어버리지 아니하며, 자녀의 교육을 잊어버리지 아니하며, 상봉하솔의 책임을 잊어버리지 아니할 것이란?

① 오늘날은 호주제가 폐지되었지만 가정을 책임지는 가장으로서 역할은 그대로 요구되고 있다.

② 항상 견문하고 공부하는 자세로 임하는 자체가 자녀교육에 있어 본보기이다.

③ 호주 곧 가장은 자녀교육에 대하여 책임감을 갖고 임하여

상봉하솔의 도를 다한다.

④ 자녀로 하여금 인류의 실천 곧 부모은에 보은할 수 있도록 솔선, 지도한다.

(3) 가권이 서로 화목하며, 의견 교환하기를 주의할 것이란?

① 가화만사성이란 말이 있듯이 가정 화목이 중요하다.

② 가정이 화목하려면 부모와 자녀간의 따뜻한 대화와 의견 교환이 필수이다.

③ 과거의 대가족제도에서 오늘날 소가족제도로 바뀜과 더불어 가정해체, 결손가정의 문제를 슬기롭게 극복해야 한다.

④ 수신과 치국 사이에 제가가 있으니 가정 화목은 수제치평의 교량 역할이다.

(4) 내면으로 심리 밝혀 주는 도덕의 사우가 있으며, 외면으로는 규칙 밝혀주는 정치에 복종하여야 할 것이란?

① 가족에 있어 도덕의 사우란 마음공부를 지도하는 선지식으로서의 스승과 법동지를 말한다.

② 한 가정은 안으로 종교의 도덕성을 심화하고 밖으로 정치의 준법정신이 요구된다.

③ 가정의 행복은 인륜과 법률을 아울러 실천하는 것에 직결되어 있다.

④ 가족 다스리는 참다운 도는 가족 구성원으로서 종교의 신앙생활과 정치의 준법정신에 있다.

(5) 과거와 현재의 모든 가정이 어떠한 희망과 어떠한 방법으로 안락한 가정이 되었으며, 실패한 가정이 되었는가 참조하기를 주의할 것이란?

① 가정의 흥망사를 거울삼으면 현재 나의 가정을 어떻게 다스려야 할 것인가의 길이 보인다.

② 가정의 행복과 가정 불행의 기로는 고금 이웃가정의 흥망 여부를 참조하는 지혜에 달려있다.

③ 안락한 가정은 화합, 상봉하솔, 절약, 신앙생활에 있다면 실패한 가정은 구성원 불화, 자녀교육과 사업의 실패 등에 있다.

④ 한 가정을 잘 다스리는 사람은 사회나 국가에서도 사회 국가를 잘 다스리므로(『대종경』, 인도품 42장) 가정의 성패는 역사적으로도 큰 교훈이다.

2) 제가의 요법의 본질

제가의 요법은 이를테면 수신, 제가, 강약진화(치국), 지도인으로서 준비할 요법(평천하)에 있어서 수신 다음에 제가로 이어지는 것인 바, 제가는 치국과 평천하에 있어 기반이 된다. 또한 제가의 요법의 핵심은 가정에 있어 부모의 바른 자세가 필요하며, 같은 종교신앙으로 신앙생활을 돈독히 하자는 것이다. 아울러 자녀교육에 있어 심교 행교 언교 엄교를 적절히 사용하며, 상봉하솔의 도와 바른 직업선택을 통해 가정이 화합하고 성공하는 가정이 되어야 할 것이다. 가정은 그 사람의 일생사를 좌우하는 만큼 가정교육 곧 제가의 요법이 중요한 것이다.

(1) 한 가정은 한 나라를 축소하여 놓은 것이니 가정을 잘 다스리는 사람은 국가 세계도 잘 다스릴 수 있다.

☞「한 가정은 한 나라를 축소하여 놓은 것이요, 한 나라는 여러 가정들을 모아 놓은 것이니, 한 가정은 곧 작은 나라인 동시에 큰 나라의 근본이 되나니라. 그러므로 한 가정을 잘 다스리는 사람은 사회 국가에 나가도 그 사회 그 국가를 잘 다스릴 것이며, 또는 각자 각자가 그 가정 가정을 잘 다스리고 보면 국가는 따라서 잘 다스려질 것이니, 한 가정을 다스리는 호주의 책임이 중하고 큼을 알아야 할지니라」(『대종경』, 인도품 42장).

(2) 제가의 요법의 핵심은 부모의 정신 여하에 달려 있으며, 부모는 제가의 방법을 구체화하여 실행에 옮겨야 한다.

☞「한 가정의 흥망이 호주의 정신 여하에도 달려 있나니, 한 가정이 흥하기로 하면 첫째는 호주의 정신이 근실하여야 할 것이요, 둘째는 집안사람들이 서로 화합하여 모든 일에 힘을 모을 것이요, 셋째는 무슨 실업이든지 먼저 지견과 경험을 얻은 뒤에 착수할 것이요, 넷째는 이소성대의 준칙으로 순서 있게 사업을 키워 나갈 것이요, 다섯째는 폐물 이용의 법을 잘 이용할 것이요, 여섯째는 원업과 부업을 적당하게 하며 생산 부분을 서로 연락 있게 할 것이요, 일곱째는 그 생산이 예정한 목

표에 이르기 전에는 그 자금을 다른 곳에 함부로 유용하지 말 것이요, 여덟째는 목표에 달한 뒤에라도 무리한 폭리는 꾀하지 말고 매양 근거 있고 믿음 있는 곳에 자본을 심을 것이요, 아홉째는 수지를 항상 살펴서 정당한 지출은 아끼지 말고 무용한 낭비는 단단히 방지하여, 이와 같은 治家에 전력하면 그대들의 살림이 자연 불어나고 그에 따라 마음 공부 하는 데에도 또한 서로 도움이 되리라」(『대종경』, 인도품 41장).

(3) 모범적인 가정을 이룩함에는 한 집안이 같은 신앙으로 종교생활을 하는 것에서 비롯된다.

☞「모범적인 가정을 이룩함에는 첫째 온 집안이 같이 신앙할 만한 종교를 가지고 늘 새로운 정신으로 새 생활을 전개해야 할 것이요, 둘째는 호주가 집안 다스릴 만한 덕위와 지혜와 실행을 갖추어야 할 것이며, 셋째는 호주가 무슨 방법으로든지 집안 식구들을 가르치기로 위주하되 자신이 먼저 많이 배우고 먼저 경험하여 집안의 거울이 되어야 할 것이며, 넷째는 온 식구가 놀고먹지 아니하며 나날이 수지를 맞추고 예산을 세워서 약간이라도 저축이 되게 할 것이며, 다섯째는 직업을 가지되 가림이 있어서 살생하는 직업이나 남의 정신 마취시키는 직업을 가지지 말며, 또는 권리를 남용하여 남의 생명 재산을 위협하거나 가슴을 아프게 하는 일이 없게 할 것이며, 여섯째는 될 수 있는 대로 부부 사이에도 물질적 생활을 각자 자립적으로 하면서 서로 부유한 가정과 부유한 국가 사회를 만들기에 힘쓸 것이며, 일곱째는 국가 사회에 대한 의무와 책임을 충실히 이행하며 특히 자력 없는 사람을 보호하는 기관과 교화 교육의 기관에 힘 미치는 대로 협력할 것이며, 여덟째는 자녀에게 과학과 도학을 아울러 가르치며 교육을 받은 후에는 상당한 기간을 국가나 사회나 교단에 봉사하게 할 것이며, 아홉째는 자녀에게 재산을 전해 줄 때에는 그 생활토대를 세워 주는 정도에 그치고 국가나 사회나 교단의 공익기관에 희사할 것이며, 열째는 복잡한 인간 세상을 살아가는데 몸과 마음을 수양하기 위하여 매월 몇 차례나 매년 몇 차례씩 적당한 휴양으로 새 힘을 기를 것이니라」(『대종경』, 인도품 43장).

(4) 제가의 요법에 있어서 매우 중요한 자녀교육은 심교, 행교, 언교, 엄교를 적절히 실천하는 것이다.

☞「자녀를 가르치는 데에 네 가지 법이 있나니, 첫째는 심교라 마음에 신앙처를 두고 바르고 착하고 평탄하게 마음을 가져서 자녀로 하여금 먼저 그 마음을 체받게 하는 것이요, 둘째는 행교라 자신이 먼저

실행하고 행동에 법도가 있어서 자녀로 하여금 저절로 그 실행을 체받게 하는 것이요, 셋째는 언교라 매양 불보살 성현들과 위인 달사들의 가언 선행을 많이 일러주어 그것을 기억하여 체받게 하며 모든 사리를 순순히 타일러서 가르치는 것이요, 넷째는 엄교라 이는 철없는 때에 부득이 위엄으로 가르치는 법이니 이는 자주 쓸 법은 아니니라. 그러므로 한 가정에서 자녀를 가르치되 어머니 태중으로 비롯하여 성인이 되기까지 이 네 가지 법을 아울러 쓰면 착한 사람 되게 하는데 큰 도움이 되리라」(『대종경』, 인도품 43장).

(5) 부모의 자녀교육은 상봉하솔의 도를 잘 실천하는 것이다.

☞「자녀를 가르치는 데에는 부모 자신이 먼저 상봉하솔의 도에 어긋남이 없어야 할 것이니, 만일 자녀의 보는 바에 자신이 직접 불효를 한다든지 불경을 한다든지 기타 무슨 일이나 좋지 못한 행동을 한다면 그 자녀를 지도할 위신이 없게 되는 것이요, 둘째는 그 언동이 근엄하여야 할 것이니 만일 부모를 무난하게 아는 때에는 그 자녀를 정당한 규율로 지도하기가 어려운 것이요, 셋째는 친애를 주어야 할 것이니 만일 근엄하기만 하고 친애하는 정이 건네지 아니하면 그 자녀를 진정으로 감화하지 못하는 것이요, 넷째는 모든 언약에 신용을 잃지 말아야 할 것이니 만일 신용을 잃고 보면 그 자녀에게 철저한 습을 세우지 못하는 것이요, 다섯째는 상벌을 분명히 할 것이니 만일 상벌이 분명하지 못하면 그 자녀에게 참다운 각성을 주지 못하는 것이요, 여섯째는 어릴 때부터 정당한 신앙심을 넣어 주어야 할 것이니 만일 신앙심이 없으면 자라는 도중에 다른 외경의 유혹을 받기 쉬운 것이요, 일곱째는 어릴 때부터 공익심을 권장하여야 할 것이니 만일 공익심의 권장이 없으면 자연히 이기주의의 싹이 커나는 것이요, 여덟째는 어릴 때부터 남의 악평이나 훼담 등을 금해야 할 것이니 만일 그것을 금하지 아니하면 자연 경박한 습관이 커나서 구화의 문이 열리게 되는 것이요, 아홉째는 어릴 때부터 예 아닌 물건은 비록 적은 것이라도 취하지 못하게 할 것이니 만일 예 아닌 물것을 취하여 오게 하면 자연 염치없는 습관이 커나게 되나니라」(『대종경』, 인도품 46장).

(6) 자녀는 부모의 언행을 본받기 쉬우므로 부모 입장에서는 직업선택도 신중히 하여 옳은 길을 걷도록 해야 한다.

☞「사람이 어릴 때에는 대개 그 부모의 하는 것을 보고 들어서 그 정신을 이어 받기가 쉽나니, 사람의 부모된 처지에서는 그 자손을 위하

여서라도 직업의 선택에 신중하며 바른 사업과 옳은 길을 밟기에 노력하여야 하나니라」(『대종경』, 인도품 47장).

(7) 『정전』에 나타난 제가의 요법은 5조목으로 되어 있고, 『대종경』에는 인도품 41장~47장으로 그 방법이 구체화되어 있다.

☞「최초법어의 제가의 요법은 5조목으로 되어 있다. (인도품 41장에서) 9조목으로 밝힌 것은 5조목을 구체적으로 밝힌 것이다」(한종만, 『원불교 대종경 해의』(上), 도서출판 동아시아, 2001, p.385).

(8) 인생의 첫 출발이 가정이요, 가정은 그 사람의 일생사를 좌우하는 만큼 가정교육은 중요한 것이다.

☞「인생의 첫 출발부터 가정에서 배운다. 어떤 사람은 가정을 제2의 학교라 했다. 학교에서는 학문을 배우지마는 가정에서는 인생 모두를 배운다. 학교의 배움은 지정된 틀이 있다. 가정의 배움은 틀이 없으며 무한하다. 그러므로 가정에서 어떻게 배웠느냐 하는 것은 그 사람의 전도를 좌우해 버린다. 또는 온갖 괴로움도 즐거움도 가정에서부터 전개된다. 성공도 실패도 여기에서부터 전개된다」(이광정, 『주세불의 자비경륜』, 원불교출판사, 1994, p.139).

8. 강자 약자의 진화상 요법의 해의와 본질

1) 강자 약자의 진화상 요법의 해의

과거에는 강약이 대립하여 약자는 강자에게 착취되어 왔으나 앞으로는 강자와 약자가 서로 의지하고 바탕하여 약자는 강자를 선도자로 삼고 강자는 약자를 자리이타로 이끌도록 하는 상생상화의 요법이 요구된다. 강자와 약자가 상생 윤리에 바탕한 자신의 도를 다하면 영원한 강자로 거듭날 수 있다는 것이다.

(1) 강약의 대지를 들어 말하면 무슨 일을 물론하고 이기는 것은 강이요 지는 것은 약이라, 강자는 약자로 인하여 강의 목적을 달하고 약자는 강자로 인하여 강을 얻는 고로 서로 의지하고 서로 바탕하여 친·불친이 있나니라.

① 강자와 약자의 의미가 나타나고 있는 바, 이기는 것이 강이라면 지는 것은 약이라는 대체적 측면에서 뜻이 전개되었다.

② 강자는 약자로 인하여 강의 목적을 달성한다는 것은 곧

약자가 있기 때문에 강자의 위치로서 살아간다는 것이다.

③ 약자는 강자로 인하여 강을 얻는다는 것은 강자를 지도자로 삼아 궁극적으로 강자가 되는 것을 말한다.

④ 강자와 약자는 서로 바탕하여 친·불친이 있다는 것은 상호의 이해관계에 있어 원근친소가 형성되는 것을 말한다.

(2) 강자는 약자에게 강을 베풀 때에 자리이타법을 써서 약자를 강자로 진화시키는 것이 영원한 강자가 되는 길이요, 약자는 강자를 선도자로 삼고 어떠한 천신만고가 있다 하여도 약자의 자리에서 강자의 자리에 이르기까지 진보하여 가는 것이 다시 없는 강자가 되는 길이니라. 강자가 강자 노릇을 할 때에 어찌하면 이 강이 영원한 강이 되고 어찌하면 이 강이 변하여 약이 되는 것인지 생각 없이 다만 자리타해에만 그치고 보면 아무리 강자라도 약자가 되고 마는 것이요, 약자는 강자 되기 전에 어찌하면 약자가 변하여 강자가 되고 어찌하면 강자가 변하여 약자가 되는 것인지 생각 없이 다만 강자를 대항하기로만 하고 약자가 강자로 진화하는 이치를 찾지 못한다면 또한 영원한 약자가 되고 말 것이니라.

① 강자는 약자에게 강을 베풀 때 자리이타의 도로 하는 것이 영원한 강자가 되지만, 자리타해의 처사를 하면 영원한 약자로 전락하는 것이다.

② 약자는 강자를 선도자로 삼아서 어떤 고통이 있다고 해도 강자가 되도록 부단히 노력, 진급하는 일이 중요하다.

③ 약자는 어떻게 하면 강자가 되고, 어떻게 하면 약자가 되는지를 모르고 산다면 이 역시 영원한 약자로 전락한다.

④ 지나친 경쟁의 강약대립이나 약육강식은 상극의 길이므로, 강자의 배려와 약자의 배움으로 살아가는 것이 치국과 평천하의 도를 다하는 길이다.

2) 강자 약자의 진화상 요법의 본질

강자 약자의 진화상 요법은 일제 식민지라는 한민족의 암울한

상황에서 설해진 법문으로 민중들로 하여금 한국 독립과 자유의
희망을 갖도록 하고 있다. 국가간 갈등을 극복, 자유와 상생윤리
를 선포한 법어이기도 하다. 아울러 강과 약의 상대적 갈등구조
를 개인구원과 사회구원이라는 방법론으로 제시한 것이다. 곧 사
회구조적으로 파악된 강약 계급은 사요에서도 그 치유방법을 제
시하고 있다. 나아가 강자는 영원한 강자가 되고, 약자는 강자로
반드시 진화하는 역사의 순환사관적 의미를 지니고 있다.

(1) 민족 독립의 희망과 국가 간의 윤리를 밝힌 내용이다.

☞「강자 약자 진화상의 요법의 법문을 한 것은 원기 13년(『월말통
신』 1호)이다. … 강자와 약자가 서로 마음을 화합하여 각각 그 도를
다하면 세상은 영원한 평화를 이룬다. 강자의 도는 약자를 보호해서
발전시켜야 영원한 강자가 되는 것이다. 약자의 도는 강자를 선도자로
삼아 발전해야 영원한 강자가 된다. 세계의 모든 인류들은 약자와 강
자로 나누어 그 도를 밝힌 것이다. 민족적인 면으로 보면 갑동리와 을
동리의 예는 민족적인 것일 수 있다」(한종만, 『원불교 대종경 해의』
(上), 도서출판 동아시아, 2001, pp.355-356).

(2) 강자 약자의 진화상 요법은 강자는 물론 약자도 지켜준다.

☞「강자 약자의 진화상 요법을 실천하는 것이다. 이 내용은 사회적
자유가 많이 유린되는 경우 즉 강자가 약자를 부당하게 구속하고 압제
하는 경우를 경계시키고 있다. 강자는 약자를 선도하고 약자는 강자를
선도자로 삼아 서로 발전해 가자는 것이다. 이렇게 되면 약자들의 자유
가 지켜질 뿐 아니라 강자의 자유도 항구적이 된다는 가르침이다」(김기
원, 「원불교 자유관」, 『원불교사상시론』 1집, 수위단회사무처, 1982,
p.166).

(3) 상극과 갈등을 극복, 상생과 평화를 추구하는 요법이다.

☞「강자 약자의 진화상요법은 시급히 요청되는 문제로 어떻게 전쟁
과 갈등, 즉 상극의 상황을 극복하고 화해와 상생의 상황으로 전환하여
상호간에 은의 관계가 형성되고 또한 지속 가능하게 할 수 있을 것인가
하는 문제에 대한 평화적이면서도 근원적이고, 장기적인 해결책이라 할
수 있을 것이다」(김영두, 「평화원리로 본 강자약자 진화상요법」, 『원불
교사상과 종교문화』 35집, 원불교사상연구원, 2007.2, p.170).

(4) 강자는 영원한 강자로, 약자는 강자로 진화하는 특징을 지

닌다.

☞「강자약자 진화상 요법만 보더라도 우리는 대종사님의 그 난세를 살아온 묘법을 쉽게 이해할 수 있다. 약자는 언제나 약자로 머물게 하지 않고 강자를 본받아 강자의 자리에 오르도록 노력을 쉬지 않도록 지도하였고, 강자는 강자대로 그 강자의 자리를 남용하지 않고 영원한 강자가 될 수 있는 길을 밝혀준 것이다」(박장식, 『평화의 염원』, 원불교출판사, 2005, p.108).

(5) 상대적으로 나타난 강자와 약자의 갈등을 극복하기 위해 개인구원과 사회구원의 방법을 제시한 것이다.

☞「강자약자 진화상 요법은 강과 약의 사회현상을 계급으로 보면서 계급간의 상호 갈등을 인정하는 한편 개인구원과 사회구원을 제시했다고 볼 수 있다. … 그리고 강자도 변하여 약자가 됨을 제시하여 주고 있음을 볼 때 정산종사도 원각가에서 영원한 강에 대한 영원한 약자가 없음을 제시하여 주고 있다. 따라서 강자와 약자라는 차별도 하나의 조건에 지나지 아니하며 근본적으로 볼 때는 하나의 절대적 존재이다」(육관응, 『정산종사의 원각가 연구』, 도서출판 경남, 2000, pp.72-73).

(6) 강약은 사회를 구조적으로 강과 약이라는 두 계급으로 파악한 것이며, 사요에 그 현상이 나타난다.

☞「사회적 입장에서의 강약은 사회를 구조적으로 강과 약이라는 두 계급으로 파악한 것이다. 사회의 계급은 대단히 복합적인 것으로 제도, 경제, 정치, 권력 등 다양한 측면을 포함한다. 따라서 강약이란 이러한 다양한 사회계급을 포괄적으로 총칭해서 표현한 것이며, 근래에 많이 대두되는 민중이라는 단어도 강약의 개념으로 섭렵할 수 있다. 원불교 주체적인 입장에서 강약의 개념은 사요에 구체적으로 나타나는 것으로 정신적·지적인 능력의 측면까지 포함하고 있다」(이성택, 「강약의 변동구조」, 『원불교사상』 9집, 원불교사상연구원, 1986.2, p.182).

(7) 강자 약자의 진화상 요법을 원불교 역사관의 하나로 해석할 수 있다.

☞「민중과 민족의 올바른 이해라든지, 민중종교와 민족종교의 이해라든지, 신흥종교와 신종교의 이해 등은 앞으로 원불교학자들의 사관이 어떻게 이루어질 것인가의 과제로 등장되기 때문 … 논자는 소태산의 역사관을 1) 강약진화의 역사관, 2) 造化史觀, 3) 원환사관, 4) 소태산의 민중사관 등으로 다양하게 제시한 바 있다」(류병덕, 「원불교학 연구의

현황과 과제」, 『원불교학』 창간호, 1996, pp.13-14).

9. 지도인으로서 준비할 요법의 해의와 본질

1) 지도인으로서 준비할 요법의 해의

지도인으로서 준비할 요법에서는 지도자의 자격으로서 지식을 갖추며, 신용을 잃지 않고, 사리를 취하지 말며, 지행을 대조하라는 네 조항을 제시하고 있다. 여기에서 지도자는 사회와 국가 세계를 이끌어가는 지성과 종교적으로 성불제중에 정성을 다하는 종교인으로 풀이할 수 있다.

(1) 지도받는 사람 이상의 지식을 가질 것이란?

① 지도인이란 성직자와 수행인, 학교의 스승, 각 분야의 전문가를 말한다.

② 지도자로서 보다 많은 지식을 배워야 상대방을 인도하고 교육시킬 수 있는 것이다.

③ 지식이란 종교, 학문, 시대학문 등으로서 지도자는 지도할 분야에 대한 전문 지식을 갖추어야 한다.

④ 지도인의 말이 서지 않으면 그 단체는 어려워지므로(『정산종사법어』, 공도편 24장) 정신적·학문적 지식을 갖춰야 한다.

(2) 지도받는 사람에게 신용을 잃지 말 것이란?

① 누구나 도덕성을 잃게 되면 신용이 상실된다.

② 예절을 중히 알아야 신용을 잃지 않는다.

③ 사소한 일이라도 약속을 지키는 책임의식이 필요하다.

④ 처세의 근본은 신용이며, 권리 명예 이욕 등은 그 끝이다(『정산종사법어』, 무본편 1장).

(3) 지도받는 사람에게 사리를 취하지 말 것이란?

① 정당하지 못한 사리를 취한다면 법의 제재를 받는다.

② 금전여수에 주의하지 않으면 경제사고가 발생할 수 있다.

③ 물욕에 담박한 자세가 청렴한 지도자상이다.

④ 빙공영사하는 행위가 사리를 취하는 것이다.

(4) 일을 당할 때마다 지행을 대조할 것이란?

① 지도자의 일차적 조건으로는 지행일치이다.

② 말과 행동이 다르다면 지도자의 지도능력이 상실된다.

③ 일을 당하여 당황하지 말고 미리 연마하여 준비하는 자세가 필요하다.

④ 일을 지낸 뒤에 시비를 대조하는 것도 지행 대조의 한 부분이다.

2) 지도인으로서 준비할 요법의 본질

원불교에 있어 지자본위의 원칙에 따른 지도자가 참 지도자이다. 곧 부단한 자기계발을 통해 교화역량을 키워가는 사람, 지행을 일치하는 사람이 진정한 지도자라는 것이다. 그리고 마음공부를 부단히 하고, 공의를 존중하며 역사적 안목과 더불어 사회적 리더십을 키워가는 것이 지도자상에 포함된다.

(1) 지자본위의 원칙에 의한 지도체제가 요청된다.

☞「우리 교법은 지우의 차별 외에는 그 어떠한 차별도 인정하지 않는다. … 네트워크 세대는 다양한 공론장에 공동체 속에서 스스로 배우고 가르치는 평등하고 쌍방향적인 소통을 일상화하고 있다. 교화는 본래적으로 수직적 개념이 아니라 쌍방향적인 개념이며 소통적인 개념이다」(박경석, 원사연 제149차 월례발표회 「네트워크 세대의 이해와 교화」, 원불교사상연구원, 2005.11.21, p.6).

(2) 지도자는 부단한 재교육을 통해 자질을 향상하고, 지도역량을 키워가는 사람이다.

☞「교단에서는 교역자들의 정신적 방향을 이끌고, 자질을 향상시키며, 시대를 이끌어갈 지적 역량을 갖출 수 있도록 재교육을 통하여 끊임없이 전무출신의 정신을 재무장시키고 자질을 향상시키는 작업이 부족했다. 그런 상황에서 전무출신의 재교육 문제는 계속하여 제기되었고 교역자들의 교법에 대한 깊이 있는 정립과 교화력의 배양, 시대를 따라 지도자로서 갖추어야 할 지적 역량이 절실히 요청되어 왔다」(총무부 발송공문의 원고, 「전무출신 재교육 및 학습조직 운영방향 모색」<문서번호:원교총 311-159>, 원불교교정원 총무부, 2004.8.19, p.2).

(3) 지도자는 지행일치의 원만한 인격자이다.

☞「지도자인 교무는 그 말과 행이 항시 일치하도록 노력하여 입으

로만 외쳐대는 교무가 아니라 솔선수범의 실천으로 무언감화의 실천을 해야 한다. 그러므로 대종사는 지행이 겸비한·지도자가 되기 위해서 일일시시로 일을 당할 때마다 지행을 대조하라 하였다. 교무는 말과 행이 겸비된 지행일치의 원만한 인격을 갖추는 실천의 지도자가 되어야 한다」(이종진, 「원불교 교무론」, 『원불교사상시론』 1집, 수위단회사무처, 1982, p.245).

(4) 지도자는 마음이 중추임을 알고 마음공부 곧 용심법을 실천하도록 제시하는 사람이다.

☞「(소태산은) 지도자도 한 인간임을 전제하고 모든 사람에게 마음이 중추의 책임이라는 점을 강조하여 마음 다스림, 용심법 등 종교적 수행과 인도 실천의 상관성을 제시하고 있다는 점이다」(박상권, 「소태산의 종교적 도덕론 연구-『대종경』 인도품을 중심으로-」, 『원불교사상과 종교문화』 29집, 원불교사상연구원, 2005, p.74).

(5) 지도자는 공의를 존중하는 사람이어야 한다.

☞「일할 때에는 반드시 공의를 좇아서 해야 하고 지도자는 공사를 집행할 때 공의를 존중해야 진정한 지도자라 하겠다. 우리 속담에 이가 없으면 잇몸이 이 노릇 한다는 말이 있다. 공사를 하는 공인이면 방법이 서로 달라서 조금은 차이가 있을지언정 다른 사람도 그 일을 할 수 있는데 유독 나만이 할 수 있다고 생각한다든가, 또 무슨 큰일이나 하는 것 같고 특별한 일이나 하는 것처럼 나라는 것이 앞서버리면 공인이 아니라 私人이요 私事가 되어버린다」(전이창, 『죽음의 길을 어떻게 잘 다녀올까』, 도서출판 솝리, 1995, pp.85-86).

(6) 지도자는 리더십을 갖추고 역사적 안목과 책임감이 투철한 사람이다.

☞「교역자의 자세와 리더십은 1) 성장하는 교당의 지도자는 성장하고 있는 사람이어야 한다. 성장하는 교당은 성장하고 있는 지도자를 요구한다. 지도력 향상에 도전해야 한다. 2) 지도자는 교단 성장에 대한 기본적인 지식을 소유해야 한다. 3) 지도자는 역사적 안목과 미래를 보는 혜안이 있어야 한다. 4) 지도자는 책임을 질줄 알고 자신의 정체성뿐만 아니라 세계관이 투철해야 한다」(김대선, 「질적 교화에서 양적 교화로의 정책변화에 대한 제안」, 《수위단회 상임위원회 전문위원 연구발표회》, 2003년 10월 13일, 수위단회 사무처, p.10).

10. 관련법문

☞「대종사 현 사회를 보신 첫 감상 : 대종사께서 안으로 모든 교법을 참고하신 후 다시 밖으로 현 사회를 관찰하사 시국에 대한 감상을 발표하시니 그 원문은 아래와 같다. 수신의 요법, 제가의 요법, 강자 약자의 진화상 요법, 지도인으로서 준비할 요법」(정산종사, 「불법연구회창건사」 제7장, 『회보』 37호, 1937년 8월).

☞「선성의 말씀에 一年之計는 在於春이라고 하였으니 신년을 맞이하여 개인이나 가정이나 국가나 세계가 다 같이 지난해를 거울삼아 새해의 설계에 소홀함이 없어야 할 것이다. 이제『교전』에 있는 최초법어를 원칙으로 한 수제치평의 도로써 원단을 기념하고자 하는 바이니…」(『대산종사법문』 2집, 제4부 신년법문, 원기49년 연두법문-수제치평의 길).

☞「대종사, 안으로 모든 교법을 참고하신 후, 다시 밖의 시국을 살펴보시어, 정신 도덕의 부활이 무엇보다 시급함을 느끼시고 "물질이 개벽되니 정신을 개벽하자" 는 표어를 제창하시니, 이것이 곧 개교표어이다. 대종사, 다시 시국에 대한 감상과 그에 따른 새 세상 건설의 대책을 최초법어로 발표하시니, 곧 수신의 요법, 제가의 요법, 강자 약자의 진화상 요법, 지도인으로서 준비할 요법이다」(『원불교교사』, 제1편 개벽의 여명, 제3장 제생의세의 경륜, 2. 최초의 법어).

11. 최초법어의 형성사

최초법어는 원기 1년 5월 소태산 대종사가 범현동 이씨재각에서 처음으로 설한 법어이다. 그는 대각 후 교리의 강령을 초안하면서 최초법어를 설한 것이다. 따라서 초기교서와 그의 가사에 최초법어의 원형이 나타난다. 이를테면 『규약』과 『월말통신』에 최초법어가 암시되었으며, 최초법어가 체계화되어 최초로 실린 교서는 원기 17년의『육대요령』이며, 이어서『불교정전』과 『정전』에서는 맞춤법만 변화한 양상이다.

 1) 소태산은 원기 1년 5월 범현동 이씨재각에서 처음 최초법어를 설하였고, 원기 5년, 원기 12년, 원기 13년에 최초법어를 예시하였다.

☞「최초법어의 성립사를 보면, 원기 1년 5월 범현동 이씨재각에서 최초법어를 설하고, 원기 5년 변산 봉래정사에서 원기 1년 설한 최초법

어의 내용을 정산에게 말했다. 이어서 원기 12년엔 『불법연구회규약』에서 최초법어를 암시하였으며, 원기 13년 『월말통신』 제1호에 약자로 강자되는 법문을 발표했다. 또한 원기 17년 『육대요령』에 수록하고, 원기 20년 『불법연구회창건사』에, 원기 28년 『불교정전』에, 원기 47년 『원불교교전』에 수록하였다(박헌묵, 석사학위논문 『소태산의 최초법어 연구』, 원광대 대학원 불교학과, 1990, p.34 참조).

2) 소태산 대종사는 대각 후 교리의 강령을 초안하면서 설한 법어가 최초법어이다.

☞「원기 5년에 변산에서 교리의 강령을 초안할 때 대종사는 정산종사에게 "내가 대각을 해서 기본적인 법의 강령을 구상했다. 사람이 수신을 하려면 어떻게 해야 되고, 가정은 이렇게 다스려야 되고, 강자 약자는 이렇게 해야 되고, 지도인은 이렇게 해야 된다는 구상을 했다" 라고 하였다. 그러한 대종사의 말에 의해서 정산종사는 불법연구회 창건사를 쓸 때 원기 1년 5월에 최초법어를 설하였다고 정립을 하였다. 또한 불법연구회 창건사에 근거를 해서 『원불교 교사』에도 원기 1년 5월에 최초법어를 발표하였다 라고 되어 있다」(한정석, 『원불교 정전해의』, 도서출판 동아시아, 1999, pp.550-551).

3) 초기교서와 대종사 가사 등에 최초법어의 원형이 드러난다.

☞「최초법어의 형성과정 : ① 원기 원년 5월에 시국을 보신 첫 감상으로, ② 법의대전 가사에서, ③ 취지서에서, ④ 육대요령에서 … 법의대전 회성곡에 보면 "너희라 남녀자손 만들어라, 대대 선조사업, 너희라 불명하여 내내에 망케 되니" "그 많은 남녀자손 개개히 문명되어 전일 일을 개과하며 선조유업 부모모훈 받아내어 가정사업 밝혀내니 태평곡 격양가로 만세화창하여 보세." 안심곡에서 보면 위기를 가져온 일차적 원인을 도덕의 쇠망으로 보고 "無道無德되었으니 不忠君主 不孝父母 不敬師長 不睦兄弟 不誠夫婦 不義朋友 不畏天地 不懼神明"」(이은석, 『정전해의』, 원불교출판사, 1985, p.224).

4) 최초법어가 처음 실린 교서는 원기 17년 『육대요령』이며, 『불교정전』과 『정전』에서 최초법어는 맞춤법만 변하였다.

☞〈수신의 요법〉 1. 시대를 따라 학업에 종사하여 모든 학문을 준비할 것이요, 2. 정신에 수양력이 능하여야 분수 지키는데 안정을 얻을 것이며, 희로애락의 경우를 당하여도 정의를 잃지 아니할 것이요, 3. 일과 이치의 연구력이 능하여야 허위와 사실을 분석하며 시비와 이해에

판단함이 빠를 것이요, 4. 응용할 때 취사하는 주의심을 놓지 아니하고 지행을 같이 하여야 할 것이니라. <제가의 요법> 1. 실업과 의식주를 완전히 하고 매일 수입 지출을 대조하여 근검 저축하기를 주장할 것이요, 2. 호주된 자가 견문과 학업을 잊어버리지 아니하며, 자녀의 교육방책을 잊어버리지 아니하며, 모든 일에 책임을 잊어버리지 아니할 것이요, 3. 가권이 서로 화목하며, 의견 교환하기를 주장할 것이요, 4. 내면으로 심리 밝혀 주는 도덕의 師友가 있으며, 외면으로 규칙 밝혀주는 정치에 복종이 있어야 할 것이요, 5. 과거와 현재의 모든 가정이 어떠한 희망과 어떠한 기관으로 안락한 가정이 되었으며, 실패한 가정이 되었는가 참조하기를 주의할 것이니라. <강자 약자의 진화상 요법> 1. 강약의 大旨를 들어 말하면 某事를 물론하고 이기는 것은 강이요, 지는 것은 약이라, 강자는 약자로써 강의 목적을 달하고 약자는 강자로써 강을 얻는 고로 서로 의지하고 서로 바탕하여 친불친이 있나니라. 2. 강자는 약자에게 대하여 강을 베풀 때에 자리이타에 그치며 약자를 강자로 진화시키는 데에 그치는 것이 영원한 강자가 될 것이요, 약자는 강자로써 선도자를 삼고 어떠한 천신만고가 있다 하여도 약자의 자리에서 강자의 자리에 가도록 까지 진보하여 가는 것이 다시 없는 강자가 될 것이다. 강자가 강자 노릇을 할 때에 어찌하면 이 强이 영원한 강이 되고 어찌하면 강이 변하여 약이 되는 것인지 생각 없이 다만 자리타해에만 그치고 보면 강자로서 약자가 될 것이요, 약자는 강자되기 전에 어찌하면 약자가 변하여 강자 되고 어찌하면 강자가 변하여 약자 되는 것인지 생각 없이 다만 강자를 대항하기로만 하고 약자가 강자되는 이치를 찾지 못하는 것이 영원한 약자가 될 것이다. 3. 강으로써 영원한 강을 얻은 사람은 과거에 요와 순과 석가모니불이요, 강으로써 약을 얻은 사람은 과거에 진시황과 항우와 근세 독일의 윌헤름 제2세 카이젤이니라. <지도인으로서 준비할 요법> 1. 지도를 받는 자의 이상 지식을 가질 일, 2. 지도를 받는 자에게 신용을 잃지 말 일, 3. 지도를 받는 자에게 사리를 취하지 말 일, 4. 일을 당할 때마다 지행을 대조할 일」(『육대요령』, 최초법어).

12. 최초법어와 일원상의 관계

　소태산 대종사는 일원상의 진리를 깨달은 후 제자들에게 처음 설한 법어로서 최초법어는 일원상 진리를 구체화한 사은사요와 삼학팔조를 실천하는 것과 관련된다. 곧 일원상의 신앙 수행을 표본삼음으로써 인격형성은 물론 진리활용의 방법론이다. 나아가 일원상의 진리를 시국 진단과 관련하여 수제치평의 형식으로 전파한 것이 최초법어이다.

1) **최초법어는 소태산 대종사가 대각, 곧 일원의 진리를 깨닫고 제자들에게 최초로 설한 법문이다.**

☞「최초법어는 소태산 여래가 대각을 이루고 새 회상을 열어 최초로 모인 제자들에게 최초로 설해주신 법문이기 때문에 최초법어라 한다. 소태산 여래는 자수자각으로 대각을 이루고 심독희자부하던 중 몽중소감으로 『금강경』을 구해보고 탄복하며 나의 안 바를 옛 성인들이 먼저 알았다도 하시고…」(안이정, 『원불교교전 해의』, 원불교출판사, 1998, p.809).

2) **최초법어를 통해 일원상, 사은, 삼학 등 기본 교리의 성격을 파악할 수가 있다.**

☞「최초법어를 통해서 교리의 기본 성격을 파악해야 된다. 교리의 기본체계는 법신불 일원상을 최고 종지로 해서 사은사요의 신앙문과 삼학팔조의 수행문이다. 사은사요의 신앙문과 삼학팔조의 수행문의 기본적인 성격이 최초법어에서 이루어졌다」(한정석, 『원불교 정전해의』, 도서출판 동아시아, 1999, p.550).

3) **최초법어는 일원상 진리를 신앙의 대상과 수행의 표본으로 삼아 진리적 인격을 형성하는 진리활용의 방법론이다.**

☞「최초법어는 소태산의 각의 내용인 일원상의 진리를 신앙의 대상과 수행의 표본으로 삼아 진리적 인격을 이루어가는 진리활용의 방법론이다. 구체적으로 어떠한 인격이 진리적 인격이며, 실생활에서 어떠한 삶의 모습이 진리적인 삶의 모습이며, 어떠한 진리적 소명으로 살아야 하는가를 밝힌 것이 최초법어이다」(박상권, 박사학위논문 『소태산의 최초법어 연구』, 원광대 대학원 불교학과, 1993, p.39).

4) **일원상 진리를 전파하는 방편으로 수제치평의 최초법어를 설하였다.**

☞「소태산은 이 모든 병을 치료하는 약방문으로 원불교의 교의인 사은사요와 삼학팔조를 제시한다. 이와 같이 세상의 병을 진단하고 처방을 제시하며 소태산은 정신 도덕의 부활을 무엇보다도 시급함을 느끼고

"물질이 개벽되니 정신을 개벽하자" 라는 표어를 제창하니 이것이 원불교의 개교표어이다. 또한 소태산은 다시 시국에 대한 감상과 그에 따른 새 세상 건설의 대책을 최초법어로 발표하니, 곧 수신의 요법, 제가의 요법, 강자약자 진화상 요법, 지도인으로서 준비할 요법이다」(김영민, 「원불교 性理의 활용방안」, 『원불교사상』 23집, 원불교사상연구원, 1999, p.88).

13. 최초법어의 특징

최초법어는 소태산이 대각 후 제생의세의 첫 경륜을 밝힌 것이며, 이는 저축조합을 시발로 하여 정신개벽을 위한 단위적 실천 원형이라는 특징을 지닌다. 이를테면 최초법어의 실천 방법으로는 수신 제가 치국 평천하의 순차적 특징을 지니면서도 상호 유기체적으로 작용하고 있다는 점이다. 구체적으로 최초법어의 수신의 요법과 지도인의 요법은 수행적 교리, 제가의 요법과 강약 진화의 요법은 사회 향도의 방법을 중심으로 밝다.

1) 최초법어를 발표한 후 그 구체적인 실천으로 저축조합을 장설하였다.

☞「최초법어를 발표한 후 소태산은 시방세계를 위한 비용과 사업자금을 마련하기 위해 제일 먼저 저축조합을 창설하게 된다. … 이는 소태산이 자신의 깨달음을 바탕으로 사회를 정화하기 위해 보인 최초의 행동이었다. 생활 속에서 바람직하지 않은 행동을 개선하는 가운데 좋은 사업을 위해 저축조합 운동을 한 것은 이러한 의미에서 의미가 크다」(김영민, 「원불교 성리의 활용방안」, 『원불교사상』 23집, 원불교사상연구원, 1999, p.89).

2) 최초법어는 정신개벽을 위한 교리의 단위적 실천 원형이라는 특징을 지닌다.

☞「정신개벽이란 대 과제를 달성하기 위해 한 인간으로서 갖추어야 할 기본요체(수신의 요법), 한 사회의 단위인 가정치료의 기본요체(제가의 요법), 더불어 사는 사회 상호간의 갈등과 모순을 극복하면서 진화 발전해 나가는 기본요체(지도자상)를 설하였으니 이것이 본교 교리의 기본 원형이라 할 것이다」(이은석, 『정전해의』, 원불교출판사, 1985, p.224).

3) 최초법어 전개는 수신, 제가, 치국, 평천하로 이어지는 순차적 특징을 지닌다.

☞「최초법어 순차 배열의 의미는 중요도의 순서를 나타내는 것이 아니고 성취 과정에서 밟아야 할 순서인 것이며, 후자가 성취되었다고 해서 전자를 무시해도 좋은 것이 아닌 것으로서 궁극적으로는 인간 존재가 총체적 삶의 완성을 지향하는데 필요한 분야들의 열거인 것이다. 다만 모든 삶의 조건과 가치들이 '나' 로부터 시작된다는 사실이 윤리 실천에 있어서 순차적 전개의 근거라 할 수 있을 것이다」(박상권, 「소태산의 종교적 도덕론 연구-『대종경』 인도품을 중심으로-」, 『원불교사상과 종교문화』 29집, 원불교사상연구원, 2005, pp.72-73).

4) 수제치평은 상호 유기체적으로 연결되어 있다.

☞「경열이 고등학교 때 삼동원에서 원친회 훈련을 났다. 이때 최초법어를 가지고 교리훈련을 났다. 의문이 생겨 경열은 아버지를 찾아갔다. "아빠, 수신 제가 치국 평천하라 하였는데, 순서를 보자면 수신 제가부터 먼저 해야 되는데, 왜 아빠는 공사만 해요?" "치국 평천하 같이 큰 일을 하면 알게 모르게 도와주는 이치가 있으니 그 일이 제가하는 일도 된다"」(동산문집편찬위원회, 동산문집 1 『동산에 달오르면』, 원불교출판사, 1994, p.198).

5) 수신과 지도인의 요법은 수행적 교리의 기본 성격, 제가의 요법과 강약진화의 요법은 사회 향도의 방법을 중심으로 밝혔다.

☞「수신의 요법과 지도인으로서 준비할 요법은 수행적인 교리의 기본 성격을 밝힌 것이고, 제가의 요법과 강자 약자 진화상 요법은 사회를 바르게 하는 기본적인 길을 밝힌 것이라 할 수 있다」(한정석, 『원불교 정전해의』, 도서출판 동아시아, 1999, p.551).

14. 최초법어와 전반세계

최초법어는 인류구원을 향한 헌장이자 도덕사회를 지향하고 있다. 곧 최초법어의 근본정신은 성불제중을 목적하고, 나아가 모든 종교가 추구해야 할 평화사상을 드러내고 있다. 이에 성자의 포부와 경륜이 구현되는 교강으로서의 최초법어는 장차 이 세상을 전반세계로 인도할 지도자의 양성과 낙원 건설에 있다.

1) 최초법어는 인류헌장이며, 도덕사회를 지향한다.

☞「최초법어는 인류의 헌장이다(법문). 인류헌장표어 : 1) 솔성은 도로써 하고 인사는 덕으로써 한다. 2) 교역자표어 : 도로써 세계를 밝히고 덕으로써 창생을 건지자」(신도형, 『교전공부』, 원불교출판사, 1992, p.496).

2) 최초법어는 인류를 향도할 성불제중에 관련되어 있다.

☞「성불제중의 일이야말로 수도인이 해야 할 본연의 일이다. … 최초법어와 연결해 보면 수신의 요법, 제가의 요법, 강약진화상의 요법, 지도인으로서 준비할 요법 이 모두가 성불제중과 관련된다」(류성태, 『대종경풀이(상)』, 원불교출판사, 2008, p.349).

3) 최초법어는 소태산 대종사의 평화사상이다.

☞「소태산의 평화사상은 교리 전반적으로 접근이 가능하지만 본고에서 최초법어에 한정한 것은 최초법어가 소태산의 대각 후 최초법어이면서 여기에 교리 전모를 담고 있을 뿐만 아니라 평화문제에 대해 개인 가정 사회 제분야와 관련하여 밝혀놓고 있기 때문이다」(김귀성, 「소태산의 평화교육사상-최초법어를 중심으로」, 『원불교사상』 제17-18집, 원불교사상연구원, 1994.12, p.36).

4) 최초법어는 깨달음을 이룬 성자의 포부와 경륜이 실현되도록 하는 것이다.

☞「성자가 이 땅위에 탄강하고 또한 구도 고행하여 마침내 깨달음을 얻은 후에 그 깨친 혜안으로 조명된 세계와 인류의 오늘과 내일을 촌탁하고 전망하면서 제중의 경륜과 포부를 집약해서 실시한 것을 최초법어라 한다. 그러기에 최초법어에는 각각 그 종교 교리체계의 근간을 이루고 있는 것이다」(이은석, 『정전해의』, 원불교출판사, 1985, p.226).

5) 최초법어는 궁극적으로 낙원세계를 지향할 지도자의 자세를 제시하고 있다.

☞「최초법어에 담고 있는 소태산 대종사의 가르침은 궁극적인 낙원세계를 향해 먼저 실천해야 할 지도자의 자세를 제시했으며, 동시에 이를 사회적으로 확대 실현하기 위한 단계적 형성과정도 이 최초법어를 통해 구사하고 있다」(류병덕, 『소태산과 원불교사상』, 원광대학교출판국, 1995, p.53).

15. 최초법어의 연계사상

원불교의 최초법어는 불교의 초전법륜이나 기독교의 산상수훈과 같은 선상에서 거론될 수 있다. 이 모두가 각 종교 교조의 최초 법음이나 복음이기 때문이다. 주지하듯이 원불교 최초법어의 논리적 구성은 유교의 수제치평과 유사한 성격을 지닌다. 둘다 단계적 인류 구원을 위한 방법론의 구조이다. 어떻든 각 종교가 지닌 최초법어의 성격은 교조의 최초 설법이라는 점에서 교리의 기본 방향이 나타나 있으며, 구세경륜이 담겨 있다고 볼 수 있다.

1) 불교의 초전법륜

(1) 불타는 깨달음을 얻고 전도 여행을 시작하여 녹야원에서 5인의 비구에게 최초 설법을 하였다.

☞「불타는 스스로 깨달은 진리를 전파하고자 전도의 여행을 시작하여 녹야원에서 5인의 비구에게 최초의 설법을 하였다. 그 후 바라나시 장자의 아들 耶舍를 비롯한 60명의 제자가 생겼을 때, 그들에게 모든 생명들의 이익과 행복을 위해 가르침을 널리 전할 것을 부촉한 것이 전법 선언이다」(김용표, 「붓다의 교육원리와 隨機的 교수법」, 『종교교육학연구』, 제25권, 한국종교교육학회, 2007.12, p.3).

(2) 초전법륜에서 설해진 것은 번뇌를 멸하는 불법으로 4제 또는 연기설법이었다.

☞「불타로부터 가르침을 들은 자들(五比丘)을 주목해 보자. 초전법륜에 있어서 설해졌던 것은 기본적으로 四諦 또는 緣起였다고 이해할 수 있다. 가르침을 체득한 5비구에 대해서 '生起하고 있는 것은 모두 멸해 사라져가는 것' 이라고 하는 遠塵離垢, 말하자면 번뇌를 멸하는 것에 의해 얻어진다」(田中典彦, 「불교적 영성의 일고찰-불성의 자각과 전개」, 제19회 국제불교문화학술회의 《지식정보화사회에 있어서 불교-생명과 영성》, 원광대·일본불교대, 2005.9.9-10, p.42).

(3) 불타의 초전법륜 곧 4제 8정도 법문을 들은 제자들은 5온을 관찰하여 아라한의 깨달음을 얻고, 불법실천으로 나아갔다.

☞「석존 최초의 제자가 된 다섯 비구가 므리가다바에서 초전법륜을 통하여 4제와 8정도의 가르침을 듣고 5온을 관찰함으로써 아라한의 깨달음을 얻었다고 한다. 또 安般念(數息觀)이라고 하는 숨의 조절 수행

법으로 정신을 통일하고 계속하여 4념처를 수행한 다음, 7각지를 실수
하고, 이를 완전히 익히면 지혜와 해탈을 얻고 마침내 깨달음에 도달한
다는 수행법을 설한 경전도 있다」(정순일, 『인도불교사상사』, 운주사,
2005, p.142).

2) 기독교의 산상수훈

**(1) 예수가 고행의 기도를 통해 얻은 희열감으로 산상에 올라
인류 구원을 위해 처음 베푼 가르침을 산상수훈이라 한다.**

　☞「로마제국의 압제에서 시달리던 유태에서 생을 받아 민족적 사회
적인 인생의 고뇌를 극복하려고 광야에서 헤매다가 기도 고행 끝에 깨
침을 얻은 그리스도는 깨친 기쁨으로 산상에 올라 따라온 대중에게 설
한 것이 바로 그리스도의 최초법어인 산상수훈이라 한다. … 그리스도
의 최초법어는 모든 주권과 생존권까지 앗아간 핍박과 설움 속에서 신
음하는 그들의 구원을 위해 제시한 법훈이요 그를 오직 종교적 또는 도
덕적 겸양과 인내로써 극복하려고 했다. 또한 극복하는 방법 또한 절대
자요 민족신인 여호와 신에 의지하여 매달림으로써 구원이 되고 극복이
될 수 있다고 외쳤다」(이은석, 『정전해의』, 원불교출판사, 1985, p.227).

**(2) 예수는 산상수훈에서 세상의 소금이 되고 빛이 되라며, 다
양한 율법정신을 보여주었다.**

　☞「예수는 산상수훈에서 세상의 소금과 세상의 빛이 되라고 당부하
며 "내가 율법이나 예언서의 말씀을 없애러 온 줄로 생각하지 말라. 없
애러 온 것이 아니라 오히려 완성하러 왔다" (『마태복음』 5장)고 말한
다. 예수는 산상수훈에서 성내지 말라, 간음하지 말라, 이혼하지 말라,
맹세하지 말라, 보복하지 말라, 원수를 사랑하라 등에서 다양하게 율법
정신을 보여준다」(박도광, 「예수의 율법정신」, 《원광》 통권 320호, 월간
원광사, 2001년 4월, p.94).

(3) 산상수훈을 통해 예수의 참된 윤리 항목들이 나타난다.

　☞「예수의 윤리란 어떤 것인가? 산상수훈을 통해서 예수의 윤리를
검토해 보자. 먼저 『마태복음』(5·3-10)의 문구를 인용하고자 한다. "마음
이 가난한 사람은 행복하다. 하늘나라가 그들의 것이다. / 슬퍼하는 사
람은 행복하다. 그들은 위로를 받을 것이다. / 온유한 사람은 행복하다.
그들은 땅을 차지할 것이다. / 옳은 일에 주리고 목마른 사람은 행복하
다. 그들은 만족할 것이다. / 자비를 베푸는 사람은 행복하다. 그들은

자비를 입을 것이다. / 마음이 깨끗한 사람은 행복하다. 그들은 하느님
을 뵙게 될 것이다 / 평화를 위하여 일하는 사람은 행복하다. 그들은
하느님의 아들이 될 것이다. / 옳은 일을 하다가 박해를 받는 사람은
행복하다. 하늘나라가 그들의 것이다"」(湯田豊 지음, 진승철 옮김, 『세
계의 종교』, 불교시대사, 1992, pp.73-74).

3) 최초법어의 연계사상
(1) 최초법어는 수제치평이라는 유교적 순차와 상통한다.
☞「가정에 대해서 유교사상에서는 수신 이후에 제가할 것과 제가가
치국 평천하에 선행함을 강조하면서 팔조목의 순서를 철저히 하여 선행
조건이 갖추지 못한 사람은 다음의 일을 도모하지 말도록까지 강조하고
있다. 소태산의 경우도 대각을 이룬 후 세상을 두루 살펴보고 장차 펼
칠 경륜을 최초법어로 설하였는데 수신의 요법 다음에 제가의 요법을
두어 유교적 순차를 연상케 한다」(박상권, 「소태산의 종교적 도덕론 연
구-『대종경』 인도품을 중심으로-」, 『원불교사상과 종교문화』 29집, 원불
교사상연구원, 2005, pp.72-73).
(2) 초기교서의 최초법어에 표기되었던 중국의 요순 및 항후 진시황, 불교의 석가, 독일의 카이젤 등에 대한 언급이 『정전』에는 생략되었다.
☞「『육대요령』의 최초법어 중 강자 약자의 진화상 요법에서 "강으
로서 영원한 강을 얻은 사람은 과거에 요와 순과 석가모니불이요, 강으
로서 약을 얻은 사람은 과거에 진시황과 항우와 근세 독일의 윌헬름 제
2세 카이젤이니라" 의 내용이 『불교정전』과 『정전』에서는 없어졌다」(박
헌묵, 석사학위논문 『소태산의 최초법어 연구』, 원광대 대학원 불교학
과, 1990, pp.33-34).
(3) 불교의 사제, 기독교의 산상수훈, 원불교의 최초법어는 각 종교의 핵심적 교법이다.
☞「불타가 도를 깨치고 녹야원에서 최초로 사제법문을 설하였다.
고집멸도라는 사제법문은 불교의 근본교리가 되는 내용이다. 사제가 불
교의 핵심적인 사상이다. 예수가 최초로 설한 법이 산상수훈이다. 불교
의 사제나 예수교의 산상수훈은 간단한 체계이면서도 그 내용은 그 종
교의 핵심적인 내용을 밝힌 것이다. 최초법어도 원불교 사상의 핵심적
인 내용을 밝힌 것이다」(한정석, 『원불교 정전해의』, 도서출판 동아시

아, 1999, p.550).

(4) 원불교의 **최초법어**는 유불도 삼교는 물론 기독교와 신흥종
교의 **大義**를 새롭게 드러내고 있다.

☞「대종사의 최초법어에는 어느 한 법에 국집하지 아니하고 만법을
두루 융통하여 조화된 원만함을 내세웠다. 그러므로 전통적인 옛 성자
들의 사상을 하나도 버리지 아니하고 오히려 그 대의를 더욱 드러내어
그를 바탕으로 더욱 새롭게 모든 교법을 설치하였다. 불교의 대의를 더
욱 드러내어 우리 교법을 새롭게 하고 유교의 대의를 드러내어 우리 교
법을 새롭게 하였으며 선교의 대의를 더욱 드러내어 우리 교법을 새롭
게 하였고 기독교의 대의를 더욱 드러내어 우리 교법을 새롭게 하였으
며 근대 신흥종교의 대의 또한 더욱 드러내어 우리 교법을 새롭게 하였
다」(이은석, 『정전해의』, 원불교출판사, 1985, p.230).

16. 보충해설

최초법어란 말 그대로 소태산 대종사가 대각을 이룬 후 최초로
법을 설한 것으로 이해하면 좋을 것이다. 곧 소태산은 원기 1년
4월에 대각을 이룬 후 동년 5월에 최초법어를 설하였다. 본 최초
법어는 석가모니의 초전법륜과 예수의 산상수훈을 연상하면 되리
라 본다. 최초법어의 구성은 유교의 수제치평과 유사한 형식을
지니는 바, 수신의 요법, 제가의 요법, 강자 약자의 진화상 요법,
지도인으로서 준비할 요법이 그것이다.

이 최초법어가 원불교 초기교서 중에서 처음으로 실린 것은 원
기 17년 발간된 『육대요령』이다. 사실 원불교의 교리는 『육대요
령』에서부터 그 기반이 잡혀짐과 더불어 체계화되었다. 여기에는
제1장 인생의 요도 사은사요, 제2장 공부의 요도 삼강령 팔조목,
제3장 훈련법, 제4장 학력고시편, 제5장 학위등급편, 제6장 사업
고시편이 그것이다. 최초법어는 제3장 훈련편의 세 번째 항목에
실려 있다. 주지하듯이 『육대요령』은 원불교 초기교서의 **寶經**이
므로 『보경 육대요령』이라고도 한다.

보배로운 경전이란 의미를 지닌 『보경 육대요령』은 수신의 요
법 4조, 제가의 요법 5조, 강자·약자 진화상 요법 2조, 지도인으

로서 준비할 요법 4조를 담고 있다. 어떻든 성불제중과 제생의세의 구체적이고 강령적인 방법으로서 최초법어는 개인에서 비롯하여 세계를 지향하는 점층적이고 상호 유기체적인 방법이라는 점에서 실천하는데 매우 용이하다. 교단이 어려움에 직면할수록, 또는 발전할수록 최초법어는 소태산 대종사의 인류 구원이라는 측면에서 두고두고 새겨야 할 보배로운 법어인 셈이다.

17. 연구과제
1) 최초법어의 현대적 의의는?
2) 수신의 요법의 의미는?
3) 제가의 요법이 지니는 현대적 의의는?
4) 강자 약자 진화상의 요법에 대하여 쓰시오.
5) 지도인으로서 준비할 요법이란?
6) 최초법어와 유교의 수제치평을 비유한다면?

18. 고시문제
1) 최초법어 네 가지 요법을 열거하고 그 대지를 강령잡아 설명.
2) 최초법어를 설해주신 근본 의의를 밝히시오.
3) 최초법어에 바탕하여 16대 대선의 사회적 문화적 의미를 설명하시오.
4) 『정전』중 다음 항목의 원문을 쓰시오 : 수신의 요법.
5) 어찌하면 강자가 변하여 약자가 되는지 설명하시오.
6) 강자가 영원한 강자가 되는 길과 약자가 변하여 강자가 되는 길.
7) 약자가 강자를 선도자로 삼고 진보해가는 실례 두 가지를 쓰시오.
8) 다음을 간단히 설명하시오 : 지도인이 준비할 요법.
9) 지도인의 준비할 요법을 통해 원불교 지도자상을 논하시오.
10) 지도인의 요법 중 "사리를 취하지 말라" 하였으니, 이 사리

에 대하여 자세히 설명하시오.

11) 지도인으로서 준비할 요법 중 "지도받는 사람에게 사리를 취하지 말 것이요"를 설명하시오.

제14장 고락에 대한 법문

○ 「고락에 대한 법문」의 원문

1. 고락의 설명

대범 사람이 세상에 나면 싫어하는 것과 좋아하는 것 두 가지가 있으니, 하나는 괴로운 고요 둘은 즐거운 낙이라, 고에도 우연한 고가 있고 사람이 지어서 받는 고가 있으며, 낙에도 우연한 낙이 있고 사람이 지어서 받는 낙이 있는 바, 고는 사람 사람이 다 싫어하고 낙은 사람 사람이 다 좋아하나니라. 그러나 고락의 원인을 생각하여 보는 사람은 적은지라, 이 고가 영원한 고가 되는지 고가 변하여 낙이 되는지 낙이라도 영원한 낙이 되는지 낙이 변하여 고가 되는지 생각 없이 살지마는 우리는 정당한 고락과 부정당한 고락을 자상히 알아서 정당한 고락으로 무궁한 세월을 한결같이 지내며, 부정당한 고락은 영원히 오지 아니하도록 행주좌와 어묵동정 간에 응용하는데 온전한 생각으로 취사하기를 주의할 것이니라.

2. 낙을 버리고 고로 들어가는 원인

1. 고락의 근원을 알지 못함이요,
2. 가령 안다 할지라도 실행이 없는 연고요,
3. 보는 대로 듣는 대로 생각나는 대로 자행자지로 육신과 정신을 아무 예산 없이 양성하여 철석 같이 굳은 연고요,
4. 육신과 정신을 법으로 질박아서 나쁜 습관을 제거하고 정당한 법으로 단련하여 기질변화가 분명히 되기까지 공부를 완전히 아니한 연고요,
5. 응용하는 가운데 수고 없이 속히 하고자 함이니라(『정전』 제3 수행편, 제14장 고락에 대한 법문).

1. 고락의 법문과 초기교단

종교는 고락에 대한 원인을 밝히고 영원한 낙으로 인도하는 것이 본연의 목적이다. 석가모니 역시 생로병사의 문제를 해결하기 위해 구도에 집념했듯이, 소태산은 깨달음을 얻은 직후 원기 1년 인간의 고락문제를 해결하기 위해 최초법어를 제시한다. 뒤이어 그는 「개교의 동기」에서 파란고해의 일체생령을 광대무량한 낙원세계로 인도하고자 하였다. 이처럼 원불교는 창립교단부터 중생의 영욕 고락을 함께 하고자 하였다. 원기 12년 『불법연구회규약』에 고락에 대한 법문을 등장시켜 고락 극복의 중요성이 언급되었고, 「불법연구회 창립총회취지」에도 고락의 이치를 연마하여 삼대력을 양성한다고 하였다. 뒤이어 정산종사의 원각가와 창립제자들로 이어지는 스승들의 강연에 고락에 대한 법문이 등장하고 있어 원불교 본연의 제생의세 사업이 고락 극복에 있음을 잘 알게 해준다.

1) 소태산 대종사는 대각을 이룬 원기 1년 인간의 고통을 치유할 당시의 교리로서 최초법어를 내놓았다.

☞「원불교의 기본교리가 바로 고락의 문제로부터 시작됨을 밝히려 한다. 이는 소태산의 구도와 대각과정이 바로 인간적인 문제로부터 비롯하였다는 평범한 사실로부터 그 발상의 시초가 이루어지기 때문이다. 마치 불타가 생로병사라는 인간 고통의 문제로부터 시작하여 마침내 자수자각하고 깨달음을 얻은 것과 같다. 그가 초전법륜에 고집멸도라는 사제를 근본교리로 하고 있음은 주목할만 하다. 소태산 또한 예외는 아니어서 제생의세의 경륜을 펼침에 먼저 인간의 고락 문제로부터 착안하고 법문을 구상하며 교리를 제정한다. 원기 원년 5월에 소태산은 현 시국을 관찰하고 그 문제 현황과 대안을 내놓는데 그것이 바로 최초법어이다」(한종만, 「원불교의 삼학수행과 고락의 문제」, 『원불교사상』 17·18집, 원불교사상연구원, 1994.12, pp.366-367).

2) 소태산은 「개교의 동기」에서 물질세력의 융성에 따른 파란고해를 언급하였다.

☞「현하 과학의 문명이 발달됨에 따라 물질을 사용하여야 할 사람의 정신은 점점 쇠약하고, 사람이 사용하여야 할 물질의 세력은 날로 융성

하여, 쇠약한 그 정신을 항복받아 물질의 지배를 받게 하므로, 모든 사람이 도리어 저 물질의 노예생활을 면하지 못하게 되었으니, 그 생활에 어찌 파란고해가 없으리요」(『정전』, 제1 총서편, 제1장 개교의 동기).

 3) **방언공사 「서약서」에 여덟 몸이 한 몸이 되어 영욕 고락에 함께 하여 천신만고와 함지사지에도 퇴전하지 않는다고 하였다.**

　☞「우리들은 다행히 대도 대덕의 초창 시대를 당하여 외람히 단원의 중한 책임을 맡았는 바, 마음은 한 師門에 바치고 몸을 공중사에 다하여 영원한 일생을 이에 결정하옵고 먼저 방언공사를 착수하오니 오직 여덟 몸이 한 몸이 되고 여덟 마음이 한 마음이 되어 영욕 고락에 진퇴를 같이 하며, 비록 천신만고와 함지사지를 당할지라도 조금도 퇴전치 아니하고 후회치 아니하고 원망치 아니하여 종신토록 그 일심을 변하지 않기로 혈심 서약하오니…」(불법연구회창건사, 『회보』 42호, 제11장 방언역사와 회실건축).

 4) **초기교서 『불법연구회규약』에 고락에 대한 법문을 등장시켜 고락 극복의 중요성이 강조되고 있다.**

　☞「(1927년 최초의 교서 발간) 『불법연구회규약』에는 규약과 세칙 외에도 불법연구회 유래와 취지, 연구인의 공부 순서 및 연구 강령 등 교리의 대강과 30계문, 솔성요론, 고락에 대한 법문, 응용할 때 주의사항, 교무부(교당)에 와서 하는 책임 등과 회중 세칙 14항을 밝혀 처음 입회한 회원의 기초과정에 상당히 비중을 둔 입문서의 성격을 가진 교서라 하겠다」(박용덕, 『천하농판』, 도서출판 동남풍, 1999, p.183).

 5) **「불법연구회 창립총회취지」에서 고락의 이치를 넉넉히 연구하여 삼대력을 양성한다고 했다.**

　☞「시대에 자행자지 낭유세월로 무료도일 하지 말고 정신이나 수양하여 부처님의 이르신 생사 없다는 이치와 복족 혜족이라 하는 이치와 고되고 낙되는 이치를 넉넉히 연구하여 우리의 기거동작 응용할 때 취사하기를 단련하여 실행을 얻은 후에 수양의 안정하는 일과 연구의 진리 얻는 일과 취사의 실행 얻는 일을 모든 우리 동지자에게 광고하여 괴로운 고는 다 버리고 즐거운 낙으로만 피차가 없이 영원토록 안락하기로 본회가 성립된 바…」(불법연구회 창립총회 취지/이공전, 「봉래제법과 익산총부 건설」, 『원불교칠십년정신사』, 성업봉찬회, 1989, p.176).

 6) **정산종사는 「원각가」에서 낙을 즐기려거든 고통을 잘 넘기라고 하였다.**

☞「백발 영광 바라거던 청춘 시절 조심하고, 부귀영화 아끼거든 빈천이치 알아보고, 쾌락생활 즐기거든 당연 고통 잘 지내고, 자유 활발 원하거든 자심 속박 먼저하고…」(정산종사, 「원각가」, 『월말통신』 38호, 원기 17년 7월).

7) 초기교단의 선진들은 「낙을 버리고 고로 들어가는 원인」을 주제로 강연을 하곤 하였다.

☞「『월말통신』 3호(원기 13년 7월 말일) 1. 三예회록 : 7월 13일 … 김기천 송만경 전음광 3씨가 '낙을 버리고 고로 들어가는 원인' 5조를 연제로 하여 替番 講道하다. 동 11시30분에 폐회를 선언하니라」(『월말통신』 제3호, 원기 13년 7월 末日/『원불교교고총간』 제1권, pp.18-19).

8) 육타원 종사의 연설문 제목으로 「고와 낙에 대한 법문」이 발견된다.

☞「초기에 육타원의 연설내용 가운데 全文이 남아 있지 않지만 제목으로 기록되어 있는 것은 주로 '고와 낙에 대한 법문' '사은에 대한 법문' 이다. 물론 거의 모든 내용이나 제목이 기록된 바 없으나 이러한 주제를 발표하고 있는 것은 육타원 종사의 사상적 일면을 드러내고 있는 것으로 파악해야 하지 않을까 한다」(박혜훈, 「육타원 이동진화의 생애와 사상」, 원불교사상연구원 편, 『원불교 인물과 사상』(Ⅰ), 원불교사상연구원, 2000, pp.248-249).

2. 고락의 의미

고락이 따로 있는가를 생각해 봄직한 일이다. 엄밀히 말해서 우리가 사는 세상이 바로 지옥이요 극락이라는 것이다. 고통은 괴로움이라면 낙은 즐거움인 바, 현실 면에서 보면 전자는 역경이자 악도요, 후자는 순경이며 선도이다. 우리의 마음과 행동의 여하에 따라 고와 낙으로 분기되며, 재앙이나 불안이 苦를 가져다주고 매사 실패로 이어지며, 樂은 심신의 충천을 가져다주고 매사 성공으로 이어진다. 종교적으로 말해서 생로병사 등 팔고가 인간에 있어 고통이요, 이를 해탈함이 낙원이다.

1) 고락이 따로 있는 것이 아니라 우리가 사는 세상이 바로 지옥이요 이 세상이 바로 극락이다.

☞「과연 이 세상은 그렇게도 괴로운 세상이란 말인가. 일찍이 석가

모니는 이 세상을 고해라 했으며, 쇼펜하우어는 이 세상보다 더 괴로운
세상은 없다고 했다. 지옥이 따로 있는 것이 아니라 우리가 사는 세상
이 바로 지옥이라는 것이다. 그러나 라이프니쯔는 이 세상이 제일 즐거
운 세상이라고 했다. 극락과 천당이 따로 있는 것이 아니라 이 세상이
바로 천당이요 극락이라는 것이다」(이광정, 『주세불의 자비경륜』, 원불
교출판사, 1994, p.55).

2) 마음 가운데 싫어함이 고이며, 즐거워함은 낙이다.

☞「마음 가운데 싫어하는 것은 고요, 즐겨하는 것은 낙이다. 고락에
는 정당한 고락과 부당한 고락이 있으며 우연히 받는 고통과 직접 지어
서 받는 고통이 있다」(이운권, 고산종사문집1 『정전강의』, 원불교출판
사, 1992, p.100).

3) 현실 면에서 고는 역경이자 악도요, 낙은 순경이자 선도이다.

☞「고락의 정의에 대해서 살펴본다. 마음의 면에서 보면 고라 함은
괴로움을 느끼는 것이요, 낙이라 함은 즐거움을 느끼는 것이다. 현실 면
에서 보면 고는 악도와 역경이다. 낙은 선도와 순경이다」(한정석, 『원불
교 정전해의』. 도서출판 동아시아, 1999, p.574).

4) 고락은 객관적으로 존재하지 않고 마음 여하에 따라 나타나는 행·불행이다.

☞「고와 낙은 객관적으로 존재해 있는 것이 아니다. 자기 마음 여하
에 따라 일어나는 것이다」(류병덕, 『탈종교시대의 종교』, 원광대학교출
판국, 1982, p.351).

5) 고통은 병이나 재앙, 또는 자신의 행위로 인해 나타난 괴로움을 말하며, 낙은 그 반대이다.

☞「고라는 것은 병이나 재앙 그 외의 외적 이유에 의하여, 또는 자
기 자신의 행위의 결과로써 인간의 메마른 심신에 주어진 괴로움을 말
한다」(靑柳淸孝 외 공저, 『종교학사전』, 동경대학출판회, p.162).

6) 고통은 자기의 뜻대로 되지 않아 불안한 것을 말하며, 낙은 이와 반대되는 상황이다.

☞「고란 자기의 생각대로 되지 않는 상태를 말한다. 사람은 끊임없
는 불안 속에서 살아가고 있으며 항상 괴로움에 시달리고 있다. 인간은
언제 어디서 무엇에 의할지라도 결코 괴로움에서 벗어날 수 없는 것이
다」(서경전, 『교전개론』, 원광대학교출판국, 1991, p.467).

7) 고통은 생로병사에 더하여 애별이고, 원증회고, 구불득고, 오
음성고 등을 말한다.

   ☞「석가세존은 가라사대 "현세는 四苦 혹은 八苦의 세계라" 하였고,
보조선사는 가라사대 "三界熱惱가 猶如火宅이어늘 其忍淹留하여 甘受長
苦아" 하였다. 과연 그러하다. 우리 인간이 생활하고 있는 이 세계야말
로 苦의 지배를 받지 않고는 도저히 살 수가 없나니, 보라! 색신을 가
진 이상 생로병사의 고정적 고통을 누가 능히 면하며 愛別離苦 怨憎會
苦 求不得苦 五陰盛苦 등의 자연히 닥쳐오는 고를 또한 누가 감히 막을
것인가」(『회보』 55호, 회설/구타원종사 법문집 편집위원회 편, 『인생과 수양
』, 원불교출판사, 2007, p.53).

3. 고락에 대한 법문의 대의강령
1) 사람이 태어나면 싫어함과 좋아함이 있으니 하나는 괴로운
고요, 둘은 즐거운 낙이다.
2) 고락에는 우연한 고락이 있고, 사람이 지어서 받는 고락이
있다.
3) 고락의 원인과 변화를 생각해 보고 정당한 고락생활을 한다.
4) 낙을 버리고 고로 들어가는 원인 5가지가 구체적으로 설명되
고 있다.

4. 고락에 대한 법문의 구조
1) 고락의 의미(대범 사람이 세상에 나면~즐거운 낙이라).
2) 고락의 종류(고에도 우연한~다 좋아하나니라).
3) 고락의 극복(그러나 고락의 원인을~주의할 것이니라).
4) 낙을 버리고 고로 들어가는 원인(고락의 근원을~속히 하고자 함
이니라).

5. 단어해석
고락 : ☞『정전풀이』(상) 「삼학, 사리연구」 '고락' 참조.
우연 : 뜻하지 않은 일, 곧 미리 알 수 없었던 일이 일어나는 것을 偶
然이라 하며, 필연은 이의 반대말이다. 소태산은 고락에 있어 우연한 고

락이 있고, 정당한 고락이 있으며, 부정당한 고락이 있다고 하였다.

자상 : 자세함을 仔詳이라 한다.

무궁 : 다함이 없는 것을 無窮이라 한다. 무진무궁・영원무궁・순환무궁이라는 말 등이 자주 사용된다. 소태산은 확고한 심력을 얻으면 무궁한 천권을 잡아쓴다(『대종경』, 교의품 17장)고 하였다. 정산종사도 무궁이란 한량없고 변치 않음(『정산종사법어』, 국운편 33장)이라 했다.

행주좌와 어묵동정 : ☞『정전풀이』(하)「염불법」'행주좌와' 참조.

응용 : ☞『정전풀이』(하)「최초법어」'응용' 참조.

온전 : ☞『정전풀이』(상)「삼학, 정신수양」'온전' 참조.

취사 : ☞『정전풀이』(하)「정기훈련과 상시훈련」'취사' 참조.

연고 : ☞『정전풀이』(상)「사은, 동포은」'연고' 참조.

자행자지 : ☞『정전풀이』(상)「삼학, 사리연구」'자행자지' 참조.

철석 : ☞『정전풀이』(상)「삼학, 정신수양」'철석' 참조.

질박아서 : 본받거나 뿌리박는다는 것이 질박는다는 의미이다. 육신과 정신을 법으로 질박는다는 것은 곧 법을 본받거나 법에 뿌리박음이다.

단련 : 몸과 마음을 수련하는 것을 鍛鍊이라 한다. 공부인으로서 심성수련이나 기질변화를 위해 심신을 단련하는 것이다.

기질변화 : 氣質變化는 기질수양을 통해서 가능한 일인 바, 육체 단련은 기질변화와 같은 외적 수양이라면 심성수양은 정신 단련의 내적 수양을 말한다. 원불교 훈련법의 근간이 되는 정기훈련법과 상시훈련법은 우리의 기질과 심성을 아울러 성숙되도록 변화시킨다. 소태산은 기질수양과 심성수양을 병행하라(『대종경』, 수행품 16장)고 했는데 기질변화가 곧 기질수양이다.

수고 : ☞『정전풀이』(상)「사은, 부모은」'수고' 참조.

6. 숙어・문제풀이

1) 사람이 세상에 나면 싫어하는 것과 좋아하는 것 두 가지가 있으니, 하나는 괴로운 고요 둘은 즐거운 낙이란 의미는?

  (1) 누구나 심신간 다가오는 고통을 싫어한다.

  (2) 심신에 안락함을 가져다주는 낙은 누구나 거부하지 않고

환영한다.

(3) 고락을 호오 감정으로 좋아하고 싫어하는 심리적 의의로 정의하였다.

(4) 세상에 나면 갖게 되는 두 가지란 인간으로 태어난 업보로서 필연의 고와 낙을 만나게 된다는 뜻이다.

2) 고에도 우연한 고가 있고 사람이 지어서 받는 고가 있으며, 낙에도 우연한 낙이 있고 지어서 받는 낙이 있다는 것은?

(1) 자신도 모르게 우연히 다가오는 고락이 우연한 고락이다.

(2) 과거에 신구의 삼업을 지어서 필연의 인과로 받는 고락이 지어서 받는 고락이다.

(3) 부지불식간에 우연히 받는 고락이든, 필히 지어서 받는 고락이든 그 원인을 찾아서 다음에 고통을 짓지 않아야 할 것이다.

(4) 본 법어는 고락의 종류를 받는 사람의 인식에 따라 우연과 필연으로 구분해서 언급하고 있다.

3) 고락의 원인을 생각하여 보는 사람이 적다는 것은?

(1) 지금 받고 있는 고와 낙의 원인을 잘 살펴서 영원한 낙이 되도록 정당한 고락생활을 하자는 것이다.

(2) 고통스러우면 그저 막연히 고통에 대하여 안타까운 생각만 갖고, 즐거우면 그저 기뻐서 어쩔 줄 모르니 아쉽기만 하다.

(3) 고락의 원인을 생각하는 사람이 적다는 것은 인과의 진리를 모르고 제멋대로 사는 사람들이 많다는 뜻이다.

(4) 고락의 원인을 생각하여야 다음에 고락을 잘 수용, 해탈할 수 있는 힘이 생기게 된다.

4) 정당한 고락과 부정당한 고락을 자상히 알라는 것은?

(1) 정당한 고락으로 무궁한 세월을 한결같이 보내고, 부정당한 고락이 오지 않도록 온전한 생각으로 취사를 하기 위함이다.

(2) 정당한 고락은 정의로운 행동과 은혜의 행동으로 나타나는 고락이다.

(3) 부정당한 고락은 불의에 의해 나타나는 고락이요, 양심을 속이는 결과로 나타나는 고락이다.

(4) 정당한 고락과 부정당한 고락을 자상히 알고 보면 정당한 고락은 수용하되 부정당한 고락의 업보를 짓지 말아야 한다.

5) 고락의 근원을 알지 못하고, 설사 안다고 해도 실행이 없다는 것은?

(1) 고락이 왜 발생하는가에 대한 원인을 잘 알지 못한다면 부정당한 고락에서 벗어나기 힘들다.

(2) 설사 고락이 발생하는 원인을 잘 안다고 해도 부정당한 고락을 벗어나려는 실천의지가 없으면 안 된다.

(3) 고락의 근원을 알지 못하고 알아도 실천이 없다면 영원히 부정당한 고락을 벗어나지 못하여 윤회의 고통이 심화된다.

(4) 고통의 해탈이야말로 수도인으로서 궁극적으로 추구해야 할 목적이라는 것을 인지해야 한다.

6) 보는 대로, 듣는 대로, 생각나는 대로, 자행자지로 육신과 정신을 아무 예산 없이 양성하여 철석같이 굳은 연고란?

(1) 육근의 감관작용을 본능에 따라 사용한다면 고통스런 나날을 맞이한다.

(2) 심신을 자행자지로 방치한다면 이는 아무런 계획 없이 사용하는 까닭에 퇴보의 고통을 수반하게 된다.

(3) 이 원상은 육근을 사용할 때 쓰는 것이니 원만구족한 것이요 지공무사함을 알지 못함의 안타까움이 여기에 나타난다.

(4) 철석같이 굳은 우리 심신이 보고, 듣고, 생각하는 바를 절제할 줄 알아야 하며, 절제를 못하면 예산 없이 사는 것이다.

7) 육신과 정신을 법으로 질박아서 나쁜 습관을 제거하고 정당한 법으로 단련하여 기질변화가 분명히 되기까지 공부를 완전히 아니한 연고란?

(1) 육신과 정신을 법으로 질박는다는 것은 교법에 우리의 심신을 체질화한다는 뜻이다.

(2) 정당한 법으로 단련하여 기질변화를 하는 것은 정법대도로 단련하여 나쁜 습관을 제거하고 기질변화를 하자는 것이다.

(3) 기질변화에는 스승의 지도와 동지의 권면이 필요하다.

(4) 소태산은 심성수양과 기질수양(대종경, 수행품 16장)을 강조
했는데, 이러한 수양력은 곧 고락의 해탈에 직결된다.

8) 응용하는 가운데 수고 없이 속히 하고자 함이란?

(1) 욕속심으로 인해 수고 없이 속히 이루고자 하는 행위는
매사 실패로 끝날 따름이니 부질없는 일이다.

(2) 수고 없이 하고자 한다는 것은 인과의 원칙을 모르고 결
실을 얻고자 하는 것이다.

(3) 온전한 생각으로 취사를 하는 것이란 응용하는 가운데 고
락의 원인을 알아서 정당한 고락생활을 하자는 뜻이다.

(4) 불교의 8정도의 하나가 정정진으로 욕속심 없이 바르게
정진하는 것을 말한다.

7. 관련법문

☞「우리는 우리가 지어서 받는 고락도 모르는데 부처님께서는 중생이
지어서 받는 고락과 우연히 받는 고락까지 알으셨으며, 우리는 복락을
수용하다가도 못하게 되면 할 수 없는데 부처님께서는 못하게 되는 경
우에는 복락을 다시 오게 하는 능력이 계시며…」(『대종경』, 서품 17장).

☞「사람이 누구나 이로운 일을 원하나 하는 바는 해로울 일을 많이 하
며, 부귀하기를 원하나 빈천할 일을 많이 하며, 찬성받기를 원하나 조소
받을 일을 많이 하여, 마음에 원하는 바와 몸으로 행하는 바가 서로 같
지 못한 수가 허다하나니, 이것이 다 고락의 근원을 알지 못하는 연고
이며, 설사 안다 할지라도 실행이 없는 연고라」(『대종경』, 인도품 39
장).

☞「"고락의 원인을 알지 못함이 낙을 버리고 고로 들어가는 원인이
됨"을 해석하시기를 "고락의 원인을 알지 못하면 설혹 부지중 낙을 취
한다 할지라도 필경에는 낙을 잃고 고로 가게 되는 것이, 비유하면 설
탕과 비상을 구분 못하는 사람이 두 가지 가운데서 부지중 설탕을 먹을
수도 있으나 여러 차례 모르고 먹는 가운데 마침내 비상을 먹게 되는
것 같나니라"」(『정산종사법어』, 경의편 35장).

8. 고락에 대한 법문의 형성사

고락과 관련한 법문은 『정전』「개교의 동기」에 나타나는 바,

소태산은 현하 물질의 노예생활을 면하지 못하여 세상에 파란고
해가 전개되고 있다고 하는데서 출발한다. 원기 12년 『불법연구
회규약』에 고락에 대한 법문이 나타나며, 『육대요령』(원기 17년)에
는 공부인의 고락에 대한 설명이 언급되었다. 원기 28년 『근행법
』에는 불교의 요지를 설명하면서 이고득락을 밝혔으며, 『불교정
전』에서 『정전』으로 변화되면서 고락의 법문 순서가 변경되었다.

1) 『정전』 「개교의 동기」에 파란고해가 설명되고 있다.

  ☞「현하 과학의 문명이 발달됨에 따라 물질을 사용하여야 할 사람의
정신은 점점 쇠약하고, 사람이 사용하여야 할 물질의 세력은 날로 융성
하여, 쇠약한 그 정신을 항복받아 물질의 지배를 받게 하므로, 모든 사
람이 도리어 저 물질의 노예생활을 면하지 못하게 되었으니, 그 생활에
어찌 파란고해가 없으리요」(『정전』, 제1총서편, 제1장 개교의 동기」).

2) 원기 12년 초기교서 『불법연구회규약』에 '재가 공부인 고락
의 설명' 과 '낙을 버리고 고로 들어가는 원인' 이 있으며, 여기
에서는 전자를 소개한다.

  ☞「대범 사람이 세상에 나면 좋아하는 것과 싫어하는 것 두 가지 종
류가 있으니, 하나는 가로대 괴로운 고요 둘은 가로대 즐거운 낙이라,
고의 원인을 생각하여 보면 우연한 고도 있고 사람이 지어서 받는 고도
있고, 낙의 원인을 생각하여 보아도 우연히 받는 낙도 있고 사람이 지
어서 받는 낙이 있으니, 괴로운 고로 말하면 사람사람이 다 싫어하고
즐거운 낙으로 말하면 사람사람이 다 좋아하되, 고락의 원인을 생각하
여 보는 사람은 적은지라, 이 고가 영원한 고가 될는지 고가 변하여 낙
이 될는지, 낙이라도 영원한 낙이 될는지 낙이 변하여 고가 될는지 본
회 제씨는 정당한 고락, 부정당한 고락을 자상히 알아가지고 정당한 고
락으로 무궁한 세월을 一朝같이 지내며, 부정당한 고락은 영원토록 바
라지 아니하기로 행주좌와 어묵동정 간에 응용하는데 온전한 생각으로
취사하기를 주의하여야 상당한 우리의 발원을 이룰 것이니, 우리는 정
신 이용하는 가운데 전문적으로 진행하기를 주의합시다」(『불법연구회규
약』 「연구인의 공부순서」, 재가공부인 고락설명).

3) 원기 17년 『육대요령』에는 '공부인 고락의 설명' 과 '낙을
버리고 고로 들어가는 원인' 이라는 두 항목으로 설명되어 있으
며, 여기에서는 후자를 소개한다.

☞「낙을 버리고 고로 들어가는 원인 : 제1은 고락의 근원을 알지 못함이요, 제2는 가령 안다 하여도 실행이 없는 연고요, 제3은 보는 대로 듣는 대로 생각나는 대로 자행자지로 육신과 정신을 아무 예산 없이 양성하여 철석 같이 굳은 연고이요, 제4는 육신과 정신을 법으로 질박아서 몹쓸 습관을 제거하고 정당한 법으로 연습하여 기질변화가 분명 되도록까지 공부를 완전히 아니한 연고요, 제5는 응용하는 가운데 수고 없이 속히 하고자 함이니라」(『육대요령』, 낙을 버리고 고로 들어가는 원인).

 4) 원기 28년 『근행법』에 불교의 요지를 언급하면서 이고득락을 말하고 있다.

☞「원기 28년에 발행된 『근행법』에서는 불교의 요지를 세 가지로 밝혔는데, 그 첫째 요지가 이고득락이라 하였다. 곧 불타가 초전법륜에서 밝힌 바와 같이 불교 사제의 핵심적인 의미가 바로 고를 극복하는 문제이다. 불타는 이러한 고의 극복 방법으로 팔정도를 들었는데, 이 수행을 통해서 멸이라는 열반의 증득을 수행의 구극처로 삼았다」(한종만, 「원불교의 삼학수행과 고락의 문제」, 『원불교사상』 17·18집, 원불교사상연구원, 1994.12, p.370).

 5) 『불교정전』 제12장 고락에 대한 법문이 현 『정전』에서는 수행편 제14장으로 변경되었다.

☞「『불교정전』 권1 목차 : 제3편 수행, 제12장 고락에 대한 법문 : 1. 고락에 대한 설명 / 2. 낙을 버리고 고로 들어가는 원인」(박용덕, 『천하농판』, 도서출판 동남풍, 1999, pp.174-175).

9. 고락의 원리

 고락의 수용은 실생활에서 일원상을 활용하는 원리가 작용된다. 따라서 고락은 극복되어야 할 대상으로서 마음병 치료의 원리에 직결된다. 이에 고락에는 우리가 선행을 하면 선업으로서 낙을 얻고, 악행을 하면 악업으로서 고통을 받는 인과의 원리가 나타나지만, 본래 고락이 없는 자성의 원리를 깨달아야 한다. 결국 고락의 원리는 신구의 삼업과 이고득락은 물론 비교 심리와 직결되는 것임을 직시해야 한다.

 1) 일원상을 실생활에 활용하는가의 여부에 따라 고락이 분기된

다는 일원상 활용의 원리가 작용한다.

☞「몸과 마음을 동작하는데 법신불 일원상의 진리를 거울해서 처사를 하고 보면 고가 변해서 낙을 얻을 것이다. 이때 받는 낙은 영원한 낙이 되는 것이다. 법신불 일원상을 그대로 활용하지 못하고 보면 낙이 변해 고가 돌아올 것이며, 받고 있는 고는 영원한 고가 될 것이니 현실사회를 살 때에 진리를 떠나지 아니한 심신동작을 하여야 할 것이다」(이운권, 고산종사문집1 『정전강의』, 원불교출판사, 1992, p.101).

2) 인간적 고락은 버리고 초극되어야 할 마음병 치료의 원리에 관련된다.

☞「참된 고락은 곧 인간의 삶에서 발견되는 일반적인 고락을 초월하여 거기에 끌리지 않는 것을 말한다. 곧 인간적 고락은 버리고 초극되어야 할 대상이라는 것이다. 그 방법으로서 마음병 치료하는 의술과 약제, 곧 인생의 요도 사은사요의 실천과 공부의 요도 삼학팔조의 수행이 강조되는 것이다」(한종만, 「원불교의 삼학수행과 고락의 문제」, 『원불교사상』 17·18집, 원불교사상연구원, 1994.12, pp.377-378).

3) 고락이 나타나는 것은 인과의 원리에 기반한다.

☞「인도는 고락상반이요 小선행을 지어서 작은 기쁨을 얻을 때이며, 천도는 수도인이 大선행을 지어서 欣悅을 느낄 때이요 오직 낙뿐인 여여심락을 얻을 때이니라」(『정산종사법설』, 제7편 불법대해 4장).

4) 본래 고락이 없는 자성의 원리에 기반한다.

☞「병상에서 글을 지으시니 … "自性中樞 萬法元平 本無去來 豈有苦樂" 이라, 번역하면 "우리 자성 가운데, 만법 원래 평등해, 본래 거래 없거니, 어찌 고락 있으랴" 하심이러라」(『정산종사법어』, 생사편 29장).

5) 고락은 신구의 삼업 작용의 원리에 따라 나타난다.

☞「(업의 종류) 신구의 3업 외에도 여러 구별이 있는데 그 중에서 중요한 것은 선악의 구별이다. 그러한 면에서 업은 선업 악업 무기업으로 나뉜다. 『구사론』에 의하면 선업이란 安穩의 업으로서 좋아할 만한 결과를 초래하는 업과 열반을 얻는 업을 말한다. 악업은 고통의 결과를 초래하는 것이며, 무기업은 잠 호흡 배고픔 등 고와 낙의 과를 초래하지 않는 업을 말한다」(정순일, 『인도불교사상사』, 운주사, 2005, p.288).

6) 수행인의 고락 작용은 이고득락의 원리에 기인한다.

☞「불법을 공부하는 우리 공부인은 첫째 이고득락하게 될 것이니 곧 고를 떠나 낙을 얻으라. …둘째는 전미개오라, 미한 것을 궁글려 깨달으

라는 뜻이니 곧 견성을 하라는 말이니라. … 셋째는 지악수선으로 모든
악을 끊고 뭇 선을 닦을지니라」(『정산종사법설』, 제7편 불법대해 1장).

7) 고락의 원리는 상호 비교심리와 직결되는 것이다.

☞「미추 선악의 원인은 그 사람의 기준에서 파생하고 민족문화의 가
치관에 의하여 생긴다. 우리 보통사람들은 그 기준이 잘못 잡혀 있거나
자기중심적이거나 선악에 대한 그릇된 집착을 하기 쉽다. 그릇된 기준
에 사로잡혀 자꾸만 상대적으로 비교하면서 살기 때문에 괴로운 삶을
사는 것이다」(장응철 역해, 『노자의 세계』, 도서출판 동남풍, 2003,
pp.27-28).

10. 고락의 원인

고락의 원인은 대체로 인간의 무지와 무명 때문이다. 그리고
고락상반은 개인의 갈등과 사회의 불의라는 두 측면에서 형성되
는 특징을 지닌다. 즉 개인의 성취도로서 상대방으로부터 인정받
으면 낙이요 인정받지 못하면 고인 것이다. 종교적으로 오욕에
집착이 있고 감정의 기복이 심하면 고통이요, 적공을 통한 천상
락을 수용하면 낙이 온다는 것을 아는 것이 필요하다. 궁극적으
로 고락의 원인을 모르고 자행자지할 경우 심각한 고통으로 이어
지므로 고락의 원인을 파악하고, 영원한 낙을 얻도록 교법을 실
천하는 것이 요구된다.

1) 12인연에 있어 무명에서 觸과 受, 愛로 전개되는 과정이 고락으로 이어진다.

☞「受(12인연의 하나) : 느낌이란 이른바 세 가지 느낌이다. 즐거운
느낌, 괴로운 느낌, 괴롭지도 즐겁지도 않은 느낌이다. 즉 위의 觸에 의
한 感受작용을 말한다」(이종희, 「불교 연기설과 윤회론에 관한 소고」,『
한국종교사연구』 제13집, 한국종교사학회, 2005, p.114).

2) 고락은 두 측면 곧 개인의 갈등에 의한 고락이 발생하고, 사회의 불의에 따라 고락이 발생한다.

☞「개인적 고락은 개인 對 개인의 관계에서 성립되는 고락을 말한
다. … 사회적 차원에서 고는 부당함 내지 불의이고, 낙은 정당함 내지
정의라고 규정할 수 있는 것이다」(서경전, 「원불교의 고락관」,『원불교
사상』 10·11집, 원불교사상연구원, 1987.6, pp.204-208).

3) 상대로부터 인정받으면 기쁘고 무시당하면 고통스럽다.

☞「인간의 가장 큰 욕구 중 하나가 인정받고 싶어하는 것이다. 다른 사람의 사랑과 칭찬을 받기를 고대한다. 상대의 관심과 사랑이 있으면 행복하고, 무관심하거나 무시당하면 불행을 느낀다. 나의 기쁨과 아픔이 상대의 태도에 의해서 결정되는 것이다. 이런 경우는 마음속에 깊은 열등의식이 있음을 나타낸다」(권도갑, 『우리시대의 마음공부』, 열음사, 2007, p.103).

4) 증애와 순역에 집착이 있고 고락에 국집됨이 있다면 그것은 고통으로 이어진다.

☞「심량이 광대하다 함은 마음에 막힘이 없는 것을 이름이니, 마음이 증애에 편착이 없고, 국경에 국한이 없고, 순역에 집착이 없고, 고락에 잡힘이 없으면 곧 심량이 광대하다 하나니라」(『정산종사법어』, 도운편 29장).

5) 감정의 기복이 심하고 주변과 불화하면 희비와 고락이 교차되는 생활이 된다.

☞「(『금강경』 3장 九流중생심 중에서) … 생각도 감정도 늘 일정치 않게 변화무쌍하여 그의 주변에는 희비와 고락이 늘 교차되는 생활이다. 그러하니 마음이 늘 불안하고 주변과 불협화음이 끊이지 않는 삶이다. 이렇게 감정의 변화가 심하여 변덕스러운 삶을 주로 하는 사람을 포함하여 모든 생령들은 윤회할 때에 잘못하면 化生중생으로 전락하기 쉽다」(장응철 역해, 『생활속의 금강경』, 도서출판 동남풍, 2000, pp.30-31).

6) 천상락이 아닌, 오욕락에 구애되어 산다면 그것은 고통으로 이어진다.

☞「자유의 경지에서는 지극한 즐거움이 얻어지게 되는 현실적인 오욕락과는 다른 차원의 즐거움이라는 의미에서 천상락이라 표현된다. 천상락은 도로써 즐기는 마음락의 경지로서 모든 대상을 즐거움으로 주체화할 수 있는 경지이다. 이는 부자유 상태의 성격이 꿈로서 드러나는 것과 비교할 때 그 의미가 두드러진다」(김기원, 「원불교 자유관」, 『원불교사상시론』 1집, 수위단회사무처, 1982, p.160).

7) 궁극적으로 고락의 원인을 잘 모를 때 고락에 구애된다.

☞「원을 세워 실행을 할 때 원하는 대로 잘 안 된다. 원하는 대로

실행이 안 되는 것은 원이 무엇인가를 철저히 생각하지 않기 때문이다. 고락의 원인을 알지 못하기 때문이다. 설사 안다할지라도 실행을 못한다. 원하는 데로 안 될 때는 그 원인을 생각해 보아야 한다」(한종만, 『원불교 대종경 해의』(上), 도서출판 동아시아, 2001, pp.382-383).

11. 고락의 종류

고통의 종류는 불교의 경우 2고, 3고, 4고, 8고를 말한다. 주지하듯이 생로병사 4고와 애별리고, 원증회고, 구부득고, 오음성고 4고를 합하여 8고라 한다. 낙은 이에서 호전됨으로서 3락이 있는데 천상락, 선정락, 열반락이 그것이다. 물론 세속적으로 오욕락이 있는 것도 사실이다. 그런데 소태산 대종사는 우연한 고락, 지어받는 고락, 부정당한 고락, 정당한 고락, 영원한 고락 등을 말하고 있다.

1) 苦에는 2고와 3고가 있고 낙은 이것이 호전됨이다.

☞「고는 일반적으로 二苦·三苦·四苦·八苦를 말하는데, 二苦는 심신의 內苦와 환경적인 外苦를 이르고, 三苦는 괴로운 조건에서 생기는 苦와 애착을 느끼는 대상의 파괴에서 오는 壞苦와 존재의 부상에서 오는 行苦를 가리킨다」(增谷文雄 저, 이원섭 역, 『불교개론』-현대인의 불교6, 현암사, 1969, p.312).

2) 고락에는 또한 4고와 8고, 3락을 말한다.

☞「불교에서는 이 고를 네 가지, 또는 여덟 가지로 말하여 4고, 또는 8고라 말하는데 생고 노고 병고 사고, 거기에 애별리고 원증회고 구부득고 오음성고를 합하여 8고라 한다. 낙에 있어서도 불교에서는 3락을 말하는데 천상의 낙, 선정의 낙, 열반의 낙을 말한다. 또 3락이 있는데 첫째는 오욕낙이요, 둘째는 수도인의 심락 즉 천상락이요, 셋째는 고락을 초월한 불보살의 무상극락을 말한다」(안이정, 『원불교교전 해의』, 원불교출판사, 1998, p.819).

3) 우연한 고락과 지어받는 고락이 있다.

☞「우리에게 우연히 돌아오는 고락이나 우리가 지어서 받는 고락은 각자의 육근을 운용하여 일을 짓는 결과이니, 우리가 일의 시비이해를 모르고 자행자지 한다면 찰나찰나로 육근을 동작하는 바가 모두 죄고로 화하여 전정 고해가 한이 없을 것이요, 이치의 대소유무를 모르고 산다

면 우연히 돌아오는 고락의 원인을 모를 것이며…」(『정전』, 제2 교의편, 제4장 삼학, 2절 사리연구, 2.사리연구의 목적).

4) 부정당한 고락과 정당한 고락이 있다.

☞「우리는 정당한 고락으로 무궁한 세월을 한결같이 지내며, 부정당한 고락은 영원히 오지 아니하도록 행주좌와 어묵동정 간에 응용하는데 온전한 생각으로 취사하기를 주의할 것이니라」(『정전』, 제3 수행편, 제14장 고락에 대한 법문, 1.고락의 설명).

5) 영원한 고락이 있다.

☞「고락의 원인을 생각하여 보는 사람은 적은지라, 이 고가 영원한 고가 되는지 고가 변하여 낙이 되는지 낙이라도 영원한 낙이 되는지 낙이 변하여 고가 되는지 생각 없이 살지마는…」(『정전』, 제3 수행편, 제14장 고락에 대한 법문, 1.고락의 설명).

12. 원불교 고락관의 특징

원불교 고락관은 자작자수에 의해 비롯된다고 보고 있으며, 고락을 우주 만유에 대한 나의 심신작용에서 찾는 성향이 있다. 또 고락은 죄복으로 연결된다는 점에서 고락을 해탈의 대상으로 여긴다. 특히 고락의 해탈은 주로 생사업보의 해탈에 간주되며, 이는 곧 마음의 자유를 얻을 때 가능한 일이다. 하여튼 원불교는 정당한 고락을 강조하는 특징을 지니는 바, 소태산 대종사의 고락관에는 인생관이자 수행관이 묻어나오고 있다.

1) 원불교 고락은 자작자수에 의해 나타나는 것이라 보고 있다.

☞「고를 싫어하고 낙을 좋아하나 현세에서 고와 낙이 되는 원인이 자기가 짓고 받아서 그렇게 되는 줄은 잘 모른다. 그저 우연히 오는 행운이나 불행으로만 아는 사람들이 많다」(박길진, 『대종경강의』, 원광대학교출판국, 1980, p.227).

2) 우주만유 전체를 부처로 모시고 죄복 고락을 당처에서 직접 구하자는 것이다.

☞「일원상 숭배는 그 뜻이 실로 넓고 크나니, 부처님의 인격만 신앙의 대상으로 모시는 것보다 우주만유 전체를 다 부처님으로 모시고 신앙하여 모든 죄복과 고락의 근본을 우주만유 전체 가운데에 구하게 되며, 또는 이를 직접 수행의 표본으로 하여 일원상과 같이 원만한 인격

을 양성하자는 것이니, 그 다른 점이 대개 이러하나니라」(『대종경』, 교
의품 12장).

3) 고락 경계를 당하여 죄복에 대한 이해를 해야 한다.

☞「이 시대는 전 세계 인류가 차차 장년기에 그 지견이 발달되는지
라, 모든 사람이 고락 경계를 당할 때에는 혹 죄복에 대한 이해가 있을
것이며, 죄복에 대한 이해가 있고 보면 그 죄복의 근본처를 찾을 것이
며…」(『대종경』, 교의품 14장).

4) 고락의 해탈은 생사업보의 해탈로 간주된다.

☞「생사 거래와 고락이 구공한 자리를 알아서 마음이 그 자리에 그
치게 하라. 거기에는 생사도 없고 업보도 없나니, 이 지경에 이르면 생
사 업보가 완전히 멸도되었다 하리라」(『대종경』, 천도품 28장).

5) 마음의 자유를 얻을 때 무량한 낙을 수용할 수 있다.

☞「부처와 중생에 대한 규정은 천도법문에서 자유를 기준으로 명료
하게 설명되어 있다. 부처와 조사는 자성의 본래를 각득하여 마음의 자
유를 얻어 무량한 낙을 수용하나 범부 중생은 마음의 자유를 얻지 못한
관계로 무량한 고를 받게 된다는 것이다」(김기원, 「원불교 자유관」, 『원
불교사상시론』 1집, 수위단회사무처, 1982, pp.156-157).

6) 원불교는 정당한 고락의 수용을 강조하는 것이 특징이다.

☞「정당한 고락은 정의에 바탕하여 영원한 낙을 불러오는 가치 있는
고락으로 볼 수 있다. … 고난 속에서도 심신작용을 선행으로 노력 분
발하면 은혜의 복락이 오게 된다고 생각되어지는 고이며, 흔히들 고진
감래라는 말을 쓴다. 이런 의미에서 은생어해는 정당한 고락인 것이다.
은혜로운 삶이 어디에 오느냐, 의를 위해서 해를 당하고 고통을 당하는
데서 온다는 의미이다. 의를 위해서 고난과 맞서고 고통에 기꺼이 동참
하는 삶이 은혜로운 삶인 것이다」(서경전, 「원불교의 고락관」, 『원불교
사상』 10·11집, 원불교사상연구원, 1987.6, p.236).

7) 고락에 대한 법문은 소태산 대종사의 인생관이자 고락관·수 행관이다.

☞「대각일성인 이 법문을 좀 더 구체적으로 밝힌 인과의 이치와 그
근원되는 생멸없는 도를 고락의 법문으로 설파한 것이다. 그러므로 이
법문은 대종사의 인생관이며 고락관·수도관으로서 영원한 세상의 고락
을 해탈하고 고락을 자제하도록 한 법문이다」(이은석, 『정전해의』, 원불
교출판사, 1985, p.244).

13. 생사와 고락의 관계성

부처는 인간의 생사가 있음으로 인해 고통의 바다에 떨어져 있음을 직감하고 생로병사의 네 가지 고통을 언급하고 있다. 그리하여 생사윤회와 고락이 직결됨을 밝히면서, 생멸고락에 끌리지 않도록 하였다. 이를 위해서는 생사가 구공한 자리와 불생불멸의 이치를 깨달아야 한다는 것이다. 그리하여 평상심으로 생사를 해탈할 때 생사의 고통과 악도에 떨어지지 않는 것이다. 소태산 대종사의 고락과 관련한 법문을 새겨볼 때 중생의 생사윤회의 고통을 극복하고 부처의 생사 해탈의 심법이 필요하다.

1) 생사 윤회와 고락은 서로 직결된다.

☞「인간의 일생은 죽음으로써 끝나는 것이 아니며, 어떠한 영체가 존속하여 행복, 또는 고통이 있는 곳으로 간다는 관념은 『리그베다』이래 현재에 이르기까지 모든 인도인들이 믿는 확고부동한 신념이다. 윤회사상의 기원은 알 수 없으나 그 관념이 정착하게 된 것은 『우파니샤드』에 이르러서인데, 죽음에서 새로운 생까지의 과정이 분명해지고 윤회의 주체와 업의 관념이 명백히 확립된 것은 석존 출세로부터 그다지 먼 시기가 아니다」(정순일, 『인도불교사상사』, 운주사, 2005, p.65).

2) 생멸고락에 끌리지 아니하는 大知行을 얻어야 복혜양족의 주인공이 될 수 있다.

☞「도덕과 자비가 많은 사람은 이것으로써 다생의 공부를 삼고 직업을 삼아 천지로 더불어 생사를 같이 하며, 음양으로 더불어 성쇠를 같이하여, 생멸고락에 끌리지 아니하는 大知行을 얻어 복혜양족의 주인공이 되나니라」(『정산종사법설』, 제3편 도덕천하 14장).

3) 생사고락이 구공한 자리는 불생불멸의 이치를 깨달을 때 가능한 일이다.

☞「생사고락이 구공한 자리에 들려면 불생불멸의 이치를 깨쳐야 한다. 팔산 대봉도는 대종사가 폐인 같이 되었을 때 도왔고, 대각 후에 같이 짚신을 삼아서 팔아 생활했다. 인간적인 면이나 법의 면으로 대종사와 팔산은 지중한 관계이다」(한종만, 『원불교 대종경 해의』(下), 도서출판 동아시아, 2001, p.190).

4) 생사 고락은 평상심을 깨칠 때 해탈할 수 있다.

☞「공부하는 이가 평상의 진리를 깨치면 능히 생사고락에서 해탈하

는 묘법을 얻을 것이요, 평상의 마음을 운용할 때에는 능히 성현의 실행을 나타내게 될 것이니, '평상심이 곧 도'라 하는 것이 어찌 적절한 법문이 아니리요」(『정산종사법어』, 권도편 47장).

5) 지자는 생사고락에 자유롭지만 우자는 탐진치를 떼지 못하여 죄고중생이 되는 것이다.

☞「우리 인간의 근기는 지우의 차가 각각 있어서 지자는 생사와 고락의 이치를 각득하여 자유자재하는 불보살이 되는 것이요, 우자는 탐진치를 떼지 못하여 악도 윤회를 면치 못하고 죄고중생이 되는 것이다」(『회보』55호, 회설/구타원종사 법문집 편집위원회 편, 『인생과 수양』, 원불교출판사, 2007, p.55).

6) 성현은 중생들과 생사고락을 함께 한다.

☞「이충무공은 그 마음 쓰는 것이 도가 있었도다. 그는 높은 위에 있으나 마음에 넘치는 바가 없고 모든 군졸과 생사고락을 같이 하였고, 권세를 잃어 일개 마졸이 되었으나 또한 마음에 원망과 타락이 없이 말 먹이는 데에 전력을 다하여 말을 살찌게 하며, 때로 말에게 이르기를 "네 비록 짐승일지언정 국록을 먹고 이만큼 자랐으니 국가 존망의 시기를 당하여 힘을 다하라"고 타일렀다 하며…」(『대종경』, 인도품 52장).

14. 고락의 극복과 해탈

고락의 극복과 해탈은 인간이 종교를 갖는 주요 목적의 하나로서 나쁜 습관을 제거하고 좋은 습관을 간직함에 있다. 사실 우리의 진여자성에 비추어 수련한다면 고락이 따로 없는 극락에 머물 수 있을 것이다. 따라서 현실의 집착을 극복하고 중도를 실천하는 것이 필요하다. 무에 처하여 유의 심경을 갖고 무에 처하여 유의 심경을 갖자는 뜻이다. 석가는 팔정도를 실천하라 했고, 소태산은 고락의 법문을 설했으며, 이를 반조할 일기법 등을 통해 복혜의 극락을 얻도록 했다.

1) 나쁜 습관은 죄고를, 좋은 습관은 복락을 가져다준다.

☞「나쁜 습관은 죄와 고의 결과를, 좋은 습관은 복과 낙의 결과를 가져오는 것이다. 누구나 나면서부터 악인과 선인, 지자와 우자의 구별이 된 것이 아니라, 나서 살아가는 가운데 좋은 습관과 나쁜 습관을 길

들이고, 배우고 안 배운 습관에서 선악과 지우의 차별을 이루게 된 것이다」(조전권, 선진문집1 『행복자는 누구인가』, 원불교출판사, 1979, p.34).

2) 자성에 비춰 보면 인간의 모든 고락은 실상이 없는 것이다.

☞「人間苦樂元無實 自性觀照本蕩平이라, 번역하면 "인간의 모든 고락 원래 실상 없는 것, 자성을 관조하니 본래 탕평하도다" 하심이러라」(『정산종사법어』, 생사편 34장).

3) 자성의 본질은 고락을 초월한 극락세계이며, 수련을 통해 이 본질을 구현할 수 있다.

☞「부자유한 상태에서는 일체의 대상이 개인을 구속하지만 천상락의 경지는 대자연을 유유하게 즐기는 소요적 자유의 경지이다. 불보살은 이 세계를 일터로도 삼지만 유유자적하게 노는 유희장으로 삼는다(『대종경』, 불지품 23). 천상락이 가능한 것은 자성의 본질세계가 고와 낙을 초월한 극락의 세계이며(성리품3) 수련을 통해 이 본질을 완전히 구현한데 기인한다」(김기원, 「원불교 자유관」, 『원불교사상시론』 1집, 수위단회사무처, 1982, p.160).

4) 집착을 여의고 不苦不樂의 중도를 실천할 때 열반락을 얻을 수 있다.

☞「실천적 문제에 있어서도 불교는 세속인의 평범한 생활로는 결코 참다운 행복에 도달할 수 없음을 가르친다. 집착을 여의고 불고불락의 중도에 의해서만이 정각을 얻고 비로소 열반에 이르게 된다는 것이 중도의 가르침이다」(정순일, 『인도불교사상사』, 운주사, 2005, pp.138-139).

5) 유에 처하여 무의 심경, 무에 처하여 유의 심경을 지니면 고락 화복을 자유로이 할 수 있다.

☞「유에 처하여 무의 심경을 놓지 아니하고 무에 처하여 유의 심경을 놓지 아니하여야 능히 유무를 초월하여 고락과 화복을 임의로 수용하는 큰 도인이 되나니라」(『정산종사법어』, 원리편 35장).

6) 사제의 고집멸도의 원리를 알고 팔정도를 실행함이 고해를 벗어나는 길이다.

☞「불교는 깨달음의 길을 찾는 수행 중심의 종교이다. 사제·팔정도의 법문에 따라 도를 깨달아 성불제중의 서원을 이루기 위해서는 마음을 닦고 수행 정진하지 않으면 육도윤회의 고해와 중생계를 벗어날 수

없다」(김성장, 「대학의 불교교육에 있어서 신앙 수행 깨달음의 문제」,
제18회 국제불교문화학술회의『불교와 대학-21세기에 있어서 전망과 과
제』, 일본 불교대학, 2003.10.28-29, p.206).

7) 일기법은 인격 성숙으로서 고를 버리고 낙을 찾는 방법이다.

☞「현재 우리의 일기법으로 말하면 후일 참고의 재료될 것은 물론
당장에 공부가 성숙되며, 부처님의 이르신 복혜 양족의 연마하는 빠른
법이며, 고를 버리고 낙으로 들어가게 하는 인도잡이며, 범부로 성현이
되게 하는 방법이며, 지옥에서 극락으로 올리는 거룩하고 위대한 기관
이다」(이공주, 「매일 성적조사법 이행에 대하여」, 『월말통신』 19호,
1929.9/구타원종사 법문집 편집위원회 편, 『인생과 수양』, 원불교출판사, 2007,
p.86).

15. 수도인과 고락에 대한 법문

도가의 공동체에서 도락을 즐기는 수도인은 선후진과 동고동락
하는 자세에서 상호 윤기가 건네며, 그로 인해 회상의 초창기부
터 교단 발전은 지속되어 왔다. 동지애는 독선기신이 아니라 대
승적으로 법동지와 고락을 함께 하는 것에서 발휘된다. 불보살의
대자대비란 슬플 때나 기쁠 때 대자대비를 그대로 보여주는 대승
적 삶에서 비롯된다. 이에 수도인의 본연은 성불은 물론 제중의
헌신적 삶에서 고락의 극복은 물론 법열의 기쁨이 충만된다고 본
다. 곧 고락을 같이할 世臣의 삶을 정산종사는 주문하고 있다.

**1) 어려움에 처한 주위 인연들과 고락을 함께 나누는 동고동락
의 생활이 필요하다.**

☞「고생도 나누고 노력도 나누고, 기쁨도 나누고 아픔도 나누고, 즐
거움도 나누고 수용도 나누며, 끝없이 어려움을 찾아 도와간다」(좌산상
사법문집 『교법의 현실구현』, 원불교출판사, 2007, p.13).

2) 선진들은 악전고투를 통해 회상 창립의 역사를 이루었다.

☞「후진들은 선진들이 악전고투하여 곧 다년간 밤을 낮으로, 고를
낙으로 애를 써서 본교를 창립한 선진들을 업어서라도 받들어 주어야
한다」(한종만, 『원불교 대종경 해의』(下), 도서출판 동아시아, 2001,
p.404).

3) 상호 윤기를 건넴에 있어 동지의 고락을 자신의 고락으로 알

아야 한다.

☞「항상 심고할 때에 세상을 좋게 하며, 동지들을 좋게 하며, 천하의 모든 사람들을 다 좋게 하기로 심고하라. 천하와 동지의 고락을 자신의 고락으로 알고 나아가야 윤기가 바로 닿고 맥맥이 상통하여 큰 성공을 보나니라」(『정산종사법어』, 공도편 40장).

4) 수도인의 중생제도는 고통을 극복, 낙을 얻도록 조력함이다.

☞「이동안이 종사주께 물었다. "어떠한 것이 남을 제도하는 것입니까?" "괴로워하는 사람을 편안하게 하고 기쁘게 해주고, 사리에 어두운 사람을 지혜롭게 해주고, 악한 사람을 착하게 해주는 것이 남을 제도하는 것이다. 그러므로 남을 제도하려면 먼저 자기 자신부터 보람과 기쁨에 살고, 사리에 밝아 슬기롭고, 모든 일에 착하게 살아가야 하는 것이다"」(박용덕, 『금강산의 주인되라』, 원불교출판사, 2003, p.255).

5) 수행에 있어 독선기신의 소승적 행위가 아니라 동지와 고락을 함께 하는 대승적 생활이 요구된다.

☞「대종사의 가장 꺼리신 바는 독선기신으로 공중도 불고하고 동지도 불고하고 저 혼자만 독특한 공부를 꾀하는 제자였나니, 모든 동지와 함께 동정이 한결같은 대승의 공부를 하고, 모든 동지와 함께 고락을 나누는 대승의 사업을 하여야 대종사의 참다운 제자요 우리의 알뜰한 동지니라」(『정산종사법어』, 공도편 45장).

6) 교목세신에 있어 고락을 같이할 동지가 세신이다.

☞「喬木世臣이라는 말이 있나니, 세신이란 곧 대대로 나라를 받들어 나라와 가문이 운명을 같이 할만한 중한 신하를 이름이라, 우리는 또한 이 회상과 생사고락을 같이 할만한 동지가 곧 이 회상의 세신이니라. 이 회상과 이 교법을 위하여는 신라의 이차돈 같이 삼세를 통하여 고락과 근심을 함께 하며, 이 법이 없어지면 나도 없어지고 이 법이 흥하면 나도 흥하는 것으로 알고 생명도 바칠만한 혈심 인물이 다름 아닌 이 회상의 세신이니라」(『정산종사법어』, 공도편 7장).

16. 인생에 있어 고락의 분기점

고락의 분기점은 욕심과 선심, 도심과 악심을 넘나들 때 나타나는 것이다. 곧 인생의 일생은 자신의 심신 작용에 따라 고락으로 나뉘는 바, 염세적 삶은 고통을 마련하고, 적극적 삶은 낙을 마련하는 길이다. 이에 부단한 정진적공을 통해서 고진감래의 삶을 살아야 할 것이다. 희로애락을 당하여도 집착하지 말고, 생사의 고통에도 초연하는 생활을 할 때 영원한 낙원 수용의 인생이 보장된다.

1) 욕심과 선심, 도심과 악심을 넘나들 때 고와 낙이 교차된다.

☞「늘 정처없이 방황하고 무질서하며 하는 일이 중심이 없고 어느 한쪽에 편집되어 있는 사람들이 있다. 인간적인 삶으로 욕심과 선심이 동반되고 고와 낙이 상교하고 도심과 악심이 때에 따라서 넘나드는 사람이 있다. 인간 중에는 교양이 있고 양심생활을 자처하는 사람들이 있다」(장응철, 『마음달 허공에 뜨다』, 원불교출판사, 2006, p.130).

2) 인생의 일생은 자신의 마음먹기에 따라 고락으로 나뉜다.

☞「아무리 불행한 환경 속에서도 생각을 온전히 먹으면 그 속에서 은혜를 발견하게 된다. 온전한 생각 하나로 삶을 크게 열어 갈 수가 있다는 사실에 유념하자. 이것이 마음공부 하는 사람이 해야 할 일이다. 지금 내가 마음먹기에 따라서 가난하고 괴로운 삶을 살 수 있고 행복하고 풍요로운 삶을 살 수가 있다」(권도갑, 「나는 지금 인과를 믿고 있는가」, 《원광》 325호, 월간원광사, 2001년 9월, p.110).

3) 고락이 상반하는 인생이나 고생의 타격으로 인해 염세적 경향으로 흐르기 쉽다.

☞「우리의 생활은 고락이 상반하는 것으로서 혹은 즐겁기도 하고 혹은 괴롭기도 하는 가운데 그럭저럭 일생을 지내버리고 마는 것이 인생이라 할는지 모르겠으나 유독 고생이란 우리의 마음속에 큰 타격을 주는 것이어서 그로 말미암아 염세적 경향으로 흘러가게 된다」(서경전, 『교전개론』, 원광대학교출판국, 1991, p.484).

4) 인생은 적공할 때 고진감래의 생활이 보장된다.

☞「인생은 逆舟라고 보아야 한다. 흐르는 데로 가고 보면 쾌락이 되고, 그 뒤에는 고가 따르기 마련이다. 그러나 인생은 오르는 것이요, 나아가는 것이기 때문에 처음에는 고가 있게 되나 뒤에는 낙이 오게 된다. 따라서 조금만 쉬게 되면 그만큼 퇴보하게 된다. 일생을 노력하며 살아야 한다」(박길진, 『대종경강의』, 원광대학교출판국, 1980, pp.120-121).

5) 희로애락을 당할 때 한 곳에 집착하지 말고 초연한 인생을

즐겨야 한다.

☞「우리가 목석이 아닌 이상에는 고락을 느낄 수도 있고, 원망도 할 수 있고, 원수도 생길 수 있다. 하지만 유무초월의 자리를 항상 머리에 이고 있으면 희로애락의 경계마다 거울 앞을 지나가는 그림자처럼 초탈한 심경으로 살 수 있으리라 생각한다」(송순봉, 「유무초월한 자리, 초탈한 심경으로」,《원광》294호, 월간원광사, 1999년 2월, p.28).

6) 인생에 있어 생사는 고통 자체이므로, 생사해탈이 중요하다.

☞「(원기 38년 4월 16일 정산종사 뇌일혈 발병) 19일에야 의식을 약간 회복하셨다. "인생이란 말과 고생이란 말은 서로 통하고 고생 가운데에는 병고가 으뜸이 되겠다" 하였다. 또 "고 가운데서 고를 초월하고 사는 세계가 대도의 세계이다. 그 세계에서는 고락을 아울러 수용하면서 고락을 아울러 잊는 경계에 안주할 수 있기 때문이다. 색신을 받지 않고 천상락만 수용하는 세계는 대도의 세계가 아니다. 그 세계에서는 낙이 다하면 다시 색신을 받아 고 가운데 헤매지 않을 수 없게 되기 때문이다" 하였다」(원기 39년 6월 원광 7호/이공전, 『범범록』, 원불교출판사, 1987, pp.75-76).

7) 고락의 법문을 설한 배경은 영원한 낙을 얻기 위함이다.

☞「고락의 법문을 달리 표현하면 원불교의 인생관이라 할 수 있겠다. 대종사는 인생의 현실상을 고와 낙이 상반한다고 관찰하고 정당한 낙 속에서 영원한 낙의 생활을 하기 위하여 이 법문을 설하였다」(한정석, 『원불교 정전해의』, 도서출판 동아시아, 1999, p.573).

17. 극락과 고락의 관계

극락과 고락은 멀리 떨어져 있는 것이 아니다. 고락을 초월하면 극락이요, 초월하지 못하고 얽매이면 지옥이기 때문이다. 주지하듯이 인생에 있어 분별 주착을 벗어날 때 극락이 나타난다. 따라서 고락을 초월하고 성품을 깨닫게 될 때 극락이 수용된다. 또한 중생의 고통을 극복하고 낙을 수용하기 위해서 마음공부의 원리를 알아서 본능적 쾌락을 초월함이 요구된다. 궁극적으로 고락이 공한 자성극락을 수용하는 삶이 진정한 극락생활이라 본다.

1) 죄복 고락을 초월하면 극락이요, 죄복 고락에 사로잡히면 지옥이다.

☞「한 제자 여쭙기를 "극락과 지옥이 어느 곳에 있나이까." 대종사
말씀하시기를 "네 마음이 죄복과 고락을 초월한 자리에 그쳐 있으면 그
자리가 곧 극락이요, 죄복과 고락에 사로잡혀 있으면 그 자리가 곧 지
옥이니라"」(『대종경』, 변의품 10장).

2) 분별 주착을 없애고 고와 낙이 끝난 자리가 극락이다.

☞「경계가 오면 분별 주착심이 쑥 들어가게 하자 이 말이다. 입정처
에 들어가 버린다. 이렇게 고와 낙이 다 끝난 자리가 극락이다」(심익순,
『이 밖에서 구하지 말게』, 원불교출판사, 2003, pp.76-77).

3) 고락을 초월함은 물론 성품을 깨달음이 극락이다.

☞「서방 정토의 극락세계에 집착해 있기 때문에 마음에서 극락과
지옥의 세계를 밝히고 있다. 고락을 초월한 경지가 극락이다. 극락은
육도의 세계를 초월한 것이다. 극락을 수용하기 위해서는 성품을 깨쳐
야 한다」(한종만, 『원불교 대종경 해의』(上), 도서출판 동아시아, 2001,
p.500).

4) 극락은 중생들에게 고통이 없고 즐거움만 있는 것을 말한다.

☞「사리불이여, 그 나라를 어떤 이유로 극락이라 이름하는가 하면
그 나라의 중생들은 아무런 괴로움이 없고 다만 여러 가지 즐거움만 받
기 때문에 극락이라 이름하느니라」(『阿彌陀經』, 舍利佛, 彼土何故名爲極
樂, 其國衆生, 無有衆苦, 但受諸樂, 故名極樂).

5) 극락이란 마음에 있으니 상대적 고락과 일시적 쾌락에 집착
해서는 안 된다.

☞「극락이란 마음에 있는 것이니, 상대적인 고락에 헤맬 동안은 극
락이 아니다. 낙이란 한말로 쌈박한 경지요 맛인데, 일시적 쾌락에 집착
되어서는 영원한 낙을 맛보지 못한다. 순간의 쾌락을 좋아하고 보면 고
는 더욱 심화된다」(박길진, 『대종경강의』, 원광대학교출판국, 1980,
p.266).

6) 고락이 공한 자리를 발견할 때 자성극락을 수용할 수 있다.

☞「고락을 초월하는 방법은 고와 낙의 원인을 파악하여 고와 낙을
다 잊어버리고 고락이 공한 자리를 관하여 고요한 자성극락을 수용하는
것이다. 이는 物我가 돈공한 일원의 진리와 고락의 주체가 하나되는 데
서 가능한 것이다」(서경전, 「원불교의 고락관」, 『원불교사상』 10·11집,
원불교사상연구원, 1987.6, p.239).

18. 고락에 대한 법문의 연계사상

고락은 피할 수 없다고 해도 고락을 극복하는 방법을 터득한다면 고락을 영원히 초월할 수 있다. 고래의 성자로서 요순, 공자, 석가, 예수, 노자 등이 이들이다. 불교에서는 선정에 들면 고락을 초월한다고 하였으며, 유교는 수신을 통해, 노자는 자연과의 합일을 통해, 예수는 속죄를 통해 고락을 초월한다고 하였다. 소태산 대종사는 고락에 대한 법문을 통해 고락의 원인을 알고, 고락을 해탈하여 영원한 낙을 얻도록 했다.

1) 순임금과 석가모니는 고락을 초월한 성자였다.

☞「순임금은 밭 갈고 질그릇 굽는 천역을 하던 사람으로서 천자의 위를 받았으나 거기에 조금도 넘치심이 없으셨고, 서가세존께서는 돌아오는 왕위도 버리시고 유성 출가하셨으나 거기에 조금도 애착됨이 없으셨나니, 이 분들의 부귀에 대한 태도가 그 얼마나 담박하였으며 고락을 초월하는 힘이 그 얼마나 장하였는가」(『대종경』, 인도품 27장).

2) 불교의 선정에 진입하면 不苦不樂의 경지에 머문다.

☞「(禪에는 초선·2선·3선·4선의 구별이 있다) 4禪은 마음은 평등하게 되고 생각은 청정하여지며 3선의 지극한 쾌락을 떠나 불고불락의 中捨에 머문다. 초선에서 3선까지는 樂이 感受되고 있기 때문에 신체가 안락한 경지라고 할 수 있다. 그러나 4선에 이르면 그 낙도 사라지고 捨念淸淨하게 된다. 또한 초선에서 4선까지 禪의 본성은 心一境性인 定이다」(정순일, 『인도불교사상사』, 운주사, 2005, p.304).

3) 유교는 수신을 통한 명덕을 밝힘으로써 백성들과 同樂을 즐기고자 한다.

☞「유교는 修己를 바탕으로 '明明德於天下'를 추구함으로써 인간은 대동세계 與民同樂으로 불리는 이념적 세계를 인간의 현실에서 완성시킨다」(송재국, 「유학의 종교성」, 99 한국종교사학회 추계학술대회《한국 신종교 연구의 제문제》, 한국종교사학회, 1999.11.26, p.8).

4) 노자는 苦의 환난은 樂의 행복과 동시에 존재한다고 하였다.

☞「노자는 환난이라고 간주되는 일에 행복의 요소가 반드시 감추어져 있고, 행복이라고 간주되는 일에는 환난을 일으킬 수 있는 요소가 반드시 감추어져 있음을 보았다」(진고응 著, 최진석 譯, 『노장신론』, 소나무, 1997, p.27).

5) 예수는 인류의 죄고를 사하고자 십자가를 짊어졌다.

☞「공자는 천하의 고통을 해소하고자 수제치평의 도를 열어 주고, 예수는 온 인류의 죄고를 大贖하고자 십자가를 지었으며 대종사는 파란 고해의 일체생령을 광대무량한 낙원으로 인도하고자 교문을 열었다」(신도형, 『교전공부』, 원불교출판사, 1992, p.496).

19. 보충해설

석가모니가 왕궁가를 떠나 출가를 하게 된 것은 생로병사에 대한 궁금증을 해결하기 위함이었다. 사실 생로병사의 굴레에 사는 인간들은 생사윤회를 벗어나지 못하는 두려움의 고통이 심각하다. 이러한 여러 고통은 외경을 내면으로 받아들이는 것에서 비롯된다. 곧 『수심결』34장에 나오는 '三受' 란 바깥 경계를 받아들이는 세 가지 受를 말한다. 첫째 苦受로서 심신에 괴로움을 받아들이는 것이며, 둘째 樂受로서 외부 경계와 접촉하여 즐거움을 받아들이는 것이다. 끝으로 捨受가 있는데 捨란 버림이라면 수란 받아들임으로, 捨受는 不苦不樂 즉 고락수용에 있어 해탈을 통해 일희일비하지 말라는 뜻이다.

해탈이 아닌 집착의 굴레에서 중생들이 일희일비하며 살아감을 지적한 소태산은 「고락에 대한 법문」을 설하여 고통 극복의 길을 제시하였다. 곧 고락의 의미를 설명함은 물론 낙을 버리고 고로 들어가는 원인을 밝히었다. 먼저 고락의 의미를 보면, 사람이 세상에 태어나면 싫어하는 것과 좋아하는 것이 있다며 이를 고락이라 하였다. 그리고 낙을 버리고 고로 들어가는 원인으로는 고락의 근원을 알지 못하기 때문이요, 또 보고 듣는 대로 자행자지하기 때문이라 했다. 따라서 정당한 교법으로 단련하여 심신수련 및 기질변화가 분명히 되도록 강조한다.

고락에도 여러 종류가 있음은 당연한 사실이다. 이를테면 고통에 있어 우연히 받는 고와 지어서 받는 고가 있으며, 낙에 있어 우연히 받는 낙과 지어서 받는 낙이 있다. 이에 정당한 고락은 감수하되 부정당한 고락은 극복하도록 항상 온전한 생각으로 취사를 해야 한다. 소태산 대종사는 어느 날 당리교당을 방문하여 법문을 설하며 다섯 가지 고락을 말해보라고 하였다. 이에 한 교도(양도신 모친)가 "첫째는 지어서 받는 고락, 둘째는 우연히 받는 고락, 셋째는 정당한 고락, 넷째는 부정당한 고락, 다섯째는 영원한 고락입니다" 라고 대답하니 크게 기뻐하며『정정요론』「수양연구요론』이라는 교서를 상으로 주었다고 한다(『원광』298호, 월간원광사, 1999년 6). 공부인으로서 고락의 여러 종류를 알아서 진단하고 적공하여 마침내 정당한 고락을 수용하자는 뜻이다.

20. 연구과제

1) 고락이란 무엇이며, 고락 해탈의 방법은?
2) 고락의 원인은?
3) 고락의 종류는?
4) 정당한 고락과 부정당한 고락이란?
5) 소태산 대종사가 고락에 대한 법문을 설한 이유는?

21. 고시문제

1) 고락의 종류에 따른 변화 유형을 설명하고 대처방안을 논하시오.
2) 우연한 고와 정당한 고를 설명하시오.

제15장 병든 사회와 그 치료법

○ 「병든 사회와 그 치료법」의 원문

사람도 병이 들어 낫지 못하면 불구자가 되든지 혹은 폐인이 되든지 혹은 죽기까지도 하는 것과 같이, 한 사회도 병이 들었으나 그 지도자가 병든 줄을 알지 못한다든지 설사 안다 할지라도 치료의 성의가 없다든지 하여 그 시일이 오래되고 보면 그 사회는 불완전한 사회가 될 것이며, 혹은 부패한 사회가 될 수도 있으며, 혹은 파멸의 사회가 될 수도 있나니, 한 사회가 병들어가는 증거를 대강 말하자면 각자가 서로 자기 잘못은 알지 못하고 다른 사람의 잘못하는 것만 많이 드러내는 것이며, 또는 부정당한 의뢰생활을 하는 것이며, 또는 지도 받을 자리에서 정당한 지도를 잘 받지 아니하는 것이며, 또는 지도할 자리에서 정당한 지도로써 교화할 줄을 모르는 것이며, 또는 착한 사람은 찬성하고 악한 사람은 불쌍히 여기며, 이로운 것은 저 사람에게 주고 해로운 것은 내가 가지며, 편안한 것은 저 사람에게 주고 괴로운 것은 내가 가지는 등의 공익심이 없는 연고이니, 이 병을 치료하기로 하면 자기의 잘못을 항상 조사할 것이며, 부정당한 의뢰생활을 하지 말 것이며, 지도받을 자리에서 정당한 지도를 잘 받을 것이며, 지도할 자리에서 정당한 지도로써 교화를 잘 할 것이며, 자리주의를 버리고 이타주의로 나아가면 그 치료가 잘 될 것이며 따라서 그 병이 완쾌되는 동시에 건전하고 완전한 사회가 될 것이니라(『정전』제3 수행편, 제15장 병든 사회와 그 치료법).

1. 병든 사회와 세계의 실상
1) 세계의 병리현상
오늘날 도시화에 따른 이기적 생활태도와 산업화의 현상에 의한 생태계의 파괴, 핵전쟁의 위협, 인간소외, 민족갈등, 도덕과 정신가치의 위기 등이 지구촌 곳곳에서 발견되고 있다. 아울러 환경문제로서 자원감소가 이어지고 문명의 충돌로 인하여 종교간 갈등의 골이 심해지고 있는 상황이다.

(1) 산업화와 도시화로 인한 도시병이 만연해 있다.

☞「산업화와 도시화는 필연코 사회구조의 분화를 가져오며 이에 따라 사람들의 개체화가 뒤따른다. 이 과정에서 형성되는 이기적 생활태도가 자본주의 시장경제의 추진력이 되기도 했지만, 욕구와 욕구간의 끊임없는 갈등을 빚어내고 이는 마침내 사회분열로 치닫기 마련이었다」(차인석, 「근대성을 향한 철학」, 범한철학회 2000년 봄 학술발표회《21세기, 철학적 화두의 모색》, 범한철학회, 2000년 5월, p.4).

(2) 핵전쟁의 위협, 생태계의 파괴, 인종차별과 인간소외, 민족 갈등이 잔존하고 있다.

☞「우리가 지금 직면하고 있는 생태계의 파괴, 핵과 전쟁의 위협, 빈곤과 풍요의 격차, 기아와 사치·낭비의 격차, 인종·성의 차별, 과학문명의 발달과 인간소외, 도덕성의 타락과 인명경시 등과 같은 문제들은 현재와 같은 처방으로서는 앞날이 매우 불안하고 위태로운 시점에까지 와있는 것을 실증해 주고 있다. 개인의 이기주의, 이익집단의 이기주의, 국가 민족 이데올로기 집단의 이기주의가 이대로 나아가는 한, 어떤 정책이나 묘책을 쓴다 할지라도 파국은 피할 수는 없을 것이다」(정인석, 『트랜스퍼스널 심리학』, 대왕사, 2003, p.28).

(3) 동아시아에도 인간과 자연의 충돌, 도덕 및 정신타락 등의 위기가 남아있다.

☞「지금 동아시아 각국은 5대 충돌과 5대위기 안에서 각자의 발전을 도모하고 있다. 여기에서 말하는 5대충돌이란 바로 인간과 자연, 인간과 사회, 인간과 인간, 인간의 심령, 문명과 문명 간의 큰 충돌을 말하는 것이다. 5대위기란 생태, 사회, 도덕, 정신, 가치위기를 말하는 것이다. 이 충돌과 위기는 바로 지금 동아시아 사회가 가지고 있는 병이다」(김경진, 「소태산 정신개벽사상과 그 조치 및 현실적 의의」, 원광대 개교60주년 국제학술회의 『개벽시대 생명·평화의 길』, 원불교사상연구원·한국원불교학회 外, 2006.10.27, p.39).

(4) 공급과 수요의 불균형으로 인한 가난한 사람들의 영양실조, 굶주림 등 최대 시련이 남아있다.

478   정전풀이(하)

☞「21세기를 앞두고 인류사회가 당면한 최대의 시련은 인구의 힘이 분출시킨 수요를 충족시키는데 기술의 힘을 어떻게 이용할 것인가 하는 문제이다. 다시 말해서 영양실조, 굶주림, 자원 감퇴, 불안, 강제이민, 군사적 충돌 등 맬더스의 인구론적 올가미 증대현상으로부터 인류가 가난한 4분의 3을 해방시키기 위한 효율적인 범세계적 해결책을 어떻게 찾아낼 것인가 하는 문제이다」(폴 케네디 저, 변도은 외 1인 역, 『21세기 준비』, 한국경제신문사, 1999, p.26).

(5) 헌팅턴은 세계 문명권 간의 충돌을 우려하였다.

☞「헌팅턴은 서구 문명권 외에도 7가지 문명권, 즉 중국 중심의 유교 문명권, 일본 문명권(유교와 구분됨), 라틴 아메리카 문명권, 동방정교 문명권, 이슬람, 아프리카, 힌두 문명권 등 7가지 문명권이 존재하고 있다고 주장한다」(문정인, 「이슬람과 문명의 충돌」, 『전통과 현대』 18호, 전통과 현대, 2001·가을호, pp.169-170).

(6) 종교간의 갈등과 대화라는 두 선택의 기로에 있다.

☞「우리는 문명의 충돌, 예를 들면 무슬림의 문명과 서구의 문명 간의 충돌에 의해 인류가 위험에 처한 세계와 시대에 살고 있다. 우리는 새로운 세계의 전쟁에 의해 그리고 위험을 받고 있지 않지만 어느 국가, 도시, 거리와 학교에서 일어나는 모든 종류의 갈등에 의해 위협받고 있다. 이러한 도전에 대해 본인은 문명의 충돌에서 종교 간의 평화 없이는 문명 간의 평화는 없게 될 것이라고 말한다」(한스 큉, 「새 세계 질서를 위한 지구윤리」, 정산탄백 기념 국제학술대회 『미래사회와 종교』, 원광대학교, 2000. 9, p.12).

2) 한국의 병리현상

근래 병든 세계의 실상들이 아시아는 물론 한국도 정신적으로, 사회적으로 심각하게 나타났다. 구한말 원불교가 출현할 당시 한국의 경우 병든 사회의 실상은 국내외적으로 전개되는 병증 그대로였다. 이를테면 지도자와 사회의 부패현상은 물론 일제 식민지로부터의 해방과 더불어 남북분단의 고통이 뒤따랐다. 또 정치나 경제 교육에 총체적 부실이 있었고, 부정부패는 물론 물질 만능주의가 팽배하였다. 이혼과 도덕 불감증의 현상도 나타났으니 사회는 과연 병든 세상이었다. 이에 소태산 대종사는 구국의 신념으로 병든 사회와 그 치료법을 제시할 수밖에 없었다.

(1) **구한말 우리 민족사회는 정신적으로, 사회적으로 병들어 있었다.**

☞「구한말 당시 민족종교의 창시자들은 우리의 민족사회가 정신적으로 사회적으로 그리고 육체적으로 완전히 병들어 버린 것으로 인식하였다. 이처럼 뿌리부터 병들어 버린 사회, 비정상 상태가 정상화해 버린 사회질서를 누가 어떻게 바로잡을 수 있겠는가」(한승조, 「한국정신사의 맥락에서 본 원불교」, 『원불교사상』 4집, 원불교사상연구원, 1980, p.55).

(2) **지난 20세기 한국의 역사는 대립과 변화의 과정을 가장 압축적으로 겪어온 역사였다.**

☞「지난 20세기 한국의 역사는 지구상 그 어느 나라의 역사보다도 대립과 변화의 과정을 가장 압축적으로 겪어왔던 역사라고 할 수 있다. 식민 상태에서의 해방, 한국전쟁과 남북분단, 빈곤에서 탈출하는 성공적인 경제성장, 그리고 현재 일어나고 있는 환경 및 생명에 대한 담론들이 그 생생한 증거라고 할 수 있다」(노권용, 「21세기 불교계 대학의 전망과 과제-현대 한국불교 두 가지 흐름과 관련하여-」, 제18회 국제불교문화학술회의 『불교와 대학-21세기에 있어서 전망과 과제』, 일본 불교대학, 2003.10.28-29, p.123).

(3) **한국은 정치, 경제, 교육 등에서 총체적 부패로 만연하여 있었다.**

☞「한국사회의 병폐가 무엇인지 명확한 진단이 있어야 그에 따른 처방이 내려질 수 있다. 그러나 한국사회의 병폐는 몇 가지로 단순화시켜 말할 수 없다. 총체적인 부패에 빠져 있기 때문이다. 정치 경제 교육 등 사회 전반에 걸쳐 모두가 모순을 내포하고 있으며, 어느 곳에서부터 문제를 해결해야 할지도 모를 지경이다」(최병철, 『공자가 살아야 나라가 산다』, 시아출판, 1999, p.35).

(4) **남한의 병폐로는 살인, 불신, 마약, 부정부패, 인간소외 등이 있다.**

☞「남한 사회는 이것이 인간의 사회인가라고 할 정도로 부정적인 측면들이 강하게 나타나고 있다. 일상화되어 있는 살인, 강도, 절도, 강간, 사치, 불신, 마약, 극단적 이기주의, 퇴폐, 부정부패, 물질숭배, 인간소외, 잔인은 무엇을 말하는가? 종교는 무엇을 했단 말인가」(리영희, 『

스핑크스의 코』, 까치, 1998, p.33).

(5) 이혼, 도덕불감증, 배금주의 등이 만연한 사회는 병든 사회이다.

☞「현 우리사회의 인구 추세는 노령화 되고 있다는 것과 아직도 대도시나 대도시 주변의 인구가 늘어나고 있다는 것 그리고 출산율이 저하되고 있다는 것이다. … 과학기술의 발달로 인한 가치관의 혼란이다. 우리 사회에 만연하고 있는 이혼 풍조와 개방되어가는 성 그리고 부정부패 등 도덕적 불감증, 배금주의 사상 등으로 사회는 병든 사회가 되어가고 있다」(최경도, 「교당의 교화 프로그램 개발-인구 50만명 이상 도시 중심으로-」, 《일원문화연구재단 연구발표회 요지》, 일원문화연구재단, 2005.9.23, pp.23-24).

(6) 소태산은 당시 국가 지도자의 결핍과 사회의 부패를 통렬히 느껴 구국의 신념으로 병든 사회와 그 치료법을 제시하였다.

☞「소태산 대종사는 지도자의 결핍과 사회의 부패를 통절히 느꼈으며 썩어가는 조국의 맥박을 돌리고 삶의 힘을 기르기 위해 그 당시 한국사회를 병든 사회라 보았던 것은 틀림없었다. 그러나 그것에 절망하여 비분강개만 하고 있던 지사들과는 달리 과감하게 수술해야 될 아량으로 병든 사회와 그 치료법을 제시했던 것이다」(류병덕, 「원불교의 사회관」, 『원불교사상』 10 · 11집, 원불교사상연구원, 1987.6, p.158).

3) 구세성자 출현의 여망

말세가 오면 성자의 출현은 필연이라 본다. 빛은 동방으로부터라는 말이 있듯이 동양종교가 서구인에 주목을 받는 것이 이와 무관하지 않다. 물질이 개벽되니 정신을 개벽하자는 것도 같은 맥락이다. 소태산은 판탕한 시국에 당하여 도덕 윤리가 타락하자 이 난국을 구하기 위해 인류 구원의 횃불을 들고 새 종교를 창립하기에 이르렀다. 이에 당시의 병든 사회를 진단하고 그 치료법을 제시함으로써 구세성자로서의 경륜을 펼친 것이다.

(1) 말세가 되면 반드시 세상을 구원할 성자가 출현한다.

☞「세상이 말세가 되고 험난한 때를 당하면 반드시 한 세상을 주장할 만한 법을 가진 구세성자가 출현하여 능히 천지기운을 돌려 그 세상을 바로잡고 그 인심을 골라놓나니라(『월말통신』 제1호(1928.5.31). 강

자로 약자되는 법문에서 진시황, 항우, 독일의 빌헬름2세 카이젤 등을 예로 들었다」(신명국, 「소태산 역사의식」, 『원불교사상시론』 제Ⅱ집, 수위단회 사무처, 1993년, p.125).

(2) 서구에서 동양종교로 회귀하는 경향이 많아졌다.

☞「미국의 젊은이들이 동양종교로 회귀하는 전체적인 상황도 서양 문명의 병맥이 깊어졌기 때문이 아닌가」(이은봉, 「미래종교에 대한 원불교적 대응」, 제18회 원불교사상연구 학술대회《소태산 대종사와 정산종사》, 원광대 원불교사상연구원, 1999년 2월 2일, p.23).

(3) 물질문명의 발달에 따른 정신문명이 요청되고 있다.

☞「현대사회의 물질문명은 발달하였으나 많은 사회병을 안고 있다. 남녀 질서의 현란, 황금만능병 등 많은 문명의 부산물들이 나타나고 있다. 이러한 때일수록 정신문명, 도덕문명의 선행이 절실히 요청된다」(박길진, 『대종경강의』, 원광대학교출판국, 1980, p.65).

(4) 소태산이 살았던 시대는 판탕한 시국으로 사회의 윤리 도덕이 타락했다.

☞「대종사가 살았던 시대는 판탕한 시국이었다. 판탕이란 나라의 정치가 어렵고 사회 윤리 도덕이 타락함을 말한다. 이 말의 유래는 『시전』의 「大雅」 장에 板·蕩의 2편이 모두 문란한 정사를 읊은 시였던 데서 한 개의 성어가 되었다」(박용덕, 『금강산의 주인되라』, 원불교출판사, 2003, p.118).

(5) 소태산은 난국의 상황에서 태어나 구도 대각 끝에 인류 구원의 횃불을 밝히었다.

☞「대종사는 그 어려웠던 시기에 한국 땅에 태어나 스스로 구도 끝에 대각을 하였고 맨주먹으로 개척정신을 일깨워 주며 자급자족의 새로운 교단을 창설, 인류 구원의 횃불을 밝혀 주었다. 밝히신 빛이 채 타오르기도 전에 색신은 가셨지만 우리에게 끼쳐 주신 법신의 여여함은 길이 중생 제도의 사명감으로 우리들 가슴에 남아 있게 되었다」(박장식, 『평화의 염원』, 원불교출판사, 2005, p.107).

(6) 소태산은 인류 구원을 위해 교단을 창건하였다.

☞「소태산 대종사는 병들어 있는 인간과 사회를 구원하기 위해서 교단을 창건한 것이다」(한종만, 저축조합과 방언역사, 『원불교70년 정신사』, 성업봉찬회, 1989, p.135).

(7) 소태산은 세상의 병을 진단하고 교단을 창건, 세상을 치료

할 약방문을 선보였다.

　☞「각종 각색의 주의가 횡행하여 물질개벽으로 인하여 윤리 도덕이
퇴폐되는 이 혼몽 천지에도 九十春光祥瑞 빛에 봄소식이 다시 돌아왔으
니 이는 唯我大聖 종사주께서 출현하시사 자비안을 높이 들고 일체생령
을 제도코자 먼저 이 세상에 병든 것을 진찰하시고 전무후무에 유일무
이한 약방문을 내어 놓으시었으니 이는 곧 먼저 말한 다섯 가지 병을
완치시키는 인생의 요도 사은사요의 和劑이다」(청하문총간행회, 『묵산
정사문집』, 원불교출판사, 1985, p.166).

2. 소태산이 파악한 병리현상과 원불교

1) 사회 병리현상의 진단

　소태산은 구한말 유교의 봉건사회의 병든 실상을 파악함은 물
론 물질문명의 일방적 발달에 따른 파란고해를 직시하였다. 나아
가 新식민주주의의 등장과 악덕자본주의의 출현 등 권위주의가
세상을 병들게 하고 있음을 간파하였다. 그리하여 물욕의 확산은
물론 본성의 황폐화를 지적하였으니 이것들이 사회의 병리현상으
로 이어졌다. 당시 사회 지도자의 결핍, 사회의 부패도 이에 가세
하였다. 구체적으로 돈병, 원망병, 의뢰병 등이 이에 관련된다.

　(1) 구한말까지 전승된 유교의 봉건사회 병폐를 진단했다.

　☞「유교의 봉건적 윤리질서 사회에서 생겼던 流弊 현상은 심각성을
가져왔던 것이 사실이다. 소태산은 사요에서 이러한 유교적 봉건사회
질서에서 야기된 병폐와 불합리성을 지적하고 그 시정을 통하여 평등사
회 건설의 방향을 교리로 설정하였다. 이것은 覺者에게서 발견되는 사
회성임과 동시에 각자로서 지니는 시대적 안목이요 경륜이다. 소태산은
자신이 처한 시대상황을 병든 사회로 규정하고, 그 병든 사회를 치료하
는 일이 곧 자신의 사명이었던 것이다」(이현택, 「소태산의 유교수용과
유교사상」, 『원불교사상』 12집, 원불교사상연구원, 1988, p.127).

　(2) 물질문명의 부정적 측면을 파란고해, 곧 병든 사회라 했다.

　☞「소태산의 입장에서 볼 때 물질문명이 인간의 의식주 생활에 풍
요와 부를 가져다 준 부분에 대해서는 긍정적으로 평가하면서도 물질문
명의 발달이 인간에게 가져다 준 부정적인 측면을 파란고해나 병든 사
회로 지적하고 있는 것이다」(신순철, 「소태산의 일본 제국주의 인식」, 『

원불교학』 7집, 한국원불교학회, 2001, pp.152-153).

(3) 악덕 자본주의, 新식민주주의, 낡은 지도이념 등 권위주의가 곧 병든 사회임을 밝혔다.

☞「소태산이 밝힌 병든 사회, 가령 현실의 악덕 자본주의나 新식민주주의나 봉건적 지배논리는 극복되고 있는지? 또는 아직도 이 현실에서 낡은 도덕이나 관념적 비현실적 지도 이념으로 권위의식에 사로잡힌 지도층을 퇴치시킬 수 있는지, 개혁의 과제는 산적되어 있다고 본다」(류병덕, 「원불교학 연구의 현황과 과제」, 『원불교학』 창간호, 한국원불교학회, 1996, p.11).

(4) 소태산은 이기적 물욕의 확산, 본성의 황폐화를 병폐로 지적했다.

☞「소태산이 지적한 병폐는 이기적 물욕의 확산, 불평등한 사회구조, 투쟁과 갈등의 현상, 이로 인한 인간본성의 황폐화 등 대부분 근대적 세계관에서 유래된 병폐들이다. 이 내용은 아직 대규모 환경파괴에 대한 직접적 언급은 포함하고 있지 않으나 환경파괴로 이어질 수 있는 현상들이라 할 수 있다. 그 병폐를 다스리기 위한 처방으로서 소태산은 정신의 주체를 바로 세우는 방향을 제시하였다」(김낙필, 「원불교의 환경윤리」, 종교단체 환경지침서 I 『환경, 더불어 살기』, 종교단체 환경정책실천협의회, 2006, pp.255-256).

(5) 원불교가 출현할 당시에 지도자의 결핍과 사회의 부패가 만연함을 진단하였다.

☞「소태산은 열린 마음으로 이 사회를 진단하고 병든 사회와 치료법을 내놓았다. 여기에서 소태산은 지도자의 결핍과 사회의 부패를 통절히 느꼈으며 썩어가는 조국의 맥박을 돌리고 삶의 힘을 기르기 위해 그 당시의 한국사회를 병든 사회라 보았던 것은 틀림없었다」(류병덕, 『원불교와 한국사회』, 원광대학교출판국, 1978, pp.354-355).

(6) 소태산은 병든 사회의 실상으로 돈병, 의뢰병, 원망병 등을 말하였다.

☞「지금 세상은 어떠한 병이 들었는가. 첫째는 돈의 병이니, 인생의 온갖 향락과 욕망을 달성함에는 돈이 먼저 필요하다는 것을 알게 된 사람들은 의리나 염치보다 오직 돈이 중하게 되어 이로 인하여 모든 윤기가 쇠해지고 정의가 상하는 현상이라 이것이 곧 큰 병이며, 둘째는 원

망의 병이니, 개인 가정 사회 국가가 서로 자기의 잘못은 알지 못하고
저 편의 잘못만 살피며, 남에게 은혜 입은 것은 알지 못하고 나의 은혜
입힌 것만을 생각하여, 서로서로 미워하고 원망함으로써 크고 작은 싸
움이 그칠 날이 없나니, 이것이 곧 큰 병이며…」(『대종경』, 교의품 34
장).

2) 기성종교의 한계와 원불교의 출현

사회와 종교는 상의상자적 관계, 곧 동전의 양면과 같다. 사회
가 병이 들면 종교가 그 병을 치유해주기를 바라기 때문이다. 따
라서 각 종교는 세계 병폐의 도덕적 책임이 있는 것이다. 사회
병리의 치료에 소홀하면 제생의세는 어려워진다. 이에 소태산 대
종사에 있어서 기성종교는 교파의 난립과 교세의 확장 등으로 사
회의 병리를 치유하지 못하고 있음을 안타까워했으니 이것이 종
교 아노미 현상의 치유에 관련된다. 곧 소태산은 물질이 개벽되
니 정신을 개벽하자며 새 시대의 원불교를 창립하기에 이른다.

(1) 종교의 생명력으로는 사회적 병리현상을 치료하는 것이다.

☞「사회를 떠난 종교는 이미 생명력을 잃은 종교이다. 시대로부터
대중으로부터 외면당하는 종교는 이미 그 존립의 의미를 잃어버린 종교
인 것이다」(간행위원회 편, 담산이성은정사 유작집 『개벽시대의 종교지
성』, 원불교출판사, 1999, p.232).

(2) 각 종교는 세계 병폐의 치유에 대한 책임이 있다.

☞「현재 세계의 병폐에 대해서 책임이 있다는 것은 종교의 시련이
다」(라다크리슈난 저, 류성태 외 3인 역, 『전환기의 종교』, 원광대학교
출판국, 1986, p.8).

(3) 병리의 치료에 무관심하고 늦어지면 제생의세는 어렵다.

☞「현대 문명은 병맥의 근원이 깊어졌다는 것이다. 간장의 병은 3
분의 2가 안 좋아져야 알게 된다. 병맥의 근원을 빨리 알면 치료할 수
있지만 늦으면 치료할 수 없다. 세상을 이대로 놓아두면 도저히 구하지
못하는 위경에 빠진다」(한종만, 『원불교 대종경 해의』(上), 도서출판 동
아시아, 2001, p.157).

(4) 기성종교는 교세확장과 체제유지에 집중하고 병든 사회의
치유에 성자혼을 발휘하지 못하고 있다.

☞「오늘날 많은 종교 교단이 목적과 방향을 잃고 체제유지 기능의
확대에 관심을 집중시킴으로써 교단의 존재 의의와 근본적 기능에 대한
강한 회의를 불러일으키고 있다. 사실 오늘날 종교 인구의 급속한 증가
와 비약적인 교세확장에도 불구하고 사회정의의 실현이나 범죄의 감소
징후는 도무지 나타나 있지 않다. 이것은 기성의 종교 집단들이 자체
교단의 이익 추구에 급급하여 종교 본연의 목적인 성자혼의 실현에 관
심의 초점을 두고 있지 않다는 사실을 의미한다」(신명교, 「원불교 교단
관」, 『원불교사상시론』 1집, 수위단회사무처, 1982, p.22).

(5) **기성종교들은 종교 대립과 갈등을 불러와 비종교·탈종교
현상으로 치닫는 상황에서 소태산은 병증의 치유책을 밝혔다.**

☞「종교간의 대립이나 갈등을 불러옴으로써, 종교 신자들의 가치나
종교 교단의 가치가 부정적으로 평가되어 감은 현대종교의 병증으로 잘
파악하고 있는 것 같다. 이러한 병증은 비종교 내지는 반종교·탈종교
현상을 야기하는 듯 싶다. 소태산의 전망은 현대종교가 갖고 있는 병증
의 진단 하에서 그 치유책을 말하여 주기 때문에 심각한 경고의 역할과
이정표의 역할을 제시하고 있다고 생각된다」(김복인, 「미래의 종교-소
태산의 전망에 근거한 고찰」, 『원불교와 21세기』, 원불교사상연구원,
2002, p.459).

(6) **근대화의 현상과 더불어 기성종교의 무기력함에 따른 종교
아노미 현상이 나타났다.**

☞「한 가지 분명한 것은 소태산이 살았던 당시의 모든 종교로는 개
인은 물론이고 국가와 사회가 구제되기 어렵다는 확고한 신념이 있었다
는 점이다. 그는 당시까지 이 민족을 이끌어오던 전통종교인 불교나 유
교, 도교 등이 시대를 감당할 능력을 상실하고 있음을 역력히 보았고,
새로 들어온 그리스도교도 그 대안이 되기에 어려움이 있었다고 보았다
」(이은봉, 「미래종교에 대한 원불교적 대응」, 제18회 원불교사상연구 학
술대회《소태산 대종사와 정산종사》, 원광대 원불교사상연구원, 1999
년 2월 2일, p.11).

(7) **선후천 전환기에 창립된 원불교는 사회 병리를 진단, 정신
개벽을 주창하였다.**

☞「소태산은 선후천 전환기로서의 현실을 사회적 병리현상으로 이
해하고 현대사회를 병든 사회로 규정한다. 현대사회의 병은 물질문명의
발달로 인하여 인간 개인의 물질적 욕구의 증대와 이에 따라 이기주의

화하는 현상으로 설명하고 나아가 집단, 국가, 민족간의 불화도 이러한
바탕 위에서 설명하였다」(신명국, 「소태산 역사의식」, 『원불교사상시론』
제Ⅱ집, 수위단회 사무처, 1993년, pp.113-114).

3. 인류의 병맥으로서 육신병과 마음병

물질문명의 번영에 따른 정신의 황폐화가 뒤따르는데 이는 영
육의 불균형에 따라 사회에 병리현상이 만연하기 때문이다. 문제
가 심각한 것은 육신에 병이 들면 생명을 잃듯이 마음에 병이 들
면 양심이 마비된다는 것이다. 심신간의 병이 서로 따로 떨어져
있지 않기 때문이다. 이에 병든 사회에 처하여 마음병을 치료해
야 복락을 수용할 수 있으며, 이를 위해서는 일원상을 신앙의 대
상과 수행의 표본으로 하여 자성을 반조하는 생활을 해야 한다.

1) 물질번영에 따른 정신 황폐화는 사회에 병리현상이 만연함을 입증하는 것이다.

☞「물질적 번영은 한편 정신의 황폐를 초래하고 물질과 영리의 추
구는 자아상실을 조장하여 그로 인하여 참 자기는 억압되어 갈 따름이
다. 그 결과 청소년의 과격화, 무기력화, 마약 중독자와 범죄의 격증, 정
신병자의 범람 등 인간과 사회에 병리현상이 만연하기 시작했다. 본래
이러한 마음병은 종교가 치료하여야 할 일이나 전통적 기독교는 신과
인간 사이의 단절을 전체로 한 신관을 가지고 있기에 정신과 육신이 조
화를 잃을 때 전체적 인간으로 회복시켜야 할 필요를 느끼는 오늘에 있
어 근본적인 구원이 되기가 어려운 실정이다」(박장식, 『평화의 염원』, 원
불교출판사, 2005, p.156).

2) 육신병은 생명을 잃듯이, 마음병으로 양심이 마비되면 인격은 무너진다.

☞「사람의 병이 눈이나 귀나 수족 같은 외부에 든 것은 바로 그 생
명까지 위독하지는 않지마는, 병이 내부에 들고 그 중에도 심장이 마비
되면 즉시 생명을 잃게 되는 것 같이, 마음병도 부지중 습관상으로 외
부에 나타나는 약간의 허물들은 위독한 증세는 아니지마는, 만일 내심
을 속이며, 그 중에도 양심상 가책되는 행동을 하되 조금도 뉘우침이
없어서 양심이 마비되어 버리면 그 인격이 무너지고 마나니라」(『정산종
사법어』, 근실편 13장).

3) 마음에 병이 들면 육신의 병도 따라온다.

☞「"오늘 나를 대종사님을 뵌 선진으로 모시고 시간을 마련한 것 같은데 동선이 오늘부터 며칠간인가?" "8일간 입니다." "전 학생 이?" "예" "8일간은 여러분이 입원한 기간이다. 멀쩡한 사람이 입원 했다고 생각해 보자. 우리에겐 욕심이 있고 마음이 있기 때문에 우리의 병도 육신병이 있고 마음병이 있다. 간단히 말하자면 육신은 멀쩡하다 가도 마음에 가서 병이 들면 육신의 병이 따라온다"」(성정철, 원기62 년 2월 21일 예비교역자 동계훈련법문/성산종사문집간행위원회, 『성산 종사문집』, 원불교출판사, 1992, p.171).

4) 마음병을 발견하여 치료하면 복락을 수용한다.

☞「마음에 병이 없으면 시방 세계 너른 국토에 능히 고락을 초월하 고 거래에 자유하며 모든 복락을 자기 마음대로 수용할 수 있나니, 그 대들이여! 이 선기 중에 각자의 마음병을 잘 발견하여 그 치료에 정성 을 다하여 보라」(『대종경』, 수행품 56장).

5) 마음병을 없애는 데는 일원상을 대조하여 목적반조와 자성반 조하는 일이다.

☞「마음의 병을 없애기 위해 일원상을 대조하고 이 일원상을 닮아가 는 길로서 목적반조와 자성반조의 공부가 마음의 대조를 하는 능력을 기르는 길이라고 본 것이다」(한기두, 「소태산 대종사와 정산종사」, 『원 불교사상』 24집, 원불교사상연구원, 2000, p.32).

4. 병든 사회의 여러 원인

소태산 대종사는 당시 사회의 병맥에 대하여 여러 원인을 밝혔 다. 우선 병든 사회는 인간의 이기적 배은과 무자력 그리고 무명 의 행위로 인해 나타난다. 이에 무엇보다 중요한 것은 농촌이나 도회지나 어디를 막론하고 병맥을 정확히 진단하는 것이 필요하 며, 이는 고금 불완전한 사회에 나타나는 현상임을 직시해야 한 다. 그리고 개인은 물론 사회의 병을 진단한 후에는 치료의 방법 을 실천하면 된다. 병든 사회의 여러 원인을 알았으면 그 처방이 묘방인 것이다. 이를테면 돈병, 원망병, 의뢰병, 배울 줄 모르는 병, 가르칠 줄 모르는 병, 공익심 없는 병으로서 사회의 병맥을 치료하기 위해 소태산은 「병든 사회와 그 치료법」이라는 법어를 제시하였으니 이상적 사회건설에 앞장서야 할 것이다.

1) 소태산 대종사는 "지금 세상은 어떠한 병이 들었는가"를 진단하였다.

☞「지금 세상은 어떠한 병이 들었는가. 첫째는 돈의 병이니, 인생의 온갖 향락과 욕망을 달성함에는 돈이 먼저 필요하다는 것을 알게 된 사람들은 의리나 염치보다 오직 돈이 중하게 되어 이로 인하여 모든 윤기가 쇠해지고 정의가 상하는 현상이라 이것이 곧 큰 병이며, 둘째는 원망의 병이니, 개인 가정 사회 국가가 서로 자기의 잘못은 알지 못하고 저 편의 잘못만 살피며, 남에게 은혜 입은 것은 알지 못하고 나의 은혜 입힌 것만을 생각하여, 서로서로 미워하고 원망함으로써 크고 작은 싸움이 그칠 날이 없나니 이것이 곧 큰 병이며, 셋째는 의뢰의 병이니, 이 병은 수백 년 문약의 폐를 입어 이 나라 사람에게 더욱 심한 바로서 부유한 집안 자녀들은 하는 일 없이 놀고 먹으려 하며, 자기의 친척이나 벗 가운데에라도 혹 넉넉하게 사는 사람이 있으면 거기에 의세하려 하여 한 사람이 벌면 열 사람이 먹으려 하는 현상이라 이것이 곧 큰 병이며, 넷째는 배울 줄 모르는 병이니, 사람의 인격이 그 구분은 배우는 것으로 이루어지는지라 마치 벌이 꿀을 모으는 것과 같이 어느 방면 어느 계급의 사람에게라도 나에게 필요한 지식이 있다면 반드시 몸을 굽혀 그것을 배워야 할 것이어늘, 세상 사람들 중에는 제 각기 되지 못한 아만심에 사로잡혀 그 배울 기회를 놓치고 마는 수가 허다하나니 이것이 곧 큰 병이며, 다섯째는 가르칠 줄 모르는 병이니, 아무리 지식이 많은 사람이라도 그 지식을 사물에 활용할 줄 모르거나, 그것을 펴서 후진에게 가르칠 줄을 모른다면 그것은 알지 못함과 다름이 없는 것이어늘 세상 사람들 중에는 혹 좀 아는 것이 있으면 그것으로 자만하고 자긍하여 모르는 사람과는 상대도 아니하려 하는 수가 허다하나니 이것이 곧 큰 병이며, 여섯째는 공익심이 없는 병이니, 과거 수천 년 동안 내려온 개인주의가 은산철벽같이 굳어져서 남을 위하여 일하려는 사람은 근본적으로 드물 뿐 아니라 일시적 어떠한 명예에 끌려서 공중사를 표방하고 무엇을 하다가도 다시 사심의 발동으로 그 일을 실패 중지하여 이로 말미암아 모든 공익기관이 거의 피폐하는 현상이라 이것이 곧 큰 병이니라」(『대종경』, 교의품 34장).

2) 병든 사회는 인간의 이기적 배은과 무자력, 무명의 행위로 인해 나타난다.

☞「우주와 평등의 이상적인 사회관계가 무너지고 인간의 존엄성이 손상되는 사회는 병든 사회로 규정한다. 예를 들면 자연과 인간과의 부조화 관계를 비롯한 서로간의 갈등과 투쟁의 사회가 모두 이에 해당된다. 근원적으로는 자타가 분리될 수 없는 사회성을 외면한 이기적 행위와 자력이 서지 못한 어리석음이라고 볼 수 있다. 사회성에 자각이 서지 못한 이기적인 배은과 무명의 행위가 사회의 여러 병리현상을 유발하게 된다」(김순임, 「소태산 대종사의 윤리관」, 『인류문명과 원불교사상』(上), 원불교출판사, 1991, p.341).

3) 도회지, 농촌은 물론하고 가정마다 여러 가지 병이 들었다.

☞「한 가정에 있어서도 원망생활을 하며, 의뢰생활을 하며, 배울 줄 모르고 가르칠 줄 모르며 공익심이 없는 다섯 가지 병으로 말하면 도회지나 농촌을 물론하고 가정마다 이 병이 들어있다」(청하문총간행회, 『묵산정사문집』, 원불교출판사, 1985, p.165).

4) 원불교는 사회가 병들게 된 다섯 가지 원인을 밝혔다.

☞「사회는 그때 당시나 지금이나 불완전한 사회가 되어 있다. 사회가 병들게 된 원인 다섯 가지를 제시한다. 첫째 원망병이다. 둘째 의뢰병이다. 셋째 정당한 지도에의 불순응병이다. 넷째 정당한 지도의 능력 부족병이다. 다섯째 이기병이다」(한정석, 『원불교 정전해의』, 도서출판 동아시아, 1999, pp.584-586 참조).

5) 사회의 병은 궁극적으로 나 자신과 사회를 하나로 보지 못한 탓이다.

☞「사회병은 자신의 과실을 알지 못하고 남의 허물만 밝히려 하는 병이다. 자신이 할 일을 남에게 의뢰하는, 다시 말하면 타력에 의지하는 병이다. 정당한 지도를 받지 아니하는 병이며, 정당한 지도로써 교화할 줄을 모르는 병이며, 자신의 이해관계로 인해서 사회의 이해를 망각한 병이니 이 모든 병이 사회와 자신을 하나로 볼 줄 모르는 병이다」(이운권, 고산종사문집1 『정전강의』, 원불교출판사, 1992, p.102).

6) 병든 사회의 원인 치료를 통해 이상적 사회를 이뤄야 한다.

☞「(병든 사회와 그 치료법을 통한) 이상적 사회상은 건전하고 밝고 평화로운 사회, 완전하고 원만 평등한 사회를 말하는 바, 1) 과학과 도학이 병진되고 정치와 종교가 건재하며 전체와 개인이 공생공영하고 인권, 교육, 지식생활이 평등한 사회, 2) 영과 육의 빈곤, 질명, 무지가 없는 사회, 3) 지은보은으로 감사생활하는 사회, 자기 부족과 허물을 먼저

찾는 사회, 자력으로 사는 사회, 잘 배울 수 있고 배우는 사회, 잘 가르
치고 가르칠 수 있는 사회, 好賢樂善하고 공도자를 숭배하며 이타주의
가 실현되는 사회, 본말과 주종이 바로 세워진 사회」(신도형, 『교전공부
』, 원불교출판사, 1992, pp.508-509).

5. 병든 사회와 그 치료법의 의미

병든 사회란 사회의 가치관 전도에 따른 부패와 불신의 사회,
인도의 표준이 없고 성자의 가르침이 땅에 떨어진 사회, 말세와
혼돈의 사회로 진단하고 이에 대한 처방으로 개인 및 사회병리의
처방을 밝힌 제생의세의 교법이 그 치료법이다. 궁극적으로 세계
의 도덕부활과 인류구원을 위한 불법혁신 및 정신개벽, 이상적
사회의 건설 등이 병든 사회와 그 치료법의 참 뜻이다.

1) 가치의 전도에 따른 대립과 불신의 병든 사회를 치료하는 요
법이다.

☞「현대사회는 모든 가치관의 변화에 따라 불완전하고 모순적인 구
조사회이다. 개인의 타락이라 하더라도 구조적 모순에서 오는 영향이
훨씬 강하다. 모순, 대립, 불신 이것은 산업사회의 필연적 소산이다. …
『교전』에서 이런 사회상황을 병든 사회라 규정하였다. 에고를 넘어설
줄 모르는 사회이다. 나를 넘어선 큰 나를 볼 수 있는 안목이 열려 있
지 않다」(이현택, 「원불교와 사회윤리」, 유저 『원불교 은사상의 연구』,
원광대학교출판국, 1989, pp.475-476).

2) 인도의 표준이 없고 성현의 교법이 권위를 잃음은 병든 사회
와 그 치료법이 등장한 이유이다.

☞「현하 시대 인심을 본다면 熱에 병듦이 오래인지라, 본말과 주객
을 바꾸어 생각하며 아침에 먹은 마음이 저녁에 달라지고 어젯날에 하
던 이론이 오늘에 변경되는 자 많아서, 세상의 질서가 밝지 못하고 인
도의 표준이 정확하지 못하여, 성현의 교법이 권위를 잃고 사람의 생활
이 더욱 착란해지므로…」(『정산종사법어』, 경의편 60장).

3) 고통스런 혼돈의 말세를 치료하는 요법이다.

☞「소태산 대종사가 출현한 시기는 말세적 사회상황이었으며 전환의
소용돌이에서 헤어나지 못하고 있었다. 소태산 대종사는 이러한 사회의
혼돈과 고난의 상태를 병든 사회로 파악했다. 이러한 병든 상태가 계속

되면 그 사회는 파괴되고 말 것이라 했다」(서경전, 『교전개론』, 원광대
학교출판국, 1991, p.506).

**4) 병든 사회와 그 치료법은 개인 및 사회병리의 처방을 밝혀준
것으로 제생의세의 이상적 사회건설의 교법이다.**

☞「개인적인 인간고를 해결하는 동시에 이상적인 완전한 사회를 책
임지고 건설하여 영원한 세상에 평화 안락한 세계의 방향을 잡아주고자
사회의 병리와 처방을 밝혀준 법문으로서 구세안민의 요법과 이상적인
사회의 건설도를 제시해 준 것이다」(신도형, 『교전공부』, 원불교출판사,
1992, p.504).

**5) 병든 사회는 말법의 증상인 바, 이의 치유를 위해 소태산은
개벽시대의 새 불법을 선포하였다.**

☞「정산종사의 사상은 정법, 상법, 말법의 사상과 새 회상 새 불법의
도래에 관한 것이 중시되었음을 볼 수 있다. 불법을 정법과 상법 말법
으로 구분하는 내용은 교조의 추모비인 정산종사의 찬 '소태산 대종사
비명 병서'에서도 그 사상이 강조되어 소태산 대종사가 미래 세상의
새로운 개벽부처 개벽성현임을 지적하고 있다」(송천은, 「정산종사의 불
교관」, 『원불교사상』15집, 원불교사상연구원, 1992, p.319).

6) 도덕부활과 인류구원의 정신개벽이 병든 사회의 치료법이다.

☞「세상은 과학문명과 도덕문명을 아울러 발전시켜 도덕이 근본이
되어 과학을 이용해야 되는데, 서구에서 밀려드는 과학의 물질로 인해
미미하게 이어온 도덕이 여지없이 짓밟히게 되어 정신이 물질의 노예가
되어감을 개탄하고 도덕의 부활과 인류의 구제를 위해 정신개벽을 위한
구제책을 강구하게 되었다」(안이정, 『원불교교전 해의』, 원불교출판사,
1998, p.828).

6. 병든 사회와 그 치료법의 대의강령

1) 사람이 병들면 폐인이 되거나 죽기까지 한다.

2) 사회도 병들면 부패하거나 파멸의 사회가 된다.

3) 사회가 병들어가는 증거는?

　(1) 자기 잘못은 모르고 다른 사람의 잘못만 드러내며,

　(2) 부정당한 의뢰생활을 하며,

　(3) 지도받을 자리에 지도를 잘 받지 아니하며,

(4) 지도할 자리에 지도로써 교화할 줄 모르며,

(5) 착한 사람은 찬성하고 악한 사람은 불쌍히 여기지 못하며,

(6) 이로운 것은 저 사람에게 주고 해로운 것은 내가 가지지 못하며,

(7) 편안한 것은 저 사람을 주고 괴로운 것은 내가 가지지 못함에 따른 공익심이 없는 연고이다.

4) 이 병을 치료하기로 하면?

(1) 자기의 잘못을 항상 조사할 것이며,

(2) 부정당한 의뢰생활을 하지 말 것이며,

(3) 지도받을 자리에서 정당한 지도를 잘 받을 것이며,

(4) 지도할 자리에서 정당한 지도로써 교화를 잘 할 것이며,

(5) 자리주의를 버리고 이타주의로 나아가 건전하고 평화한 사회가 될 것이다.

7. 병든 사회와 그 치료법의 구조

1) 병든 사회의 의미(사람도 병이 들어 … 될 수도 있나니).

2) 병든 사회의 진단(한 사회가 병들어 가는 … 없는 연고이니).

3) 병든 사회의 치료법(이 병을 치료하기로 … 될 것이니라).

8. 단어해석

병든 사회 : 구한말 원불교가 출현할 당시, 사회는 물질개벽에 따른 물질병이 만연하였다. 이에 세상이 병리현상으로 혼돈에 처하게 되자 소태산은 대각과 더불어 병든 사회를 치료하기 위해 정신개벽을 주창하였다. 그는 돈병, 원망병, 의뢰병, 배울 줄 모르는 병, 가르칠 줄 모르는 병, 공익심 없는 병 등으로 세상인심이 피폐해져 감을 안타까이 여기어 정법 대도를 통해 물질이 개벽되니 정신을 개벽하자고 하였다.

불구자 : 심신이 선천적·후천적 병으로 인하여 온전하지 못한 사람을 不具者라 한다. 정신지체나 신체장애의 경우도 이와 관련된다.

폐인 : 불구자와 유사한 용어가 廢人으로 병이나 못된 습관으로 인해 쓸모없는 사람이 된 경우를 말한다. 소태산 대종사는 대각 직전까지 구

도에 몰두하다 보니 심신의 고갈됨이 극에 달하여 주변사람들이 그가
폐인이 되어가고 있음을 우려하였다. 소태산은 말하기를 "내가 중인의
보는 바에 얼마 전까지도 폐인의 평판을 받았다"(불법연구회창건
사)고 하였으며, "의식조차 돈공하여 일종의 폐인 모양이 되었
다"(유허일, 대종사성탑비명병서)라고 하였다.

지도자 : 지도가 필요한 사람들을 솔선수범으로 교육하고 인도하여 과
학교육과 인격 형성을 도와주는 사람 및 스승을 指導者라 한다. 소태산
대종사는 최초법어 「지도인으로서 준비할 요법」 4개 항목을 밝혔으며
특히 지행합일을 하도록 했다. 종교 성직자는 모두가 지도자가 되는 셈
인 바, 지도자의 인품과 자격을 구비하는데 정성을 기울여야 할 것이다.

파멸 : 파괴되어 멸망하는 것을 破滅이라 한다. 지도자가 병든 줄 모르
거나 사회부패 속에 살아가는 중생들의 퇴보적 삶이 파멸로 이어진다.

상극 : ☞『정전풀이』(하) 「참회문」 '상극' 참조.

의뢰생활 : 자력으로 살아가지 않고 타력에 의존하여 살아가는 생활을
依賴生活이라 한다. 소태산은 물질문명에 도취되어 세상이 병들어 있음
을 지적하였는데, 그중 하나가 의뢰병(『대종경』, 교의품 34장)이라 했다.

교화 : 중생을 정법에 의해 教導感化시키는 것을 教化라 한다. 불교
와 기독교 등에서는 포교·전도·선교라고도 하는 바, 교화는 신앙
수행을 통해 훌륭한 인품을 함양하도록 이끌어 주는 것을 말한다.
곧 포교나 선교는 자기 종교를 전파하는 성격이 강하다면 교화는 교
법 전파는 물론 보편적 인격 함양에 초점을 두는 성향이 있다.

공익심 : ☞『정전풀이』(하) 「일상수행의 요법」 '공익심' 참조.

자리주의 : 공익과 상대방의 이타중심이 아니라 개인의 이기심에 의한
자기중심으로 나아가는 것을 자리주의라 한다.

이타주의 : 개인중심이 아니라 사회의 공익중심으로 나아가는 것을 이
타주의라 한다. 『정전』 「사은, 동포은」의 '자리이타' 를 참조할 것.

9. 숙어 · 문제풀이

1) 사람도 병들면 불구·폐인 등이 되듯이 사회가 병들었으나
지도자가 병든 줄 모르거나, 안다고 해도 치료에 성의가 없다면

불완전 · 부패 · 파멸의 사회가 된다는 것은?

(1) 사회가 병든 모습을 개인이 병든 모습에 비교하여 병든 사회의 치료에 대해 강조하고 있다.

(2) 불완전한 사회란 균형을 상실한 사회로서, 물질과 정신의 불균형, 빈부의 차이, 남녀노소의 차별 등으로 혼란한 사회이다.

(3) 부패한 사회란 관료들의 양심이 상실되고, 윤리 · 도덕이 땅에 떨어진 사회를 말한다.

(4) 파멸의 사회란 사회가 멸망해가는 것으로 불안은 물론 전쟁과 갈등이 만연한 사회를 말한다.

2) 각자가 자기 잘못은 알지 못하고 다른 사람의 잘못하는 것만 많이 드러내는 것이란?

(1) 사람들은 자신의 잘못보다 다른 사람의 과실을 더 잘 보는 성향이 있다.

(2) 남의 과실이 잘 보이는 이유는 자신의 일에 대해서 너그럽고, 상대방의 과실에 대해서 용납하지 못하는 습성 때문이다.

(3) 각자가 서로 잘못하는 것만 보고 탓하게 되면 개인으로서는 폐인이 되고, 사회로서는 병든 사회가 되고 만다.

(4) 일상수행의 요법에서는 원망생활을 감사생활로 돌리라고 하였다.

3) 부정당한 의뢰생활을 한다는 것은?

(1) 자력이 있음에도 불구하고 타력에 의존하는 것은 자신의 인권 상실이기도 하다.

(2) 사지가 멀쩡한데 구걸하는 행위는 부정당한 의뢰생활이다.

(3) 과거 여성들은 어려서 부모에게, 성장하여 남편에게, 늙어서 자녀에게 의존하는 성향이 강했다.

(4) 의뢰의 병은 부유한 집안 자녀로서 하는 일 없이 놀고먹으며, 혹 넉넉하게 사는 사람이 있으면 거기에 의지하는 것(『대종경』, 교의품 34장)이다.

4) 지도받을 자리에 정당한 지도를 잘 받지 않고, 또는 지도할 자리에서 정당한 지도로 교화할 줄 모르는 것이란?

(1) 약자로서 강자의 정당한 지도를 잘 받지 않거나, 강자가 정당한 지도로 약자를 이끌어주지 않는다면 상호 진급이 어렵다.

(2) 스승과 제자 사이에 바른 지도가 되지 않고 교화가 되지 않는다면 교육적 가치가 상실된다.

(3) 종교 지도자와 피지도자의 교화에 있어 원활한 신뢰관계가 없다면 인격 감화가 어려워진다.

(4) 지도의 방편이나 능력에 있어 그 효과를 발하지 못하면 개인·사회는 병든 사회가 되므로 지도와 교화가 원활해야 한다.

5) 착한 사람은 찬성하고 악한 사람은 불쌍히 여김은?

(1) 착한 사람은 찬성하며 본받아야 하지만, 악한 사람은 불쌍히 여기고 선도해야 한다.

(2) 선행하는 사람에게는 격려하지 못하고 악행하는 사람에게는 동정하지 못하면 선행은 사라지고 악행은 지속된다.

(3) 선악의 차별상에서 살아가는 사람에게 자비와 동정의 마음을 갖지 않으면 공익심 없는 세상이 된다.

(4) 선도와 악도의 윤회에서 고통 받는 사람을 교화하지 못하면 병든 사회가 더욱 심화되는 것이다.

6) 이로운 것은 저 사람에게 주고 해로운 것은 내가 가지며, 편한 것은 저 사람에게 주고 괴로운 것은 내가 가지는 등의 공익심이 없는 연고란?

(1) 개인 중심의 이기주의가 만연한 사회는 병든 사회이다.

(2) 편의주의에 떨어지는 것도 일종의 개인주의의 증상이다.

(3) 개인과 사회에 있어 이기주의와 편의주의에 빠져 살아가는 것은 병든 사회로서 공익심 없는 사회인 것이다.

(4) 공익심 없는 병의 치유를 위해서는 자리주의를 버리고 이타주의로 나아가야 할 것이다.

7) 자기의 잘못을 항상 조사할 것이며, 부정당한 의뢰생활을 하지 말 것이란?

(1) 스스로 시비를 점검함으로써 시행착오를 줄이는 생활이야말로 개인의 발전에 큰 도움이 된다.

(2) 부정당한 의뢰생활은 자력생활을 타력생활로 돌리는 병든 사회의 단면이다.

(3) 자기의 과실을 조사하는 것은 일일시시로 자기가 자기를 가르치는 것(『정전』, 솔성요론 8조)이다.

(4) 병든 사회란 자기 잘못을 고치지 못하고, 자력을 갖추지 못하여 부정당한 의뢰생활이 만연한 사회를 말한다.

10. 관련법문

☞「병을 치료하는 사람이 치료에 정성이 있는 것은 그 치료가 자기의 건강보존에 중요한 관계가 있는 것을 아는 연고며, 공부하는 사람이 공부에 정성이 있는 것은 그 공부가 자기의 앞날에 중대한 관계가 있는 것을 아는 연고라, 이 관계를 아는 사람은 공부하기에 비록 천만 고통이 있을지라도 이를 능히 극복할 것이며…」(『대종경』, 수행품 5장).

☞「병 없는 몸이 완전히 좋은 몸이요, 병이 없는 세상이 곧 완전한 세상이며 극락세계이다. 그러면 지금 천하가 병들이 이렇게 혼란케 된 원인이 어디에 있는가. 그 원인은 오직 마음에 있다. 대종사님께서는 마음의 법을 자각하시었다. 가정은 개인 사회 국가의 대표가 된다. 개인 가정 사회 국가가 파멸이 되는 그 싹은 바로 마음의 병에서 생긴다. 그 가정이 병들어가는 증거를 들자면, 첫째는 각자가 자기의 잘못은 알지 못하고 남의 잘못만을 드러내는 것이다. 개인과 개인끼리는 물론 나라와 나라끼리의 싸움도 오직 내가 잘했다는 데서 나오게 되고 이것이 곧 파멸의 싹이다. 우리나라는 잘 하는데 상대국이 잘못한다는 것에서 전쟁이 일어난다. 둘째는 부정당한 의뢰생활을 하려는 것이다. 남에게 덕을 입으려는 자가 많을수록 가정도 빈곤하고 나라도 빈곤을 면치 못한다」(『정산종사수필법문』上, 39. 병든 가정 치료법/박제권, 원불교출판사, 2008, p.163).

☞「사람의 육신병도 치료하지 아니하면 필경 불구 폐인이 되거나 끝내는 구제할 수 없는 지경에 이르게 되는 것같이, 세상의 병도 고치지 아니하고 방치하면 마침내 금수사회로 전락하거나 파멸의 위험을 초래하게 될 것이다. 한 개의 썩은 고구마가 창고 안의 모든 고구마를 다 썩힐 수도 있고 하나의 병균이 온 세상에 무서운 전염병을 일으킬 수도 있는 것같이, 한 생각 병든 마음이 영생을 그르치고 한 사람의 마음병

이 천하를 망치는 병원체가 될 수도 있는 것이다. 그러므로 대종사님께서는 이미 천하의 병맥을 진단하여 놓으셨고 이 병을 치료할 의방을 밝혀 주셨으니 우리는 이제 그 치료에 착수만 하면 되는 것이다. 우리는 우리의 생활과 마음 구석 구석에 다음과 같은 병세가 없는지 면밀히 검사하고 대조하여 예방과 치료에 정성을 다하여야 하겠다」(『대산종사법문』 2집, 원기 57년 개교경축사-건전한 내 마음이 천하를 구제하는 활력소).

11. 병든 사회와 그 치료법의 형성사

병든 사회와 치료법은 원기 5년 「회성곡」에 병신된 사람이 병을 고치는 법이라는 제목으로 처음 나타난다. 이어서 원기 21년 『회원수지』에서는 병든 세상을 치료하는 약방문이라는 글이 실리고 있다. 7년 뒤 원기 28년 『불교정전』에서는 병든 가정과 그 치료법이라 했고, 현 『정전』에서는 병든 사회와 그 치료법으로 정착되기에 이른다.

1) 「회성곡」(1920년)의 부록에 「병신된 사람이 병을 고치는 법」이 처음으로 등장한다.

☞「대범 병신된 사람이 병을 고치고자 할진댄 어진 의원을 만나 병근원을 알고는 의원이 시키는 대로 침도 맞고 약도 먹고 의원의 말씀을 호말이라도 버리지 아니하면 병이 낫지마는 의원의 말씀을 듣지 아니하고 제 마음대로 하고 보면 병을 고치지 못하고 병신이 되어 죽나니라. 사람의 병을 말하면, 듣고 보아서 남녀노소 사람을 진맥하여 대병도 알아보고 소병도 알아보고 죽을 병도 알아보고 살 병도 알아보아, 어진 의원 만나기를 원하여서는 병을 고치고 성한 사람이 되어 세상만사를 구경하고 극락세계 놀아보라」(이춘풍 필사본 『회성곡』 부록, 「병신된 사람이 병을 고치는 법」).

2) 『회원수지』(1936년)에서는 「병든 세상을 치료하는 방문」이라고 했다.

☞『회원수지』(1936년)의 「병든 세상을 치료하는 方文」 : 평화와 안락을 드러내는 것은 모든 은혜를 발견하여 감사생활하는 데에 있는 것이요, 파괴와 난리를 드러내는 것은 탐심, 진심, 치심을 양성하여 원망생활하는 데에 있나니, 이 모든 은혜를 많이 발견하여 감사생활하는 사

람은 자신에 있어서도 평화와 안락이 있을 것이며, 가정, 사회, 국가로 가더라도 항상 평화 안락이 있을 것이지마는 이 탐진치를 양성하여 원망생활에 그친 사람은 자신이나 가정이나 사회나 국가에 당하는 대로 그 평화 그 안락은 보지 못하고 파괴와 난리를 당할 것이니, 이 세상은 이 원망생활하는 사람이 많이 있는지라 병든 세상이라 하였으며, 의뢰생활 하는 사람이 많이 있는지라 병든 세상이라 하였으며, 배울 줄 모르는 사람이 많이 있는지라 병든 세상이라 하였으며, 남을 가르치고자 하는 사람이 희소한지라 병든 세상이라 하였으며, 다른 사람을 해롭게 하여 자기의 이익을 도모하는 사람이 많은지라 병든 세상이라 하였으니, 이 병을 치료하기로 하면 원망생활을 감사생활로 돌리고, 의뢰생활을 자력생활로 돌리고, 배울 줄 모르는 사람을 배울 줄 아는 사람으로 돌리고, 가르칠 줄 모르는 사람을 잘 가르치는 사람으로 돌리고, 남을 해롭게 하여다가 제 이익을 도모하는 사람을 다른 사람 유익 주는 사람으로 돌리고 보면 이것을 이르되 병든 세상을 치료하였다고 할 것이다」(박용덕, 『천하농판』, 도서출판 동남풍, 1999, pp.80-83).

3) 『불교정전』(1943년) 제13장에서는 「병든 가정과 그 치료법」이라 했다.

☞「일정 치하에서는 병든 사회라는 표현을 쓸 수가 없었기 때문에 『불교정전』에서는 병든 가정과 그 치료법으로 되어 있다. 병든 가정이라는 말에는 병든 사회라는 의미를 포함하고 있다. 병든 사회라고 고친 것은 대종사 본래의 뜻을 잘 밝힌 것이다」(한정석, 『원불교 정전해의』, 도서출판 동아시아, 1999, p.582).

4) 『불교정전』 제13장의 「병든 가정과 그 치료법」을 현 『정전』(1962년) 제15장에서는 「병든 사회와 그 치료법」이라 했다.

☞「사람도 병이 들어 낫지 못하면 불구자가 되든지 혹은 폐인이 되든지 혹은 죽기까지도 하는 것과 같이, 한 사회도 병이 들었으나 그 지도자가 병든 줄을 알지 못한다든지 설사 안다 할지라도 치료의 성의가 없다든지 하여 그 시일이 오래되고 보면 그 사회는 불완전한 사회가 될 것이며, 혹은 부패한 사회가 될 수도 있으며, 혹은 파멸의 사회가 될 수도 있나니, 한 사회가 병들어가는 증거를 대강 말하자면 각자가 서로 자기 잘못은 알지 못하고 다른 사람의 잘못하는 것만 많이 드러내는 것이며, 또는 부정당한 의뢰생활을 하는 것이며, 또는 지도 받을 자리에서 정당한 지도를 잘 받지 아니하는 것이며, 또는 지도할 자리에서 정당한

지도로써 교화할 줄을 모르는 것이며, 또는 착한 사람은 찬성하고 악한
사람은 불쌍히 여기며, 이로운 것은 저 사람에게 주고 해로운 것은 내
가 가지며, 편안한 것은 저 사람에게 주고 괴로운 것은 내가 가지는 등
의 공익심이 없는 연고이니, 이 병을 치료하기로 하면 자기의 잘못을
항상 조사할 것이며, 부정당한 의뢰생활을 하지 말 것이며, 지도받을 자
리에서 정당한 지도를 잘 받을 것이며, 지도할 자리에서 정당한 지도로
써 교화를 잘 할 것이며, 자리주의를 버리고 이타주의로 나아가면 그
치료가 잘 될 것이며, 따라서 그 병이 완쾌되는 동시에 건전하고 완전
한 사회가 될 것이니라」(『정전』, 제3 수행편, 제15장 병든 사회와 그 치
료법).

12. 병든 사회 치료법의 특징

　병든 사회와 그 치료법은 마음병 치료가 기본이므로 심력을 갖
춰야 할 것이다. 아울러 병든 사회의 그 치료법은 원불교의 실학
적 특징으로 나타나며, 인생의 요도로서 원불교 교법의 사회구원
과 평화건설의 방법론적 성향이다. 궁극적으로 병든 사회의 실상
은 인격수련과 사회개혁을 통해 치료가 가능함을 드러내고 있다.

　1) 병든 사회의 치료는 마음병 치료가 기본이며, 이에 마음치료
의 힘을 갖추어야 할 것이다.

　☞「지금 수백 나라에 수십억 인구가 살고 있지마는 어디 마음병 고
치는 병원이 있는가? 지금 우리는 모두 마음병 고치는 병원 의사이다.
내가 공부한 것이 없으면 남을 가르칠 힘이 없으니 마음을 마음대로 쓸
수 있는 힘을 갖추고 나가야 한다」(성정철, 원기62년 2월 21일 예비교
역자 동계훈련법문/성산종사문집간행위원회, 『성산종사문집』, 원불교출
판사, 1992, p.175).

　2) 병든 사회와 그 치료법은 원불교의 실학적 특성을 드러낸다.

　☞「만일 종교가 현실사회의 건전한 발전에 저해요소가 된다면 바로
실학에서 이탈한 것이다. 그러나 사회의 발전은 물질적 기술적 발전만
으로 국한되지 않으므로 그 사회의 병을 치료할 수 있는 정신적 양식도
또한 실학에 속한다」(송천은, 『일원문화산고』, 원불교출판사, 1994,
p.147).

　3) 병든 사회와 그 치료법은 원불교의 사회 구원관이다.

☞「병든 사회 치료법은 원불교의 사회 구원관이라 할 수 있다. 구원이 가능하기 위해서는 고통의 실체에 대한 진단이 선행되어야 한다. 인간의 고통이 어디에서 오는가에 대한 파악이다. 두 가지로 나누어 본다. 하나는 인간 내면의 심리적인 원인에서 오는 것이고 다른 하나는 개개인이 있는 당대의 역사적인 조건에서 연유한다」(한정석, 『원불교 정전해의』, 도서출판 동아시아, 1999, p.582).

4) 인생의 요도를 사회에 활용하여 사회정화와 평화를 목표로 하는 특성을 지닌다.

☞「병든 사회와 그 치료법은 인생의 요도를 사회에 활용하여 사회정화와 개조로서 영원한 평화를 누리게 한 법문이다」(신도형, 『교전공부』, 원불교출판사, 1992, p.504).

5) 병든 사회와 치료법은 훈련법, 예법, 사요 등의 교법을 통해 사회개혁을 시도한 것이다.

☞「소태산은 시대감각과 사회의식이 투철한 위대한 사회개혁가였던 것이다. 그는 당시의 상황을 병들었다고 판단하고 병든 사회와 그 치료법이라는 방안을 제시하였다. 그는 그가 깨친 진리를 사회개혁에 직접 응용 실천하려고 했던 행동철학자였던 것이다. 진리를 깨친 달관의 입장에서 사회를 관찰해본 그의 눈에는 사회가 온통 병이 들어있음을 보고 이 병으로부터 세상을 구원하지 않으면 안 될 성자적 임무를 자각한 것이다. … 사회개혁의 기반이 사회구성원 개개인의 원만한 인격완성이기 때문에 소태산은 인격수련의 방법으로 삼학과 팔조 그리고 훈련법과 예법을 제시하고 있다. 특히 훈련법과 예법, 사요는 소태산이 본 사회개혁 방안의 중요한 골자가 된다」(김홍철, 『한국 민중사상과 신종교』, 진달래, 1998, pp.595-597).

13. 병든 사회의 치료방법

병든 사회의 치료는 병든 사회에 대해 확실한 진단, 처방과 치료를 통에서 가능한 일이다. 『대종경』교의품 35장에서 "지금 세상의 이 큰 병을 치료하는 큰 방문은 곧 우리 인생의 요도인 사은사요와 공부의 요도인 삼학팔조라" 고 했듯이, 원불교의 교법을 실천에 옮기고 전문 입선하여 마음병 치료하는 법을 배워야 한다. 특히 반야용선을 만드는 공부 곧 마음공부라든가 사회평등

을 강조한 사요의 실천은 병든 사회를 치유하는 구체적 방법론이
기도 하다. 하지만 무엇보다 중요한 것은 개인의 인품함양은 물
론 사회의 인륜가치를 실현하고 병든 사회와 그 치료법 하나하나
를 실천에 옮기어 세상을 구제하는 일에 전념해야 할 것이다.

 1) 병든 사회에 대한 진단과 자각, 치료의 실천이 필요하다.

　☞「병든 사회를 치료하는 길은 병든 사회에 대한 증세의 확실한 진
단이 선행되어야 한다. 그리고 자신들의 생존 근거에 대한 자각이 필요
하다. 진단과 자각이 되었다고 하더라도 그에 따른 실천이 없이는 공리
공론 이상의 아무것도 이뤄질 수가 없다」(이현택, 「원불교와 사회윤리」,
遺著『원불교 은사상의 연구』, 원광대학교출판국, 1989, p.477).

 2) 전문 입선을 하여 마음병 치료법과 병든 사회 치료법을 배워
야 한다.

　☞「전음광은 '동선기를 앞두고' 라는 글에서 병을 고치려고 하면 통
원치료하는 것보다, 약만 갖다 치료함보다, 입원하여 전문 시술을 받아
야 하는 것과 같이 앞으로 이 입선기에는 우리 환자들이 입원치료 할
기회로 생각하여, 각자가 금강같이 굳은 병근을 전문적으로 입원하여
정법으로 수술하며, 正法水로 씻으며, 정법으로 치료하여 완치가 되게
하라고 부탁하고 있다(『월말통신』 19호, 1929년 9월). 환자가 병이 나면
병원에 전문적으로 입원 치료하는 것이 치료에 효과 있듯이 이 선기간
에 전문 입선하여 마음병을 치료하는 것이 효과가 더 크다고 강조하고
있다」(김성철, 「혜산 전음광의 생애와 사상」, 원불교사상연구원 편, 『원
불교 인물과 사상』(Ⅰ), 원불교사상연구원, 2000, p.362).

 3) 병든 사회의 치료법으로 사요가 제시되고 있다.

　☞「소태산이 세상의 다섯 가지 병으로 든 것은 원망병, 의뢰병, 차별
병, 안 가르치는 병, 협심병 등이다. 그리고 이 병에 대한 和劑는 사은
과 사요이다. 의뢰병은 자력양성으로, 차별병은 지자본위로, 안 가르치
는 병은 타자녀교육으로, 협심병은 공도자숭배로 고칠 수 있다고 주장
한다. 병든 세상의 병든 사람을 치료하는 화제로 사요가 제시되고 있는
것이다」(김탁, 「원불교 사요교리의 체계화 과정」, 『인류문명과 원불교사
상』(上), 원불교출판사, 1991, pp.262-263).

 4) 반야용선(반야지)을 만드는 공부를 잘 하면 병든 사회의 유혹
들을 벗어나게 된다.

☞「소태산 대종사는 원불교 공부를 많이 하면 돈, 권리, 명예, 지식을 잘 사용하는 법을 알게 된다고 하였다. 돈, 권리, 명예, 자식은 잘 사용하면 복이 되지만 잘못 사용하면 화를 자초하여 많은 문제에 부딪치게 된다. 이를 잘 사용하려면 반야용선을 만드는 공부를 잘 해야 한다. 반야용선 만드는 공부를 잘 해서 거친 인생의 파도를 헤치고 항해를 잘 하자」(장응철 역해, 『자유의 언덕-반야심경 강의』, 도서출판 동남풍, 2000, p.91).

5) 사회 인류의 가치로서 충효열 등의 실천이 중요하다.

☞「현하 시대 인심을 본다면 열에 병듦이 오래인지라 … 성현의 교법이 권위를 잃고 사람의 생활이 더욱 착란해지므로, 이 착란한 생활을 돌이켜서 신성한 세상을 만들기로 하면 무슨 방법으로든지 이 열의정신을 진흥하여 모든 인심이 열에 돌아오지 아니하고는 도저히 어려울 것이니라」(『정산종사법어』, 경의편 60장).

6) 병든 사회와 그 치료법의 구체적 치료 항목을 모색한다.

☞「치병의 方文 : 1) 자기 잘못을 조사한다. 2) 부당한 의뢰를 바라지 않는다. 3) 정당한 지도를 잘 받는다. 4) 정당한 교화를 잘 한다. 5) 이타주의로 한다」(이은석, 『정전해의』, 원불교출판사, 1985, p.246).

7) 병든 세상의 구원과 치료를 위한 보은행사를 전개한다.

☞「원불교를 통해서 병든 세상을 치료하고자 하는 의지와 노력을 보일 수 있는 보은행사를 전개한다」(김도원, 「교단에 대한 사회적 인식재고 방안」, 《월간교화》 77호, 1999년 9월, 원불교 교정원 교화부, p.38).

14. 병든 사회의 치료로서 교당과 교무의 역할

종교의 본령은 중생을 구제하는 것으로서 마음병을 치료하는 일이며, 이에 부처는 중생의 아픔을 치료하는 최고의 의사이다. 정법회상이 내놓은 교법은 치료 약재이며, 교당이나 훈련원은 치료 병원과도 같다. 따라서 교당에서 교화활동을 하는 교무는 병원에서 마음병을 치료하는 의사인 것이다.

1) 종교는 마음병의 약방이니 적절한 처방과 조제가 필요하다.

☞「종교는 약과도 같다고도 할 수 있다. … 세상이 복잡해져 신자들의 마음병도 복잡해지니 성직자들은 더욱 능력을 갖춘 약사가 되어야 한다. 병세에 따라 다양하고도 적절한 처방과 조제가 필요하다」(김종서,

「전환시대의 성직자상」, 『전환시대의 성직자 교육 현황과 전망』, 영산원 불교대학교 출판국, 1997년, p.15).

2) 부처님은 의왕이니 사은의 은혜를 알게 하여 그 위력으로 마음병을 낫게 해준다.

☞「부처님은 醫王이시니 우리 중생들의 육신의 병을 낫게 해주는 것이 아니라 마음병을 낫게 해주나니라. … 대저 심락이 없으면 천하에 좋은 것도 좋게 보이지 않으며, 또 심락이라도 외형으로 비롯되는 것은 소용이 없으며 근본적 심락을 발견하여야 하나니라. 심락을 발견하려면 먼저 사은의 은혜를 발견하여야 하나니 사은의 은혜를 발견하지 못하면 영원한 심락을 얻을 수 없나니라」(『정산종사법설』, 제9편 불교정전 의해, 10. 일상수행의 요법 5조).

3) 마음병을 치료하고 병든 세상을 치료하는 약방문은 결국 정법회상이다.

☞「병든 세상을 치료한다는데 대하여 몇 말씀 드리고자 한다. 우리 보통 사람은 폐병이나 늑막염 같은 육체의 병든 것을 아는 사람이 많으며, 따라서 이 병을 치료할 많은 의사와 약방문 같은 것도 다 구비되어 있지만 보통 우리 안목으로 얼른 보이지 않는 심적 병, 개인이 병들고 가정이 병들고 국가가 병든 것은 이것이 병인 줄 아는 사람이 희소하며, 따라서 이 병을 치료할만한 약방문 같은 것도 비록 세상이 넓다 하나 찾아보기 어려운 줄 생각한다」(청하문총간행회, 『묵산정사문집』, 원불교출판사, 1985, p.164).

4) 교당은 대도정법의 집이자 마음병 치료의 집이다.

☞「교당이란 1) 진리의 집이요, 2) 대도정법의 집이요, 3) 맑힘의 집이요, 4) 깨달음의 집이요, 5) 자비의 집이요, 6) 마음 치료의 집이요, 7) 도덕을 생산 공급하는 집이요, 8) 생령구원의 집이요, 9) 새 시대 새 기운의 원천이라」(좌산상사법문집 『교법의 현실구현』, 원불교출판사, 2007, p.97).

5) 육신병 치료의 장소는 병원인 것처럼 마음병 치료의 장소는 훈련원이다.

☞「병원에 가는 환자가 병세에 따라 병원이 다르고 처방도 다르고 그 처방을 받으면 병이 치료되기에 병원이 필요하고 그를 믿기 때문에 찾아가듯이 훈련원은 정신병의 병원이 되고 치료할 수 있어야 한다」(김원도, 「훈련원의 기능」, 《월간교화》 제60호, 교정원 교화부, 1998년 4월,

p.49).

6) 교역자에게 병든 사회를 진단 치료하는 전문능력이 요구된다.

☞「교무가 인류의 마음병과 병든 사회를 진단하고 치료하는 전문 능력을 소유하지 못하면 제생의세의 대의를 실현할 수 없을 것이다」(최영돈, 「결복기 교운을 열어갈 교무상」,《원불교교무상의 다각적인 모색》, 원광대 원불교사상연구원, 2003.2.7, p.9).

15. 병든 사회와 그 치료법의 연계사상

고대로부터 오늘에 이르기까지 각 종교는 중생의 아픔을 외면하지 않고 치유하려는 노력을 지속해 왔다. 또 세계종교는 돈독한 신앙생활을 통해 아픔을 치유하며, 영성을 키우고 수련을 유도하는 역할을 다해온 것이다. 이를테면 힌두교의 신적 영험에 의한 치병, 불교의 주문 등에 의한 치병, 도교의 수련법과 기공을 통한 심신의 일치, 유교의 대동화합, 기독교의 기도를 통한 치병 등이 이것이다. 그런데 최수운 강증산의 메시아적 치료법과 달리 소태산은 육신병을 병원에서 치료하고 마음병은 종교에서 치료한다고 밝히고, 또한 병든 사회의 치료법을 제시하였다. 곧 새 종교로서 진리적이고 사실적 방법으로 개인구원에 그치지 않고 사회구원의 길을 밝혀 낙원세상을 건설할 것을 천명한 것이다.

1) 고대 힌두교의 신적 영험에 이어 치병에 다라니 경전이 형성되는 등 밀교적 요소가 나타났다.

☞「4세기 전반에 굽타왕조가 인도 전역을 지배하게 되자, 기본의 브라만교는 여러 신들과 민중의 일상 의례를 포함한 힌두교로 급속히 재편성된다. 이러한 과정 속에서 불교도 민중적 요소를 수용하게 된다. 그리하여 병을 치료한다든지 비를 내리거나 멈추게 한다든지 하는 등의 현실적인 요구를 설하는 다라니 경전이 형성되고 세존을 대상으로 공양하고 관상하는 밀교적 요소가 강화되어 간다」(정순일, 『인도불교사상사』, 운주사, 2005, p.40).

2) 삼국시대, 불교에서는 주문 등 신비한 영험으로 병을 고쳤다.

☞「삼국시대에 불승들이 의약으로 병을 고치지 못한 것을 呪文과 그밖의 신비력으로 고쳤다는 기록은 當代 의사의 치료가 주로 약물과 물리 치료법에 치중해 있었음을 짐작케 한다」(이부영, 「의료와 종교문화」

-그 상호관계의 역사적 변천-, 제15회 국제불교문화학술회의 발표요지
《의료와 종교문화》, 원광대학교 원불교사상연구원, 1997년 5월 2일-3
일, p.20).

3) 도가의 신선은 벽곡 등 수련법으로 정신을 온전히 함으로써
병을 치유하고자 했다.

☞「막고야 산에 신인이 살고 있는데, 그 피부는 얼음이나 눈처럼 희
고 처녀같이 부드러우며 곡식을 먹지 않고 바람과 이슬을 마시며 구름
을 타고 용을 몰아 천지 밖에서 노닌다. 정신이 한데 집중되면 모든 것
이 병들지 않고 곡식도 잘 익는다는 것이다」(『莊子』「逍遙遊」, 邈姑射
之山, 有神人居焉, 肌膚若氷雪, 綽約若處子, 不食五穀, 吸風飮露, 乘雲氣,
御飛龍, 而遊乎四海之外, 其神凝, 使物不疵癘, 而年穀熟).

4) 『황제내경』에서 병의 치료는 정기를 온전히 함이다.

☞『내경』에서도 "고대의 병의 치료는 오직 정기를 옮기고 변화시키
는 것으로 祝由가 있었을 뿐이었다"(素問·移精變氣)라고 하였다. 정기
를 옮기고 변화시키는 것은 정기를 전하고 천기를 복용하는 靜功療法이
다. 고대 문헌 가운데에는 기공에 관한 자료가 매우 풍부하다. 기공의
발견과 이의 놀랄만한 효과의 획득은 특별히 氣에 애정을 기울이게 된
하나의 중요한 원인이 되었다」(유장림 지음, 김학권 옮김, 『주역의 건강철학
』, (주)정보와 사람, 2007, p.176).

5) 근세 유학에서는 인류 고통을 구제할 대동의 도를 역설했다.

☞「세상의 법도를 두루 살피건대, 산 사람의 고통을 구제하고 큰 낙
을 구하려고 할 경우 大同의 도를 버리고는 아마 그 길이 없을 것이다.
대동의 도는 지극히 평등하고 지극히 공정하고 지극히 어질어서 정치의
정점이니 아무리 선한 도라도 그것을 능가할 것은 없다」(강유위, 『大同
書』「甲部」, 徧觀世法, 舍大同之道, 而欲救生人之苦, 求其大樂, 殆無由也,
大同之道, 至平也, 至公也, 至仁也, 治之至也, 雖有善道, 無以加此矣).

6) 기독교에서는 복음 전파와 세례 받음이 병을 치료함이다.

☞「어떻게 해야 구원될 수 있는가? 이 질문에서 예수는 다음과 같이
답변한다. "너희는 온 세상을 두루 다니며 모든 사람에게 이 복음을 선
포하여라. 믿고 세례를 받는 사람은 구원을 받겠지만 믿지 않는 사람은
단죄를 받을 것이다. 믿는 사람에게는 기적이 따르게 될 것인데 내 이
름으로 마귀도 쫓아내고 여러 가지 기이한 언어로 말도 하고 뱀을 쥐거
나 독을 마셔도 아무런 해도 입지 않을 것이며, 또 병자에게 손을 얹으

면 병이 나을 것이다"」(『마가복음』 16·15-18/湯田豊 지음, 진승철 옮김, 『세계의 종교』, 불교시대사, 1992, pp.75-76).

7) 소태산의 병든 사회와 치료법은 최수운과 강증산의 메시아적 구원과 달리 진리적이고 사실적인 마음병 치료였다.

☞「수운·증산의 사상은 불교의 來法과 용화회상, 기독교의 종말과 메시아사상, 한국 고유의 남조선신앙, 운도설 등의 영향을 받은 데다 1800년대 초기부터 발생하기 시작한 대유행병은 이들의 머리 속에서 사라지지 아니하고 그들의 사상과 결부되어 어려운 현실을 부정하고 미래의 선경을 그리는 메시아니즘적 구원사상으로 전개되는 것이다. … 소태산은 수운·증산과는 시간적으로 거의 동시대에 살고 갔으나 그들과는 많은 차이점을 가지고 교화를 하였다고 본다. 그는 이 세상의 모든 인간들이 이미 병들어 있다고 논단한다. 그러나 그 병은 육신병이 아니라 마음병인 것이다」(김홍철, 『원불교사상논고』, 원광대학교출판국, 1980, pp.332-333).

16. 보충해설

원불교가 창립될 당시의 시국은 불완전한 세상이요 병든 세상이었다. 그리하여 소태산은 당시 병들어가는 증거를 몇 가지로 들었는데, 서로 자기 잘못은 모르고 다른 사람의 잘못하는 것을 많이 드러내는 것이요, 부정당한 의뢰생활을 하는 것이요, 정당한 지도를 받지 않는 것이요, 공익심이 없는 것 등을 열거하였다. 이같이 병든 사회를 극복하려면 위에 언급한 사항들을 잘 극복해야 함은 당연한 일이다.

물론 병든 세상이란 어느 한 시대에 한정되는 것이 아니라 고금에 통하여 있는 것이다. 불교의 『수심결』에서도 말하기를 "슬프다. 지금 사람들이 주림에 좋은 음식을 만나되 먹을 줄을 알지 못하며, 중병에 명의를 만나되 약 먹을 줄을 알지 못하나니, 가로되 '어찌할꼬 어찌할꼬 하지 않는 이는 나도 어찌할 도리가 없을 뿐'이로다"(38장)라고 하였다. 고대와 중세, 근 현대에 걸쳐 진리의 깨달음이 없이 무명에 갇혀 살아간다면 중생으로서 병든 세상에서 한 없이 고통을 받으며 살아갈 것이다.

그러므로 사회가 병든 줄 알면 병증을 찾아 치료하도록 노력하는 일이 필요하다. 소태산 대종사는 병든 사회를 진단, 정법대도 곧 일원상진리의 활용으로서 인생의 요도와 공부의 요도로 병든 세상을 치유하고자 하였다. 성산종사도 "제가 제병도 고치지 못하는 사람이 남은 어떻게 알겠는가? 나의 병이 있는 줄도 모르고 나를 고치지 못한 사람이 남의 마음병을 어떻게 고쳐 주겠는가"(성산종사문집간행위원회, 『성산종사문집』, 원불교출판사, 1992, p.175)라고 하였다. 나 자신부터 병들어가는 조짐은 없는지, 이웃과 사회의 병폐는 무엇인지 정확히 진단하여 교화 대불공의 자세로 살아가자는 것이다.

17. 연구과제

1) 병든 사회란 무엇인가?
2) 병든 사회의 치료법은?
3) 병든 사회의 증상 다섯 가지를 밝히시오.
4) 나의 생활에 있어 병증이 있다면 밝히고 치료법을 쓰라.
5) 병든 사회의 치료법에 대한 각 종교의 교리를 밝히시오.

제16장 영육쌍전법

○ 「영육쌍전법」의 원문

과거에는 세간생활을 하고 보면 수도인이 아니라 하므로 수도인 가운데 직업 없이 놀고먹는 폐풍이 치성하여 개인 가정 사회 국가에 해독이 많이 미쳐 왔으나, 이제부터는 묵은 세상을 새 세상으로 건설하게 되므로 새 세상의 종교는 수도와 생활이 둘이 아닌 산 종교라야 할 것이니라. 그러므로 우리는 제불조사 정전의 심인인 법신불 일원상의 진리와 수양 연구 취사의 삼학으로써 의식주를 얻고 의식주와 삼학으로써 그 진리를 얻어 영육을 쌍전하여 개인 가정 사회 국가에 도움이 되게 하자는 것이니라(『정전』 제3 수행편, 제16장 영육쌍전법).

1. 영육쌍전법의 등장배경
1) 영육 이원론의 흐름

고금 영육 이원론과 영육 일원론 간의 논쟁이 지속되어 오고 있다. 인도 고대의 브라흐마나는 인간을 정신과 육체로 구분하여 전자를 아트만, 마나스 등으로 부르고 있다. 우파니샤드에서도 선수행의 목적으로 육신을 버리고 영혼이 천상계에 태어난다고 하였다. 서구 플라톤의 이데아론은 영육 이원론의 비롯이며, 쾌락주의학파 에피크로스는 정신보다 육신의 자극을 통해 기쁨을 추구하는 영육 이원론을 강조하였다. 데카르트는 배타적 영육 이원론의 입장에서 그의 견해를 밝히고 있으나, 경험주의 철학자 로크는 영육 일원론의 교육을 강조한다. 쇼펜하우어나 마르크스는 물질 중심의 논리를 펴고 피히테나 헤겔은 관념론을 주장한다.
　(1) 고대 인도의 브라흐마나는 인간을 정신과 육체로 구분하여

전자를 아트만·마나스·프라나 등으로 부르고 있다.

☞「브라흐마나는 인간의 본질에 관해서도 정신과 육체로 구분하여 파악하고 있으며, 전자를 아트만(자아, atman), 마나스(意根, manas), 프라나(호흡, prana) 등의 이름으로 부르고 있다」(길희성, 『인도철학사』, 민음사, 2007, p.28).

(2) 우파니샤드에 있어 선 수행의 목적에 의하면 육신을 버리고 영혼이 천상계에 태어나는 것이다.

☞「불교 이전 인도에 브라만교 사상이 기원전 1200년경에 형성되어 기원전 800년경에 우파니샤드 철학에 선의 원리가 밝혀졌다. 선을 수행의 핵심적인 것으로 하였다. 선을 하는 목적이 육신을 버리고 영만으로 천상계에 태어나게 하는 生天의 정력을 얻기 위함이다」(한정석, 『원불교 정전해의』, 도서출판 동아시아, 1999, p.452).

(3) 플라톤의 이데아론은 영육 이원론의 시각에 기인한다.

☞「플라톤(B.C.428-B.C.347)에 있어서는 인간을 묶어놓는 것은 인간의 육체이며, 영혼은 본래 영원한 실상인 이데아계에 있었으나 육체와 결합함으로 말미암아 타락하여 이데아계의 인식마저도 망각하게 된 것이다. … 이러한 영과 육의 이원론적 구분은 아리스토텔레스 이후 형성된 일원론적 입장과 여러 가지 각도에서 논쟁을 불러일으켰다」(김성관, 「원불교 인간관」, 『원불교사상시론』 1집, 수위단회사무처, 1982, p.54).

(4) 쾌락주의학파 에피쿠로스는 정신보다 육신의 자극을 통해 기쁨을 추구하였다.

☞「에피쿠로스(BC.341-BC.270) 학파는 인간의 삶의 목적을 기쁨을 추구하는데 두었다. 이러한 목표는 점차 인간의 정신적인 만족에서 얻는 기쁨이 아니고 육을 자극하여 얻는 기쁨에 취하게 되었다」(현용수, 『IQ는 아버지 EQ는 어머니 몫이다』, 국민일보사, 1997, pp.107-108).

(5) 데카르트(1596-1650)는 몸과 마음에 대하여 배타적 이분법으로 다가섰다.

☞「개인적 차원에서 몸과 마음에 대한 배타적인 이분법적 데카르트 학파의 사유는 자아를 감정적으로 움직이고 인식하는 범위가 통합되어 있으며, 건강한 몸은 마음에 대한 적절한 집이 된다는 인식의 모델에 의해 대체되어야 한다」(뚜웨이밍, 「지구화와 문명간의 대화-21세기 영성문화에 대한 비전」, 정산탄백 기념 국제학술대회 『미래사회와 종교』,

원광대학교, 2000. 9, p.28).

(6) 경험주의 철학자 로크(1632-1704)는 영육을 아우르는 교육을 강조하고 있다.

☞「경험론 철학의 시조로 겪은 로크가 만년에 내놓은 『교육론』(1693)의 개권 첫장에서 "건전한 신체에 건전한 정신이 깃든다"라고 누군가가 말한 이 명제만큼 영원한 진리가 또 어디에 있을까라고 한 말에 전적으로 동감한다」(정종, 「문명·문화·문화재」, 『동양의 문화와 문화재』 통권 5호, 선우기획, 2002 봄, p.8).

(7) 『인생론』의 저자 쇼펜하우어(1788-1860)는 물질을 의지라고 하여 유물론자로 알려지고 있다.

☞「쇼펜하우어는 물질은 意志라고 하니 혹자는 유물론자라고 하나 그 실은 물질과 의지가 即不離의 관계를 말한 것이다. 물질즉 의지, 의지즉 물질이다. 색즉시공 공즉시색인 것이다」(원불교사상연구원 편, 『숭산논집』, 원광대학교출판국, 1996, p.252).

(8) 마르크스의 공산주의 이데올로기는 유물론적 시각에 기반한다.

☞「유물론을 강조하는 공산주의에 있어서 종교적 교리는 현실의 진실과는 배치되는 일종의 허위의식인 것이다. 미신이요 민중의 분배를 위한 정의감을 무력하게 만드는 아편인 것이다」(송천은, 『열린시대의 종교사상』, 원광대출판국, 1992, pp.84-85).

(9) 유물론에 대한 부정적 시각에서 헤겔이나 피히테는 관념론을 주장한다.

☞「독일 관념론의 창시자로 알려진 피히테는 자신의 사상이 시종 프랑스 시민혁명에서 주창된 자유 개념의 해명에 지나지 않는다고 했다. 그에 따르면 인간의 자유가 물질 개념으로 설명될 수 있는 것이 아니고 정신으로서의 인간 자아의 주체적 성격으로 이해될 수 있다고 보았다」(차인석, 「근대성을 향한 철학」, 범한철학회 2000년 봄 학술발표회 《21세기, 철학적 화두의 모색》, 범한철학회, 2000년 5월, p.4).

2) 기독교의 영육 이원론

기독교는 종교적 입장에서 영육 이원론을 주장하고 있는 바, 육체는 죄악이요 영혼만이 고귀하다고 하였다. 그러나 러셀은 『

나는 왜 기독교인이 아닌가』라는 저술에서 기독교의 영육 이원론을 비판하였다. 합리적인 근대과학이 들어서면서 기독교의 영육 이원론은 변질되어 종교 회의론적 시각을 가져다준 것이다. 근래 기독교의 선각들에 의하면 영육 분리를 부정하는 사람들이 나오고 있는 바, 종교의 본령은 정신이 주체라고 주장하기 때문이다.

(1) 기독교는 영육 분리의 이원론적 시각을 지닌다.

☞「기독교의 교리에 의하면 인간은 영과 육신의 구조로 되어 있는데, 영은 선의 실체가 지배하고 육신은 악의 실체가 지배한다고 본다. 기독교의 사도 바울은 "육신의 생각은 사망이고 영의 생각은 생명과 평강이다" 라고 하였다. 따라서 고행을 통해 육신을 치는 것은 육신을 지배하고 있는 악의 세력을 치는 것이다. 악의 세력이 지배하는 육신을 치게 될 때 영적 삶의 성장과 완성을 이룰 수 있다」(이재영, 「수행 과정 공유를 통한 종교간의 대화에 관한 연구」, 『종교교육학 연구』, 제20권, 한국종교교육학회, 2005.5, p.173).

(2) 기독교 신앙의 확신에 의하면 육체는 죄악이요, 영혼만이 고귀하다고 한다.

☞「내가 8학년이 되어서 만난 마르셀라 수녀님이 특히 기억에 남는다. 그 수녀님은 당시 연세가 여든이 다 되었던 분이었는데 어린 우리에게 유혹에 빠지지 말 것을 특히 강조하였다. 수녀님은 "우리의 몸 자체가 사탄이다. 몸은 정신보다 낮으며 영혼은 고귀한 것이므로 항상 영혼의 뜻에 따라 살아야 한다. 몸을 믿거나 신뢰해서는 안 된다. 몸은 언제나 죄로 향하는 유혹에 노출되어 있는 악마이다" 라고 말하였다」(현각, 『萬行-하버드에서 화계사까지』(1), 열림원, 1999, p.61).

(3) 러셀은 기독교의 영육 이원론을 비판하고 있다.

☞「기독교 역사를 통틀어 공익에 기여했다는 이유로 성인대접을 받은 사람이 단 한명이라도 있는지 의심스럽다. 이처럼 사회적 인간과 도덕적 인간을 분리하게 되자 영과 육의 분리 경향도 점차 증대하게 되었고, 이러한 영육의 분리는 지금도 기독교의 형이상학과 데카르트에서 나온 체계들 속에 잔존해 있다」(버트런드 러셀 저, 송은경 역, 『나는 왜 기독교인이 아닌가』, 사회평론, 1999, p.52).

(4) 기독교의 영육 이원론은 근대과학을 맞이하여 왜곡되고 종교의 힘을 약화시키는 상황으로 변하기도 하였다.

☞「영원을 추구하는 영혼의 갈망과 쾌락을 추구하는 육체적 욕망은 상호 배타적인 관계를 이루어 절대로 함께 공존할 수 없는 대립적 이분법을 이룬다는 영과 육의 이분법은 서구의 대표적인 종교들 중의 하나인 기독교의 죄의 관념과도 밀접히 관련되어 있다고 볼 수 있다. … 영혼의 불멸을 갈망하며 신성을 얻으려는 기독교적인 심신 이원론은 오히려 인간 차별의 사상적 배경으로 왜곡되어 작용하게 되었다. 그 후에 종교의 힘은 점차로 쇠퇴하고 근대과학은 황금시대를 맞게 되어, 오늘날에는 중세에 천대를 받았던 물질과 육체의 가치가 상승하고 기술의 환영을 받으며 성의 해방이 주장되는 상황으로 바뀌었다」(박은주, 「원불교 영육쌍전 일고찰」, 『원불교사상』 제24집, 원불교사상연구원, 2000, pp.223-224).

(5) 오늘날 기독교의 새 패러다임에 의하면 영육 분리를 부정하는 방향도 있다.

☞「『기독교의 변혁』(1996), 글로즈토드랜크 목사가 주장하는 새 패러다임 변환은 영혼과 육체를 분리하고 육체를 죄악시하던 생각에서 육체와 영혼을 분리할 수 없는 하나로 보고 적절한 음식, 적당한 운동으로 육체의 건강을 위해서도 힘쓴다는 것이다」(오강남, 『예수는 없다』, 현암사, 2001, p.33).

(6) 기독교인의 열린 시각에서도 종교의 본령은 정신 주체적이라 한다.

☞「우리가 명심할 것은 인간을 움직이는 것은 肉이 아니라 정신이라는 점이다. 인간의 정신은 사상이 지배한다. 각 민족의 전통문화나 사상은 그들이 갖고 있는 종교에서 비롯된다」(현용수, 『IQ는 아버지 EQ는 어머니 몫이다』, 국민일보사, 1997, p.46).

3) 불교혁신과 영육쌍전

고래로 영혼구제에 치중하거나 육신의 일면에 치우친 삶을 살아왔으니 개인과 사회의 피해가 심각하였다. 곧 과거의 불교는 출세간 중심의 영혼구제에 집중되어 있었다. 이에 소태산은 불교를 혁신하여 미래교법으로서 생활불교여야 하며, 이를 위해서 과거의 영적 수행위주를 극복하고자 하였다. 시주와 동냥을 폐지하는 등 제도개혁으로 영육을 쌍전해야 한다며, 영과 육의 이원론에 반기를 들었다. 수도와 생활이 둘 아닌 종교가 새 시대의 새 종교이기 때문이다. 그것은 곧 소태산이 밝힌 바, 정신의 의식주와 육신의 의식주를 아우르는 대도정법에서 비롯되는 것이다.

(1) 과거 영혼구제에 치중하거나 육신의 일면에 치우쳤으니 개인과 사회의 피해가 심각하였다.

☞「영육쌍전 : 건강한 영혼, 건강한 육신, 이것이 우리 삶의 필수적 대전제이다. 어느 한쪽도 경시할 수 없는 것이다. 그러나 과거 수도자에서는 영혼 구제에 치중하여 육신생활 요건을 경시함으로써 이에 따른 피해가 개인 가정 사회 국가로 크게 미쳤음을 지적하고 있다. 따라서 일반적으로는 육신생활을 위하여 영혼관리나 구제에는 역시 도외시한 관계로 영혼의 무력, 영혼의 타락 그리하여 개인 가정 사회 국가로 확산되는 피해 또한 더욱 심각한 문제이다」(이광정, 「표어에 나타난 소태산사상」, 『인류문명과 원불교사상』(上), 원불교출판사, 1991, p.180).

(2) 과거불교에 있어 무위도식과 같은 출가생활의 행태가 비판받아 왔다.

☞「불교의 비구들은 경작을 하지 않았고 비구니들은 직물을 짜지 않았다. 더욱이 출가생활은 빈번히 국가의 부역을 기피하기 위한 구실에 불과하기도 하였다」(막스 베버 저, 이상률 역, 『유교와 도교』, 문예출판사, 1993, p.303).

(3) 출세간 중심의 수도인에게는 놀고먹는 폐풍이 심하였으므로 새 시대의 종교는 이를 개혁하고자 하였다.

☞「과거에는 세간생활을 하고 보면 수도인이 아니라 하므로 수도인 가운데 직업 없이 놀고먹는 폐풍이 치성하여 개인 가정 사회 국가에 해독이 많이 미쳐 왔으나, 이제부터는 묵은 세상을 새 세상으로 건설하게 되므로 새 세상의 종교는 수도와 생활이 둘이 아닌 산 종교라야 할 것이니라」(『정전』, 제3 수행편, 제16장 영육쌍전 법).

(4) 소태산은 과거 불교의 영적 수행위주를 극복하고자 하였다.

☞「대종사는 영육쌍전을 하라고 하였는데 인도 수행고승 같이 영적으로만 발달하면 어떻게 되는가? 그것도 곤란하다. 육쪽으로만 발달해도 곤란하다」(이면우 교수/박재진 정리, 「새로운 천년의 비전」, 《원광》 298호, 월간원광사, 1999년 6, p.165).

(5) 원불교는 시주와 동냥을 폐지하는 등 제도개혁으로 영육쌍

전의 길을 지향하고 있다.

☞「앞으로는 영육쌍전이 철저히 되어야 한다 대종사가 조선불교혁신론에서 시주 동냥을 폐지해야 된다고 하였다. 영육쌍전의 정신은 교단의 목표임과 동시에 원불교 사상의 기본이념이다」(한종만, 「영육쌍전연구」, 제20회 원불교사상연구 학술대회《원불교 사상과 도덕성 회복》, 원광대 원불교사상연구원, 2001.2, p.101).

(6) 원불교의 시대화된 교리정신에서 보면 정신의 의식주와 육신의 의식주로 영육을 쌍전하는데 초점이 있다.

☞「일원상의 진리와 수양 연구 취사의 삼학으로써 의식주를 얻고 의식주와 삼학으로써 그 진리를 얻어 영육을 쌍전하여 개인 가정 사회 국가에 도움이 되게 하자는 것이니라」(『정전』, 제3 수행편, 제16장 영육쌍전 법).

2. 영육쌍전의 의미

일반적으로 몸의 근본은 마음이요, 마음은 몸의 주인이니, 육신 건강은 마음건강과 직결되는 것이다. 이러한 원리를 통해 보면 정신과 육신의 분리가 아니라 병행적 생활인 바, 원불교에서 말하는 영육쌍전이란 수도생활과 물질생활을 겸행하자는 것이다. 영과 육에 대한 설명에서 보면 물심일여의 본체론과 심체물용의 현상론이 있다. 어떻든 도학과 과학의 병행이 영육쌍전이며, 생산과 활동과 교화가 아우르는 것이 영육쌍전이다. 이는 심신의 분리가 아니라 심신쌍전의 낙원건설과 같다고 볼 수 있다. 곧 새 시대의 불법으로서 일원상의 진리에 바탕하여 신앙과 수행을 겸한 교리로서 제생의세의 중도적 교리가 영육쌍전인 셈이다.

1) 몸의 근본은 마음이요 마음은 몸의 주인이니, 육신건강은 마음건강이 되고 마음건강은 육신건강을 주도한다.

☞「영육은 정신과 육신을 의미하는 것이고 정신과 육신은 흔히 마음과 몸이라고 한다. 몸은 보은의 도구요 마음은 진·강급을 주도하는 공부의 자료 곧 깨달음의 원동력이다. 몸과 마음의 관계를 말하면 몸의 근본은 마음이요, 마음은 몸의 주인이니, 몸은 마음의 집이요, 마음은 몸의 기능을 주도한다. 따라서 마음공부는 몸공부의 근본이 되고, 몸공부는 마음공부를 통해서 그 효능을 발휘하니 몸건강은 마음건강의 근본

이 되고 마음건강은 몸건강을 주도한다」(손인철, 『몸건강 마음건강』, 동남풍, 2006, p.17).

2) 정신과 육신을 다 같이 완전하게 하는 것이 영육쌍전이다.

☞「영육쌍전이라 함은 정신과 육신을 다 같이 완전하게 하자 함이니, 보통 사람들은 우리의 육신을 보전함에는 의식주가 절대적으로 필요함을 잘 알지만 우리의 정신도 육신의 의식주와 같이 일심과 지혜와 실행이 절대 필요함을 아는 사람이 적은 까닭에, 삼학에 힘써서 우리의 정신을 實하게 할 줄 알지 못하나니라」(『정산종사법설』, 제9편 불교정전의해, 4. 표어개요, 영육쌍전).

3) 수도생활과 물질생활을 겸행하여 건전하고 원만한 생활을 도모하는 것이 영육쌍전이다.

☞「인간은 정신과 육신의 양면적 조화체이므로 영육을 쌍전하자는 것이니, 마땅히 정신적인 수도생활과 육신적인 물질생활을 겸행하여 건전하고 원만한 생활을 하자는 것이다」(김순임, 「소태산의 인간관 연구(2)」, 『원불교사상』 5집, 원불교사상연구원, 1981, p.45).

4) 영과 육에 대한 설명에 있어 물심일여의 본체론과 심체물용의 현상론이 있다.

☞「원불교 사상에서는 현상적인 면에서 인간 존재자의 기본 구조를 육적 구조와 영육구조의 범주로 二分했다. "원불교에서는 유심입니까? 유물입니까?" 답하시기를 "물심일여로 보나니 우주 만유의 본체는 물과 심이 둘이 아닌 동일체이나 운용하는데 있어서는 心이 체가 되고 物이 용이 되나니라"(『정산종사법어』, 경의편 40장). 즉 본체에 있어서는 물과 심이 하나로 만나나 우리가 생활하고 있는 작용의 현상에서는 이원적 구분이 되어 심이 체가 되고 물이 용이 된다는 설명을 하고 있다」(김성관, 「원불교 인간관」, 『원불교사상시론』 1집, 수위단회사무처, 1982, p.58).

5) 도학과 과학의 병행이 영육쌍전이다.

☞「(소태산은) 영육을 병진하여 도학과 과학의 병행을 하고자 하였다. 영육쌍전법은 1943년 소태산이 『정전』을 완성하여 비로소 문장화되어진 것이다」(서경전, 『교전개론』, 원광대학교출판국, 1991, p.107).

6) 생산적 활동과 교화가 함께 하는 것이 영육쌍전이다.

☞「교단의 기본 방향을 영육쌍전으로 잡아 주었다. 생산 활동이 약해진 면이 있다. 대종사가 처음으로 생각했던 영육쌍전의 교단운영 방

향을 되살려야 한다. 각 지방 교당도 되도록이면 그 자체에서 생산적인
활동을 하면서 교화도 할 수 있게 되어야 한다」(한정석, 『원불교 정전
해의』, 도서출판 동아시아, 1999, p.600).

　7) 영육雙전의 의의는 심신의 낙원건설에 있다.

　☞「원불교 개교동기는 영육의 조화적 완성을 이상으로 내세우고 있
다. 이를 풀어 말하면 영혼낙원과 현실낙원의 공동실현 혹은 공존적 실
현이라 말할 수 있다」(송천은, 『열린시대의 종교사상』, 원광대학교출판
국, 1992, p.501).

　8) 일원상 진리에 근거, 제생의세의 중도교법이 영육雙전법이다.

　☞「영육雙전법 대의 : 우주의 순환하는 도를 따라 원시반본하는 시
기에 맞추어 묵은 세상을 새 세상으로 건설하고자 만유가 한 체성인 일
원상의 진리에 근거하여 새 세상 새 종교의 강령을 정하사 광제창생의
처방과 천하의 중도를 제시해 준 법문이다」(신도형, 『교전공부』, 원불교
출판사, 1992, p.510).

3. 영육雙전법의 대의강령

　1) 과거 수도인의 생활은 직업 없이 놀고먹는 상황이었다.
　2) 앞으로는 수도와 생활이 둘 아닌 산 종교여야 한다.
　3) 일원상과 삼학으로 의식주를 얻어서 영육을 쌍전한다.

4. 영육雙전법의 구조

　1) 출세간 종교의 비판(과거에는 … 폐풍이 치성하여 왔으나).
　2) 수도와 생활 일치의 종교(이제부터는 … 산 종교라야 할 것이니
라).
　3) 영육雙전의 방법(그러므로 우리는 … 하자는 것이니라).

5. 단어해석

　영육雙전 : 정신과 육신이 조화를 이루어 심신의 균형을 이루는 것으로
靈肉雙全은 수도와 생활이 둘 아닌 종교를 지향하는 원만한 교법이다.
이는 『정전』 수행편에 나오며, 원불교 교리표어의 하나이다. 과거 불가
에서는 육체보다 영적 공부에 더 치중하였으나, 미래의 불법은 정신과

육신의 의식주가 공히 균형을 이루는 영육의 일치를 요구하고 있다.

세간생활 : 재가교도로서 일상의 세속에서 생활하는 것이 世間生活이라면, 수도인으로서 출가를 단행하여 공동체 생활을 하는 것이 출세간 생활이다. 세간생활을 하다보면 삼독오욕의 유혹에 노출되는 경우가 많다.

수도인 : 종교에 입문하여 도를 닦는 사람을 修道人이라고 한다. 수도한다는 것은 마음의 번뇌와 망상을 극복, 본래의 맑은 성품을 간직하는 것이며 궁극적으로 일원의 위력과 체성에 합하는 것이다.

폐풍 : ☞『정전풀이』(하)「일기법」'폐풍' 참조.

해독 : ☞『정전풀이』(상)「일원상서원문」'해독' 참조.

제불조사 : ☞『정전풀이』(상)「일원상서원문」'제불조사' 참조.

정전 : ☞『정전풀이』(상)「사대강령」'불조정전' 참조.

심인 : ☞『정전풀이』(상)「교법의 총설」'심인' 참조.

6. 숙어 · 문제풀이

1) 과거에는 세간생활을 하고 보면 수도인이 아니라 하므로 수도인 가운데 직업 없이 놀고먹는 폐풍이 치성하였다는 것은?

(1) 근래 한국의 기성종교는 산속에 들어가 독공하는 것 자체를 수도생활로 알아왔다.

(2) 한국불교에 있어 수도인으로 세속에서 활동하면서 종교생활을 할 수 있는 열린 불교가 없었던 것이 사실이다.

(3) 성·속을 이분법적으로 생각하여 세속생활을 속된 것으로 아는 경향이 있었다.

(4) 직업 없이 놀고먹는 행위는 개인적으로나 사회적으로 바람직하지 않으므로 개인 가정 사회 국가에 해독을 끼쳤다.

2) 이제부터는 묵은 세상을 새 세상으로 건설하므로 새 세상의 종교는 수도와 생활이 둘 아닌 산 종교라는 것은?

(1) 수도와 생활의 일치를 위해 물질개벽과 정신개벽이 아울러져야 한다.

(2) 수도와 생활이 둘 아닌 산 종교를 위해 소태산은 영육쌍전·이사병행을 주장하였다.

(3) 수도와 생활의 강령으로 수양·연구·취사의 삼학과 의·식·주 3건을 합하여 육대강령이라 한다.

(4) 불법시생활과 생활시불법의 종교로서 시대화 생활화 대중화의 교리정신은 수도와 생활이 둘 아닌 산 종교를 표방하는 증거이다.

3) 제불조사 正傳의 심인인 법신불 일원상과 삼학으로써 의식주를 얻는다는 것은?

(1) 과거엔 신앙 따로 생활 따로 살아가는 경우가 주를 이루었다.

(2) 종교의 진리를 활용하여 세속생활을 더욱 풍요롭게 할 수 있다는 것이다.

(3) 육신의 의식주 삼건과 정신의 일심 알음알이 실행의 삼건을 합하여 육대강령이라 한다(『대종경』, 교의품 18장).

(4) 불법시생활, 생활시불법을 통해서 불법을 생활에 윤택하게 활용하자는 것이다.

4) 의식주와 삼학으로써 그 진리를 얻어서 영육을 쌍전한다는 것은?

(1) 과거엔 의식주를 마련하기 위해 종교생활에 등한히 하는 경우가 많아왔다.

(2) 물질이 개벽되니 정신을 개벽하자는 것은 곧 영육을 쌍전하자는 뜻이다.

(3) 영육쌍전법은 정신의 양식과 육신의 양식을 아울러 마련하는 것이다.

(4) 생활시불법을 통해 생활 속에서 불법을 활용해야 한다.

7. 관련법문

☞「과거에는 유불선 삼교가 각각 그 분야만의 교화를 주로하여 왔지마는, 앞으로는 그 일부만 가지고는 널리 세상을 구원하지 못할 것이므로 우리는 이 모든 교리를 통합하여 수양 연구 취사의 일원화와 또는 영육쌍전 이사병행 등 방법으로 모든 과정을 정하였나니…」(『대종경』, 교의품 1장).

☞「나는 영육쌍전의 견지에서 육신에 관한 의식주 삼건과 정신에 관한 일심 알음알이 실행의 삼건을 합하여 육대강령이라고도 하나니, 이

육대강령은 서로 떠날 수 없는 관계를 가지고 한 가지 우리의 생명선이 되나니라」(『대종경』, 교의품 18장).

☞「우리가 다 같이 바라는 마음의 자유에 의한 대자유 세계와, 마음의 평화에 의한 대평화 세계와, 마음의 문명에 의한 대문명 세계를 건설하여 영육이 쌍전하고 이사가 병행하는 일대 낙원에 모든 동포가 함께 즐기자」(『정산종사법어』, 경륜편 19장).

8. 영육쌍전법의 형성사

영육쌍전법의 형성을 보면 원기 14년 『월말통신』 18호에서 생활과 공부의 겸전을 말하였으며, 원기 21년 『회원수지』에서 과학과 종교의 주체로써 영육쌍전의 필요성을 밝히었다. 원기 28년 『불교정전』과 『근행법』에서는 보다 체계화된 영육쌍전법이 등장하였으며, 원기 47년의 현 『정전』에서는 다소의 어구가 정비되었다.

1) 원기 14년 『월말통신』 18호에 생활과 공부의 겸전을 밝혔다.

☞「『월말통신』 18호(원기 14년) … 생활과 공부의 兩全 : 고금 何代를 물론하고 소위 수행자들은 그 대부분이 생활방면에 대하여는 도무지 무관심하였고, 또 생활을 구하는 자들은 수행의 도를 전연 도외시하여 모두 一便에 타락하였거늘, 본회에서는 이 양방을 아울러 다스려서 정신과 육신을 구속 없도록 양성하는 것…」(『월말통신』 18호, 右答案人 이청춘·이공주, 「내가 본 본회의 요법」).

2) 원기 21년 9월, 수첩 크기의 『회원수지』에 정신과 육신의 6대강령, 영육쌍전의 필요성을 밝혔다.

☞「사람의 육신생활에 강령을 말하자면 먹는 것과 입는 것과 주처가 필요한 것이요, 정신생활에 강령을 말하자면 모든 일을 하여나갈 때 일심과 아는 것과 실행이 필요하나니, 이 육신생활의 3강령인 의식주 3건이 없고 보면 그 육신을 어찌 보존하며, 정신생활의 3강령인 일심과 알음알이와 실행이 없고 보면 정신을 어찌 운전하리요. 이 영육쌍전의 6대강령은 인생 생활에 필요한 방문으로써 육신생활의 3대강령을 얻기로 하면 사농공상의 직업을 알아 그 業에 종사하여야 할 것이요, 정신생활의 3대강령을 얻기로 하면 정신을 수양하여 일심을 얻고, 사리를 연구하여 알음알이를 얻고, 작업을 취사하여 실행을 얻어야 영육쌍전의 완전한 인격을 구성하였다고 하나니라」(『회원수지』, 영육쌍전의 필요).

3) 원기 28년에 발간된 『불교정전』에 「영육쌍전법」법이 밝혀져
있다.

☞「재래에는 종교인으로서 세욕이 있고 보면 수도인이 아니라 하므
로 종교가에서 직업 없이 놀고 먹는 폐풍이 치성하여 개인 가정 사회
국가에 대한 해독이 많이 미쳐왔으나, 이제로부터는 묵은 세상을 새 세
상으로 건설하게 되므로 새 세상 종교인으로서는 그 진리와 수행으로써
의식주를 구하고, 의식주와 수행으로써 그 진리를 얻게 되었나니, 우리
는 제불조사 正傳의 심인 즉 법신불 일원상의 진리와 계정혜 삼학으로
써 의식주를 구하고 의식주와 계정혜 삼학으로써 그 진리를 얻는 것이
영육쌍전이 되는 동시에 따라서 개인 가정 사회 국가에 도움이 될 것이
며, 수도와 생활이 둘이 아닌 산 종교가 될 것이니라」(『불교정전』, 제14
장 영육쌍전법).

4) 『불교정전』과 동시에 발간된 『근행법』에는 「불교 대중화의
개요」에 영육을 쌍전케 한다는 내용이 있다.

☞「근행법 <불교 대중화의 대요>의 내용이 불법의 생활화를 하기
위한 내용으로 되어 있다. : 1) 道場은 신자의 집중지에 置하고 일상생
활에 접근케 함, 2) 불조정전의 심인을 體로 하고 계정혜 삼학으로서
훈련의 요도를 정함, 3) 교과서로 사용하는 경전은 평이한 문자와 통속
어로써 편찬함, 4) 불제자의 계통에 있어서 재가 출가의 차별이 없이
그 지행의 고하에 따라 행함, 5) 영혼 천도만을 주로 할 것이 아니라
인생의 요도를 더 밝혀서 영육이 쌍전케 함, 6) 걸식 시주 동냥 음식불
공 등을 폐지하고 근로정신을 함양하며 교화에 노력함, 7) 결혼은 법으
로 구속하지 아니하고 자유로 함, 8) 여자 포교사를 양성하여 여자는
여자가 가르치게 함, 9) 재래의 의식과 예법을 사실과 간편을 주로 하
여 현대생활에 맞도록 함」(『근행법』 4장, 원기 28년 간).

5) 원기 47년에 발간된 『교전』에서는 『불교정전』의 어구를 재정
비하였다.

☞「『교전』에는 『불교정전』의 문맥을 전체적으로 재정리하였다. 재래
에는 종교인으로서 세욕이 있고 보면→과거에는 세간생활을 하고 보면
/ 종교가에서→수도인 가운데 / 수도와 생활이 둘이 아닌 산 종교가 될
것이니라→새 세상의 종교는 수도와 생활이 둘이 아닌 산 종교여야 할
것이니라 / 그 진리와 수행으로써 의식주를 구하고 의식주와 수행으로
서 그 진리를 얻게 되었나니는 삭제함 / 계정혜 삼학→삼학 / 개인 가

정 사회 국가에 도움이 될 것이며→개인 가정 사회 국가에 도움이 될 것이니라」(박용덕, 『천하농판』, 도서출판 동남풍, 1999, pp.83-84).

9. 영육쌍전과 일원상의 관계

일원상의 진리가 본체에 여여하면서 현실로 응용되는 것이 원불교 신앙의 장점이다. 곧 일원상 진리의 추상성이 의식주와 삼학의 육대강령으로 현실화됨은 물론 일원상과 삼학의 일체화된 모습이 영육쌍전의 교리에 잘 나타난다. 나아가 수도와 생활이 하나인 종교를 지향하고자 소태산은 영육이 일체화된 일원상의 진리를 천명하여 물질과 정신을 병행하는 영육쌍전법을 밝혔다.

1) 일원상 진리를 현실로 응용하는 것이 영육쌍전이다.

☞「새 불교로서의 원불교가 전통불교와 경향상 다르다고 볼 수 있는 점은 인격불 신앙보다 법신불 일원상이라고 하는 근원 진리를 상징하는 신앙과 그 현실적 응용을 강조하는 점이요, 세계 종교간의 일치와 조화 완성을 지향하는 점이며, 영육쌍전의 실학적 불교를 이상시하는 점이다」(송천은, 「불교와 원불교의 관계」,《원보》제46호, 원광대 원불교사상연구원, 1999년 12월, p.37).

2) 일원상 진리의 추상성을 의식주 삼학으로 연결하는 것이 영육쌍전법이다.

☞「법신불 일원상 진리의 추상성과 의식주의 현실태와의 관계를 정신수양 사리연구 작업취사의 삼학으로 영육쌍전하게 하는 것은 재래의 기성종교나 철학과 다른 점이다」(류승국, 「유교사상과 원불교」, 『원불교사상』제5집, 원불교사상연구원, 1981. p.258).

3) 일원상과 삼학과 의식주는 불가분리의 관계이며 서로서로 근본이 된다.

☞「일원상의 진리는 우주만유 전체로서 천지만물은 잠시도 그 진리를 떠나서 존재할 수 없고 우리의 마음은 삼학의 원리를 떠나서 작용될 수 없으며 사람의 생활은 의식주를 떠나서 영위될 수 없는 것이다. 그러므로 진리와 삼학과 의식주는 우리의 수도와 생활에 불가분리의 관계가 있으며 서로서로 근본이 되는 것이다」(신도형, 『교전공부』, 원불교출판사, 1992, p.513).

4) 영과 육이 하나인 경지가 일원상 진리이다.

☞「기철학을 연구하는 학자가 영과 육은 본래 일체인데 어떻게 해서 다시 영육을 쌍전하느냐는 문제를 제기했다고 한다. … 영과 육은 본래 하나이기 때문에 영육쌍전이 가능한 것이다. 본래 영과 육이 하나가 아니면 영육쌍전이 될 수 없다. 영과 육이 하나인 경지는 일원상 진리의 경지이다. 일원상의 진리에서 영과 육이 하나인데 현실적으로 영과 육이 이원적으로 갈라져서 불완전하다. 그래서 영과 육을 쌍전해서 영육 일원의 원래 경지를 회복하자는 것이다」(한정석, 『원불교 정전해의』, 도서출판 동아시아, 1999, p.596).

5) 일원상 진리에 바탕한 물질과 정신의 병행을 도모함이다.

☞「대종사는 현 시대상을 간파하고 법신불 일원상의 진리를 신앙케 하는 동시에 수행표준을 설정하고 자신의 인격도야와 사회정화를 한 가지로 실천케 하였다. 이는 진리수행으로써 의식주를 해결케 하였으니 생활 가운데에서 진리를 발견케 한 것으로 이가 곧 육신 기르는 길과 정신 기르는 길을 같이 해결케 한 영육쌍전법이다. 그러므로 이 영육쌍전법으로 말하면 물질과 정신을 한 길로 개척하자는 큰 뜻이 있다」(이운권, 고산종사문집1 『정전강의』, 원불교출판사, 1992, p.103).

10. 영육쌍전에 반하는 현상

오늘날 육신병은 마음병에서 오는 경향이 많은데도 의사들은 발병의 근원은 모르고 육신병만 치료하려는 성향이다. 그러나 종교적 입장에서 영혼과 육체를 둘로 인식하고 이중적 잣대로 살아간다면 편벽수행을 하거나, 영육 분리라는 양극화의 고통을 맞을 수 있으며, 육체적 치중 현상으로 금수의 생활을 할 수도 있다. 생활과 수도를 함께 하지 못하여 영적 구원에 치우침에 따라 현실생활과 괴리되어 무위도식의 생활을 하는 경우도 생긴다. 따라서 미래 종교의 생명력으로는 현실과 사회를 반영하는 균형감각 속에서 개인의 영혼구제도 가능하다는 것이다.

1) 오늘날 의사는 육신병만 치료하려 하며, 병의 근원이 되는 마음 다스리는 법은 모른다.

☞「일체가 유심조라, 몸은 공부와 사업을 하는데 없어서는 안 될 도구요, 몸의 근본은 마음이다. 옛날 신성한 의사는 사람의 마음을 잘 다스려서 병이 나지 않게 하였는데, 오늘날의 의사는 몸의 병만 치료하려

하고 그 마음을 다스릴 줄을 모른다. 이는 근본을 버리고 끝을 좇는 것이며 병의 원인을 찾지 않고 나타난 증상만을 치료하여 병이 낫기를 바라는 것이니 어찌 근본 치료라 할 것인가」(손인철, 『몸건강 마음건강』, 동남풍, 2006, p.42).

2) 마음과 신체라는 이중적 사유구조는 신체를 착취한다.

☞「우리는 인간을 마음과 신체라는 두 구조를 지닌 이중적 존재로 생각하는 경향이 있다. 또 마음은 '지각력 있고' 신체는 '둔감한 것'이라고 생각하는데 익숙해져 있다. 그래서 우리의 문화는 신체 본성의 지혜를 무시하고 신체기관 전체를 무자비하게 착취하는 무례를 범하고 있다」(앨런 와츠 지음, 김선미 옮김, 『거꾸로 푸는 매듭』, 도서출판 이슬, 1991, p.26).

3) 과거 도가에서는 정신을 중히 여기고 육신을 소홀히 하는 경향이 있었고, 육신과 마음을 분리하는 편벽 수행이 있었다.

☞「과거 도가에서는 정신적인 면에 중심을 두어 육신을 소홀히 하는 경향이 있었다. 정신을 단련하는 수양의 깊은 경지에 도달하려면 육체도 건전하게 활용할 줄 알아야 한다. 『정전』이나 『대종경』에 전면적으로 흐르고 있는 정신은 영육쌍전이다. 마음병 치료를 강조한 것은 육신의 병만 치료할 줄 알고 마음병을 치료하지 못하는 어리석음을 깨우쳐 준 것이다」(한종만, 『원불교 대종경 해의』(上), 도서출판 동아시아, 2001, p.292).

4) 영육이 쌍전되지 못하면 삶의 양극화 현상을 초래한다.

☞「부정적인 면으로 보면 이 문명의 거대한 메커니즘은 우리 인간의 참된 본성을 지켜나가기 어렵게 하고, 개인과 개인, 사회와 사회, 국가와 국가 사이의 윤리 도덕과 안녕 질서를 지켜나가기 어렵게 하며, 영육 양 방면에서 문명과 무지, 부와 빈곤, 건강과 질병의 양극화 현상을 심화 공존시켜서 인간의 불신과 갈등과 상극을 깊게 하여 그로 인한 인류의 마음병과 사회 국가 세계의 병은 치유하기 어려운 지경에 이르게 될 것이다」(최영돈, 「결복기 교운을 열어갈 교무상」, 《원불교교무상의 다각적인 모색》, 원광대 원불교사상연구원, 2003.2.7, p.4).

5) 영육쌍전을 벗어나 정신적 생활을 모른다면 금수생활이다.

☞「만약 정신적 생활에 편착하여 육체적 생활을 모른다면 사람의 생명에 직접 관계되는 의식주가 서지 못할 것이요. 또는 육체적 생활에 급급하여 정신적 생활을 모른다면 생활은 극히 비열 무가치하여 금수의

생활에서 벗어날 수가 없을 것이리라」(박대완, 「在家중 예회엄수의 건」,
『월말통신』 34호. 원불교사상연구원 편, 『원불교 인물과 사상』(Ⅰ), 원
불교사상연구원, 2000, p.111).

6) 불교는 육신구제보다는 영혼구제에 치중하는 성향이었다.

☞「과거 출가인들은 영혼 제도에만 치중하여 육신과 현세를 부인하
는 폐단이 있었고, 속인들은 현세의 일생만을 치중하여 사후의 영혼 제
도를 부인하는 폐단이 있었으나, 우리는 오늘을 떠난 내일이 없고 내일
이 없는 오늘은 무의미함을 알아서 현세와 미래를 다 같이 중시하여 사
농공상에 힘써서 현세의 우리 육신을 보전시키며, 계정혜 삼학으로 우
리의 영혼을 제도시켜서 영과 육을 쌍전시키자는 것이니라」(『정산종사
법설』, 제9편 불교정전의해, 4.표어개요, 영육쌍전).

7) 수도인의 영적 구도는 자칫 무위도식의 나태함으로 보인다.

☞「명상적인 생활이나 개인적인 명상적 구제 추구 그리고 특히 수도
사 생활은 유교도의 눈에는 무위도식하는 나태함으로 보였다」(막스 베
버 著, 이상률 譯, 『유교와 도교』, 문예출판사, 1993, p.303).

8) 종교의 사회참여 없이 개인의 영혼구원에 치우치는 성향이 있어왔다.

☞「종교적 신념과 믿음이 본질적으로 지극히 개인의 영적인 구원을
추구하고 있으나 종교의 교리체계나 신앙형태는 사회적 산물이기도 하
다. 종교가 사회적 산물인 만큼 종교에 대한 이해는 사회변화에 대한
이해를 전제해야 한다. 사회변동과 변화에 대한 이해가 선행될 때 종
교가 사회적으로 의미를 지닐 수 있으며, 꾸준한 생명력을 유지할 수
있다」(김순금, 「21세기 원불교의 과제와 방향」, 『원불교학』 6집, 한국
원불교학회, 2001.6, p.115).

11. 영육쌍전의 특징

영육쌍전의 정신에는 육체와 마음이 하나라는 일원론적 시각에
서 출발하여 영혼을 주체로 하고 육신을 종으로 하는 영육 주종
론의 특징을 지닌다. 나아가 정신과 물질의 병행, 의식주와 삼학
의 병진론이 영육쌍전론에 나타나고 있으며, 원불교의 인재양성
에서도 영육을 쌍전해야 한다는 교육이념이 발견된다. 또한 교리
의 실학정신, 초창기 교단의 주경야독, 수도와 생활을 일치하는

낙원세계 건설에 있어 영육쌍전의 정신이 그대로 표출되고 있다.

1) 영육쌍전은 마음과 육체가 분리될 수 없다는 일원론적 시각에 바탕한 영육 주종론이다.

☞「원불교 사상은 마음과 육체는 분리될 수 없는 것임을 전제로 한다. 마음공부에 관심을 갖지 않고 본능적으로 살 때는 마음보다도 육체가 중심이다. 마음과 도학은 근본이며 주체이다. 육신과 과학은 끝이며 종이다」(한종만, 『원불교 대종경 해의』(上), 도서출판 동아시아, 2001, p.319).

2) 소태산 대종사는 정신문명을 발달시켜 물질문명을 선용하는 사회를 조망했다.

☞「소태산이 전망하는 미래는 후천시대 또는 양시대로써 서구 물질문명의 인류 종말을 불러오리라는 과학문명에 대한 부정적 관점과는 달리 정신문명의 발달로 물질문명을 선용하여 물질·정신이 쌍전한, 영과 육이 함께 잘 사는 큰 문명세계를 특징으로 하고 있다」(김복인, 「미래의 종교-소태산의 전망에 근거한 고찰」, 『원불교와 21세기』, 원불교사상연구원, 2002, p.456).

3) 삼학과 의식주를 아우르는 육대강령은 영육쌍전의 대법이다.

☞「육대강령을 말씀하여 영육쌍전의 대법을 밝혔는데 그 이전에는 삼대강령도 다 실천하지를 못했다. 인도의 禪은 주로 정적인 선정이었고 육조혜능까지도 그러했다」(박길진, 『대종경강의』, 원광대학교출판국, 1980, pp.48-49).

4) 영육쌍전은 인재양성의 원리가 되고 있다.

☞「원기 19년(『회보』 1호)에 발표한 (조송광의) 다음의 인재양성단가에서는 心佛 양성을 주장한다. "시방과 삼계에 내 친우들아, 고금의 제일된 도와 덕으로 / 윈천하 인물을 택하여다가 으뜸된 인재를 양성합시다 / … / 낮에는 육체를 뇌동시키고 밤이면 心佛을 양성합시다 / 오, 혼몽중 방황한 동포들이며 악도에 타락한 靈神까지도 / 선도로 제도할 우리 목적을 천추에 유전케 양성합시다」(원불교사상연구원 편, 『원불교 인물과 사상』(Ⅰ), 원불교사상연구원, 2000, p.424).

5) 원불교의 실학정신이 영육쌍전론에 나타난다.

☞「영육쌍전에서 실학정신이라 볼 수 있는 점을 든다면 첫째 노동과 근로를 강조하고, 둘째 경제생활 및 산업활동을 중시하고, 셋째 과학기

술을 긍정적으로 수용하며, 넷째 육신의 건강을 건전하게 유지하면서
종교적 이상을 실현토록 하는 점이다」(송천은, 『일원문화산고』, 원불교
출판사, 1994, p.147).

6) 영육쌍전에는 자작자수의 원리와 주경야독의 생활철학이 깃들어 있다.

☞「경제기초 확립과 요행수를 바라지 않고 자기가 노력해서 산다는
정신을 병행하는 것이 방언공사의 목적이다. 방언공사를 하면서도 밤에
는 법문을 해서 정신적인 수도를 하도록 하였다. 변산에서 낮에는 산전
을 개간하는 일을 하고 저녁에는 수도생활을 시켰다」(한종만, 「영육쌍
전 연구」, 제20회 원불교사상연구 학술대회《원불교 사상과 도덕성 회
복》, 원광대 원불교사상연구원, 2001.2, p.101).

7) 소태산이 밝힌 영과 육의 쌍전론은 원불교의 이상향이다.

☞「원불교의 극락은 나물 먹고 물마시며 만족하는 집단이 아니고,
물질이 풍요하고 평등한 도덕세계로 그려진다. 이러한 이상향은 물질과
정신의 병진, 영과 육의 쌍전 등 이원적 추구를 통해서만 이뤄질 수 있
는 것이다」(조정제, 「원불교의 경제관에 대한 소고」, 『원불교사상』 4집,
원불교사상연구원, 1980, p.217).

12. 영육쌍전의 실천의지

영육쌍전을 통해 원불교 교법을 실천하려는 의지는 초기교단의
공동체 생활에서 잘 나타난다. 농민교육, 교역자 양성, 산업기관
의 설립 등에 있어 주경야독의 정신이 영육쌍전의 터전이었다.
이 영육쌍전의 정신은 물질의 터부나 정신의 신비를 재조정함으
로써 가능한 일이다. 원불교가 생활종교를 지향하면서 전개한 영
육쌍전론은 새로운 구도정신의 표출이었으며, 이는 영육쌍전의
실천 이념으로서 새 종교가 지향하는 정신과 육신이라는 육대강
령의 병행이다.

1) 초기교단의 공동체 생활은 영육쌍전의 현장이었다.

☞「원불교의 공동체는 교조인 소태산 대종사가 구인 제자를 만남으
로서 이루어진다. 방언공사와 저축조합을 통해 본 영육쌍전의 정신, 기
도를 통해 보여준 영성적인 부분은 당시 초기 원불교 교단의 공동체 정
신의 근간이 되었다. 그 공동체는 생활과 영성이 둘 아닌 모습을 영산

초기 교화단을 통해 드러낸다」(황민정, 「교역자 공동체 생활 모색」, 2000학년도 《학술발표회요지》, 원불교대학원대학교, 2000년 12월, p.78).

2) 농민교육과 교역자 양성에 있어 산업기관의 설립, 주경야독은 영육쌍전의 참 정신이다.

☞「대규모의 농원과 약업 등의 산업기관 설립의 토대를 마련하고자 농민교육과 불법연구회 교역자 양성을 위한 교육을 실시하여 주경야독의 신앙공동체를 완성하였다」(신명국, 「소태산 역사의식」, 『원불교사상시론』 제II집, 수위단회 사무처, 1993년, p.105).

3) 영육쌍전은 물질의 도외시라든가 정신의 신비를 재조정, 조화시켜 나가야 한다.

☞「영육쌍전 即 실사구시 : 그동안 정신주의자들은 물질을 타기하거나 도외시하였다. 이와 반대로 물질주의자들은 인간의 정신력을 물질의 속성으로 보고 그의 선험성 또는 선천성을 부인하였다. 원만한 인간은 이 두 관점의 차이를 통일의 안목으로 조화시켜야 한다. 바른 정신의 회복은 영적인 신비에 있는 것이 아니다. 바로 우리의 현실에서 물질을 어떻게 정신적 차원에서 재조정하느냐에 있는 것이라고 소태산은 판단한듯 하다」(류병덕, 「소태산의 실천실학」, 석산 한종만박사 화갑기념 『한국사상사』, 원광대학교출판국, 1991, p.1227).

4) 생활종교를 지향하는 영육쌍전은 구도정신의 표출이었다.

☞「종교생활과 때를 같이하여 물질과 정신의 병진 사상은 급기야 영육쌍전의 교리강령을 낳기에 이르렀다. 이는 끝내 원불교로 하여금 현실적인 세간 종교로서 남게 한 원동력이 아닌가 싶다. 여기에 숯장사를 벌리기도 하고 草根木皮로 끼니를 이어가면서도 원불교로 하여금 일상적 종교로 살아남게 한 구도정신이 깃들어 있는지도 모른다」(이을호, 「원불교 교리상의 실학적 과제」, 『원불교사상』 8집, 원불교사상연구원, 1984, p.260).

5) 영육쌍전의 실천 이념은 정신의 삼강령과 육신의 삼강령 병행에 기인한다.

☞「원불교에서는 영육쌍전의 이념이 있다. 정신의 3강령은 수양, 연구, 취사이며 육신의 삼강령은 의식주인 바 영과 육을 병행하는 이념으로 사업등급을 정한 것이다」(한종만, 『원불교 대종경 해의』(下), 도서출판 동아시아, 2001, p.463).

13. 영육雙전과 수도인상

과거 일부 수도인들의 무위도식과 같은 삶을 벗어나고자 영육쌍전의 기치를 내세운 소태산 대종사의 본의를 환기할 필요가 있다. 원불교의 수도인상을 논하려면 여러 가지가 있을 것이다. 여기에서 영육쌍전의 정신에 바탕한 수도인상을 몇 가지로 논한다면 땀 흘려 일하는 수도인상, 낯없이 봉공하는 수도인상, 기질단련의 수도인상, 균형적 인격의 수도인상, 일심합력의 수도인상, 이사를 병행하는 수도인상, 새 종교 생활방식의 수도인상 등이다.

1) 과거 일부 수도인들의 무위도식과 같은 삶을 벗어나고자 하는 것이 영육雙전의 본의이다.

☞「대종사는 진리신앙과 삼학수행으로써 의식주을 얻어가게 했고, 의식주와 삼학수행으로써 진리를 얻도록 하여 영혼구제와 육신구제를 아울러 하도록 했다. 이것은 영혼과 육신이 상호 모순관계가 아니라 상호 의존관계요 보완관계로 정립해 줌으로써 과거와 같은 수도자들의 무위도식을 바루어 가도록 분명히 한 것이다」(이광정, 「표어에 나타난 소태산사상」, 『인류문명과 원불교사상』(上), 원불교출판사, 1991, p.180).

2) 영육雙전은 땀 흘려 일하는 수도인상이다.

☞「소태산 대종사는 항상 제자들에게 고상하고 품위 높은 수도인이 되라고 하기보다는 땀 흘려 일하는 영육쌍전의 개척인, 공을 위하여 자기를 희생하는 혈심가진 참 사람, 세계일을 내일로 알아 행하는 공도의 주인이 되라고 하였다」(신명교, 「원불교 교단관」, 『원불교사상시론』 1집, 수위단회사무처, 1982, p.21).

3) 영육雙전은 낯없이 봉공하는 수도인상이다.

☞「한번은 팔산이 몸소 궂은일을 하는 것을 본 제자가 민망히 여겨 만류함에 대하여 "내가 지방에서 때로는 정신노력을 한다, 혹은 육신노동을 하는 것이 영육쌍전 공부법이요, 본회를 창립하는데 끊임없는 정성일지니 그대는 나의 노동하는 것을 민망히 생각지 말며 일반 회원들도 이 점을 각성하여 본회 사업발전에 꾸준한 노력이 있어야 할 것이다" 며 단호히 하던 일을 계속하였다」(원불교사상연구원 편, 『원불교 인물과 사상』(Ⅰ), 원불교사상연구원, 2000, p.26).

4) 영육雙전은 기질단련의 수도인상이다.

☞「전무출신이 들어오면 남자는 산업부에서 3년간 노동을 해야 되고

여자는 식당에서 3년간 공양원을 하게 하였다. 기질을 단련하는 공부를
시킨 것이다. 기질을 단련하면 정신도 단련된다. 기초적인 정신을 단련
해서 참 교역자가 되어 수행을 할 수 있는 바탕을 닦았다. 이것이 영육
쌍전이다」(한종만, 「영육쌍전 연구」, 제20회 원불교사상연구 학술대회
《원불교 사상과 도덕성 회복》, 원광대 원불교사상연구원, 2001.2,
p.101).

5) 영육쌍전은 균형적 인격의 수도인상이다.

☞「교육으로 좀 더 특정해서 교육받은 인간상을 제시할 때 정산종사
는 치우치지 않아야 함을 강조한다. 그는 안과 밖, 지와 덕, 영과 육, 이
와 사 등의 범주를 대조하며, 그 균형된 발전 또는 구비를 요청한다」
(강태중, 「정산종사의 교육사상」,《원불교 교수협의회 하계세미나 요
지》, 원불교 교수협의회, 2000년 7월, p.4).

6) 영육쌍전은 일심합력의 수도인상이다.

☞「1919년(원기4) 3월에 방언공사가 완공되니 그 기간은 만 1년이
요 간척한 농토 면적은 2만 6천여 평이었다. 대종사, 피땀의 정성어린
새 농장을 정관평이라 이름하니, 이는 오직 대종사의 탁월하신 영도력
과 9인 제자의 일심합력으로써 영육쌍전의 실지 표본을 보이시고, 새
회상 창립의 경제적 기초를 세우신 일대 작업이었다」(박정훈, 『정산종
사전』, 원불교출판사, 2002, pp.124-125).

7) 영육쌍전은 이사를 병행하는 수도인상이다.

☞「과거 사람들은 도를 닦기 위하여 일을 불고하였지마는 우리는 도
를 닦기 위하여 일을 해야 한다. 즉 이와 사가 둘이 아닌 대도를 알아
야 한다. 이것이 산 종교요 산 도덕이다. 과거에는 신이나 불을 숭배하
는 것만으로 힘써온 사람이 많았으나, 현대는 신이나 불을 우리의 일상
생활에 이용하여야 한다」(서대원, 「도에 대한 오인을 지적함」, 『회보』
45호, 1938.6. 원불교사상연구원 편, 『원불교 인물과 사상』(Ⅰ), 원불교
사상연구원, 2000, pp.142-143).

8) 영육쌍전은 새 종교의 생활방식을 추구하는 수도인상이다.

☞「새 시대 새 삶의 방식은 영육쌍전, 이사병행의 삶이다」(최영돈, 「
결복기 교운을 열어갈 교무상」,《원불교교무상의 다각적인 모색》, 원광
대 원불교사상연구원, 2003.2.7, p.5).

14. 영육쌍전의 연계사상

불교의 모태가 되는 인도 고대의 베다(Veda)인들은 생물과 무생물, 정신과 물질 등이 구별되지 않은 세계관 속에서 살았다고 한다. 그러면서도 영육 二分과 영혼불멸을 강조한 연원종교로는 희랍의 오르픽 종교, 인도의 브라만교와 불교가 거론된다. 그러나 원불교의 영육쌍전론은 동양종교의 일원론적 시각과 일치하고 있다. 구체적으로 유교의 정덕·이용후생은 영육쌍전의 사상과 통하면서도 유교의 도덕주의에 비해 진보적인 영육쌍전이다. 또 화엄을 비롯한 근대 한국불교의 흐름도 반농반선·생활화운동 등 영육조화를 강조한 바 있으며, 도가의 경우 정신과 육신의 온전함을 추구한다. 서구 융철학의 물심일원론 역시 영육쌍전의 이론과 통하는 면이 있다. 요컨대 원불교의 영육쌍전론은 서구철학은 물론 유불도 사상과 회통되는 일면이 있음을 부인할 수 없다.

 1) 고대 베다인들은 생물과 무생물, 정신과 물질 등이 확연히 구별되지 않은 세계관 속에서 살았다.

　☞「베다(Veda)인들은 생물과 무생물, 인격과 사물, 정신과 물질, 실체와 속성이 아직 확연히 구별되지 않은 세계관을 갖고 살았다고 할 수 있다」(길희성, 『인도철학사』, 민음사, 2007, p.23).

 2) 영육 이원론을 밝히고 영혼불멸을 주장한 연원종교로는 희랍의 오르픽 종교, 인도의 브라만교와 불교 등이다.

　☞「인간 존재자를 영적 구조와 육적 구조로 二分하여 영혼은 영원한데 비하여 육체는 시한적이라고 보는 사상은 크게 두 개의 연원을 갖는다. 그 하나는 희랍의 오르픽 종교인데 이는 희랍 본토의 종교인 올림포스 종교가 이방의 격정적 종교인 디오니소스의 종교를 수용하면서 발생한 것이며, 그 둘은 인도의 브라만교 사상과 이를 이은 불교사상이다. 특히 불교사상은 원불교사상과 기본적 견해에서 일치를 보인다. 그러나 불교사상의 일반적 흐름이 삼세로 윤회 상속된 개체아의 영식이나 업력이 불러일으킨 현상세계를 부정적인 각도에서 바라보고 있음과 달리 원불교사상은 긍정적인 각도에서 바라보고 있다」(김성관, 「원불교의 심성관」, 숭산 박길진박사 고희기념 『한국근대종교사상사』, 원광대학교출판국, 1984, pp.1191-1192).

3) 영육쌍전은 심신을 온전히 하려는 일원론적 동양사상과 통하는 바가 있다.

☞「이원적 구조는 음양의 상징적 대대관계에서처럼 우주 생성원리로서 무한수적 다양성을 예시할 수가 있다. 이와 기(事), 동과 정, 수와 화, 영과 육, 정신과 물질, 한과 열, 도와 덕, 禮와 榮, 군자와 소인, 선과 악, 인심과 도심 등등. 그러나 人智는 이러한 이원적 대립의 구조를 포괄적 일원으로 파악하려는 노력을 계속해 오고 있다. 현묘지도니 묘합의 원리니 太一之形이니 태극 또는 무극이니 和諍의 논리니 인내천이니 진공묘유니 '한' 이니 하는 것들은 다 이러한 노력의 일단을 우리들에게 보여주는 자들이다」(이을호, 「원불교 교리상의 실학적 과제」, 『원불교사상』8집, 원불교사상연구원, 1984, p.266).

4) 영육쌍전의 정신은 유교의 정덕·이용후생과 통한다.

☞「영육쌍전은 유교의 正德(인간윤리), 利用(과학기술), 厚生(사회보장)의 三事를 정치의 요도로 삼는 것과 상통한다」(류승국, 「유교사상과 원불교」, 『원불교사상』 제5집, 원불교사상연구원, 1981. p.258).

5) 유교의 심신관은 도덕주의적 근엄성인데, 원불교의 영육쌍전론은 심신의 조화를 추구하는 현실적 인간관이다.

☞「유교가 보이는 심신의 位階的 파악은 도덕주의적 엄격성을 지닌 데 비하여, 원불교에 있어서 영육쌍전의 방법은 육신과 영혼의 평등성과 조화성을 확보하면서 양자의 완성을 추구하고 있다는 점에서 현실적이면서 더욱 진보적인 인간관을 제시하는 것이라 하겠다」(금장태, 「한국유교사상과 소태산 사상」, 『인류문명과 원불교사상』(上), 원불교출판사, 1991, p.483).

6) 화엄의 영육론은 부정을 통한 대긍정의 경지에서 거론하고 있다.

☞「마음 또한 이 몸이 아니고, 몸 또한 이 마음이 아닐세. 일체의 불사를 지음에, 이러한 자재로움이 일찍이 있지 않았다네. 만약 사람이 삼세의 일체 여래 알고자 하거든, 마땅히 이같이 관해야 하리라」(『60화엄』大正藏9, 465下-466上).

7) 소태산 대종사와 교류한 백학명 스님도 반농반선을 통한 영육쌍전의 정신을 강조하였다.

☞「백학명(啓宗, 1867-1929)과 같은 사람은 이른바 반농반선과 作務

532 정전풀이(하)

禪을 전개한 인물로 소태산의 혁신운동 내지 새로운 교단 창업에 현실
적 이론의 협조를 아끼지 않은 것으로 보인다」(이민용, 「원불교와 불교
의 근대성 각성」, 제28회 원불교사상연구 학술대회《개교100년과 원불
교문화》, 원불교사상연구원·한국원불교학과, 2009.2.3, p.18).

8) 근대 불교의 생활화 운동에서도 영육쌍전 운동이 있었다.

☞「백용성의 대각교 생활화 운동(1921)은 주로 불교내적인 자각과
불교 본연의 진면목을 각성함으로써 불교의 독자성을 되찾고 기타 외래
종교로부터 불교를 보호하려는 호교적 성격이 강하다. 이를 위해 저서
와 역경을 통한 포교, 선의 대중화, 교단 정화, 영농을 통한 불교의 자
립 등을 주창했다」(김귀성, 「한국 근대불교의 개혁론과 교육개혁」, 『원
불교학』 제9집, 한국원불교학회, 2003.6, p.330).

9) 도가의 장자는 형체의 온전함이 정신의 온전함이라 했다.

☞「확고하게 도를 지키고 있는 자는 德이 온전하며 덕이 온전한 자
는 그 육체도 온전하고 육체가 온전한 자는 정신이 온전하다. 정신이
온전한 것이 성인의 도이다. 삶을 (이 세상에) 맡긴 채 백성과 함께 살
아가면서도 어디로 가는지도 모른다. 아무 구애도 받지 않는 자유롭고
소박한 그대로의 온전함이다」(『莊子』, 「天地」, 執道者德全, 德全者形全,
形全者神全. 神全者, 聖人之道也. 託生與民並行而不知其所之, 汒乎淳備
哉).

**10) 서구 융철학의 물심 일원론의 집단무의식이 영육쌍전 사상
과 통한다.**

☞「물과 심 또는 신체적인 것과 정신적인 것이 서로 하나로 만나는
장소로서 융은 심층심리 중에서도 최저단계의 무의식층인 집단무의식을
설명한다. 그는 이러한 입장에서 물과 심의 상호작용 관계를 탐구하는
데 많은 노력을 기울였고, 그러한 문제의 해명은 현대에 있어서의 코페
르니쿠스적 작업이 될 것이라 예견한다」(김성관, 「원불교 인간관」, 『원
불교사상시론』 1집, 수위단회사무처, 1982, p.56).

11) 영육쌍전론은 유불도 3교의 통합활용 정신과 함께 한다.

☞「유불선 삼교가 그 주체는 다르나 목적은 같으므로 새 교문을 여
는 데에는 이 삼교의 교리를 통합 활용하여 수양 연구 취사의 일원화와
영육쌍전 이사병행 등의 방법으로 교리를 구성하여 이 공부를 잘 하면
세계 모든 종교와 교리와 모든 원리가 한 마음상에 돌아와 큰 도를 얻
게 된다고 하였다」(박길진, 『대종경강의』, 원광대학교출판국, 1980,

p.30).

15. 보충해설

영과 육을 쌍전하자는 것은 동서고금을 통해 지속되어 왔다. 영육쌍전과 관련하여 로마의 격언을 보자. "육체가 건전하지 못하면 정신도 건전하지 못할 것이다." 이는 고대 로마의 유베날리스의 시에서 유래한다. 이른바 영육이 쌍전되지 못하면 심신의 불균형에 따른 스트레스를 받게 된다. 스트레스에 관한 권위자인 대니얼 프리드먼 박사에 의하면, 스트레스는 신체와 마음이 결합되어 이루어지는 행동이라고 하였다. 건강이 상하게 되는 이유는 과로와 스트레스 등으로 인한 정신과 육체의 불균형에서 오는 것이다. 정신건강과 육신건강은 곧 영육쌍전에 기인함은 재언의 여지가 없다.

그런데 영육쌍전의 본질을 파악하는데 있어, 영육쌍전을 외국인들에게 소개할 때 번역은 어떻게 해야 할 것인가? 다음 몇 가지를 거론할 수 있다. 이를테면 ① Maintain the full oneness of the spirit and the body, ② Perfect both mental and physical life, ③ Perfection of both spirit and body, ④ Reflection of both spirit and body, ⑤ Perfection of both soul and body together 등이 그것이다. 표현의 방법상 미소한 차이가 있지만 대체로 정신과 육신의 조화와 쌍전을 의미하는 내용이다. 원불교 교법이 세계화되기 위해서 특히 영육쌍전의 번역과 실천은 중요하다. 그간 영적인 면을 강조한 기성종교에서 육적인 활동을 아우르는 새 종교의 면모가 드러나므로 東西 종교에 있어 교법의 강점이 될 수 있다.

돌이켜 보면 소태산 대종사는 불교혁신의 의지에서 영육쌍전법을 제시하여 과거 수도인의 오랜 병폐를 지적하고 있다. 곧 과거에는 직업 없이 놀고먹는 폐풍이 치성하여 사회와 국가에 해독이 많았음을 비판한 것이다. 이에 새 시대의 종교는 수도와 생활이 둘 아닌 종교라야 하며, 그것이 원불교의 교법이라는 것이다. 따라서 일원상과 삼학으로 의식주를 얻음은 물론 의식주와 삼학으로 그 진리에 계합하여 영육을 쌍전하라는 뜻이다. 대산종사도 영육쌍전은 정신과 육신을 함께 살리고 도학과 과학을 병진하는 법이다(『정전대의』-대산종사법문 1집, 5. 영육쌍전)고 밝혀 소태산 여래의 영육쌍전론을 실천에 옮기라고 하였다.

16. 연구과제

1) 영육쌍전법의 의의는?
2) 삼학과 의식주의 관계는?
3) 영육쌍전법의 특징은?
4) 영육쌍전법이 등장하게 된 배경은?
5) 초기교단의 영육쌍전 모습에 대하여 쓰시오.

17. 고시문제

1) 체와 용을 O와 X로 표시 : 靜() 動(), 靈() 肉().
2) 영육쌍전법에 밝힌 영육쌍전의 원리를 쓰고 이를 구체적으로 설명하시오.
3) 영육쌍전의 요지를 쓰고 자신이 그동안 영육쌍전해온 경험을 약술하시오.
4) 본교가 새 세상의 산 종교임을 설명하시오.
5) 아래 글은 『정전』 무슨 편, 몇 장, 어느 법에 나오는 법문 인가요? "이제부터는 묵은 세상을 새 세상으로 건설하게 되므로 새 세상의 종교는…"
6) 영육쌍전법에 "이제부터는 묵은 세상을 새 세상으로 건설하게 되므로 새 세상의 종교는 수도와 생활이 둘 아닌 산 종교"라야 한다고 하였다. 수도와 생활이 둘이 아닌 공부는 어떤 공부를 말하는가? 영육쌍전의 원리에 입각하여 각자의 수행상에서 써라.

제17장 법위등급

○ 「법위등급」의 원문

공부인의 수행정도를 따라 여섯 가지 법위가 있나니 곧 보통급 특신급 법마상전급 법강항마위 출가위 대각여래위니라.

1. 보통급은 유무식 남녀노소 선악귀천을 막론하고 처음으로 불문에 귀의하여 보통급 십계를 받은 사람의 급이요,

2. 특신급은 보통급 십계를 일일이 실행하고, 예비 특신급에 승급하여 특신급 십계를 받아 지키며, 우리의 교리와 법규를 대강 이해하며, 모든 사업이나 생각이나 신앙이나 정성이 다른 세상에 흐르지 않는 사람의 급이요,

3. 법마상전급은 보통급 십계와 특신급 십계를 일일이 실행하고 예비 법마상전급에 승급하여 법마상전급 십계를 받아 지키며, 법과 마를 일일이 분석하고 우리의 경전해석에 과히 착오가 없으며, 천만경계 중에서 사심을 제거하는데 재미를 붙이고 무관사에 동하지 않으며, 법마상전의 뜻을 알아 법마상전을 하되 인생의 요도와 공부의 요도에 대기사는 아니하고, 세밀한 일이라도 반수 이상 법의 승을 얻는 사람의 급이요,

4. 법강항마위는 법마상전급 승급조항을 일일이 실행하고 예비법강항마위에 승급하여, 육근을 응용하여 법마상전을 하되 법이 백전백승하며, 우리 경전의 뜻을 일일이 해석하고 대소유무의 이치에 걸림이 없으며, 생로병사에 해탈을 얻은 사람의 위요,

5. 출가위는 법강항마위 승급조항을 일일이 실행하고 예비출가위에 승급하여, 대소유무의 이치를 따라 인간의 시비이해를 건설하며, 현재 모든 종교의 교리를 정통하며, 원근친소와 자타의 국한을 벗어나서 일체생령을 위하여 천신만고와 함지사지를 당하여도 여한이 없는 사람의 위요,

6. 대각여래위는 출가위 승급조항을 일일이 실행하고 예비대각여
래위에 승급하여, 대자대비로 일체생령을 제도하되 만능이 겸비하며,
천만방편으로 수기응변하여 교화하되 대의에 어긋남이 없고 교화받
는 사람으로서 그 방편을 알지 못하게 하며, 동하여도 분별에 착이
없고 정하여도 분별이 절도에 맞는 사람의 위니라(『정전』 제3 수행
편, 제17장 법위등급).

1. 법위등급의 형성사

   법위등급의 기원은 원기 2년 제자들의 공부 정도를 평가한 성계명시
독에서 찾을 수 있다. 원기 10년 발표한 학위등급에서 법위등급의 구체
화된 모습을 볼 수 있다. 이어서 원기 12년 『수양연구요론』에서 공부의
진행순서 8단계를 밝힌 것이라든가, 창립한도 제1대 제1회 기념식에서
법위승급의 예식을 거행하였다. 또 원기 17년 『육대요령』에 학위등급도
가 그려지고 학위등급편에 삼십계문과 학력고시편, 원기 19년 『삼대요령
』에 20계문, 원기 20년 『예전』에 학위승급례가 게재되고 있다. 『불교정
전』에서는 학위등급이 법위등급으로 변화하였으며, 현 『정전』에서는 법
위등급이 어구의 첨삭 수정을 통하여 완정되었다.
 1) 법위등급의 최초 기원은 원기 2년 『성계명시독』이다.
   ☞「법위등급에 관한 최초의 기원은 원기 2년에 대종사가 제자들에게
제시한 『성계명시독』에서 찾을 수 있다. 제자들의 신성을 청·홍·흑색
으로 표시한 것이다. 신성이 제일가는 제자는 청점으로 표시하고 그 다
음은 홍점, 흑점 순으로 단원들의 신성 등급을 평가하였다」(한정석, 『원
불교 정전해의』, 도서출판 동아시아, 1999, p.601).
 2) 소태산 대종사는 원기 10년(1925) 학위등급법을 발표하였다.
   ☞「학위등급법을 발표하시니 가로되, 보통부 특신부 법마상전부 법
강항마부 출가부 대각여래부 6급으로 정하신 바 6급 증간에 각 예비부
를 置하여 그 승급 조항을 준비케 하시며, 승급 규례는 또한 삼강령으
로써 표준하여 그 조사 방법을 정하시고 조사 기간은 만 3개년으로써
하며 공부인이 만약 정식 승급이 될 시는 반드시 그 급을 따라서 지정
한 학위증서 및 證物이 있고, 법강항마부 이상에 승급될 시는 會中에서
성대한 장엄을 설비하여 그 승급 의식을 거행하고 이어서 慶宴을 排設
하여 본회의 영광을 표하고 일반 회원들은 모든 축사를 올리어 승급인

을 위로하는 법 등을 정하신 바 훈련법의 처음 시설에 당하여 아직 이 법을 다 실현할 수 없으나 학자의 정도가 점차 진보됨을 따라서 시기에 응하여 순차로써 실행하라 하시다」(정산종사, 『불법연구회창건사』 제1편 1회 12년, 제18장 「학력고시와 학위등급법의 제정」).

3) 『수양연구요론』(원기 12년)에서 후일의 법위등급에 해당하는 「공부 진행의 순서」 8계단을 밝혔다.

☞「소태산은 대각 후 첫 교과서인 『수양연구요론』에서 후일의 법위 등급에 해당하는 「공부의 진행순서」 8계단(초심, 발심, 입지, 수양, 연구, 취사, 세밀, 입정)을 제시하고 있다. 소태산은 그 중에서 마지막 단계에 '入靜'을 설한다. 그는 입정을 "일분 일각이라도 마음이 자성을 떠나지 안이하며 응용하여도 생각이 없는 때이라"고 규정하고 있다. 이처럼 그는 대각 후 첫 저술에서 입정이 공부의 구극이라고 말하였던 것이다」(정순일, 「성리개념의 변화와 그 본질」, 『원불교사상과 종교문화』 35집, 원불교사상연구원, 2007.2, pp.141-142).

4) 창립 12년 1회 기념일에서 처음으로 승급 예식을 거행, 명단을 밝히며 공부 풍토를 진작시켰다.

☞「(창립 12년 1회 기념일, 1928년 3월) 28일에는 대종사께서 공부등급을 考査하시고 정중한 가운데 위엄을 갖추신 후 처음으로 승급 예식을 거행하시니 그 내용은 이러하다. 정식법강항마부 : 박세철 서동풍, 정식특신부 : 송벽조 김기천 송정산 송도성 이동진화 이공주, 예비특신부 : 이춘풍 전음광 이동안 송만경 이재철 김광선 김남천 조갑종 이완철 오창건 문정규 이호춘 이형국 조송광 성정철 박대완 송봉환 이준경 이청춘 전삼삼 최도화 박사시화 신정랑 김순천 장적조 민자연화 구남수 이만갑 이원화 이운외 여청운 이현공 권동화 정세월 문화순 이청풍 조순환 김영신 손학경 김만공월 이강련화 이성초 이철옥 김낙원 심오운 김정각 이정원 이성각 노덕송옥 정삼보화 최상옥 김삼매화 박해원옥 성성원 박공명선 이대교 이출진화 이만선화 조전권 정일성」(박정훈, 『정산종사전』, 원불교출판사, 2002, pp.214-215).

5) 원기 17년 『육대요령』에 학위등급도가 그려지고 제5장의 학위등급은 다음과 같이 나타난다.

☞「<1.보통부> 남녀노소 선악귀천을 물론하고 본회 초입시는 본 簿에 등록함. <2.특신부> 1. 보통부 십계를 일일이 실행하고, 예비 특신부에 승급하여 특신부 십계를 받아 지키는 자, 2. 본회 취지·규약·경전의

字音을 통강하고 대강 의지를 해석한 자, 3. 제반 사업과 모든 생각과 모든 신앙과 모든 정성과 모든 낙이 다른 세상에 흐름이 없는 자. <3. 법마상전부> 1. 보통부 십계와 특신부 십계를 일일이 실행하고 예비 법마상전부에 승급하여 법마상전부 십계를 받아 지키는 자, 2. 법과 마를 일일이 분석하며 취지·규약·경전의 뜻을 일일이 해석한 자, 3. 법마상전의 뜻을 해석하여 법마상전을 하되 인생의 요도와 공부의 요도에 大忌事는 아니하고, 세밀한 일이라도 반수 이상 法의 승을 득한 자. 단 수양과·취사과에 한하여는 본 簿의 시험을 보지 아니함. <4.법강항마부> 1. 보통부 십계와 특신부 십계와 법마상전부 십계를 받아 일일이 실행하고 예비 법강항마부에 승급한 자, 2. 육근을 응용시에 법마상전을 하되 법이 백전백승을 하는 자, 3. 수양요론과 연구문목을 일일이 해석한 자, 4. 생로병사에 초월한 자. 단 수양과·취사과에 甲반의 허가를 득한 자는 본 簿 제3조의 시험은 보지 아니하고 본 簿에 승급함을 득함. <5. 출가부> 1. 법강항마부 승급 조항을 일일이 실행하고 예비 출가부에 승급한 자, 2. 대소유무의 이치를 따라 인간 시비이해를 건설하는 자, 3. 과거 유명한 모든 교주의 교리를 정통한 자, 4. 원근친소의 지경을 벗어나서 일체 생령을 위하여 천신만고와 함지사지를 당하여도 여한이 없는 자. <6.대각여래부> 1. 출가부 승급조항을 일일이 실행하고 예비 대각여래부에 승급한 자, 2. 대자대비로써 일체생령을 제도하되 만능이 겸비한 자, 3. 천만방편으로 수기응변하여 교화하되 대의에 어긋남이 없고 교화받는 자로서 그 방편을 알지 못하게 하는 자, 4. 동하여도 분별이 착이 없으며 정하여도 분별이 절도에 맞은 자」(『육대요령』, 제5장 학위등급편).

6) 원기 19년 『삼대요령』에 20계문, 원기 20년 『예전』에 학위승급례가 기록되어 있다.

☞『1934년 『삼대요령』에 20계문(보통부, 특신부)이 실려 있고, 1935년 『예전』에 학위승급례가 기록되어 있다」(양은용, 「원불교 법위등급의 성립과 특징」, 『원불교사상』 25집, 원불교사상연구원, 2001.12, p.491 참조).

7) 그간의 학위등급이 원기 28년 『불교정전』에서는 법위등급으로 변하였다.

☞『불교정전』의 「법위등급과 그 해의」는 육대요령의 내용과 동일하거나 보통부 특신부… 등을 보통급 특신급으로 수정하였고, 그 외에도

자구 수정이 있다」(박용덕, 『천하농판』, 도서출판 동남풍, 1999, p.84).

2. 법위등급의 의미

원불교의 법위등급은 교리에 근거하여 자신이 공부한 정도를 측정, 불지에 이르는 이정표를 밝혀준 법문이다. 그리고 자신의 무한 가능성을 향한 수행 정도에 따른 인격 등급의 정도를 법위등급이라 하여 계급 없는 가운데 정한 등급이니 계급 없는 마음으로 적공, 교화의 힘을 얻어야 할 것이다. 또 법위등급은 공부의 심천을 헤아려 공부인으로 하여금 예·결산을 통해 전진심을 촉구하는 법어이다. 사실 법위등급은 법위라는 추상적 과정을 조사방식으로 객관화하여 수행 결과를 현실화시키고 체계화시켰다. 중요한 것은 소태산이 자수자각한 것에 기반, 성불제중할 수 있도록 단계적 수행법을 제시해준 점이 이의 참다운 의미인 것이다. 그리하여 법위등급을 통해 공부인의 수행력을 최종 결산하자는 뜻이다.

1) 공부한 정도를 측정, 불지에 이르는 이정표를 밝혀준 법문이다.

☞「교리에 근거하여 공부한 정도를 측정하며 공부를 촉진하는 동시에 불지에 이르는 이정표를 밝혀준 법문인 바, 보통급 특신급 법마상전급 법강항마위 출가위 대각여래위의 3급 3위로 되어 있다」(신도형, 『교전공부』, 원불교출판사, 1992, p.515).

2) 자신의 무한 가능성을 향한 수행의 정도에 따른 인격의 등급을 법위등급이라 한다.

☞「인간 존재자는 타 존재자들과는 달리 자신의 무한한 가능성을 수행을 통하여 찾아 회복할 수 있는 존재자이며, 또한 그 회복 정도 여하에 따라서 그 계층의 고저가 있게 되는데 그러한 계층 내지 次第를 원불교 사상에서는 법위등급이라 하여 크게는 여섯 단계, 작게는 열한 단계로 나누고 있다」(김성관, 「원불교 인간관」, 『원불교사상시론』 1집, 수위단회사무처, 1982, p.52).

3) 법위등급은 계급 없는 가운데 정한 등급이니 계급 없는 마음으로 적공하여 교화해야 한다.

☞「성품의 본래 자리에 있어서는 자타가 없으므로 우열이 없고, 선후가 없음으로 지속이 없으며, 미오가 없으므로 차별이 없는 자리로서 법위를 정해 등급을 내는 것이 오히려 부질없는 일이 될 것이다. 그러나 수행인의 향상을 위해서 급별을 정하여 마음 챙기는 성심을 표준하

고 수행케 함이다. 지도인으로서 이 법에 준해서 공부길을 촉진케 함이
니 계급 없는 가운데 등급을 정하였으니 계급 없는 마음으로써 지도 교
화를 하여야 할 것이다」(이운권, 고산종사문집1 『정전강의』, 원불교출판
사, 1992, p.104).

4) 법위등급은 공부의 심천을 헤아려보는 것으로, 공부인의 예·결산을
통해 전진심을 촉구하는 법어이다.

☞「법위등급은 누구나 이 회상에 입교하여 스스로 공부함으로써 나
타나는 공부의 심천을 헤아려 보는 법위의 등급이므로 敎別에 속한 것
이나, 수행의 말미에 둔 뜻은 수행의 예·결산을 스스로 헤아려 하도록
하였고, 또한 종래와 같이 마음공부라 하여 고하심천이 없는 막연한 수
도를 지양하여 점진적으로 스스로 법위를 향상시켜 가도록 한 사실적
수행의 태도를 드러낸 것으로서, 이 6등급을 놓고 스스로 법위를 저울
질하여 수도자로 하여금 용감한 전진심을 촉구한 법문이다」(이은석, 『
정전해의』, 원불교출판사, 1985, pp.247-248).

5) 법위라는 추상적 과정을 조사방식으로 객관화하여 수행 결과를 현
실화시키고 체계화시켰다.

☞「대종사는 법위라는 추상적 과정을 조사방식의 객관화와 학위증서
와 같은 물증을 통하여 가능한 한 현실화시키고 체계화시키려고 노력하
였음을 엿볼 수 있다. 법위등급은 닦아온 수행의 결과를 평가하는 내용
인 것이다」(한정석, 『원불교 정전해의』, 도서출판 동아시아, 1999,
p.601).

6) 소태산이 자수자각한 것에 기반하여 대각 성불할 수 있도록 단계적
수행법을 제시해준 것이 곧 법위등급이다.

☞「소태산 여래가 자수자각으로 대각을 이루고 숙겁의 서원을 이룬
다음, 그 경로를 통해 누구나 대각 성불할 수 있도록 교리를 밝혀주고
또한 그 교리에 입각하여 단계적으로 수행해서 불보살의 원만한 인격을
이룰 수 있도록 그 방법을 제시해준 것이 곧 법위등급이다」(안이정, 『
원불교교전 해의』, 원불교출판사, 1998, p.842).

7) 법위등급은 공부인의 수행력을 단계별로 구분하여 분발심을 일으킴
으로써 최종 결산을 하자는 것이다.

☞「법위등급은 공부인의 수행실력을 육단계로 구분하여 정하여 놓은
것인 바, 이는 공부인에게 공부의 순서를 잡게 하며, 또한 각자의 실력

을 대조하여 분발심을 일으키게 하며, 또한 공부인의 최종 결산을 하자
는 것이다」(문집간행위원회, 발타원정진숙종사 문집1 『법을 위해 몸을
잊고』, 원불교출판사, 2004, p.263).

3. 법위등급의 대의강령

1) 보통급은 처음으로 불문에 귀의하여 보통급 10계를 받은 사
람의 급이다.

2) 특신급은 특신급 10계를 지키며, 우리의 교리와 법규를 대강
이해하는 급이다.

3) 법마상전급은 상전급 10계를 지키며, 법과 마를 분석하고 경
전해석에 착오가 없고, 반수 이상 법의 승을 얻는 사람의 급이다.

4) 법강항마위는 육근 응용에 법이 백전백승하며, 경전 해석과
대소유무에 걸림 없으며, 생로병사에 해탈을 얻은 사람의 위이다.

5) 출가위는 대소유무를 따라 시비이해를 건설하며, 모든 종교
의 교리를 정통하고, 원근친소와 자타의 국한을 벗어난 위이다.

6) 대각여래위는 대자대비로 제도하되 만능이 겸비하여 동하여
도 분별에 착이 없고 정하여도 분별이 절도에 맞는 위이다.

4. 법위등급의 구조

1) 보통급
2) 특신급
3) 법마상전급
4) 법강항마위
5) 출가위
6) 대각여래위

5. 단어해석

법위등급 : 원불교의 공부등급으로 6등급이 있는데 보통급 특신급 상전
급 항마위 출가위 여래위가 그것이며 이를 法位等級이라 한다. 공부인으
로서 자신이 공부한 정도를 알기 쉽도록 소태산 대종사는 6가지 등급을

제시하였으니 중생이 불보살에 이르는 여섯 단계가 이것이다.

공부인 : ☞『정전풀이』(하)「정기훈련과 상시훈련」'공부인' 참조.

수행 : ☞『정전풀이』(상)「일원상, 일원상의 수행」'수행' 참조.

보통급 : ☞『정전풀이』(하)「계문」'보통급' 참조.

특신급 : ☞『정전풀이』(하)「계문」'특신급' 참조.

법마상전급 : ☞『정전풀이』(하)「계문」'법마상전급' 참조.

법강항마위 : 법호가 부여되어 정사(법사)라 호칭되며, 중생에서 불보살 세계로 들어가는 경지로서 초성위가 法强降魔位이다. 곧 삼독심을 녹이고 생사해탈을 도모하며 위법망구·위공망사의 정신으로 법이 항상 승하고 마가 패하는 심법의 역량을 지닌다. 또한 우리 경전의 뜻을 해석하고 대소유무의 이치에 걸림이 없는 위가 항마위인 것이다.

출가위 : 법강항마위 승급조항을 일일이 실행하고 예비출가위에 승급하여 대소유무의 이치를 따라 인간의 시비이해를 건설하며, 모든 종교의 교리에 정통한 위가 出家位이다. 또한 원근친소와 자타의 국한을 벗어나서 일체생령을 위하여 천신만고와 함지사지에도 여한이 없는 위이다.

대각여래위 : 출가위 승급조항을 일일이 실행하고 예비대각여래위에 승급하여 대자대비로 일체 생령을 제도하되 만능이 겸비하며, 천만방편으로 수기응변하여 교화하되 대의에 어긋남이 없는 법위가 大覺如來位이다. 덧붙여 만지 만능 만덕으로 교화의 방편을 알지 못하게 하며, 동하여도 분별에 착이 없고 정하여도 분별이 절도에 맞는 사람의 위이다.

유무식 : ☞『정전풀이』(하)「일기법」'유무식' 참조.

선악·귀천 : 선한 사람과 악한 사람을 善惡이라 하고, 귀한 사람과 천한 사람을 貴賤이라 한다. 보통급에 해당하는 모든 사람을 말한다.

불문 : 불가 혹 불교를 佛門이라 하며, 불문에 귀의할 때의 용어이다.

십계 : 보통급 특신급 상전급이 지켜야 할 10가지 계를 十戒라 한다.

법규 : 질서 유지의 차원에서 지켜야 할 법령이나 규율을 法規라 한다. 원불교의 경우 교헌과 교규 등이 있어 헌규를 지키고 계율을 준수하는 것이 일종의 법규 준수로서 교도가 되면 법규 준수의 의무가 뒤따른다.

승급 : 자신의 법위에서 한 단계 진급하는 것, 이를테면 보통급에서 특신급, 특신급에서 상전급으로, 상전급에서 항마위, 항마위에서 출가위 등

으로 나아감을 昇級이라 한다.

경전 : ☞『정전풀이』(하)「정기훈련과 상시훈련」‘경전’ 참조.

경계 : ☞『정전풀이』(하)「일상수행의 요법」‘경계’ 참조.

사심 : ☞『정전풀이』(하)「좌선법」‘사심’ 참조.

무관사 : 자신의 일과 직접 관련되지 않은 일을 無關事라 한다. 상대방의 일에 간섭을 하다보면 서로 충돌이 생기기 때문에 무관사에 부동해야 하는 바, 특히 법마상전급으로서 지켜야 할 사항이다.

인생의 요도 : ☞『정전풀이』(상)「인생의 요도와 공부의 요도」‘인생의 요도’ 참조.

공부의 요도 : ☞『정전풀이』(상)「인생의 요도와 공부의 요도」‘공부의 요도’ 참조.

대기사 : 크게 꺼리는 일을 大忌事라 한다. 이를테면 살도음 같은 것은 크게 피하고 꺼려야 할 사항이다. 수도인으로서 상극을 짓는 어떠한 행위라도 극복해야 할 대상이므로 상전급으로서 대기사를 범해선 안 된다.

승 : 이기는 것을 勝이라 한다. 이를테면 법마상전급에서 법이 마와 싸워 마를 이기는 것이 승이다. 陰陽相勝에 있어서도 음과 양이 서로 이기는 것을 말하며, 그 본의는 음양의 조화를 지향함이다.

예비 : 앞서 미리 준비하는 것을 豫備라 한다. 이를테면 특신급은 예비특신급에 진입한 경우, 상전급은 예비상전급에 진급한 경우, 항마위는 예비항마위에 진급한 경우에 쓰이는 용어이다. 아울러 준회원은 정회원이 되기 위해 예비의 단계를 거치는 것이다.

육근 : ☞『정전풀이』(상)「삼학, 사리연구」‘육근’ 참조.

백전백승 : 적이나 마군·경계 등과 백번 싸워서 백번 이기는 것을 百戰百勝이라 한다. 곧 법강항마위의 경우 경계를 당하여 법이 마와 싸워 모두 이김을 말한다.

대소유무 : ☞『정전풀이』(상)「일원상, 일원상의 진리」‘대소유무’ 참조.

생로병사 : ☞『정전풀이』(상)「일원상서원문」‘생로병사’ 참조.

해탈 : ☞『정전풀이』(상)「사은, 천지은」‘해탈’ 참조.

시비이해 : ☞『정전풀이』(상)「사은, 법률은」‘시비이해’ 참조.

정통 : 어떤 사물이나 현상·이론 등에 깊고 자세히 아는 것을 精通이라 한다. 법강항마위에 오르면 모든 종교의 교리에 정통한다고 했다.

원근친소 : ☞『정전풀이』(상) 「사은, 천지은」 '원근친소' 참조.

국한 : ☞『정전풀이』(상) 「사요, 타자녀교육」 '국한' 참조.

일체생령 : ☞『정전풀이』(상) 「개교의 동기」 '일체생령' 참조.

천신만고 : ☞『정전풀이』(하) 「최초법어」 '천신만고' 참조.

함지사지 : 매우 힘들고 어려운 고통의 땅이나 죽음의 땅에 빠져드는 것을 陷之死地라 한다. 원기 4년 생사를 초월한 구인단원이 백지혈인의 이적을 발한 후 소태산은 제자들에게『대종경』서품 14장에서 천신만고와 함지사지를 당할지라도 이 마음을 변하지 말도록 당부하였다.

여한 : 남은 한을 餘恨이라 한다. 일체생령을 위하여는 천신만고와 함지사지를 당해도 여한이 없다는 것은 어떠한 원망이나 한이 없음이다.

대자대비 : 부처의 원만한 심법과 행위를 大慈大悲라 한다. 이를테면 크게 자비로워서 기쁠 때 함께 기뻐하고(大慈) 슬플 때 함께 슬퍼하는 것(大悲)이 이것이다. 곧 석가의 자비, 예수의 박애, 소태산의 은혜가 중생 제도를 향한 성자정신으로서의 대자대비이다.

제도 : ☞『정전풀이』(상) 「사은, 동포은」 '제도' 참조.

만능 : 대각여래위의 경지는 사통오달의 지혜로써 무한한 자비 방편을 구비하는데 이 역량을 萬能이라 한다. 만지·만덕도 이와 관련된다.

겸비 : 여러 가지를 겸하여 갖추는 것을 兼備라 한다. 원불교의 원만한 교리정신은 겸비·병행·쌍전·조화의 정신에서 발견된다. 대각여래위는 만능을 겸비하는 역량을 갖추듯 수도인으로서 편벽 수행을 금해야 한다.

천만방편 : ☞『정전풀이』(상) 「교법의 총설」 '방편' 참조.

수기응변 : 각자의 근기와 기틀에 따라, 혹은 일의 전개 상황에 따라 융통성을 가지고 이에 대응하며 일을 원만히 처리하는 것을 隨機應變이라 한다. 성불제중을 염원하는 신앙인으로서 천만방편으로 다양한 근기의 중생을 제도할 수 있는 수기응변의 역량이 요구된다.

대의 : ☞『정전풀이』(상) 「부모은」 '대의' 참조.

착 : ☞『정전풀이』(하) 「솔성요론」 '착' 참조.

절도 : 생활이나 행동 등에서 정도에 맞게 하는 규칙적인 한도를 節度

라 한다. 여래위는 동하여도 분별에 착이 없고 정하여도 분별이 절도에 맞는다고 하였다.

6. 숙어·문제풀이

1) 공부인의 수행 정도를 따라 여섯 가지 등급의 법위가 있다는 것은?

(1) 법위에 있어서 수행인의 마음 근기에 따라 여섯 가지 등급의 법위가 주어진다.

(2) 법위등급으로는 보통급, 특신급, 상전급, 항마위, 출가위, 여래위가 있다.

(3) 보통급~상전급은 각각 십계가 주어져 있지만 성위에 해당하는 항마위~여래위는 심계가 주어져 있다.

(4) 여섯 가지 등급은 수행인의 공부 정도에 따라 단계적으로 설정되어 있어 누구라도 단계적으로 승급하기가 용이하다.

2) 「보통급」은 유무식 남녀노소 선악귀천을 막론하고 처음으로 불문에 귀의한다는 것은?

(1) 보통급은 원불교에 처음 입문한 사람에게 부여되는 급으로서 살도음 금지와 오욕의 감관작용 등을 조절하는 급이다.

(2) 불지를 향해 출발한 자로서 유식한 사람이나 무식한 사람, 그리고 남녀노소 모두에게 보통급이 부여된다.

(3) 선악귀천이란 선하고 악한 사람, 귀하고 천한 사람으로서 초발심자로 입문하면 이들 모두에게 보통급이 주어진다.

(4) 보통급에 입문하면 계문뿐만 아니라 4종의무도 부여된다.

3) 「특신급」은 보통급 십계를 일일이 실행하고, 예비특신급에 승급하여 특신급 십계를 받아 지키는 것이란?

(1) 특신급은 보통급을 일일이 실행하고, 교리를 대체로 이해하며, 예회출석에 임하고 4종의무를 실행하며, 교리를 확연히 이해하고 이 교법이 최고이며, 이 법을 지키는 도락으로 진급에 큰 진척을 얻는 급이다.

(2) 보통급 및 특신급 10계를 지키는 사람으로서 특별한 신성으로 진급하여 종교생활에 특별한 신심을 내며 기쁨을 찾는 급이 특신급이다.

(3) 출가자에 있어 수학중인 예비교역자들이 대체로 특신급을 표준삼아 신심 서원으로 공부에 임한다.

(4) 특신급은 계행을 존중히 지키고 언행이 골라지는 특징을 지닌다.

4) 우리의 교리와 법규를 대강 이해하며, 모든 사업이나 생각이나 신앙이나 정신이 다른 세상에 흐르지 않는 사람의 급이란?

(1) 특신급은 교리와 법규에 재미를 붙이고 교리와 법규를 대체로 이해하게 된다.

(2) 특신급으로서 正法 正信의 신념이 강하지만 자칫 타종교에 배타적 감정이 생길 수 있으니 유의할 일이다.

(3) 그릇된 친구를 멀리하고 예 아닌 노래를 부르거나 춤추는 자리에 유혹되지 않아 객기가 어느 정도 빠진 등급으로서 일생사가 특신급에서 결정될 수 있다.

(4) 특신급은 보통급 10계와 특신급 10계를 준수하는 신성을 지니므로 허공법계에서 成聖式을 거행한다.

5) 「법마상전급」은 보통급 10계와 특신급 10계를 일일이 실행하고 예비법마상전급에 승급하여 법마상전급 10계를 받아지킴은?

(1) 법마상전급은 보통급 10계, 특신급 10계, 법마상전급 10계를 포함하여 모두 30계문을 지킨다.

(2) 법마상전급은 관련 10계문이 부여되는 마지막 급으로서 탐진치의 삼독심을 제거하는 급이다.

(3) 법마상전에 있어 法이란 정법을 말하고 魔는 사도를 말하며, 상전은 법과 마가 서로 싸워 반수이상 승리한다.

(4) 법마상전급은 속 깊은 공부를 하는 급이지만 자칫 교리·스승을 저울질하게 되어 중근병에 걸릴 수 있다.

6) 법과 마를 일일이 분석하고 우리의 경전해석에 과히 착오가 없으며, 천만경계 중에서 사심을 제거하는데 재미를 붙이고 무관사에 동하지 않는다는 것은?

(1) 대인접경에 있어 온전한 생각으로 취사하므로 정법과 사마를 일일이 분석하여 정법은 따를지언정 사도는 멀리한다.

(2) 경전해석에 과히 착오가 없으므로 일원상 삼학팔조 사은사요 등

에 대한 대체적 이해가 따른다.

(3) 동정간 천만경계를 만나더라도 사심잡념을 제거하는데 재미를 붙이고 공부한다.

(4) 다른 사람의 일에 공연히 간여하지 않고 자신이 하고자 하는 일에 일심으로 임한다.

7) 법마상전의 뜻을 알아 법마상전을 하되 인생의 요도와 공부의 요도에 대기사는 아니하며, 세밀한 일이라도 반수 이상 법의 勝을 얻는 사람의 급이란?

(1) 인생의 요도와 공부의 요도에 대기사를 아니한다는 것은 사은사요와 삼학팔조를 이해하고 실천하여 법신불 일원상의 진리를 그대로 실천에 옮기는 것을 말한다.

(2) 大忌事란 크게 꺼리는 것으로 대기사를 아니하는 것은 원불교의 양대 요도인 인생의 요도와 공부의 요도에 어긋남이 없는 것을 말한다.

(3) 교법을 이해하고 계문·솔성요론 등을 실천하는데 있어 세밀한 부분이라도 법이 마를 대체로 승리하는 것이다.

(4) 법마상전급은 철저한 자기 수행의 역량이 생기므로 자칫 소승에 떨어질 수 있으며, 자칭 대승행이라 착각할 수 있음을 주의해야 한다.

8) 「법강항마위」는 법마상전급 승급조항을 일일이 실행하고 예비법강항마위에 승급한다는 것은?

(1) 법강항마위는 법마상전급을 일일이 실천함과 동시에 심계를 부여받는다.

(2) 모든 교리에 정통하는 급이 법강항마위이다.

(3) 성자의 대열 곧 초성위에 오르는 급이 법강항마위이다.

(4) 법강항마의 경지가 되면 법호와 正師의 호칭이 부여된다.

9) 육근을 응용하여 법마상전을 하되 법이 백전백승을 한다는 것은?

(1) 육근을 응용한다는 것은 육근에 성찰의 검문소를 두어 마가 침입하지 않도록 하는 것이다.

(2) 법이 백전백승한다는 것은 법과 마가 싸워서 반드시 정법으로 승리를 한다는 것이다.

(3) 심계가 부여되어도 이를 능히 지켜내어 항상 正念을 유지한다.

(4) 위법망구의 단계로서 성리를 통한 법의 표준을 세운다.

10) 우리 경전의 뜻을 일일이 해석하고 대소유무의 이치에 걸림이 없다는 것은?

(1) 경전의 의미와 역할·중요성을 확연히 이해한다.

(2) 대소유무의 이치에 걸림이 없는 것은 매사를 일원상 진리에 근거하여 밝힘으로써 혜두가 밝아지는 것을 말한다.

(3) 성리 연마 역시 경전을 응용하며, 이에 밝아지는 것이다.

(4) 일상사에 있어서 인간의 시비이해를 밝게 분석한다.

11) 생로병사에 해탈을 얻은 사람의 위라는 것은?

(1) 불생불멸의 진리를 깨달아 이를 체질화하는 공부가 항마위이다.

(2) 생사일여의 확신을 가지고 죽음의 두려움을 극복하는 위이다.

(3) 일생만이 아니라 삼세가 있음을 아는 구도자적 자세가 필요하다.

(4) 생과 사의 순환불궁을 확신하는 급이 법강항마위이다.

12) 「출가위」는 법강항마위 승급조항을 일일이 실행하고 예비출가위에 승급한다는 것은?

(1) 출가위는 자신 제도를 마치고 중생 제도에 나서며, 원정사로서 성자위에 해당한다.

(2) 大空心·大公心의 경지에 오른 위가 출가위이다.

(3) 심화·기화·인화하여 合德의 경지에 오른 위가 출가위이다.

(4) 출가위는 어떤 상황에서도 불퇴전하는 위에 해당한다.

13) 대소유무의 이치를 따라 인간의 시비이해를 건설하며, 현재 모든 종교의 교리에 정통한다는 것은?

(1) 대소유무의 진리에 밝은 지혜를 통해서 인간사의 시비이해에 판단력을 얻는 것이다.

(2) 일원상 진리를 응용하여 우주와 인간사를 훤히 밝혀 아는 위가 출가위이다.

(3) 원불교 교리에 대한 응용을 통해 모든 종교의 교리를 원리적으로 요해하면서 제불제성의 가르침에 막힘이 없는 것이다.

(4) 모든 종교의 교리에 정통하는 이유는 궁극의 진리를 깨달아 자기

종교의 국한을 벗어나 통합 활용하기 때문이다.

14) 원근친소와 자타의 국한을 벗어나서 일체생령을 위하여 천신만고와 함지사지를 당하여도 여한이 없다는 것은?

(1) 원근친소에 구애되지 않으므로 친·불친이 따로 없는 위가 출가위이다.

(2) 자타의 국한을 벗어나 일체생령을 위해서 희생 헌신하는 위가 출가위이다.

(3) 시방일가·사생일신의 심법으로 살아가는 위가 출가위이다.

(4) 어떠한 순역경계가 닥쳐와도 천신만고·함지사지의 정신으로 살아가는 위가 출가위이다.

15) 「대각여래위」는 출가위 승급조항을 일일이 실행하고 예비대각여래위에 승급한다는 것은?

(1) 여섯 단계의 법위등급 중에서 출가위를 지나 최고의 위에 속하는 법위가 여래위이다.

(2) 대각여래위는 일원의 진리를 깨달아 대각을 얻고 성자로서 여래가 되는 위이다.

(3) 무등등하면서 무상행을 나투는 삼계의 대도사이요 사생의 자부가 대각여래위이다.

(4) 덕화만방하여 매사에 복혜 족족한 위가 여래위이다.

16) 대자대비로 일체생령을 제도하되 만능이 겸비하며, 천만방편으로 수기응변하여 교화하되 대의에 어긋남이 없고 교화받는 사람으로서 그 방편을 알지 못하게 한다는 것은?

(1) 만지·만능·만덕의 위가 대각여래위이다.

(2) 대자대비의 심법으로 살아가는 위가 대각여래위이다.

(3) 모든 방편을 사용하고 근기에 따라 중생을 교화하되, 방편의 흔적 없이 능히 수기응변하는 위가 대각여래위이다.

(4) 교화를 하면서 항상 대의에 벗어나지 않고 만인을 교화하는 위가 대각여래위이다.

17) 동하여도 분별에 착이 없고 정하여도 분별이 절도에 맞는다는 것은?

(1) 동정간 희로애락을 자유자재로 활용하는 위가 대각여래위이다.

(2) 여래로서 동할 때나 정할 때에 맞게 중정행을 나툰다.

(3) 천여래 만보살을 기르는 위로서 행동 하나하나가 법도에 맞는다.

(4) 행주좌와 어묵동정에 있어 如去如來로서 육근작용이 원만구족 지공무사함으로 이어진다.

7. 관련법문

☞「저 학교에서도 학기 말이나 학년 말에는 시험이 있는 것과 같이 수도인에게도 법위가 높아질 때에나 불지에 오를 때에는 순경 역경을 통하여 여러 가지로 시험이 있나니, 그러므로 부처님께서도 성도하실 무렵에 마왕 파순이가 팔만 사천 마군을 거느리고 대적하였다 하며 후래 수행자들도 역시 그러한 경계를 지냈나니, 내가 지금 그대들을 살펴볼 때에 그대들 중에도 시험에 걸려서 고전을 하고 있는 사람과 패전하여 영생 일을 그르쳐 가는 사람과 또는 좋은 성적으로 시험을 마쳐서 그 앞길이 양양한 사람도 있나니, 각자의 정도를 살피어 그 시험에 실패가 없기를 바라노라」(『대종경』, 수행품 48장).

☞「법위가 항마위에만 오르더라도 천인 아수라가 먼저 알고 숭배하나니라. 그러나 그 도인이 한 번 자취를 감추려 들면 그 이상 도인이 아니고는 그 자취를 알 수 없나니라」(『대종경』, 불지품 9장).

☞「그대들은 한층 더 수도와 봉공에 알뜰하여 진급에 진급을 거듭하되 진급에 상이 없어야 참으로 진급을 하게 될 것이며, 우리의 여섯 가지 법위등급 가운데 어느 위에 있든지 그 법위에 있다는 상이 없어야 참으로 그 위에 있는 사람이니, 이러한 사람이라야 참으로 위없이 향상하여 무상 진급으로 불퇴전할 지위와 능력을 얻게 되나니라」(『정산종사법어』, 원리편 39장).

8. 보통급의 내역

주지하듯이 『육대요령』에서는 학위등급의 보통부라 했으나, 『불교정전』과 『정전』에서 법위등급의 보통급이라 바꾸었다. 이에 보통급은 유무식 남녀노소 선악귀천을 막론하고 처음으로 불문에 귀의하여 보통급 십계를 받은 사람의 급이라 했으니, 원불교에 처음 입교한 사람은 누구나 곧바로 보통급 십계를 받아 지키는 초입교도의 의무를 지닌다.

1) 『육대요령』에 나타난 보통부 십계문은 다음과 같다.

☞「보통부 : 남녀노소, 선악귀천을 물론하고 본회 초입시는 본 부에 등록함」(『육대요령』, 제5장 학위등급법).

2) 『불교정전』의 보통급 원문은 다음과 같다.

☞「보통급 : 유무식 남녀노소 선악귀천을 물론하고 처음으로 불문에 귀의하여 보통급 십계를 受한 자」(『불교정전』, 제15장 법위등급과 그 해의).

3) 『정전』의 보통급 원문은 다음과 같다.

☞「보통급은 유무식 남녀노소 선악귀천을 막론하고 처음으로 불문에 귀의하여 보통급 십계를 받은 사람의 급이요」(『정전』, 제3 수행편, 제17장 법위등급).

4) 불문에 처음 입문한 사람의 급이다.

☞「불문에 처음으로 입문한 사람은 누구를 막론하고 준수할 보통급 십계문을 받게 되는 것이니, 재가 출가를 막론하고 마음의 출가, 서원을 세우고 초심 입문로를 밟아야 할 것이다」(이운권, 고산종사문집1 『정전강의』, 원불교출판사, 1992, p.104).

9. 특신급의 내역

특신급은 보통급 십계를 일일히 실행하고 예비특신급에 승급하여 특신급 십계를 지키는 급으로 사대불이신심으로서 허공법계에서 성성식을 거행해준다고 했다. 덧붙여 『육대요령』에서는 본회 취지·규약·경전을 해석하는 자라고 했으며, 『불교정전』과 『정전』에서는 우리의 교리와 법규를 대강이해 한다고 했고, 모든 사업이나 생각이나 신앙이나 정성이 다른 세상에 흐르지 않는 급이라고 하였다. 수학과정 중에 있는 예비교무가 특신급을 표준으로 공부하게 되며, 허공법계에서 성성식을 거행해주는 급이 특신급이다. 궁극적으로 특신급은 정법 정신 곧 사대불이신심으로 회상에 귀의하는 급인 것이다.

1) 『육대요령』에 나타난 특신부의 원문은 다음과 같다.

☞「특신부 : 1. 보통부 십계를 일일이 실행하고, 예비 특신부에 승급하여 특신부 십계를 받아 지키는 자, 2. 본회 취지·규약·경전의 字音을 통강하고 대강 意旨를 해석한 자, 3. 제반 사업과 모든 생각과 모든 신앙과 모든 정성과 모든 낙이 다른 세상에 흐름이 없는 자」(『육대요령

』, 제5장 학위등급법).

2)『불교정전』의 특신급 원문은 다음과 같다.

☞「특신급 : 1. 보통급 십계를 일일이 실행하고, 예비 특신급에 승급하여 특신급 십계를 받아 지키는 자, 2. 본회의 교리와 규약을 대강 이해하는 자, 3. 모든 사업이나 생각이나 신앙이나 정성이 다른 세상에 흐르지 아니한 자」(『불교정전』, 제15장 법위등급과 그 해의).

3)『정전』에 나타난 특신급의 원문은 다음과 같다.

☞「특신급은 보통급 십계를 일일이 실행하고, 예비 특신급에 승급하여 특신급 십계를 받아 지키며, 우리의 교리와 법규를 대강 이해하며, 모든 사업이나 생각이나 신앙이나 정성이 다른 세상에 흐르지 않는 사람의 급이요」(『정전』, 제3 수행편, 제17장 법위등급).

4) 이 공부 이 사업에 호리도 의심 없이 바치는 등급으로 허공법계에서는 성성식을 거행한다.

☞「특신급은 본교의 진리와 스승과 법과 교단을 믿고 여기에 의지할 뿐이요, 세상의 천만 유혹에 조금도 흔들리지 않고 이 공부 이 사업에 호리도 의심이 없이 바치는 경지로서 … 허공법계에서는 성성식이 거행된다」(신도형,『교전공부』, 원불교출판사, 1992, p.517).

5) 특신급은 정법 정신으로써 진리 스승 법 회상에 귀의한다.

☞「특신급은 정법 정신으로 마음의 표준이 서져서 일생뿐만 아니라 영생을 진리와 스승과 법과 회상에 심신을 귀의한 급이다」(『대산종사법문집-천여래 만보살의 회상』, 법무실, 2008, p.27).

10. 법마상전급의 내역

법마상전급이란 보통급 십계와 특신급 십계를 일일이 실행하고 예비 법마상전급에 승급하여 법마상전급 십계를 준수하는 급이다. 법마상전급은 법과 마를 분석하고 경전해석에 착오가 없으며 사심제거에 취미를 붙이는 급을 말한다. 그리고 법마상전급은 중근병을 조심해야 하는 급이며, 대기사를 범하지 않고 수행 적공하여 영성적 진리에 눈을 뜨는 단계이다. 나아가 무관사에 부동하며 매사에 속깊은 공부를 하고, 육근 작용이 반수 이상 법이 되는 급이 법마상전급이다.

1)『육대요령』에 나타난 법마상전부의 원문은 다음과 같다.

☞「법마상전부 : 1. 보통부 십계와 특신부 십계를 일일이 실행하고

예비 법마상전부에 승급하여 법마상전부 십계를 받아 지키는 자, 2. 법과 마를 일일이 분석하며 취지 규약 경전의 뜻을 일일이 해석한 자, 3. 법마상전의 뜻을 해석하여 법마상전을 하되 인생의 요도와 공부의 요도에 大忌事는 아니하고, 세밀한 일이라도 반수 이상 법의 승을 득한 자. 단 수양과 취사과에 한하여는 본 簿의 시험을 보지 아니함」(『육대요령』, 제5장 학위등급법).

2) 『불교정전』의 법마상전급 원문은 다음과 같다.

☞「법마상전급 : 1. 보통급 십계와 특신급 십계를 일일이 실행하고 예비 법마상전급에 승급하여 법마상전급 십계를 받아 지키는 자, 2. 법과 마를 일일이 분석하며 본회의 규약과 교과서 해석에 과히 착오가 없는 자, 3. 천만 경계 중에서 모든 경계를 당하는 대로 사심을 제거하는데 재미를 붙이며 또는 무관사에 동하지 않는 자, 4. 법마상전의 뜻을 알아 법마상전을 하되 인생의 요도와 공부의 요도에 대기사는 아니하고, 세밀한 일이라도 반수 이상 법의 승을 얻은 자. 단 노혼자와 문자를 해득하지 못한 자에 한하여는 문자에 관한 시험은 보이지 아니함」(『불교정전』, 제15장 법위등급과 그 해의).

3) 『정전』에 나타난 법마상전급의 원문은 다음과 같다.

☞「법마상전급은 보통급 십계와 특신급 십계를 일일이 실행하고 예비 법마상전급에 승급하여 법마상전급 십계를 받아 지키며, 법과 마를 일일이 분석하고 우리의 경전 해석에 과히 착오가 없으며, 천만경계 중에서 사심을 제거하는데 재미를 붙이고 무관사에 동하지 않으며, 법마상전의 뜻을 알아 법마상전을 하되 인생의 요도와 공부의 요도에 大忌事는 아니하고, 세밀한 일이라도 반수 이상 법의 勝을 얻는 사람의 급이요」(『정전』, 제3 수행편, 제17장 법위등급).

4) 법마상전급은 내면적 적공, 중근기 함정의 극복, 영성적 진리에 눈을 뜨는 단계이다.

☞「상전단계에 있어서 관심을 가져야 할 종교적 인격형성의 특징은 다음 몇 가지가 있다. 첫째는 내면적 수행의 적공이요, 둘째는 중근의 함정을 극복하는 점이며, 셋째는 영성적 진리에 눈을 뜨는 단계이다. 따라서 법마상전급의 교화에 있어서도 이 같은 세 가지 측면을 중심으로 생각해 볼 수 있다」(서경전, 『교전개론』, 원광대학교출판국, 1991, p.537).

5) 법마상전급은 무관사에 부동하며, 속깊은 공부를 하며 육근작용이

반수 이상 법이 된다.

☞「법마상전급은 상전급 10계를 받아 지키는데 악전고투하되 무관사에 동하지 않고 어떠한 마군이라도 발견하여 속깊은 공부를 해나가는 경지로서 육근작용이 반수 이상 법으로 화하는 정도의 사람이다」((신도형, 『교전공부』, 원불교출판사, 1992, p.521).

11. 법강항마위의 내역

법강항마위는 법마상전급의 승급조항을 일일이 실행하고 예비법강항마위에 승급하여 법마상전을 하되 법이 백전백승을 하는 급이다. 아울러 우리 경전의 뜻을 해석하고 대소유무에 걸림 없으며 생로병사에 해탈을 얻은 급을 말한다. 그리고 초성위에 오름과 동시에 마음난리에 편한 날이 없는 이 세상을 평정하는 도원수가 되는 것이다. 스스로 심계를 두고 성리에 비추어 재색명리에 초연한 경지가 참 항마위에 오르게 된다.

1) 『육대요령』에 나타난 법강항무부의 원문은 다음과 같다.

☞「법강항마부 : 1. 보통부 십계와 특신부 십계와 법마상전부 십계를 받아 일일이 실행하고 예비 법강항마부에 승급한 자, 2. 육근을 응용시에 법마상전을 하되 법이 백전백승을 하는 자, 3. 수양요론과 연구문목을 일일이 해석한 자, 4. 생로병사에 초월한 자. 단 수양과, 취사과에 甲반의 허가를 득한 자는 본 簿 제3조의 시험은 보지 아니하고 본 簿에 승급함을 득함」(『육대요령』, 제5장 학위등급법).

2) 『불교정전』 법강항마위의 원문은 다음과 같다.

☞「법강항마위 : 1. 보통급 십계와 특신급 십계와 법마상전급 십계를 일일이 실행하고 예비 법강항마위에 승급한 자, 2. 육근을 응용하여 법마상전을 하되 법이 백전백승하는 자, 3. 교과서의 뜻을 일일이 해석하고 대소유무의 이치에 걸림이 없는 자, 4. 생로병사에 해탈을 얻은 자」(『불교정전』, 제15장 법위등급과 그 해의).

3) 『정전』에 나타난 법강항마위의 원문은 다음과 같다.

☞「법강항마위는 법마상전급 승급조항을 일일이 실행하고 예비법강항마위에 승급하여, 육근을 응용하여 법마상전을 하되 법이 백전백승하며, 우리 경전의 뜻을 일일이 해석하고 대소유무의 이치에 걸림이 없으며, 생로병사에 해탈을 얻은 사람의 위요」(『정전』, 제17장 법위등급).

4) 마음난리 평정으로 모든 마군을 항복하여 세상을 평정하는 도원수

가 되는 것이 법강항마위이다.

☞「이 마음 난리를 평정하는 법이 모든 법의 조종인 동시에 제일 큰 병법이 되나니라. 그런즉 그대들은 이 뜻을 잘 알아서 정과 혜를 부지런히 닦고 계율을 죽기로써 지키라. 오래오래 쉬지 아니하고 반복 수행하면 마침내 모든 마군을 항복받을 것이니, 그리 된다면 법강항마의 법위를 얻게 되는 동시에 마음난리에 편할 날이 없는 이 세상을 평정하는 훌륭한 도원수가 될 것으로 확신하노라」(『대종경』, 수행품 58장).

5) 스스로 심계를 두고 성리에 비추어 재색명리를 항복받는 경지가 항마위이다.

☞「법강항마위는 스스로의 심계를 두고 법도 있는 생활을 하며, 성리에 비추어서 재색명리에 대한 욕심을 항복받고 시기질투와 名相의 텅 빈 경지로 법력이 뛰어난 단계이다」(박광수 외2인, 『클릭 원불교』, 도서출판 동남풍, 2000, p.166).

12. 출가위의 내역

출가위는 법강항마위 승급조항을 모두 실행하고 예비출가위에 승급하여 대소유무의 이치를 따라 시비이해를 건설하며, 모든 종교의 교리에 정통한다고 하였다. 나아가 원근친소와 자타의 국한을 벗어나 일체생령을 위해 천신만고와 함지사지를 당해도 여한이 없는 급이라 했다. 출가위에 오르면 성자위로서 종사의 칭호와 원정사의 칭호도 받게 된다. 또한 출가위는 사생일신·시방일가로서 合德의 위임과 동시에 불퇴전의 위이다.

1) 『육대요령』에 나타난 출가부의 원문은 다음과 같다.

☞「출가부 : 1. 법강항마부 승급조항을 일일이 실행하고 예비 출가부에 승급한 자, 2. 대소유무의 이치를 따라 인간 시비이해를 건설하는 자, 3. 과거 유명한 모든 교주의 교리를 정통한 자, 4. 원근친소의 지경을 벗어나서 일체생령을 위하여 천신만고와 함지사지를 당하여도 여한이 없을 자」(『육대요령』, 제5장 학위등급법).

2) 『불교정전』의 출가위의 원문은 다음과 같다.

☞「출가위 : 1. 법강항마위 승급 조항을 일일이 실행하고 예비 출가위에 승급한 자, 2. 대소유무의 이치를 따라 인간의 시비이해를 건설하는 자, 3. 현재 모든 종교의 교리를 정통한 자, 4. 원근친소와 자타의 국

한을 벗어나서 일체 생령을 위하여 천신만고와 함지사지를 당하여도 여한이 없는 자」(『불교정전』, 제15장 법위등급과 그 해의).

3) 『정전』에 나타난 출가위의 원문은 다음과 같다.

☞「출가위는 법강항마위 승급조항을 일일이 실행하고 예비출가위에 승급하여, 대소유무의 이치를 따라 인간의 시비이해를 건설하며, 현재 모든 종교의 교리를 정통하며, 원근친소와 자타의 국한을 벗어나서 일체 생령을 위하여 천신만고와 함지사지를 당하여도 여한이 없는 사람의 위요」(『정전』, 제3 수행편, 제17장 법위등급).

4) 대소유무를 따라 시비이해를 건설하는 것은 출가위이다.

☞「"대소유무를 따라 인간의 시비이해를 건설한다"는 법위조항을 해설하시기를 "성인은 반드시 우주의 진리를 응하여 인간의 법도를 제정하시나니, 우리의 법으로 말씀하면 일원상의 종지는 대자리를 응하여 건설된 법이요, 사은의 내역들은 소자리를 응하여 건설된 법이요, 인과와 계율 등 모든 법은 유무자리를 응하여 건설된 법인 바 성인의 법은 어느 법이나 이치에 위반됨이 없이 시비이해가 분명하게 짜여지나니라. 또는 이를 개인 공부에 운용하는 방법으로는 항상 일원의 체성을 체받아서 일심 즉 선 잘 닦으라 하신 것은 대를 운용하는 법이요, 사사처처에 보은 불공하는 도를 잘 알아 행하라 하신 것은 소를 운용하는 법이요, 유무에 집착하지 않고 유무를 따라 마음을 활용하면 변천의 도를 알아 미리 준비하여 사업을 성공하게 하신 것은 유무를 운용하는 법이니라"」(『정산종사법어』, 경의편 36장).

5) 출가위는 사생일신 · 시방일가로서 심신을 출가한 위이다.

☞「출가위는 사생이 내 몸이요 시방이 내 집으로 내일 내살림으로 알고 심신을 출가한 자리이다」(『대산종사법문집-천여래 만보살의 회상』, 법무실, 2008, p.28).

13. 대각여래위의 내역

대각여래위는 원불교 여섯 가지 법위등급 중에서도 최고 경지에 오르는 급이다. 여래위는 따라서 출가위 승급조항을 일일이 실행하고 예비대각여래위에 승급하여 대자대비로 일체생령을 제도하되 모든 방편이 겸비한 위를 말한다. 아울러 천만방편으로 교화하되 교화받는 사람으로 하여금 그 방편을 알지 못하게 하며 동정간에 분별에 착이 없고 절도에 맞는 사람의 위를 말한다. 또 삼명육통의 경지에 이르고 만지·만능·만덕을 갖춘 불보살의 위가 대각여래위이다.

1) 『육대요령』에 나타난 대각여래부의 원문은 다음과 같다.

☞「대각여래부 : 1. 출가부 승급조항을 일일이 실행하고 예비 대각여래부에 승급한 자, 2. 대자대비로써 일체 생령을 제도하되 만능이 겸비한 자, 3. 천만방편으로 수기응변하여 교화하되 대의에 어긋남이 없고 교화받는 자로서 그 방편을 알지 못하게 하는 자, 4. 동하여도 분별이 착이 없으며 정하여도 분별이 절도에 맞은 자」(『육대요령』, 제5장 학위등급법).

2) 『불교정전』의 대각여래위 원문은 다음과 같다.

☞「대각여래위 : 1. 출가위 승급조항을 일일이 실행하고 예비 대각여래위에 승급한 자, 2. 대자대비로써 일체 생령을 제도하되 만능이 겸비한 자, 3. 천만방편으로 수기응변하여 교화하되 대의에 어긋남이 없고 교화받는 자로서 그 방편을 알지 못하게 하는 자, 4. 동하여도 분별에 착이 없고 정하여도 분별이 절도에 맞은 자」(『불교정전』, 제15장 법위등급과 그 해의).

3) 『정전』에 나타난 대각여래위의 원문은 다음과 같다.

☞「대각여래위는 출가위 승급조항을 일일이 실행하고 예비 대각여래위에 승급하여, 대자대비로 일체생령을 제도하되 만능이 겸비하며, 천만방편으로 수기응변하여 교화하되 대의에 어긋남이 없고 교화받는 사람으로서 그 방편을 알지 못하게 하며, 동하여도 분별에 착이 없고 정하여도 분별이 절도에 맞는 사람의 위니라」(『정전』, 제3 수행편, 제17장 법위등급).

4) 여래위의 경지에 이르러야 삼명육통을 할 수 있다.

☞「한 제자 여쭙기를 "과거 부처님 말씀에 공부가 순숙되면 삼명육통을 얻는다 하였사오니, 어느 법위에나 오르면 삼명육통을 얻게 되나이까." 대종사 말씀하시기를 "삼명 가운데 숙명 천안의 이명과 육통 가운데 천안 천이 타심 숙명 신족의 오통은 정식 법강항마위가 되지 못한 사람도 부분적으로 혹 얻을 수가 있으나 정식 법강항마위 이상 도인도 얻지 못하는 수가 있으며, 누진명과 누진통은 대원정각을 한 불보살이라야 능히 얻게 되나니라"」(『대종경』, 변의품 18장).

5) 대각여래위는 만능·만지·만덕을 갖춘 위이다.

☞「대각여래위는 여래를 대각하고 심신을 자유하여 대자대비로 만

능·만지·만덕을 갖춘 자리이다」(『대산종사법문집-천여래 만보살의 회상』, 법무실, 2008, p.28).

14. 법위등급의 특징

원불교의 법위등급은 교법실천으로서 삼학병진의 수행적 특징을 지니며, 법위의 승급은 출가 재가의 구분이 없으므로 자연스럽게 법위등급의 수행 적공에도 출가 재가의 구분이 없다. 그리고 법위등급은 불보살이 되는 이정표로서 평이 간명하면서도 면밀 정확한 인격 측량기이다. 이에 공부인의 근기에 따라 적공을 지속하면 그에 합당한 법위에 승급할 수 있는 것이다. 주지하듯이 이웃종교에서 볼 수 없는 원불교 법위등급은 누구나 성불을 할 수 있는 구도의 단계적 표준과정을 제시함으로써 법위승급에 용이성을 더한다. 법위승급은 출가 재가 공히 3년 단위로 점검하는 특징을 지닌다.

1) **법위등급은 교법실천으로서 삼학병진의 수행적 특징을 지닌다.**

☞「원불교의 법위등급은 실천성이 강한 원불교 교의사상을 특징적으로 응변해주고 있다. … 법위등급은 삼학병진의 수행적 성격을 분명히 한다」(양은용, 「원불교 법위등급의 성립과 특징」, 『원불교사상』 25집, 원불교사상연구원, 2001.12, pp.504-505).

2) **법위등급의 수행은 출가 재가의 구분이 없다.**

☞「우리법은 법위단계를 따라 일정 수준 이상의 공부가 되면 법호를 수여하고 설법을 할 수 있도록 하고 있다. 거기에는 출가와 재가의 구별이 없다」(박경석, 원사연 제149차 월례발표회 「네트워크 세대의 이해와 교화」, 원불교사상연구원, 2005.11.21, p.7).

3) **법위등급은 불보살이 되는 이정표로서 평이 간명하면서도 면밀 정확한 측량기이다.**

☞「법위등급은 불보살이 되어가는 이정표요 일원세계를 건설하는 설계도요 마음공부를 측정해 가는 측량기와 같다고 할 것이다. 또한 평이 간명하면서도 면밀하고 정확하여 넓고 큰 불문을 활짝 열어놓은 감이 있다. 과거 불보살들의 행적을 보면 기적적인 제도방편이며 신통묘술과 좌탈입망의 생사해탈들만 밝힌 점이 많았기 때문에 불문에 대한 관념이 보통근기로서는 요원한 감이 있고 방자한 근기로서는 신통이나 또는 목석같은 정력만 있으면 불보살의 전체인 줄로 오인하여 불

문을 그르치는 일도 또한 없지 않았다고 볼 수 있다」(박은국, 「법위등급 해의」, 『원불교개교반백년 기념문총』, 원불교반백년기념사업회, 1971, p.772).

4) 법위에 승급하는 공력은 공부인의 근기에 따라 다르게 나타난다.

☞「항마위에서 여래위에 승급하는 공력은 근기에 따라 다르다. 최상의 근기는 항마하면서 여래위에 오르는 사람도 있다. 최상근기는 돈오돈수한다. 최상의 근기는 드물게 있는 것이고 돈오점수의 근기는 항마위에서 오랜 적공을 쌓아서 대각여래위에 오르게 된다. 항마위에서 불생불멸의 이치를 깨쳐서 생사를 해탈해야 큰 틀이 잡히는 것이다. 출가위에 오르려면 대소유무의 이치를 따라 인간의 시비이해를 건설하는 공부를 해야 한다」(한종만, 『원불교 대종경 해의』(上), 도서출판 동아시아, 2001, p.543).

5) 누구나 여래위에 오를 수 있는 구도의 표준적 과정을 밝힌 것이 법위등급이다.

☞「인간 소태산은 평범한 서민의 아들로 태어나 20여년의 구도 고행의 과정에서 초심 발심과 입지의 단계를 거쳐 법마상전의 심리공부를 지나 心조복과 합덕의 단계를 넘어 만능만덕의 여래위의 성자적 인격을 이룬 것이다. 이 같은 구도과정의 표준적 과정으로 밝혀준 것이 법위등급이라고 볼 수 있다」(서경전, 『교전개론』, 원광대학교출판국, 1991, p.530).

6) 법위향상을 위한 제도적 장치로서 법위등급제는 원불교가 유일하다.

☞「법위등급을 한번 보자. 어떤 종교가 법위등급이 있는가. 자기가 알아서 갈 일이다. 보통급은 어떤 자리이고, 특신급은 어떤 자리이고, 법마상전급은 어떤 자리이고 다 뜻이 있다. 여러분들이 읽어보면 내가 법마상전급이구나, 특신급이구나 하고 안다」(심익순, 『이 밖에서 구하지 말게』, 원불교출판사, 2003, p.97).

7) 법위의 승급 사정은 3년 단위로 하는 것을 원칙으로 하여 정진할 수 있는 기회를 제공하고 있다.

☞「본 교단이 타종교와 다른 점이 많이 있으나 그중에서도 법위등급을 두고 본인이 수행정도에 따라 3년에 한번 씩 법위사정을 하고 있다는 점이다. 법위사정을 생전에 함으로써 각자 수행에 정진할 수 있는 계기를 마련해 주고 있으며 법위를 본인에게 통지하여 줌으로써 본인의 수준 정도에 맞는 수행을 하게 된다」(최경도, 「교당의 교화 프로그램

개발-인구 50만명 이상 도시 중심으로-」,《일원문화연구재단 연구발표
회 요지》, 일원문화연구재단, 2005.9.23, p.29).

15. 법위승급의 원리

　법위승급의 원리는 여섯 법위의 단계별로 차근차근 밟는 것이며, 법위
승급의 원리는 각 법위의 중간단계로 예비조항을 두어 승급에 있어 보
다 성숙됨을 지양하고 있다. 그리고 법위의 승급은 지속적인 마음공부의
원리가 적용되며, 공부성적과 사업성적을 근간으로 하여 이루어진다. 법
위는 또 삼학수행의 원리이기도 하다. 그리고 법위승급에는 견성의 원리
가 적용되어 참된 성품을 보아 부단한 적공이 요구되는 것이다.

　1) 법위는 6단계가 있으며 단계별로 승급하는 원리이다.

　☞「보통급으로부터 특신급을 올라가서 법마상전급에 오르며, 또 공
부를 하여 법강항마위, 또 공부의 벼슬이 높아져서 출가위, 출가위도 지
나 대각여래위에 오르고 보면 공부의 벼슬이 제일 높다고 할 것이니라.
부처와 조사도 다 이와 같은 천작의 벼슬을 하셨으니 석가모니 부처님
도 삼천년의 세월이 지났지만 세월이 지날수록 더욱 빛이 나고 우리 대
종사님께서도 앞으로 무궁한 세월이 지나갈수록 드러나실 것이니라」(『
정산종사법설』, 제3편 도덕천하 41장).

　2) 법위 승급의 원리는 6등급 중간에 예비등급의 제도를 두고 있다.

　☞「원불교 사상에서는 심성의 수련을 위한 단계적 표준과 수련된 결
과의 인격을 평가하고 그에 대한 대우를 하기 위하여 법위등급법을 두
고 있다. 법위등급은 범부의 등급으로서 3급(보통급, 특신급, 법마상전
급)과 佛聖의 등위로서 삼위(법강항마위, 출가위, 대각여래위)의 6등급
으로 되어 있고 각 등급의 사이에 예비등급을 두어 상위등급으로의 법
위향상을 촉진케 하고 있다」(김성관, 「원불교의 심성관」, 숭산 박길진박
사 고희기념 『한국근대종교사상사』, 원광대학교출판국, 1984, p.1201).

　3) 법위는 각 등급마다 지속적인 마음공부의 원리가 적용된다.

　☞「원불교에 귀의하고 입교하여 법명을 받은 보통급의 교도 가운데
에는 별스런 계층의 사람들이 다 있다. 사람은 사람이로되 지옥생활을
한 사람이 있고, 수라보를 받아 떠돌이 생활을 한 사람도 있고, 본래 법
이 없어도 산다는 도인과 같은 천상락을 받은 사람도 있다. 이런 여러
층의 교도가 조석심고, 보은미 실행, 법규준수, 연원지도 등의 4종의무

를 실천하고 믿음을 가지고 마음공부에 착수하여 수십 년을 열심히 하면 결국 특신급, 법마상전급, 항마위, 출가위, 여래위로 진급을 하게 된다」(장응철, 『마음달 허공에 뜨다』, 원불교출판사, 2006, p.131).

4) 법위등급의 승급은 공부성적과 사업성적을 근간으로 한다.

☞「법위를 강조하지 않는 사업권장은 종교적 세속화를 초래하고, 법위만을 강조하고 사업이 없는 종교라면 이 세상에 설 수가 없다는 것을 누구나 알고 있다. … 공부·사업성적 사정은 성불과 제중의 성적을 현실적으로 환산하는 원불교의 특징적인 교법이라고 생각한다」(조정근, 『계속 북을 치소서』, 원불교출판사, 2005, pp.191-192).

5) 법위등급은 삼학수행의 원리이다.

☞「원불교 법위등급의 특징으로 … 실질적인 수행에 적합하다. 원불교 수행문의 핵심인 수양 연구 취사라는 삼학 수행을 기본 원리로 하여 법위등급을 설정하였기 때문에 수행방법과 수행결과가 일치되어 있어 실질적인 수행에 적합한 것이다. 법위등급의 해석을 삼학을 표준으로 하여 밝혔다. 법위등급은 삼학 수행의 표준이다. 동시에 삼학수행의 결과도 된다. 삼학 수행의 결과가 법위등급으로 나타난다」(한정석, 『원불교 정전해의』, 도서출판 동아시아, 1999, p.602).

6) 성위의 법위 승급은 참 성품을 발견하는 견성이 기본이 되며, 뒤이어 적공이 필요하다.

☞「김기천이 여쭙기를 "견성을 못 한 사람으로서 정식 법강항마위에 승급할 수 있나이까." 대종사 말씀하시기를 "승급할 수 없나니라"」(『대종경』, 변의품 34장).

16. 법위등급과 인격

법위에 승급한다는 것은 신앙과 수행에 있어 부단한 적공의 결과이다. 따라서 법위는 수도인의 언행에서 묻어나오는 인품이라 본다. 이에 수도인은 현재의 법위에 만족하지 않고 진급하는 부단한 노력이 요구된다. 결국 항마위 이상에 오르면 초성위나 성자위에 진입하는 것으로 법사 혹은 정사, 종사 등의 존호가 부여되고 법호도 부여된다. 그리고 법위가 오를수록 나의 수행을 대조할지언정 남의 인격을 평가하거나 비교하려 해서는 안 된다. 같은 법위라도 다른 능한 면이 있을 수 있기 때문이다. 아무튼 도인의 가치평가는 적공과 심법에 관련되는데, 이를 가늠하는 법

위의 표준이 법위등급인 것이다. 즉 보통급으로부터 여래위에 오르기까
지 초입, 귀의, 交戰, 조복, 출가, 자유의 인격을 구비하게 되는 것이다.

1) 법위의 존엄성은 말 한마디의 약속에서도 나타난다.

☞「마음공부는 작고 큰 것에 있는 것이 아니다. 작은 것이 큰 것이
될 수 있다. 작은 일과 큰 일이 분량은 다르지만 잘하고 못하는 데는
같은 것이다. … 대종사는 어린 아이에게 절을 하면 과자를 준다는 약
속을 지킨 것이다. 말 한마디를 지키는 것은 인격을 지키는 것이다. 말
한마디를 지키는 것은 법위를 지키는 것이다」(한종만, 『원불교 대종경
해의』(下), 도서출판 동아시아, 2001, p.346).

2) 현재의 법위가 높다고 해도 더욱 진급하도록 노력해야 한다.

☞「현재의 법계 높은 것만을 장하게 알지 않는다. 진급하는지 강급
하는지를 主點으로 한다. 원력이 굳어서 천만 생을 두고라도 대성할 힘
을 가진 사람을 장하게 안다」(신축일기, 1961년 7월 23일/동산문집편찬
위원회, 동산문집 II 『진리는 하나 세계도 하나』, 원불교출판사, 1994,
p.60).

3) 인품의 상징인 법호와 법사는 항마승급 때 부여되는 것이 원칙이다.

☞「1935년 9월 10일, 삼산이 죽고 수위단원 보궐단원 선거를 하였
다. 이때 소태산 단장은 법호 수여에 대해 언급하였다. 정식 법호는 법
강항마부에 승급할 때 주도록 되어 있다. 다만 수위단이 교단 최고지위
인 만큼 그 지위를 존중하는 의미에서 임시법호를 주는 것이다」(박용
덕, 선진열전 1-『오, 사은이시여 나에게 힘을 주소서』, 원불교출판사,
1993, p.64).

4) 법위등급으로 나의 수행을 대조할지언정 남의 인격을 평가하거나 비교해서는 안 된다.

☞「법위등급을 따라 공부하는 중에 한 가지 주의할 점은 법위등급이
다른 사람의 인격을 평가하거나 비교하는 기준이 되어서는 안 된다는
점이며, 오직 자신의 수행을 대조하고 공부의 이정표로 삼아서 순서 있
는 공부를 하는데 도움을 얻어야 한다는 것이다」(오도철 외, 『원불교정
전 길라잡이』, 원불교 교화연구소, 2000, pp.278-279).

5) 같은 법위에 이른 수도인의 인품이라도 능한 방면이 다를 수 있다.

☞「묻기를 "우리의 여섯 가지 법위 가운데, 같은 법위에 오른 도인
은 그 도력이 다 한결 같나이까?" 답하시기를 "명필에도 초서에 능한

사람, 해서에 능한 사람, 전서에 능한 사람이 있듯이 항마 이상의 도인
들도 그 능한 방면이 각각 다를 수 있으며, 같은 위에 있다 할지라도
그 도력이 꼭 같지는 아니하나니라"」(『정산종사법어』경의편 37장).

**6) 도인의 가치평가는 적공와 심법에 관련되는데, 이를 가늠하는 법위
의 표준이 법위등급이다.**

☞「원불교에서 도인의 가치 평가를 세상에 얼마나 많은 공헌을 하였
으며 어떠한 심법으로 제도의 실적을 나투느냐 하는 것으로 본다. 불법
으로 생활을 빛내고 생활로 불법을 밝히는 공부 방향의 법위 표준은 마
치 그물을 던져서 고기를 잡는 것과 같이 어떠한 근기라도 적공과 정진
이 쉬지 않는 이에게 반드시 성불제중의 대과를 얻는 영광이 있으리라
믿는다. 여섯 가지 법위등급은 보통급 특신급 법마상전급 법강항마위
출가위 대각여래위이다」(박은국, 「법위등급 해의」, 『원불교개교반백년
기념문총』, 원불교반백년기념사업회, 1971, p.772).

**7) 보통급은 초입, 특신급은 정법귀의, 상전급은 심신교전, 항마위는 심
신조복, 출가위는 심신출가, 여래위는 심신자유의 인격을 지닌다.**

☞「보통급은 불문초입, 특신급은 심신귀의, 법마상전급은 심신교전,
법강항마위는 심신조복, 출가위는 심신출가, 대각여래위는 심신자유이다
」(『대산종사법문집-천여래 만보살의 회상』, 법무실, 2008, pp.27-28참조).

17. 여래위의 법통

원불교의 최고 지도자는 종법사이며, 오늘날 종법사는 출가위 이상에
한하여 피선거권이 부여되며, 대각여래위는 대체로 종법사를 역임한 분
들에게 부여되어 그 법통을 계승해 왔다. 아울러 법통계승도 사사로이
하는 것이 아니라 공전으로 하고 있는 것이다. 그리고 불교에서의 여래
위는 석가모니 외에 부여하지 않으나 원불교의 경우 여래위의 숫자를
제한하지 않는다. 역량이 여래위에 오르는 분이라면 누구나 여래가 될
수 있다는 뜻이다. 수도인이 추구하는 대각여래위의 역량은 수기응변하
여 대자대비의 무한방편을 사용함으로써 제생의세를 다함에 있다.

**1) 종법사의 피선 자격은 여러 차례 변경되어 오늘날 출가위 이상인자
로 하고 있다.**

☞「원기 27년에는 종법사 법강항마위 이상의 정수위단을 피선 자격
으로 하여 본지부 연합회에서 선정하였다. 임기는 6년으로 하였으며 종

법사의 권한을 구체화하였다. 오늘날 종법사 제도의 기틀이 확립된 시기였다. 최고 보좌기관으로 수위단회를 두었다. 원기 33년에는 원정사 이상의 수위단원을 피선자격으로 하여 수위단회의 추천으로 중앙교의회에서 추대하였다. 임기는 6년을 1기로 하여 수위단회의 의결과 중앙교의회의 동의를 얻어 연장할 수 있도록 하였다. 원기 44년에는 수위단회에서 선거하도록 선거제도를 확립하였으며 교정위원회의 인준을 얻어 중앙교의회에서 추대하였다. … 종법사의 선거기관을 수위단회에서 교정위원회로 변경하였으며 피선자격을 법강항마위 이상자로 자격조건을 완화하였다. 그러나 원기 61년에는 종법사의 피선자격을 다시 출가위 이상자로 높였다」(이성은, 「조직제도 변천사」, 『원불교70년 정신사』, 성업봉찬회, 1989, pp.439-440).

2) 소태산 대종사의 생전 당시 종법사의 피선 자격은 아무리 말세라도 항마위 이상이었다.

☞「또 여쭙기를 "앞으로 종법사 선거에 어느 위에 오른 분이라야 추대할 수 있사오리까." 대종사 말씀하시기를 "아무리 말세라도 항마위 이상이라야 종법사의 자격이 있나니라." 또 여쭙기를 "혹 당대 종법사보다 법력 높은 도인이 날 때에는 법위 승급을 어떻게 하오리까." 대종사 말씀하시기를 "대중의 공의를 얻어 하나니라"」(『대종경』, 변의품 38장).

3) 법위인증과 법통계승은 사전이 아니라 공전으로 하되 정법대도에 변함없는 신성과 혜안의 수행인에 기반한다.

☞「대종사 선원에서 김기천의 성리 설하는 것을 들으시고 말씀하시기를 "오늘 내가 비몽사몽간에 여의주를 얻어 삼산에게 주었더니 받아먹고 즉시로 환골탈태하는 것을 보았는데, 실지로 삼산의 성리 설하는 것을 들으니 정신이 상쾌하다" 하시고, 말씀하시기를 "법은 私情으로 주고받지 못할 것이요, 오직 저의 혜안이 열려야 그 법을 받아들이나니, 용은 여의주를 얻어야 조화가 나고 수도인은 성품을 보아서 단련할 줄 알아야 능력이 나나니라"」(『대종경』, 성리품 22장).

4) 대각여래위의 경우는 누구라도 여래의 명호를 제한하지 않는다.

☞「우리 회상에서는 여섯 가지 법위 가운데 대각여래위의 최고 법위를 정식으로 두어서 대종사 뿐 아니라 어느 대를 막론하고 선진 도인이 인가를 하시든지 또는 많은 대중이 일제히 봉대할 때에는 그 실력을 따라 여래의 명호를 제한하지 아니할 것이니라」(『정산종사법어』, 예도편

13장).

5) 대각여래위의 무한역량은 천만방편으로 수기응변하여 그 방편을 알지 못하게 하는 것이다.

☞「법위등급 대각 여래위 셋째 조항에 '천만 방편으로 수기응변하여 교화하되 대의에 어긋남이 없고 교화 받는 사람으로서 그 방편을 알지 못하게 하는 경지'가 다소 짐작이 되어지는 듯하며, 여기 여래의 마음을 알 수 없는 것은 여래의 마음은 흔적이 없는 가운데 참의 폭이 무한하기 때문이요, 이 참은 또한 절대 이타적인 것이요, 그러므로 그 마음의 그림자가 혹 중인의 눈에 비친다 하더라도 이는 지극한 숭배의 대상이요, 만대의 사표가 되어지리라고 생각하는 바이다」(『한울안 한이 치에』, 제10장 자비행 45장).

18. 법위승급의 과제

교단의 성장과 교도의 증가에 따라 법위향상이 교화성장으로 이어져야 함은 당연한 사실이다. 그리고 도가에 법위에 승급하는 수도인이 많을수록 좋은 것은 사실이다. 물론 법위가 양산되거나 형식에 치우치는 경우가 발생할 경우 이에 따른 우려는 적지 않다. 법위의 존엄성을 상실할 수 있기 때문이다. 다만 법위의 승급에는 원칙이 지켜져야 하며, 법위 승급에 관련된 객관적 측정 장치가 만들어져야 한다. 그리고 법위의 향상에 연륜을 지나치게 강조한다든가, 출가재가의 차별이 주어진다면 이 또한 부작용으로 나타날 것이다. 나아가 법위승급에 맞추어 법위향상 프로그램의 개발이 필요하며, 아울러 인사이동시 법위를 참조해야 하는 등의 과제가 남아있다고 본다. 또한 종사 이상의 성위 추존은 열반 후 부여하는 방안도 검토해볼 필요가 있다는 지적을 무시할 수 없다.

1) 교도들의 법위향상이 실제의 교화 성장으로 이루어져야 한다.

☞「교당이 성장한다는 것은 교도수가 많아지고 도량의 규모가 커지며, 교도들의 법위가 향상되어 가는 것을 의미한다」(성도종 외, 『교당운영론』, 원불교 교화연구소, 1999년, p.13).

2) 법위 양산의 풍토는 바람직하지만은 않다.

☞「법사의 양산은 법위의 존엄성이 실추되었다는 비판을 면치 못하고 있다」(간행위원회 편, 담산이성은정사 유작집 『개벽시대의 종교지성

』, 원불교출판사, 1999, p.224).

3) 법위의 승급제도가 형식화될 소지가 없지 않다.

☞「늘 공부심을 가지고 살아야 한다. 지위가 높아가고 또 법위가 높
아 가는 것, 이런 것들은 우리가 영생을 살아가는데 있어 별로 중요한
것들이 아니다. 영계에서 또는 법계에서 인정하는 법위라야 실다운 것
이지 형식적인 것들이 뭐 그리 중요한가」(편집자, 「은혜로운 만남-선산
이선우 원로교무」, 《원광》 통권 324호, 월간원광사, 2001년 8월, p.56).

4) 법위의 승급에는 반드시 원칙이 지켜져야 한다.

☞「제일 먼저 견성인가를 받은 분이 삼산종사이다. 정산종사는 원
기 13년 법위사정 때(29세) 정식 특신급이었다. 정산종사는 이곳에 있
기 전에 이미 영통을 하고 왔는데 그 후 10여년간 수행을 하였는데도
정식 특신급이었다. 원칙대로 법위사정을 한 것이다」(한종만, 『원불교
대종경 해의』(下), 도서출판 동아시아, 2001, pp.245-246).

5) 모든 법위의 승급에는 사정의 기준이 객관적으로 분명해야 한다.

☞「(2006년 7월 좌산종법사의 출가위 사정기준) 1) 교법규범과 일반
도덕이 체질화 생활화됐다. 2) 교단 대의에 낱이 없어서 어떠한 경우에
도 조각내지 않는다. 3) 모든 솔성이 감수불보할 뿐만 아니라 대하는
곳마다 심화 기화 인화됐다. 4) 임지에서 마다 혈심을 다하여 실패 없
이 직무실적이 현저하게 나타났다. 5) 공심 공부심이 뼈속 깊이 사무치
는 인재들이 그 밑에서 많이 길러져 나왔다」(유용진, 「천여래 만보살
회상 열린다」, 《원불교신문》, 2006년 7월 21일, 1면).

6) 각 법위의 승급에 맞춘 프로그램의 개발이 필요하다.

☞「일찍이 좌산 종법사는 교화부장으로 재직시에 교도훈련 과정을
법위등급에 맞추어 입문, 발심, 적공과정으로 정리하고 이에 따른 교과
과정을 개발하였다. 필자는 여기에 지도자 과정을 추가하여 입문과정,
발심과정, 심화과정, 지도자 과정으로 마음공부의 단계를 나누고 지도자
과정까지 수렴한 사람에게는 마음공부 지도자 자격을 부여하여 마음공
부를 확신시킬 수 있도록 제안한다」(최경도, 「교당의 교화 프로그램 개
발-인구 50만명 이상 도시 중심으로-」, 《일원문화연구재단 연구발표회
요지》, 일원문화연구재단, 2005.9.23, p.29).

7) 인사이동은 법위와 역량 등을 참작하여 배치해야 한다.

☞「원기 84년 교역자 인사가 마무리 되었다. 금년 인사는 어디에 초
점을 두고 진행되었는가. … 인사이동은 법위 적성 역량 실적 경력 등

을 참작하여 지자본위 정신으로 시행한다」(김주원 총무부장/오정행, 「미
니 인터뷰-인사, 어떻게 되었습니까」,《원광》294호, 도서출판 월간원광
사, 1999년 2월, p.131).

8) 성위추존은 당사자의 열반 후 추존하는 방향도 검토할 필요가 있다.

☞「(창립 12년 1회 기념일, 1928년 3월) 28일에는 대종사께서 공부
등급을 考査하시고 정중한 가운데 위엄을 갖추신 후 처음으로 승급 예
식을 거행하시니 … 다만 박세철 서동풍 2인은 생전 승급이 아니고
사후 승급이 되는 바, 실지 공부에 있어서는 법강항마부 자격에 충분
하지 못하나 생전에도 그만한 특신이 있었고 임종 때까지도 그 공부심
과 사업심이 철저하였는 바, 그 특성으로써 세철은 혈인의 前事가 있
었고, 동풍은 열반 때 충천한 서기가 있어 그 신성을 표한 바가 되므
로 대종사께서 특별히 사후 승급을 시키신 것이다」(박정훈, 『정산종사
전』, 원불교출판사, 2002, pp.214-215).

19. 법위등급의 연계사상

고래로 동양에서는 나이에 따라 인격의 표준을 삼는 경우가 있어왔는
데 『예기』나 공자의 경우가 이에 관련된다. 맹자 역시 인품의 존귀함에
세 가지가 있는데 그중에서도 도덕적 인품을 중시하고 있다. 불교의 경
우 수다원, 사다함, 아나함, 아라한이라는 인격표준을 두고 또한 고집멸
도라는 사제에 따라 고통이 멸해가는 단계를 설정하고 있다. 도가의 노
자와 장자는 자연의 원리에 따르는 정도, 혹 도를 실천하는 정도에 따라
성자의 칭호를 부여하고 있으며, 송대의 장횡거 역시 나이별로 인품 성
숙의 측정치를 두고 있다.

1) 『예기』에서는 10대에 학문을 배우고, 20대에 성년이 되며, 30대에
가정의 화목, 40대에 벼슬에 오르는 단계를 설명하고 있다.

☞「인생에 있어 10대에는 학문을 배워 익히기 시작하고, 20대는 성
년의 관을 쓰고, 30대는 결혼해서 가정을 두고, 40대에는 강성하여 벼
슬에 오른다」(『禮記』「曲禮 上」, 人生十年曰幼學, 二十曰弱冠, 三十曰壯
有室, 四十曰彊而仕).

2) 공자는 인격표준으로 15세에 학문에 뜻을 두고, 30에 독립, 40에 불
혹, 50에 지천명, 60에 이순, 70에 종심소욕불유구라 했다.

☞(공자 말하였다. "나는 50에 학문에 뜻을 두고, 30세 독립하였으

며, 40에 불혹하였고, 50에 지천명하였으며, 50에 이순하였고, 70에 마음을 따라 하고자 하는 바가 법에 어긋나지 않았다」(『論語』, 「爲政」, 子曰, 吾十有五而志于學, 三十而立, 四十而不惑, 五十而知天命, 六十而耳順, 七十而從心所慾不踰矩).

3) 맹자는 세 가지의 표준 즉 지위, 연령, 도덕에 따라 존귀한 인품이 된다고 하였다.

☞「『孟子』「공손추」下에서는 특히 "천하에 존귀함에는 셋이 있다. 지위(爵)가 그 하나이고, 연령(齒)이 그 하나이며, 도덕적 인격(德)이 그 하나이다"(天下有達尊三, 爵一齒一德一)라고 하여 군신관계를 직접적으로 논하는 자리에서 爵(지위)과 德(인격)의 대등한 가치를 주장하기에 서슴치 않고 있다」(안병주, 『유교의 민본사상』, 성균관대 대동문화연구원, 1987, pp.46-47).

4) 석가모니는 수행의 향상과 표준을 수다원, 사다함, 아나함, 아라한이라는 단계로 정리하였다.

☞「초기의 불교에는 수행이 향상되어 가는 단계로서 세 가지 유형의 인간이 있다고 한다. 첫째는 욕망과 생존에 속박되어 윤회하는 인간, 둘째는 욕망의 영역으로 돌아가지 않는 인간, 즉 욕망은 버렸지만 아직 생존의 굴레에 속박되어 있는 인간, 셋째 완전히 번뇌를 단멸하여 피안에 도달한 인간이 그것이다. 이러한 생각은 더욱 세련되어 다음과 같은 네 가지 수행단계로 정비되었다. 즉 預流果(수다원) 一來果(사다함) 不還果(아나함) 阿羅漢果(아라한) 등이다」(정순일, 『인도불교사상사』, 운주사, 2005, p.146).

5) 노자는 인격 형성의 모델을 점층적으로 나열하여 순박한 자연을 본받도록 하였다.

☞「사람은 땅을 본받고, 땅은 하늘을 본받으며, 하늘은 도를 본받고, 도는 자연을 본받는다」(『道德經』 25章, 人法地, 地法天, 天法道, 道法自然).

6) 장자는 무위자연의 인격표준으로 신인 지인 성인 진인을 내세웠다.

☞「(장자에 있어) 神의 개념이 이상적 인격의 상태를 지칭하기 위해 사용되는 경우는 신인이라는 표현의 경우이다. 신인은 지인, 성인, 진인 등과 거의 동의어로서 사용되며 무위자연한 도의 본성 또는 인간의 순수한 본래심을 체득한 경지를 표현한다. 『장자』 천하편에서는 천인, 신인, 지인 등을 말하고 대종사편에서는 진인을 거론하나 그 경지는 거의

같다고 볼 수 있다」(김낙필, 「장자의 정신 개념」, 『사회사상연구』 제1
집, 원광대 사회사상연구소, 1984, p.172).

7) 송대 장횡거는 인격의 표준으로 30에 덕행, 40에 의로움, 50에 궁리
진성, 60에 이순, 70에 하늘과의 일치를 말한다.

☞「30에 자연의 德器를 禮에서 이루니 強立했다고 하지 않으며, 40
에 義를 정밀하게 하고 이용하며 때로 조처를 하더라도 의심됨이 없으
며, 50에 궁리 진성하여 천명에 이르면서도 스스로 이르렀다 하지 않
으며, 60에 人·物之性을 다하여 소리가 들려와도 마음으로 통하며, 70
에 하늘과 더불어 덕을 합하며 애써 하지 않더라도 중도에 맞는다」(張
橫渠, 『正蒙』. 三十器於禮, 非强立之謂也, 四十精義致用, 時措而不疑, 五
十窮理盡性, 至天之命, 然不可自謂之至, 故曰知, 六十盡人物之性, 聲入
心通, 七十與天同德, 不思不勉, 從容中道).

20. 보충해설

원불교의 인품은 법위향상에서 비롯된다. 도가에 입문하면 보
통급이요, 점차 특신의 발분으로 종교활동에 전념하면 특신급이
며, 이어서 상전급, 항마위, 출가위, 여래위에 이르는 것이다. 성
불의 사다리가 바로 여섯 가지 법위등급인 셈이다. 공부인의 수
행 정도에 따라 여섯 가지의 법위가 주어지기 때문이다. 이에 소
태산 대종사는 『정전』 법위등급에서 각 법위의 표준을 세워 그대
로 실천하도록 유도하고 있다. 보통급에서 상전급까지는 원불교
신앙 수행에 깊어지는 정도를 말한다면, 항마위부터는 초성위이
고 출가위부터는 성자위에 해당하는 것이다.

따라서 법위의 향상은 원불교 신앙인이 되면 우선의 과제로 등
장한다. 성자의 인품을 닮아가고자 하는 것이 종교 신앙의 출발
이기 때문이다. 대종사에 이어 정산종사도 법위향상을 강조하고
있고, 대산종사도 개교 반백년 기념사업에서 법위향상의 운동을
독려하여 "모든 교도가 거듭나는 기간으로 천여래 만보살을 배출
하는 법풍을 불러일으키자"는 특별유시를 내렸다. 오늘날 항마
위 이상의 승급이 많아지고 있는 점도 수도인의 부단한 신앙 수
행의 결과라고 말할 수 있다.

상기하면 법위 향상의 일면에 있어 2천년대를 전후하여 전개된
교도 단계별 훈련이 거론될 수 있다. 법위사정에 있어 교도의 단
계별 훈련 정도를 평가하고 승급심사의 자료로 삼고 있는 것이
다. 따라서 이러한 법위의 단계별 훈련은 시간별, 법위별, 직능별,
단계별로 체계화되어야 함은 당연하다. 다만 법위 훈련을 구체적
으로 프로그램화해야 한다. 나아가 법위 승급도 양산의 우려를
극복, 연륜에 따라 자동으로 주어지는 것보다는 부단한 적공의
정도를 소중히 여기도록 하며, 이에 도가의 법풍이 더욱 진작되
어야 한다. 교법 신봉의 궁극적 목적은 인품, 즉 법위향상에 있음
을 다시 한번 상기할 일이다. 덧붙여 법위의 향상에는 자신의 성
불에 이어 중생구제의 교화 대불공의 실적도 무시 못할 일이다.

21. 연구과제
1) 법위등급의 의의와 필요성은?
2) 보통급, 특신급, 법마상전급, 법강항마위, 출가위, 여래위를 쓰시오.
3) 무관사에 부동하지 않는다는 의미와 법위는?
4) 인생의 요도와 공부의 요도에 대기사는 아니한다는 뜻은?
5) 천신만고와 함지사지를 당하여도 여한이 없다는 뜻과 법위는?

22. 고시문제
1) 교단에서는 법위 단계별훈련을 정책적으로 실시하고 있다.
각 법위등급의 강령을 원전에 근거하여 밝히고 법위등급의 교법
적 위상을 설명하시오.
2) 법위등급에서 법마상전급의 승급조항을 삼학으로 분류하여
적으시오.
3) 다음을 간단히 설명하시오 (1) 출가위, (2) 항마위.
4) 법마상전급 개념을 정리하고 그 내용을 논술하시오.
5) 법마상전급에서 인생의 요도와 공부의 요도에 大忌事는?
6) 다음 항목을 설명하시오 : (1) 출가위, (2) 무관사.
7) 여섯 가지 법위등급을 쓰고 그 공부 정도를 강령잡아 설명.

8) 법위등급 출가위 조항에 대소유무의 이치를 따라 인간의 시
비이해를 건설한다 하였으니 그 의의를 설명하고 실례를 드시오.

9) 대각여래위의 조항 중 대의에 어긋남이 없다는 것은?

10) 다음은 법위등급의 내용이다. ( )안에 법위등급을 표기하라.

 (1) 동하여도 분별에 착이 없고( )

 (2) 자타의 국한을 벗어나며( )

 (3) 법과 마를 일일이 분석하며( )

 (4) 모든 종교의 교리에 정통하며( )

 (5) 교리와 법규를 대강 이해하며( )

 (6) 생로병사의 해탈( )

 (7) 공부의 요도에 대기사는 아니하며( )

 (8) 법이 백전백승하며( )

 (9) 사심을 제거하는데 재미를 붙이고( ).

정전풀이 하권

···

2009년(원기 94) 9월 1일 초판 1쇄 인쇄
2011년(원기 96) 3월 1일 재판 1쇄 발행

지은이/류 성 태
펴낸이/김 영 식
발행처/원불교출판사
인 쇄/원 광 사
출판등록/1967. 7. 1(제7호)
570-754 전라북도 익산시 신용동 344-2
Tel : (063)850-3324

···